伟大的世界文明
1000 个物件里的世界史

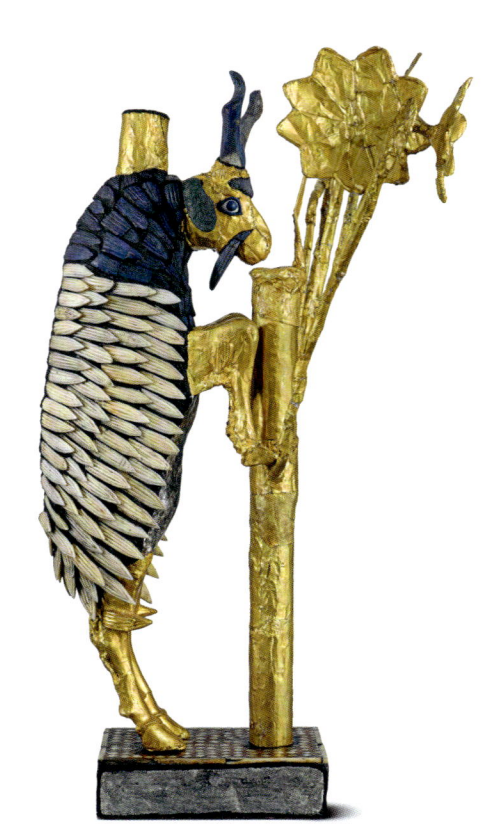

中国大百科全书出版社

伟大的世界文明
1000 个物件里的世界史

Original Title: Civilization: A History of the World in 1000 Objects
Copyright © Dorling Kindersley Limited, 2014, 2020
A Penguin Random House Company

北京市版权登记号：图字 01-2024-5441号
审图号：GS（2024）5340号
＊此书中插附地图系原文插附地图

图书在版编目（CIP）数据

1000个物件里的世界史 / 英国DK公司编著 ; 姜丽, 程云艳译. -- 北京 : 中国大百科全书出版社, 2025.5. （伟大的世界文明）. -- ISBN 978-7-5202-1877-1

Ⅰ．K109

中国国家版本馆CIP数据核字第2025AQ6265号

译　　者：姜　丽
　　　　　程云艳

译　　审：程体英

专业审定：郭小凌

策 划 人：杨　振
责任编辑：应世澄
责任校对：杜　倩
封面设计：殷金旭

伟大的世界文明　1000个物件里的世界史
中国大百科全书出版社出版发行
（北京阜成门北大街17号　邮编　100037）
http://www.ecph.com.cn
新华书店经销
北京华联印刷有限公司印制
开本：889毫米×1194毫米　1/8　印张：50
2025年5月第1版　2025年5月第1次印刷
ISBN 978-7-5202-1877-1
定价：280.00元

www.dk.com

编著者

早期社会
简·麦金托什
剑桥大学亚洲与中东研究院公共参与项目"文明的碰撞"高级研究员。

彼得·克里斯普和菲奥娜·科沃德补充撰写。

古代文明
彼得·克里斯普
历史作家，曾出版70多本著作，包括DK的《古代世界地图集》《古希腊》《古罗马》和《莎士比亚目击者指南》。

贸易与帝国
菲利普·帕克
历史学家和作家，其著作包括DK的《目击者：世界历史》《人类历史百科全书》《科学历史百科全书》《英国和爱尔兰历史》和《工程师》。

启蒙运动与帝国主义
卡丽·吉布森
作家，曾为《卫报》和《观察家报》撰稿，著有《帝国的十字路口：从哥伦布至今的加勒比历史》；获得剑桥大学18世纪和19世纪历史博士学位。

工业与独立
R.G. 格兰特
历史作家，出版过40多本著作，包括DK的《战斗》《士兵》《飞行》《海上战役》和《第一次世界大战》。

日渐缩小的世界
萨莉·里甘
为DK撰写过数本著作，包括《历史》《第二次世界大战》《人类历史百科全书》和《科学》；屡获殊荣的纪录片制作人，其影视作品包括英国第四频道的《炮弹冲击》和《轰炸机司令部》。

R.G. 格兰特和杰克·查罗纳补充撰写。

顾问

劳伦·巴恩斯
杜伦大学东方博物馆访问学者

罗杰·科林斯
爱丁堡大学历史、古典与考古学院荣誉院士

理查德·奥弗里
埃克塞特大学历史学教授

莱恩·波尔
独立策展人

美国史密森尼学会顾问

美国国家自然历史博物馆
人类学部考古策展人J. 丹尼尔·罗杰斯、人类学部埃及学组长萨利玛·伊克拉姆、人类学部考古学家诺埃尔·布罗德本特、人类学部考古策展人和北极研究中心主任威廉·菲茨休、志愿地图策展人詹姆斯·哈尔、人类学部高级考古学家布鲁斯·史密斯、人类学部人类学家和海洋民族学策展人阿德里安娜·克普勒、人类学部人类学家乔舒亚·贝尔、收藏和档案分析师坎达丝·格林、国家宝石与矿物收藏馆地质学家杰弗里·波斯特、人类学部研究助理亚历山大·内格尔

美国国家亚洲艺术博物馆
古代中国艺术策展人J. 基恩·威尔逊、日本艺术高级策展人詹姆斯·T. 乌拉克、南亚与东南亚艺术副策展人德布拉·戴蒙德、首席策展人和伊斯兰艺术策展人马苏梅·法尔哈德、陶瓷艺术策展人路易丝·科特、中国书画副策展人斯蒂芬·阿利

美国国家历史博物馆
文化与艺术部策展人肯尼思·什洛维克、文化与艺术部策展人斯泰茜·克卢克、武器与装备历史部策展人戴维·米勒、文化与艺术部策展人若昂·布德罗、家庭和社区生活部策展人史蒂夫·委拉斯开兹、武器与装备历史部主席和策展人珍妮弗·洛克·琼斯、工作与工业部策展人哈罗德·华莱士

美国国家航空航天博物馆
航空部策展人亚历克斯·斯潘塞、航空部主席F. 罗伯特·范德林登、地球与行星研究中心研究专员安德鲁·约翰斯顿、太空历史部项目专员亨特·霍林斯

美国国家肖像馆
历史学家詹姆斯·巴伯

库珀–休伊特国家设计博物馆
策展人萨拉·科芬、博物馆专员辛迪·特罗普、博物馆专员苏珊·布朗

美国印第安人国家博物馆
拉丁美洲办公室副策展人拉米罗·马托斯

外部顾问
格拉斯哥大学考古学高级讲师科琳·贝蒂、新墨西哥大学考古学教授沃特·威尔斯、北卡罗来纳交通博物馆历史学家沃尔特·特纳

目录

9　前言

早期社会
公元前20000～前700年

- 12　塑造世界的早期人类
- 16　印度河文明之谜
- 18　文明的摇篮
- 26　古埃及人的今生与来世
- 40　欧洲的青铜器时代
- 43　强大的赫梯人
- 44　爱琴海的宫殿
- 47　无畏的腓尼基人
- 48　中国的早期王朝
- 54　威严的安第斯神灵
- 55　奥尔梅克的神秘世界

古代文明
公元前700～公元600年

- 58　古希腊城邦
- 66　凯尔特王国
- 71　伟大的波斯帝国
- 74　极具艺术创造力的埃特鲁里亚人
- 80　辉煌的古罗马
- 90　外族统治下的古埃及
- 98　印度的早期王朝
- 100　统一的中国王朝
- 105　日本的弥生和古坟时代
- 106　中部美洲最早的城市
- 110　神秘的纳斯卡和莫切

贸易与帝国
600～1450年

- 114　欧洲的日耳曼王国
- 120　维京商人与侵略者
- 130　拜占廷的辉煌
- 134　伊斯兰宫廷与哈里发国
- 135　西班牙和非洲的伊斯兰文化
- 136　诺曼十字军与征服者
- 146　神圣罗马帝国的崛起
- 151　中欧和东欧的早期王国
- 152　蒙古大汗的帝国
- 154　印度的艺术与宗教
- 160　中国帝王的龙椅
- 169　日本的佛教
- 170　朝鲜半岛的黄金王国
- 172　柬埔寨的寺庙城市
- 174　塞尔柱帝国和早期的奥斯曼帝国
- 176　北美洲西南部的精神
- 178　中部美洲的神话缔造者
- 188　安第斯山脉的瑰宝
- 192　复活节岛的雕塑家

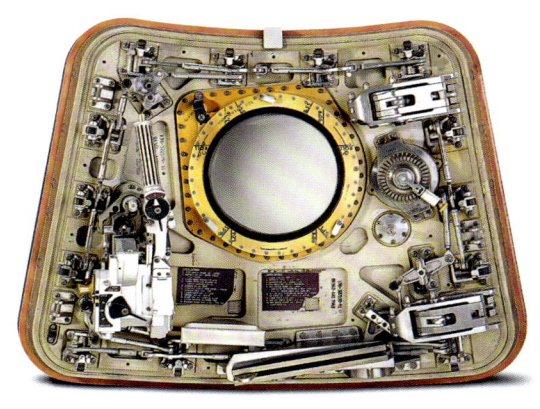

启蒙运动与帝国主义
1450~1750年

- 196 欧洲文艺复兴时期的艺术与科学
- 210 宗教改革、宗教战争和启蒙运动
- 222 奥斯曼帝国的鼎盛
- 228 萨非王朝的诗歌与权力
- 232 朝鲜末代王朝的文化
- 236 中国的昌盛时代
- 244 武士的末日
- 254 印度莫卧儿王朝的统治
- 260 马拉提王国的兴起
- 262 贝宁的商业帝国
- 267 埃塞俄比亚与基督教世界
- 268 新世界的欧洲移民

工业与独立
1750~1900年

- 272 工业时代的开端
- 282 法国大革命与共和国
- 286 奥地利帝国的衰落
- 288 罗曼诺夫王朝统治下的俄国
- 290 争夺非洲
- 294 锡克王国
- 298 东印度公司的统治与英属印度
- 302 重新开放的日本
- 308 清朝晚期的动荡
- 314 东南亚的反殖民斗争
- 316 太平洋上的探索与扩张
- 318 澳大利亚和新西兰的移居者
- 320 拉丁美洲革命
- 322 北美洲的传统与战争
- 328 美国的诞生

日渐缩小的世界
1900年至今

- 340 百年飞行
- 344 大众运输
- 350 娱乐世界
- 354 战火纷飞的世界
- 360 对抗疾病
- 364 西方家庭
- 370 大众时装
- 374 太空时代
- 378 现代战争科技
- 380 沟通世界

- 382 索引
- 397 致谢

前言

古代遗存下来的人造物件散发着独特的魔力。一件珠宝、一个杯子、一把匕首抑或一双凉鞋，从被遗忘的历史洪流中幸存下来，在一定程度上缩短了我们同祖先之间的距离——无论我们的祖先是古埃及人、古罗马人、墨西哥的阿兹特克人还是古代日本的武士。这些人造物件生动地再现了已经消逝的文明的方方面面，包括日常生活、文化艺术、发动战争和从事贸易的方式，以及礼仪和信仰。

古代的许多物件都是作为随葬品或祭祀用品遗存下来的。例如在古埃及，尽管有些人的生活穷困，但还是会将个人财物随葬予死者。宫殿和庙宇的装饰精美奢华，里面陈设着大量人造物件。另外，值得庆幸的是，古代人愿意将当时发生的重大事件记录下来。我们今天依然能看到的古罗马图拉真石柱和法国诺曼人的贝叶挂毯都是承载这些记录的物件。一些物件是为纪念英雄或神灵而创造的，例如古希腊和古罗马的雕像，另外一些则是精美的手工艺品，例如日本武士的盔甲和西非阿散蒂人的黄金雕塑。还有一些物件令人迷惑不解，例如罗塞塔石碑，不过它最终帮助学者们破译了古埃及象形文字。

这些物件对于像新石器时代这样没有书面记录的社会尤为重要，可以唤起猎人和农民的情感。同时，它们也提供了关于过去的丰富信息，诸如《大宪章》和《美利坚合众国宪法》这样的历史文献不仅是留给后人的物件，它们作为当代政治的基础至今仍具有生命力。瓦特蒸汽机向我们展示了技术与基础科学的结合，推动了工业革命的进程，而福特T型汽车则将我们带入近代机械化社会的初期。

本书收集的物件在时间上涵盖了人类社会的所有时期，全面描述了从石器时代到航天时代人类历史的形成和发展，定会给读者留下深刻的印象。这些物件将引领我们踏上贯穿人类不同发展阶段的探险之旅。

R.G. 格兰特

波斯人的生活
这幅描绘古代波斯场景的绘画出自一本完成于1584年的泥金装饰手抄本（参见第230~231页）。这本泥金装饰手抄本中使用了大量亮丽的色彩，用于表现波斯人的衣着、建筑物和日常生活中的其他事物。

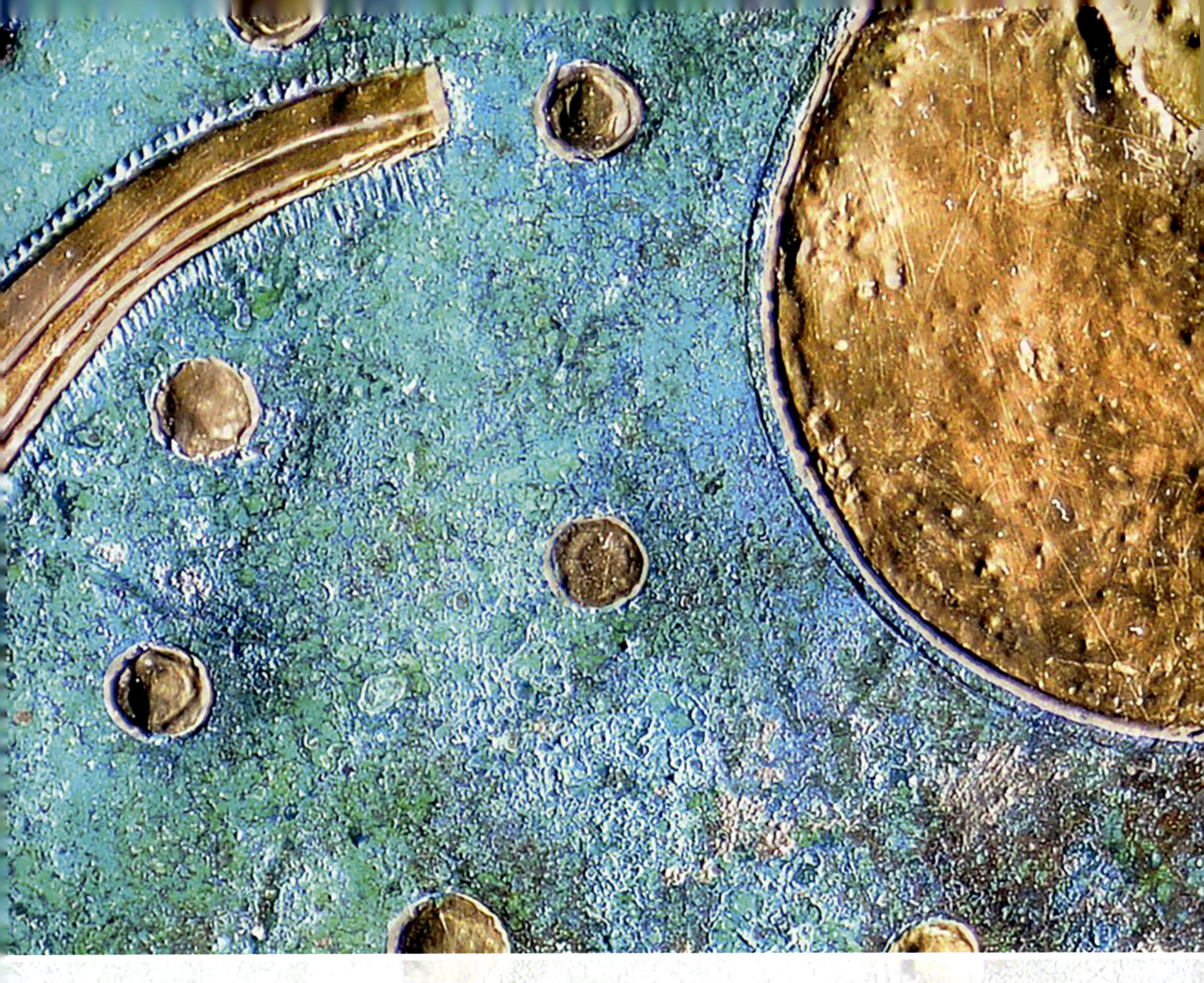

自大约11700年前起,地球气温升高,导致植被变化、冰川融化,人类的生活方式因此改变,一些地区出现了农耕。随着农耕和定居范围的扩大,人口数量增长,金属冶炼技术和大型建筑物开始出现。公元前3000～前1000年,城市和文字出现,早期人类文明陆续在美索不达米亚、埃及、地中海地区、印度河谷、中国、中部美洲和安第斯山脉地区形成。

早期社会

公元前20000～前700年

塑造世界的早期人类

人类之所以能够取得非凡的成就,是因为我们运用自己的智慧创造出文明,并借此克服和突破生理上的种种限制。早期的石器在如今看来十分粗糙,但它们是人类踏上创造之路的第一步。这一路上,人类发明了计算机,登上了月球,并且仍在不断超越过去。也正是沿着这条路,人类创造了自己的语言,分享着彼此的知识、技能和观点。

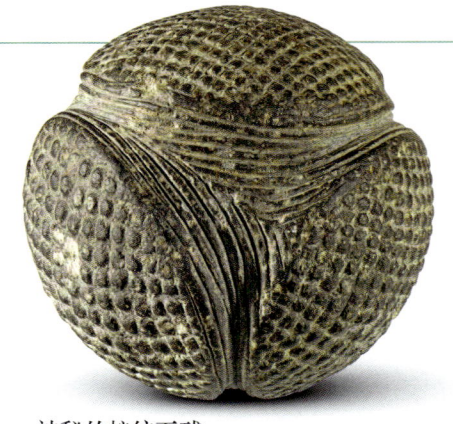

神秘的蛇纹石球
我们不知道这些来自苏格兰东北部的石球为什么会被雕刻出来,但雕刻的工艺暗示它们曾经具有很高的价值。

定居生活 ▽
巨大的土耳其恰塔尔休克于新石器时代遗址中密集地排列着许多房屋,当时的人们利用梯子爬上屋顶,然后从屋顶进入屋内。主屋里通常有灶台、橱柜、长凳及供人睡觉和落座的台子。墙壁上常能看到描绘公牛的壁画。

我们最早的祖先来自非洲,随后分散到亚洲和欧洲各地。大约330万年前,他们造出石质工具。这些石器可能用于敲碎骨头,获取骨髓。这一时期被称为石器时代,其中又分旧石器时代、中石器时代和新石器时代。旧石器时代的人类逐渐散布到亚洲和欧洲,随后学会了打猎和生火。此时存在几种不同的人类,包括公元前300000年后出现在非洲的智人。智人与尼安德特人等其他人类杂交,并在大约公元前100000年后遍布亚洲、欧洲和澳大利亚。虽然尼安德特人与智人一样,也会埋葬死者,照顾老人和病人,以及创造艺术,但到公元前40000年时,智人成为仅存的人类,并于公元前12000年扩散到美洲。

早期的农民

公元前9600年前后,冰期结束,地球气候变得与今天相似。气候变化带来的新资源使一些地区的人类可以定居下来,不必再随季节更替而四处寻找食物。人类开始深度利用一些植物和动物物种,对它们进行管理、培育和驯化。农耕和定居的生活方式带来了人口的增长,促使新石器时代的农民开拓新的定居地。

各定居地之间逐渐发展出交换物品的贸易网络,以便从其他地方获取资源。精致的石头和金属物件很受新兴首领的青睐,他们利用这些物件来彰显自己的权威。

塑造世界的早期人类

科技与创新

已知最早的工具是用石头做成的。人类用石刃加工木头等其他原材料，并将它们制成工具。经过几十万年的演变，工具越来越专业化。人类不但依据特定用途设计工具，而且制造工具的材料也在不断扩展，其中包括黏土、皮革、纤维、贝壳及后来的金属。

最早的工具

手斧
最早的石质工具是单刃的，出现在大约330万年前。自大约165万年前起，手斧被精细加工成具有挖掘、切割等用途的各种工具。

标注：尖端用于挖掘和钻孔；锋利的刃用于切割；适于手握的一端

黑曜石石核与石叶
智人发明了细长的石叶，他们将石叶用作切割工具或继续打磨加工成其他形状以作他用。人们通过敲击石核，使石叶从石核上脱落。

标注：石核；未经打磨的石叶；断裂的石叶

捕猎

克洛维斯矛头
这种做工精致的尖状物来自北美洲的克洛维斯文化。克洛维斯人将它用作矛头，猎杀野牛、猛犸等动物。这个矛头发现于一副猛犸骨架中。

标注：凹槽用于连接柄

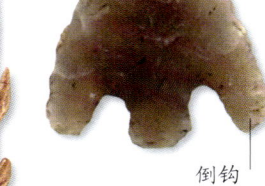

带有倒钩的鱼叉
早期智人已经掌握了捕鱼技能，但在最后一次冰期结束后，捕鱼技能变得愈发重要。捕鱼工具有木棍、骨头、用鹿角做的鱼钩和鱼叉、渔网及精心制作的渔栅。

标注：倒钩

燧石箭头
为了在安全距离外捕猎，旧石器时代晚期出现了弓和箭。后来的人类又对其进行了改进，例如这些带有倒钩的箭头。倒钩能让箭头更牢固地嵌入猎物的身体。

标注：倒钩；用于连接箭杆的柄

农业

早期的镰刀
随着谷物在人类饮食中占据愈发重要的位置，人类发明了镰刀，用来收割庄稼和芦苇。收割来的芦苇用于编席、编筐和建造房屋。

标注：鹿头造型装饰；嵌入的燧石石刃；用骨头制作的柄

挖掘棒
人类用挖掘棒挖掘植物的块茎和播种用的坑。棒上的穿孔石能增加掘地时的穿透力。

标注：楔形木条防止穿孔石滑动；古代的穿孔石；现代复制的挖掘棒

早期的锯

古埃及锯
人类不断制造用途多样的工具，久而久之，特定用途的工具数量开始激增。这把公元前3000年前后的古埃及锯便是一件有特定用途的工具。

标注：有锯齿的刃

斧

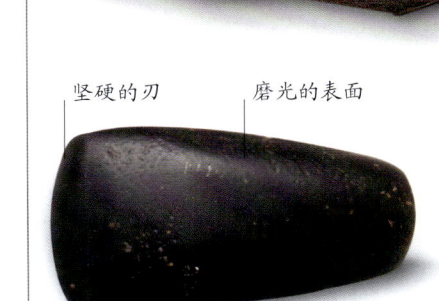

新石器时代的闪长岩石斧
公元前10000年后的新石器时代，人类发展出新技术，将坚硬的石块磨制成斧头，用于砍伐树木或另作他用。

标注：坚硬的刃；磨光的表面

穿孔石斧
公元前3千纪，随着金属器物在欧洲的传播，没有金属的人类聚落开始打造精美的石器以模仿金属器物。这些石器是代表威望的装饰物，没有实际用途。

标注：插斧柄的孔

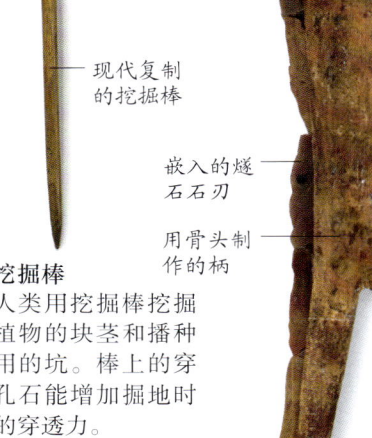

中石器时代的石器
重型石器有很多用途，例如扁斧可以用来削平或砍断木头，鹤嘴锄可以用于挖掘植物或凿岩石上的帽贝。

标注：水平安装的刃；柄的复制品；捆绑用的皮带

14　早期社会　公元前20000～前700年

艺术与文化

旧石器时代晚期,世界上很多地区出现艺术繁荣,涉及绘画和雕塑等艺术形式。此时,耐火的黏土作为可塑性很强的材料开始用于艺术创作,用这种材料制作出的艺术作品具有艺术表现力,就像植物纤维可以编织出布料一样。人类最晚从公元前9500年开始建造用于仪式的石碑(参见第40页"巨石阵")。

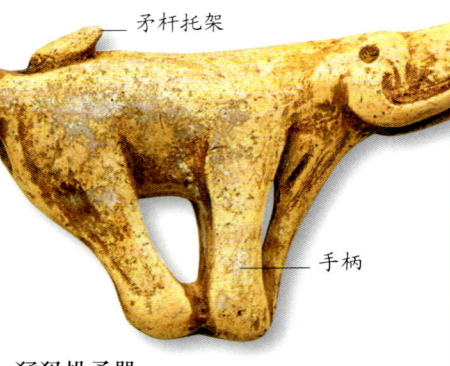

矛杆托架 / 手柄

猛犸投矛器
这件精美的雕刻出自法国,由动物骨头雕刻而成。它兼具投矛器的实用价值与自然界的艺术魅力。

洞穴艺术

在法国和西班牙发现了令人印象深刻的旧石器时代洞穴壁画。其中一些描绘了动物形象,例如法国拉斯科洞窟中的马和猛犸,还有一些由几何图形、点和掌印构成,两类壁画都经过刻画和着色。有些更古老的壁画可能由尼安德特人创作。人们创作这些洞穴壁画的目的仍然未知,不过它们可能在某些仪式中起重要作用。

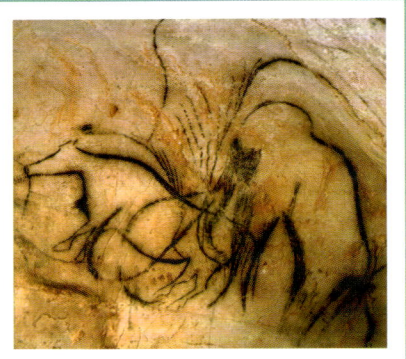

家居生活

狩猎采集者居无定所,通常只携带少量物件。然而,定居后的农耕聚落通常会凭借各种技术,制造出易碎的陶器和沉重的磨石等器物。公元前11500年后,定居的农耕聚落在世界上大部分地区发展起来,人类打造的器物数量也随之激增。

用黏土制作的纺织工具

木质织布梳

纺织工具
新石器时代的人类开始使用简单的纺织工具织布。南美洲和印度的人们使用棉花纺织,西亚和欧洲的人们使用亚麻和其他植物纤维纺织。更复杂的织布机出现后,蚕丝、羊驼毛和绵羊毛也开始用于纺织。

铲　　勺　　叉

带装饰的手柄

恰塔尔休于遗址的骨制餐具
定居的生活方式和农耕的发展,使很多地区的饮食习惯发生改变。与饮食相关的炊具和餐具也随之发展。

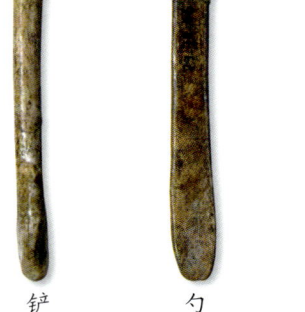

坚硬的磨盘 / 砂岩磨石

磨具
人们将谷粒(还有其他种子和坚果)磨成粉,然后用磨好的粉制作面包、粥或浓汤。用磨盘和磨石研磨谷粒是女性繁重的日常工作之一。

■ 陶器

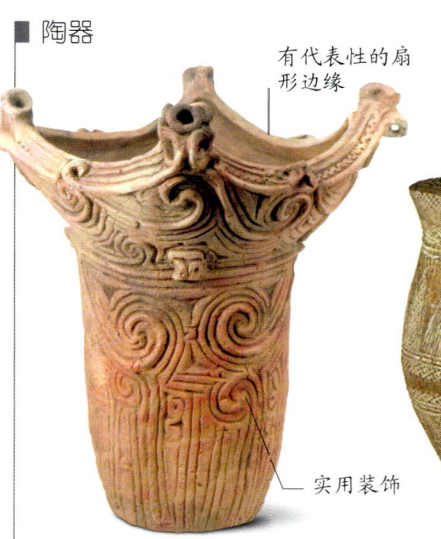

有代表性的扇形边缘 / 实用装饰

晚期绳纹陶罐
世界上的许多地区都各自独立发展出了陶器。最早的陶器,例如绳纹陶器,出自旧石器时代的东亚。

雕刻和按压出的装饰线条 / 有代表性的装饰区域 / 钟杯造型

钟杯文化陶罐
公元前2900年后,欧洲一些地区的钟杯文化发展出了一种独特的陶器类型,这种陶器的造型类似一口倒置的钟。

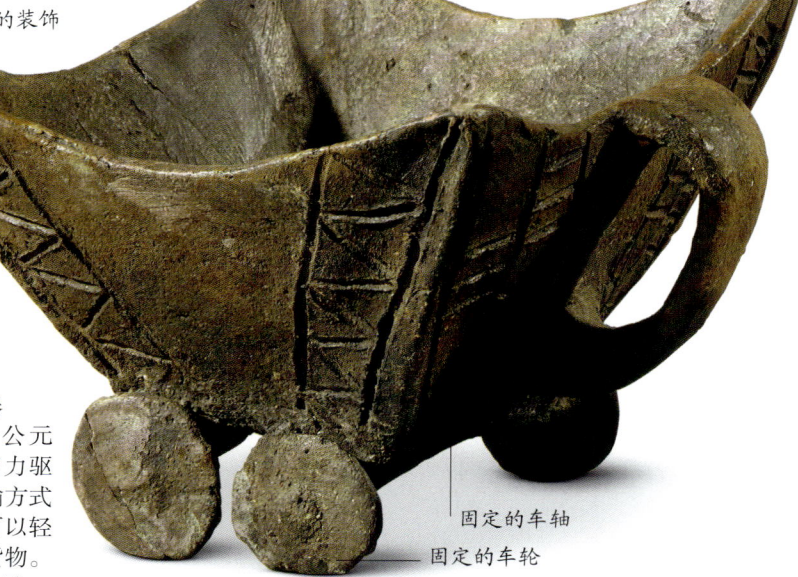

雕刻的装饰 / 固定的车轴 / 固定的车轮

四轮马车造型陶器
轮式运输出现于公元前4千纪,依靠畜力驱动。它引发了运输方式的变革,使人们可以轻松运送大而重的货物。这件陶器发现于东欧。

信仰与仪式

对于那些生活在文字发明之前的人类，我们无从知晓他们的宗教信仰，只能通过其行为的产物来推断其中的含义。前人安葬死者的各种方式、艺术表现形式及供奉（有时是祭献）的场所都能为我们提供些许线索。研究现存的宗教，并将其与史前人类的遗存进行比较，有助于我们了解史前人类的信仰。

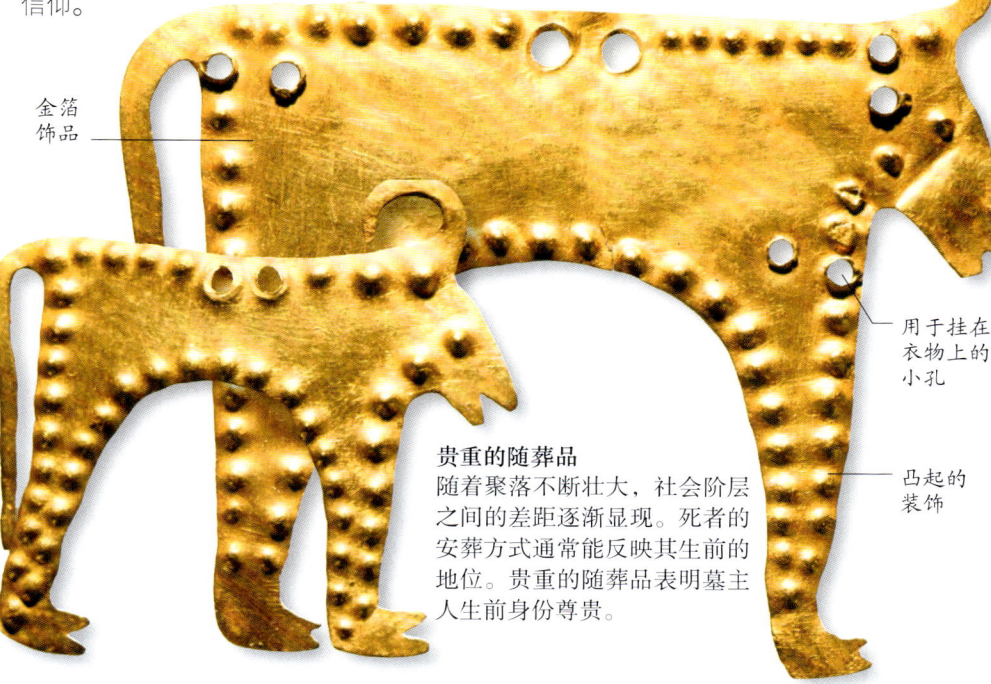

贵重的随葬品
随着聚落不断壮大，社会阶层之间的差距逐渐显现。死者的安葬方式通常能反映其生前的地位。贵重的随葬品表明墓主人生前身份尊贵。

墓葬艺术
在欧洲一些新石器时代晚期的巨石墓葬中，发现了带有几何图案的石块。这些几何图案可能蕴含某种特殊的宗教含义。相关的随葬品上有时会出现这种图案，例如由坚硬的片岩制成的饰板。这种饰板发现于西班牙和葡萄牙。

片岩饰板　　石棺盖

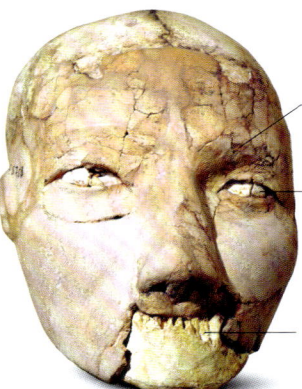 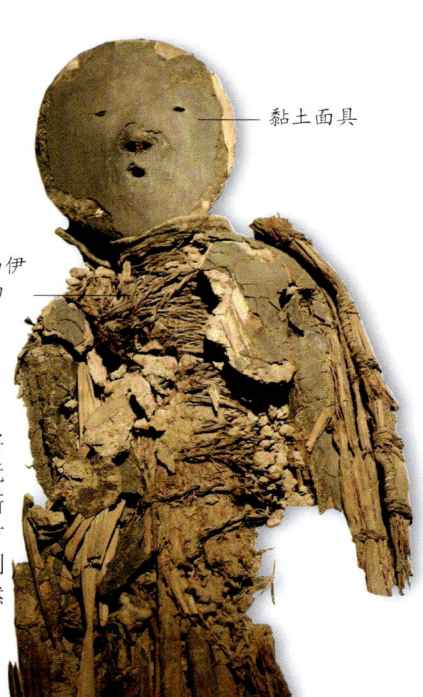

巴勒斯坦耶利哥涂泥头骨
在新石器时代早期的西亚部分地区，有些死者会被埋葬在屋内。不过死者的头骨会被取下，制作成逼真的人脸模型。这些人脸模型可能用于祭祀祖先。

新克罗木乃伊
在某些文化中，人们将死者制成木乃伊。公元前5000年，南美洲的新克罗人最早采用这种方法，他们将死者剥皮剔肉，重新拼接骨头，然后包上剥下来的皮肤。

■ 人像

新石器时代晚期人像
新石器时代晚期，世界各地的文化中都出现了用石头雕刻的人像。有些人像用于仪式，还有些用于装饰或彰显社会地位，抑或仅仅作为玩具。

维纳斯像
这些欧洲旧石器时代晚期的女性雕像被称为维纳斯像。它们由猛犸象牙、石头或黏土制成，拥有丰腴的臀部和胸部，通常没有脸部。目前尚不清楚它们的用途。

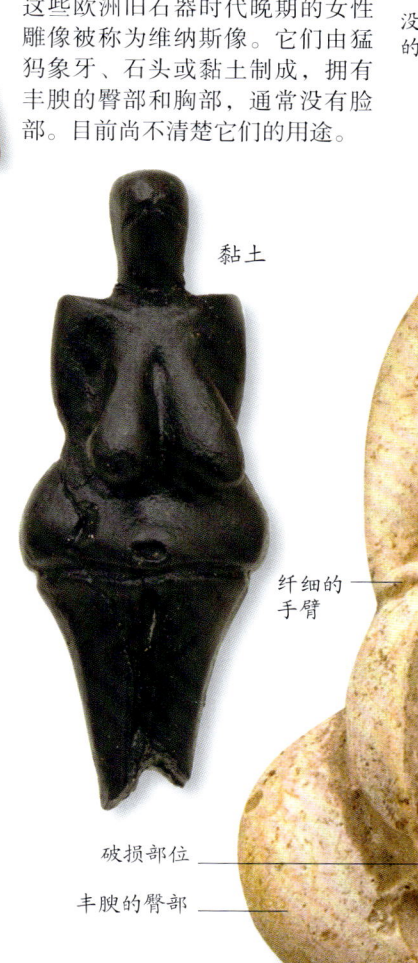
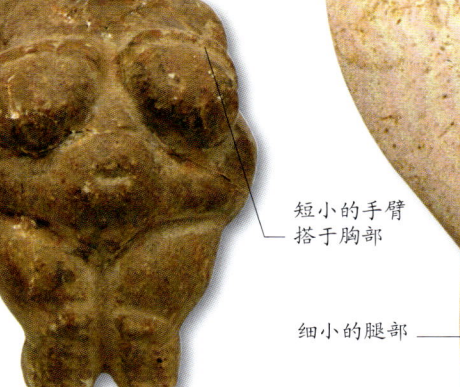

石灰岩 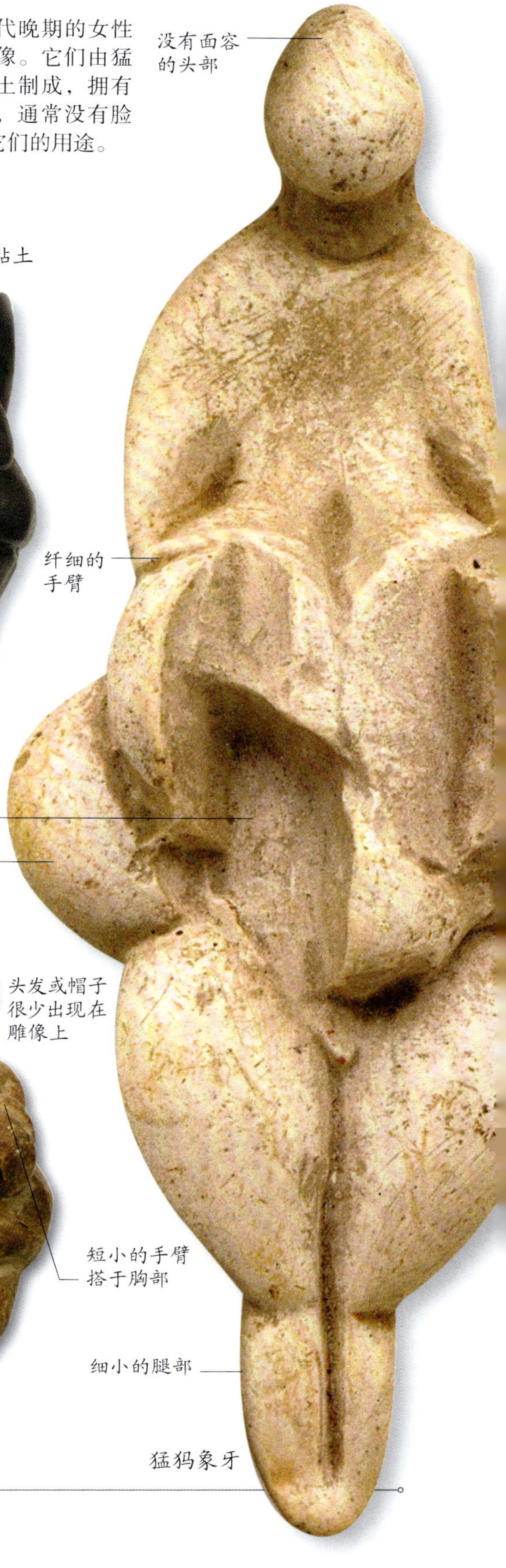　　猛犸象牙

印度河文明之谜

公元前2500年前后,世界上最早的有规划的村庄和城市出现在印度河流域(今巴基斯坦和印度部分地区)。印度河文明中的古印度社会呈现高度组织化,当时的人们还生产出许多美妙绝伦的手工艺品,但尚无关于国王、宗教或战争的确凿证据。

自然主义图形
在印度河流域出土的印章上,经常能见到仅有一只角的动物形象。这表现的可能是独角兽,也可能是公牛的侧面。

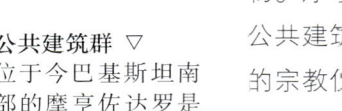

公共建筑群 ▽
位于今巴基斯坦南部的摩亨佐达罗是印度河文明最大的城市。当时该城占地面积超过2.5平方千米,约有4万人口。城内的大多数建筑物由经过烧制的标准尺寸砖块砌成,其中包括700多口井。

古印度时期,大部分印度河流域的村庄和城市中都有一个形似堡垒的巨大凸起,上面是宏伟的公共建筑物。摩亨佐达罗的大浴池就属于此类公共建筑物,可能用于举行洗涤罪恶的宗教仪式。印度河文明的政治结构至今仍是个谜,部分原因是人们至今乃无法解读他们的文字。不过,当时的社会井然有序,人们的生活水平非常高,手工业生产也在逐渐专业化。位于印度古吉拉特邦南部的洛塔和巴基斯坦旁遮普省的哈拉帕的仓库和作坊遗迹表明,印度河文明的村庄和城市在加工、储存、分配商品方面发挥着重要作用。这些商品用于对外贸易和对内流通。河流构成便利的交通运输网,牧民载着货物穿梭于季节性牧场之间。商人从其他地方带来象牙和其他原材料,用以交换商品。

海湾商人

印度河流域内的峡谷、群山及海岸不仅促进了周边地区的农业和畜牧业发展,更为人们提供了丰富的原材料。生活在这里的人们从阿富汗地区获得金属矿石和青金石。随后,他们将青金石连同玛瑙和其他宝石、象牙、木材、黄金及铜等原材料一起用船运往美索不达米亚。据推测,这些原材料可能用于换取银和羊毛织物。

公元前1800年后,某些不为人知的原因导致印度河文明的瓦解。村庄和城市遭遗弃,文字记录随之消失。然而,农业却在这片区域的许多地方继续繁荣发展。

印度河文明之谜 17

信仰与仪式

与其他古代文明不同，印度河文明的人们没有建造庙宇，也鲜有关于他们宗教信仰的线索。印章上的图像表现了强壮的动物，例如公牛和老虎，旁边还有人类或神灵的形象。陶土小雕像则被现代人视为祭品。20世纪30年代，英国考古学家发掘了印度河文明的城市，他们认为其中一些图像与后来的印度教神灵有关。

女性小雕像
这件陶土小雕像表现的是一位头戴巨大头饰的女性。它可能是祭品，也可能仅仅是玩具。

- 驮篮造型的头饰
- 贴颈项链
- 垂饰项链
- 珠饰腰带

神木
这枚来自摩亨佐达罗的印度河文明印章描绘的是菩提树和两个兽头。菩提树后来成为印度教的神木。

- 菩提树叶
- 兽头
- 印度河文明的文字

湿婆原型
这个人物头戴角状头饰，周围环绕着野生动物，表明他可能是一位神。考古学家认为这是湿婆的早期形象。

- 三叉头饰
- 瑜伽姿势

神话中的场景
有些印度河文明的印章上描绘了人与老虎搏斗的场景（上图）。他们可能是神，也可能是神话中的英雄。

饰品

印度河文明极重视个人饰品。人们佩戴项链、垂饰、头饰、耳饰、戒指、脚链、珠饰腰带等各类饰品。这些饰品由金属、象牙、彩陶（涂釉陶器）、赤土、贝壳和石头等材料加工而成。手镯对当时的人们尤为重要。制作饰品的工匠能够熟练地加工玛瑙、蛇纹石、滑石等宝石和半宝石。

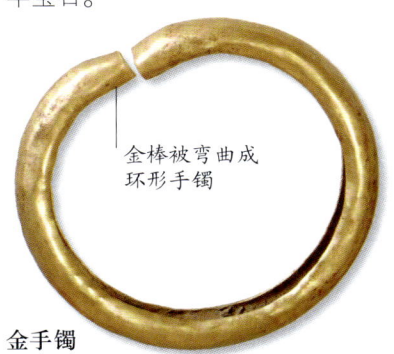

- 金棒被弯曲成环形手镯

金手镯
印度河文明的女性通常佩戴手镯。手镯的材质能够体现主人的社会地位。大多数人戴陶或贝壳手镯，身份高贵的人戴金或银手镯。

耳饰
这枚耳饰上的镶嵌物已经遗失，据推测是一块玛瑙。耳饰边缘用金丝焊接做装饰。

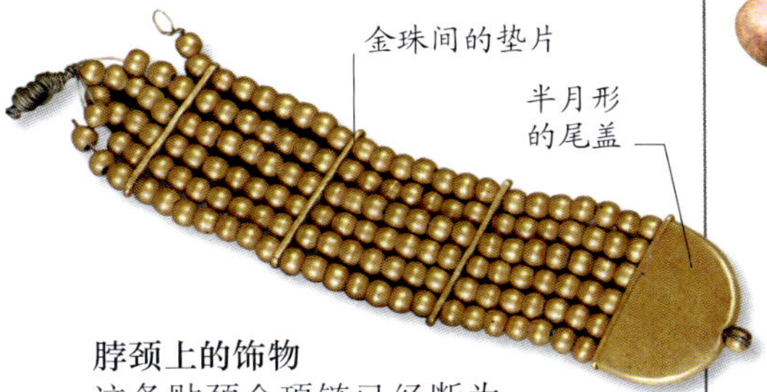

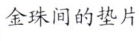

- 金珠间的垫片
- 半月形的尾盖

脖颈上的饰物
这条贴颈金项链已经断为两半，但它仍能体现当时金匠的高超技艺。

艺术与文化

印度河文明的统一性暗示它是一个组织有序、纪律严明的社会。技艺非凡的工匠用各种材料制作出大量质量上乘的商品。这些材料包括开采自巴基斯坦信德省的上等燧石及印度古吉拉特邦的宝石和贝壳。印度河文明的艺术作品还包含青铜和石头雕像、刻在印章上的动物像（参见本页"信仰与仪式"），以及生动的赤陶雕塑。

赤陶公牛
印度河文明的雕塑大多数表现的是家养动物和野生动物，例如狗、犀牛、鸟和松鼠。公牛雕塑在当时最为流行。

裸身女性
当时的女性雕塑上除了饰品之外一般没有任何衣物。表现穿着衣物和从事家务的女性雕塑数量很少。

- 圆眼睛
- 尖鼻子
- 贴颈项链

祭司王
这件微型石像只有17.5厘米高，表现的可能是印度河文明的统治者。不过人们并没有找到可以确认其身份的相关证据。

科技与创新

印度河文明的所有村庄和城市都被规划为轮廓分明的网格状布局，并且拥有十分先进和完善的供水及排污系统。工匠制作精美的燧石和铜质工具及各式各样的陶器。人们在家就能织出优质的棉纺织物，并将其染成黄色、蓝色、红色等颜色。

石方砝码
在印度河文明中，官方使用统一标准的石方砝码。砝码的基本单位从最小的0.9克到最大的10.9千克或12800个单位不等。

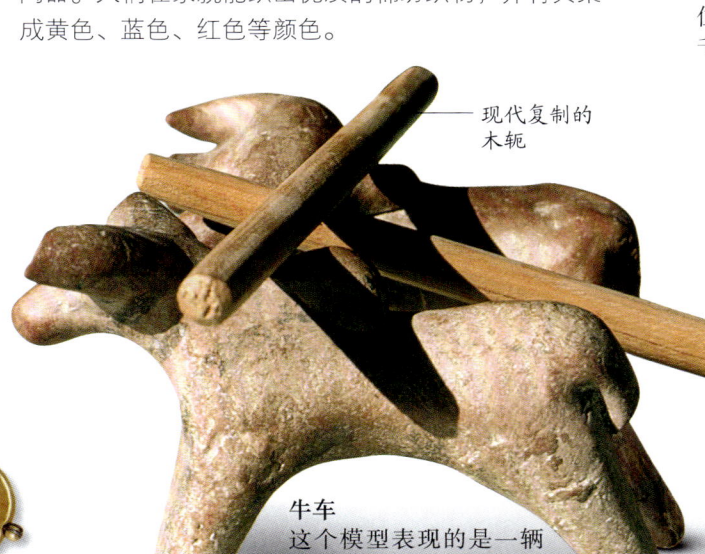

- 现代复制的木轭
- 固定的圆形车轮

牛车
这个模型表现的是一辆由两头牛拉的车。印度河流域的人们至今仍在使用这种车。

文明的摇篮

世界上最早的文明出现在公元前4000年前后的美索不达米亚南部一个叫作苏美尔的地方。此地的早期城邦于公元前2350年前后统一，巴比伦成为统一后的帝国都城。在美索不达米亚北部（亚述），一些帝国从公元前1800年前后开始崛起。美索不达米亚南部与北部在文化上存在联系。后来，亚述人的势力不断扩张，控制了整个西亚地区。

楔形文字（笔画呈楔形）是用芦苇秆制成的笔在软黏土上压印出来的

标记
当时的人们将土钉嵌入神庙等重要建筑物的墙体中，土钉上的楔形文字表明国王密切参与了这座建筑物的建造。

力量与美 ▷
巴比伦逐渐发展成为一座壮丽的城市。它拥有巨大的城墙、马尔杜克神庙中的塔庙（巴别塔）、游行大道和伊什塔尔门。伊什塔尔门上贴满了描绘公牛和龙的釉面砖。类似的釉面砖也贴在王宫的宝座殿中，而此处的釉面砖上描绘的则是凶猛的狮子。

美索不达米亚南部文明于公元前4千纪前后创造出了许多对世界具有重要意义的新事物。底格里斯河与幼发拉底河下游的农田需要依赖河水灌溉，这就要求社会高度组织化。每年河水泛滥的季节正是庄稼在地里生长的时候，这意味着人们必须开凿运河及修建水库来疏导和积蓄河水，以备日后使用。美索不达米亚人发明的犁使耕田变得更容易，提高了耕种效率。农民种植大麦、椰枣和蔬菜，饲养牛、绵羊和山羊。耕牛能够为人们提供牛奶和粪肥，绵羊和山羊能够提供羊毛、羊奶、羊肉和羊皮。

神庙在当时支配着整个社会。从神庙土地上收获的粮食被支付给为神庙工作的农民、劳工、工匠和商人作为报酬。这种以粮食和布料作为报酬的公共服务和雇佣关系长期持续，即使在权力转移到国王手中之后也未改变。

公元前4000年前后，最早一批城市出现在苏美尔地区，它们都以神庙为中心。首先为现代人所知的是出土了大量泥板的乌鲁克。这些泥板上刻有早期文字，人们创造这些文字的目的是辅助神庙进行行政管理。公元前3千纪中期，泥板上出现了文学作品，例如关于乌鲁克早期国王吉尔伽美什的史诗。城邦之间常因争夺土地和灌溉用水而发生冲突，国王作为战争的领导者，其权力在冲突过程中不断膨胀。

早期帝国

公元前2334年前后，阿卡德王萨尔贡统一了美索不达米亚南部，建立了阿卡德王国。萨尔贡制定了统一的国家行政和管理标准，其中包括统一度量衡。公元前2112年前后，乌尔纳姆国王建立了乌尔第三王朝。他制定了已知最早的成文法典，建造了第一座塔庙。公元前18世纪，美索不达米亚被古巴比伦国王汉谟拉比征服。

纵使美索不达米亚农业发达，原材料却十分匮乏。巴比伦人通过与阿曼和塞浦路斯通商来获得铜，从阿富汗进口青金石和锡，从印度河流域进口木材、黄金、象牙和宝石。作为交换，巴比伦人将大量制成品，尤其是精美的纺织品，出口到其他国家。拥有一定规模的纺织作坊会雇用女性和儿童生产纺织品。

北方与南方

公元前2千纪晚期的外交信函向我们揭示了这一时期几股势力之间时而结盟、时而敌对的动荡状态。参与其中的包括古埃及人（参见第26页）、赫梯人（参见第43页）、美索不达米亚北部的米坦尼人和巴比伦尼亚地区的加喜特人。随着米坦尼王国的衰落，位于西北部的小国亚述逐渐扩张，并建立起帝国。亚述帝国命途多舛，但它仍然统治西亚很长一段时间。宫殿里的浮雕生动地展现了亚述人的生活（参见第21页）。其中一件浮雕描绘了亚述国王西拿基在尼尼微建造的美丽阶梯花园，这座花园很可能就是巴比伦"空中花园"的原型。

新巴比伦王国于公元前612年征服亚述，但不久之后，巴比伦就遭到了波斯人的入侵（前539）。然而，美索不达米亚的文化遗产却传承了下来，其中包括玻璃、陶轮，以及在医学、天文学和数学等领域所取得的巨大成就。

"纵使远至天边，也没有能与我匹敌的统治者……这个世上没有我办不到的事情。"

舒尔吉，乌尔第三王朝国王（约前2094～约前2047），一首关于舒尔吉的赞美诗

政治与权力

在城邦中，国王和人民相互认同各自的身份，公民大会具有一定决策权。在更大的国家中，统治者会任命家族成员、城市居民或部落成员为官员，协助其管理国家。共同的文化价值观要求国王对神负责，并尽可能地给予臣民富足的生活。

巴比伦神庙里的文字
巴比伦国王们不仅建造新神庙，还会将旧神庙修复或装饰一新。他们将这些表示虔诚的行为记录在黏土上，用作铭文或埋在建筑物的地基下。

界石
加喜特人的界石上记录着王室赐给忠心的辅佐者土地的情况。它们被置于神庙内公开展示。

记账泥板
最早的文字出现于公元前3300年前后，用于记录神庙的收支状况和生产活动。大部分留存下来的文字记录的都是行政事务。

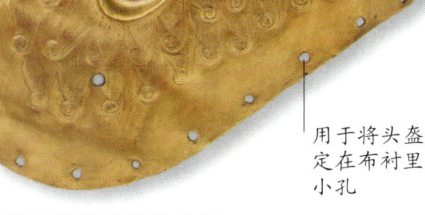

麦斯卡拉姆杜格的头盔
这顶精美的头盔由黄金打造而成，出自乌尔（位于今伊拉克境内）的一座墓葬。它的主人可能是乌尔国王麦斯卡拉姆杜格。头盔可能用于展示而非战斗。

乌尔的旗标
这个不同寻常的物件出自乌尔王室的墓葬，被认为是王室的旗标，但也有可能是某件乐器的共鸣箱。其中一面描绘着战争场景，另一面则描绘着战后人们庆祝胜利的场面。

战争场景

战争与冲突

敌对城邦间的战争及城邦与来自丘陵和荒漠地区敌人间的战争，被记录在美索不达米亚的文献和艺术作品中。起初，军队中只有步兵和战车，公元前1千纪又编入骑兵。亚述军队令人生畏。被征服者需要向亚述帝国进贡，如有反抗，就会遭到无情的镇压。被征服者有时会被逐出家园，并被重新安置在帝国的其他地区。

亚述人的围攻
攻城战促使人们不断改进防御工事和攻城装备，例如城防建筑物、攻城塔和云梯。

尖头盔、国王的执盾手、攻城塔、矩形盾牌、敌军弓箭手
国王的侍从，宦官、国王亚述那西拔、攻城塔的轮子、有防护篷的攻城槌、巨大的城门

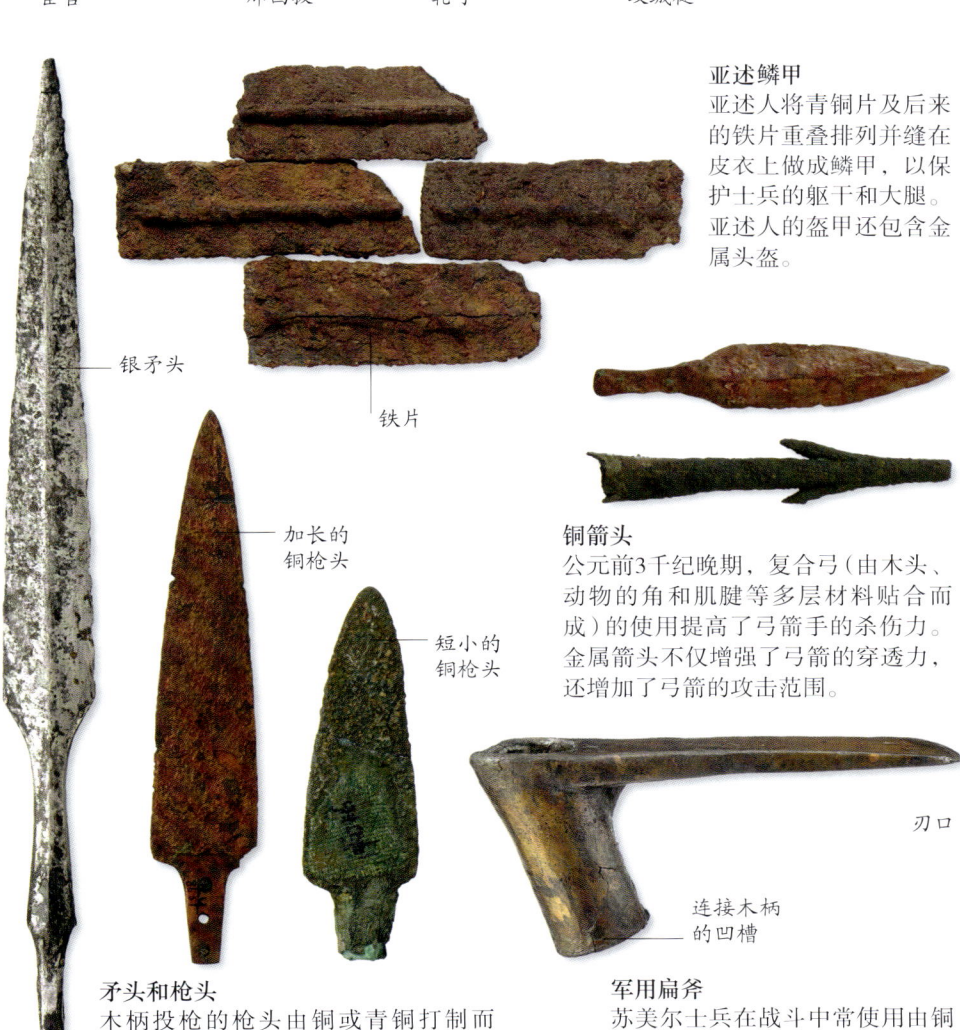

亚述鳞甲
亚述人将青铜片及后来的铁片重叠排列并缝在皮衣上做成鳞甲，以保护士兵的躯干和大腿。亚述人的盔甲还包含金属头盔。

银矛头、铁片、加长的铜枪头、短小的铜枪头、铜箭头

铜箭头
公元前3千纪晚期，复合弓（由木头、动物的角和肌腱等多层材料贴合而成）的使用提高了弓箭手的杀伤力。金属箭头不仅增强了弓箭的穿透力，还增加了弓箭的攻击范围。

刃口、连接木柄的凹槽

矛头和枪头
木柄投枪的枪头由铜或青铜打制而成。投枪是步兵和战车士兵使用的武器，其柄部缠绕有一条细皮带。银只用于制造展示用的武器。

军用扁斧
苏美尔士兵在战斗中常使用由铜或青铜打制的扁斧。这把扁斧出自乌尔。除作为武器外，扁斧还用作工具。

信仰与仪式

在美索不达米亚历史中，神庙享有巨大的政治和社会权力。每座苏美尔城市都有自己崇敬的神，但空气之神恩利尔是公认的众神之首。后来，巴比伦城的主神马尔杜克取代恩利尔成为主神，这反映了巴比伦在政治上的崛起。虽然亚述人也有自己的城市之神阿苏尔，但他们也崇敬巴比伦的神。

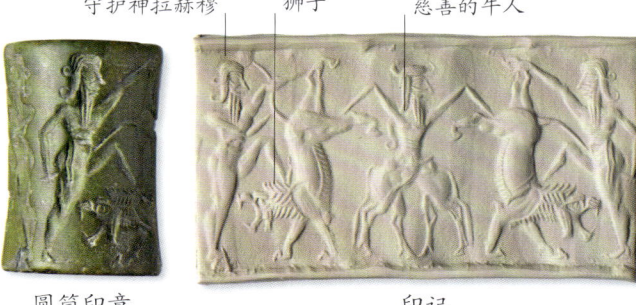

守护神拉赫穆、凶残的狮子、慈善的牛人
圆筒印章、印记

神话中的战斗场景
圆筒印章上通常刻着有宗教含义的图案。这些关于神和英雄与公牛和狮子决斗的传统主题在阿卡德时期尤为盛行。

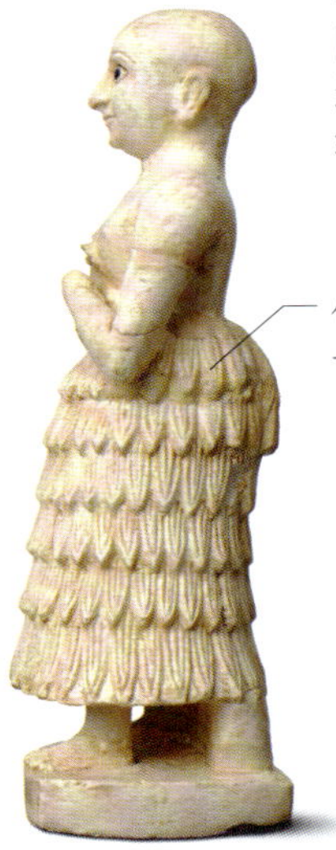

传统的羊毛裙

苏美尔祭司
祭司主持宗教仪式和祈祷，通过解读征兆来探明神对某件事的看法。除此之外，祭司还监管神庙的商业事务。

神圣的角冠、人首赋予雕像智慧

尼姆鲁德的守卫
在美索不达米亚的艺术作品中，许多令人敬畏的形象扮演着善良的角色。拥有巨大鸟翼的人首狮身（或牛身）雕像代表守护神，它们守护着亚述的神庙和宫殿。

雕像的正面和侧面共有五条腿

22 早期社会 公元前20000～前700年

财富与艺术

公山羊与圣树

20世纪20年代，英国考古学家伦纳德·伍利爵士在乌尔发现了一些引人注目的墓葬，这些墓葬可以追溯至公元前2550～前2400年。在巨大的墓葬区域中，大部分墓葬只有简陋的墓坑，但是有16座墓葬的墓室顶部为拱券结构，需要通过墓道进入，而伍利爵士认为这16座墓室中有大量珍贵的随葬品，伍利爵士由此推断这16座墓为早期王陵。其中一座墓葬中有一顶精美的金头盔和两个金碗，上面均刻有乌尔早期国王麦斯卡拉姆杜格的名字。另一座王陵中出土了一枚刻有"普

阿比王后"字样的印章。王陵中出土的物品彰显了庞大的财富和非凡的艺术创造力。制作这些物品的原材料，例如金、银、青金石、印度河玛瑙和细石，都来自异域。这些精美的物品不仅包含器皿和珠宝，还包含用兽头装饰的竖琴，用马赛克图案镶嵌的棋盘、驴拉的车和镀金的家具。有些物品是墓主人生前的个人财产，作为随葬品供其死后继续使用；还有些物品是献给阴间神灵的礼物，以求死后能得到优待。除王室主要成员外，这16座墓葬中还有许多

其他人的尸体，他们可能是殉葬者。在普阿比王后的墓葬中发现至少26具殉葬者的尸体，另外74具则是在被伍利爵士称为"死亡之穴"的墓葬中发现的。这些尸体埋葬的位置和他们身边的物品显示其身份分别是车夫、护卫、乐师和侍从，其中大部分为女性。伍利爵士认为这些人是自愿为主人殉葬的，不过也有研究显示，其中一些殉葬者死于脑后遭受重击，但是否所有尸体都为殉葬者仍不能确定。在美索不达米亚的其他墓葬内并没有发现类似的殉葬者。

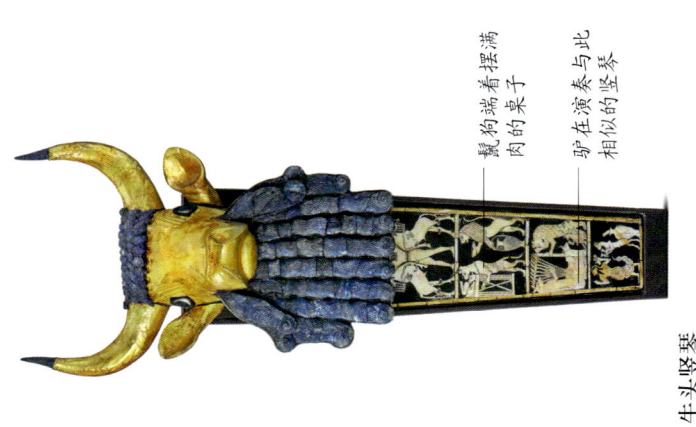

牛头竖琴 这把木质竖琴发现于一位女性侍从的尸体旁。竖琴的共鸣箱前端装饰着牛头，而牛头木身则由青金石、贝壳和黄金装饰。

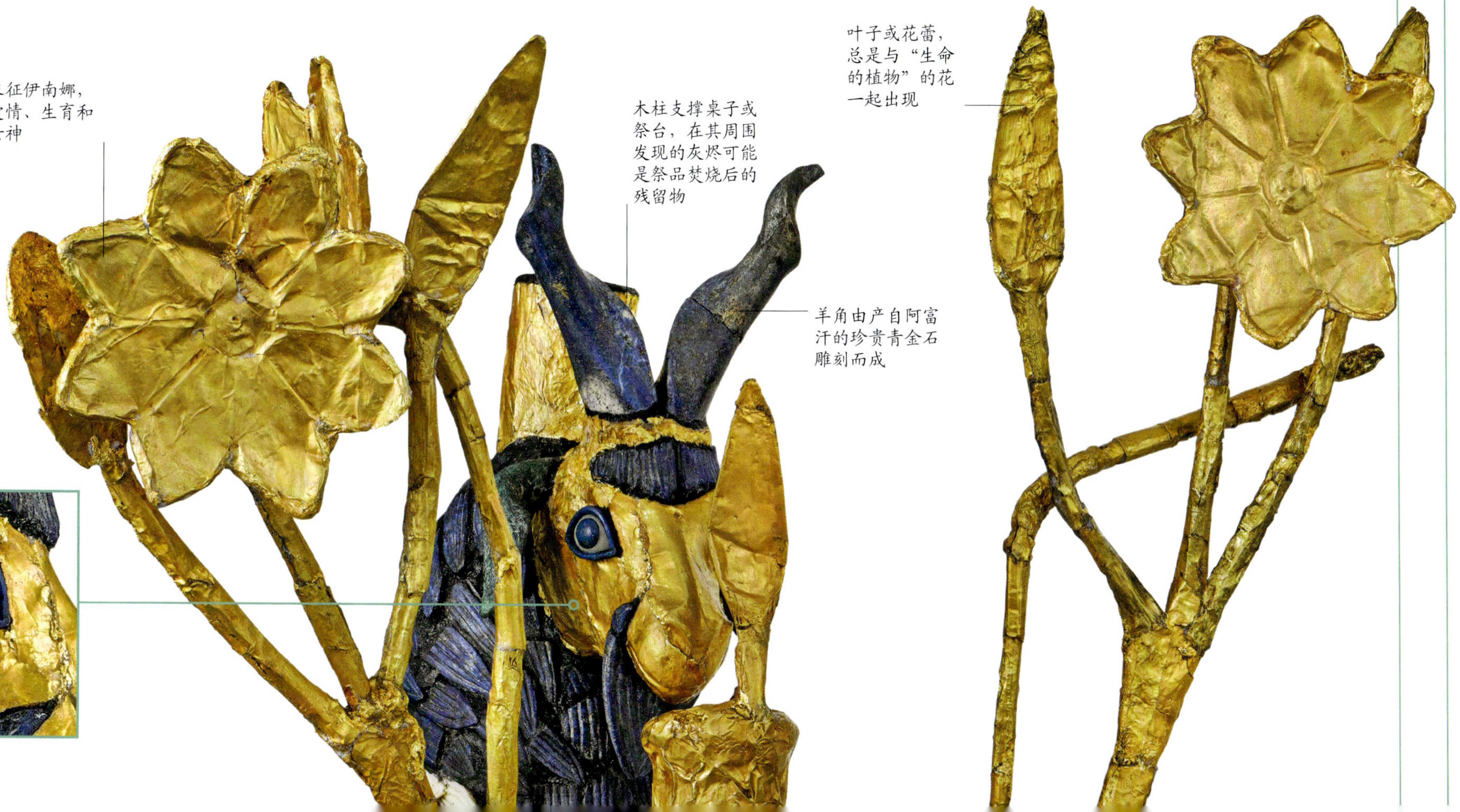

鼠的端部装着接满肉的桌子

驴在演奏与此相似的竖琴

叶子或花蕾，总是与"生命的花"的植物一起出现

羊角由产自阿富汗的珍贵青金石雕刻而成

木柱支撑桌子或祭台，在共周围发现的灰烬可能是祭品装烧后的残留物

金花象征伊南娜，她是爱情、生育和重生女神

脸部特征 公山羊的眼睛（中间镶有白色贝壳）、胡须和前额上的毛由深蓝色的青金石刻而成，耳朵则由铜（如今呈蓝绿色）铸成。

文明的摇篮 | 23

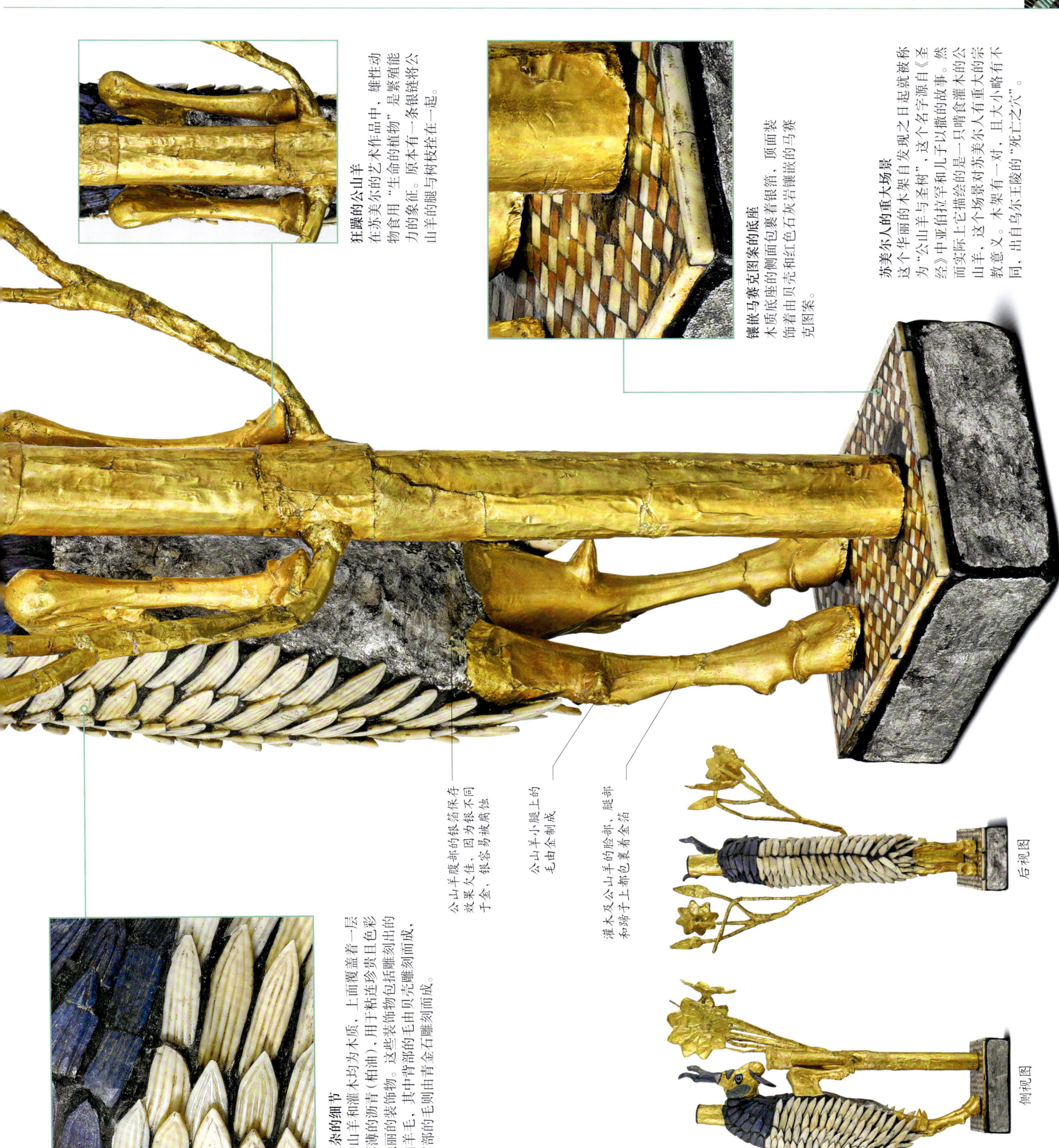

狂躁的公山羊
在苏美尔的艺术作品中，雄性动物常用"生命的植物"是繁殖能力的象征。原本有一条银链将公山羊的腿与树枝拴在一起。

镶嵌马赛克图案的底座
木质底座的侧面包裹着银箔，顶面装饰着由贝壳和红色石灰岩镶嵌的马赛克图案。

苏美尔人的重大场景
这个华丽的木架自发现之日起就被称为"公山羊与圣树"，这个名字源自《圣经》中亚伯拉罕和儿子以撒的故事。然而实际上它描绘的是一只啃食灌木的公山羊。这个场景对苏美尔人有重大的宗教意义。木架有一对，且大小略有不同，出自乌尔王陵的"死亡之穴"。

复杂的细节
公山羊和灌木均为木质，上面覆盖着一层薄薄的沥青（柏油）。这些装饰物，包括珍贵艳丽的装饰物，山羊毛，其中背部的毛由贝壳雕刻而成，肩部的毛则由青金石雕刻而成。

公山羊腹部的银箔保存效果大佳，因为银不同于金，银容易被腐蚀

公山羊小腿上的毛由金制成

灌木及公山羊的脸部、腿部和蹄子上都包裹着金箔

后视图

侧视图

家居生活

烹饪和用餐使用的杯、碗、盘、罐多为陶器。富裕家庭还会使用由金属或石头制成的器皿，制作它们的原材料通常来自异域。这些器皿大多出自乌尔王陵，也有些出自平民墓葬。

刻有花纹的石碗
公元前3千纪，在伊朗的叶海亚和吉罗夫特及沙特阿拉伯的塔鲁特，人们开始制作造型独特的皂石碗。这种石碗被广泛交易。

蝎子图案　　有代表性的阴影线

船形碗
银是从安纳托利亚进口的，用于制作奢华的餐具和装饰品。经过称重的银还被用作货币。

酒器　　芦苇管

圆筒印章　　宴会盛况的印记

饮酒者
苏美尔人的大麦酒未经过滤，饮用时需要使用管子吸取。人们在普阿比王后的王陵中发现了三种不同材质的管子，分别是用青金石包裹的金管、银管和铜管。

皂石平底酒杯
乌尔出土了大量金、银和石头平底酒杯。皂石质地较软，易于雕刻，常用于制作器皿和印章。

雪花石膏花瓶
早期的美索不达米亚人用石头制作奢华的器皿。雪花石膏来自伊朗东部，美索不达米亚当地不出产这种石头。

服装与饰品

保存完好且有大量随葬品的墓葬极为少见，因此关于美索不达米亚服装和饰品的信息主要来自文字记录和艺术作品。例如，它们为我们揭示出苏美尔男性穿羊毛短裙，女性穿包裹身体的羊毛长袍。迄今为止规模最大的珠宝随葬品出自乌尔王陵（参见第22页）。

戒指
这些戒指由极细的金丝拧成。普通人只能戴铜戒指。

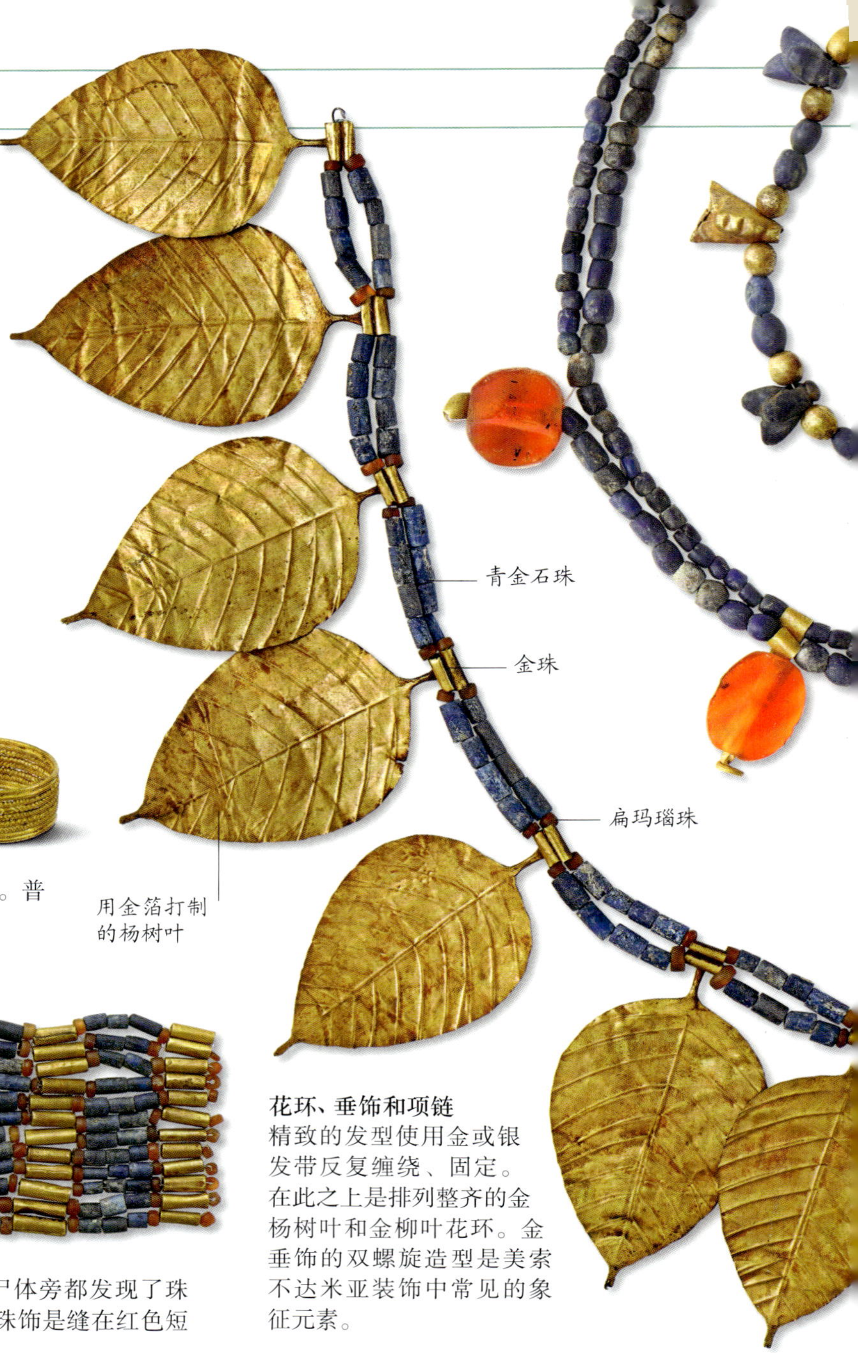

袖口饰品
在"死亡之穴"的很多女性尸体旁都发现了珠饰。遗存下来的线表明这些珠饰是缝在红色短袖衣服袖口处的。

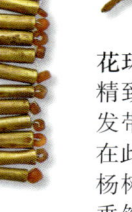

— 青金石珠

— 金珠

— 扁玛瑙珠

用金箔打制的杨树叶

花环、垂饰和项链
精致的发型使用金或银发带反复缠绕、固定。在此之上是排列整齐的金杨树叶和金柳叶花环。金垂饰的双螺旋造型是美索不达米亚装饰中常见的象征元素。

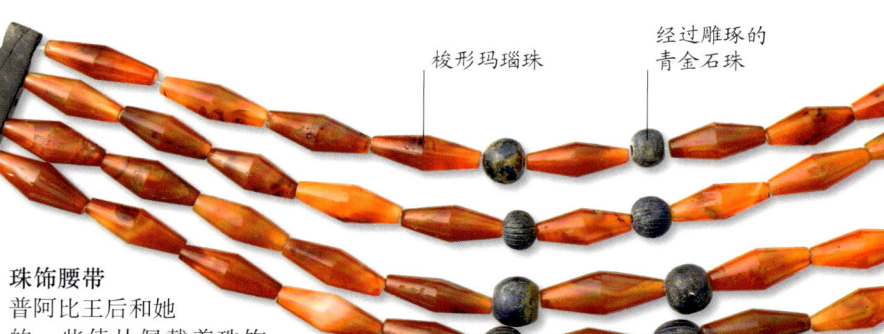

梭形玛瑙珠　　经过雕琢的青金石珠

珠饰腰带
普阿比王后和她的一些侍从佩戴着珠饰腰带。这些珠饰背面可能缝有皮革或布料，有些腰带上还挂有金或贝壳垂饰。

罕见的项链
乌尔王陵中的许多女性侍从佩戴着与众不同的贴颈项链。这种项链由三角形薄片穿成，其中的金片由金箔对折而成。

经过雕琢的青金石片　　金管用于穿线

- 青金石苍蝇
- 有凹槽的金珠
- 青金石珠
- 金苍蝇
- 印度河玛瑙珠
- 双螺旋金垂饰
- 顶部有七朵金花的发梳
- 尖端镶有玛瑙的金柳叶
- 金发带
- 锤打出的金片

耳环
乌尔王陵中的许多女性都佩戴耳环。这些巨大的月牙形金耳环,可能悬在一根挂于耳朵上的细线上。

- 银托上的花瓣已缺失
- 金花瓣
- 用金和青金石制成的别针头
- 熔块花瓣
- 银支架
- 悬挂圆筒印章的小金环
- 由金珠、青金石珠、银珠、玛瑙珠等穿成的珠串
- 有斑纹的玛瑙珠
- 挂在腰带下方的金环

发梳
乌尔王陵中的普阿比王后和一些侍从都戴着"西班牙式发梳",支撑着她们精心梳起的头发。发梳上的花就像是从头发里长出来的一样。

衣服别针
这种别针用于固定披风式衣服。衣服的一边搭在一侧的肩膀上,从另一只胳膊下穿过。别针头下方的小环通常用于悬挂穿戴者的圆筒印章。

普阿比王后的华丽服饰
伍利爵士运用高超的技艺将出土的饰品组装还原。其中包括普阿比王后精致发型中的金发带和头饰,以及由珠串制成的华丽披肩。

古埃及人的今生与来世

古埃及自建立之初便被宗教所主宰。崇拜无所不能的神是古埃及人日常生活的一部分，他们相信这样做可以使自己安度来世。法老（国王）被视作神，控制着王国中的大量资源。他们利用这些资源修建了规模宏大的建筑物和藏满奇珍异宝的陵墓。

面罩之下
木乃伊被用绷带包裹之后，其面部通常会戴上理想化的肖像面罩。面罩由亚麻与石膏混合成的材料制成，表面有镀金和彩绘。

现实生活场景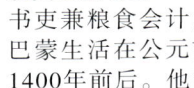
书吏兼粮食会计内巴蒙生活在公元前1400年前后。他的墓葬中装饰有许多华丽的壁画，描绘了当时的现实生活场景。壁画中的内巴蒙正在纸莎草丛中捕鸟，他的妻子和女儿在一旁注视着他。

埃及常被称为"尼罗河馈赠的礼物"，古埃及的安定在很大程度上归功于尼罗河。尼罗河在每年最适合种植庄稼的季节泛滥，为沿岸带来充足的水源和肥沃的淤泥；它仿佛是为航行而设计的，河水由南往北流，而盛行风则由北往南吹，为船只往返提供便利。公元前4千纪晚期，出现了上埃及和下埃及两个王国。公元前3100年前后，国王美尼斯（那尔迈）统一了上、下埃及，并在下埃及的孟菲斯建都。当强大的统治者掌权时，王国长期繁荣。然而，这样的繁荣时有中断。当软弱的统治者失去对整个国家的掌控时，王国就会四分五裂，各地区享有不同程度的独立。

古王国时代

相对而言，人们对古埃及的前两个王朝（早王朝时代）所知甚少。古王国时代始于公元前2686年前后的第三王朝。这个时代的国王们建造了最早的金字塔（参见第28页）。他们从努比亚获取黄金，并用这些黄金换取比布鲁斯（今黎巴嫩朱拜勒，参见第47页）的木材。太阳神拉成为古埃及众神之首。然而，干旱以及接踵而至的饥荒使王国自公元前2181年前后（第一中间期）开始分裂。

中王国时代

公元前2040年前后，门图霍特普二世再次统一上、下埃及。公元前1985年前后，王位传到了阿蒙涅姆赫特一世手中，他建立了第十二王朝，在伊特塔威建立新都城，并且明确了王国中各诺姆（古埃及的省）之间的边界。国王死后仍被埋葬在金字塔中，不同的是，金字塔周围围绕着其他贵族的墓葬。人们建造了许多神庙，对冥府之神奥西里斯（参见第34页）愈发崇拜。

为了更好地控制努比亚的金矿，古埃及人修建了堡垒和运河。公元前17世纪早期，王权开始衰落。公元前1650年前后，亚洲的喜克索斯人控制了尼罗河三角洲地区，第二中间期开始。都城伊特塔威遭遗弃，不过埃及王朝以底比斯为中心继续统治上埃及地区。

新王国时代

公元前1550年前后，阿赫摩斯一世驱逐了喜克索斯人，迎来新王国时代。古埃及对努比亚的控制一直延伸到努比亚南部。法老死后埋葬在底比斯以西的帝王谷，陵墓直接凿建于峭壁的岩石上。底比斯的主神阿蒙成为众神之首，人们在卢克索等地修建了许多大型神庙。

公元前14世纪，法老埃赫那吞打破宗教传统，开始信奉唯一的神——阿吞，并建立新都城阿玛纳。然而，二者在其死后都没能延续，年轻的继承者图坦卡蒙恢复了原本的宗教信仰和都城。国际贸易繁荣发展，古埃及人甚至将他们的统治扩展到了东方。

公元前11世纪，政权再次分崩离析。公元前1069年前后，第三中间期开始。这一时期，上、下埃及分别被各自独立又相互关联的两个政权统治。公元前8世纪晚期，库施王国（努比亚）重新统一了上、下埃及，建立第二十五王朝。

> "如果你还活着，享受生命吧……在大地上追随内心，愉快生活，寻欢作乐。"
>
> 《哈珀之歌》，国王伊涅特夫（约前2125～前2055）墓碑上的铭文

政治与权力

在神话中,古埃及的第一位国王是奥西里斯神,后来,他的儿子荷鲁斯继承了王位。法老是国家的最高统治者,自称荷鲁斯在世界上的化身。在王权之下,古埃及的行政权力掌控在国家官员和诺姆长手中。

拉美西斯二世
拉美西斯二世是古埃及最强大、最长寿的法老之一。公元前13世纪,他下令建造了许多神庙、雕像和纪念性建筑物,甚至还有一座新城——培尔·拉美斯。

- 眼镜蛇(保护法老),王室的标记
- 麦利普塔赫在赞美升起的太阳
- 刻有赞美太阳神诗歌的石碑
- 连枷,代表肥沃的土地
- 胡须,彰显神性

麦利普塔赫,阿蒙神的祭司
太阳神阿蒙-拉是古埃及的主神,因此他的大祭司掌握着巨大的政治权力,尤其是在软弱的国王当政的时期。

金字塔

公元前27世纪,国王左塞在萨卡拉建造了最早的金字塔——阶梯金字塔。在此后的两个世纪中,国王斯奈夫鲁和他的继任者们分别在代赫舒尔和吉萨(上图)建造了表面平滑的金字塔,以及祭庙、安葬国王妻子的附属金字塔和其他纪念性建筑物。

- 侵蚀严重的人面
- 狮身
- 法老的假胡须
- 王室头巾
- 拉美西斯二世之子梅伦普塔的王名圈,刻于其父死后

新王国时代的斯芬克斯
斯芬克斯是太阳神和王权的象征。新王国时代,人们修建了供游行使用的斯芬克斯大道,将神庙连接在一起。这件斯芬克斯雕像上刻有拉美西斯二世的五个王室名号。

- 王名圈,象形文字和围绕在外的椭圆形组成的王室名号

王室名号
这个王名圈内的象形文字是拉美西斯二世登基时采用的名号,意为"拉神的公正强而有力"。

象形文字
象形文字中的动物和物品等符号,既能表音,也能表意。太阳符号代表词语"re"(太阳和拉神),表示"光"的概念或"r"的发音。

艺术与文化

古埃及的艺术创作严格遵循惯例:在绘画中,将人物的头部和四肢表现为正侧面,同时将躯干表现为正面。古埃及的艺术作品详细且真实地展现了古埃及人的生活。这些艺术作品包括绘画、浮雕、人物和生活场景的模型以及石雕。

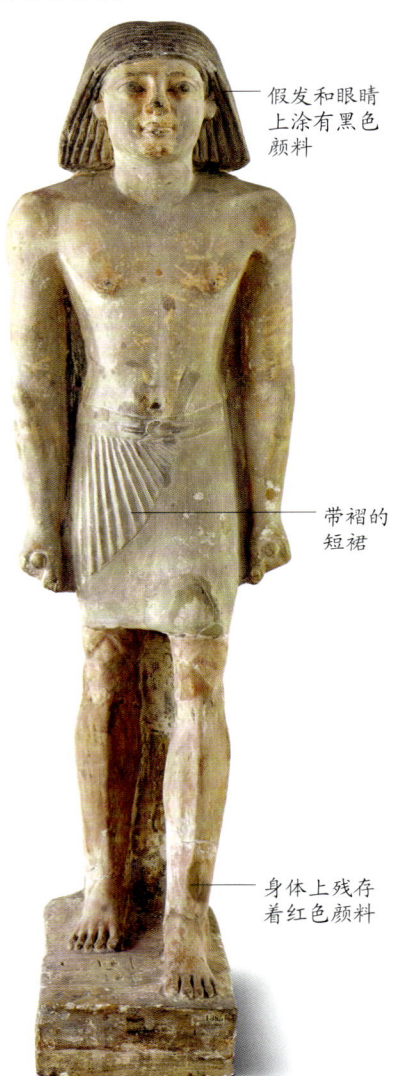

- 假发和眼睛上涂有黑色颜料
- 带褶的短裙
- 身体上残存着红色颜料

站立的书吏
自信的站姿反映出书吏享有的身份优势,包括获得要职的机会及免除繁重体力劳动(大多数人必须承担)的特权。

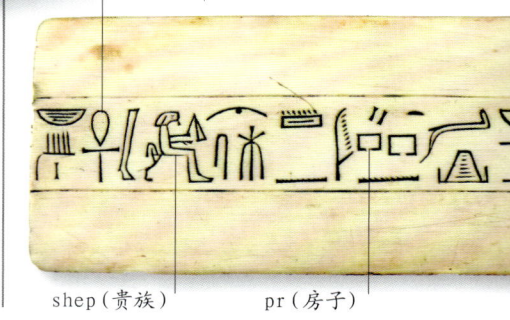

- ankh(生命之钥)
- shep(贵族)
- pr(房子)

古埃及人的今生与来世 29

假眼
雕像和丧葬面罩上镶嵌着这种假眼。眼眶由铜线弯曲而成，眼球由石头制成。

- 瞳孔由深色石头制成
- 光头

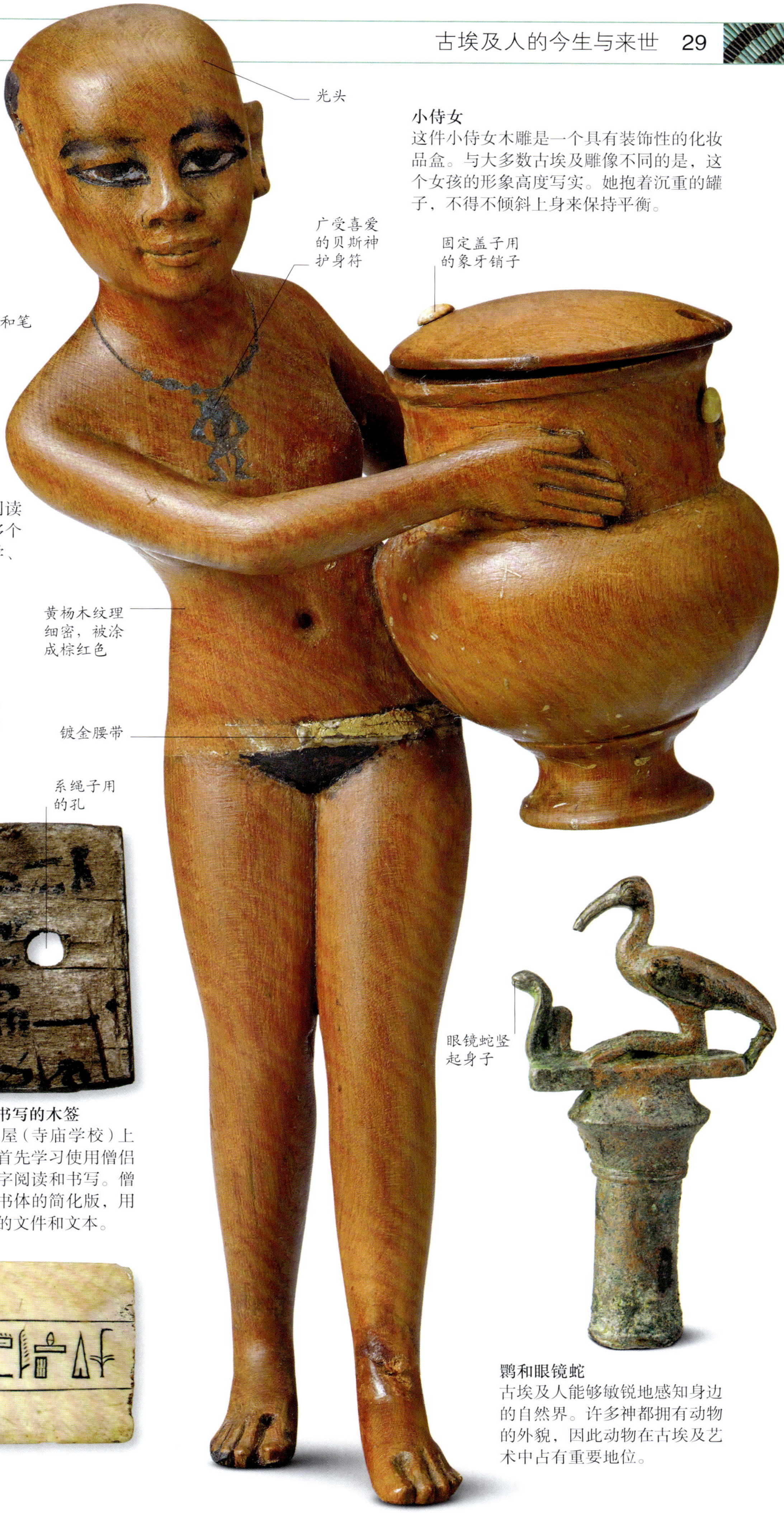

小侍女
这件小侍女木雕是一个具有装饰性的化妆品盒。与大多数古埃及雕像不同的是，这个女孩的形象高度写实。她抱着沉重的罐子，不得不倾斜上身来保持平衡。

- 广受喜爱的贝斯神护身符
- 固定盖子用的象牙销子

- 盛黑墨水的凹槽
- 盛红墨水的凹槽
- 用于精准书写的芦苇笔
- 便于携带的木质笔盒

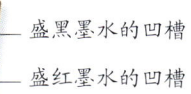

- 笔盒和笔

受过教育的人
只有十分之一的古埃及人能够阅读和书写，这些人需要掌握1000多个象形文字。书面教育包括天文学、地理学、医学、数学和法学。

- 玄武岩调色板
- 研磨颜料的工具
- 蓝色矿石和红色赭石

书写工具
书吏的笔盒、笔和墨水是能体现其职业的特殊标志。他们用这些工具记录和书写象形文字。

- 黄杨木纹理细密，被涂成棕红色
- 镀金腰带
- 系绳子用的孔

- 从右向左书写的僧侣体象形文字

刻有圣书体象形文字的物件
刻在石碑和木乃伊等其他东西上的纪念性文字都是圣书体象形文字。这种象形文字制作精细并且高度图形化。

用僧侣体书写的木签
在生命之屋（寺庙学校）上学的孩子首先学习使用僧侣体象形文字阅读和书写。僧侣体是圣书体的简化版，用于非正式的文件和文本。

- 眼镜蛇竖起身子

鹮和眼镜蛇
古埃及人能够敏锐地感知身边的自然界。许多神都拥有动物的外貌，因此动物在古埃及艺术中占有重要地位。

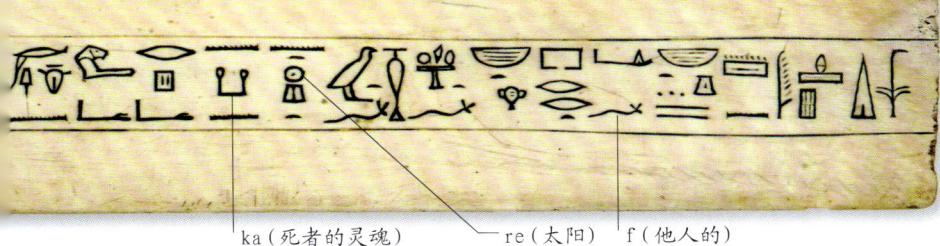

- ka（死者的灵魂）
- re（太阳）
- f（他人的）

服装与饰品

古埃及人的衣服由白色亚麻布制成，那些最上乘的布料编织极为细密。男性下身穿短裙，上身可穿可不穿，做体力劳动时会缠上腰布；女性穿配有一条或两条肩带的长款直筒连衣裙。尽管在图坦卡蒙墓中发现了一些儿童的衣物，但通常情况下儿童都不穿衣服（参见第29页）。

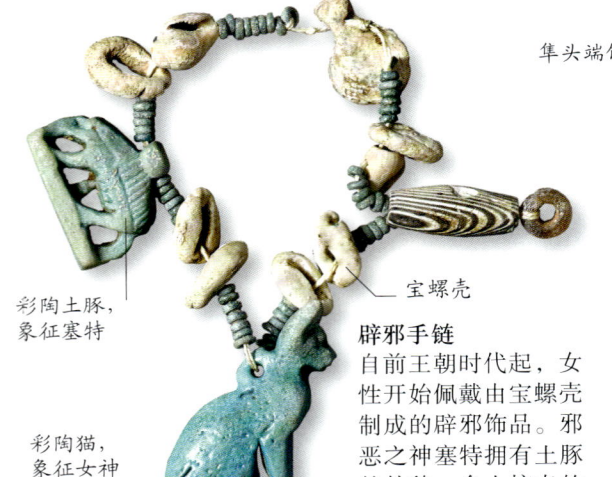

- 彩陶土豚，象征塞特
- 宝螺壳
- 彩陶猫，象征女神贝斯特

辟邪手链
自前王朝时代起，女性开始佩戴由宝螺壳制成的辟邪饰品。邪恶之神塞特拥有土豚的外貌，令人惊奇的是，他同时还具有守护神的属性。

- 隼头端饰
- 盛开的荷花
- 玛瑙珠
- 守护女神塔沃瑞特护身符

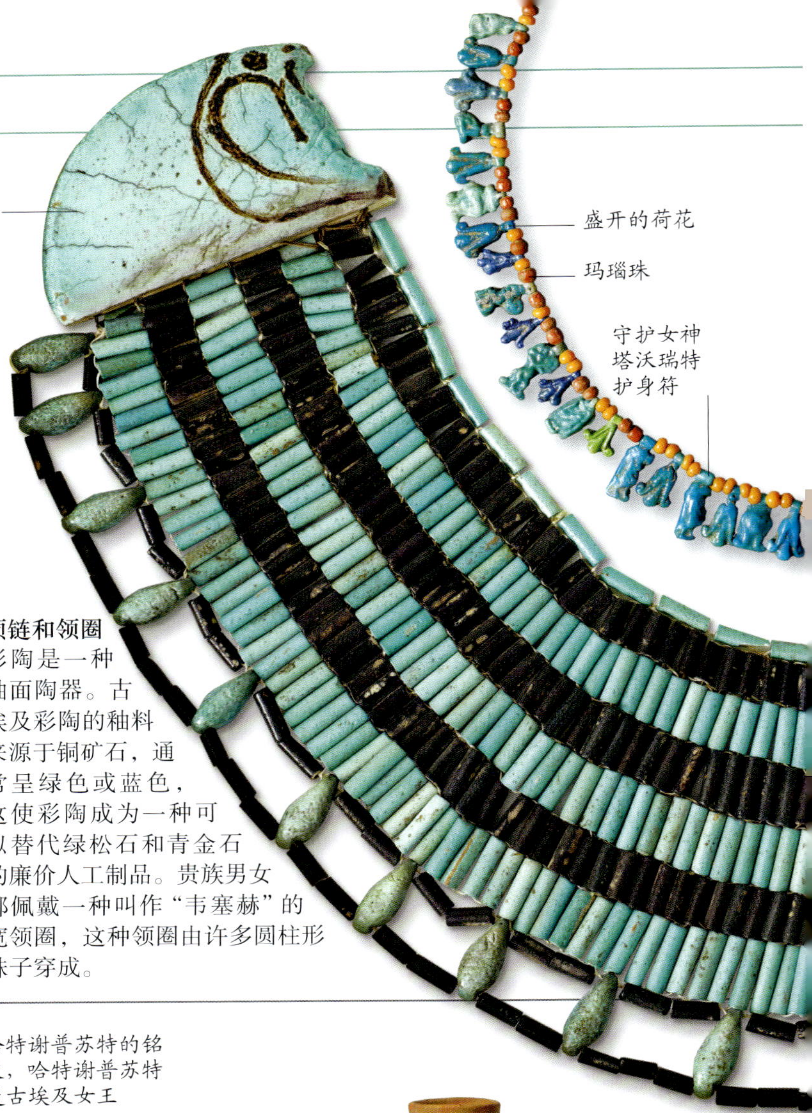

项链和领圈
彩陶是一种釉面陶器。古埃及彩陶的釉料来源于铜矿石，通常呈绿色或蓝色，这使彩陶成为一种可以替代绿松石和青金石的廉价人工制品。贵族男女都佩戴一种叫作"韦塞赫"的宽领圈，这种领圈由许多圆柱形珠子穿成。

- 护身符铭文
- 金线装饰
- 螺旋连接

戒指
这些戒指都有一个可以旋转的装饰面，形似具有守护作用的圣甲虫，背面刻有护身符。

家居生活

墓葬中的绘画和模型生动地记录了贵族在现实生活中享有的美好事物，以及他们的仆人为此付出的艰辛劳作。埃及干燥的气候使一些用易腐烂的有机材料制成的日常用品得以留存至今，例如篮筐和莎草纸。莎草纸上的文字记录了古埃及人日常生活中的方方面面。

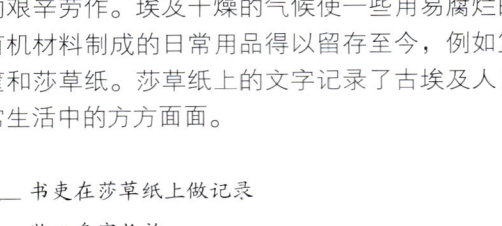

- 书吏在莎草纸上做记录
- 监工身穿长袍
- 四个工人中的一个
- 谷仓门

谷仓模型
古埃及人相信将描绘现实生活的模型随葬，可以使死者在来世延续正常生活。在这个谷仓模型中，一位监工正在询问四个工人，书吏在一旁做记录。

- 哈特谢普苏特的铭文，哈特谢普苏特是古埃及女王

雪花石膏瓶
这个刻有"哈特谢普苏特女王"名号的石瓶，可能是赐给宠臣的随葬品。

拜达里文化陶碗
最早的古埃及陶碗可以追溯至公元前4千纪，通常由一块陶土手工塑形制成。这个陶碗拥有独特的黑色边缘。

酒杯
大多数古埃及陶器是红褐色的粗陶，供日常生活使用。因原材料取自尼罗河的淤泥，所以被称为"尼罗河泥沙陶器"。

- 亚麻布
- 盘绕的植物纤维

衣物篮
用植物纤维编的席子和篮筐等日常用品能够完好保存是相当难得的。古埃及人用棕榈叶和草叶编制这些物品。

古埃及人的今生与来世 31

爱情和母性女神哈托尔护身符

彩陶项链

圆柱形彩陶珠

韦塞赫领圈

木棒

盛放眼线膏的木罐

盛放白色护肤霜的雪花石膏罐

盛放某种化妆品的雪花石膏罐

盛放眼线膏的雪花石膏罐和盖子

鱼形调色板

赤铁矿棒

研磨用的卵石

花蕾

纸莎草茎

化妆工具
贵族女性拥有大量化妆工具，其中包括用于研磨及混合化妆品的石质调色板。

化妆品勺
这把雕刻精致的小木勺可能用于舀化妆品。勺柄上的纸莎草茎是下埃及的象征。

屠宰场景
仆人们正在为已故贵族准备祭祀用的肉。普通人很少吃肉，他们的日常饮食主要有面包、水果、蔬菜、鱼和啤酒。

被屠宰的母牛

人物造型风格化，肢体夸张

火

身体上涂有红色颜料

假发上涂有黑色颜料

32　早期社会　公元前20000～前700年

逆流而上
古埃及人建造木船时首先建造船体外壳，将木板拼接起来构成船的外部框架，然后再增建船体内部结构。

桅杆
船员依据风向控制帆
方形帆
瞭望员时刻留意附近的危险
舵手
舵桨
两名船员负责操纵篙，将船推离浅滩或沙洲

用亚麻布做的帆，与真正的古埃及帆相同
监工手握藤条指挥桨手，确保划桨动作一致
固定住的舵桨
桨手的长凳
没有龙骨的船吃水浅

> "一艘艘船从北向南朝我们驶来，带来了大麦……无穷无尽。"
> ——拉美西斯二世（前1304～前1237年在位）的铭文

沿尼罗河顺流而下
沿尼罗河航行较为便利。尼罗河水自南向北流入地中海，但船只顺流航行依然需要借助桨手的力量，这是因为盛行风是自北向南吹的。不过，当船只逆流而上时，只需要借助盛行风便可以了。因此，古埃及人将船设计成便于在桨和帆之间切换的样式，可以轻松地卷起帆并折叠起桅杆。图中这两个木船模型来自古埃及墓葬，供主人在来世使用。

来自异域的诱惑

航行在河流上

尽管用于捕鱼、猎鸟和摆渡的简易船只是用纸莎草茎秆捆成的，但大部分用于长距离河运的船只都由木头制成，而最理想的造船木材当属黎巴嫩雪松。有些船的船体中央有船舱，还有些船的船舱位于船体的一端或两端。运输从采石场开采的石料以及在地中海和红海地区进行贸易，都需要用到大量船只。

船只对古埃及人来说是必不可少的，古埃及人使用船只运输赖以生存的各类物资。铜、石料和半宝石来自尼罗河以东的荒漠，更东边的西奈半岛也出产铜。在南方，尼罗河大瀑布周围的土地为古埃及提供了无尽的黄金、黑檀木、象牙和铜。此外，还有一条航道运输的是来自撒哈拉以南非洲的异域物产。

古埃及人还能从非洲东海岸的蓬特获得许多新奇物件，这些物件可以通过红海或陆路运输。其中最具吸引力的是乳香，古埃及人在举行宗教仪式和制作木乃伊时会大量使用乳香。公元前15世纪，哈特谢普苏特女王还曾派遣一支远征队专程前往蓬特获取乳香树。除乳香以外，蓬特还出产黄金、黑檀木、象牙，以及奴隶和野生动物。生活在撒哈拉以南非洲的俾格米人擅长舞蹈，他们也被带到古埃及。考古学家在古埃及官员哈尔胡夫的墓葬中发现了一封公元前2276年前后的书信，此信来自八岁的佩皮二世国王。国王在信中表示自己会照顾好哈尔胡夫献给他的俾格米人舞者。

古埃及还从东边的邻国进口木材和铜，从克里特人和迈锡尼人那里进口陶器和军事装备。古埃及对外出口的产品包括谷物、酒、埃及鱼子酱、鱼干、亚麻布及一些奢侈品，例如彩陶器。

信仰与仪式

古埃及有大量的神话，其中奥西里斯成为冥府之神的故事尤为重要。宗教生活与世俗生活相互交织。贵族们每四个月会抽出一个月的时间担任祭司或神庙官员，在当年的其余时间里则会恢复世俗生活。

■ 神与女神

阿蒙
阿蒙（意为"隐藏者"）是众神之王，创造宇宙万物并掌管生育。作为阿蒙-拉时，他代表太阳。
— 高大的羽毛代表风
— 双脚放在脚凳二

透特
透特是众神的书吏，也是智慧之神，负责守护各类知识。在奥西里斯审判死者时，透特还负责记录。
— 鹮喙

赛赫迈特
赛赫迈特是太阳神拉的女儿。她既是战争女神，又是治疗伤病的神。
— 狮头
— 长假发

■ 伊希斯与荷鲁斯
伊希斯是被谋杀的奥西里斯的妻子，被视作送葬者和亡灵的守护神。作为奥西里斯之子荷鲁斯的母亲，伊希斯还被视作圣母和法老的母亲。

— 角
— 日盘
— 婴儿时期的荷鲁斯
— 长裙

涅弗吞
涅弗吞通常被视为普塔和赛赫迈特之子。他是荷花之神，荷花随太阳的升落而开合。他与美丽、芬芳和治愈有关。
— 两片羽毛
— 荷花头饰

阿努比斯
阿努比斯被称为"圣地（墓葬所在的荒漠）之主"。他负责将死者制成木乃伊并保护他们。
— 胡狼头
— 连枷

奥西里斯
奥西里斯被嫉妒他的弟弟塞特杀害之后复活，成为冥界之主，负责审判死者。他还象征丰饶和复活。
— 阿特夫（装饰着羽毛的王冠）
— 权杖

■ 沙布提俑

— 用绳子固定的假胡须
— 常见的木乃伊造型沙布提俑
— 令沙布提俑发挥作用的咒语

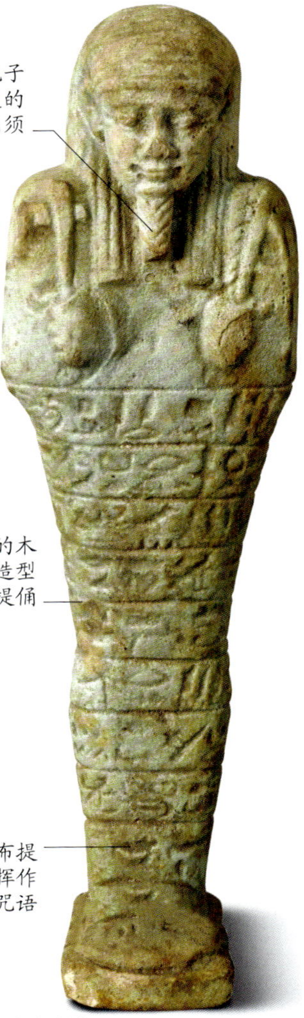

早期沙布提俑
古王国时代，为死者执行特定任务的人物模型被放置在墓葬中。到公元前1550年时，这些人物模型被功能多样的沙布提俑（意为"应答者"）取代。

彩陶沙布提俑
制作沙布提俑的材料多种多样，其中彩陶最为常见。晚期墓葬中可能有数百个沙布提俑。
— 大量制作的沙布提俑

古埃及人的今生与来世　35

护身符

荷鲁斯之子护身符
荷鲁斯的四个儿子——伊姆塞特、哈彼、杜阿木特和库波思乃夫,各自掌管四个卡诺匹斯罐中的一个。当死者被制作成木乃伊时,他的肝、肺、胃和肠会被分别装入这四个罐子里(参见第39页)。

- 隼头库波思乃夫
- 人头伊姆塞特
- 狒狒头哈彼
- 胡狼头杜阿木特

胸前的护身符
自新王国时代起,护身符上频繁出现神的形象。这个护身符上的神处于中间位置,两旁各有一只鸟。神和鸟都戴着伊希斯或哈托尔的角与日盘头冠。
- 日盘

圣甲虫护身符
在古埃及人眼中,蜣螂孜孜不倦地滚动比自身大许多倍的粪球这一行为象征着复活。因此蜣螂的形象常被制成护身符。
- 胸前的彩陶圣甲虫护身符

荷鲁斯之眼护身符
荷鲁斯在与叔叔塞特搏斗时失去了左眼,后来又奇迹般地恢复了。因此荷鲁斯的左眼象征治愈、完整、力量和保护。

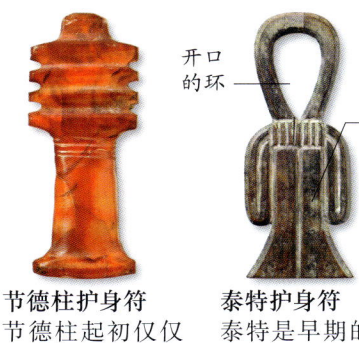

节德柱护身符
节德柱起初仅仅只是柱子,后来用于代表奥西里斯的椎骨,象征安定和奥西里斯的复活。

泰特护身符
泰特是早期的神圣符号。这种护身符从新王国时代起被赋予伊希斯之结的含义,并因此流行。
- 开口的环
- 系成蝴蝶结的带子

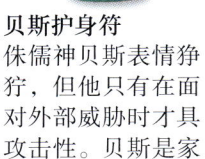

贝斯护身符
侏儒神贝斯表情狰狞,但他只有在面对外部威胁时才具攻击性。贝斯是家庭的守护神,尤其守护分娩的女性。

鱼形护身符
古埃及人认为,佩戴护身符可以得到庇护或避开某些特定的危险。护身符还会被裹在木乃伊里,用于在来世保护死者。
- 雕刻出的细节
- 内核外包裹着黄金
- 鱼嘴里的挂环

左侧图注:
- 眼部画有眼线
- 沉重的假发
- 精致的领圈
- 木质沙布提俑上描画着细节
- 刻在沙布提俑上的象形文字

木质沙布提俑
有些晚期沙布提俑拿着工具,但这个沙布提俑的两只手中却都拿着护身符,身上还刻有"属于玛雅夫人"的字样,表明墓主人是玛雅夫人。

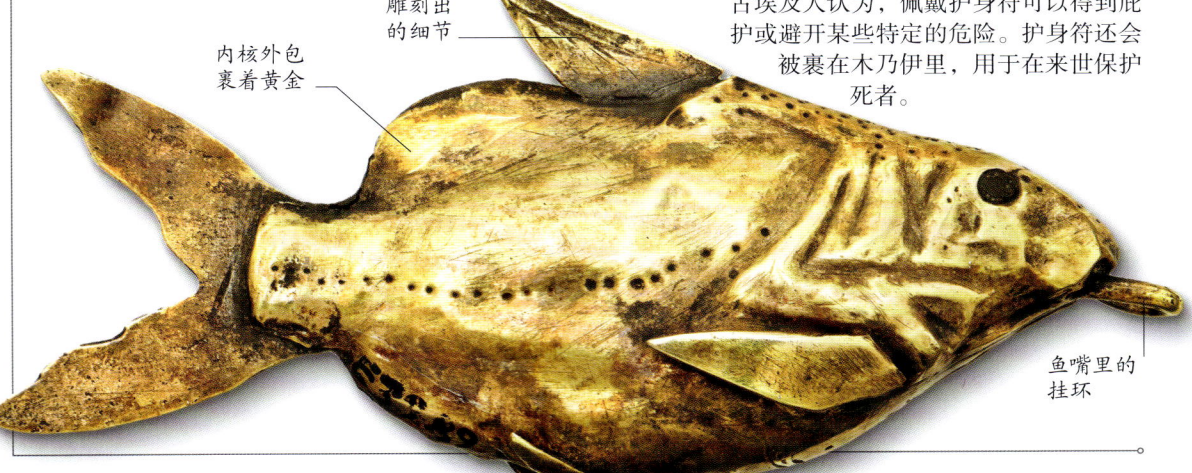

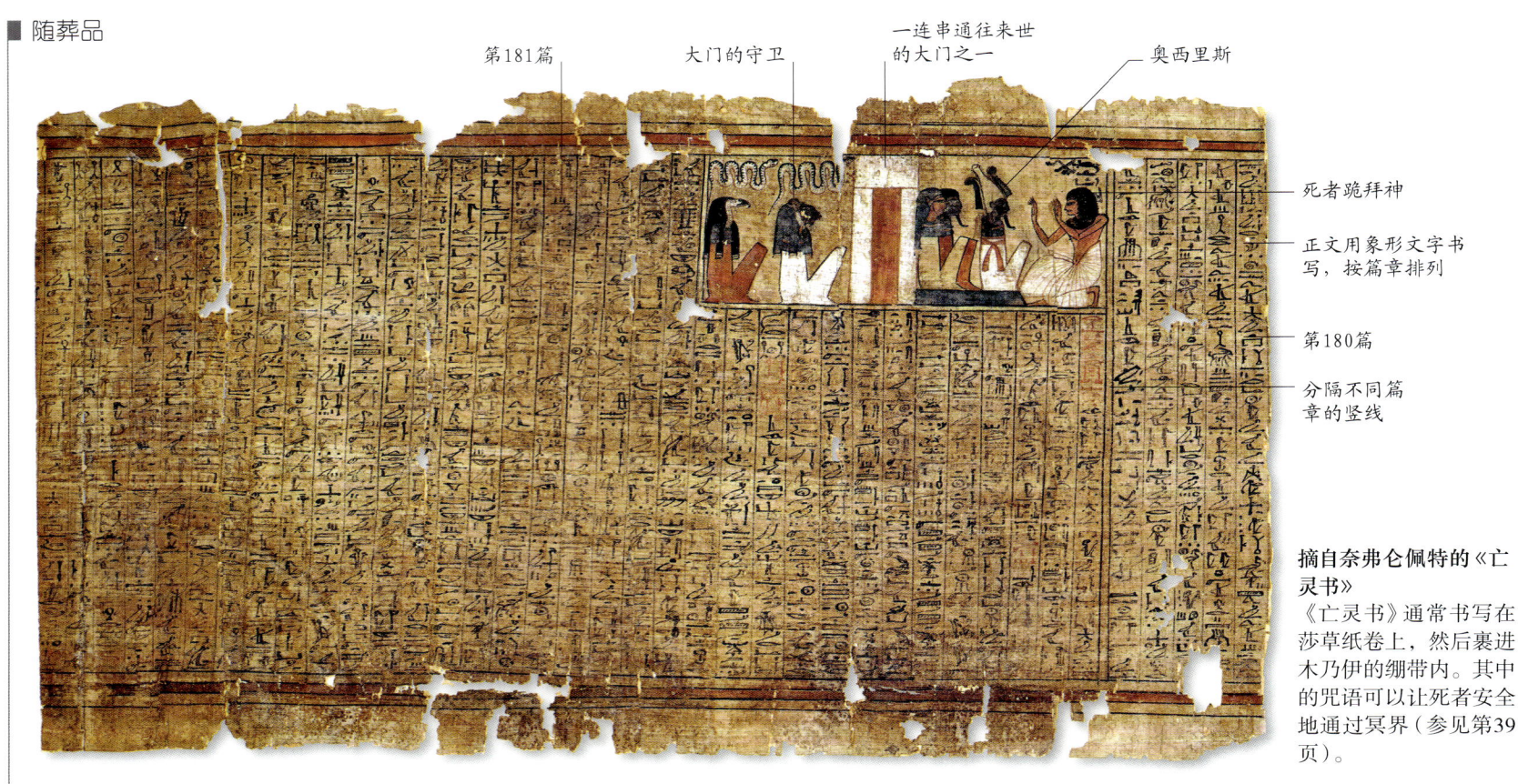

■ 随葬品

第181篇　大门的守卫　一连串通往来世的大门之一　奥西里斯

死者跪拜神

正文用象形文字书写，按篇章排列

第180篇

分隔不同篇章的竖线

摘自奈弗仑佩特的《亡灵书》
《亡灵书》通常书写在莎草纸卷上，然后裹进木乃伊的绷带内。其中的咒语可以让死者安全地通过冥界（参见第39页）。

■ 木乃伊棺椁

帕森赫的木乃伊棺椁
人形棺椁不仅用于存放木乃伊，还可以替代损毁的木乃伊。棺椁内外都绘着具有象征意义的神秘文字和图像，这些符号能保护死者并帮助死者通过最终审判。

风格化的面部涂绘　叶子、花瓣和荷花图案的领圈　荷花　眼镜蛇

条纹头巾

荷鲁斯之眼

木质棺椁保护木乃伊免受物理伤害

索尔卡　安克架（象征永恒的生命）　荷鲁斯　奥西里斯　伊希斯之结　塔沃瑞特　索贝克

古埃及人的今生与来世　37

阿蒙霍特普二世的名号

植物纹饰

葡萄酒的介绍

眼睛上的金箔

人头

头巾

鸟身

铭文中含有墓主人赫凯的名字，他是一位贵族官员

水瓶
水是万物之源，象征生命、重生和纯洁。因此彩陶水瓶是重要的随葬品。

葡萄酒瓶
葡萄酒由葡萄、蜂蜜和香料混合酿制而成，供富人饮用。这个大葡萄酒瓶出自一位贵妇的墓葬。

青铜猫
猫既是家养宠物，又是拉神和生育女神贝斯特的圣物。这件空心雕塑中可能存放有猫木乃伊。

巴
古埃及人认为巴是构成人的五大要素之一，是死者的灵魂。巴具有鸟的形态，每到夜晚，它就会从冥界飞回死者身上。

头靠
古埃及人睡觉时不用枕头，而是用头靠。头靠通常为木质。这个奢华的雪花石膏头靠出自一座古王国时代的墓葬。

死者接受审判的场景

《亡灵书》中的咒语

人形棺盖

隼是荷鲁斯的化身

哈托尔　伊希斯　杜阿木特　库波思乃夫　哈彼　伊姆塞特　透特　节德柱

38　早期社会　公元前20000～前700年

奈弗尔塞弗克

供食用的鹅有时会被强制喂食

祭司身穿豹皮袍为木乃伊举行最后的复活仪式

权杖象征奈弗尔塞弗克的权力

盛祭品的篮子

牛腿

仆人肩扛小牛犊

古埃及人的今生与来世 | 39

图注（左侧石碑标注，自上而下）：
- 阿努比斯的胡狼
- 象形文字：向阿努比斯祭献
- 奈弗尔塞弗克的头衔
- 奈弗尔塞弗克夸耀自己的美德和自力更生的能力，认为自己优于同等地位的其他提尼斯人
- 碑文中罗列了32种祭品的名单
- 捕获的羚羊
- 穿着白色亚麻短裙的仆人将祭品献给神
- 牛既可以耕地，也可以为人类提供肉和奶

为审判做准备

墓葬外的石碑

古埃及人认为死亡只是从出生到永生之间的一次停歇。为了让死者能够安享来世，死者的尸身必须得到妥善保存。那些负担得起费用的人，尸身会被制作成木乃伊。首先，死者的器官被移出体内，并存放在卡诺匹斯罐中。然后，通过在尸身内外放置泡碱，使尸身脱水。完成上述过程后，再使用泡碱和浸有树脂的亚麻布条将尸身缠裹起来，保持住死者原本的形态。亚麻布一层层地裹在尸身上，其间放入护身符，以保护死者免受精神伤害。

开口仪式

将木乃伊放入棺椁后，死者的继承人会为其举行一场精心筹备的"开口仪式"。古埃及人认为这个仪式可以使死者恢复知觉，使其能够像活着的时候一样看、听、说话和进食。随后，棺椁被放置到墓葬中。墓葬中有食物、家具、衣物、珠宝、沙布提俑（参见第34页）、浮雕、绘画等随葬品，它们是死者在来世生活的必需品。有些墓葬外，还会立一块石碑（如图）。

心脏称重

在冥界，奥西里斯及玛阿特（真理与正义之神）的42个审判神会评判死者生前的功绩。死者的心脏（人类的智慧之源）被置于神圣天平的一端称重，天平的另一端放的是玛阿特的羽毛。

缠裹在木乃伊绷带中的《亡灵书》就是为这次审判准备的，它指导死者通过冥界。仁慈的阿努比斯站在一旁，可能会调整天平，使称重结果对死者有利。如果称重结果对死者不利，鳄鱼头怪物阿穆特便会吃掉死者的心脏，摧毁死者的永生。那些能够通过考验的人会得到永生的召唤。然而，只有巴（参见第37页）每晚飞回木乃伊身上维持阿赫（善魂），巴和卡（代表生命力，构成人的要素之一）在来世重聚，死者才能享受永生。

> "因邻里和睦而受到称赞比在库房中堆满珍宝要幸福得多。"
>
> 《阿门内莫普教诲》，约公元前1300～前1075年

奈弗尔塞弗克石碑
富有的古埃及人不仅装饰墓葬内部，而且还在墓葬外竖立石碑。石碑上刻有墓主人的名字、头衔及葬礼祈祷文，还有死者和家人祭祀的场景。这是官员奈弗尔塞弗克的石碑，他于公元前2175年前后在阿拜多斯附近的提尼斯城中担任祭司。

欧洲的青铜器时代

人类对金属的加工始于铜,因为铜的硬度较小,可以用于制作工具和贵重物品。后来,人们发现将铜与锡混合能制成青铜,这种坚硬的金属更适合制造工具和武器。随着青铜铸造技术在欧洲的普及,人们对锡的需求量逐渐增大,从而促进了国际贸易的发展。

地位的象征
随着青铜的普及,人们开始大量制造普通斧头,同时也制造能够彰显地位的装饰性斧头。

不朽的成就 ▽
位于英格兰索尔兹伯里平原的巨石阵是一系列巨石建筑中最令人印象深刻的一座。巨石阵由巨大的砂岩块和较小的威尔士青石块建造而成,于青铜器时代最终完工。

欧洲的青铜器时代始于公元前3千纪,这一时期出现了强大而富有的贵族阶级。此时的欧洲人埋葬死者的方式呈现出新特点,即更加关注个人而非集体。富人不再与他人共用集体墓葬,而是单独埋葬在有许多珍贵随葬品的坟冢内。墓葬中的武器向我们展现出一个由武士统治的社会。武士作战使用的马车引进自欧洲东部边缘的大草原,车上安装有辐条车轮。人们对金属及其他贵重和实用材料(如琥珀和盐)的需求不断增长,促进了整个大陆的贸易发展,金属矿藏丰富的地区因此变得富裕起来。在欧洲的大西洋沿岸和河流上出现了长途贸易航线,满载货物的船只在这些航线上往来频繁。

青铜器时代晚期

自公元前1300年起,青铜广泛应用于制造日常工具和武器。普通人死后通常被火化,火化后的骨灰装进瓮中埋入墓葬。

此时,带有防御设施的定居点很常见,表明冲突增加,这可能是青铜武器传播的结果。堡垒不仅为农民提供了庇护,而且还成为地方首领及其随从的显赫住所。定居点通常位于贸易路线的关键位置,地方首领可以控制往来货物,进而增强自己的权力并积累财富。

科技

工匠逐渐了解了金属的特点。他们开发出新技术，制造精美的武器、珠宝和雕塑。公元前1300年前后，他们开始使用多模具和失蜡法铸造大型青铜器。与此同时，其他工艺也在蓬勃发展，例如纺织。此时，羊毛和植物纤维都可以用于生产纺织品。

单模具和斧头
起初，最简单的青铜器是用单模具浇铸成的。工匠在石头表面刻出器物的形状，制成模具。使用这种方法铸造的器物拥有平整的上表面。

— 两个斧头的单模具

— 双模具的其中一半

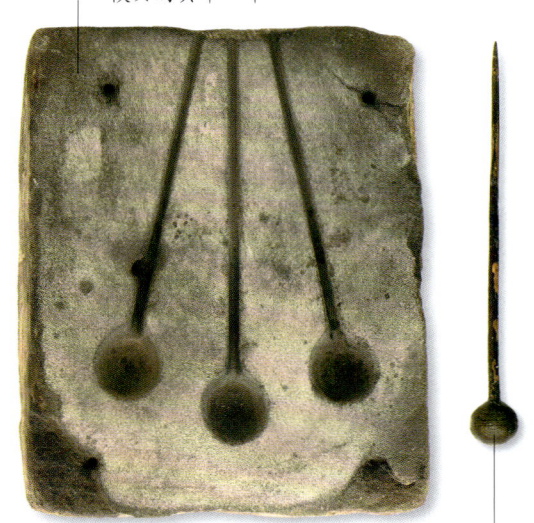

双模具和大头针
双模具用于铸造更复杂的三维器物。铸造时先将两半模具绑在一起，然后将熔化的金属从顶部倒入模具。

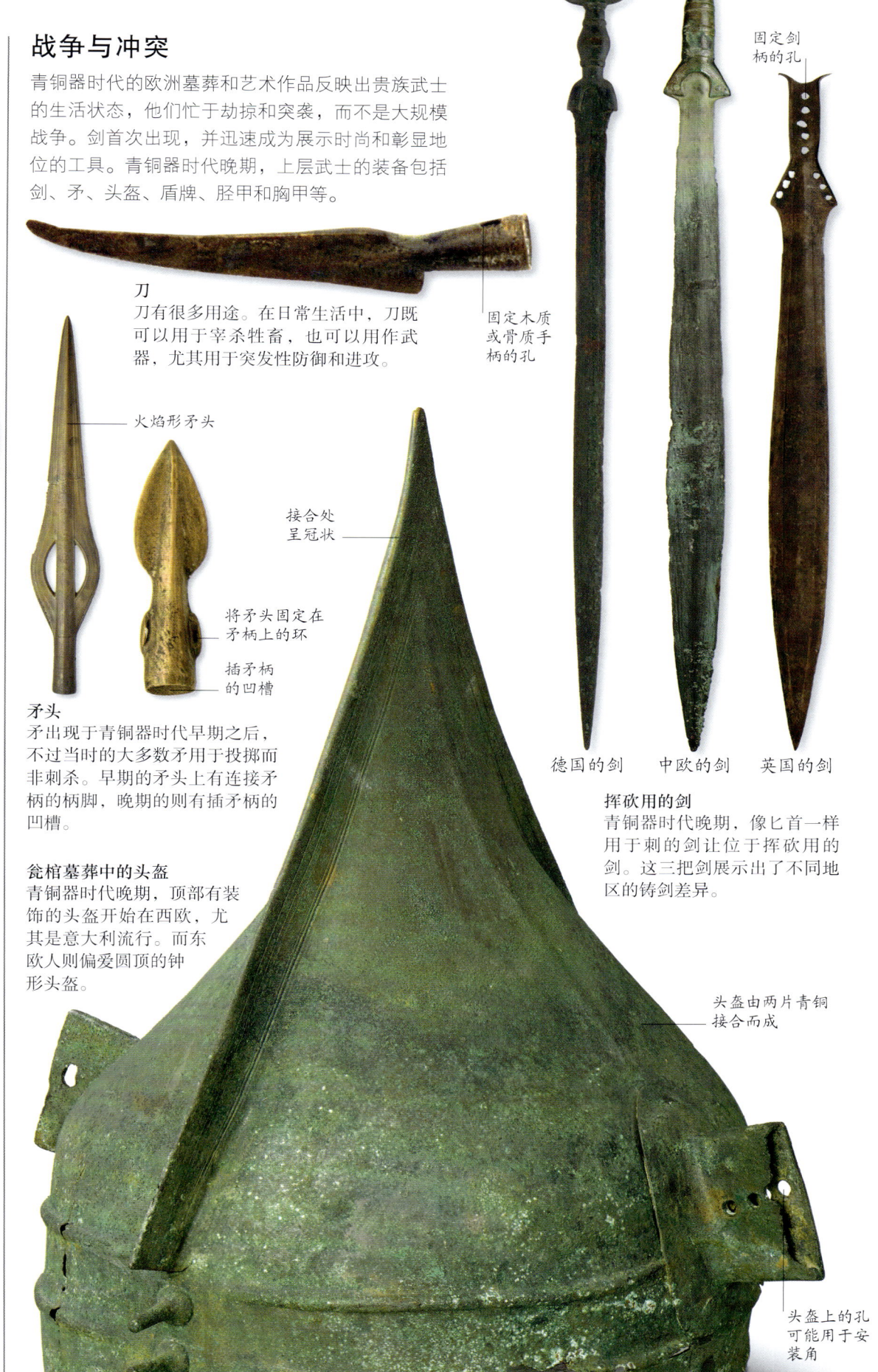

— 这枚圆头大头针是用旁边的模具浇铸成的

战争与冲突

青铜器时代的欧洲墓葬和艺术作品反映出贵族武士的生活状态，他们忙于劫掠和突袭，而不是大规模战争。剑首次出现，并迅速成为展示时尚和彰显地位的工具。青铜器时代晚期，上层武士的装备包括剑、矛、头盔、盾牌、胫甲和胸甲等。

刀
刀有很多用途。在日常生活中，刀既可以用于宰杀牲畜，也可以用作武器，尤其用于突发性防御和进攻。

— 火焰形矛头

— 将矛头固定在矛柄上的环

— 插矛柄的凹槽

矛头
矛出现于青铜器时代早期之后，不过当时的大多数矛用于投掷而非刺杀。早期的矛头上有连接矛柄的柄脚，晚期的则有插矛柄的凹槽。

瓮棺墓葬中的头盔
青铜器时代晚期，顶部有装饰的头盔开始在西欧，尤其是意大利流行。而东欧人则偏爱圆顶的钟形头盔。

— 接合处呈冠状

— 头盔由两片青铜接合而成

— 头盔上的孔可能用于安装角

— 固定剑柄的孔

— 固定木质或骨质手柄的孔

德国的剑　　中欧的剑　　英国的剑

挥砍用的剑
青铜器时代晚期，像匕首一样用于刺的剑让位于挥砍用的剑。这三把剑展示出了不同地区的铸剑差异。

42　早期社会　公元前20000～前700年

服装与饰品

青铜器时代的欧洲女性喜爱佩戴各式各样的饰品，例如胸针、饰针、耳饰和手镯。人们在斯堪的纳维亚出土的橡木棺中发现了罕见的羊毛衣物。女性下葬时身穿长袖上衣和裙子，男性则身穿衬衫和短裙，男女都穿戴帽子和斗篷。

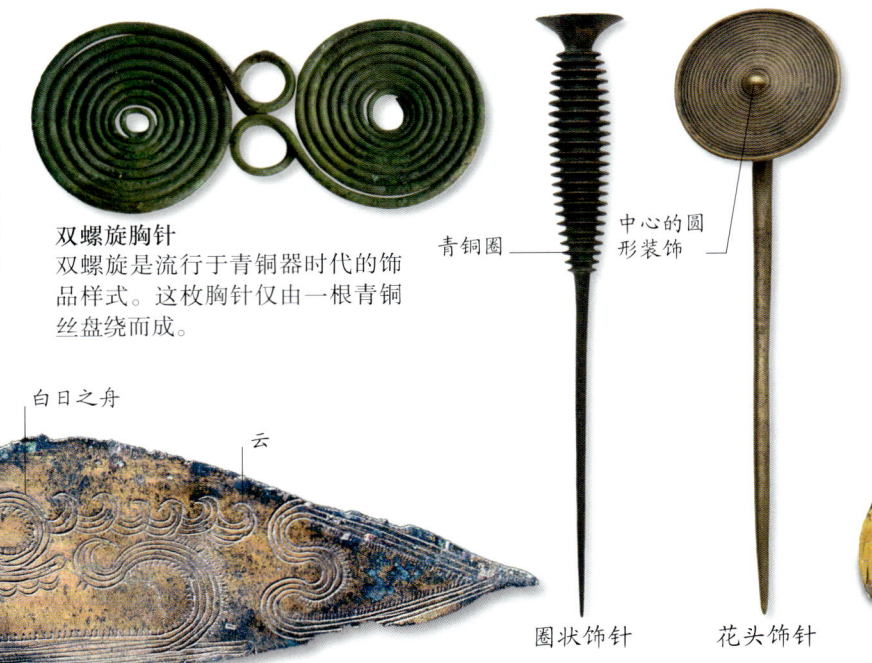

双螺旋胸针
双螺旋是流行于青铜器时代的饰品样式。这枚胸针仅由一根青铜丝盘绕而成。

青铜圈　中心的圆形装饰

耳饰
在英国，人们尝试用铜和金等金属制作与众不同的饰品，例如篮子造型的耳饰。

卷曲的金片

白日之舟　云

鱼拖着太阳穿梭于舟与舟之间　黑夜之舟

斯堪的纳维亚剃刀
剃刀这样的个人物品反映出青铜器时代的男性非常关注自己的外貌。剃刀有镰刀形和三角形（上图）两种。

圈状饰针　花头饰针

精致的饰针
青铜饰品为金属工匠提供了展示自己精湛技艺的机会，饰针的设计尤其能突显工匠丰富的想象力。

爱尔兰发环
青铜器时代晚期，在爱尔兰地区制造的黄金发饰被广泛交易。公元前2200年前后，人们开始在威克洛山脉开采黄金。

昴星团　夏至日出之时

信仰与仪式

欧洲青铜器时代的宗教遗迹表现出当时的人们对"天空"的关注。与新石器时代一样，青铜器时代的人们在冬至期间也会聚集到巨石阵等纪念性建筑物旁举行仪式。一些艺术作品描绘了船或马车载着太阳穿过天空的场景。许多祭祀用的金属器物被埋于重要的地点，或沉入河流、湖泊、沼泽之中。

天文仪器
内布拉星盘是公元前1600年前后的天文观测仪器，出自德国中部，用于校准阴历和阳历中的关键日期。

盛放祭品的凹槽

冬至日出之时　蛾眉月　太阳或满月　太阳之舟

骨灰瓮
青铜器时代早期的英国墓葬中通常随葬有所谓的"食物器皿"，其中装有一种特殊的饮品。后来，这种器皿被用作骨灰瓮。

科诺斯
青铜器时代早期，在爱琴海地区的祭祀仪式中会用到一种盛放祭品的石盘，上面有若干凹槽。这种名为科诺斯的稀有陶器也用于盛放祭品。

大理石雕像
公元前3千纪，希腊基克拉泽斯群岛的人们制作了许多小雕像，其中女性雕像居多。大部分雕像埋于墓葬中，尚不清楚它们代表的是神还是人。

强大的赫梯人

公元前1650年前后，赫梯人用武力统一了安纳托利亚（位于今土耳其境内）中部的城邦，并定都哈图萨。赫梯古王国强大的统治者们攻入叙利亚，并于公元前1595年洗劫了古巴比伦。然而，之后的一系列王位争夺战缩减了赫梯人的疆域。

戒备森严的大门 ▷
神像和灵力强大的生物雕像矗立在城门口，给予城市神圣的保护。这件斯芬克斯雕像守护着位于哈图萨（今土耳其博阿兹柯伊）北部的阿拉贾许于克城。

自公元前14世纪起，强大的赫梯国王们不断收复失地，将领土扩展到安纳托利亚西部，摧毁了叙利亚的米坦尼王国，并与古埃及展开领土争夺。公元前1274年前后，在胜负未分的卡迭石之战后，古埃及承认赫梯对叙利亚的统治，赫梯派遣总督管理叙利亚。公元前1200年前后，地中海东部普遍存在的人为和自然原因摧毁了赫梯帝国，不过在安纳托利亚南部和叙利亚却涌现出一些规模较小的新赫梯王国。这些新赫梯王国繁荣兴旺，直到公元前700年被亚述人征服。

由于蛮族入侵者时常侵扰赫梯人的北部疆域，习惯以武力解决冲突的赫梯人花费重金建造了防御设施。城市中建有庞大而复杂的防御工事，例如塔楼、巨型石门和出城密道。宫殿和其他重要建筑物通常由堡垒和内部防御墙守护。

艺术与文化

小印章和纪念性浮雕等艺术作品中经常出现神和国王的形象。艺术作品的设计与铭文相结合。赫梯人既使用楔形文字又使用象形文字，而新赫梯人只使用象形文字。大量赫梯文本留存至今，其中有外交和行政信函，还有描述仪式的文献、编年史、文学作品和神话故事。

狩猎战车
新赫梯人的浮雕描绘了许多故事场景，例如这块出自阿斯兰特佩（今土耳其马拉蒂亚）的猎鹿场景浮雕。战车既用于作战，也用于狩猎。

尖嘴水壶
赫梯时代的传统安纳托利亚水壶形态细长。工匠使用陶轮手工制作符合标准的陶器。陶器种类多样，包括碗、细颈瓶、宽边盘和小型器皿等。

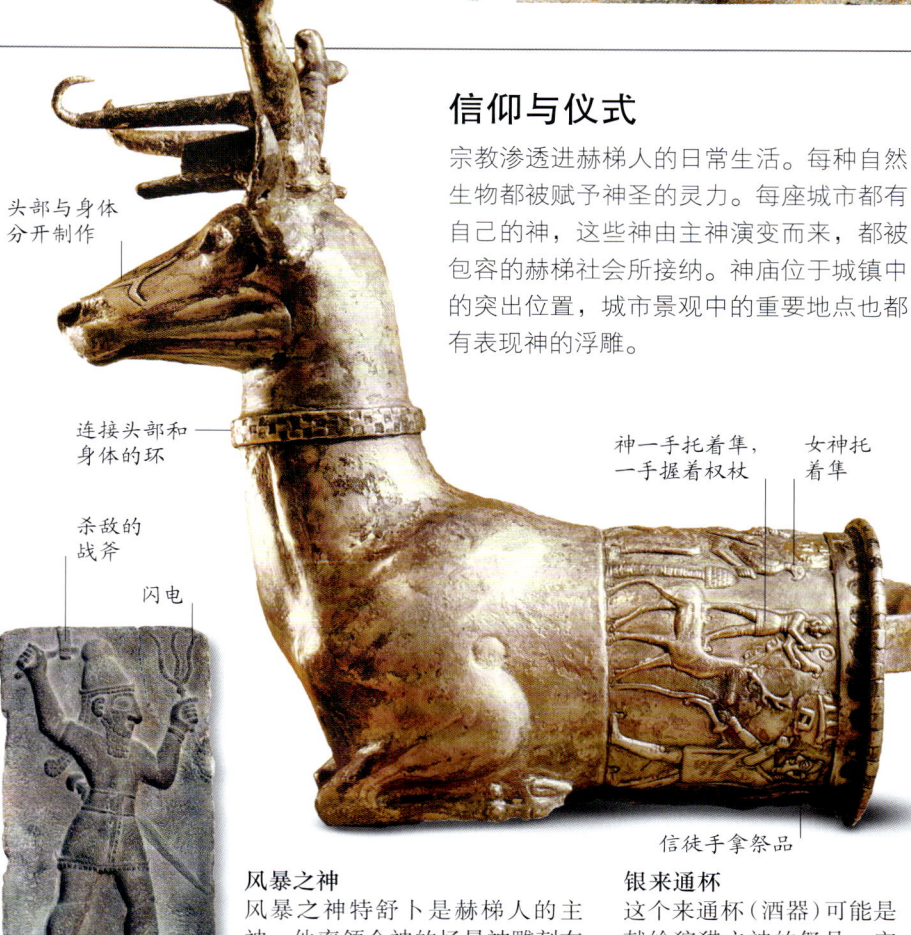

信仰与仪式

宗教渗透进赫梯人的日常生活。每种自然生物都被赋予神圣的灵力。每座城市都有自己的神，这些神由主神演变而来，都被包容的赫梯社会所接纳。神庙位于城镇中的突出位置，城市景观中的重要地点也都有表现神的浮雕。

风暴之神
风暴之神特舒卜是赫梯人的主神。他率领众神的场景被雕刻在哈图萨的亚泽勒卡亚神庙中。这件新赫梯人的特舒卜浮雕出自撒马尔（今土耳其津吉尔利）。

银来通杯
这个来通杯（酒器）可能是献给狩猎之神的祭品。它描绘了两位神、三个信徒及（杯子另一面的）圣树和祭祀用的牡鹿。

爱琴海的宫殿

19世纪70年代发掘的迈锡尼遗址和20世纪初发掘的克诺索斯遗址表明，荷马在《伊利亚特》和《奥德赛》中描绘的英雄世界不仅仅是传说，还是对希腊早期文明的记录。在迈锡尼人和米诺斯人中有许多热爱探险的海上商人、技艺高超的工匠和善于绘制精美壁画的画家。

文化影响
许多迈锡尼印章都受到米诺斯文明的启发，例如这枚动物图案的玛瑙印章。它们通常被佩戴在脖子或手腕上，用作护身符。

宫殿中的仪式 ▽
经常出现在米诺斯艺术作品中的公牛腾跃场景描绘的可能是一种仪式。公牛的形象还渗透进米诺斯人的宗教，在后来的时代中，公牛可能与掌控克里特岛地震的神联系在一起。

公元前3千纪，爱琴海地区的人类生活发生了翻天覆地的变化，人们开始种植葡萄和橄榄并饲养绵羊。葡萄酒和橄榄油可以储存，还可以作为财富积累起来，国际贸易由此发展。爱琴海地区的主要出口商品是颜色艳丽的羊毛纺织品，由于青铜器在人们生活中占据的地位越来越高，金属矿石成为主要的进口商品。

公元前2000年前后，米诺斯人在克里特岛上建造了许多宫殿。宫殿中有大型中央庭院和用于存放大陶罐的库房，可以举办包括游行和宴会在内的宗教和公共活动。米诺斯人发明了一种叫作"线形文字甲"的文字，但它至今没有被破译出来。另外，米诺斯人说何种语言目前也尚不清楚。

在公元前1750年前后的一场地震之后，受损毁的宫殿被迅速重建，而且规模较过去更大。公元前1450年前后，不明原因的浩劫再次摧毁了大部分宫殿，只有克诺索斯王宫幸存。线形文字甲被线形文字乙取代，线形文字乙用于书写希腊语。这一变化表明，来自希腊本土的迈锡尼人此时已经统治了克里特岛。

迈锡尼人熟悉米诺斯人的文化和工艺，但他们的社会却与米诺斯人的大不相同，城邦间的战争才是迈锡尼人社会生活的重心。迈锡尼人的宫殿建在城堡里，周围是用大石块砌成的防御城墙。工匠们住在城堡内或城堡附近，负责打造各种武器装备，例如青铜剑和野猪牙头盔。公元前1200年前后，迈锡尼文明开始衰落。

艺术与文化

米诺斯人和迈锡尼人中有很多技艺高超的工匠。他们能够制作芳香油、奢华的陶器、精美的小型青铜器、彩陶、象牙雕刻及珠宝，尤其是黄金饰品。同米诺斯人一样，迈锡尼人也利用东地中海贸易网进行贸易，但他们为了获取金属矿石还向西航行到了撒丁岛和意大利本土。

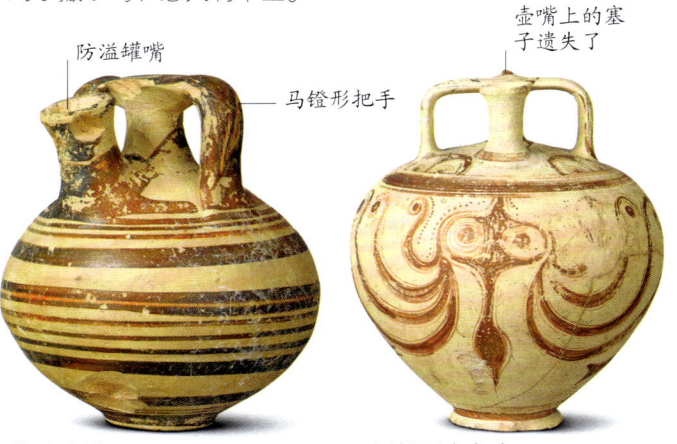

防溢罐嘴
马镫形把手
壶嘴上的塞子遗失了

芳香油罐
迈锡尼马镫罐是出口到西亚的热门产品。这种罐不仅用于盛放迈锡尼出产的芳香油，还是具有观赏价值的陶器。

迈锡尼章鱼壶
精美的米诺斯陶器上经常装饰着栩栩如生的章鱼，仿佛是被章鱼的腕缠住一样。而后来的迈锡尼仿制品则要逊色许多。

政治与权力

米诺斯和迈锡尼的宫殿是社会的行政中心，从政治和经济方面控制着相关城镇及广大的周边地区。米诺斯的宫殿还扮演着重要的宗教角色。迈锡尼的城堡周围通常环绕着农田、牧场，以及通向海洋的交通和贸易通道。

死亡面具
早期的迈锡尼国王死后埋葬在迈锡尼城的竖穴墓中。他们身上穿戴着大量精美的服饰，其中有五位戴着黄金面具，可追溯至公元前1600～前1500年。

锤打出的下巴
浮雕胡须

信仰与仪式

米诺斯的宫殿与建在毗邻山顶上的圣所相连，圣所用于举行祭献；迈锡尼的神殿建在城堡中。两个文明都有各自信奉的神。米诺斯的神与动物和乡村有关；在迈锡尼的文献中，历史学家发现了一些人们在后来的希腊古风时代所信奉的神。

石棺
这具彩绘石棺出自克里特岛，描绘了死者接受祭品的场景。画面左侧的圣坛两旁各竖有一把双刃斧，一位女性正在倾倒从祭献的公牛（绘在石棺的另一面）身上取的血。

倒出桶里的血
竖琴演奏者
祭献的动物或动物模型
模型船祭品
死者

家居生活

人们将日常生活见闻绘入精美的壁画中。壁画描绘了弹奏里拉琴的音乐家、搏击的男孩、手拿鱼虾的米诺斯渔民、采摘番红花的女性及乘坐战车捕猎野猪或饮酒的迈锡尼人。出自克诺索斯的彩陶描绘了城镇中的多层房屋，与现存的房屋遗迹十分相似。

米诺斯的锅
在壁画和文献所描绘的宴会场景中，出现过一种珍贵的青铜三脚锅。这种小陶锅是普通人家烹饪食物用的炊具。

边缘有放置灯芯的凹槽
简易杯嘴

皂石灯座
米诺斯和迈锡尼的工匠不仅用石头制作印章和饰品，还用石头制作个头较大的日常用品，例如这个米诺斯皂石灯座。

水杯
米诺斯人日常使用的陶器有水杯、水壶、碗和储物罐。在米诺斯文明晚期，即便是日常器物，质量也非常好。

上、下埃及的王冠

象征王权的头巾

人头

翅膀是西亚地区斯芬克斯的典型特征

棕榈叶是广泛使用的装饰样式

无畏的腓尼基人

迦南（埃及与安纳托利亚之间的地中海东岸地区）是依靠贸易和工业发展起来的沿海城邦的家园。当地居民被称为腓尼基人，这个名字来源于他们生产的一种紫色染料，这种昂贵的染料由骨螺制作而成。

腓尼基城邦（大致位于今黎巴嫩）从山区砍伐木材，并出口到木材匮乏的邻邦，以换取谷物、油和羊毛这些狭长沿海地带无法自产自足的商品。公元前1900年前后，比布鲁斯成为腓尼基与古埃及之间的贸易中心。其他港口，尤其是北部的艾尔瓦德及南部的提尔（今黎巴嫩苏尔）和西顿（今黎巴嫩赛达），也在此千纪晚期加入到这种贸易模式当中。

一艘公元前1300年前后沉没于安纳托利亚海域的商船向我们生动地展示出当时的贸易情况。这艘船载着来自塞浦路斯的铜锭和陶器、来自阿富汗的锡、来自非洲的象牙和鸵鸟蛋及来自迦南的笃耨树脂（用于制作香水）、玻璃和黄金饰品。它可能沿环形航线航行，从迦南出发，途经塞浦路斯和爱琴海到达古埃及，然后返回迦南。

腓尼基的财富

作为周边强大势力的争夺之地，腓尼基城邦的历史十分曲折，它曾被古埃及人、赫梯人、亚述人和波斯人控制。然而，腓尼基人作为商人和工匠的突出价值，使腓尼基城邦即使在被外部势力统治的情况下仍保留有相当程度的独立。腓尼基城邦之间通常存在竞争关系，尤其是提尔和西顿。为了促进贸易，获得原材料（尤其是金属）和其他经济利益，一些腓尼基城邦建立了海外殖民地。提尔拥有的海外殖民地数量最多，且多位于东地中海，例如塞浦路斯的基蒂翁，突尼斯的迦太基和大西洋沿岸西班牙的加的斯也是提尔的海外殖民地。腓尼基人作为出色的航海家还向亚述和波斯等内陆国家提供船只、船员和海军，并输出造船和航海技术。腓尼基人通过贸易将地中海各地区联系起来，青铜器时代结束后，他们在地中海地区的经济和文化复兴中发挥了巨大的作用。腓尼基字母作为腓尼基人的文化遗产传入欧洲。

心灵手巧的腓尼基人

腓尼基人是技艺高超的工匠。紫色纺织品、青铜碗和黄金饰品都是最优质的腓尼基产品。他们还用彩陶制作精致的化妆品罐（下图），以及面向大众市场的小饰物。腓尼基人还是玻璃制造大师。他们研发了一种制造透明玻璃的新技术，使用这种技术生产出的透明玻璃甚至可以模仿价格昂贵的水晶（石英）。

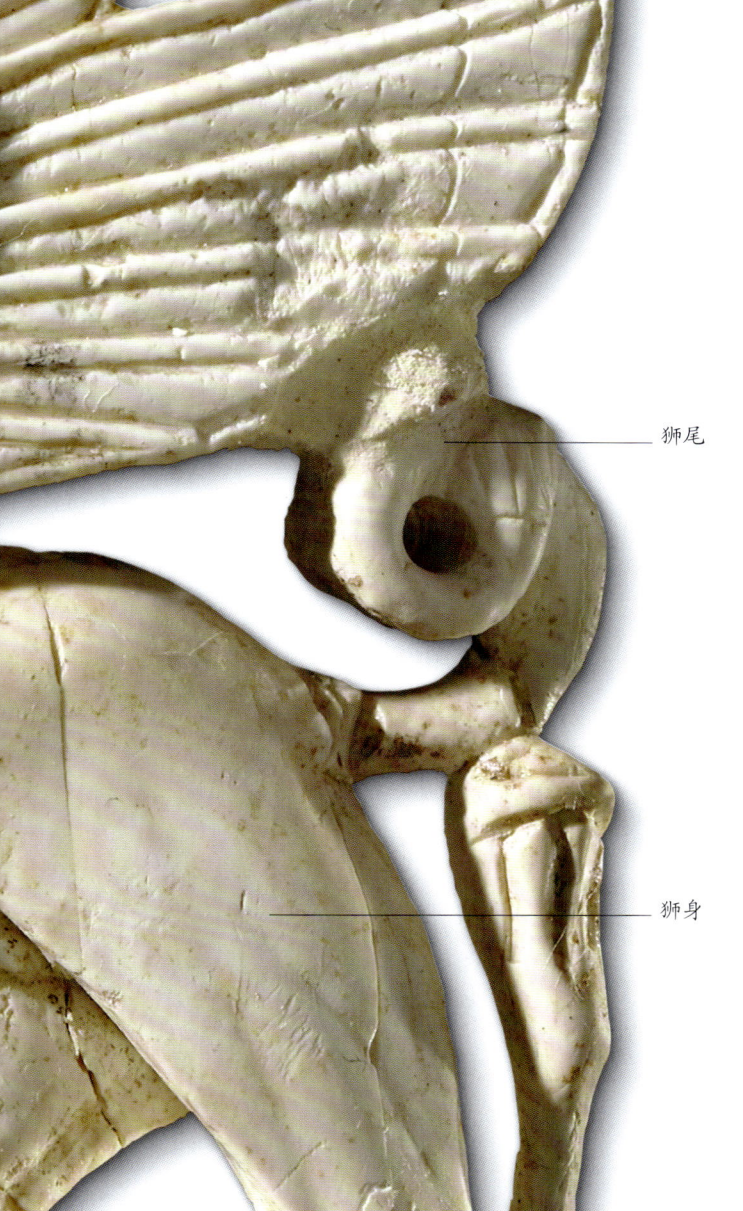

氧化铜釉面

刺猬眼线膏罐

象牙斯芬克斯
制作精美的象牙饰板用于装饰木质家具，它们被大量出口或者出售给当地的外国统治者。饰板的雕刻风格和主题大多来自与腓尼基关系密切的古埃及。这个有翅膀的斯芬克斯象牙饰板出自卡拉（今伊拉克尼姆鲁德）的亚述王宫，是文化融合的典型例子。

狮尾

狮身

风格化的荷花

中国的早期王朝

中国的商朝因甲骨文、工艺精湛的青铜器和玉器、频繁的战争和人牲，以及筑有城墙的城市而闻名。其实，这些文化特征中的许多都传承自夏。夏是文献中记载的中国古代第一个王朝。在夏之前，中国各地分布着许多新石器时代文化。

问先祖
中国已知最早的文字是刻在龟甲和兽骨上的甲骨文，它是汉字的祖先。商朝人将想要询问祖先的问题刻于甲骨之上，然后使用甲骨占卜。

雾中高台 ▷
最早的长城出现于春秋时期。诸侯国使用夯土和石块等材料在边境砌筑城墙，以抵御来自敌对诸侯国或北方游牧民族的进攻。我们如今看到的长城大多建于明朝时期（1368~1644）。

一般认为，夏朝大约存在于公元前21世纪至公元前17世纪。1959年，考古学家在河南洛阳发现了规模庞大的二里头遗址。公元前1750~前1530年，这里曾是一座繁华的都城，城内有包含大型宫殿建筑的宫城、由墙垣围绕的手工业作坊区、祭祀区、贵族聚居区和"井"字形布局的城市主干道网络。二里头遗址有可能是夏朝晚期都城。

公元前1600年前后，商灭夏后建立商朝。考古学家在河南郑州发掘出一座商朝都城的遗址。郑州商城被夯土城墙围绕，城中央有多处宫殿和贵族墓葬。城墙外分布着制陶、制骨和青铜铸造作坊及工匠居住的房屋。

商朝曾多次迁都。公元前1300年前后，商朝在河南安阳建立了最后一座都城——殷墟。殷墟横跨洹河两岸，拥有复杂的宫殿和宗庙建筑群。在宫殿宗庙区中，考古学家发掘出了埋有车、马和车夫的车马坑，以及一座充满精美随葬品的陵墓，墓主人是商王武丁的妻子妇好。妇好死于公元前1200年前后。妇好墓是一座竖穴墓，墓室上方埋有各种王室随葬品，其中有镶嵌绿松石的象牙器物、玉器、青铜器及16名殉葬者和6只殉葬狗。在宫殿宗庙区周边，分布着贵族和平民的住所、手工业作坊及墓葬。

刻在龟甲和兽骨上的甲骨文为我们留下了许多商朝的占卜记录。其中既有天会不会下雨、农作物收成好不好等对自然界事物的占卜，也有战争能否胜利、房屋适不适合修建等对人为事物的占卜。

周朝

公元前1046年前后，周武王推翻商的统治，建立周朝。周朝分西周和东周。西周的统治者们十分强大，他们拥有庞大且组织有序的军队，不断扩张领土，并将土地分封给亲贵。公元前771年，居于西北的犬戎民族进攻宗周，杀周幽王，西周覆灭。周平王将都城从镐京（今陕西西安）向东迁至洛邑（今河南洛阳），开启了东周时代。自此，周朝的王权开始衰弱，地方诸侯势力逐渐崛起，国家逐步分裂。诸侯国与周王室之间时有纷争，各诸侯国之间更是冲突不断。

周王室的衰落贯穿了整个春秋时期（前770~前476），最终诸侯国之间为争夺霸权而展开混战（参见第100页），这一时期因此被称为战国。此时，王畿（周王直接统治的区域）已经所剩无几。

周朝在商朝的基础上进一步发展了许多技术，例如青铜铸造和手工艺品制作。与此同时，周朝的贸易及城市也得到发展。在战争方面，出现了新式武器和更多规模庞大的军队，以及守卫边界的防御性城墙，这些城墙最终演变为后来的长城。

"凡诸侯小国，晋、楚所以兵威之。畏而后上下慈和，慈和而后能安靖其国家，以事大国，所以存也。"

子罕，春秋时期宋国政治家

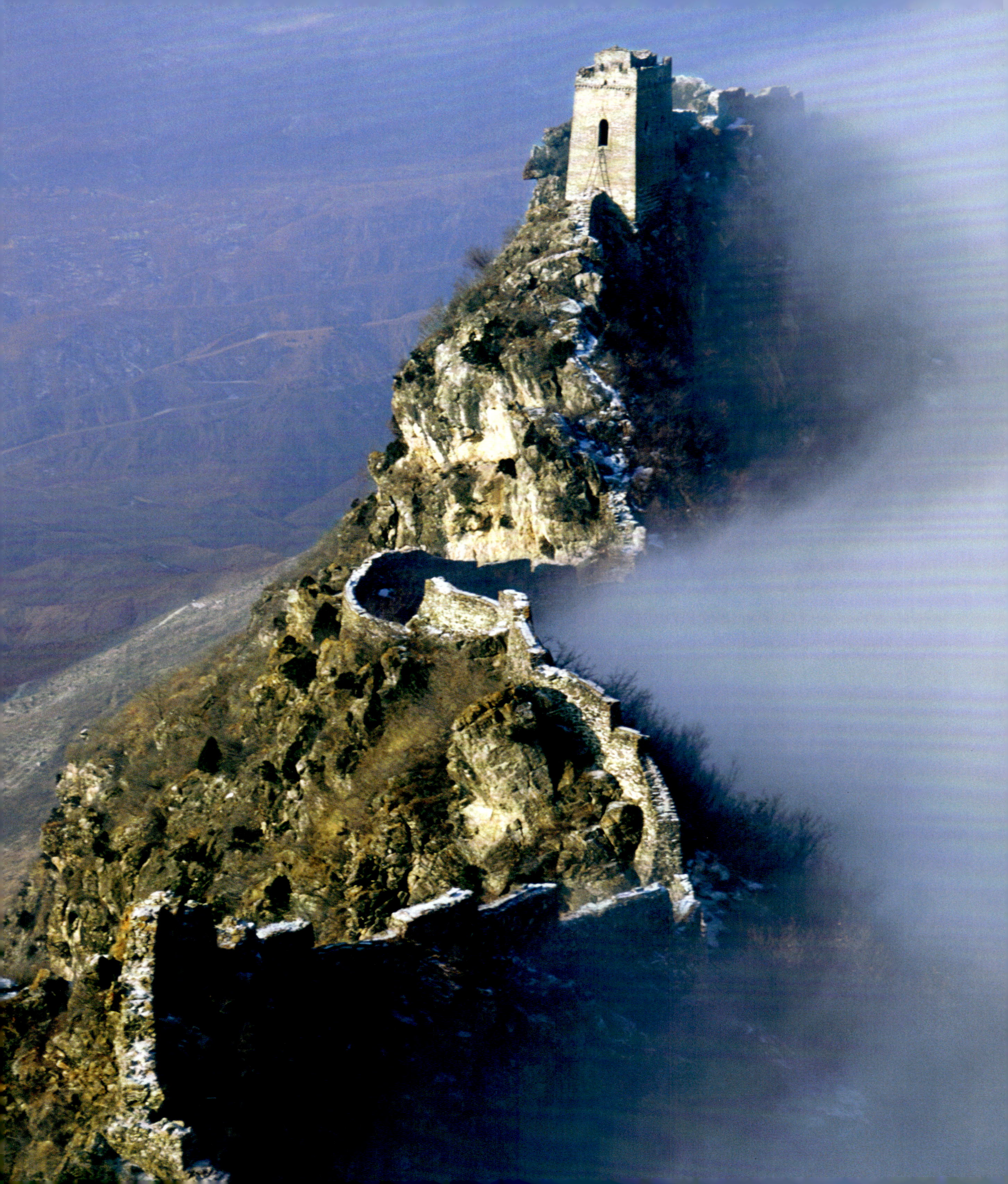

50　早期社会　公元前20000～前700年

贸易

商朝时期，人们通过贸易获取龟甲、玉石、锡和铜，并向草原上的游牧民族出口丝绸。周朝的青铜铸造技术不断成熟，各种青铜货币逐渐取代贝币（海贝）等实物货币，用于商品交换。

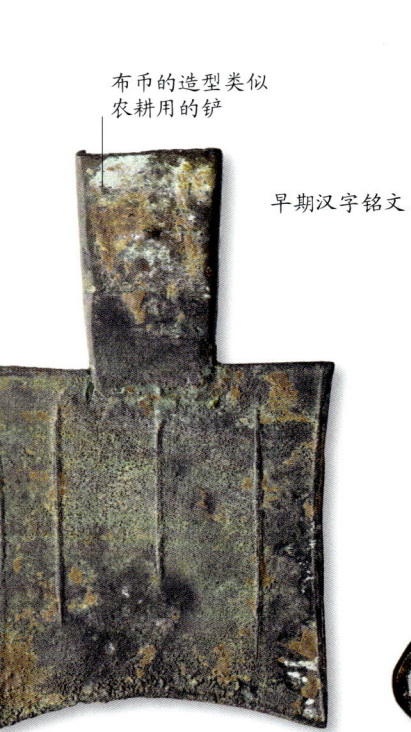

布币的造型类似农耕用的铲

早期汉字铭文

布币
青铜货币出现于春秋时期。这种铲形的青铜货币主要流通于周朝的中部和北部。

刀币
春秋时期，诸侯国开始铸造自己的货币。这枚刀形货币是地处山东半岛的齐国铸造的货币。

战争与冲突

甲骨文中有许多关于战争的记载。在12座商朝王室墓葬中发现了1200多具尸体，他们可能是殉葬的战俘。马拉战车起初可能用于仪式，随着时间的推移，逐渐成为战争中的战斗平台。自东周起，步兵和骑兵在战争中的作用愈发突出。

青铜援戈

珍贵的玉钺用于仪式

援戈和玉钺
大多数士兵使用的兵器都是安装在木柄上的金属利刃。类似的兵器有很多种，例如戈和钺。使用珍贵的玉石制作的兵器则用于仪式，而非战争。

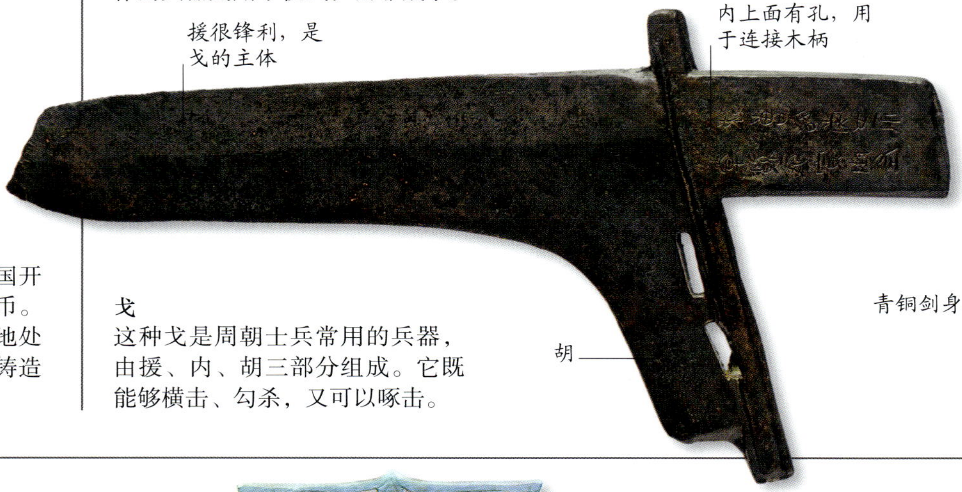

援很锋利，是戈的主体

内上面有孔，用于连接木柄

戈
这种戈是周朝士兵常用的兵器，由援、内、胡三部分组成。它既能够横击、勾杀，又可以啄击。

胡

带装饰的镂空剑镡

装饰短剑
这把短剑曾属于一位权贵。剑出现于商朝，自春秋时期起成为士兵的作战兵器。

镶嵌的绿松石

青铜剑身

服装与饰品

青铜器时代，商朝和周朝的人们使用大麻和苎麻制作纺织品。贵族还穿戴丝绸衣物和玉石饰品。妇好墓出土了包含玉石饰品在内的数百件玉器，其中一些玉器继承了新石器时代的红山文化和良渚文化的玉器特征。

兽面

人面

嵌梳齿的孔

良渚玉冠状器
良渚文化是长江中下游地区的新石器时代晚期文化，遗址中出土了许多玉器。这个玉冠状器上镂空雕刻着神人兽面像，它可能是一个梳背，下方的孔用于嵌梳齿。

玉石表面经过抛光

玉玦
这些玉玦出自公元前4千纪长江下游地区的马家浜文化。玉玦是一种环形耳饰，上有一个缺口，类似的耳饰在周朝时期仍旧流行。

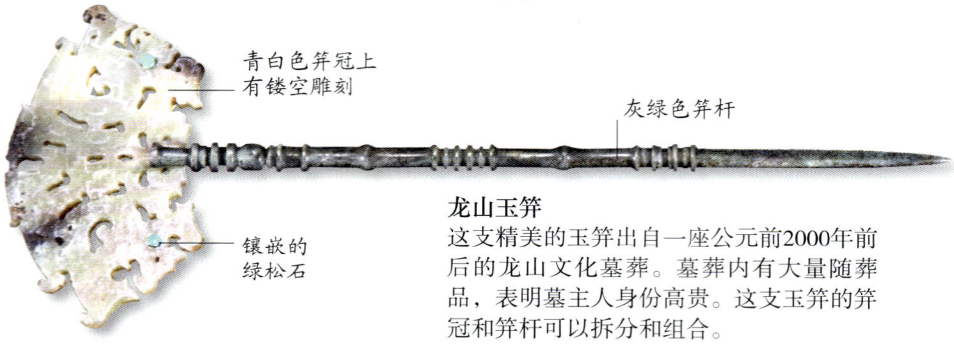

青白色笄冠上有镂空雕刻

灰绿色笄杆

镶嵌的绿松石

龙山玉笄
这支精美的玉笄出自一座公元前2000年前后的龙山文化墓葬。墓葬内有大量随葬品，表明墓主人身份高贵。这支玉笄的笄冠和笄杆可以拆分和组合。

中国的早期王朝　51

家居生活

夏商周时期，只有王室、贵族和位高权重的官员才能使用玉器、青铜器等奢侈品。大多数普通人居住在农村，种植粟、水稻、水果、蔬菜等农作物，饲养猪、鸡等家畜和家禽。他们日常使用的器物大多是陶器。

陶鸭形鼎
这个陶鸭形鼎出自二里头文化。它造型精美，形制独特，可能受到东南沿海地区的影响。

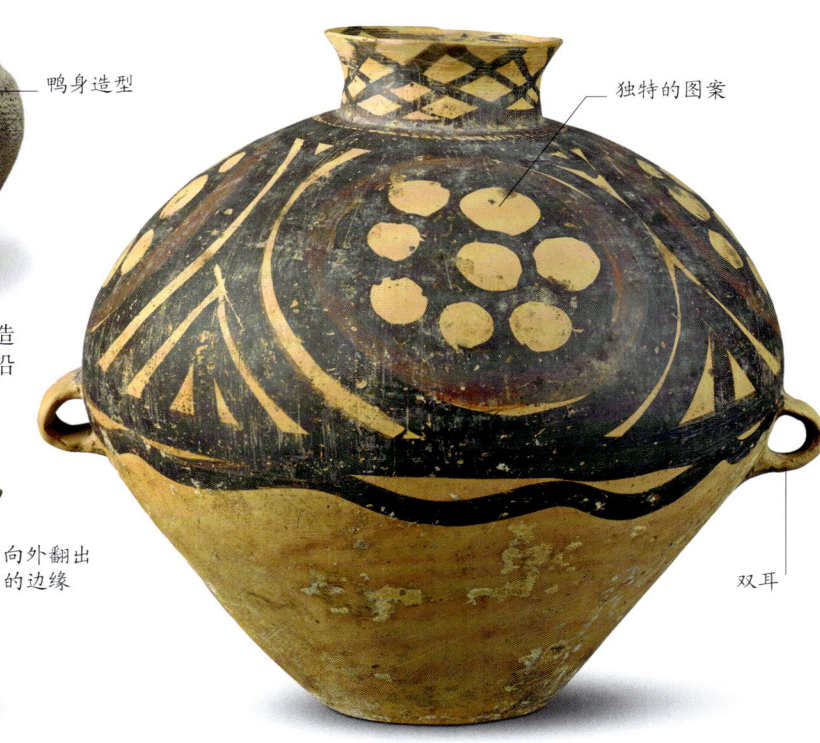

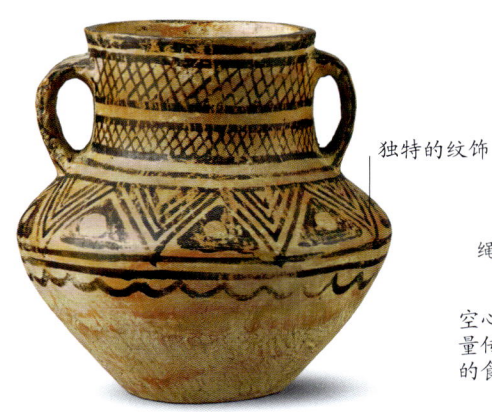

——鸭身造型

辛店文化彩陶罐
不同的文化拥有不同的特色纹饰。这个彩陶罐出自辛店文化，辛店文化位于黄河上游地区。

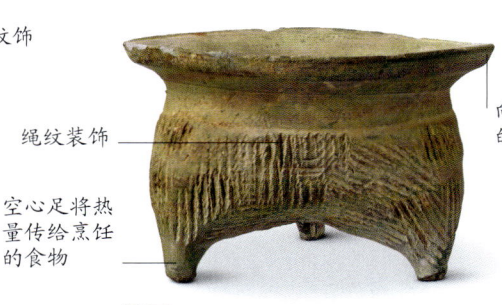

——独特的纹饰

陶鬲
鬲是一种炊器，有三个空心足，用于蒸煮食物。在鬲上放置底部有气孔的甑，可以蒸食物。

——绳纹装饰
——空心足将热量传给烹饪的食物
——向外翻出的边缘

马家窑文化彩陶罐
新石器时代的人们用陶罐盛水和食物。在陶罐中间缠上绳子，便于轻松地提起又大又重的陶罐。

——独特的图案
——双耳

信仰与仪式

商朝人认为"上帝"为万物之主。到周朝时，"天"取代了"上帝"的位置，受众人崇拜。然而，最盛行的还是对祖先的尊崇，商朝人将询问祖先的问题刻于龟甲和兽骨之上，然后进行占卜（参见第48页）。礼器多由玉石制成，作为随葬品埋在权贵的墓葬中。

玉琮
玉琮是一种内圆外方的筒形玉器，作为随葬品和礼器使用。它的造型与后来人的宇宙观相呼应，可能象征"天圆地方"。

精美的援戈
商朝贵族死后通常随葬有许多珍贵的器物，其中也包括兵器，例如这个装饰精美的青铜援戈。

——装饰着镂空鸟纹的内
——与木柄的连接处
——宽援

青铜编钟
编钟是一种成套的打击乐器，也是权贵的随葬品，最早出现于西周早期。不同造型、大小、厚度的编钟能发出不同的声音。

——吊环
——较小的编钟发出的声音音调较高
——纹饰
——较大的编钟发出的声音音调较低

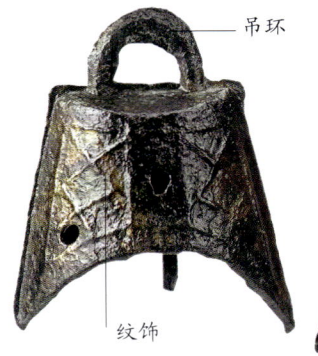

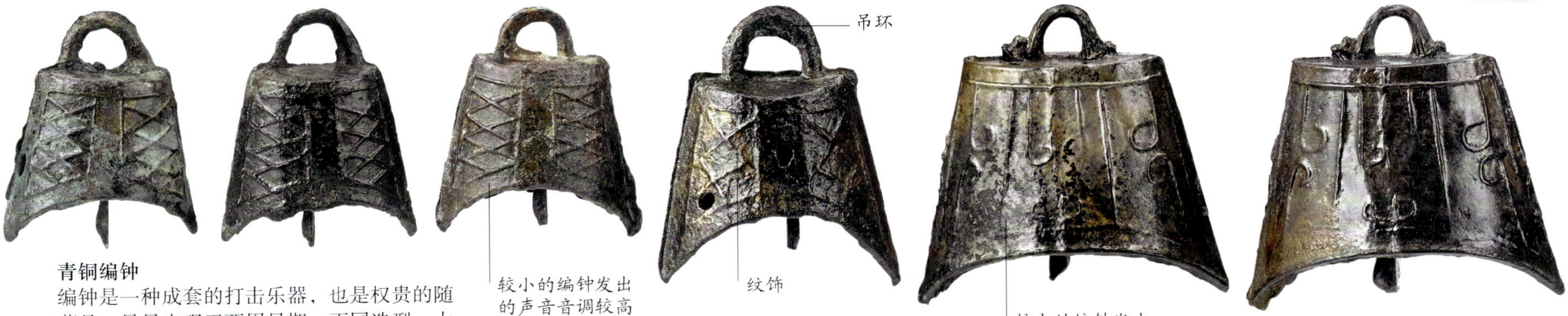

52　早期社会　公元前20000~前700年

商朝虎形觥
觥是一种酒器。盖的下面是盛酒的器身，器身前部有用于倒酒的流（凹槽）。这只觥设计精巧，引人入胜，结合了虎和鸮这两种动物的形象，具有象征意义。这种样式的觥流行于商朝晚期和西周早期。

鸮的耳朵

鸮的眼睛望向天空

鸮的形象独具特色

兽首

鸟兽结合样式的鋬（把手）

鸮的翅膀

鸟爪

虎的尾巴向上卷曲

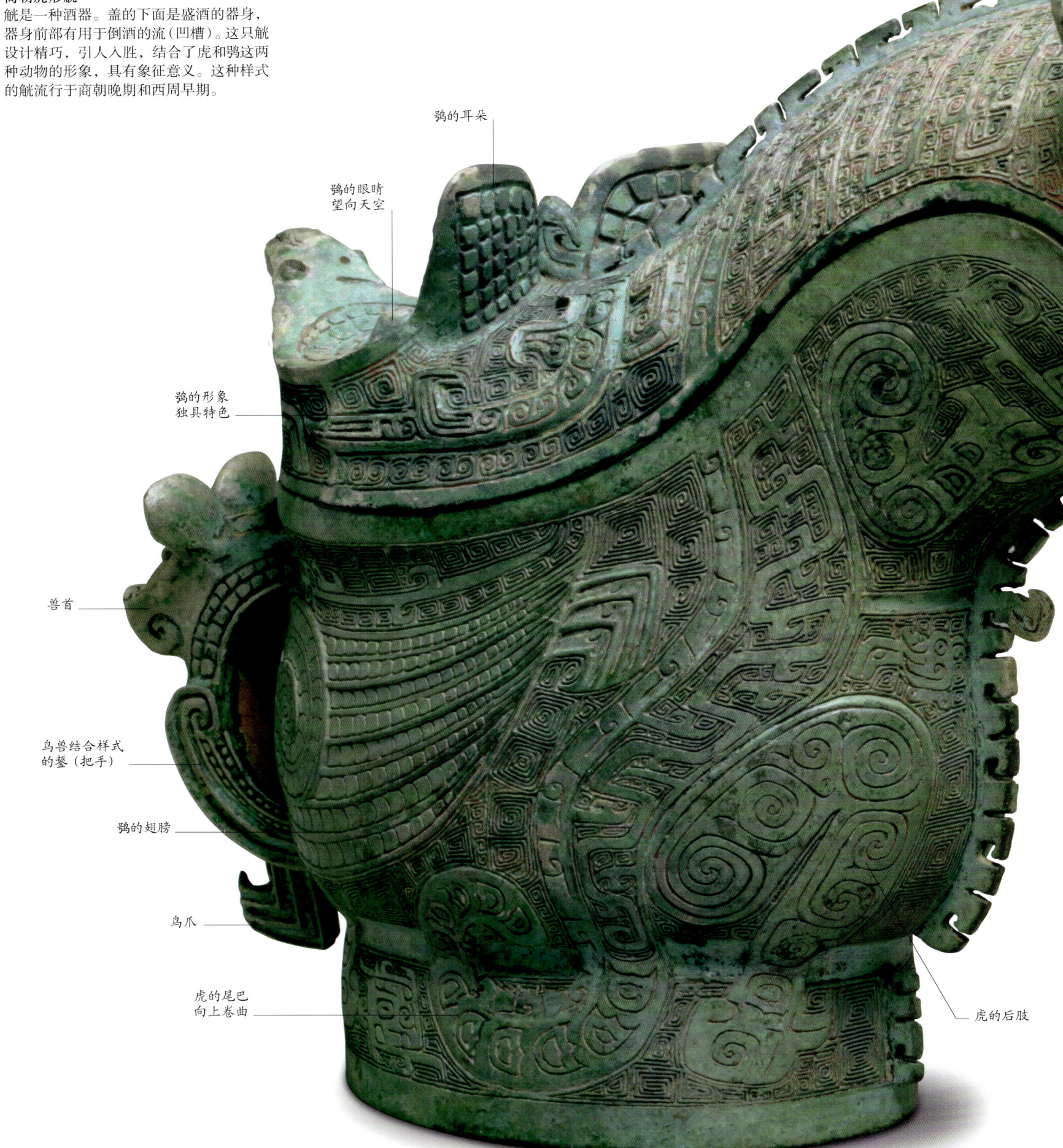

虎的后肢

中国的早期王朝 53

虎的耳朵
虎的眼睛
觥盖

盖能防止酒快速冷却，虎口中的齿缝还能给酒透气

■ 敬祖

礼器

新石器时代，一些文化中已经出现了使用特殊器物盛放祭祀用品的例子。统治者在祭祀仪式上使用陶质或玉质礼器，以彰显威仪。到青铜器时代时，这种祭祀方式已经成为传统。不同的是，此时的礼器大多由青铜制成，而且设计得更加精美。

礼仪

在祭祀仪式上，人们使用整套礼器来盛放祭祀用的食物和酒水，用于祭奠祖先，使祖先的灵魂得到慰藉。当时的人们认为祖先可以影响子孙后代的命运。商朝时期，礼器的种类繁多，每件礼器都有特定的用途，这说明祭祀的礼仪非常复杂。周朝时期，礼器的器型较商朝有所变化。鼎的大小和数量代表了其拥有者的身份等级。

除祭奠祖先以外，礼器还用于丧葬、朝聘、征伐、婚冠等宗教祭祀和政治礼仪活动中。一些商周时期的贵族墓葬中出土了许多制作精美的礼器。它们作为随葬品被埋入墓葬，大多为青铜器或玉器。礼器的制作材料和工艺复杂程度可以反映出礼器主人的社会地位。

商朝的工艺

商朝工匠研究出先进的铸造技术，用于制作精美的青铜器。这种青铜铸造技术叫作块范法，是用多块陶范铸造青铜器的方法。块范法又分浑铸法和分铸法。在铸造器型简单的青铜器时，使用浑铸法将器物一次浇铸成型。在铸造器型复杂的青铜器时，使用分铸法：先用陶范浇铸出器物的附件，然后在浇铸主件时将附件与主件铸接在一起；或者先分数次浇铸出器物的各个部件，然后将各个部件铸接在一起。在铸造像鼎这样的重型器物时，还可以先整体铸造鼎身和鼎足，然后再在铸成后的鼎身上安模、翻范，浇铸鼎耳。通常来说，器物的器型越复杂，需要范的数量就越多。商朝晚期的铜爵需要使用16块外范。

周朝时期，青铜器上常能见到长篇铭文，失蜡法等其他技术的出现使青铜铸造工艺进一步提升。

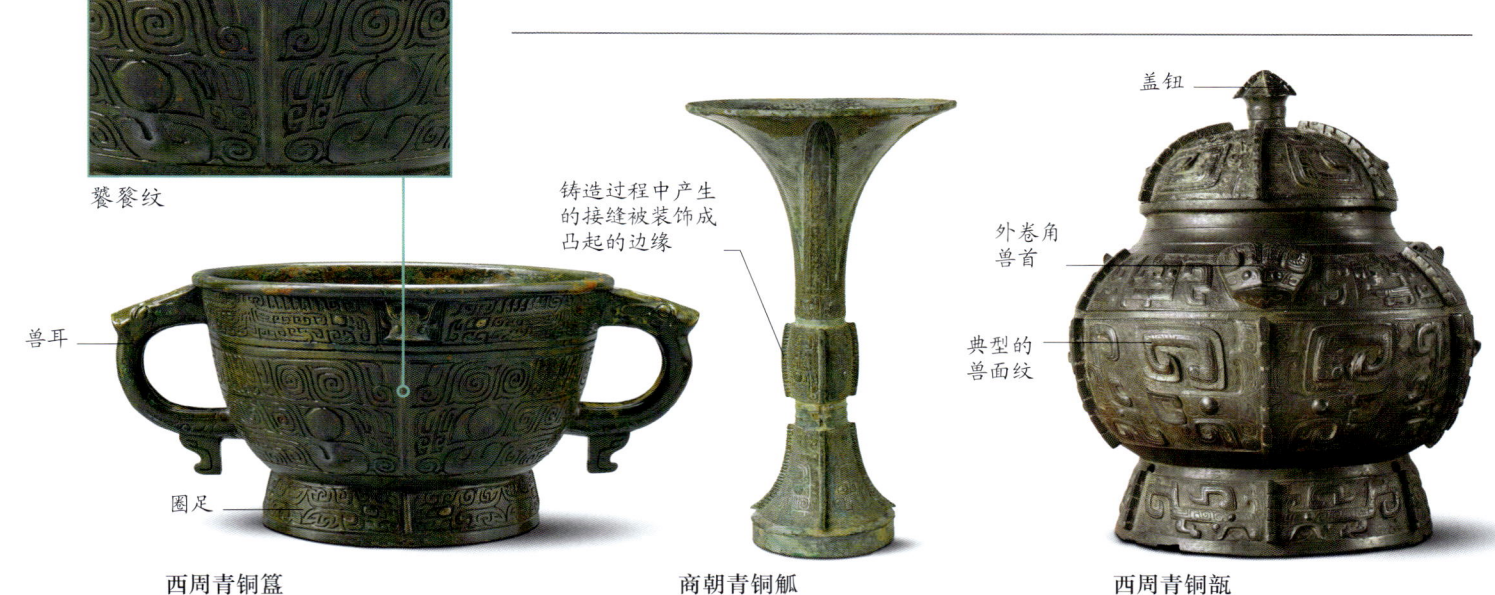

饕餮纹

兽耳

圈足

铸造过程中产生的接缝被装饰成凸起的边缘

盖钮

外卷角兽首

典型的兽面纹

西周青铜簋
簋是商周时期重要的礼器之一，用于盛放饭食。许多簋上装饰有饕餮纹（兽面纹）。据传，饕餮是一种凶残、贪食的野兽。

商朝青铜觚
觚是一种饮酒器，常与爵搭配使用。爵是一种斟酒器，用于将酒倒入觚中。

西周青铜瓿
瓿是一种盛酒器或盛水器。这个青铜瓿配有盖，周身装饰有兽面纹。

威严的安第斯神灵

小北文明是南美洲已知最古老的文明。公元前3100年前后,秘鲁北部沿海地区出现了大型城市中心,小北文明由此得名。在此后的其他文明中,最具影响力的是秘鲁安第斯山脉地区的查文文明。

冷酷的武士 ▷
一座位于秘鲁塞罗谢钦的前查文文明神庙周围有一些石板雕刻,雕刻描绘了一队武士杀死和肢解敌人的场景。有些安第斯文明会使用战俘祭祀。

小北文明的城市是举行宗教仪式的中心,拥有金字塔和圆形下沉广场,例如位于秘鲁苏佩山谷的卡拉尔。当地居民以灌溉农业和渔业为生,但不制作陶器。公元前1800年前后,小北文明衰落后,陶器才伴随其他文明的形成而首次出现。公元前1600年前后,秘鲁卡斯马山谷的塞罗谢钦人创造了第一座纪念性雕塑,其中含有人祭的场景。位于高地之上的查文德万塔尔是查文文明的中心,兴起于公元前1200年前后。查文德万塔尔拥有规模庞大的地下建筑及美洲豹等亚马孙动物的雕像。这座城市是重要的宗教仪式中心,查文文明辐射范围内的人们都会来此朝圣。查文文明对秘鲁的统治持续到公元前500年前后,当时出现了不同的区域文化,例如位于秘鲁南部的帕拉卡斯。帕拉卡斯人会先将死者制作成木乃伊,用美丽的织物包裹,然后再安葬。

艺术与文化

早期的安第斯艺术作品中充满了象征主义,利用对称、可倒转的头部和身体及其他构图技巧将神灵、刀、战俘头颅、神圣的动物和植物等元素组合到作品当中。查文和帕拉卡斯的艺术家创造了织物、金器、陶器及用葫芦雕刻的艺术作品。查文文明还有石雕作品。

帕拉卡斯陶盘
这个独特的帕拉卡斯陶器上装饰有几何图案和象征符号,图案之间被雕刻的边缘线分割。烧制后,每一部分都会被涂上厚厚的树脂涂料。
- 爪
- 猫眼
- 尖牙
- 猫耳

帕拉卡斯织物
帕拉卡斯木乃伊周身缠有棉布条,布条上有用羊驼毛绣出的精致图案。布条之外还包裹着披风。
- 帕拉卡斯神的面部
- 手拿战俘头颅
- 分叉的舌头被描绘成两条蛇
- 神的腿部两侧各有一只鸟

信仰与仪式

查文德万塔尔是重要的宗教仪式中心。这里有两座呈U字形布局的神庙,其中布满迷宫般的幽暗走廊,通往内部的圣所。圣所内供奉着至高神的威严神像。他手拿权杖,长着爪子、獠牙、猫脸和蛇发。室外的下沉广场里装饰有象征性雕刻,例如变身成动物的人类。

查文美洲豹石研钵
这个石研钵可能用于研磨致幻植物。萨满使用致幻剂后产生幻觉,以为自己变成了某种动物,灵魂可以脱离躯体,实现与神灵的沟通。
- 浅底研钵用于研磨
- 象征性的美洲豹形象

萨满的变身
这个石雕拥有圆睁的双眼和张开的鼻孔,描绘的可能是萨满使用致幻剂后变成美洲豹的幻觉,也可能是真正的美洲豹神。
- 鼻孔外翻
- 左右对称的设计

奥尔梅克的神秘世界

奥尔梅克常被称为中部美洲文明的"母文化",其展现出的许多特点也是后来出现的其他文明的典型特征,例如球戏场、金字塔、萨满教和血祭仪式。

仪式中心 ▷
拉文塔遗址中有一座巨大的土墩,土墩前方有能容纳千人的广场。遗址中还包含一些较小的土墩、庭院、巨石头像和其他的宗教遗迹。

奥尔梅克文明位于墨西哥湾南部的热带低地,这里的土地和河流为奥尔梅克人提供了丰富的物产。公元前1200年前后,圣洛伦索发展出了一个大型仪式中心,并统治了周边的大片地区。建筑布局表明此地的统治者拥有调集大量劳动力的权力。台地上建有房屋、作坊和巨大的广场,还排布着许多石碑。雕刻石碑的原材料来自80千米外的玄武岩采石场。公元前900年前后,奥尔梅克的权力中心由圣洛伦索转移至拉文塔。公元前400年前后,拉文塔的大部分地区也遭遗弃。不过,受奥尔梅克文明影响的其他文化在北方地区继续发展。

在中部美洲的许多地区都曾发现奥尔梅克文明的器物、艺术作品和建筑样式,它们可能是奥尔梅克商人在经商过程中传播到各地的。奥尔梅克商人四处寻找原材料,例如制作工具用的黑曜石,以及举行仪式用的瓦哈卡磁石镜、放血用的黄貂鱼刺、墨西哥格雷罗州和危地马拉的绿岩及异域的羽毛。

信仰与仪式

奥尔梅克文明的雕塑和宗教遗迹向我们提供了许多有关奥尔梅克人宗教信仰的线索。他们的主神具有生活在奥尔梅克地区的动物的形象,例如凯门鳄、美洲豹、角雕和蛇。这些神代表天空或空气、大地和地下世界、水和玉米(主要农作物)。奥尔梅克的统治者可能扮演着人类与超自然界之间中间人的角色。

翡翠人像
拉文塔的一处宗教遗迹中出土了许多翡翠人像。这些人像排列整齐,周围立着柱子般的石斧。许多同时期的其他中部美洲文明都在制作和交易这种小人像,表明奥尔梅克宗教传播广泛。

缠腰布

美洲豹人面具
奥尔梅克文明和同时代的其他中部美洲文明都将危地马拉翡翠视作珍宝。人们用翡翠制作雕像和其他器物,放于神庙和墓葬中。

额头中间的沟壑
向上倾斜的杏仁状眼睛
宽鼻翼
夸张的上嘴唇
嘴向下咧
手握棍棒或权杖
脚趾

美洲豹人石斧
美洲豹人(美洲豹与人的后代)可能是奥尔梅克人的水神,常被描绘成额头中间有沟壑的婴儿,就像雄性美洲豹一样。

参加球戏时戴的防护帽
清晰的五官

巨石头像
巨大的玄武岩头像描绘的可能是奥尔梅克统治者头戴防护帽参加球戏的形象。球戏在当时及后来的宗教和政治仪式上都具有重要的意义。

公元前700年后的一千年是欧亚历史的古典时代。古希腊、古罗马、波斯、古印度和中国统治着欧亚大陆的大部分地区。这些帝国拥有稳定的政权，鼓励贸易和思想交流。其结果之一是出现了三个宗教：基督教、佛教和琐罗亚斯德教。在南美洲和中部美洲，文明进一步发展，但这些文明与广阔的外部世界鲜少接触。

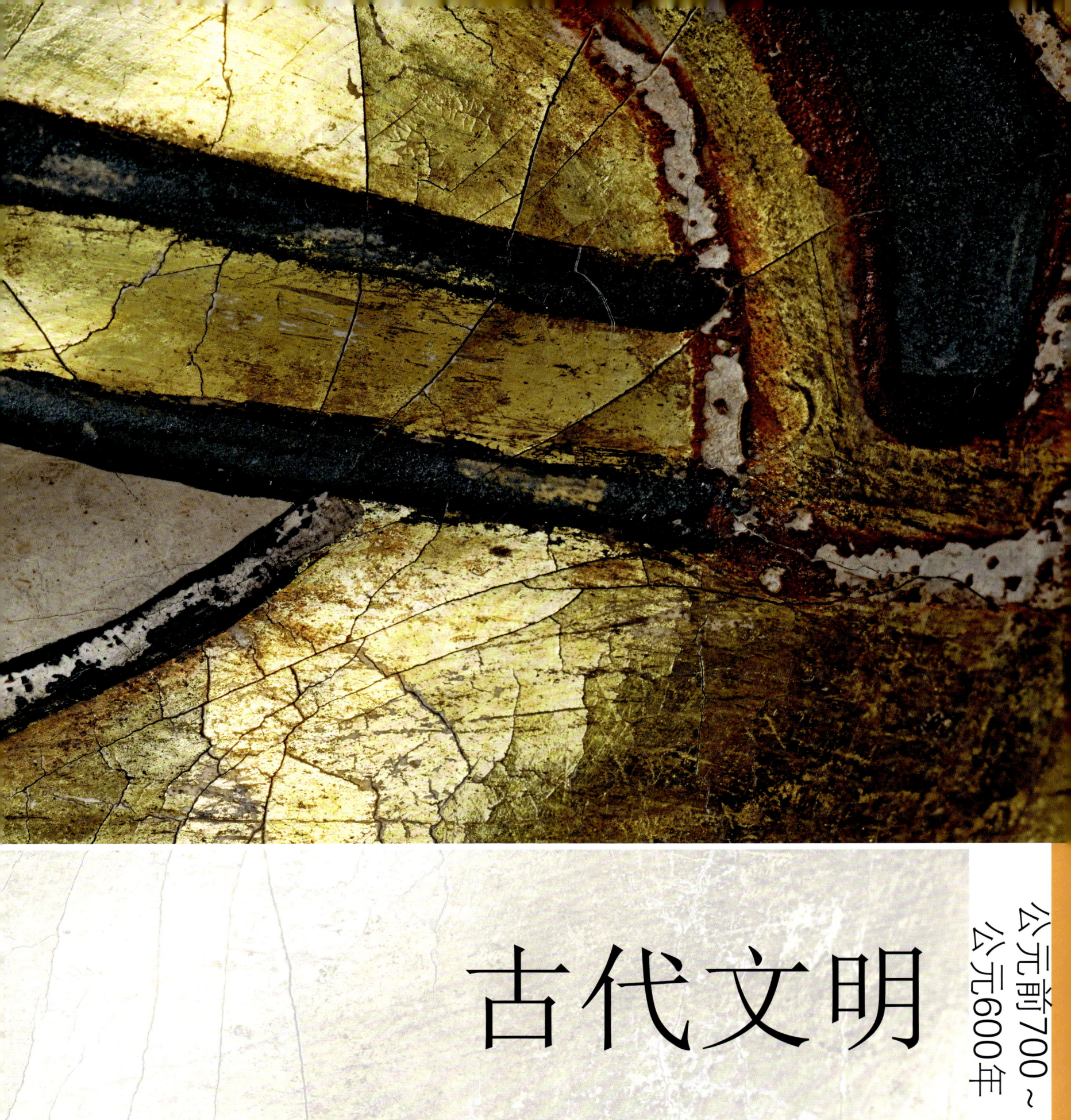

古代文明

公元前700～公元600年

古希腊城邦

古希腊文明在公元前6~前4世纪达到巅峰，成为当时世界上最具影响力的文明之一。古希腊人取得了许多伟大的成就，他们将字母表引入欧洲，改变了政治、科学、哲学、戏剧和历史研究等领域。古罗马继承了古希腊的艺术和建筑风格，其影响至今仍随处可见。

作战头盔
古希腊战士戴各种样式的头盔，其中最受欢迎的是科林斯式头盔。这种头盔能遮盖住面部的大部分区域。

▷ **圣地**
古希腊人相信神会在像德尔菲神庙这样的圣地向他们传达神谕，给予忠告。因此，在做任何重要决定之前，例如是否参战，城邦都会派使者到德尔菲神庙向阿波罗神的女祭司寻求意见。

在青铜器时代文明消亡之后，古希腊历史进入漫长的"黑暗时代"，有关这一时期的信息流传甚少，不过人们对之后公元前800~前500年的希腊古风时代却十分熟悉。当时，海上贸易蓬勃发展，古希腊人在地中海地区建立了许多殖民地。人们引入了新的字母表，荷马完成了关于特洛伊战争的伟大史诗。

古风时代

古风时代的公元前6~前4世纪，古希腊文明处于鼎盛。建筑师用石头建造出有着高大圆柱和华丽雕塑的神庙，以及剧场等公共建筑物。

这个时代诞生了许多伟大的思想家，例如第一位历史学家希罗多德，数学创始人毕达哥拉斯，还有开创科学医疗方法的先驱希波克拉底。在哲学领域，泰勒斯和赫拉克利特对构成宇宙的基本物质提出质疑，苏格拉底则提出了非常重要的哲学问题："人应该怎样生活？"

伟大的战争

古希腊不是一个统一的国家，而是由许多城邦组成的，城邦之间经常发生战争。城邦由城市和其周边的农村地区组成，拥有自己的历法、法律、议事机构及货币。城邦内还有一个名为"卫城"的地方，主要的神庙都坐落于此。当时，最强大的城邦是雅典和斯巴达。

尽管城邦之间存在分裂和竞争，但古希腊人认为他们拥有共同的身份。他们崇敬相同的神，庆祝相同的宗教节日，例如奥林匹克运动会，这些使他们团结在一起。古希腊人蔑视外国人，并称其为野蛮人，因为外语对他们来说与毫无意义的"吧吧"声别无二致。

公元前5世纪，波斯为征服古希腊发动了一系列战争，斯巴达和雅典率领古希腊城邦联盟击退了波斯的入侵。战争期间，以雅典为首的一些城邦结成提洛同盟，目的是解放受波斯控制的古希腊人。可是渐渐地，雅典将提洛同盟纳入了自己的控制之下。雅典的崛起使斯巴达感受到威胁，公元前431年，两个城邦之间爆发了战争。然而，任何一方都很难获胜，因为斯巴达的陆军更强大，而雅典则在海上更具优势。这场战争持续了27年之久，以斯巴达获得胜利而告终。

希腊化时代

公元前4世纪晚期，在马其顿国王亚历山大大帝的统治下，古希腊城邦统一。亚历山大大帝还征服了波斯帝国，将古希腊人的生活方式传播到了古埃及和阿富汗。他的继任者们在更广阔的地区建立了希腊化国家，例如古埃及的托勒密王朝。这一时期被称为希腊化时代，延续到公元前30年。希腊化时代晚期，古罗马人逐渐征服了所有希腊化国家。不过，希腊语仍然是东地中海地区的通用语言。

> **"我们环绕大海而居，如同青蛙围绕着池塘。"**
> 柏拉图，《斐多》，约公元前360年

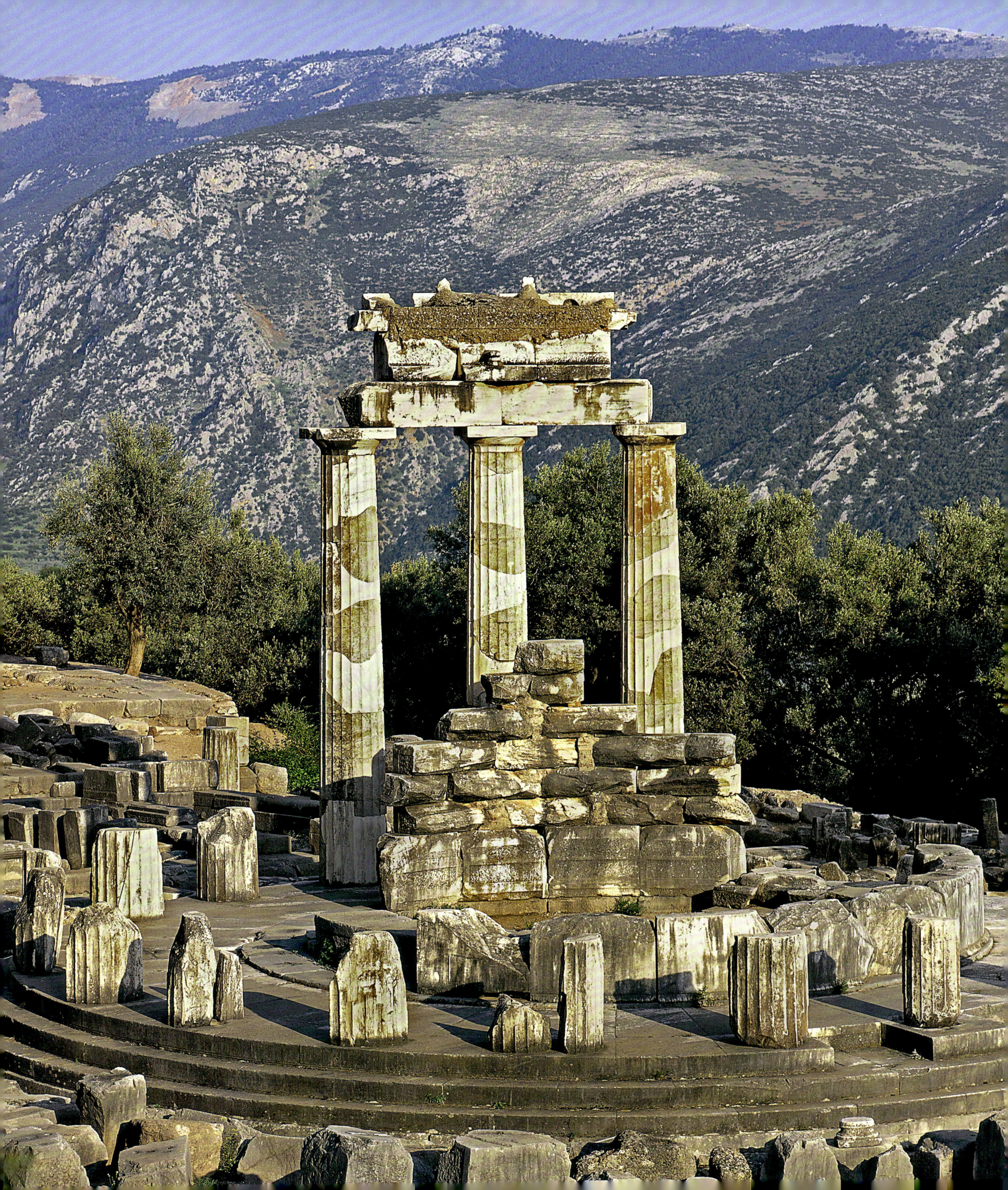

60 古代文明 公元前700~公元600年

战争与冲突

古希腊人对持续不断的战争习以为常。他们有机会通过战斗获得名誉和荣耀。战士通常以重装步兵的身份参战，重装步兵这个名字来自其随身携带的大圆盾。他们手持长矛，将各自的盾牌紧密地扣在一起向前推进，这种阵型被称为方阵。

叶形矛头
这是重装步兵长矛上的铁矛头，长矛长约2.3米。这种叶形矛头还常出现在瓶画中。

损坏的尖端

窄矛头
重装步兵将长矛举过头顶，反复刺向敌人的防线。这种窄矛头不如叶形矛头常见。

头盔上凸起的轨道供安装流苏用

护颈

延伸出的弯曲部分遮盖脸部

头盔由一整片青铜制成

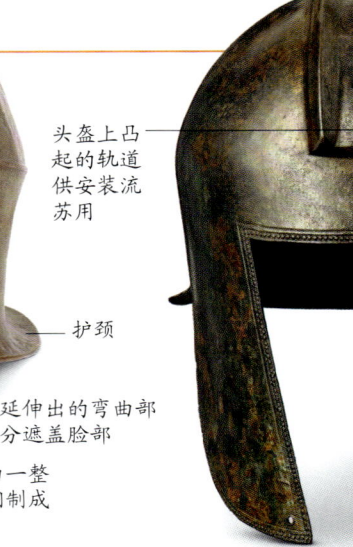

科林斯式头盔
科林斯式头盔是古希腊头盔中最实用的一种。它虽以科林斯城邦的名字命名，却被许多城邦的重装步兵佩戴。有些科林斯式头盔还带有马鬃流苏。

伊利里亚式头盔
相比科林斯式头盔，这种暴露面部的头盔提供的保护较少。这种头盔叫作伊利里亚式头盔，最初发现于巴尔干地区。

政治与权力

"Politics"（政治）一词源自希腊语"polis"，本意为"城邦"。尽管大多数古代社会由国王统治，但古希腊城邦由男性公民组成的公民大会管理。在大多数城邦中，权力都掌握在贵族手中。不过，雅典的每个公民都有权对重要决定投票。

科林斯的守护女神阿佛洛狄忒，或佩戴科林斯式头盔的雅典娜

生有双翼的神马珀伽索斯

正面　　背面

科林斯硬币
科林斯硬币的背面图案是神马珀伽索斯，它被科林斯的柏勒罗丰用女神雅典娜赐予的缰绳驯服。

雅典娜的头盔由橄榄叶和涡卷形装饰花环修饰

猫头鹰和橄榄枝

正面　　背面

雅典硬币
雅典人认为他们的城邦属于女神雅典娜。因此，雅典娜与她的神鸟猫头鹰一起出现在雅典硬币上。

伯里克利的额头很高，雕刻家巧妙地将其隐藏在头盔下

伯里克利大理石半身像
伯里克利是著名的雅典政治家。他维护雅典在城邦联盟中的霸权，并说服雅典公民修建宏伟的神庙。然而，他也使雅典陷入与斯巴达的灾难性战争，战争以雅典的失败而告终。

半身像底部有方形底座

古希腊城邦　61

建筑

"Architecture"（建筑）一词源自希腊语"arche"和"tekton"，意为"规则"和"建设者"。神庙建筑主要有三种形式，分别是来自大陆的多立克式建筑，来自安纳托利亚海岸的纤细的爱奥尼亚式建筑，以及带有植物装饰元素的科林斯式建筑。

爱奥尼亚式柱头
爱奥尼亚式柱的主要特点是柱头处有一对涡卷形装饰，柱身秀雅，表面有垂直的凹槽。

— 卵锚装饰线条

戈尔贡头像
这件赤陶俑是神庙屋顶的瓦檐饰物。龇牙咧嘴的戈尔贡头像是驱邪的符号。

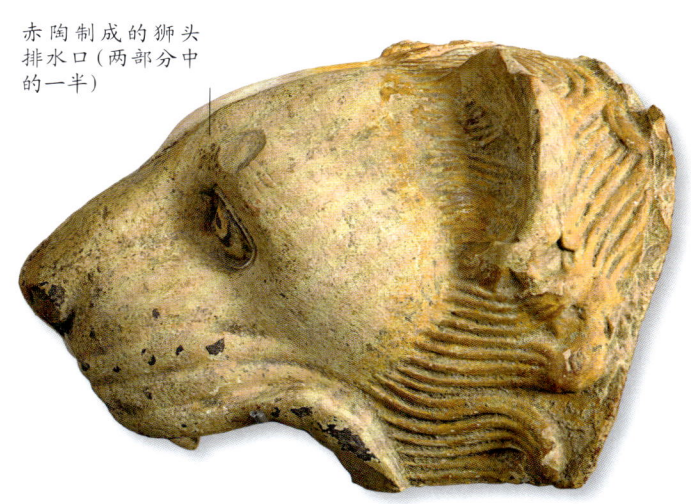

— 戈尔贡，希腊神话中的女妖

狮头排水口
几个世纪以来，古希腊人一直用狮头形象装饰排水口。它们位于神庙屋顶的边缘，用于排水。

— 赤陶制成的狮头排水口（两部分中的一半）

艺术与文化

古希腊艺术家使用各种材料进行艺术创作，但遗存下来的大多是石雕、彩绘陶瓶和金属器皿。瓶画家最初绘制黑绘陶，即在红色背景上用稀释的黏土或泥釉绘出黑色的人物形象。公元前530年前后，雅典艺术家创作出红绘陶，即将背景涂黑，人物形象保留红色。

— 酒杯外侧的酒会场景

— 手提酒袋的年轻人

— 酒杯的双耳可以用来握，也可以用来挂在墙上，露出绘制在杯底的画面

基里克斯杯
基里克斯杯是一种又宽又浅的酒杯，供男性在交际酒会上使用。随着酒被喝光，绘制在杯内的画面会逐渐显现。

戏剧面具
许多戏剧术语都源自希腊语，例如"tragedy"（悲剧）和"comedy"（喜剧）。这个赤陶面具应该是演员在表演喜剧时佩戴的。

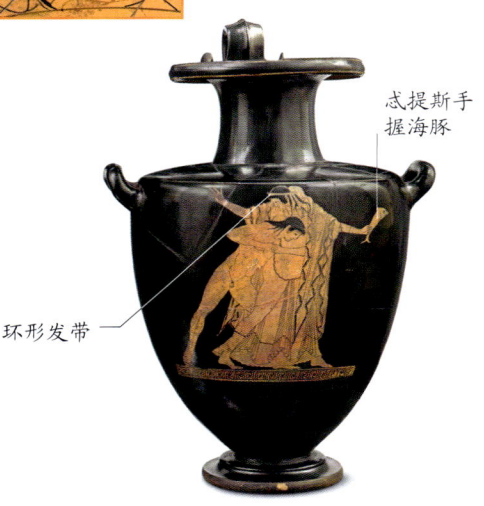

提水罐
古希腊女性用提水罐从公共喷泉往家中运水。这个提水罐描绘的是海洋女神忒提斯。

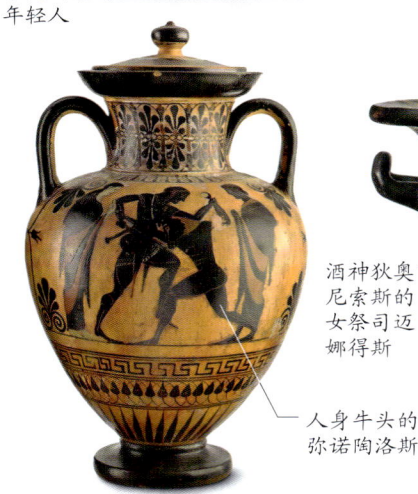

— 忒提斯手握海豚
— 环形发带

黑绘双耳瓶
这个公元前6世纪的双耳瓶采用黑绘技法装饰。它描绘的是雅典英雄忒修斯杀死弥诺陶洛斯的神话故事。

— 酒神狄奥尼索斯的女祭司迈娜得斯
— 人身牛头的弥诺陶洛斯

双耳喷口杯
双耳喷口杯用于在酒会上混合酒水。这个双耳喷口杯描绘的是迈娜得斯和萨梯，他们都是酒神狄奥尼索斯的追随者。

— 半人半羊的森林之神萨梯

奥林匹斯神话

考德瓶

古希腊人最重要的节日是奥林匹克运动会，这项体育赛事每四年举行一次。举办地点是古希腊南部的奥林匹亚。奥林匹克运动会为祭祀主神宙斯而举办。来自希腊世界各地的男性均可参加。这项盛会如此重要，以至于奥林匹克运动会举办期间，交战各方纷纷休战，以便让人们安全抵达奥林匹亚。始于公元前776年的奥林匹克运动会为古希腊人约定了共同集会的时间，使人们产生身份认同感。

神话

古希腊人创作了数百个神话故事，用于解释神和人之间的关系，城市是怎样建成的，以及为什么要举行宗教仪式。这个考德瓶描绘了古希腊人解释奥林匹克运动会起源的神话。

俄诺玛俄斯国王

战神阿瑞斯之子俄诺玛俄斯是古希腊南部伊利斯的统治者。他极其喜爱马，而且非常喜爱马，甚至给自己女儿起名为希波达弥亚，意为"驯马师"。然而，有预言称他将被自己的女婿杀死，因此俄诺玛俄斯千方百计地阻止希波达弥亚结婚。

每当有求婚者抵达，俄诺玛俄斯国王就会向年轻人发起挑战，要求其与自己进行一场横跨古希腊南部的战车比赛。俄诺玛俄斯让求婚者先出发，自己则给伊利斯的奥林匹斯山统治者宙斯祭献一只公羊。然后，他开始追赶他的两匹神马，俄诺玛俄斯总能追上求婚者。一旦追赶上求婚者，俄诺玛俄斯就会用长矛（阿瑞斯送给他的另外一件礼物）将其刺死，并砍下其头颅钉在城门上。

珀罗普斯的胜利

在海神波塞冬所赐骏马的帮助下，一个名叫珀罗普斯的年轻人最终击败了俄诺玛俄斯。珀罗普斯提前贿赂了俄诺玛俄斯的车夫密耳提罗斯，让他用蜡车轴替换俄诺玛俄斯将要追赶上珀罗普斯的青铜车轴。就在俄诺玛俄斯战车上珀罗普斯的时候，他的车轮飞了出去，俄诺玛俄斯摔下战车，被拖拉致死。最终，珀罗普斯迎娶了希波达弥亚，成为伊利斯的国王，并创办了奥林匹克运动会来纪念这次胜利。

五项全能运动

五项全能是奥林匹克运动会的一个比赛项目，由掷铁饼、掷标枪、摔跤、赛跑和跳远组成。这个公元前6世纪的铁饼属于一个名叫埃索达斯的五项全能冠军。他对自己的胜利感到非常自豪，于是在铁饼上刻上自己的名字，并将它献给希腊神话中的孪生英雄卡斯托尔与波吕杜克斯。

> "最重要的不是胜利，而是参与。"
>
> ——爱比克泰德，古希腊哲学家

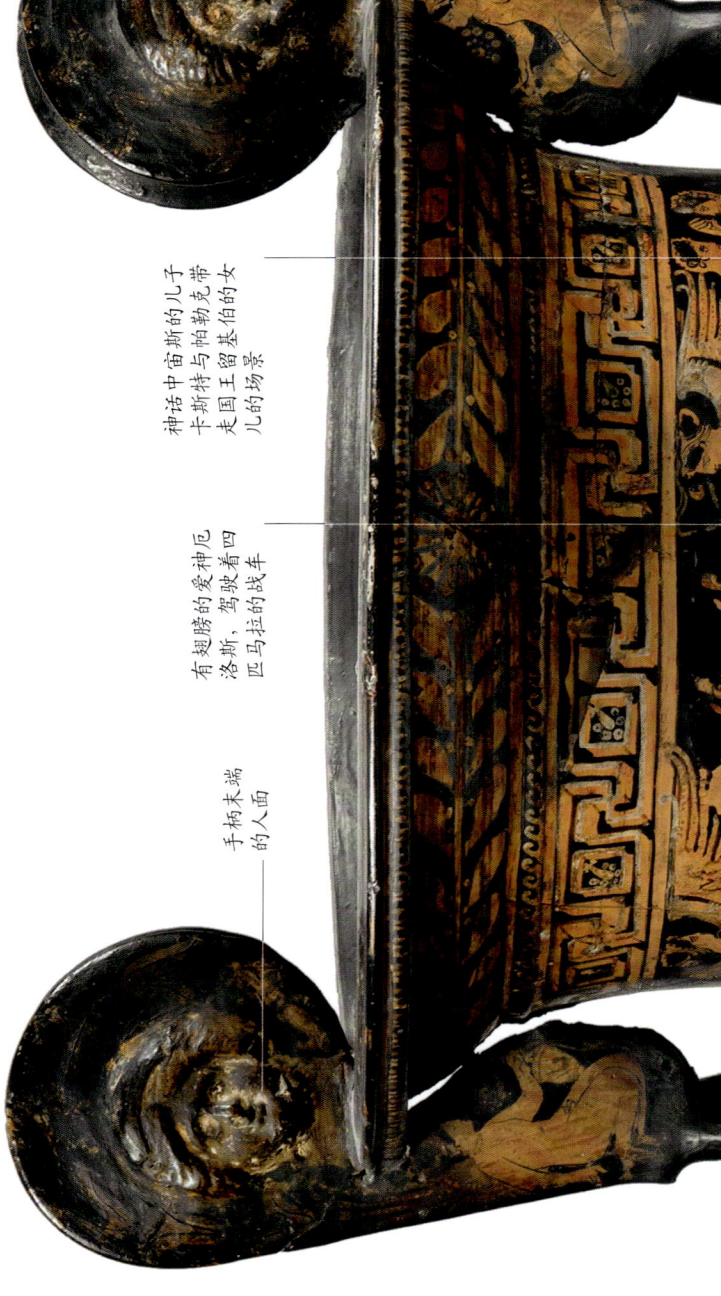

手柄末端的人面

神话中宙斯的儿子卡斯特与厄利斯国王留基伯的女儿们的场景

有翅膀的爱神厄洛斯，驾驶着四匹马拉的战车

古希腊城邦　63

瓶颈上的三片大棕榈叶

战神阿瑞斯赐予的长矛

国王俄诺玛俄斯将祭祀用的酒倒在祭坛上

一位复仇女神

坐在胸甲上的青年

青年坐在小神龛里，这样的场景经常出现在墓葬中

小神龛使用爱奥尼亚式柱

神殿场景

侍女端来一盆子贡品

宙斯雕像，手持雷霆和俄诺玛俄斯战车的备用车轮

国王的车夫密耳提罗斯注视着祭献的公羊

伊利斯的宙斯祭坛

侍从牵来比赛用的马

绘满肖像的瓶

考德瓶虽然被称为"瓶"，但其实是一个大双耳喷口杯，用于在酒会上混合酒水。它是意大利南部的古希腊画家于公元前4世纪晚期绘制的。1790年出土以来，它曾先后属于法兰西第一帝国皇帝拿破仑、一位法国将军及英国的考德男爵（以其名字命名）。

信仰与仪式

古希腊人崇拜许多不同的神，每位神都掌管着生活中的某一特定领域。最重要的神组成了一个以主神宙斯为首的家族。大多数古希腊人都相信神的力量，害怕激怒众神。不过，一些古希腊哲学家却对神的存在持怀疑态度。

强大的神
这件雕像可能是手举雷霆的天神宙斯，也可能是手举三叉戟的海神波塞冬。遗存下来的古希腊青铜器很少，这件青铜雕像是在一艘沉船中被发现的。

上好的白色大理石出自雅典北部的彭特利库斯山

双臂水平伸展，右臂呈投掷姿态

女人面

鸟身

祭品马
古希腊人试图通过向神祭献动物，以及在神庙中供奉祭品来获得神的帮助。这个赤陶马是献给神的祭品。

守护者赫尔墨斯
守护者赫尔墨斯的头像被放置在街角和门口。古希腊人认为这位神可以辟邪。

塞壬瓶
这个塞壬造型的瓶子用于盛油。塞壬是古希腊神话中半人半鸟的女海妖，她们用歌声将水手诱向死亡。

窗户外的马

与家人和侍从在一起的死者

站姿有力，重心落在前面的左腿上

用餐场景
古希腊人认为死者可以在墓葬中享用供品。这件浮雕描绘了死者斜靠着用餐的场景。

家居生活

古希腊男性白天在户外度过。他们与同伴在阿哥拉（市场）或运动场碰面，一起聊天和锻炼身体。女性将大部分时间花在家中。她们照顾孩子、做饭和纺织。到了晚上，男性参加在家中举办的酒会，女性不可以参加。

天鹅罐
这个天鹅造型的罐子用于盛放橄榄油。橄榄油通常用于烹饪和美容，它还是古希腊家庭的油灯用油。

人物头顶的瓶口有三叶草形状的边缘

爱奥尼亚式头盔

几何图案

中间的凹槽用于盛放酱汁

鱼盘
这个盘子上绘有两条带条纹的鲈鱼和一条鳐鱼。鱼是古希腊人饮食的重要组成部分。

喂食杯
这个带嘴的杯子用于喂养病患或婴儿。古希腊人还会为他们的孩子制作陶娃娃和带轮子的动物玩具。

非洲人陶瓶
考古学家发现了大约40个非洲人造型的陶瓶。古希腊人在北非建有贸易站和殖民地。

连接在头盔上的护颊

陶瓷罐
古希腊人沐浴后使用橄榄油涂抹皮肤。这个重装步兵造型的球形瓶用于盛放芳香的护肤油。

服装与饰品

大多数古希腊人穿家中女性亲手制作的衣服。即使是富有的女性也需要了解纺线及编织羊毛和亚麻的方法。希腊化时代，奢侈品大量出现，当时的女性都佩戴漂亮的黄金饰品。

环环相扣的链子

瓶身的上半部分装饰有V形图案

陶俑
这个公元前4世纪的陶俑上还保留着颜色的痕迹。这位女性身穿名为佩普洛斯的及踝长裙，外面披着名为希玛申的外套。

垂饰项链
古希腊女性佩戴几种不同款式的项链，例如这条出自公元前323～前30年希腊化时代的金项链。

科林斯式盒
这个小盒子上绘有动物图案，可能用于存放女性的小饰品或化妆品。它出自公元前600年前后的科林斯地区。

香水瓶
这两个小玻璃瓶出自公元前6世纪的罗得岛。这种小双耳瓶被称为微型安佛拉罐。

石榴石垂饰

马匹珠宝盒
古希腊女性将珠宝首饰存放在带盖的陶盒中。这个大珠宝盒制作于公元前750年前后，盖子上装饰有陶马。

马象征财富与高贵

希玛申的一部分披在一侧肩头，其余部分裹住身体

一端是公牛头

卍字图案装饰

长及脚踝的佩普洛斯

金耳环
这个希腊化时代风格的耳环由拧在一起的金丝制成。在古希腊墓葬中经常能发现珠宝首饰。

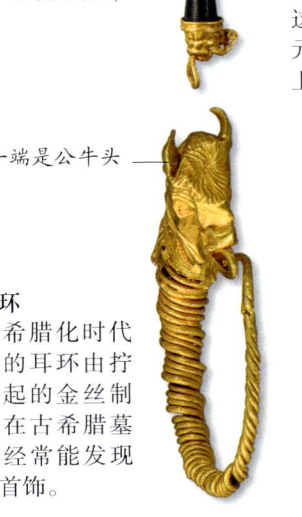

凯尔特王国

自公元前6世纪起,一个伟大的铁器时代文明逐渐遍及从西班牙到巴尔干半岛的整个欧洲。这些好战的凯尔特人拥有共同的宗教信仰和相近的语言,其中一些语言延续至今,成为苏格兰盖尔语、威尔士语、爱尔兰语和布列塔尼语。技艺高超的金属工匠创造出布满旋涡图案的独特艺术作品。

风格化的意象
这枚凯尔特金币是仿照马其顿金币铸造的,描绘了一匹马和一辆战车。马在凯尔特人的生活中扮演着至关重要的角色。

防御石塔 ▽
凯尔特人的首领在苏格兰建造了500多座石塔,例如这座敦·卡洛韦圆形石塔。这些石塔可能高达13米。它们既是堡垒,又是豪华住宅,彰显其主人的权力与财富。

凯尔特人有数百个部落,不过他们从不认为自己属于同一个民族。然而,在南方的邻居古希腊人和古罗马人眼中,他们却拥有相同的特点。"Celt"(凯尔特人)一词源自希腊语"Keltoi",是古希腊人对这一民族的称呼。凯尔特人的许多行为使古希腊人和古罗马人感到震惊,例如割取敌人的首级作为战利品以及用活人祭祀。

战争

凯尔特部落之间经常交战,遗存至今的防御性建筑就是最好的证明,例如山堡和石塔。凯尔特人还威胁着地中海地区,他们于公元前391年洗劫了罗马城,又于公元前279年入侵古希腊。一部分入侵古希腊的凯尔特人后来又深入安纳托利亚,定居在一个叫作加拉太的地区。直到公元5世纪,加拉太还在使用凯尔特语。

城镇

凯尔特人一直与地中海世界保持联系,这促使其社会发生巨大变化。公元前3世纪,凯尔特人开始修建防御性城镇,古罗马人称其为"oppida"(奥皮达),这个词源自拉丁语"ob-pedum",意思是"封闭的空间"。其中规模最大的奥皮达建于曼兴(位于今德国境内),占地3.8平方千米,拥有5000~10000人口。奥皮达是大型的制造业和贸易中心,凯尔特人在此仿照古希腊硬币铸造出了自己的钱币。

罗马帝国的征服

凯尔特人的大部分土地最终被罗马帝国占领,凯尔特人的生活方式也随之消失。不过,爱尔兰和苏格兰从未被罗马帝国征服。如今,凯尔特人的语言和传统在这些地方仍占据着重要地位。

战争

与纪律严明的古罗马战士不同，凯尔特战士注重个人荣誉，通常单兵作战。他们有时骑马冲杀，有时站在由两匹马拉的战车上向敌人投掷长矛。许多凯尔特战士赤膊上阵，以显示自己的勇猛。

盔甲

- 灵活的翅膀
- 红色珐琅瞳孔
- 头盔顶部的尖端
- 护颊
- 头盔主体由一整片青铜制成

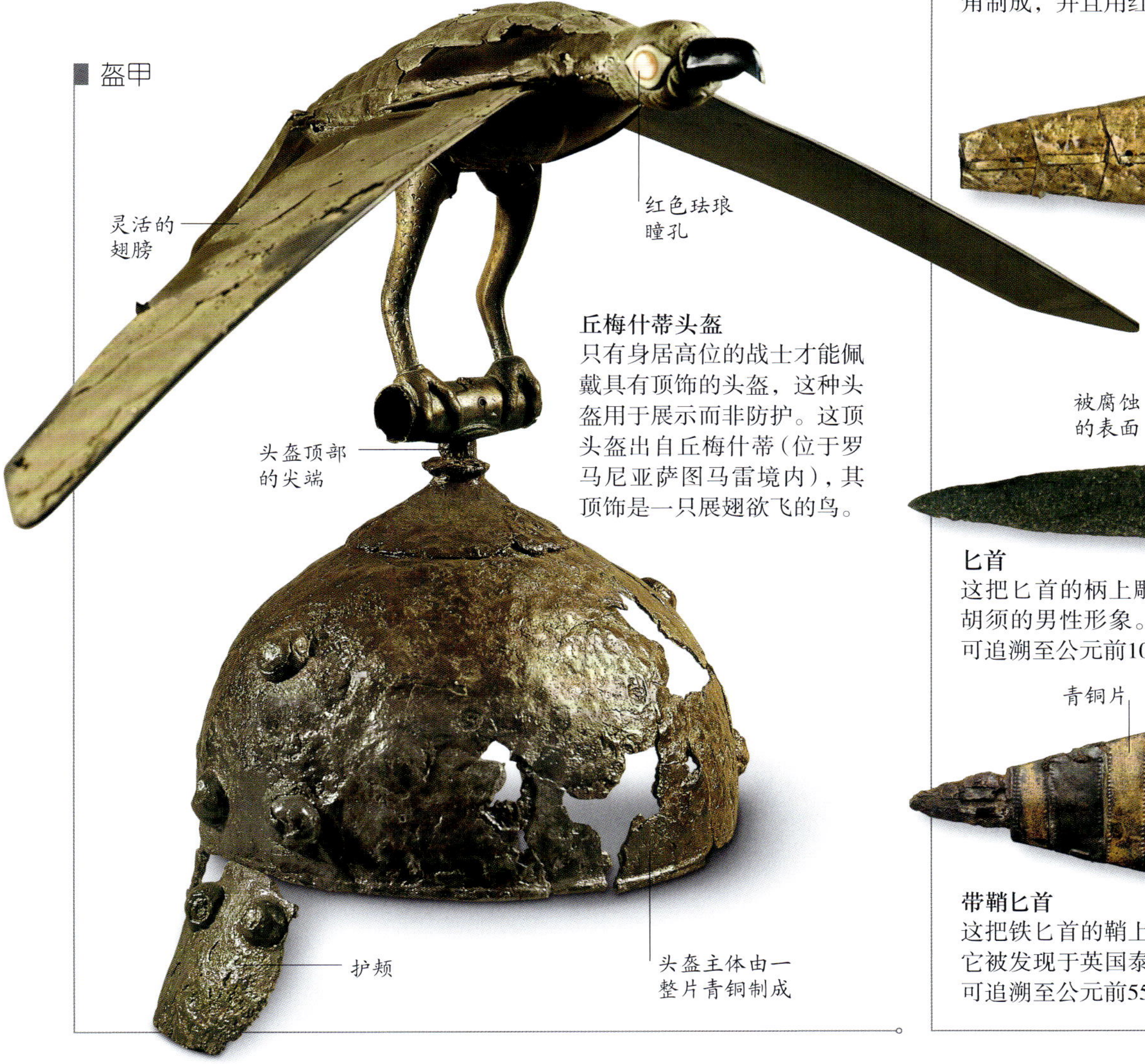

丘梅什蒂头盔
只有身居高位的战士才能佩戴具有顶饰的头盔，这种头盔用于展示而非防护。这顶头盔出自丘梅什蒂（位于罗马尼亚萨图马雷境内），其顶饰是一只展翅欲飞的鸟。

剑与匕首

- 复杂的旋涡图案
- 铆钉孔
- 三角形装饰

柯克本剑
这把70厘米长的铁剑出自英国柯克本的一座战士墓葬。剑柄由37片铁、青铜和角制成，并且用红色珐琅装饰。

鞘
这个鞘用于装短剑或匕首。它的外层由青铜片制成，内层衬有树皮。当它崭新时，在阳光下一定闪闪发亮。

- 被腐蚀的表面
- 蓄胡须的男性

匕首
这把匕首的柄上雕刻着环形条带和一个蓄胡须的男性形象。它出自英国伦敦，时间可追溯至公元前100～公元50年。

- 青铜片
- 柄起初为木质
- 靠近护手的圆形凹槽

带鞘匕首
这把铁匕首的鞘上装饰着青铜片。它被发现于英国泰晤士河中，时间可追溯至公元前550年前后。

战车配件

- 嘴唇造型
- 浅浮雕

青铜配件
这些配件用于装饰高等骑兵的战车。工匠先在其表面雕刻出各种图案，然后倒入熔化的红色珐琅。

装饰精美的金属制品

青铜扣环
凯尔特人使用这种安装于战车车辕上的扣环穿缰绳，用以驾驭马匹。

车轴装饰
这个美丽的青铜装饰物安装于战车的车轴上，表明这种战车既用于作战，也用于展示。

68　古代文明　公元前700~公元600年

信仰与仪式

在数百位凯尔特神灵中，最常见的是一位长角的神，这位神与野生动物有关。凯尔特人认为河流、湖泊和池塘是通往神界的入口，因此会将珍贵的物品投入其中，用以祭祀神灵。人和动物也会被当作祭品。

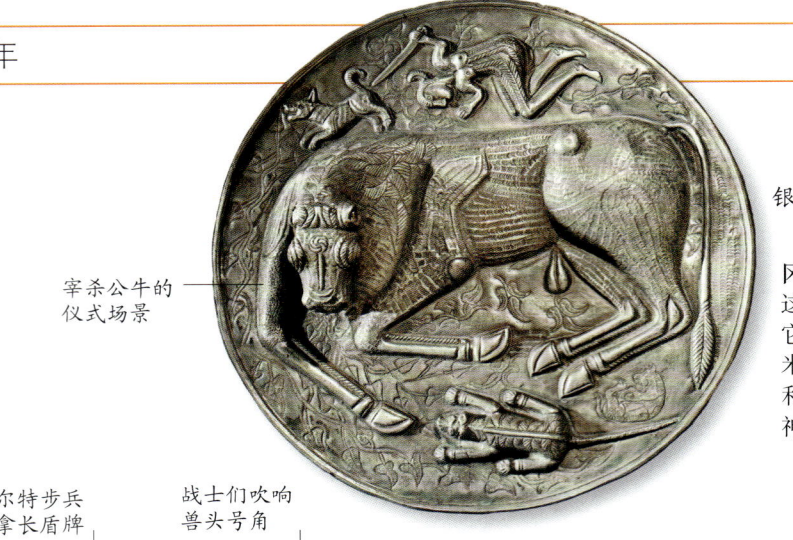

宰杀公牛的仪式场景

银锅底部

冈德斯特鲁普银锅
这个银锅出自丹麦的一处沼泽。它由13块银板拼成，直径69厘米，周身装饰有战争场景、神灵和祭祀场景。银锅本身也是献给神的祭品。

凯尔特步兵手拿长盾牌

战士们吹响兽头号角

头长牡鹿角的神手拿金丝项圈和蛇

凯尔特战士骑在马背上战斗

骑海豚的男孩

巨人（可能是一位神）正在将死人投入锅中

凯尔特神灵

活人祭品

凯尔特王国　69

头饰
这顶有角的头盔被当作祭品投入英国泰晤士河中。尽管被称为头盔，但它实际上是仪式中使用的头饰，可能戴在神像的头上。

做工精细的青铜铆钉

硬质岩头像
这个拉坦诺风格男性头像出自捷克的波希米亚。它是一个公元前2世纪的护身符，发现于一处圣地，可能代表一位战士或一位凯尔特神灵。

饰板
这块青铜饰板可追溯至公元前4世纪。它出自德国瓦尔达尔格斯海姆的一座墓葬。

划分成四份的勺子

占卜勺
这对青铜勺子出自威尔士。血或水这样的液体通过第一把勺子上的小孔滴到第二把勺子上，以预测未来。

眼部可能镶有玻璃

青铜挂环
这个出自英格兰肯特郡的挂环上有一位头上长角的神，这位神在冈德斯特鲁普银锅上也出现过。挂环上的双角已经折断。

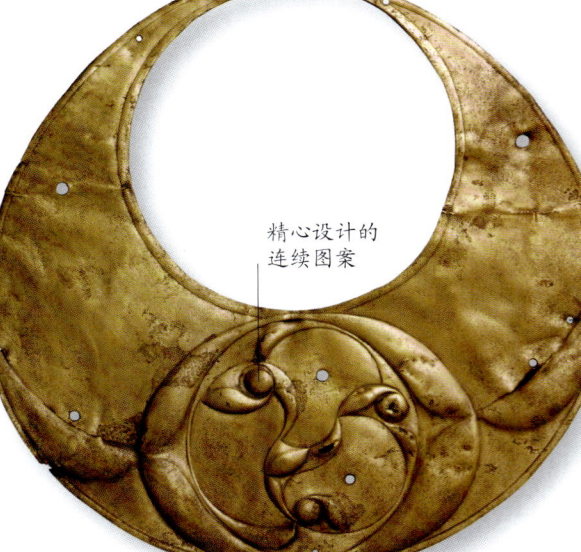

精心设计的连续图案

铆钉孔

月牙形饰板
考古学家在威尔士湖中发现了150件被当作祭品的贵重金属器物，这块青铜饰板是其中之一。饰板上的孔表明它曾附着于某物之上，但其功能尚不得而知。

盾牌由四片青铜焊接而成

红色珐琅

巴特西盾牌
与上方的头饰一样，这个盾牌也是作为祭品被投入泰晤士河的。它由青铜制成，镶嵌有27块红色珐琅。巴特西盾牌只用于展示，不用于战斗。

70　古代文明　公元前700~公元600年

服装与饰品

在古希腊和古罗马作家的笔下，凯尔特人穿着色彩艳丽、有图案的衣服，可能类似苏格兰的格子呢。男性穿宽松的长裤，系青铜扣皮带。他们剃光下巴，只蓄嘴唇上方的胡须。无论男女都戴手镯、胸针和金丝项圈等首饰。

金丝项圈
凯尔特男女都将佩戴金丝项圈作为身份高贵的象征。战士们作战时也会佩戴金丝项圈，也许是因为他们相信金丝项圈可以提供神奇的保护。

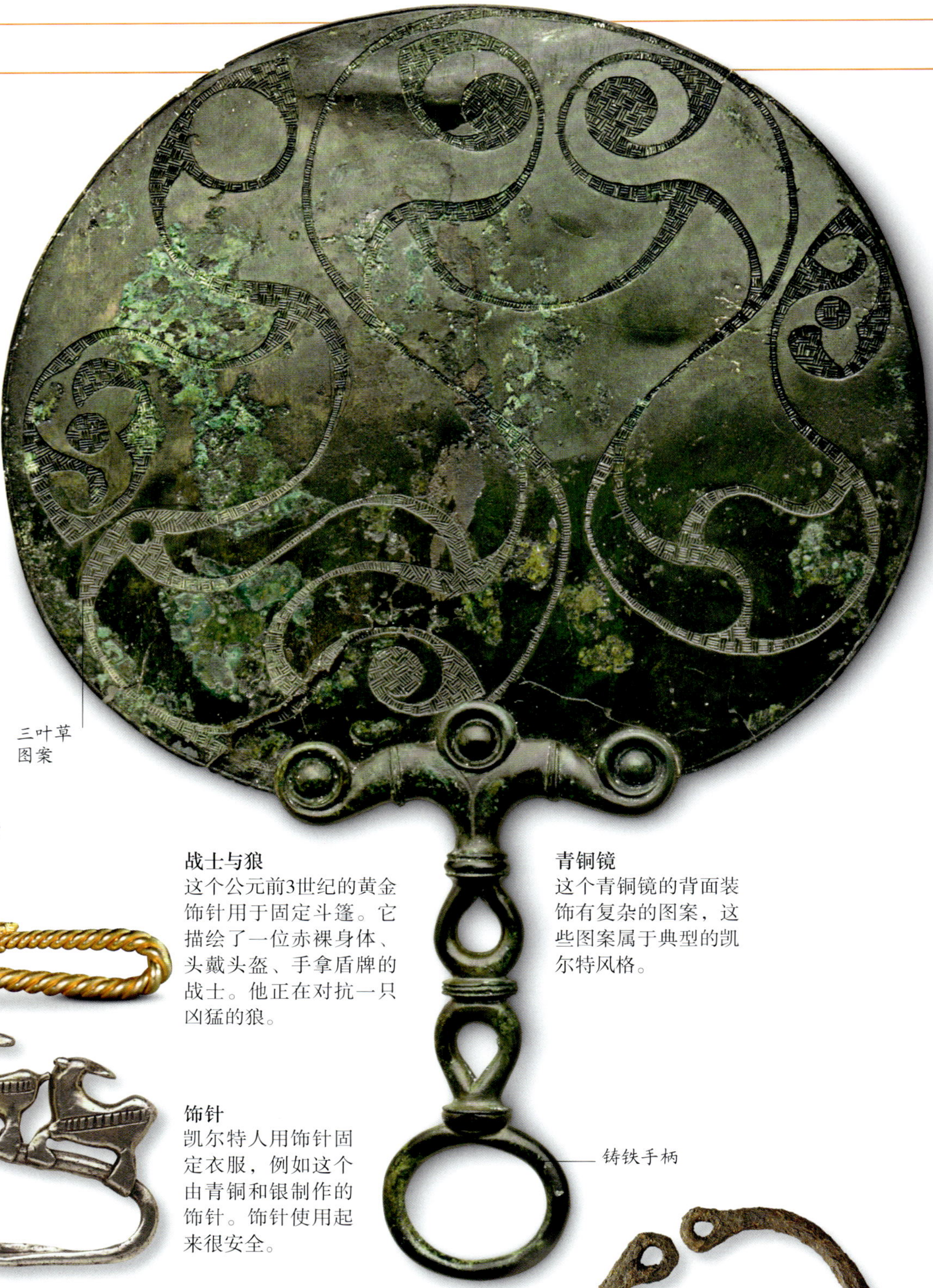

许多金丝拧在一起

三叶草图案

战士的剑已经折断

狼抓着盾牌

动物图案

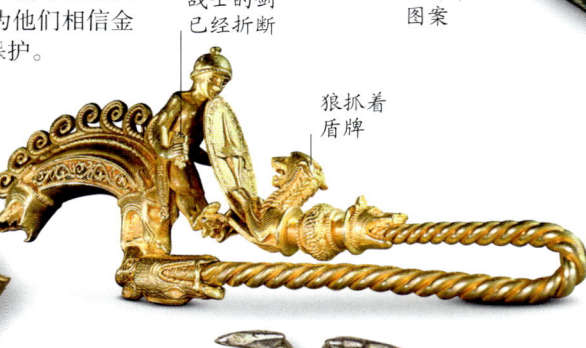

战士与狼
这个公元前3世纪的黄金饰针用于固定斗篷。它描绘了一位赤裸身体、头戴头盔、手拿盾牌的战士。他正在对抗一只凶猛的狼。

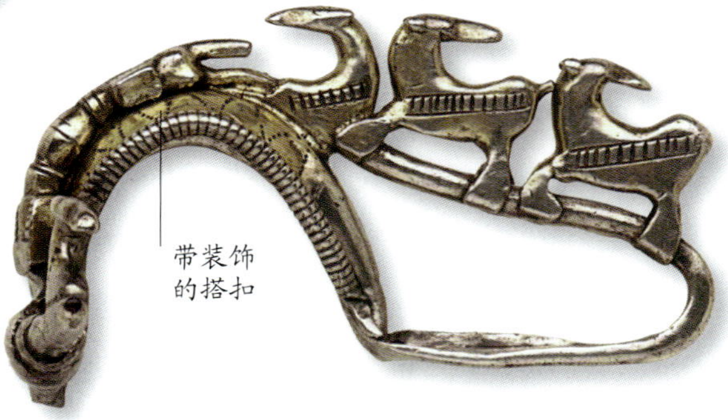

青铜镜
这个青铜镜的背面装饰有复杂的图案，这些图案属于典型的凯尔特风格。

黄金敲花工艺品
这个动物图案黄金工艺品出自罗马尼亚的巴塞尼。技艺高超的罗马尼亚工匠擅长敲花工艺。

带装饰的搭扣

饰针
凯尔特人用饰针固定衣服，例如这个由青铜和银制作的饰针。饰针使用起来很安全。

铸铁手柄

政治与权力

较大的凯尔特部落由国王和王后统治，女性可以掌握一定的权力。凯尔特社会存在不同的阶级，战士贵族阶层拥有大部分土地，其他大多数人都是贫穷的农民。另外，还有吟游诗人、祭司、商人、工匠和在战争中被俘虏的奴隶。

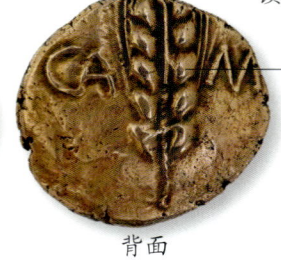

奴隶锁链
凯尔特社会存在奴隶制。这根锁链出自英格兰肯特郡的比格伯里山堡，是一根有着六个铁项圈的奴隶锁链的一部分。

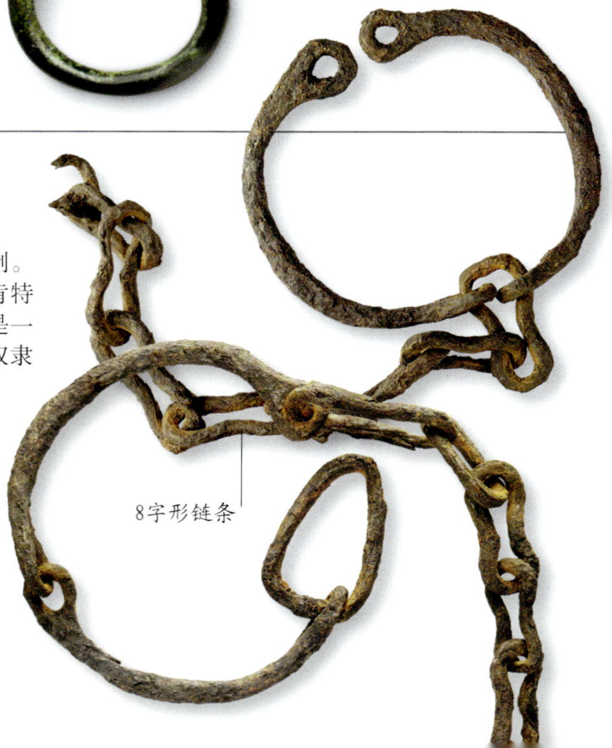

金币
这些硬币由不列颠南部最强大的部落卡图维勒尼的国王库诺贝林铸造。字母"CAMU"代表卡穆洛杜努姆（Camulodunum，今科尔切斯特），而"CUNO"则是库诺贝林（Cunobelin）的缩写。国王在硬币上使用了罗马字母和拉丁文"rex"（国王）。

谷粒

正面　　背面

8字形链条

伟大的波斯帝国

波斯帝国是古代世界的超级大国，横跨三大洲，其鼎盛时期的疆域从埃及一直延伸到阿富汗。它尊重异域习俗，允许不同民族保留本民族的法律、语言和宗教。

王室侍卫 ▷
大流士国王位于苏萨的宫殿中有一个巨大的觐见大厅，其中有用釉面砖装饰的墙壁，描绘了手持长矛和肩背弓箭的王室侍卫列队行进的场景。

波斯帝国又称阿契美尼王朝，这个名字源自最早的波斯国王阿契美尼斯，他于公元前700年前后统治了今伊朗南部地区。不过，波斯帝国的真正建立者是国王居鲁士大帝，他于公元前6世纪晚期征服伊朗其余地区、安纳托利亚和新巴比伦王国。

波斯帝国的巅峰出现于公元前6世纪晚期至公元前5世纪早期，即第四任统治者大流士一世统治时期。大流士将波斯帝国划分为20个行省，每个行省设总督进行管理。臣民需要向国王纳税和进贡，但可以自主管理自己的其他事务。

公元前330年，马其顿的亚历山大大帝征服波斯帝国。但阿契美尼家族的血脉并未消亡，此后的两个波斯王朝帕提亚王朝（公元前247～公元224）和萨珊王朝（224～651）的统治者们都宣称自己为阿契美尼王朝的继承人。

政治与权力

阿契美尼、帕提亚和萨珊的统治者们都将自己视作"诸王之王"，然而他们的国家却截然不同。阿契美尼国王通过总督进行统治；帕提亚国王允许地方统治者的存在，只要他们承认帕提亚国王为最高统治者；萨珊国王建立了强大的中央集权。

陶柱
这个陶柱上刻有铭文，记录了居鲁士征服新巴比伦王国，并颁布法令，允许那些被巴比伦人流放出去的人，如犹太人，返回家园。

歌颂居鲁士胜利的文字

帕提亚骑兵
这件小塑像表现的是帕提亚骑兵。帕提亚拥有庞大的骑兵部队，其中包含弓箭手、穿锁子甲的士兵和马匹。

大头饰

大流士印章
这枚印章描绘的是大流士一世狩猎的场景，强大的神阿胡拉·马兹达在一旁护佑着他。阿契美尼王朝宣称自己代表阿胡拉·马兹达行使统治的权力。

战车上的大流士国王

印章   印记

绾成发髻的头发   精致的王冠

牡鹿卧倒在地，身体上覆盖着类似毛发的点

萨珊圆盘
这个盘子描绘的是萨珊国王沙普尔二世猎杀牡鹿的场景。狩猎是王室活动，波斯统治者常被表现为正在狩猎。

古代文明　公元前700~公元600年

沿御道行进

阿姆河战车

1877~1880年，在今塔吉克斯坦和阿富汗交界地带的阿姆河畔出土了大约180件阿契美尼王朝的金银器。如今，这些器物被统称为阿姆河宝藏，其中包含器皿、臂环、动物雕像及用于宗教祭祀的饰板等。

道路与战车

阿姆河宝藏中最精美的一件是一辆由四匹马拉的战车模型。战车的前面装饰有古埃及侏儒神贝斯的头像，波斯人吸收了一些异域风俗，认为贝斯的形象能为人们提供保护。战车上的人身着米底服饰，米底人是波斯征服的伊朗北部民族。类似的战车还被地位尊贵的波斯人用于战斗和狩猎。在战场上，代表阿胡拉·马兹达神的空战车也会随波斯军队一同出战。

波斯帝国最先将道路网络作为管理国家和交通运输的手段，波斯各地的贵族（或总督）可以乘坐战车沿这些道路快速行进。其中最重要的一条道路是大流士一世下令修建的御道，它长约2500千米，连接了安纳托利亚海岸与波斯都城苏萨。御道上每隔一段距离就设有一个驿站，整条御道共有111个驿站。官员和信使可以在驿站更换马匹，信使们可以通过接力的方式在一周内走完全程。波斯国王拥有很多眼线，即"国王耳目"，他们负责监视总督，并向国王汇报。反叛者很快就会受到惩罚。

> "世界上没有什么能比波斯信使行进得更快。"
>
> 希罗多德，古希腊历史学家，《历史》，公元前440年

用金属丝制作的缰绳

身长、脖粗、胸部壮实的马匹

马腿与马身分开制作，之后焊接到马身上

镶嵌玻璃或半宝石的凹槽

格里芬臂环
这个金臂环是阿姆河宝藏中的一件，装饰着长有双角的格里芬。格里芬是神话传说中的生物，长有狮身、鹰头和鹰翼。

伟大的波斯帝国　73

古老的战车
阿姆河战车由金、银和铜的合金制成。铜使合金变得坚硬，从而保证战车的坚固。技艺高超的工匠用金属薄片制作出中空的人物和马匹。整个战车仅长10厘米，体积小到足以放在手掌中。

总督形象高大，表明其地位尊贵

车夫手握缰绳

米底风格的及踝长袍上装饰有圆点图案

总督的座位

真实战车上固定金属轮胎的钉状物

古埃及侏儒神贝斯的头像

车轴连接车轮，使车轮旋转

连接四匹马的轭

车身由一整片金属板切割、折叠而成

极具艺术创造力的埃特鲁里亚人

自公元前8世纪起，埃特鲁里亚人在意大利西北部和中部创建起一个重要的文明。他们是技艺精湛的艺术家，善于制造青铜器和陶器。他们还以占卜技能高超著称，通过解读闪电和分析祭献动物肝脏的方式来解释神的意旨。

独立的女性
这件雕像表现的是一位埃特鲁里亚女性。在埃特鲁里亚，女性可以取得大量财富。

古希腊风格 ▽
我们对埃特鲁里亚人的了解主要来自他们的墓葬。这幅画出自意大利塔尔奎尼亚的一座墓葬，描绘的是埃特鲁里亚的舞者和乐师。画中乐师演奏的乐器阿夫洛斯管和里拉琴都是古希腊人的发明。

埃特鲁里亚人的语言与其他欧洲语言毫无关联，因此古希腊历史学家希罗多德认为，埃特鲁里亚人是从安纳托利亚迁移到意大利的。然而，近年来的研究显示，埃特鲁里亚人是意大利西北部的原住民，他们的语言是从一种古老的意大利语发展而来的。

埃特鲁里亚位于今意大利中部的托斯卡纳地区。此地盛产锡和铜，这两种金属可以用于制作青铜。埃特鲁里亚人通过与腓尼基人和古希腊人交易青铜及其他商品，积累起大量财富。他们深受希腊文化的影响，于公元前700年前后采用了希腊字母，还欣然接受了古希腊艺术和服饰。

权力与影响

埃特鲁里亚包含12个独立城邦，分别由各自的国王统治。公元前6世纪，埃特鲁里亚的发展达到顶峰，城邦之间结成了松散的联盟。当时，从意大利北部的波河平原到南部的那不勒斯湾，埃特鲁里亚文明占据主导地位，并影响着周边讲拉丁语的邻居，其中也包括起初由埃特鲁里亚国王统治的古罗马。公元前3世纪，古罗马人征服埃特鲁里亚，并将埃特鲁里亚文明纳入日益壮大的罗马帝国。尽管如此，古罗马人依然尊重埃特鲁里亚人在宗教事务方面的意见。每当有闪电击中古罗马的公共建筑，埃特鲁里亚的占卜者们就会被召集起来，解释这一事件的含义。

战争与冲突

除欣赏古希腊艺术之外,埃特鲁里亚人还采用了古希腊的军事战术。埃特鲁里亚士兵都是重装步兵。他们全副武装,手举盾牌组成矩形方阵。他们的主要武器是长矛,头盔是基于古希腊和凯尔特风格而设计的。

带有高冠的古希腊式头盔

右手举起长矛

立起的护颊

持盾牌的左臂位置较低

绳索状的铠甲边缘

凯尔特式头盔
这顶青铜头盔的样式参考了意大利北部凯尔特人的设计风格。它名为蒙特福尔蒂诺头盔,以首次发现这种头盔的地区命名。

青铜重装步兵
这件青铜人像表现的是一个步兵(重装步兵)。他左手持圆形盾牌,右手举起长矛准备刺向敌人。

艺术与文化

在埃特鲁里亚的墓葬中发现了数以百计的古希腊花瓶。其中一些花瓶是进口的,还有些是埃特鲁里亚城邦里的古希腊艺术家制作的,或者是埃特鲁里亚工匠仿制的。埃特鲁里亚制陶工匠开创了一种制造有光泽的黑色陶器的技术,通过减少烧制过程中的供氧量使黏土变成黑色。这种陶器被称为布凯罗陶器。

黑绘双耳瓶
公元前6世纪,埃特鲁里亚艺术家制作了这个古希腊风格的花瓶。瓶身描绘有狩猎场景。

标准化设计
同大多数埃特鲁里亚双耳瓶一样,这个双耳瓶的瓶颈装饰有图案,瓶身绘有人和动物,还装饰有花边。

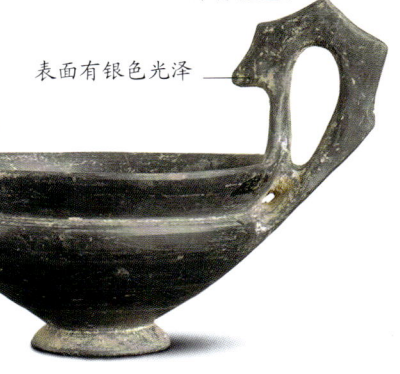

表面有银色光泽

酒勺
这个器皿用于将酒从大容器中舀入酒杯,它是使用典型的布凯罗工艺制作的陶器。

在狮子和斯芬克斯周围填充着玫瑰花图案

神秘的斯芬克斯由红色和黑色绘制

香水瓶
这个香水瓶可能是从科林斯进口的。瓶身装饰有狮子和斯芬克斯。

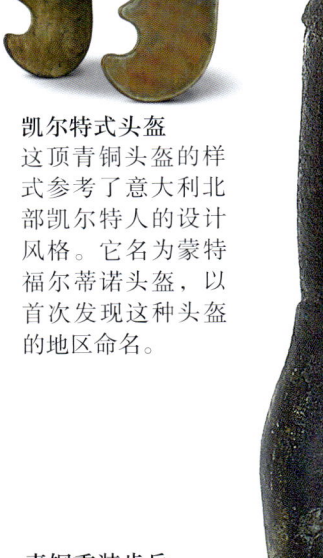

格里芬手柄
狮身鹰首的格里芬经常出现在古希腊艺术作品中。埃特鲁里亚艺术家常将青铜器和布凯罗陶器的手柄制成格里芬的造型。

黑色的布凯罗陶器

突出的壶嘴

简洁的线条和造型

喙壶
自大约公元前500年起,埃特鲁里亚制陶工匠开始形成自己的风格。这个壶的装饰和造型皆不同于古希腊风格。

极具艺术创造力的埃特鲁里亚人

76　古代文明　公元前700~公元600年

纳尔斯战士的盔甲
微兰诺微盔甲

埃特鲁里亚和其邻近民族的墓葬中出土了大量盔甲和武器，表明在公元前1千纪时这里的战争十分频繁。墓葬中的武器通常被有意弯曲或折断，仿佛它们被"杀死"，然后陪伴主人进入另一个世界。

纳尔斯墓群

在意大利中部纳尔斯地区的一座战士墓葬中发现了一些精美的盔甲，可以追溯至公元前725~前700年。除军事装备之外，一同随葬的还有花瓶、剃刀和马具。墓主人并非埃特鲁里亚人，而是说拉丁语的法利希人。法利希人是埃特鲁里亚人的邻居，经常与埃特鲁里亚人结成联盟，共同对抗古罗马人。公元前359年，法利希人被古罗马人征服。此后，他们曾发动两次反抗古罗马统治的起义，但均被镇压。公元前241年，法利希人的首都法莱里（今意大利奇维塔卡斯泰拉纳）被古罗马人摧毁。

纳尔斯墓群的历史可追溯至意大利人仿制古希腊盔甲之前的时期。这些公元前900~前700年的盔甲采用被称为微兰诺微的早期当地风格。其中最与众不同的是带有高冠的头盔。纳尔斯墓群中有大约30顶类似的头盔。微兰诺微盔甲的另一个特之处在于，其中的青铜盾牌没有木质背衬，战斗时容易弯曲。它们可能专门作为随葬品，而非用于战斗。大多数用于战斗的盾牌都是木质的，外面包裹着牛皮。

胸甲
纳尔斯战士穿着青铜胸甲。胸甲披挂在肩上，起保护躯干的作用。同头盔一样，胸甲也装饰有曲折的线条和饰钉。

圆形盾牌
纳尔斯战士的青铜盾牌直径为57厘米。在纳尔斯墓群中发现了大约80个类似的微兰诺微风格青铜盾牌。

全视图
— 青铜高冠的顶部呈夫状
— 成排的钉状装饰起装饰作用

高冠头盔
这顶带有高冠的头盔出自纳尔斯墓群中的一座战士墓葬。它由两片青铜打制而成，前后通过小青铜板固定在一起。这种样式的头盔体积巨大，高和宽均为40厘米左右。战士可能会在头盔里穿戴衬垫，起到缓冲的作用。

彩绘盔甲
同这座公元前4世纪的塔尔奎尼亚墓葬一样，有些墓葬用墓室内的盔甲壁画代替墙壁上的实物随葬品。这个墓室内壁画上绘有两个圆形盾牌，其中一个盾牌上写着希腊字母"A"。这个盾牌护颊的古希腊式的墙壁上绘有带护颊的古希腊式卡式青铜头盔。

线条和圆点装饰

前后各有三个大齿,用作装饰

78　古代文明　公元前700~公元600年

信仰与仪式

埃特鲁里亚宗教与古希腊宗教有很多相似之处。虽然我们对古希腊城邦和个人的宗教信仰了解较少，但埃特鲁里亚人拥有神圣的经文，据说这些经文是神向传说中的先知塔吉斯透露的启示。经文内容包含宗教律法，以及解读自然现象的方法。

青铜牛
这件青铜像出自一座战士墓葬。祭司通过祭献活牛和分析动物肝脏来获得神的意旨。

神庙屋顶的瓦檐饰
这个由赤陶制成的屋顶瓦檐饰上有萨梯的头像。半人半羊的森林之神萨梯与古希腊神话中的酒神狄奥尼索斯有关。

- 山羊耳

迈娜得斯
埃特鲁里亚人交替使用萨梯（左图）和酒神狄奥尼索斯女祭司的瓦檐饰。这些酒神的女祭司被称为迈娜得斯，她们在乡间纵情舞蹈。

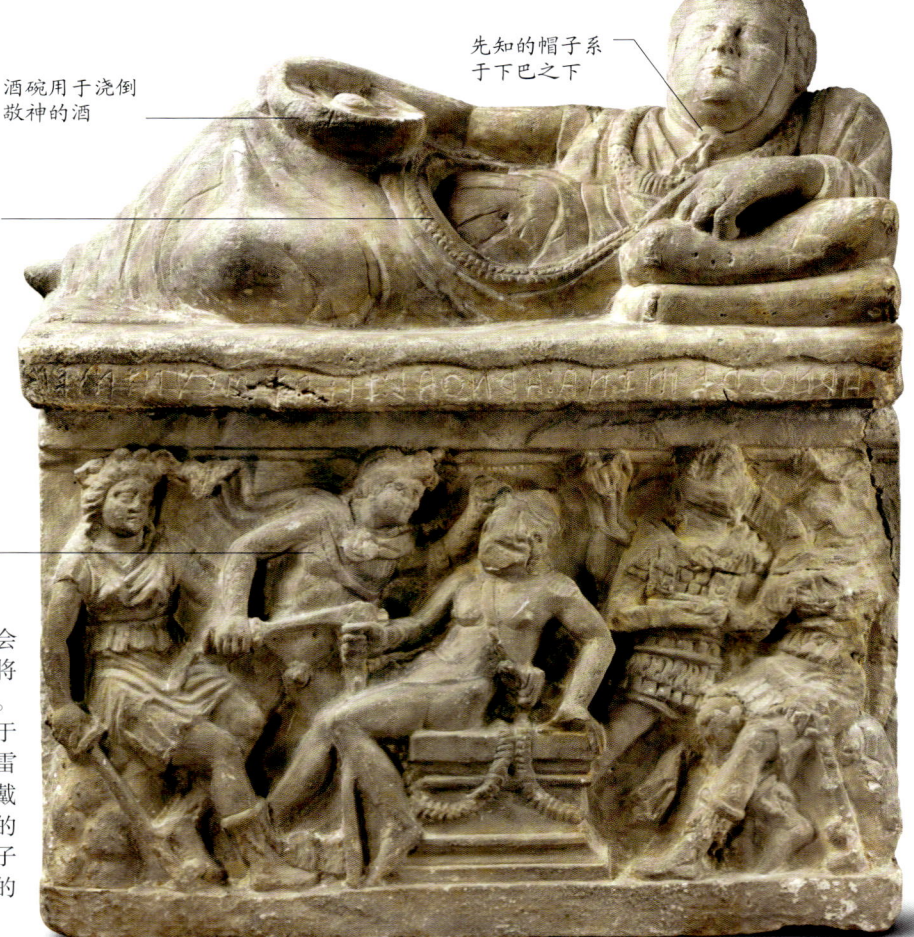

- 大王冠或头饰
- 精致的耳环

雪花石膏瓮
埃特鲁里亚人会火化死者，并将骨灰装入瓮中。这个骨灰瓮属于先知阿恩斯·雷姆兹那。他头戴一顶造型奇特的帽子，这种帽子只有像他这样的祭司才能佩戴。

- 先知的帽子系于下巴之下
- 酒碗用于浇倒敬神的酒
- 庞大的身躯代表富有
- 浮雕描绘了古希腊神话中俄瑞斯忒斯谋杀涅俄普托勒摩斯的场景

服装与饰品

埃特鲁里亚男女都穿着一种叫作托加的羊毛长袍，后来这种长袍成为古罗马男性的服装。长袍搭于左肩之上，使右臂露在外面。埃特鲁里亚人擅长制作黄金饰品。他们使用一种叫作黄金造粒的技术，将微小的黄金颗粒固定在金饰表面。早在公元前1千纪早期，近东地区的人们就已经开始使用这种技术了。

陶瓶项链
埃特鲁里亚黄金工匠制作精美的首饰。这条项链由陶瓶造型的金珠穿成，陶瓶上方装饰有女性头像。

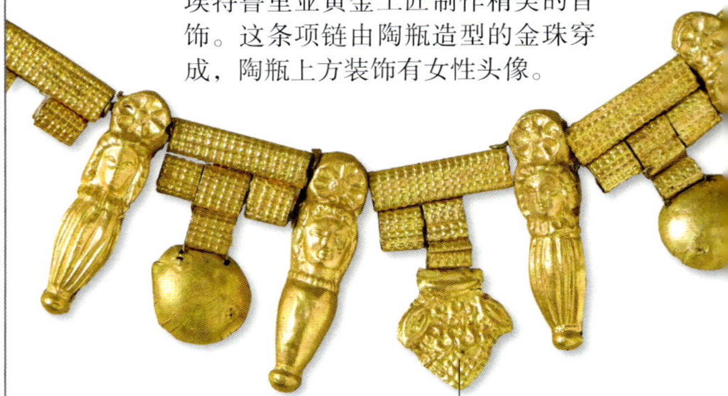

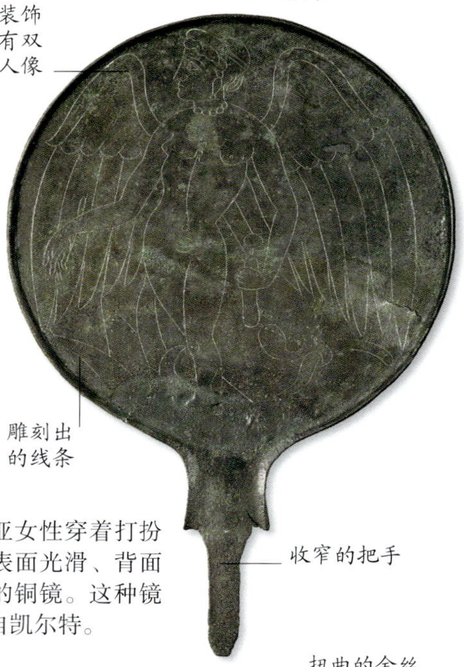

- 葡萄串
- 背面装饰着具有双翼的人像

铜镜
埃特鲁里亚女性穿着打扮时会使用表面光滑、背面装饰精美的铜镜。这种镜子样式源自凯尔特。

- 雕刻出的线条
- 收窄的把手

金耳环
这对金耳环由覆盖着金粒的扭曲金丝制成。金粒能创造出丰富的表面质感。

- 扭曲的金丝

女神瓦檐饰
这种陶制瓦檐饰展示了埃特鲁里亚女性的发式和饰品。金耳环在当时非常受欢迎,流行样式变化很快。图中这位迈娜得斯头戴一顶大花冠。

- 女性头像陶瓶造型的珠子
- 网纹图案
- 金丝弯曲成环形

橡实钩扣
这个金项链钩扣被设计成两对橡实的造型。其中一对连着挂钩,另一对连着搭环。

- 金珠边
- 金箔表面
- 马蹄形耳环

马蹄形耳环
戴马蹄形耳环的女神像(右图),在许多埃特鲁里亚墓葬中都有发现。这片金箔可追溯至公元前4世纪。

- 大圆珠
- 叶形装饰

管状金耳环
这对耳环由空心金管制成,通过将金管细的一端插入粗的一端来固定。

辉煌的古罗马

罗马帝国是历史上最强大、组织最完善的帝国之一。117年，罗马帝国巅峰时期的疆域从南到北绵延3700千米，东西跨度4000千米。它包含地中海沿岸所有地区，因此地中海被古罗马人称为"Mare Nostrum"（诺斯特鲁姆海），意为"我们的海"。与这个庞大帝国有关的许多事物得以延续至今。

角斗士头盔
这顶带有高冠的青铜头盔是角斗士佩戴的。角斗士是训练有素的战士，他们在公开竞技中搏斗。罗马帝国皇帝通常会为这种受大众欢迎的娱乐活动买单。

▷ **雄伟壮观的场地**
罗马竞技场也叫罗马斗兽场，建于公元70～80年。角斗士在竞技场上为公众免费表演。罗马竞技场可容纳5万名观众，他们可以与坐在前排包厢里的皇帝一起观看角斗士竞技。许多古罗马城镇都建有自己的竞技场。

日渐强大的古罗马人创造了一个神话来讲述罗马城建立的故事。据说，战神马尔斯的儿子罗慕路斯和雷慕斯于公元前753年建造了罗马城。考古证据表明，罗马城始于公元前9世纪意大利中西部的一个小型农业聚落，直到公元前7世纪晚期才逐渐发展为城镇。

起初，古罗马由国王统治。公元前509年，最后一任国王高傲者塔克文在一次由贵族发动的政变中被驱逐。随后，罗马共和国建立，由每年选举产生的两位执政官代替国王进行统治。执政官既是国家元首，也是军队的最高指挥官。他们依据元老院提出的建议统治国家。元老院由前任执政官和其他有权势的贵族组成，它逐渐成为罗马共和国的最高决策机构。罗马共和国的社会包含自由民和非自由民（奴隶）。

东征西战

罗马共和国通过结盟和征服的方式首先取得了拉丁姆平原，接着又征服了整个意大利。这为古罗马带来了大量财富并为之后的征战储备了充足的人力。古罗马在意大利的崛起引发了其与竞争对手迦太基的冲突。迦太基控制着西西里岛西部、撒丁岛、科西嘉岛和西班牙南部。公元前246～前146年，古罗马与迦太基进行了三次战争，即布匿战争，并取得胜利。在此过程中，古罗马逐渐成为海上强国。第二次布匿战争（前218～前201）的胜利使古罗马成为地中海地区的超级大国。随后，古罗马开始介入地中海东部希腊化国家之间的战争。公元前146年，古罗马人控制了整个古希腊。这些征战为古罗马带来大批奴隶，许多建筑物都是这些奴隶建造的。

内战

战争为雄心勃勃的古罗马将军们提供了赢得巨额财富、权力和荣誉的机会，最终导致他们野心膨胀，想要获得更多权力。公元前1世纪，古罗马将军之间的竞争引发了一系列内战，摧毁了古罗马的共和制。最后的胜利者屋大维于公元前27年成为罗马帝国的第一位皇帝，被元老院授予"奥古斯都"的尊号。罗马帝国对后世影响深远。古罗马人成功的原因之一是，相较于其他古代帝国，古罗马人更欢迎外国人，会给予外国人公民身份。起初，这仅是对他们忠于罗马帝国的奖励，或是为军队效力的奖赏。后来，在卡拉卡拉皇帝（211～217年在位）的统治下，罗马帝国所有男性自由民都被授予了公民身份。除奴隶之外，所有人都可以称自己为"罗马人"。奴隶可以获得自由，他们的孩子也可以成为公民。

永恒的遗产

尽管西罗马帝国最终于476年灭亡，但它的影响却延续至今。罗马历法、字母表及大量源自拉丁语的单词至今仍在使用。我们如今使用的硬币是仿照古罗马硬币的样式设计的，罗马法是许多现代法律体系的基础。美国的政治制度是以罗马共和国的政治制度为基础建立的。罗马帝国晚期的宗教基督教，在世界范围内有超过23亿信徒，教宗也被称为罗马教皇，是天主教会的宗教领袖。

"伟大的帝国不是建立在胆怯之上的！"

塔西佗（56～117），古罗马历史学家

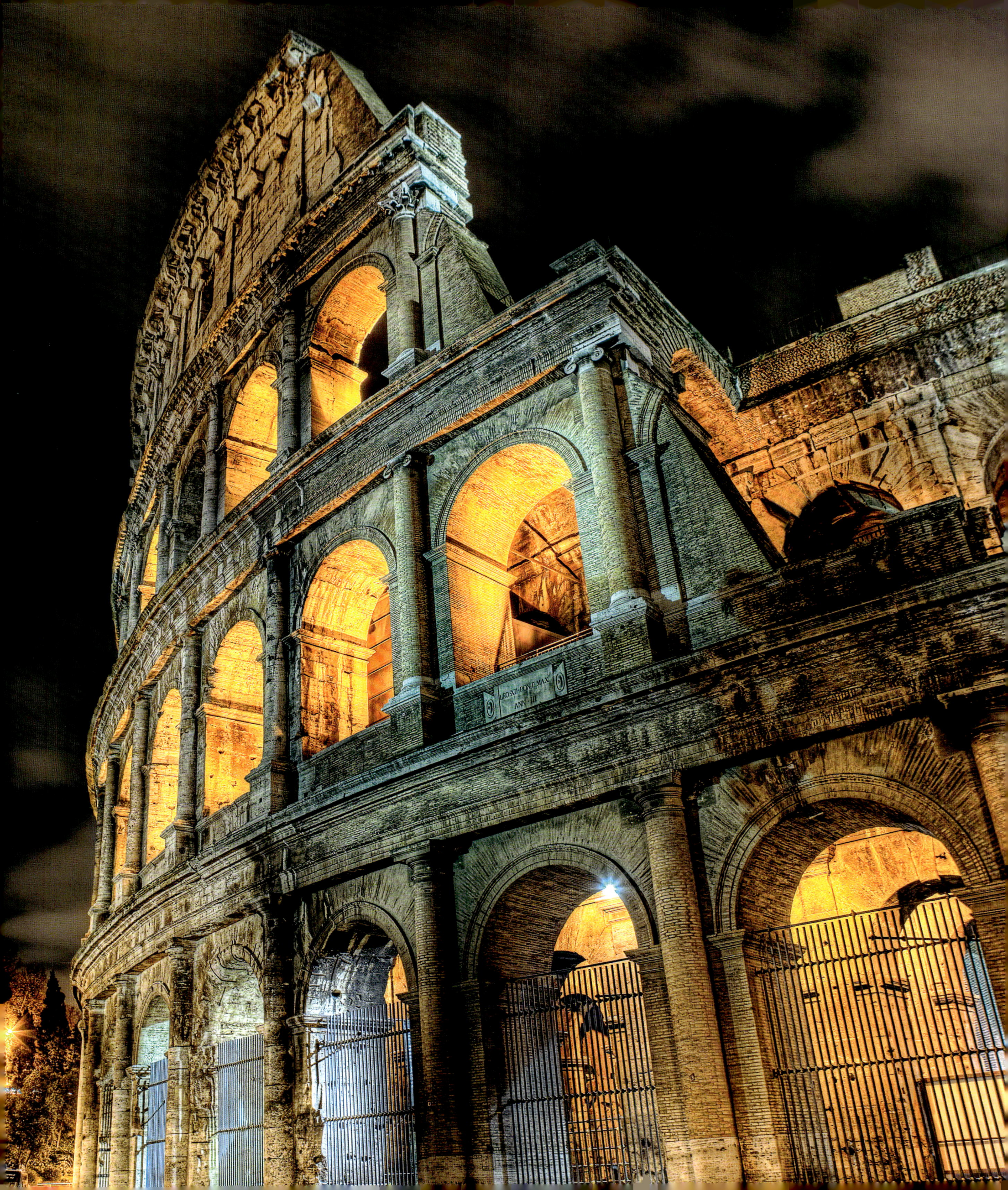

82 古代文明 公元前700~公元600年

政治与权力

罗马帝国皇帝借助雕像和硬币提升自身形象，赢得臣民的忠诚。雕像使整个罗马帝国的人们都认识了帝国的统治者。硬币上铸有皇帝的肖像及他所取得的成就，例如在战争中获胜或建造了新的港口、神庙、竞技场。

伸出的手臂表明他正在发表演说

身穿铠甲的奥古斯都
这件雕像起初涂有亮丽的颜色，将奥古斯都表现为一位常胜将军。他的右腿边是女神维纳斯的儿子丘比特，奥古斯都的家族宣称自己是女神维纳斯的后代。

胸甲描绘了帕提亚人归还罗马帝国军旗的场景

神庙硬币
这枚硬币上铸有古罗马最神圣的神庙——朱庇特神庙。这里供奉着朱庇特、朱诺和弥涅耳瓦，他们的雕像立于神庙柱子的后面。

军队指挥官穿的外衣帕鲁达门托姆

骑着海豚的丘比特

皇帝祭司
罗马帝国皇帝宣称自己具有神圣的力量，这件雕像显示奥古斯都是罗马帝国的大祭司。他的托加遮住头部，表示对神的尊敬。

家居生活

我们对古罗马人生活的了解多于其他古代文明。其中部分原因是古罗马书籍中有相关的描述，另一部分原因是庞贝和赫库兰尼姆这两座城镇于公元79年被火山爆发喷出的火山灰掩埋，得以完整保存。这两座城镇里有街道、商店和住宅，向我们展示了古罗马普通人的生活。

陶马
这个玩具马身上的孔用于安装轮子。马鼻子上的小孔用于拴线，这样就可以拉着马跑了。

骨骰子
古罗马人赌博用的骰子几乎与现代的骰子一模一样。有时他们还用羊拐骨代替骰子。

萨米亚陶碗
南高卢地区的制陶作坊大规模生产有光泽的红色萨米亚陶器，并出售到整个罗马帝国。

绘制的装饰

陶制冷却器
这个容器可能用于冷却水或葡萄酒。它制作于德国科隆，发现于英格兰坎特伯雷的一处古罗马遗址。

医学

古罗马人继承了古埃及、近东和古希腊的医学思想。古希腊人相信神可以治愈疾病，并将其与科学的态度相结合。在罗马帝国，最受尊敬的医生是古希腊人，例如盖伦。外科医生可以做包括白内障、疝气和肾结石手术在内的多种外科手术。

手术刀
手术刀有各种尺寸和形状。这把手术刀出自英国。它的刀片由铁制成，手柄则由青铜制成。

小圆环能防止镊子头活动

镊子
外科医生使用镊子从伤口中夹出废物，古罗马人还用镊子拔除体毛。

药勺
医疗器械大多由青铜制成，精美耐用。药勺可能既用于医疗，又用于美容。

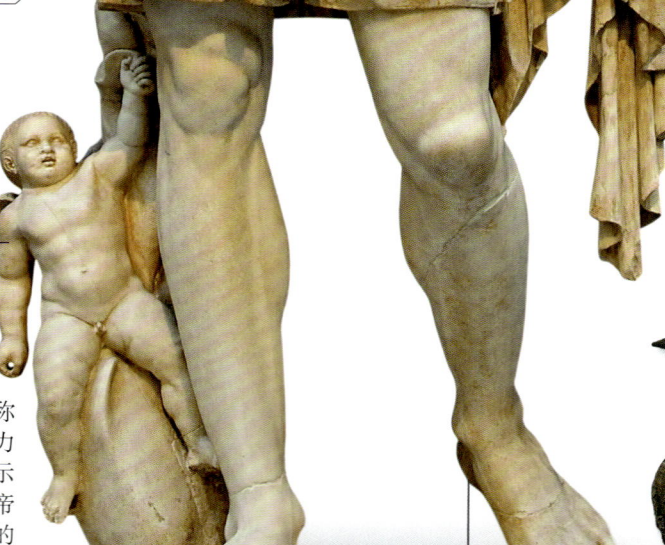

辉煌的古罗马

贸易

在古罗马统治下的和平年代，贸易蓬勃发展。海军打击海盗，商人得以在地中海上安全地航行。这个富庶的帝国汇集了来自异域的各类奢侈品，例如中国丝绸和印度香料。

银锭
这个银锭出自英格兰坎特伯雷，它产自德国。新皇帝给士兵分发银锭，以获得他们的效忠。

铸有"特里尔的莱奥作坊"的铭文

双耳瓶
葡萄酒、橄榄油和鱼酱被灌入双耳瓶，由商船运送至其他地方。在地中海海床和沉船残骸中都发现过双耳瓶。

尖底减缓震荡

信仰与仪式

古罗马人拥有数以百计的神，而且他们也接受外来神，并将这些神当作自己的神来对待。然而，基督教徒拒绝崇敬古罗马神，并因此遭受迫害，直到君士坦丁一世统治时期（306~337），对基督教的迫害才停止。

玻璃骨灰瓮
直到2世纪，生活在罗马帝国西部的人们还保留着火化死者，并将骨灰放入瓮中的习俗。

玻璃瓮中的骨灰

古罗马基督
这幅镶嵌画描绘的是以古罗马人形象出现的基督。希腊字母X和P代表的是"基督"，它们叠在一起构成早期的基督教符号。

密特拉神与两位持火炬者

密特拉神
古罗马人将波斯的光明之神密特拉吸纳进自己的宗教。这件雕塑描绘了密特拉杀死神牛的场景，人们认为这一行为给宇宙带来了生命。

战车上的巴克科斯由肯陶洛斯陪同

巴克科斯的崇拜者在敲鼓和吹奏管乐器

巴克科斯
这件大理石浮雕出自一座古罗马墓葬，表现的是酒神、狂欢之神巴克科斯驾驶战车的场景。巴克科斯即古希腊神话中的狄奥尼索斯。

战争与冲突

古罗马在战争中的成功归功于古罗马军队严明的纪律和一流的作战技术。全副武装的罗马军团由公民组成，他们是最优秀的士兵。协同作战的还有由非公民士兵组成的附属军团，包含骑兵、投石手和弓箭手等。

百人团石碑
这块石碑记录了两个百人团（军事单位）参与建造了一段哈德良长城。哈德良长城是一条横贯大不列颠岛的分界线。

短剑和鞘
每个罗马军团士兵都配有两支投枪和一把用于近距离作战的短剑。

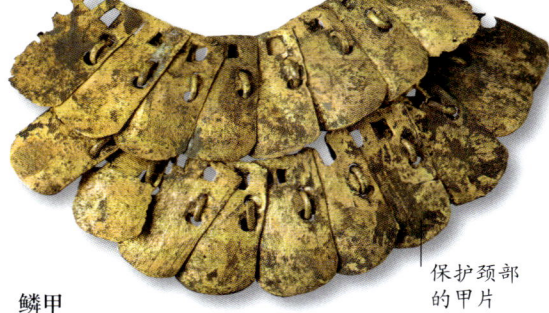

保护颈部的甲片

鳞甲
罗马军团士兵身穿板甲，附属军团士兵穿锁子甲或鳞甲。这件青铜鳞甲属于一个参与建造哈德良长城的附属军团士兵。

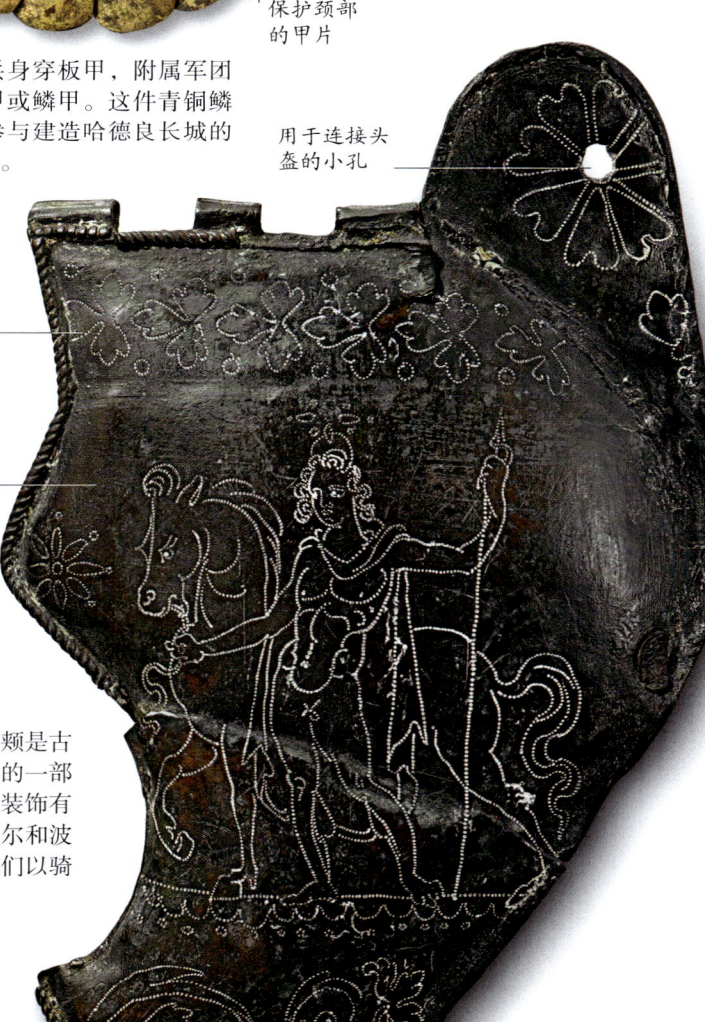

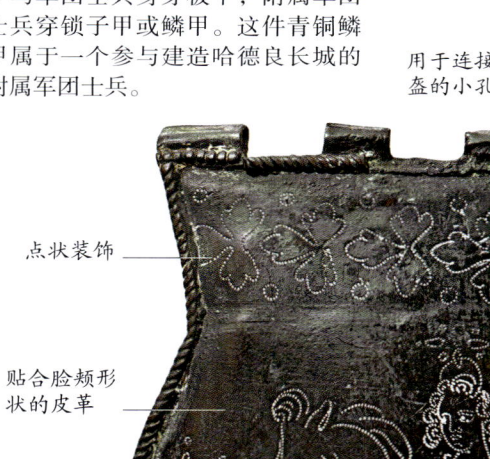

用于连接头盔的小孔

点状装饰

贴合脸颊形状的皮革

护颊
这个精美的护颊是古罗马骑兵头盔的一部分。护颊上常装饰有孪生神卡斯托尔和波吕杜克斯，他们以骑术精湛著称。

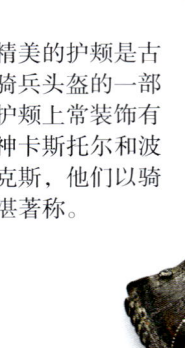

84　古代文明　公元前700~公元600年

纽斯特德马面甲(复制品)

这是一件马面甲的复制品。原件发现于苏格兰纽斯特德的一处罗马堡垒。它的历史可追溯至公元80年前后。当时古罗马人占领了苏格兰。后来又将其遗弃。考古学家詹姆斯·柯尔堡垒进行挖掘，发现了这件马面甲和其他骑兵装备。

护耳

铜饰钉提供了额外保护

防护与展示　作战时，穿戴在马头上的面甲可以抵御敌人的投射物。游行时，面甲上装饰有神的形象和神话中的场景。这件马穿戴银色的面甲，骑兵会给马穿戴银色的面甲上有用铜饰钉装饰成的叶形图案。

辉煌的古罗马 85

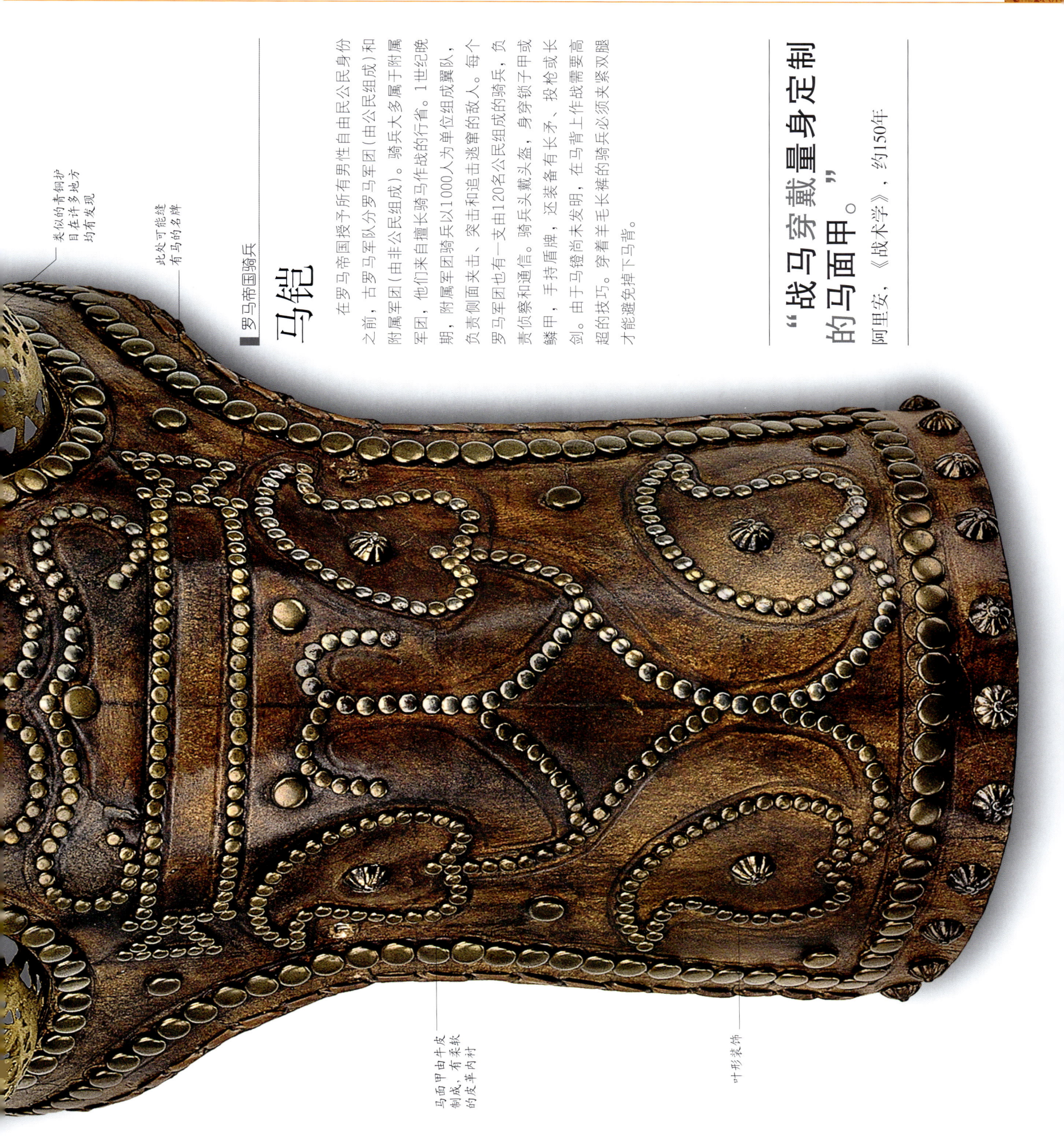

马铠

罗马帝国骑兵

在罗马帝国授予所有男性自由民公民身份之前，古罗马军队分罗马军团（由公民组成）和附属军团（由非公民组成）。骑兵大多属于附属军团，他们来自擅长骑马作战的行省。1世纪晚期，附属军团骑兵以1000人为单位组成翼队，负责侧面夹击、突击和追击逃窜的敌人。每个罗马军团也有一支由120名公民组成的骑兵，负责侦察和通信。骑兵头戴头盔，身穿锁子甲或鳞甲，手持盾牌，还装备有长矛、投枪或长剑。由于马镫尚未发明，在马背上作战需要高超的技巧。穿着羊毛长裤的骑兵必须夹紧双腿才能避免掉下马背。

> "战马穿戴量身定制的马面甲。"
> ——阿里安，《战术学》，约150年

—— 类似的青铜护目在许多地方均有发现

—— 此处可能缀有马的名牌

—— 马面甲由牛皮制成，有柔软的皮革内衬

—— 叶形装饰

86　古代文明　公元前700~公元600年

建筑

古罗马建筑大多采用混凝土（古罗马人的发明）和砖作为建筑材料。这些质量轻且价格便宜的材料使古罗马人能够建造诸如公共浴场、渡槽和穹顶一类的大型建筑物。然而，古罗马人还是更欣赏古希腊建筑，他们在混凝土和砖砌神庙的表面包裹石材，使其看上去与古希腊建筑相仿。

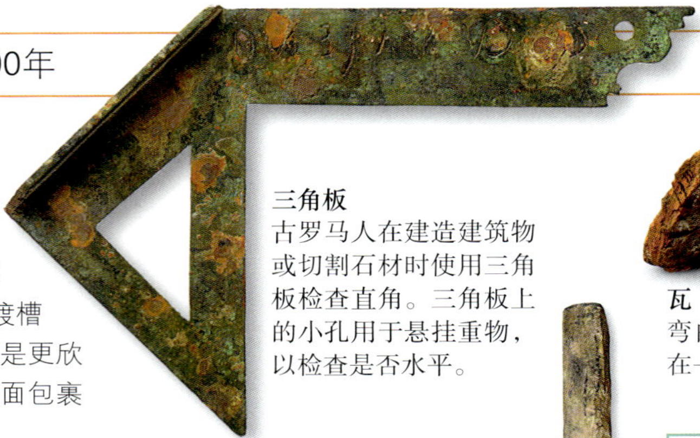

三角板
古罗马人在建造建筑物或切割石材时使用三角板检查直角。三角板上的小孔用于悬挂重物，以检查是否水平。

瓦
弯曲的筒瓦和扁平的平瓦组装在一起构成防水屋顶。

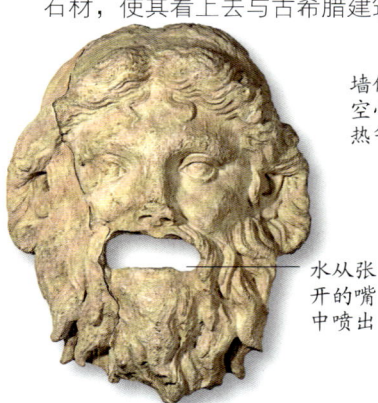

筒瓦覆盖住两块平瓦间的接缝

墙体上的空心砖供热气通过

分段陶管组装在一起形成长管子

地暖

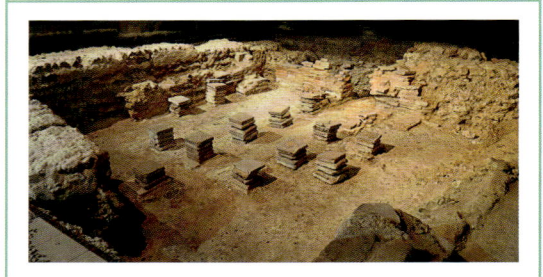

古罗马的公共浴场和一些私人住宅拥有地下供暖系统。地板由砖柱或石柱支撑，下方留出空间，供来自火炉的热气通过。公共浴场通常设有蒸汽室和干蒸室。

河神
这个大理石头像出自一座古罗马公共浴场。它代表河神，是喷泉的喷口。

水从张开的嘴中喷出

暖墙
这块砖是空心的。公共浴场的墙面和地面温度很高，沐浴者不得不穿着木鞋来保护自己的脚。

水管
古罗马人使用铅管或陶管将水输送到公共浴场、住宅和公共喷泉。"plumber"（水管工）一词源自拉丁文"plumbum"，意为"铅"。

艺术与文化

古罗马人是古希腊雕塑的狂热崇拜者，许多知名的古希腊风格雕像实际上是古罗马人的复制品。古罗马人对艺术的主要贡献是发展了镶嵌画，即马赛克。镶嵌画由小块瓷砖拼贴而成，主要用于装饰地面。

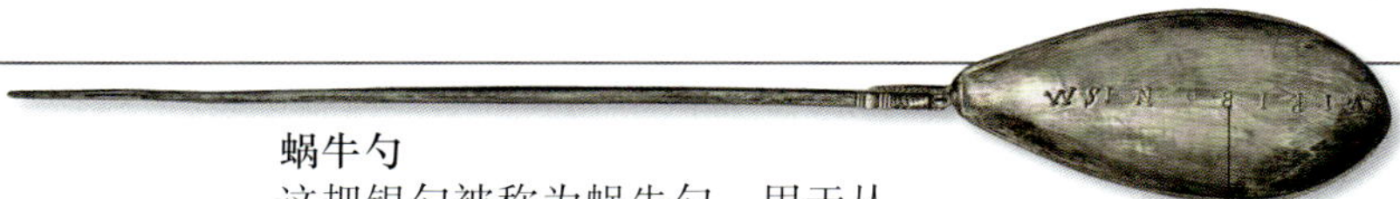

蜗牛勺
这把银勺被称为蜗牛勺，用于从蜗牛壳中挖出蜗牛。

勺子上铸有"我属于一位善良的人"的铭文

天鹅造型把手

银天鹅勺
这把勺子出自英格兰坎特伯雷的一个宝藏。上面刻有希腊字母Χ和Ρ（参见第83页），表明它的主人是一位基督教徒。

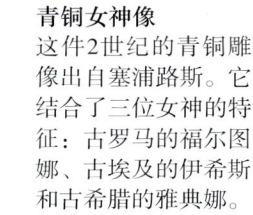

青铜女神像
这件2世纪的青铜雕像出自塞浦路斯。它结合了三位女神的特征：古罗马的福尔图娜、古埃及的伊希斯和古希腊的雅典娜。

伊希斯的羽冠

雅典娜的蛇甲

镶嵌画
古罗马镶嵌画常描绘古希腊神话中的场景。这幅镶嵌画出自突尼斯，表现的是古希腊传奇英雄忒修斯。

压花玻璃
这个玻璃瓶上五颜六色的图案是趁玻璃还具有延展性的时候梳出来的。

梳出来的花纹

精致的弯曲把手

油罐
这个芳香油罐由玻璃吹制而成。公元前1世纪，古罗马人发明了玻璃吹制技术，发明地点可能位于叙利亚。

福尔图娜的丰饶之角

服装与饰品

古罗马男性和女性都穿一种叫作丘尼卡的束腰衣，外面再穿上斗篷或披肩。男性公民身穿能够显示公民身份的托加。诗人维吉尔将他的古罗马同胞描述为"身穿托加的民族"。

蛇形手镯
古罗马女性通常佩戴手镯，例如这个蛇形的青铜手镯。蛇代表生育力，同时也能避邪。

玻璃手镯
女性通常在每只手臂上戴多个手镯。这个玻璃手镯是发现于英格兰肯特郡的一对手镯中的一只。

金饰针
这枚金饰针高10厘米，是佩戴于双肩的两枚饰针中的一枚，两枚饰针之间由链条连接。它出自阿斯卡宝藏，属于凯尔特风格。

（标注：一对喇叭中的一个；梯形）

熊浮雕宝石
这颗熊浮雕宝石由产自印度的缠丝玛瑙制成。宝石工匠在白色部分雕刻熊的形象，其余部分露出下面的棕色。

（标注：斑驳的表面）

雕像
这件女性墓葬雕像（起初涂有颜色）出自叙利亚巴尔米拉，此地的服装和珠宝极具特色。

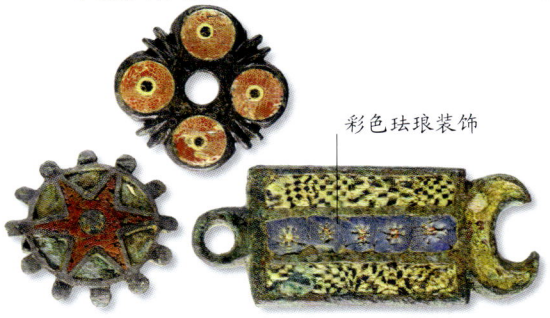

（标注：面纱下的头巾）

凯尔特饰针
这种珐琅饰针是铁器时代的凯尔特人发明的（参见第70页），在古罗马的统治下继续制造。

（标注：彩色珐琅装饰）

凹雕戒指
这枚2世纪的凹雕戒指上刻有一头大象，它正拉着一辆载有古罗马女神雕像的装饰马车。

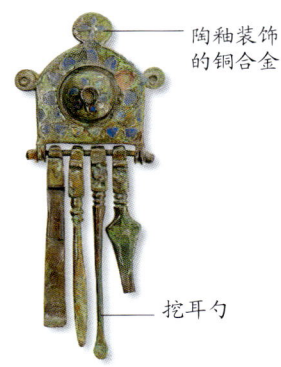

（标注：肉红玉髓上的装饰性雕刻）

腰链
腰链是一种挂于女性腰带上的装饰物，上面穿着各种实用的小物件，例如清理指甲和耳朵的工具。

（标注：陶釉装饰的铜合金；挖耳勺）

玻璃器皿和眼线棒
古罗马女性使用各种化妆品，例如用白垩或铅制成的粉。这个玻璃眼线瓶中装的是眼线膏。

（标注：化妆棒；侧边的把手；波浪线）

宝藏中的项链
这条银项链中间的椭圆形底座上镶嵌有一块红玉髓。它是一个宝藏的一部分，该宝藏出自英格兰哈德良长城上的一座古罗马要塞。

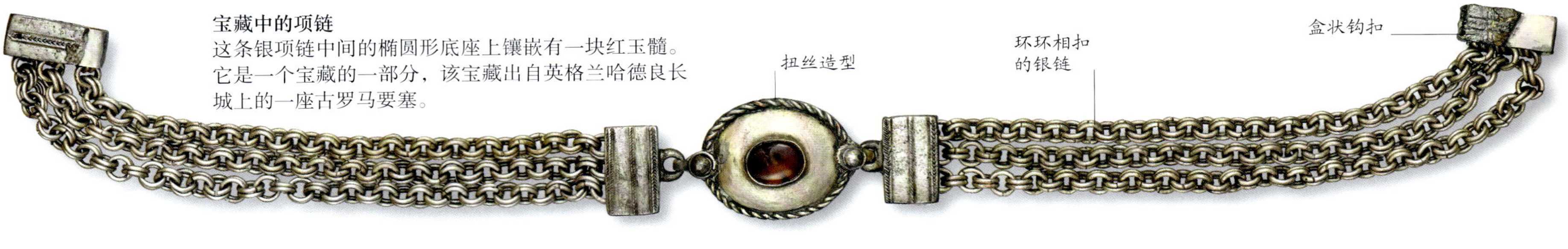

（标注：扭丝造型；环环相扣的银链；盒状钩扣）

建筑壮举

图拉真圆柱由20节白色意大利大理石组成。圆柱竖立起来之后，雕塑家们利用脚手架从底部开始向上雕刻。圆柱是中空的，表面开有40个窄窗，内部还有一条通向柱顶的螺旋楼梯。图拉真圆柱可能是由古希腊建筑师大马士革的阿波罗多罗斯监督建造的，他也是图拉真圆柱的设计者。

- 被杀死的士兵
- 圆柱描绘了大约2600个人物形象
- 正在建造石头要塞的罗马帝国士兵
- 罗马帝国军旗
- 图拉真对士兵们发表演说
- 附属军团骑兵追击逃跑的达契亚人
- 达契亚人放下盾牌投降
- 罗马军团的龟甲阵
- 安装在骡车上的发射装置
- 圆柱起初涂有颜色并嵌有武器之类的金属物件
- 窄窗使光线进入圆柱内部
- 浮雕带长190米，环绕图拉真圆柱23周

罗马帝国的力量

图拉真圆柱

罗马帝国在图拉真皇帝（98～117年在位）统治时期达到巅峰。图拉真是一位伟大的将领，他的大多数时间都是在军营中度过的。图拉真作为罗马帝国皇帝，于101～102年和105～106年两度率领罗马帝国军队攻入达契亚（今罗马尼亚和摩尔多瓦）。达契亚盛产黄金，征服达契亚为罗马帝国带来了大量财富，图拉真利用这笔财富在罗马城建造了一座宏伟的新广场。他还命人在广场中间竖起一根38米高的圆柱（起初涂有颜色），表面刻有达契亚战争的场景，顶部有图拉真皇帝的镀金雕像。图拉真圆柱也是图拉真的陵墓，其基座中存放有图拉真的骨灰。圆柱还用于纪念图拉真建造广场的丰功伟绩。广场所在位置从前是丘陵，为了建造广场，丘陵被移平，移除的丘陵高度刚好等于圆柱的高度。圆柱的基座上刻有铭文，说明建造圆柱是为了向人们"展示丘陵有多高，以及移除丘陵是一项多么伟大的工程"。

庄重的致敬

图拉真圆柱既是图拉真皇帝的纪念碑，也是士兵们的纪念碑，圆柱上的浮雕描绘了罗马帝国军队行军和作战的场景。在执行穿越多瑙河等重要任务之前，军队会向神祭献动物，以求获得支持。浮雕中包含许多祭献场景。图拉真作为大祭司经常需要监督祭献仪式。浮雕还向人们展示了罗马帝国士兵是如何武装自己的，他们如何携带装备，又是怎样进行战斗的。罗马军团士兵身穿板甲，很容易同手持椭圆形盾牌的附属军团士兵区分开来。浮雕还描绘了罗马帝国的敌人达契亚人。雕塑家了解达契亚人的长相，因为许多达契亚俘虏被带到罗马帝国，参加庆祝图拉真凯旋的游行，一同带来的还有他们的武器和盔甲。

"我最优秀和最忠诚的战友们……"

图拉真，给总督的信（引自《学说汇纂》，6世纪）

英雄
图拉真在浮雕中多次出现，其中包括他发表鼓舞人心的演讲、接见信使和奖赏勇士的场景。在这个场景中，他划着运兵船横渡多瑙河。

穿越河流
在这个场景中，罗马军团士兵通过船只搭成的浮桥穿越多瑙河。他们由一名军官和头戴兽皮头饰的旗手带领。

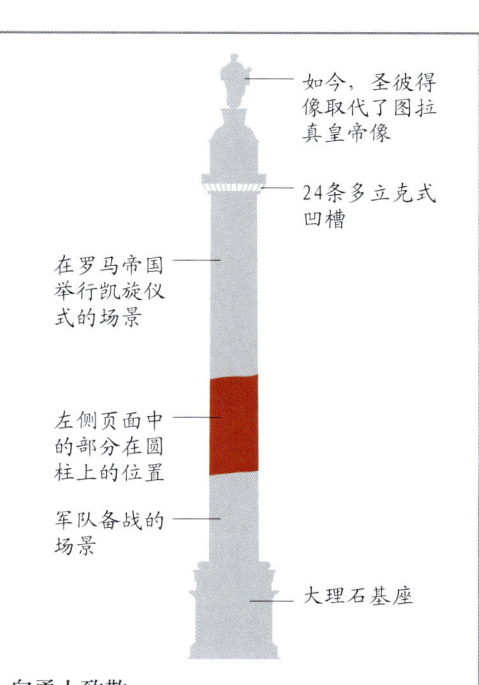

安全基地
在这个场景中，身穿板甲的罗马军团士兵正在建造一座要塞（位于敌方领地内的安全基地）。两个手持椭圆形盾牌的附属军团士兵在站岗放哨。

向勇士致敬
螺旋向上的浮雕讲述了图拉真皇帝与达契亚人作战的故事。靠近基座的部分描绘的是备战场景，最上面描绘的是图拉真凯旋的场景。左侧页面中的部分大致位于图中的红色区域。

- 如今，圣彼得像取代了图拉真皇帝像
- 24条多立克式凹槽
- 在罗马帝国举行凯旋仪式的场景
- 左侧页面中的部分在圆柱上的位置
- 军队备战的场景
- 大理石基座

外族统治下的古埃及

公元前6~前4世纪，古埃及先后两度被波斯人统治。公元前332年，马其顿的亚历山大大帝征服古埃及。亚历山大的一名将领托勒密随后在古埃及建立王朝，直到公元前30年，被古罗马人占领，托勒密王朝的统治才宣告结束。

圣鹮
在托勒密王朝时期，大量的鹮被制成木乃伊，作为献给智慧之神透特的祭品。

河畔神庙 ▽
同托勒密王朝一样，古罗马人也接纳古埃及宗教。罗马帝国皇帝图拉真在菲莱岛上建造了这座凉亭。宗教游行期间，载着雕像的圣船会在这里停靠。

亚历山大在古埃及度过了6个月，建立了亚历山大城。公元前323年亚历山大去世后，托勒密掌控了古埃及政权。虽然托勒密王朝的当权者们是马其顿人，但他们却向臣民宣称自己为法老，甚至遵循古埃及王室的传统，与自己的姐妹成婚。

古埃及的托勒密王朝是东地中海希腊世界的一部分。亚历山大城中居住着古希腊人、犹太人和古埃及人，每个群体都有自己的生活区域。托勒密一世建造了举世闻名的亚历山大图书馆，使亚历山大城成为希腊世界的学术中心。这里是几何学之父欧几里得和地理学家埃拉托色尼的故乡。托勒密还委派人建造了一座灯塔，灯塔最终在其子托勒密二世统治期间建造完成，并成为古代世界七大奇迹之一。

古罗马的统治

公元前1世纪，托勒密王朝与古罗马结盟，古罗马人开始在古埃及的各项事务中发挥越来越重要的作用。托勒密王朝的最后一任统治者克莱奥帕特拉七世卷入其伴侣安东尼（古罗马政治家）与屋大维（未来的罗马帝国皇帝奥古斯都）之间的战争。公元前30年，屋大维打败安东尼和克莱奥帕特拉，古埃及成为古罗马的行省。

罗马帝国统治下的古埃及是早期的基督教中心，据说圣徒马可用希腊文写成《马可福音》并在这里宣教。4世纪，基督教成为罗马帝国的国教，自此，对古埃及诸神的信奉遭到禁止。埃及象形文字最终也消失在历史长河之中。

外族统治下的古埃及 91

政治与权力

托勒密通过亚历山大大帝提升自己的威望。古埃及祭司将亚历山大视为公羊头太阳神阿蒙的儿子，托勒密一世时期的硬币上面就铸有长着公羊角的亚历山大头像。托勒密王朝和罗马帝国的硬币上都使用希腊字母，希腊语是当时希腊世界的官方语言。

亚历山大大帝
这枚硬币可追溯至托勒密一世统治时期。硬币上的亚历山大头戴象皮帽，代表他征服了印度。在他的头上还可以看到阿蒙神的角。

宙斯的鹰
托勒密王朝将古埃及的阿蒙神等同于古希腊的宙斯（雷电和天空之神）。宙斯的神鸟鹰出现在托勒密王朝的许多硬币上。

克莱奥帕特拉
这枚硬币上的克莱奥帕特拉七世梳着古希腊发式，她是托勒密王朝的最后一位统治者。神庙中描绘的托勒密王朝统治者都穿戴古埃及服饰。

安东尼
这枚硬币由安东尼下令铸造，他统治着古罗马东半部分的希腊语地区。败给屋大维之后，安东尼在亚历山大城自杀身亡。

哈德良
罗马帝国皇帝哈德良下令铸造了这种硬币，上面的图案是饰有伊希斯头像的卡诺匹斯罐。130年，哈德良到访古埃及，被这里的风俗所吸引。

家居生活

富裕的古希腊人在亚历山大城中过着奢华的生活，尼罗河沿岸的古埃及农民却延续着千百年来的生活方式。他们住泥砖房屋，穿白色亚麻布衣服和芦苇凉鞋。

化妆品罐
这个玻璃化妆品罐可追溯至古罗马时期的埃及。它由两个独立玻璃管组成，可能用于盛黑色和绿色的眼线膏。

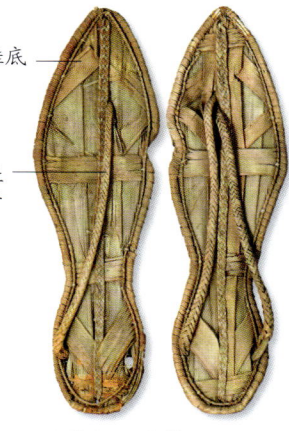

- 通过加热石英砂制成的玻璃

植物纤维凉鞋
这双古罗马时期的埃及凉鞋差不多有2000年的历史，埃及干燥的气候使它们保存完好。

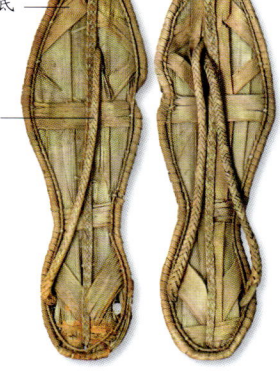

- 尖头鞋底
- 夹在脚趾间的带子

贝斯罐
侏儒神贝斯是家庭的守护神，古埃及人把他的脸制在罐子上，例如这两个罐子。人们认为贝斯狰狞的面孔可以辟邪。

- 贝斯的脸

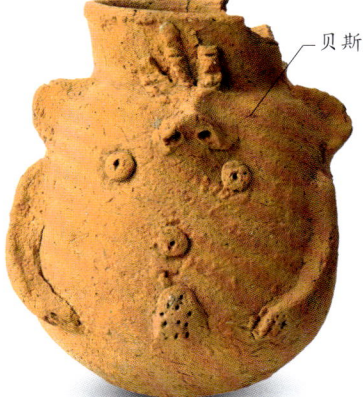

书写

托勒密王朝和古罗马使用不同的书写系统。圣书体和僧侣体象形文字依然主要用于宗教事务，古埃及人日常使用的是简洁的世俗体象形文字。讲希腊语的人们使用希腊文，希腊文也是官方文字。人们在莎草纸或陶片上书写。

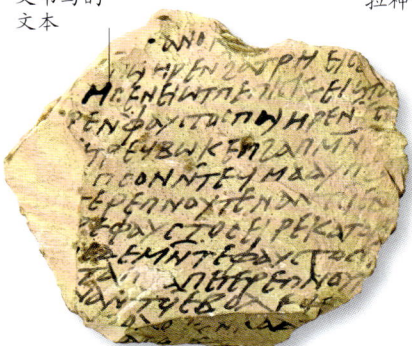

- 使用希腊文书写的文本

陶片
人们用陶片或石头碎片书写或绘画。这些碎片比莎草纸便宜，主要用于写书信、记录贸易和练习书写。

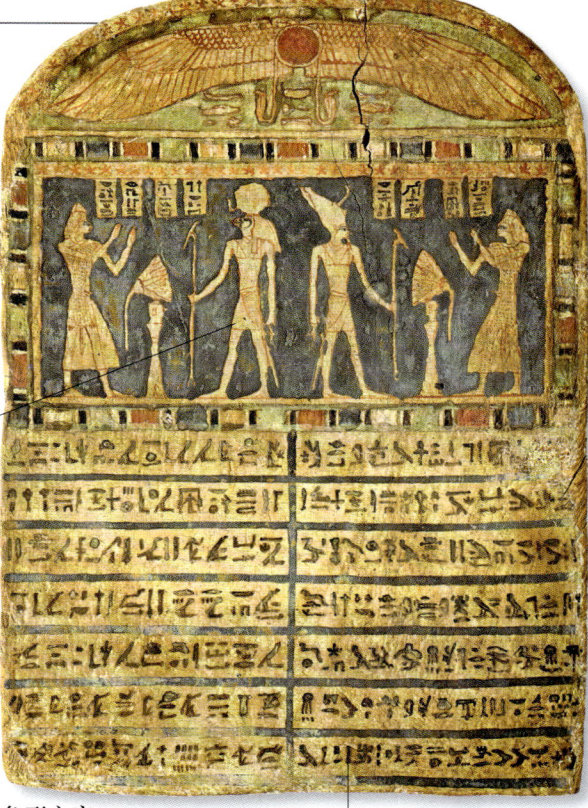

- 用僧侣体书写的陶片

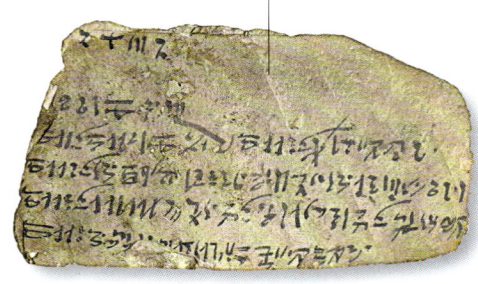

僧侣体
这块古罗马时期陶片上的文字是用僧侣体书写的，书写用的笔可能是芦苇笔。

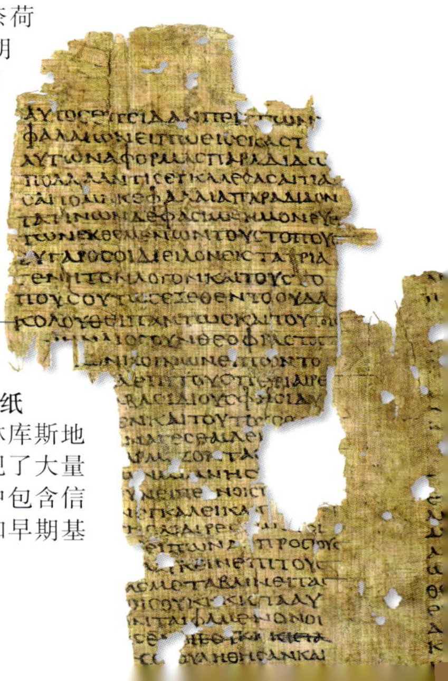

- 隼头的拉神

象形文字
这块木质碑出自一座墓葬，上面有用圣书体书写的死者名字奈荷姆苏穆特。他是科胡苏木萨弗和卢汝的儿子。碑上描绘了奈荷姆苏穆特正在敬拜太阳神拉（中左）和创世神阿图姆（中右）。

- 赞美太阳的诗歌
- 希腊文

俄克喜林库斯莎草纸
在尼罗河俄克喜林库斯地区的废物堆中发现了大量莎草纸文件。其中包含信件、剧本、诗歌和早期基督教文献。

埃及学的开端

罗塞塔石碑

1799年，远征埃及的法国士兵发现了罗塞塔石碑。这块破损花岗岩上雕刻的文字成为破解埃及象形文字之谜的钥匙。4世纪，神秘的埃及象形文字书写系统失传，在其后的1400年间，人们无法对其进行解读。罗塞塔石碑上刻有三种文字，分别是圣书体象形文字、世俗体象形文字和古代希腊文。学者们意识到可以利用希腊文破译象形文字，并且相争开始了破译工作。1819年，英国学者托马斯·杨发现石碑上的象形文字中出现了六次"托勒密"这个名字（见下方图表）。这还要归功于古埃及人把王室成员的名字刻在椭圆形图案（王名圈）中的习俗。王名圈是打成圈的绳子，象征"封闭的保护"和"永恒"。杨宣称王名圈中的每一个象形文字都是表音符号，能拼出"托勒密"的希腊语发音。

杨还着手破译一组王名圈中的象形文字。通过对照希腊文中出现的词语次数，他推测出这些突出显示的象形文字代表法老托勒密的名字。杨设法将大多数象形文字与语音联系起来。

及语言科普特语，这帮助他识别出了表音符号。例如，太阳的发音读作"re"，及语言科普特语里"re"表示太阳。罗塞塔石碑上刻有公元前196年3月27日举行的祭司会议的情况，记载了托勒密五世国王捐赠给神庙钱财并给予祭司恩典。祭司们为了向13岁的托勒密五世表达敬意而将其功绩刻于石碑之上。多亏了商博良，曾被古埃及人使用了3500多年的象形文字才得以破译。这便是埃及学（研究古埃及的学科）的开端。

破译象形文字

法国语言学家让-弗朗索瓦·商博良于1822年破译了象形文字，指出象形文字中包含表音符号和表意符号两种符号。商博良通晓经由基督教仪式保存下来的古埃

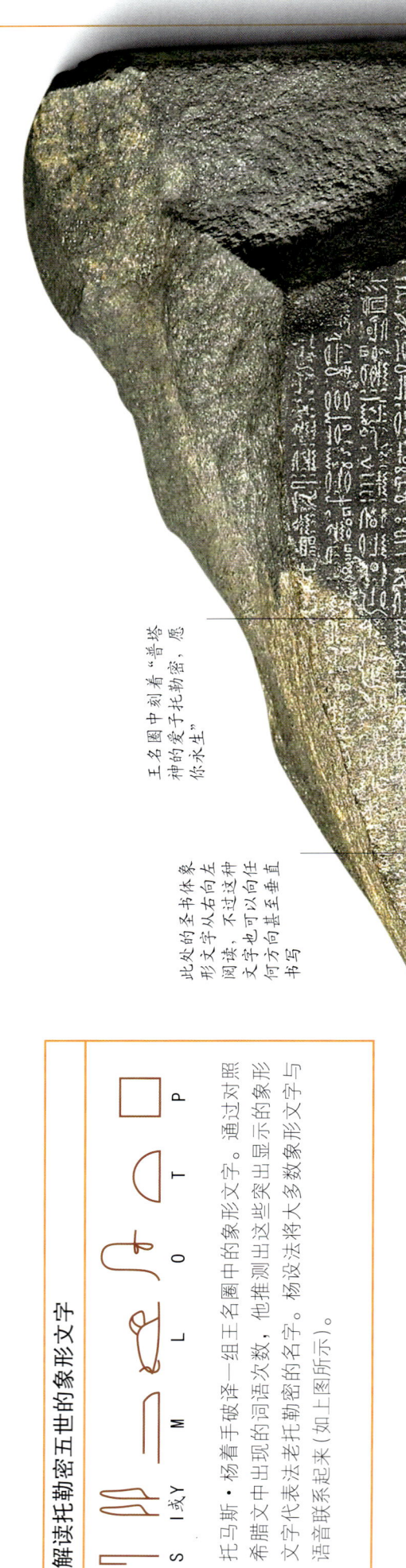

解读托勒密五世的象形文字

☐ 𓊪 ☐ 𓏏 𓊵 𓏺 𓏏 𓏭 𓊪
S M L T O P

短小的王名圈

三种文字

这块花岗岩石碑发现于罗塞塔镇附近。它高114厘米，宽72厘米。损坏于古代。石碑上的三种文字很容易辨别，上部的圣书体象形文字损毁最为严重。

> "永生的托勒密国王，彰显了神的美德。"
>
> ——罗塞塔石碑上的铭文

王名圈中刻着"普塔神的爱子托勒密，愿你永生"

此处的圣书体象形文字从右向左阅读，不过这种文字也可以向任何方向垂直至竖直书写

罗塞塔石碑上的铭文

世俗体象形文字曾经一度是古埃及人的官方文字，通常从右向左书写

古代希腊文，当时古埃及人使用的官方文字

94 古代文明 公元前700~公元600年

信仰与仪式

托勒密王朝热情地接纳了古埃及宗教。法老被古埃及人视作活着的神，因此以法老的身份进行统治为托勒密王朝带来了极高的威望。古希腊人将一些古埃及神等同于自己的神。例如，古埃及的战争和狩猎之神安胡尔，古希腊人称其为奥努里斯，相当于古希腊战神阿瑞斯。

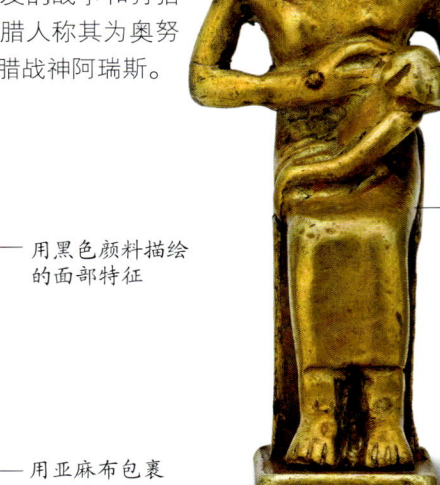

伊希斯与荷鲁斯
伊希斯相当于古希腊女神得墨忒耳和阿佛洛狄忒。自公元前100年起，对伊希斯的崇敬传遍了整个古罗马。这个护身符表现的是伊希斯正在哺育她的儿子荷鲁斯。

- 假发、角和日盘
- 坐在宝座上的伊希斯

门图
这个金护身符表现的是一位古埃及战神门图，他头戴立有两根长羽毛的头冠。士兵们在战争中佩戴这种护身符，以祈求平安。

- 圆盘可能代表太阳或太阳神
- 立在前额上的眼镜蛇

奥努里斯
人们认为护身符可以将神力传给佩戴者。这个护身符雕刻的是战神奥努里斯，为佩戴者提供源源不断的力量。

- 卷曲的假发上高耸着两根长羽毛
- 举起长矛刺向敌人

猫木乃伊
在托勒密王朝和古罗马时期，猫被用于祭祀女神贝斯特。人们将经过特殊喂养的猫制成木乃伊，然后卖给贝斯特的崇拜者。

- 用黑色颜料描绘的面部特征
- 用亚麻布包裹

斯芬克斯
与其他时期的法老一样，托勒密王朝的法老也被描绘成斯芬克斯。古埃及的斯芬克斯是王权的化身。然而，斯芬克斯在希腊语中却代表"扼杀者"，因此古希腊神话中的斯芬克斯是恐怖的怪物。

- 带条纹的王室头巾
- 狮身代表力量
- 眼镜蛇代表太阳神拉
- 托勒密国王的脸
- 希腊化的容貌特征

前视图

外族统治下的古埃及　95

木乃伊面罩

这个镀金木乃伊面罩属于古埃及富人帕迪内弗胡特皮，他死于公元前3世纪。制作木乃伊罩的材料由一层层亚麻布或莎草纸与石膏混合而成。这种多层亚麻布或莎草纸木乃伊罩成本低廉，因此托勒密王朝和古罗马时期的普通百姓死后也可以被制成木乃伊。

面罩给了死者一张永不腐朽的面孔，死者可以通过描绘在面罩上的眼睛看外面的世界

黄金被视为神的肉身

带垂饰的假发，古埃及神的发式

女神伊希斯是木乃伊的守护神，她将自己的丈夫冥神奥西里斯制成了第一个木乃伊

太阳神

这个面罩上布满了保护神。顶部还有展翅的圣甲虫和日盘，它们都代表太阳神拉。

面罩覆盖住木乃伊被绷带包裹的头部

侧视图

女神奈芙蒂斯，从其头顶的房屋状头饰可以辨认出

木乃伊面罩上的金箔

金箔下面的多层材料上有彩绘

96　古代文明　公元前700~公元600年

■ 墓葬

古希腊人木乃伊
定居在古埃及的古希腊人也希望拥有幸福的来世，因而效仿古埃及人制作木乃伊。古埃及人和古希腊人有时被描绘为穿着古希腊服饰的形象，例如这个女性木乃伊罩。

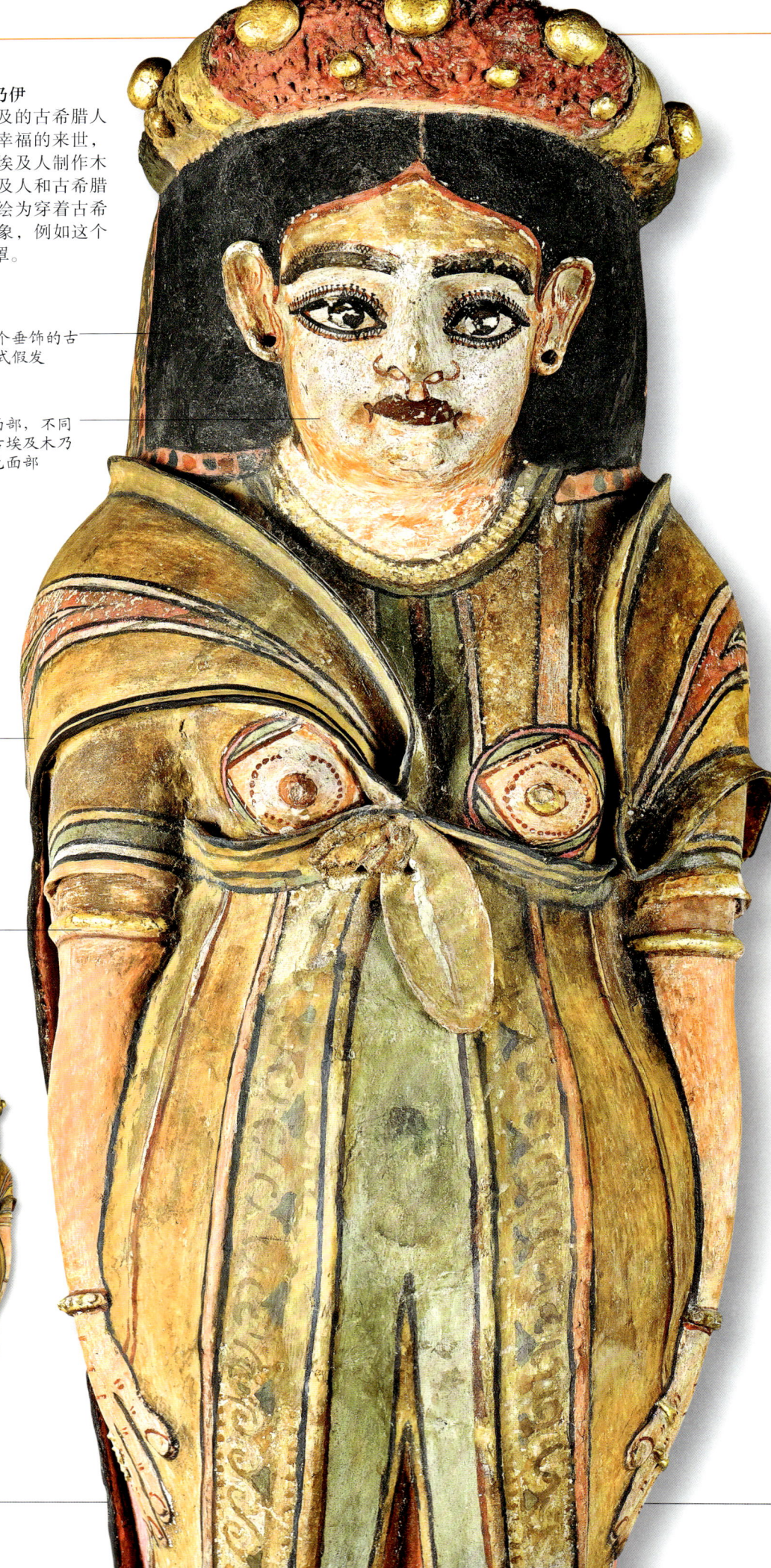

— 用金色和蓝色粗条纹装饰的假发

— 彩绘图案类似珠饰

— 带有两个垂饰的古埃及样式假发

— 白色的面部，不同于传统古埃及木乃伊的金色面部

— 五颜六色的古希腊服饰

— 胳膊和手上都戴着珠宝

古埃及人面罩
在托勒密王朝时期，古埃及人仍使用传统的木乃伊面罩。面罩上的死者容貌进行过美化，皮肤被涂成金色。

— 面罩主人的容貌被美化过，并被涂成金色

女性面罩
托勒密王朝的一些木乃伊不如早期木乃伊保存得完好，但木乃伊面罩仍旧装饰精美。

全视图

外族统治下的古埃及 97

用黏土塑造的面部

年轻人在现实生活中的容貌特征

饰有守护神人头伊姆塞特的盖子

饰有守护神胡狼头杜阿木特的盖子

饰有守护神隼头库波思乃夫的盖子

饰有守护神狒狒头哈彼的盖子

肝　　胃　　肠　　肺

面部模型
富人负担得起镀金面罩，而穷人只能在棺材或面罩上用黏土制作出面部模型。这些黏土面部模型表明，在古埃及，即使是穷人也期待来世的生活。

肖像面罩
在这一时期，木乃伊的面部经常放有死者在现实生活中的肖像。这些精致的肖像是从古代世界遗存下来的。

卡诺匹斯罐
木乃伊的器官存放于卡诺匹斯罐中。四个罐子分别代表荷鲁斯的四个儿子。到了托勒密王朝时期，这些罐子通常是空的，不过仍与死者一同埋葬。

巴
这是一件托勒密时期的巴塑像。它人头鸟身，被放置在墓葬中，代表死者的灵魂，具有随意移动和变换形态的能力。

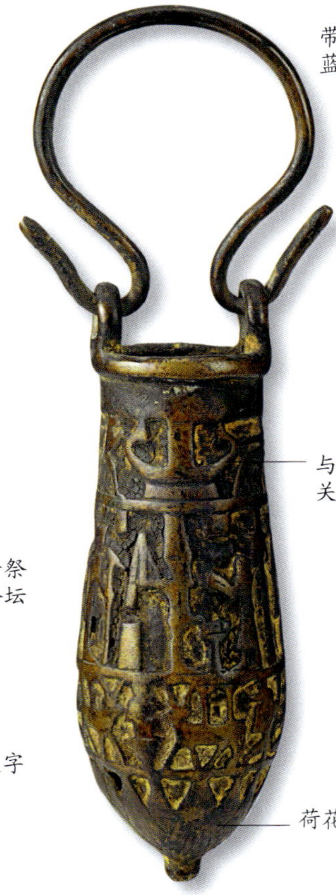

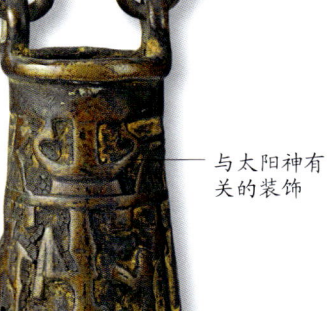

伊希斯　奥西里斯　死者

带有垂饰的蓝色假发

与太阳神有关的装饰

摆放着祭品的祭坛

象形文字

荷花形底部

鸟爪

木乃伊罩残片
从这块木乃伊罩残片可以看出，死者崇敬冥神奥西里斯。伊希斯站在奥西里斯的宝座后方，她是奥西里斯的妻子和姐妹。

桶状容器
葬礼仪式中有一个环节是祭司向死者祭献。这个装饰有宗教场景的青铜桶状容器用于倒牛奶。

印度的早期王朝

公元前323～公元550年，印度先后经历了孔雀王朝、贵霜王朝和笈多王朝，实现了历史上的第一次统一。这一时期的印度见证了佛教与耆那教两大宗教的崛起。

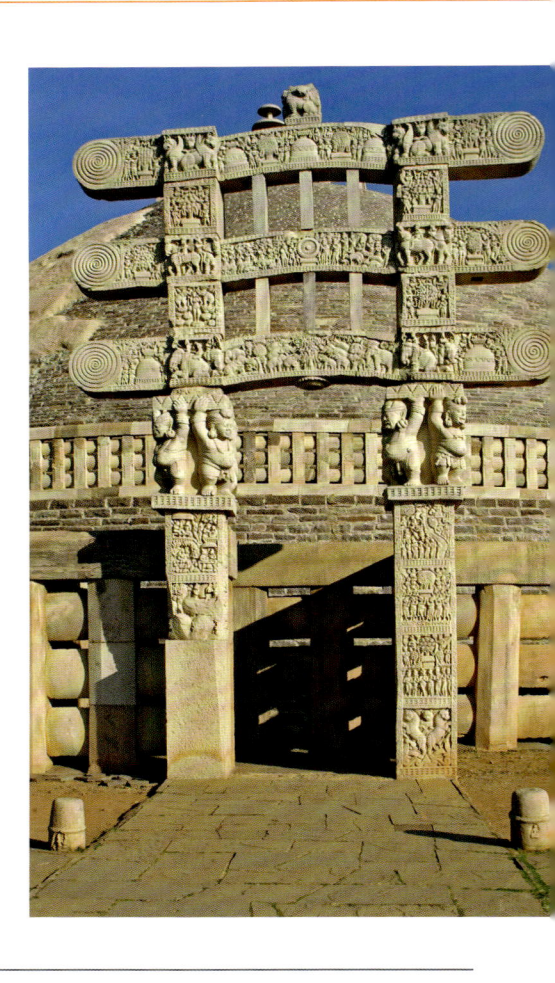

窣堵波 ▷
印度的桑吉大塔建造于阿育王时期，是窣堵波式建筑。窣堵波由丧葬土堆发展而来，是佛教的神圣建筑物，用于供奉和安置佛陀及圣僧的圣物，也是佛教徒朝拜、冥想和诵经的场所。

孔雀王朝（前323～约前185）由孔雀家族的旃陀罗笈多建立，不过直到第三任统治者阿育王统治时期才开始扩张版图。阿育王皈依佛教之后，停止了进一步的征服战争。后来，他继续在印度传播佛教。

另一个强大的王朝——贵霜王朝（1～3世纪）由信奉佛教的贵霜人建立。贵霜人是来自中亚的游牧民族，他们征服了印度西北部和阿富汗的大部分地区。在这一时期，佛教发展出了大乘佛教。

320～550年，笈多王朝的统治者们为印度带来了稳定与繁荣。这一时期是印度的黄金时代，科学与艺术蓬勃发展。印度数学家发明了十进制计数法，其中包含了零的概念。佛教发展繁荣。笈多王朝为印度教诸神修建了神庙，推动了印度教的复兴。

贸易与交通

在贵霜王朝和笈多王朝的统治下，贸易蓬勃发展。这得益于丝绸之路。丝绸之路是中国经由中亚通往南亚、西亚、欧洲和北非的陆上贸易通道。印度的香料和宝石可以通过丝绸之路运往西方的罗马和东方的中国。印度商人还经海路前往阿拉伯半岛和东南亚进行贸易活动。

长翅膀的阿特拉斯
丝绸之路促进了贵霜王朝与不同地区之间的交流，贵霜人也吸纳了一部分外来文化。这个长翅膀的人物形象来自希腊神话中的巨人阿特拉斯。

笈多硬币
大量罗马硬币通过贸易流入印度。笈多人将自己的金币命名为"第纳尔"，这个名字取自罗马金币"迪纳厄斯"。

信仰与仪式

公元前5世纪，佛教兴起。佛教由释迦牟尼（本名乔答摩·悉达多）创立。他被人们称为"佛陀"，意为"觉悟者"。孔雀王朝的阿育王和贵霜王朝传播了佛教。后来的笈多王朝则为毗湿奴和湿婆等印度教诸神建造了最早的石头神庙。

艺术与文化

贵霜王朝北部的印度艺术家深受希腊和罗马雕塑的影响。他们雕刻的佛像身穿希腊和罗马风格的长袍。最优秀的艺术作品出自笈多王朝，例如拥有高大尖顶的印度教神庙。

乐器
年轻的新娘坐在婚车上

演奏乐器的音乐家
笈多王朝的神庙由砖或石头砌成，上面装饰有丰富的雕塑。这片陶瓦来自一座砖砌神庙，描绘了一位演奏乐器的音乐家。

贵霜婚礼浮雕
这件描绘婚礼队伍的浮雕上面刻有常春藤叶子和豹拉的婚车。这些元素与希腊神话中的酒神狄奥尼索斯有关。

释迦牟尼王子离开他的马和马夫　犍陟，释迦牟尼的马

释迦牟尼的诞生

来自印度安得拉邦阿马拉瓦蒂窣堵波的浮雕记录了佛教历史上的重大事件。浮雕上有预言释迦牟尼降生的先知、净饭王和摩耶王后（释迦牟尼的父母）及婴儿释迦牟尼。

- 净饭王，释迦牟尼的父亲
- 先知预言了伟人的诞生
- 神木
- 摩耶王后举起她的孩子
- 长布上的脚印象征佛陀
- 树神为孩子赐福
- 摩耶王后梦见象征伟大的白象来到自己的身边
- 睡着的仆人
- 摩耶王后一手紧握娑罗树的树枝
- 摩耶王后从右髋生出孩子

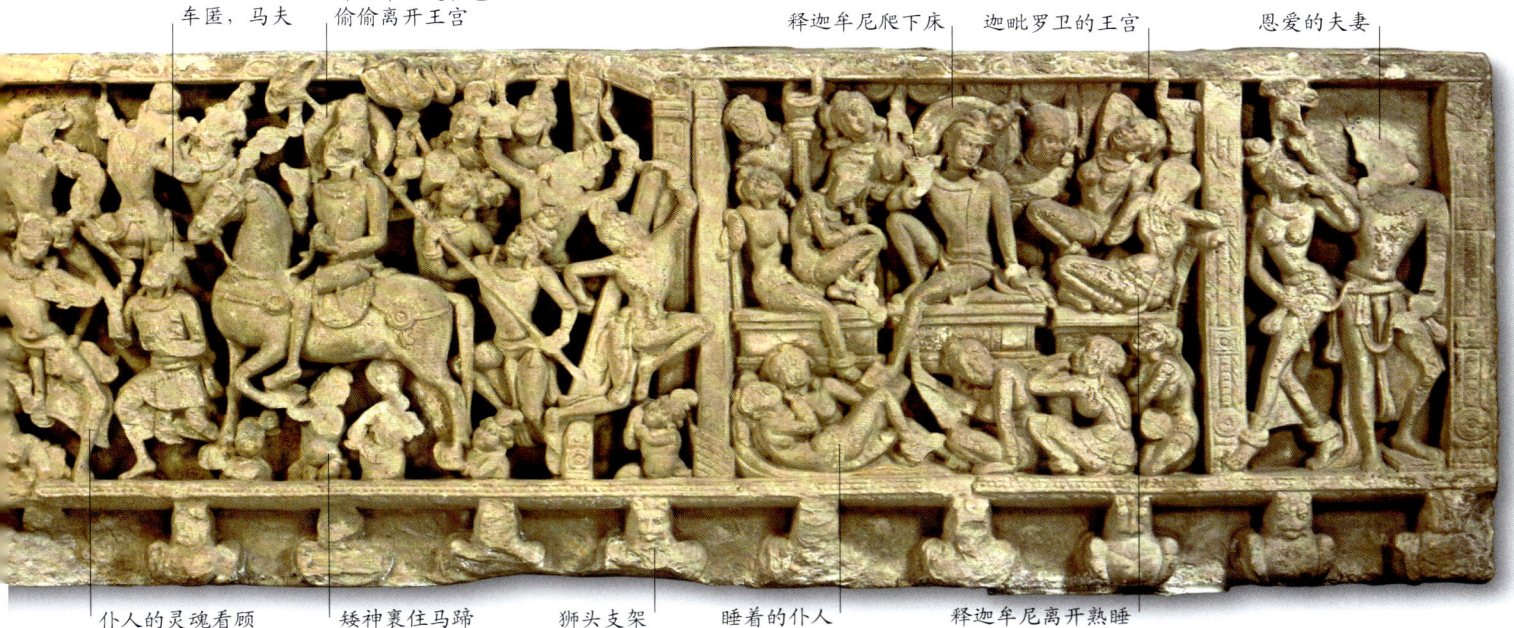

伟大的离去

阿马拉瓦蒂窣堵波的浮雕还描绘了释迦牟尼王子离开王宫，开始苦行生活的场景。窣堵波还装饰有雕刻石板，描绘了释迦牟尼觉悟的过程。

- 车匿，马夫
- 释迦牟尼趁夜色偷偷离开王宫
- 释迦牟尼爬下床
- 迦毗罗卫的王宫
- 恩爱的夫妻
- 仆人的灵魂看顾着释迦牟尼
- 矮神裹住马蹄
- 狮头支架
- 睡着的仆人
- 释迦牟尼离开熟睡的妻子耶输陀罗

统一的中国王朝

公元前221年，秦国征服了战国七雄当中的另外六个诸侯国，建立了统一的王朝秦朝。秦王嬴政自称"始皇帝"。中国的英文名称"China"可能源于"秦"的发音"chin"。

丝绸之路 ▷
汉朝在中国与欧洲之间开通了一条重要的贸易路线。这条路线被称为"丝绸之路"，因为丝绸是中国最重要的出口商品。驼队载着中国的丝绸和其他商品沿这条横贯亚洲的贸易路线前往西方。

战国时期（前475~前221），七个强大的诸侯国之间时常发生战争。发动战争意味着需要大规模调用物资。为了掌控调用物资的权力和提高行政效率，各诸侯国陆续建立起中央集权，以诸侯国国君任命的官吏替代世袭贵族管理诸侯国内的各类事务。

公元前230~前221年，秦王嬴政吞灭其他六国，建立了秦朝。秦朝是一个高度集权的国家。秦始皇征调大批民夫修建道路、运河、长城和规模庞大的陵墓。他还统一了全国的度量衡和货币，并将小篆作为官方推行的标准字体。

公元前210年，秦始皇重病离世。随后不久，各地爆发叛乱。公元前202年，其中一支起义军的领袖刘邦赢得了胜利，建立汉朝。汉朝的统治一直延续到220年。汉朝时期，中国的文学、历史、哲学繁荣发展，与亚洲各国的贸易往来十分频繁。

信仰与仪式

古代中国人认为，皇帝代表至高无上的上天进行统治，因此也称"天子"。人们祭拜祖先，认为故去的先人与活着的后人之间有密不可分的联系。因此，后人会定期供奉祖先，以使他们安享死后的生活。汉朝时期，佛教传入中国。

— 中间的山峰与天相连

博山炉
这个汉代香炉的盖子呈山峦形状。古代中国人认为，博山是海上的仙山，山里的矿产和动植物能赐予人长生。

— 线香插于香炉中间

香炉
这个陶香炉用于插焚线香。人们以焚香的方式拜祭祖先。

金缕玉衣
汉朝的统治者和贵族死后身着玉衣下葬。当时的人们认为玉衣能防止尸身腐烂。

统一的中国王朝 101

兽面玉器
这件玉器上刻有一个兽面，顶端有两个小孔，可能用于穿绳。

用于穿绳的小孔

青铜鸭尊
这件青铜鸭尊是一种酒器，用于倒酒，供墓主人死后使用。与其一同埋葬的还有食物和酒水。

可开合的喙
这只鸭伸长了脖子，姿态十分生动。鸭喙可以开合，便于倒酒。

卷曲的身体

青铜环可能用于连接把手

大鸭掌支撑起整个器皿

玉龙
中国人将龙视为力量与吉祥的象征。这两件玉龙可能是佩戴在腰间的饰物。

玉璧
人们常把璧放置于死者的胸前或背部，与死者一同埋葬。璧呈圆环形状，象征上天。

眼盖

耳塞

鼻塞

唅蝉

陶俑上有彩绘出的人物面部特征和服饰细节

镇墓兽
这件陶塑镇墓兽可能是中国古代传说中的神兽辟邪。

玉覆面
玉覆面是汉朝时期的丧葬殓具。这件玉覆面出自山东省的双乳山汉墓，它的主人是西汉时期的济北王。

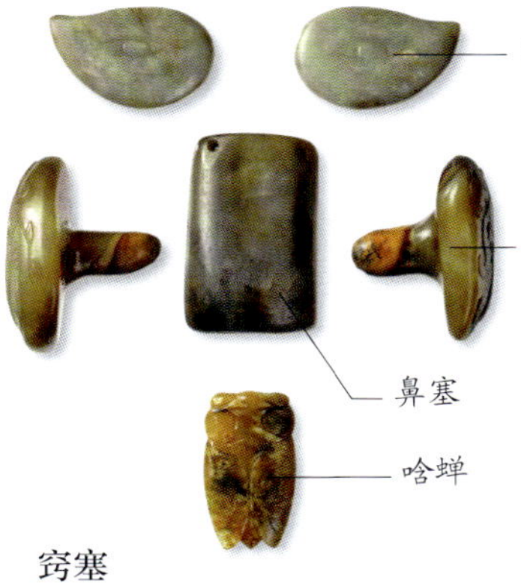

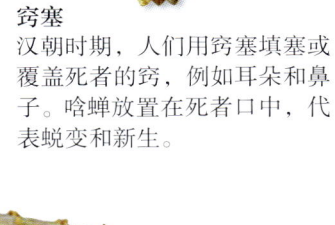

窍塞
汉朝时期，人们用窍塞填塞或覆盖死者的窍，例如耳朵和鼻子。唅蝉放置在死者口中，代表蜕变和新生。

红色丝绸包边

侍女俑
汉朝时期，墓葬中常随葬有用陶土制成的小人俑，以在来世侍奉墓主人。

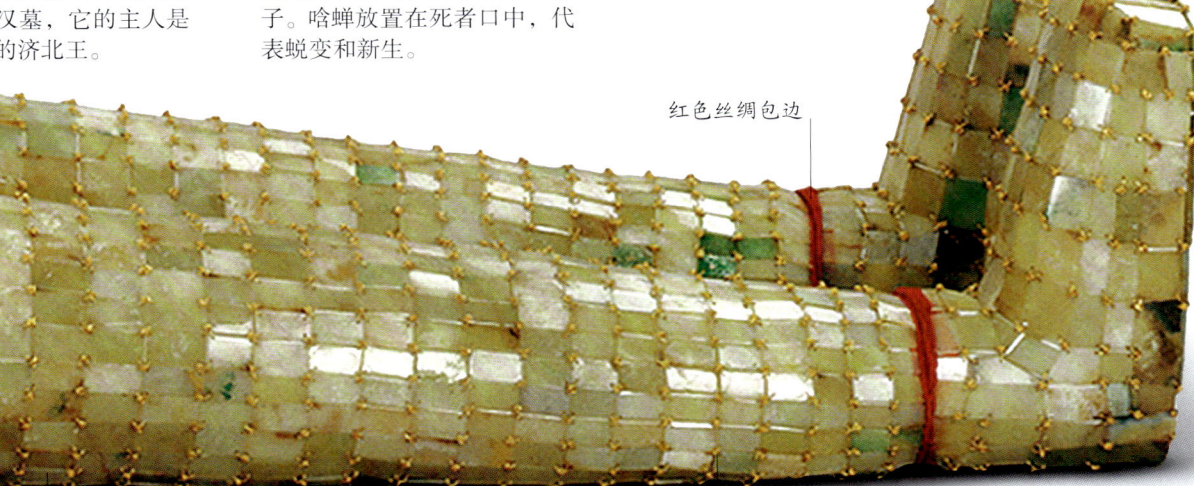

玉片，整件玉衣由4000多片玉片组成

金丝从孔中穿过，将玉片连在一起

为长生而备

秦始皇兵马俑

公元前210年，秦始皇病逝后被葬于一座庞大的陵墓中。秦始皇陵应于陕西省骊山北麓。据西汉史学家司马迁记载，建造秦始皇陵动用了70多万民夫。陵墓仿照咸阳城而建，以流动的水银代表江河湖海。现代探测结果表明，秦始皇陵的地宫中确实存在水银浓度异常的现象。含有水银的仙丹曾被认为具有使人长生不老的功效。秦始皇40多岁就英年早逝，也可能与服用仙丹有关。

阴间大军

1974年，一位农民在打井时偶然发现了一些陶俑碎片，这个意外的发现促使埋藏地下2000多年的秦始皇兵马俑重见天日。秦始皇陵有四个兵马俑坑，其中的四号坑只有土坑没有兵马俑，可能是尚未建成就遭废弃的缘故。其他三个兵马俑坑中共有7000多件真人大小的士兵陶俑，100多辆木质战车或铜质战车，600多匹挽车或骑乘陶马，以及4万多件保存完好的青铜兵器。在秦始皇陵的其他陪葬坑中，还出土了数十套铠甲。奇特之处在于，这些铠甲并非由皮革制成，而是用石头甲片制作的，因而至今不腐。兵马俑的作用可能是在阴间保护秦始皇。秦始皇想在死后继续自己的统治，因此陵墓中还陪葬有文官俑。其他陪葬坑还出土了供秦始皇娱乐的百戏俑，其中包含杂耍艺人、乐师和力士等人物形象。另外一个陪葬坑甚至出土了青铜水禽。

列队
在一号坑中，兵马俑沿各条廊道整齐排列，两旁为土堆。所有兵马俑都面向东方，守护着身后的陵墓。

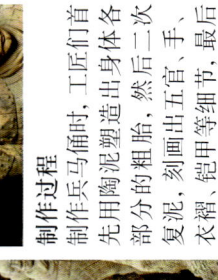

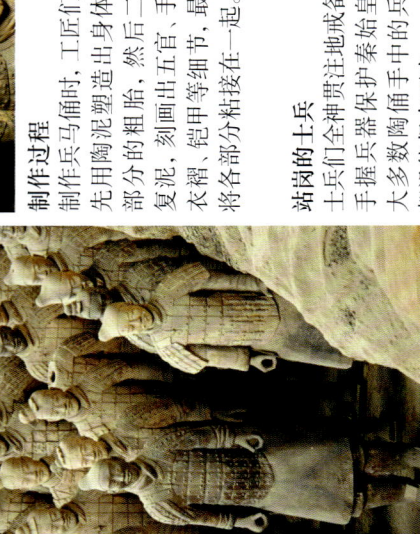

制作过程
制作兵马俑时，工匠们首先用陶泥塑造出身体各部分的粗胎，然后二次复泥，刻画出五官、手、衣褶，铠甲等细节，最后将各部分粘接在一起。

站岗的士兵
士兵们全神贯注地戒备，手握兵器保护着秦始皇。大多数陶俑手中的兵器都没能保存下来。

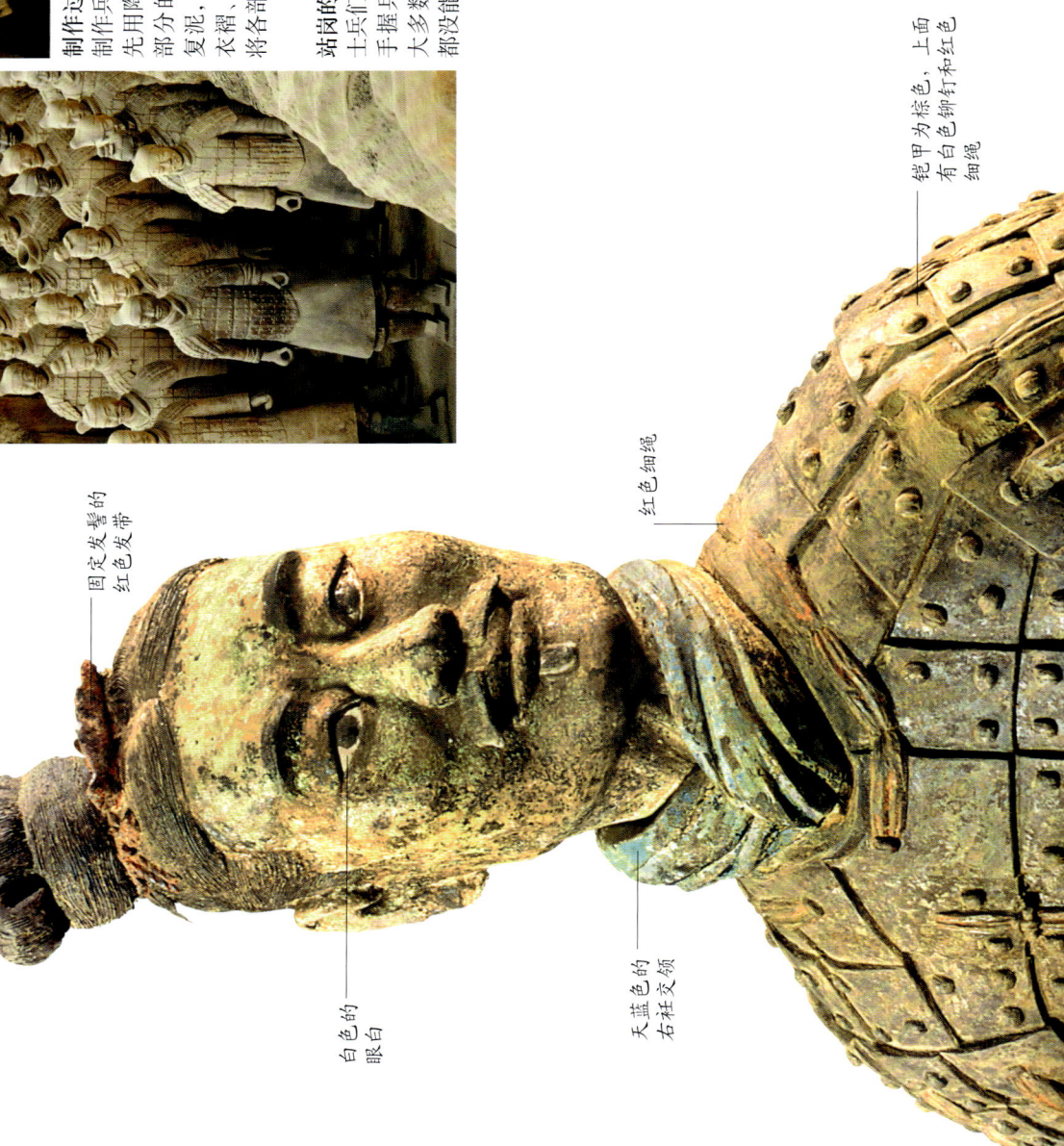

- 固定发髻的红色发带
- 白色的眼白
- 天蓝色的右衽交领
- 红色细绳
- 铠甲为棕色，上面有白色铆钉和红色细绳

统一的中国王朝　103

铠甲覆盖着躯干和上臂

天蓝色袖口

方口齐头翘首履

依稀可见的绿色彩绘

铠甲之下穿着袍衣

发型等细节是工匠在粗胎的基础上细致刻画的

张开的右手握着弓

侧后视图

跪射俑
兵马俑原本都有彩绘颜色。不过大部分兵马俑上的颜色已经剥蚀脱落，只有少数兵马俑至今仍然依稀可见。与大多数兵马俑红色的面部不同，这件跪射俑的面部涂有粉红色。其手部姿势表明，他的手中曾握着弓。

战争与冲突

在中国古代战争中,对战双方往往会投入数量庞大的军队。军队中虽然也有战车和骑兵,但大多数还是步兵。兵器有戈、戟、矛、铍、剑、弓和弩等。

铠甲
步兵穿的铠甲由涂漆的皮革甲片制成,皮革甲片之间依靠线绳穿连在一起。这些皮革甲片出自战国时期。

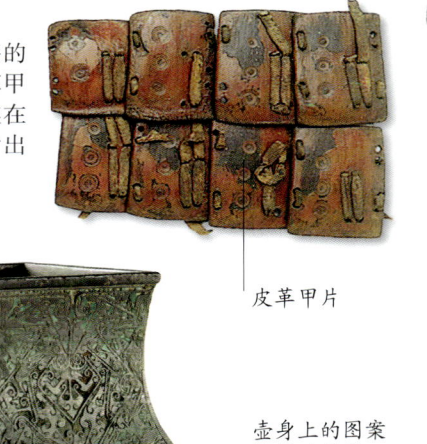

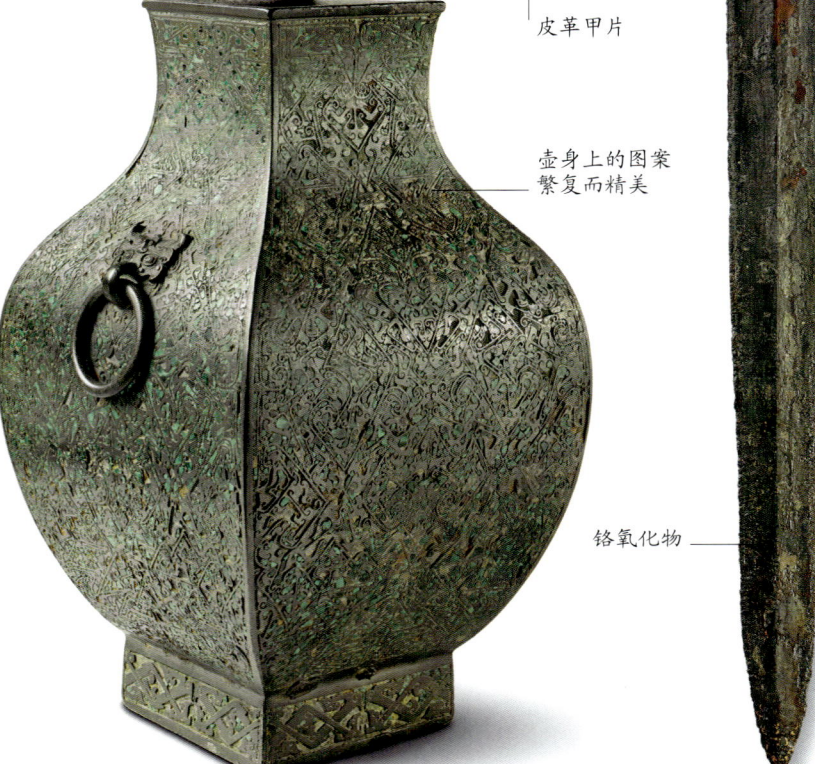

皮革甲片

壶身上的图案繁复而精美

铬氧化物

陈璋方壶
这个镶嵌绿松石的青铜方壶是战国时期燕国的王室重器。齐国征伐燕国时,齐国大将陈璋得到此壶。这件事情的始末被刻在了此壶圈足的外缘之上。

青铜剑
有些青铜剑的表面覆盖着一层铬氧化物,可以防止青铜生锈,保持兵刃锋利。

政治与权力

在秦汉时期,作为最高统治者的皇帝通过庞大而复杂的行政系统管理国家。公元前2世纪,汉武帝开始以察举制选拔官员,并实行了"罢黜百家,独尊儒术"的政策。

方孔用于穿线

钱币上铸有篆体"五铢"字样,表示钱币的重量

进贤冠

毛笔

五铢钱
秦始皇统一了货币。此后,圆形方孔的钱币形式在中国延续了2000多年。这种五铢钱是西汉中晚期到隋代通行的货币。

对书俑
这件西晋时期的青瓷对书俑表现的是两名负责校对文稿书籍的校雠。两人隔案相对而坐,一人大声朗读,另一人寻找书稿中的错误。

科技

古代中国是世界上科技最发达的国家。到6世纪时,中国人已经发明了铸铁、制瓷和造纸等技术,还发明了用于指示方向的司南和用于测验地震方位的地动仪。

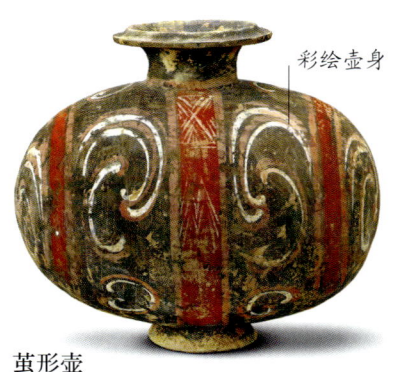

彩绘壶身

银白色的金属光泽

茧形壶
这个西汉时期的壶形似蚕茧。蚕丝是织造丝绸的材料,中国的丝绸在西方享有极高的声誉。

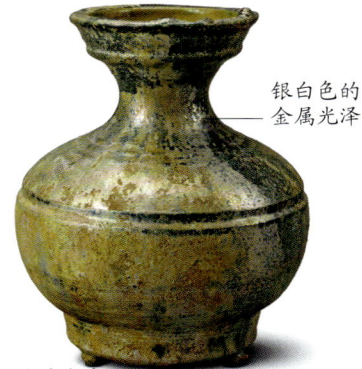

铅绿釉陶壶
这件汉朝时期的陶壶烧制时使用氧化铅作为助熔剂。在长期潮湿的环境中,铅绿釉的表面会呈现出银白色的金属光泽。

家居生活

大多数人过着农耕生活,南方的农民种植水稻,北方的农民种植粟。我们对当时人日常生活的了解主要来自墓葬中的随葬品。虽然大多数随葬品出自富人墓葬,但其中也不乏描绘普通人和实用建筑物的陶俑和陶楼。

陶羊

陶猪

通向厕所的斜坡

案板

陶羊圈
这件汉朝时期的绿釉陶羊圈是随葬品,用于在阴间替代真正的羊。

陶圈厕
这件随葬品表现的是一个上方建有厕所的猪圈。这种形式的猪圈利于积肥。

庖厨俑
这件汉朝时期的跪坐女性人俑表现的是一位厨娘,她可能正在案板上揉面。

日本的弥生和古坟时代

公元前3世纪，日本引入水稻种植技术后养活了越来越多的农业人口，社会因而发生了根本性变化，部落国家出现。最终，大和国于5世纪统一了日本。

长眠之地 ▷
这是日本大阪府堺市的大仙陵古坟。这座古坟形状独特，好似钥匙孔。大仙陵古坟是日本最大的古坟，它长486米，被认为是仁德天皇的陵墓。仁德天皇是早期的大和国王。

公元前300年前后，东亚大陆的水稻种植和金属冶炼技术传入九州岛，并逐渐向东传到日本各地。这两种技术的引进改变了日本的社会结构。日本进入阶级社会，部落国家出现。这一时期的陶器首次出土于东京都文京区弥生町，被称为弥生式陶器，因此历史学家称这一时期为"弥生时代"。3世纪中叶，大和国在本州岛兴起并逐渐发展成为日本最强大的奴隶制国家。5世纪，大和国统一了日本。大和国的统治者和贵族死后被埋葬在古坟之中。最具特色的古坟形状类似钥匙孔，周围被护城河环绕。当时的统治者大量建造古坟，因此这一时期被称为"古坟时代"。弥生时代和古坟时代的日本与东亚大陆保持着密切的联系，曾多次派遣使节至中国和朝鲜。4~5世纪，汉字传入日本。6世纪中叶，佛教传入日本。

信仰与仪式

神道教是日本的原始宗教，认为"神力"存在于各种自然事物当中。"神道"一词出现于佛教传入日本之后，用于将原始宗教与佛教区分开来。中国的儒家思想和佛教传入日本之后，对日本的思想文化产生很大的影响，神道教逐渐退居次要地位。

铜铎
铜铎是弥生时代的青铜器，外形似钟，内部有舌。铜铎本为一种乐器，后来成为用于祭祀的祭器。

典型的横纵花纹

人物埴轮
在古坟之上和周围排列着许多特殊的陶制丧葬用品，被称为埴轮。埴轮分圆筒埴轮和形象埴轮两类，作用可能是为墓主人提供保护。

古代日本男性的发式

头部从身体上断裂下来

科技

日本农民使用木质和石质农具。到弥生时代时，日本引入了青铜铸造技术，但通常用于制造在仪式上使用的器物，例如铜铎。这一时期还引入了冶铁技术，用于制造工具、农具和武器。与此同时，制陶技术革新，出现了使用陶轮制作的陶器。

器型简洁、实用

弥生陶罐
弥生时代之前，日本的陶器都是使用泥条盘筑的方法制作的。这个弥生时代的陶罐是借助陶轮制作的，形状非常规则。

典型的篦纹装饰

弥生陶瓶
这个弥生时代的陶瓶上装饰有用篦状工具刻画的花纹。它是一件随葬品，可能用于盛米酒。

中部美洲最早的城市

公元前1千纪晚期，中部美洲出现了复杂的城市社会，其重要特征是金字塔式的神庙建筑。中部美洲的人们崇敬相似的神，都在祭祀仪式上举行球戏。除此之外，中部美洲人还发明了书写系统和复杂的历法。

特奥蒂瓦坎面具
中部美洲人制造玉石面具。人们把面具放在死者身上，代表长生之脸。

特奥蒂瓦坎 ▽
公元500年前后，特奥蒂瓦坎正处于鼎盛时期，它是当时世界上最大的城市之一。呈网格状布局的特奥蒂瓦坎城中有两座大型的金字塔式神庙，矗立于宽阔笔直的"亡灵大道"旁。这里还有举行宗教仪式的露天广场。

中部美洲真正意义上的第一座城市是阿尔班山，由萨波特克人建立于公元前500年前后。同奥尔梅克人一样，萨波特克人也创造了一套早期书写系统，他们在石碑上刻出人物形象和文字符号，可能代表祭献的战俘。墨西哥南部的瓦哈卡谷地是萨波特克人战胜敌人的地方，后来他们在此处建造宗教建筑，并创建了一个国家，其统治大约持续到7世纪。

古代中部美洲规模最大的城市是特奥蒂瓦坎，它兴建于公元前100年前后，之后逐步发展，直到7～8世纪因战乱而沦为废墟。特奥蒂瓦坎是一个宗教中心，城中的太阳金字塔下方有一个洞穴，被认为是人类起源之地和通往阴间的入口。城中的一些建筑物上描绘有神话中的场景。毗邻太阳金字塔和月亮金字塔的"亡灵大道"是举行宗教仪式的中心。

特奥蒂瓦坎影响着包括玛雅在内的整个中部美洲文明。除具有宗教功能之外，这里还是庞大的制造业中心。商人们从外地进口原材料，将其加工成珠宝、陶器和黑曜石工具后再出口到其他地方。

玛雅

公元前200年前后，玛雅人开始在中部美洲东部的雨林中建造金字塔式神庙。他们居住在由国王统治的城邦里，国王是玛雅人与神沟通的媒介。如果两国交战，胜利的一方会将战败方的国王当作祭品祭献给神。玛雅人还创造了玛雅象形文字，这是中部美洲最成熟的书写系统。

中部美洲最早的城市　107

信仰与仪式

中部美洲人认为神维持宇宙的秩序需要人类的供养，因此人们会将自己的血和战俘祭献给神。祭祀仪式由国王和祭司主持，他们也是萨满，通过服用致幻剂使自己进入恍惚状态，达到与神沟通的目的。

布头带

鸟头

耳环

玛雅蟾蜍
这个玛雅碗被设计成一只大蟾蜍的样子。有些蟾蜍会产生一种名为蟾毒色胺的物质，玛雅萨满通过服用这种物质来使自己产生幻觉。

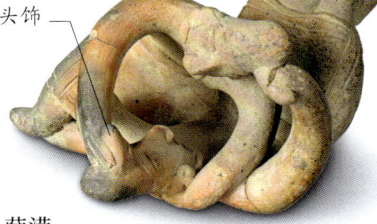

海螺壳

沙漏形的香炉底座

角状头饰

便于悬挂的小孔

螺号
在中部美洲，海螺壳可以当作号角吹响，也用于在仪式中宣告神的存在。这个萨波特克螺号上钻有小孔。

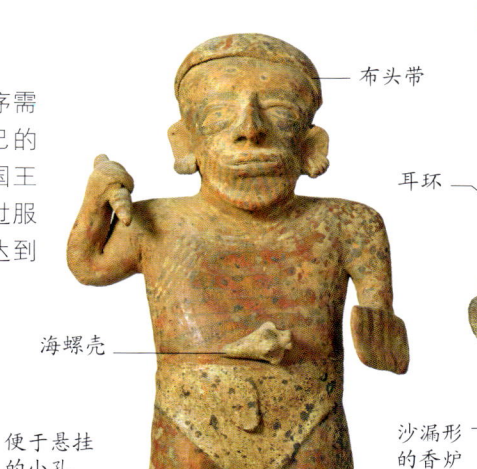

男性与海螺
这件男性陶俑的肚脐上有一个海螺壳。这件陶俑是随葬品，出自墨西哥西部的纳亚里特人之手。

香炉
中部美洲人有焚香的习惯。香由柯巴树脂制成，是献给神的祭品。在特奥蒂瓦坎，人们使用装饰繁复的陶香炉焚香。

萨满
这件陶塑出自墨西哥的科利马，表现了两个扭打在一起的人，角状头饰表明他们的身份是萨满。陶塑描绘的可能是他们被神灵附体后的状态。

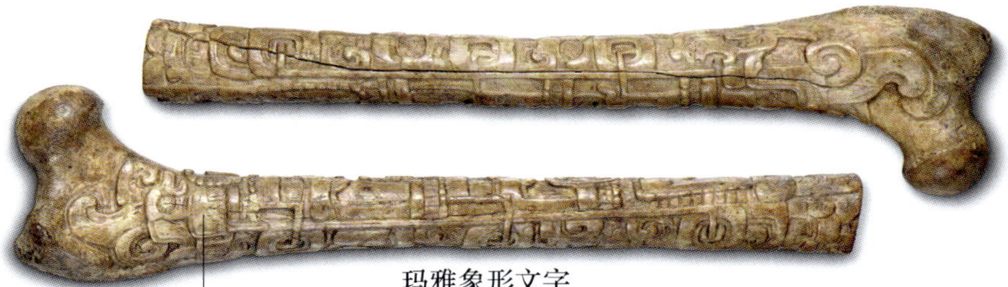

玛雅象形文字
这两根美洲豹股骨出自一座玛雅墓葬，上面刻有玛雅象形文字和戴头饰的国王形象。它们可能是祭祀仪式中使用的鼓槌。

小丑神头戴精致的头饰，象征统治者

象征水的萨波特克符号

像蛇一样分叉的舌头代表闪电

烟可以从鼻孔和耳朵孔里冒出来

雨神
这个陶瓮表现的是萨波特克雨神科奇乔（Cocijo，意为"闪电"）。许多中部美洲人崇拜雨神，他们对雨神的称呼不尽相同。

象征玉米田的萨波特克符号

萨波特克香炉
这个香炉可能用于祈雨仪式，正面塑有萨波特克雨神科奇乔的头像。

108　古代文明　公元前700~公元600年

肖像罐
描绘神和王室祖先的肖像罐是萨波特克统治者和贵族的随葬品。肖像罐放置于死者身旁或壁龛上，罐中盛满食物或酒水，供死者在阴间享用。这个肖像罐表现的是一位老年男性。

侧视图

前视图

脸部的皱纹中显露出黑色彩绘的痕迹

大耳朵

红色彩绘的痕迹

带大垂饰的串珠项链

盛食物或酒水的罐

脚上只有四根脚趾

头饰
动物头饰代表神或超自然力量。这位老人戴着野猪头饰，野猪生活在中部美洲的雨林地区。

中部美洲最早的城市　109

服装与饰品

在中部美洲各地，贵族穿色彩艳丽的棉布衣物，穷人则穿用龙舌兰的植物纤维织造的粗糙衣物。无论男女都佩戴饰品，例如项链、手镯、耳珰和胸饰。贵族戴高大的头饰，头饰由热带鸟类的羽毛装饰，十分精美。

男性坐像
这个萨波特克肖像罐的造型是一个盘腿坐的男性。祭品由肖像罐顶部的罐口倒入。

萨波特克猫头鹰杯
这个杯子上刻有猫头鹰图案。人们认为猫头鹰与黑夜和地下世界有关，因此将它视作神的使者。

— 猫头鹰浮雕

狗形肖像罐
人们认为狗能帮助死者游走于地下世界，因此狗形陶器常用作葬品。人们喂养狗，在宴会上食用狗肉。

— 尾部构成罐口

女性陶俑
中部美洲人的衣服不是通过裁剪布料制成的，而是把整块布料围在身上当作衣服，例如这个女性陶俑身上的衣服。

— 戴在双耳上的大耳珰
— 串珠项链

松鼠垂饰
这件出自特奥蒂瓦坎的松鼠垂饰由硬玉雕刻而成。硬玉在中部美洲是非常珍贵的宝石。

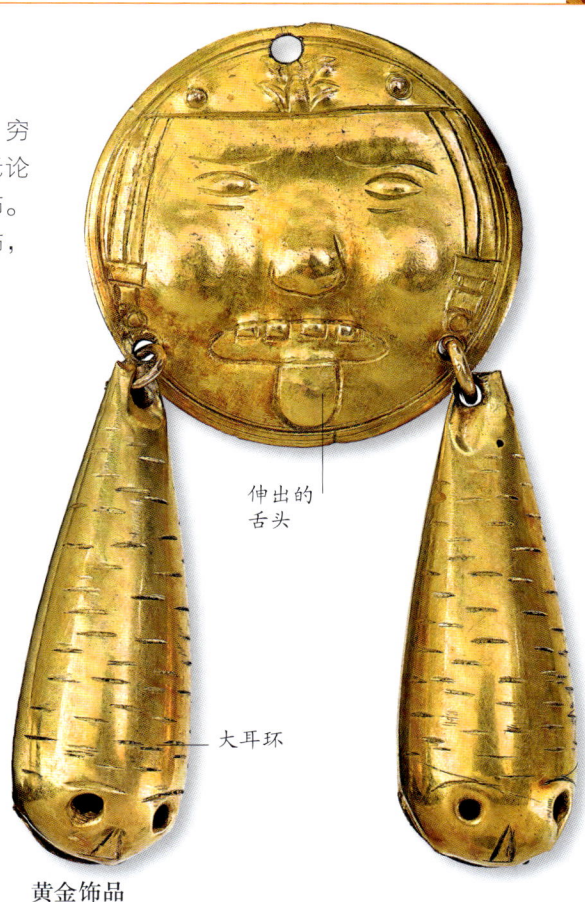

— 钻出的孔眼

黄金饰品
中部美洲的黄金加工技术引进自南美洲。黄金在南美洲是一种昂贵的金属。这件黄金饰品是萨波特克人制作的。

— 伸出的舌头
— 大耳环

陶耳珰
男女都佩戴用黑曜石或其他材料制成的耳珰。这个耳珰出自特奥蒂瓦坎，由黑色陶土制成。

硬玉耳珰
特奥蒂瓦坎是珠宝制造中心。这个耳珰是用硬玉制作的，硬玉主要来自墨西哥的瓦哈卡、危地马拉和哥斯达黎加。

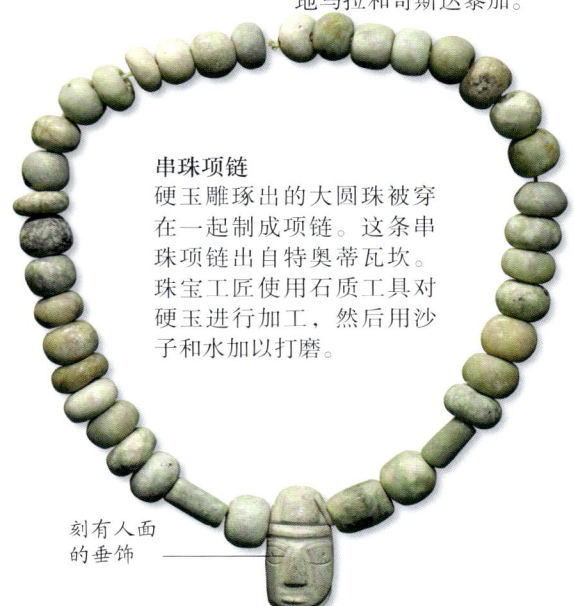

串珠项链
硬玉雕琢出的大圆珠被穿在一起制成项链。这条串珠项链出自特奥蒂瓦坎。珠宝工匠使用石质工具对硬玉进行加工，然后用沙子和水加以打磨。

— 刻有人面的垂饰

神秘的纳斯卡和莫切

在秘鲁早期的查文文明（参见第54页）衰落之后，又出现了两个地区文明，即纳斯卡文明和莫切文明。纳斯卡人在秘鲁南部的荒漠中创作了神秘的巨型地画，而秘鲁北部的莫切人则善于制作精美的陶器。

纳斯卡线条 ▷
掀开表面的深色石块之后，下层的浅色土壤暴露出来，巨大的纳斯卡线条也随之呈现。这些地画描绘了鸟类、鲸鱼及其他生物，尺寸十分巨大，例如这幅45米长的蜘蛛地画。纳斯卡线条的用途尚未明晰，有可能是祭献给神的祭品。

公元前200～公元650年是纳斯卡文明的巅峰时期。纳斯卡人有将死者制成木乃伊的丧葬习俗，并会给木乃伊穿上华美的织物。这些绚丽多彩的织物是用美洲驼、羊驼和骆马的毛织造的。纳斯卡人还制作陶器，陶器上通常描绘着动物和神的形象。相似的图案也出现在遗迹中，即荒漠中的巨型地画。这些地画通常被称为纳斯卡线条，是秘鲁考古学家托里维奥·梅西亚·谢斯佩在1927年徒步穿越此地时发现的。自20世纪40年代起，德国数学家玛丽亚·赖歇对纳斯卡线条进行了细致的研究。

莫切文明出现的时间较晚，大约从公元100年存续到公元700年前后。莫切人的社会由军事首领统治。军事首领通过战争抓取战俘，战俘在遭受痛苦的折磨之后被祭献给神。莫切统治者为自己建造了大型土坯金字塔，其中有许多珍贵的随葬品。莫切文明以精美的陶器著称。

信仰与仪式

彩陶上的人祭场景向我们揭示了纳斯卡人和莫切人的宗教信仰。莫切陶器上有杀死战俘的场景，而纳斯卡陶器上经常出现一位手拿人头的神。两个文明都崇敬自然神灵，神以动物的样貌出现。

纳斯卡渔夫壶
纳斯卡陶壶通常描绘日常生活的场景。这个壶被塑成了渔夫的样子，壶身上描绘了渔网和一条被鱼钩钩住的大鱼。

纳斯卡头像
莫切和纳斯卡陶器都描绘过扮成动物形象的人。这些人是与动物神灵或神沟通的萨满。这件陶器描绘了一位脸上画着动物胡须、头戴动物头饰的人。

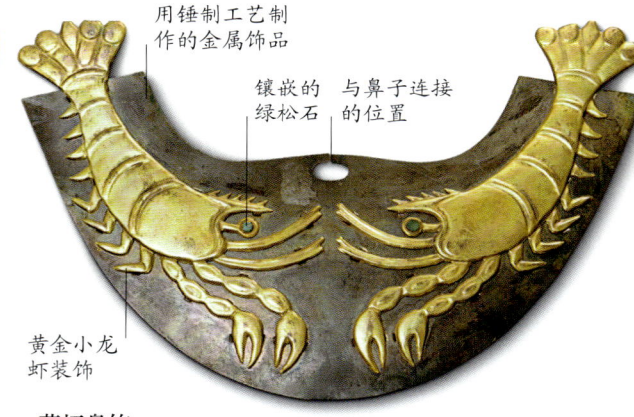

莫切鼻饰
莫切贵族会刺穿鼻中隔，佩戴精致的鼻饰。这件13厘米宽的金银鼻饰出自一座莫切墓葬。

莫切耳珰
这对耳珰表现了鹰头武士，他们一手拿盾牌和棍棒，一手拿投石器。耳珰由绿松石、珊瑚、青金石和黄金制成。

豆荚瓶
莫切人会仿照食物的形状制作陶器，例如土豆、玉米和豆类。这个红色陶瓶的形状像豆荚。

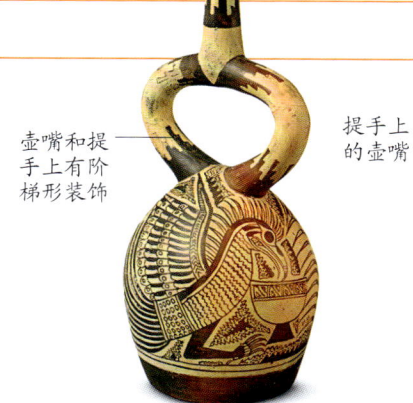

瓶嘴

斜线和点圆饰带

喇叭瓶
有些莫切陶器的形状模仿了祭祀仪式上使用的喇叭。有些陶器上还描绘了莫切武士敲鼓、吹笛和吹排箫的场景。

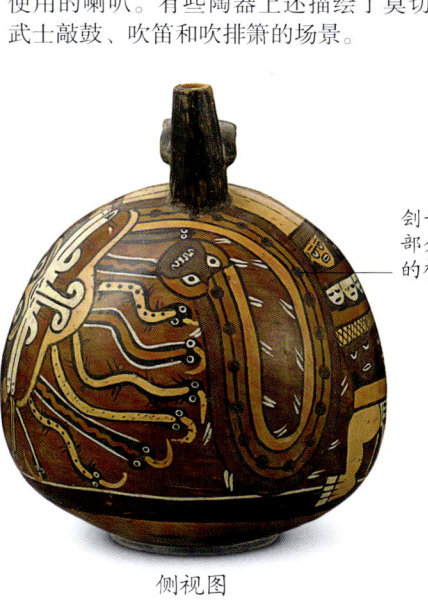

壶嘴和提手上有阶梯形装饰

马镫壶
这种莫切容器叫作马镫壶。壶嘴的设计使空气从一边管道进入，液体从另一边管道通过壶嘴流出。这个马镫壶上绘有鸟吃食的场景。

提手上的壶嘴

狗头人马镫壶
这个莫切马镫壶为狗头人坐像，可能代表一位动物神灵。这种壶的外形是用黏土在模具中压制出来的，制作过程相对简单。

连接女性头部和背部的马镫形提手和壶嘴

土豆马镫壶
这个莫切马镫壶形状好似土豆。壶身上有一个女性头像和一个从侧面凸出来的小头像，小头像看起来像土豆的芽。

剑子手身体的一部分被描绘成蛇的样子

侧视图

左手拿刀

后视图

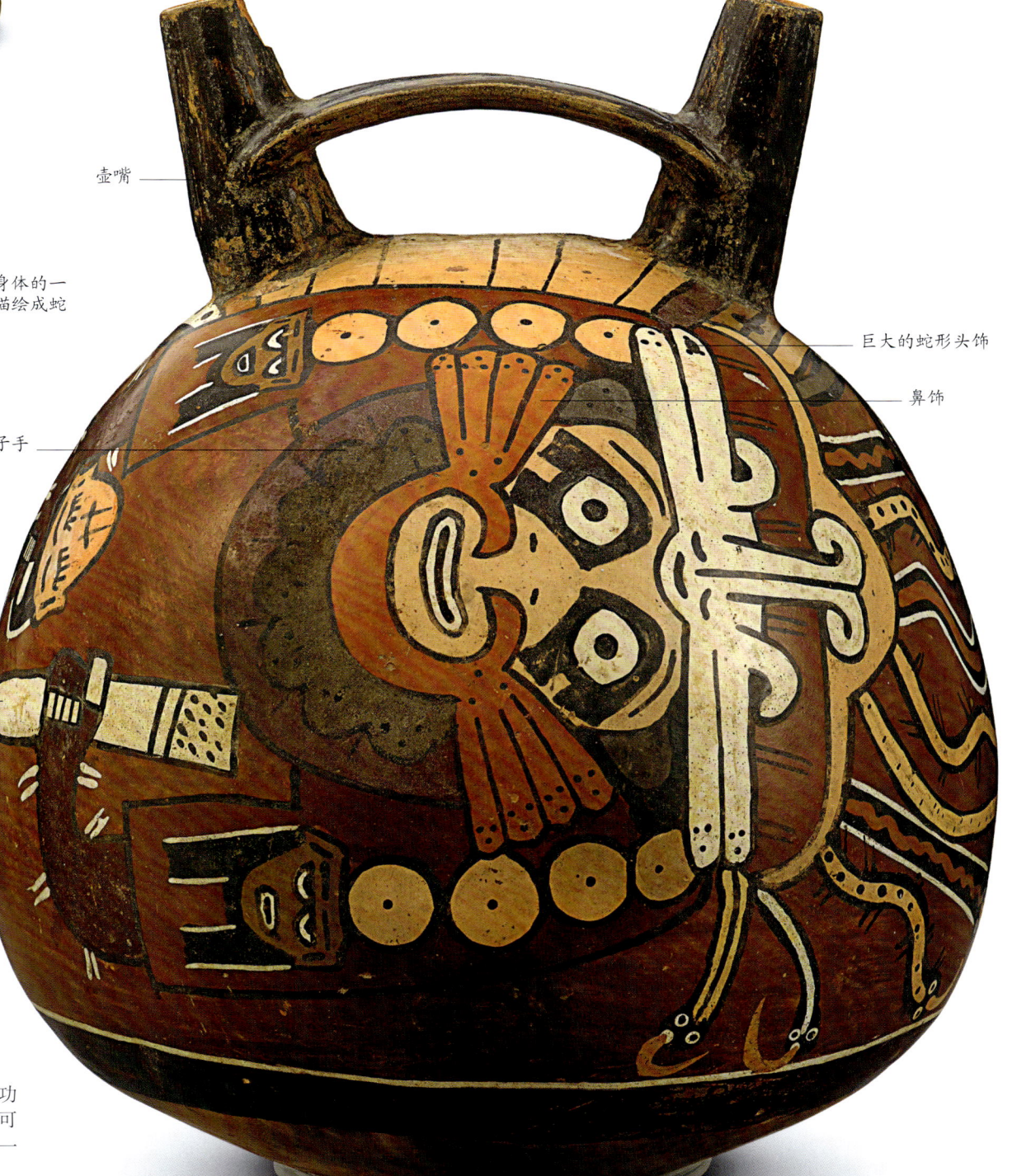

剑子手和他的人头战利品

纳斯卡剑子手壶
纳斯卡人收集人头作为战利品，用于展示功绩。考古学家挖掘出许多带孔的头骨，它们可能被悬挂在绳子上。这个壶的壶身上描绘了一位手拿一把刀和几个人头的超自然生物。

壶嘴

巨大的蛇形头饰

鼻饰

剑子手

6世纪早期，中国汉朝和罗马帝国已经相继衰落。唐宋时期的中国恢复了往昔的繁荣。伊斯兰世界积蓄了大量经典知识并创造出充满活力的文化，影响着中东和北非的大部分地区。与此同时，在印度、东南亚及美洲，各个独具特色的文明蓬勃发展。到15世纪晚期时，欧洲在科技和军事方面所取得的进步已然十分瞩目。

贸易与帝国

600～1450年

欧洲的日耳曼王国

西罗马帝国于5世纪灭亡之后，从外部侵入的日耳曼人在原西罗马帝国境内建立起许多王国。这些日耳曼人拥有独特的文化和艺术传统。他们原本有自己的宗教信仰，后来逐渐皈依了基督教。

盎格鲁-撒克逊基督教
这个由石榴石、黄金和珐琅制成的垂饰中间有一个十字架。它的历史可以追溯至英格兰肯特的早期基督教时期。

《穆捷-格朗瓦尔圣经》▽
这本圣经是9世纪早期法兰克王国统治者查理大帝推行的加洛林王朝文艺复兴的产物。《穆捷-格朗瓦尔圣经》的插图色彩明快，例如《创世纪》这一卷中描绘亚当和夏娃故事的卷首插图。

罗马帝国士兵于410年撤出英格兰。随后，来自德国、弗里西亚和日德兰半岛的日耳曼人跨过北海侵入不列颠，迫使凯尔特王国退向北部和西部。

这些侵入不列颠的盎格鲁人、撒克逊人及朱特人建立起自己的王国，并逐渐融合为盎格鲁-撒克逊人。到7世纪中叶时，他们已经控制了英格兰的大部分地区。盎格鲁-撒克逊人所说的日耳曼语是现代英语的前身，这种语言取代了当地的凯尔特语和拉丁语。后来，盎格鲁-撒克逊人的信仰又取代了罗马帝国时期的基督教信仰。随着时间的推移，一些大国逐步吞并周围的小国，形成了七个较大的盎格鲁-撒克逊王国。随着统治者们不断巩固政权，其宫廷也开始规范执政方式并颁布法典。

597年，肯特的艾特尔伯赫特成为第一个皈依基督教的盎格鲁-撒克逊国王。自此，基督教在各个盎格鲁-撒克逊王国内迅速传播。当时的艺术家们创作出许多精美的泥金装饰手抄本，福音书和祷告文居多。

法兰克人和哥特人

在原西罗马帝国的其他地区，新的统治集团建立起新政权，但同时也保留下许多罗马帝国时期的文化。一些日耳曼人建立了自己的王国，如法兰克人（在今法国和比利时）、西哥特人（在今西班牙）及东哥特人和伦巴第人（在今意大利）。这些地区的人们深受古罗马文化的影响，因此城市没有被废弃，城市的新主人开始说拉丁语的某种变体，而不是把自己的语言强加给当地居民。

战争与冲突

盎格鲁-撒克逊人没有常备军,不过当本国与邻国发生冲突时,统治者有权发布征兵令,扩充王室护卫军。大多数武士的装备比较简单,不是斧头就是大刀。只有少数武士拥有金属盔甲,而剑更是只有上层武士才负担得起。

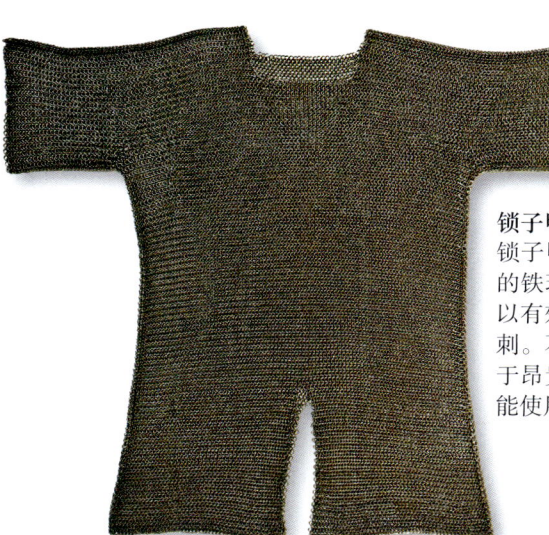

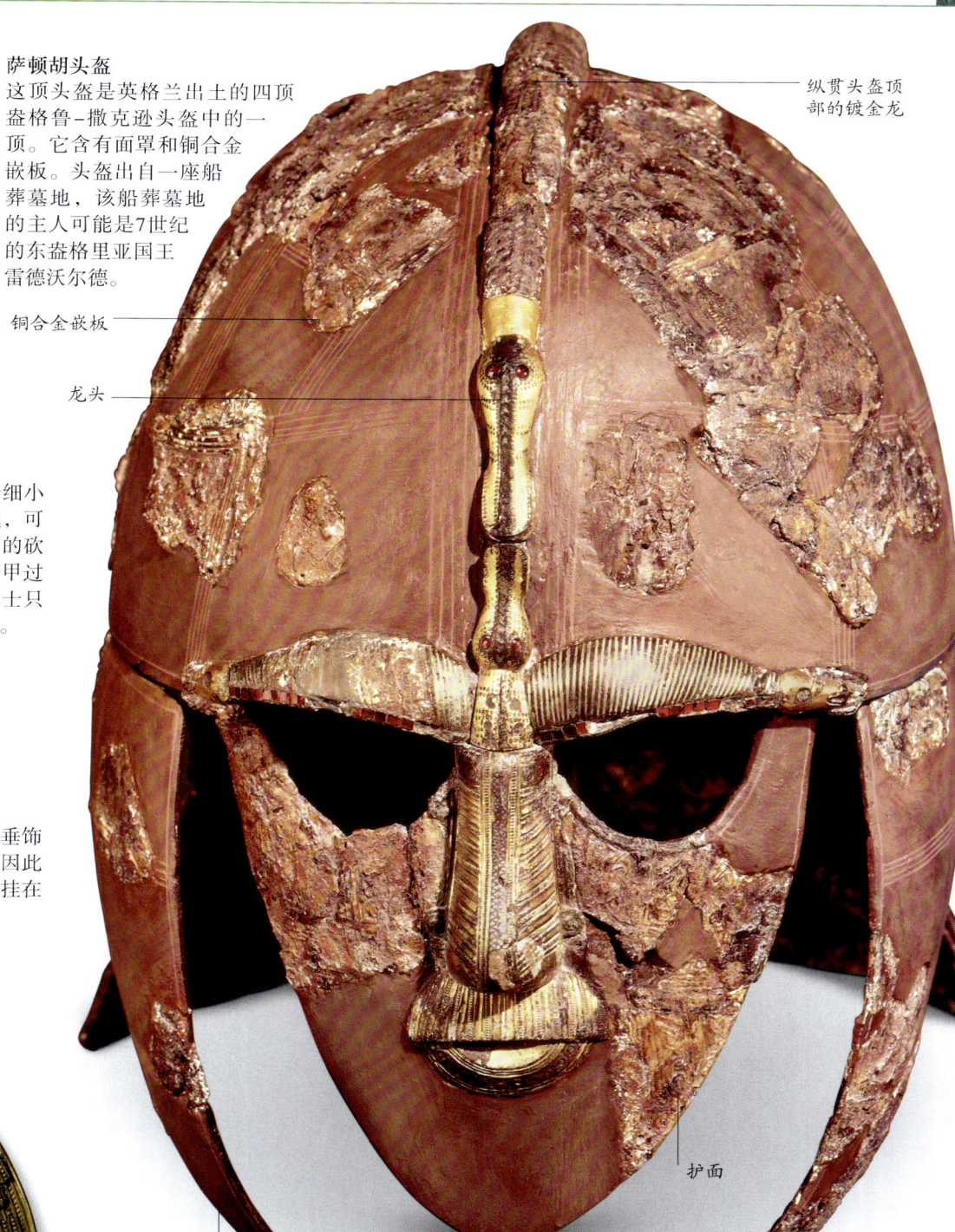

锁子甲(复制品)
锁子甲由数百个细小的铁环相扣而成,可以有效抵御刀剑的砍刺。不过,锁子甲过于昂贵,普通武士只能使用皮革铠甲。

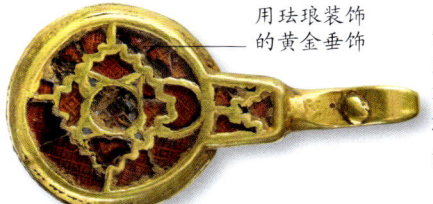

用珐琅装饰的黄金垂饰

剑的垂饰
武士们认为这种垂饰有疗愈的功效,因此将其作为护身符挂在剑鞘上。

萨顿胡头盔
这顶头盔是英格兰出土的四顶盎格鲁-撒克逊头盔中的一顶。它含有面罩和铜合金嵌板。头盔出自一座船葬墓地,该船葬墓地的主人可能是7世纪的东盎格里亚国王雷德沃尔德。

- 纵贯头盔顶部的镀金龙
- 铜合金嵌板
- 龙头
- 护面
- 用铜合金装饰的护颊

特里尔比盾牌
盎格鲁-撒克逊人使用的盾牌通常为圆形,主要由木头制成,外面包裹皮革,不过这个盾牌是铜质的。

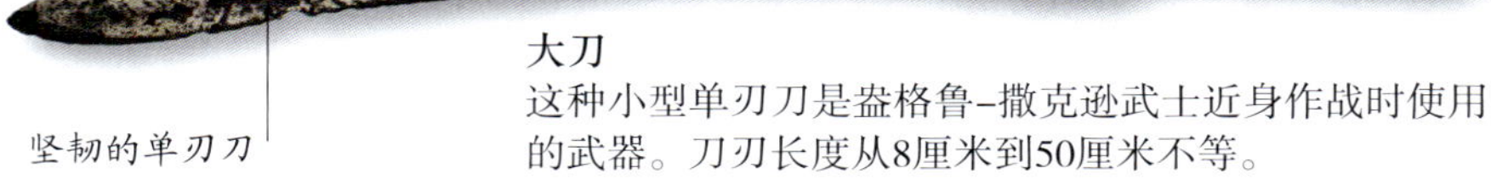

- 凸起的金属圆形装饰物
- 坚韧的单刃刀
- 双刃

大刀
这种小型单刃刀是盎格鲁-撒克逊武士近身作战时使用的武器。刀刃长度从8厘米到50厘米不等。

剑
只有最富有的盎格鲁-撒克逊武士才能拥有剑。剑通常为双刃,剑身较宽,有时会配以精美的剑镡来彰显剑主人的财富。

116　贸易与帝国　600～1450年

信仰与仪式

虽然一些哥特人（日耳曼人的分支）已经皈依基督教，但侵入西罗马帝国的大多数日耳曼人仍信仰自己的原始宗教。到5世纪晚期时，大部分日耳曼统治者至少在名义上成为基督教徒，但盎格鲁-撒克逊人却直到一个世纪后才皈依基督教。教堂遍布各地，许多这一时期的基督教艺术作品留存至今。

手持花冠权杖的人物形象

环绕在杯身上的椭圆形图案彼此相连

阿尔弗雷德珠宝
这件珠宝是9世纪的英格兰韦塞克斯国王阿尔弗雷德委托制作的，用作阅读手抄本的指示器。珠宝上的图案使用掐丝珐琅工艺制作，外面覆盖透明水晶，并用黄金包裹。

乌银镶嵌

香炉盖（复制品）
这个香炉盖由铜合金铸成，用于基督教仪式。上面装饰的鸟兽呈典型的日耳曼风格。

水晶

水晶球

银环挂扣

乌银镶嵌的三角形装饰

金银镶嵌

穿孔勺

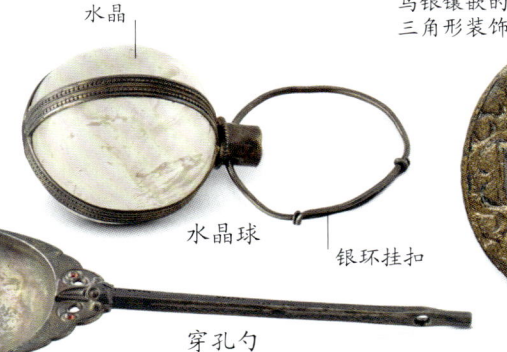

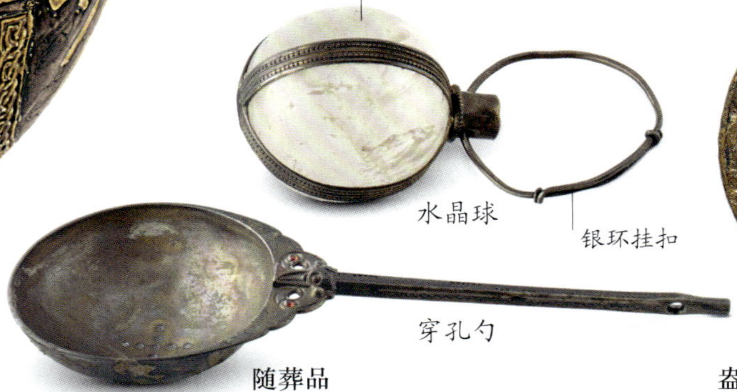

随葬品
这把用石榴石和水晶球装饰的镀金银勺出自一座盎格鲁-撒克逊女性墓葬。当时的富人墓葬中常埋有珍贵的随葬品。

盎格鲁-撒克逊十字架
这个盎格鲁-撒克逊十字架可追溯至9世纪中叶。它由铜合金制成，表面装饰有银和乌银（一种含硫的银、铜和铅合金）。

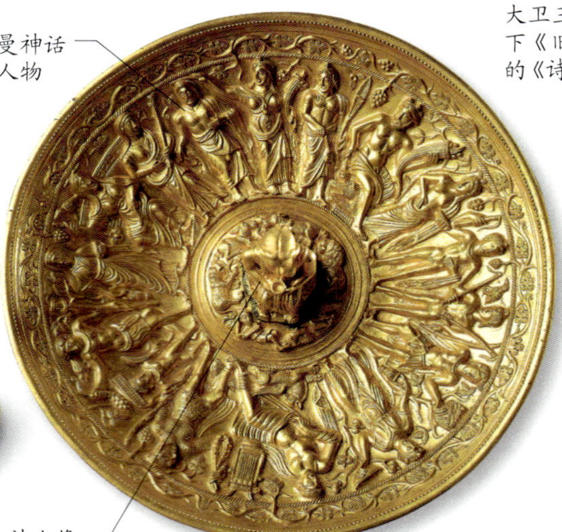

铜铸圣杯

公爵名字的铭文

日耳曼神话中的人物

女神坐像

大卫王下令记下《旧约》中的《诗篇》

圣杰罗姆接受罗马教皇的命令去编辑《诗篇》

塔西洛圣杯
塔西洛圣杯制作于768～788年，其主人为巴伐利亚（位于今德国境内）的塔西洛公爵。杯身上装饰有耶稣基督和福音书作者的肖像。底座上有圣母玛利亚、施洗约翰和疑似伦巴第女王的肖像。

哥特金圆盘
这个4世纪的金圆盘出自罗马尼亚的彼得罗阿萨宝藏，可能属于一位哥特统治者。金圆盘可能用于祭祀仪式。

《达古尔夫诗篇》
《达古尔夫诗篇》成书于780年前后，由法兰克王国统治者查理大帝委托制作。它拥有奢华的象牙封面，是献给教宗哈德良一世的礼物。

欧洲的日耳曼王国　117

罗斯伯里十字架
8世纪，随着基督教的地位日益稳固，盎格鲁-撒克逊人开始建造宗教纪念碑，尤其是巨大的石头十字架。这种十字架在英格兰的诺森伯里亚十分常见。十字架的横纵臂上装饰着精美的动植物图案，并且通常与福音书中描绘的场景相结合。罗斯伯里十字架的建造时间可以追溯至公元800年前后，它表现的是耶稣受难的场景。

- 以两根权杖表现耶稣基督的形象，权杖象征权力
- 十字架中心的圆盘上原本刻有耶稣基督的形象
- 以两项王冠表现耶稣基督的形象，王冠象征胜利和永生
- 残存的图像表现的是折叠的餐巾，象征皇权

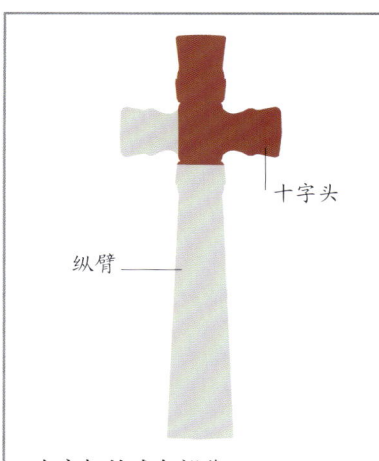

十字架的残存部分
罗斯伯里十字架只有部分留存至今。此处展示的十字头原本由一根长纵臂支撑。

- 十字头
- 纵臂
- 几何交错图案
- 横纵臂交叉处

侧视图

拉撒路的奇迹
十字架的四个面上描绘有不同的场景。这一部分描绘的是拉撒路起死回生的故事。年轻的拉撒路是耶稣的追随者，他病逝后被埋葬在坟墓里。四天之后，耶稣使拉撒路起死回生。

- 啃食植物的动物 — 弯曲的枝条 
- 拉撒路被埋葬后四天，耶稣召唤他复活 — 起死回生 
- 目睹拉撒路复活的人们 — 旁观人群
- 拉撒路复活 — 神迹

贸易与帝国 600～1450年

服装与饰品

早期的盎格鲁-撒克逊女性服装为典型的日耳曼风格，内层是长袖衬衣，外层是筒形长裙，在两肩处用饰针固定。其他常见的饰品还包括串珠项链，以及挂在腰带上装有珍贵传家宝的皮革口袋。男性也使用饰针，用于固定斗篷，他们还使用精致的带扣。

■ 扣针和别针

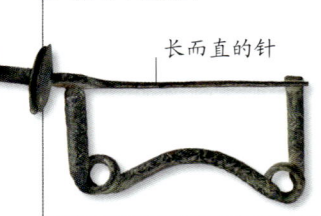

别针
别针用于固定头巾或衣服。最精致的别针由金或银制成，有时还装饰有石榴石。

西哥特鹰形扣针
象征罗马帝国的鹰被哥特人拿来装饰这枚6世纪的扣针（或钩扣）。它出自西哥特时期的西班牙。

■ 项链

串珠项链

紫水晶项链

项链
只有上层社会的女性才戴得起金银项链。不过，人们也使用不那么昂贵的材料制作项链，例如紫水晶和琥珀。玻璃珠也可以用于制作简单的项链。

■ 饰针

圆形饰针
这枚圆形饰针出自7～9世纪的英格兰肯特。它做工精良，配有石榴石，并以珐琅和金丝装饰。饰针的主人可能是一位上层社会的女性，只因表面四个小圆盘内的镶嵌物缺失而略显逊色。

鸟形饰针
右边这枚出自肯特的鸟形青铜饰针与在法国北部发现的饰针非常相似，表明两个地区在盎格鲁-撒克逊时代早期有联系。左边的黄金饰针出自一座5～8世纪的肯特墓葬。

鱼形饰针
这枚鱼形银饰针的眼睛、鳍和尾巴上镶嵌有石榴石。

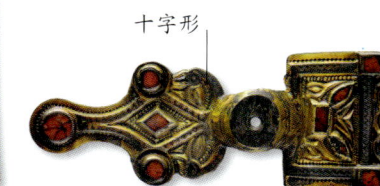

放射形状饰针
这枚呈明显放射形状的饰针用于固定衣服。在它的钩部还残留有织物碎片。

方头饰针
这枚镶嵌有九块石榴石的方头饰针可追溯至6世纪。十字形体现出基督教在当时的影响力。

欧洲的日耳曼王国

科技

西罗马帝国灭亡后，许多科学技术知识失传。虽然日耳曼人多为能工巧匠，但他们在科技方面的进步却十分有限。大部分留存下来的古代科技手稿收藏于修道院中，当时的普通百姓大多是文盲。

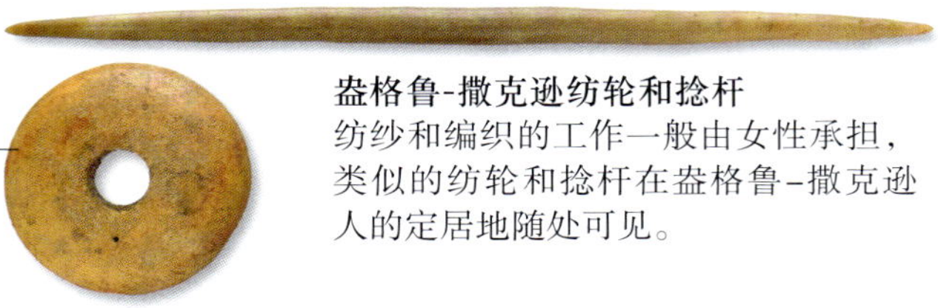

盎格鲁-撒克逊纺轮和捻杆
纺纱和编织的工作一般由女性承担，类似的纺轮和捻杆在盎格鲁-撒克逊人的定居地随处可见。

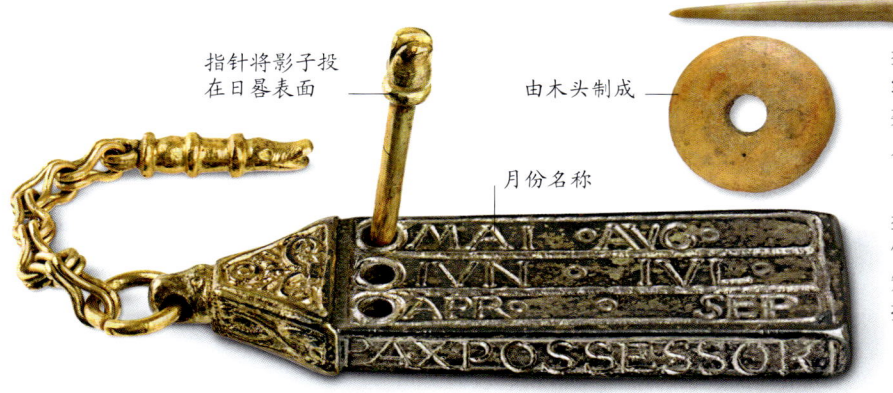

盎格鲁-撒克逊便携日晷（复制品）
修道士每日需要按时进行祷告，因此知晓时间对他们来说很重要。这个便携日晷的指针将影子投在标有时刻的日晷表面。

家居生活

早期的盎格鲁-撒克逊人居住在大型公共木板房里，有些木板房的长度可达25米。生活用品和个人财物存放在房屋周边的柜子中。常见的器具有陶器和玻璃器皿，它们通常用于盛放易腐坏的食物和液体。

■ 玻璃器皿

盎格鲁-撒克逊陶罐
早期的盎格鲁-撒克逊陶器都是在定居地手工烧制的。后来，人们建造了专业的窑炉，能够烧制出这种精致的陶罐。

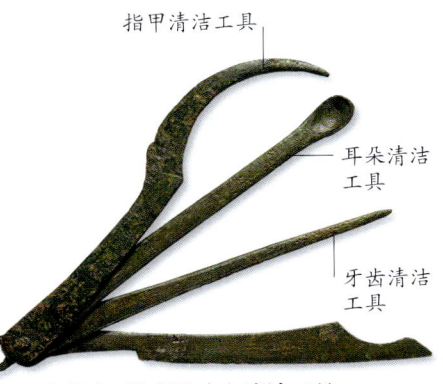

蓝色玻璃花瓶
这个带有菱格装饰的矮花瓶出自一位生活在公元600年前后的工匠之手，其作品在英格兰南部地区均有发现。

浅绿色罐子
玻璃制造工艺在西罗马帝国衰落后回归简约。在不添加着色剂的情况下，大多数玻璃器皿呈浅绿色、蓝色或褐色。

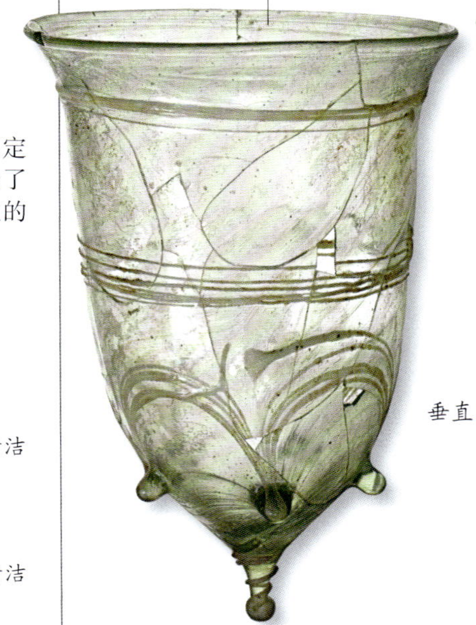

盎格鲁-撒克逊个人清洁工具
尽管盎格鲁-撒克逊人的卫生条件简陋，但还是发现了镊子和其他精致的清洁工具，例如这套青铜清洁工具。

钟形杯
盎格鲁-撒克逊器皿鲜少能够直立放置。这个透明的钟形杯是宴会上使用的酒杯，盛酒后需要一直拿在手中。

透明敞口杯
这个来自英格兰东南部的锥形器皿可能用于敬酒。这种敞口杯不能直立放置，因此需要将杯中的酒一饮而尽。

绿色爪形敞口杯
这个大敞口杯因其杯身上精致的爪形物而得名。这种器型常见于5～7世纪的英格兰肯特和法国，证明当时两地之间存在密切的联系。

维京商人与侵略者

维京人来自斯堪的纳维亚半岛,他们从790年前后开始侵袭欧洲西北部海岸,这样的侵袭行为大约持续了三个世纪。维京人四处掳掠,袭击修道院并索要赎金,最终在劫掠的土地上建立起自己的王国。放下侵略者的身份,维京人还是从事贸易活动的好手。他们开拓出许多航线,曾沿北大西洋远航至加拿大。维京人还创作出饱含魅力与力量的艺术和文学作品。

至上神
这件青铜雕像表现的是北欧神话中的主神和诸神之父奥丁。他通常被描绘成一位高个、长须的老者。

维京雄狮 ▷
这幅12世纪的手稿描绘的是维京侵略者。这支由英瓦尔和安巴率领的"维京雄狮"于865年入侵英格兰。他们在五年内陆续征服了盎格鲁-撒克逊人的诺森伯里亚、麦西亚和东盎格里亚。他们最终于878年被韦塞克斯的阿尔弗雷德国王击败。

关于维京人为何突然从现在的丹麦、瑞典和挪威向欧洲发起进攻,至今仍是一个谜。不过一些残暴的新晋国王的确有鼓动年轻人成为侵略者的举动,例如挪威国王哈拉尔一世(约870~933年在位)。另外,造船技术的进步和人口的快速膨胀可能也是促使维京人对外侵略的原因。

维京人的长船狭长而光滑,即使没有港口也可以在海滩停靠,吃水浅的特点使维京长船可以沿河逆流而上,深入内陆。793年,维京人驾驶这种长船袭击了英格兰诺森伯里亚的林迪斯法恩修道院。在之后的数年中,他们又陆续袭击了苏格兰、爱尔兰和法国。起初,只有少数用于袭击的长船,但9世纪中叶,维京人组建起庞大的军队,征服了英格兰的大部分盎格鲁-撒克逊王国,并一度威胁要征服法国。

维京人的扩张

维京人都是老练的水手,他们的侵袭、探险和贸易活动全部依靠水路进行。维京人曾将法罗群岛、奥克尼群岛和设得兰群岛作为探索北大西洋的中转站,在冰岛、格陵兰岛,甚至北美洲的纽芬兰岛建立了殖民地。他们于公元1000年前后抵达北美洲,比意大利探险家克里斯托弗·哥伦布早了将近五个世纪。在欧洲东部,维京人沿乌克兰和俄罗斯的大河南下,建立贸易站,并进攻了东罗马帝国(拜占廷帝国)的都城君士坦丁堡(今伊斯坦布尔)。

神和萨迦

维京人起初有自己的宗教信仰,信奉以奥丁为首的北欧众神。奥丁是北欧神话中的主神,传说他为了获得如尼字母(古代维京文字)不惜牺牲自己的一只眼睛。雷神托尔更受年轻人的欢迎,维京人认为托尔锤击手中的雷神之锤可以产生雷电。维京武士战斗时会将象征托尔的T形护身符戴在脖子上,以期能够获得被写入萨迦(传奇故事)的荣耀,或者死后可以在奥丁掌管的阿斯加尔德(天界乐园)瓦尔哈拉宫(英灵殿)获得一席之地。

现存的萨迦大多出自冰岛。它们建构了一个以个人荣誉为重的世界,是辉煌的欧洲中世纪文学的组成部分。在萨迦的世界里,个人荣誉高于一切。萨迦还向人们描述了维京社会的组织形式和执法方式。维京武士生活在一个极其复杂的体制下,这促进了议事机构的诞生,例如创建于930年的冰岛阿尔庭议会,它是世界上最古老的议会。

艺术和基督教

大多数维京人生活在偏僻的农庄里,直到中世纪晚期才出现少量城镇。因此,大部分维京人是农民,他们以斯堪的纳维亚半岛和冰岛的农牧业为生。维京人发展出复杂的艺术形式,相互缠绕的蛇或"野兽"构成繁复、巧妙的图案。公元1000年前后,维京人开始皈依基督教。各处建起教堂,艺术家创作出精美的耶稣受难像和泥金装饰手抄本。斯堪的纳维亚半岛的国王们也逐渐强大起来,他们开始联合,最终形成后来的丹麦、瑞典及挪威。11世纪中叶,王权的增强终止了维京人的对外侵略活动。维京时代随之结束。

> "他人的伤口是对你的警告。"
>
> 《尼亚尔萨迦》,1280年

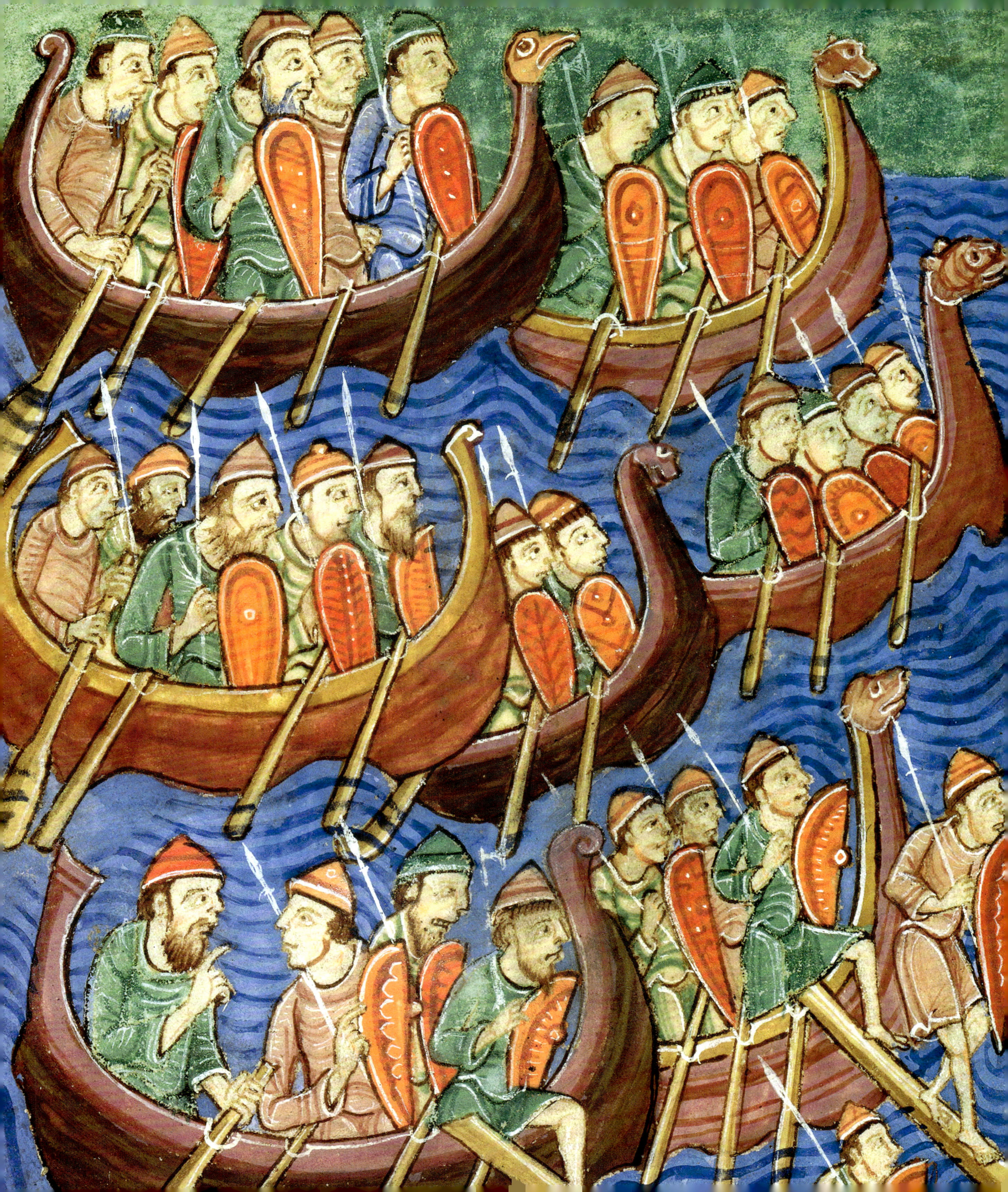

战争与冲突

大多数维京武士装备有斧头、矛和刀，只有富裕的武士才能用得起剑，因此剑通常会作为传家宝流传。少数武士穿戴用金属环编制而成的锁子甲。他们作战时并肩站立，形成环环相扣的盾墙阵型，依靠彼此的力量和勇气战斗。

■ 箭

维京箭（复制品）
弓箭既用于捕猎，也用于战斗。然而，维京人并不将弓箭视作真正的武器，因为它们只用于远距离射杀。箭头有各种形状和大小，通常为铁质。

锋利的铁箭头 — 宽刃

箭头
这枚由驯鹿角雕刻成的箭头出自格陵兰岛，可能用于捕猎驯鹿。

■ 矛头

凸脊使矛头更加强韧

菱形矛头
矛是最常见的武器，既可以用于近距离戳刺，也可以用于远距离投射。

有翼矛头
这个8世纪的矛头可追溯至维京人开始侵略前的时期。

用于戳刺的长刃

■ 斧头

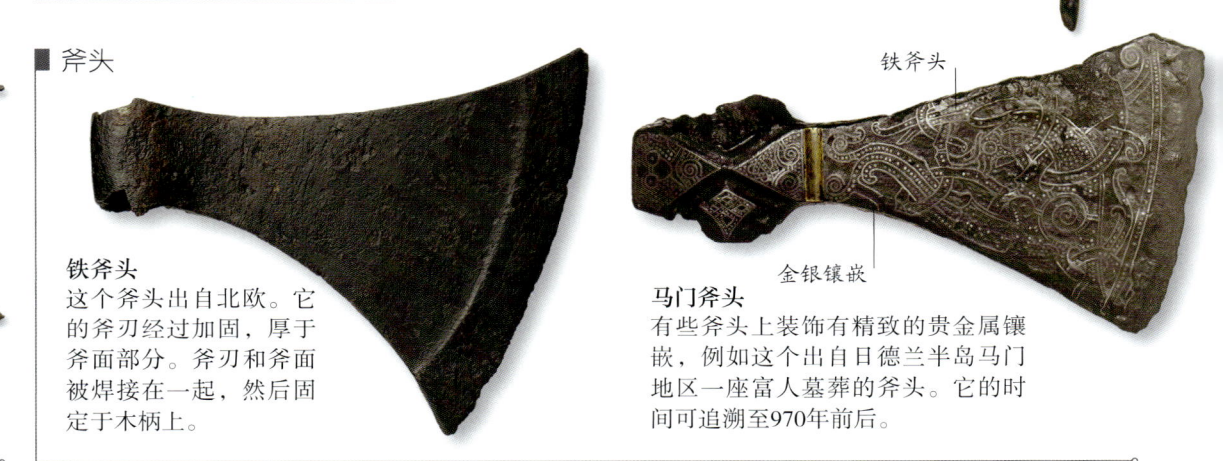

铁斧头
这个斧头出自北欧。它的斧刃经过加固，厚于斧面部分。斧刃和斧面被焊接在一起，然后固定于木柄上。

铁斧头 — 金银镶嵌

马门斧头
有些斧头上装饰有精致的贵金属镶嵌，例如这个出自日德兰半岛马门地区一座富人墓葬的斧头。它的时间可追溯至970年前后。

■ 剑

丹麦剑
维京剑通常有1米长，剑头较钝，更适于砍杀而非刺杀，例如这把出自丹麦的剑。

由大金属板制成的护手

维京剑
这把8~9世纪的剑拥有简洁的护手和维京剑特有的剑镡样式。剑刃由铁块盘绕焊接而成，因此非常强韧。

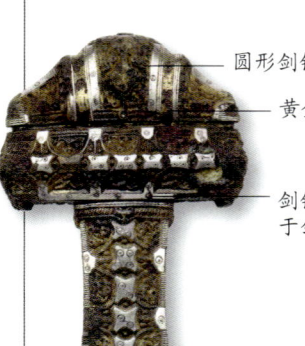

圆形剑镡 — 黄金镶嵌 — 剑镡由铆钉固定于剑柄顶端

剑柄
这个华丽的维京剑柄上镶嵌有黄金。剑柄是唯一没有被收入剑鞘的部分，通常装饰华丽。

■ 盔甲

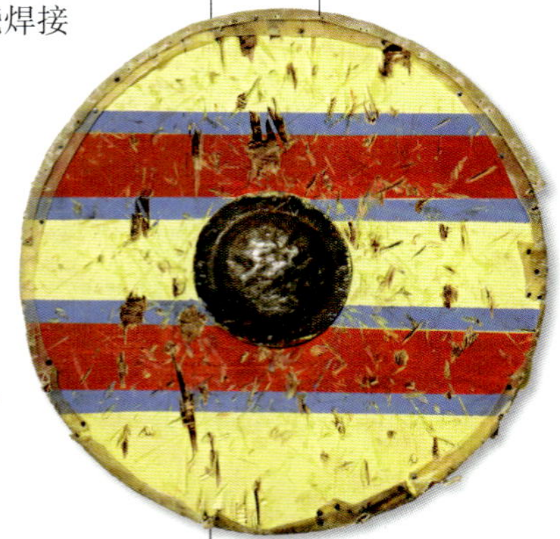

典型的铁双刃

边缘用生牛皮包裹

木盾（复制品）
典型的维京盾牌由木头制成，直径1米左右。位于盾牌背面中心的手柄正面有一个圆形金属凸起，可以用于攻击对手。

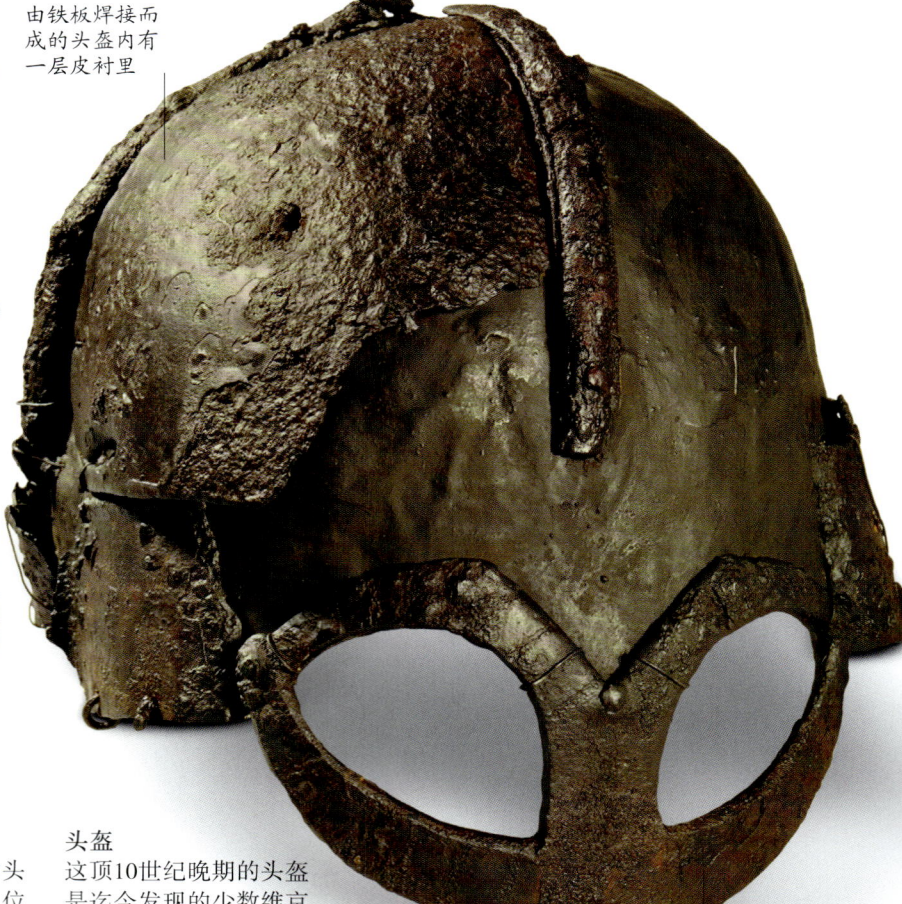

由铁板焊接而成的头盔内有一层皮衬里

头盔
这顶10世纪晚期的头盔是迄今发现的少数维京头盔中的一顶。与人们印象中的不同，维京头盔上并没有角。

保护眼睛和鼻子的面甲

信仰与仪式

维京人原本信奉住在阿斯加尔德的诸神。一些在战斗中阵亡的维京武士有机会进入奥丁的瓦尔哈拉宫,奥丁的女武神瓦尔基里负责挑选和引领他们的灵魂。约11世纪,维京统治者皈依了基督教,维京人的原始信仰逐渐消失了。

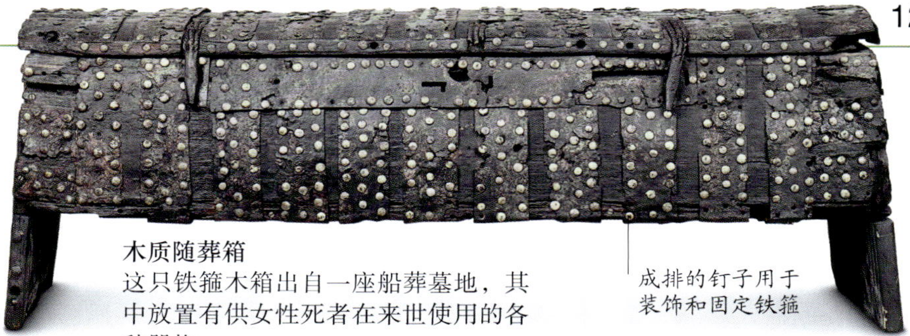

木质随葬箱
这只铁箍木箱出自一座船葬墓地,其中放置有供女性死者在来世使用的各种器物。

成排的钉子用于装饰和固定铁箍

■ 北欧诸神

刻有雷神之锤和十字架的石头模具
这是一个10世纪的垂饰模具,上面雕刻有雷神之锤和两个十字架,表明两种信仰曾在一段时间内共存。

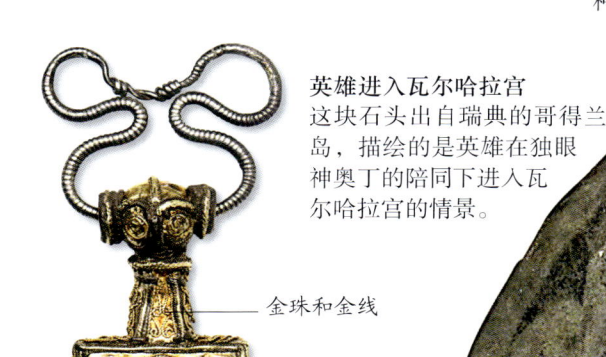

护身符
这个以雷神之锤为原型的T形护身符出自瑞典东部的哥得兰岛。这种护身符出土数量多,为考古学家研究维京人的宗教信仰提供了证据。

金珠和金线

英雄进入瓦尔哈拉宫
这块石头出自瑞典的哥得兰岛,描绘的是英雄在独眼神奥丁的陪同下进入瓦尔哈拉宫的情景。

奥丁 —— 英雄骑着奥丁的坐骑斯雷普尼尔

象征丰饶的胡须

弗雷雕像
这件小雕塑表现的是广受维京人崇敬的神弗雷,他代表力量和丰饶。

这块石灰岩刻绘于8世纪

■ 基督教

基督被表现为头戴王冠的国王

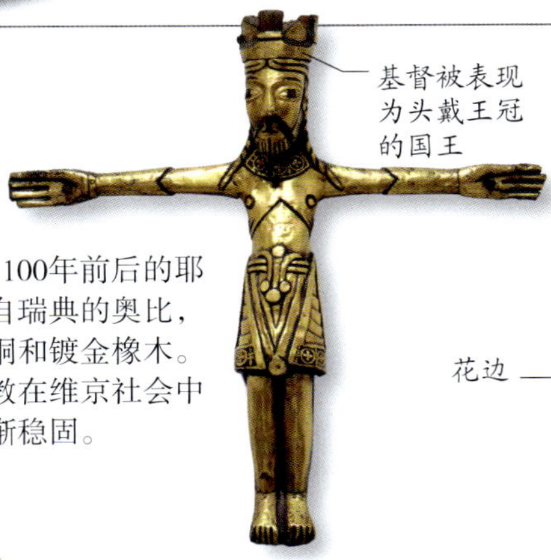

雕像十字架
这件制作于1100年前后的耶稣受难像出自瑞典的奥比,制作材料为铜和镀金橡木。当时,基督教在维京社会中的地位正逐渐稳固。

花边

复活蛋
这种蛋象征耶稣的复活,主要出自维京世界的东部边界城市,例如基辅。

载满维京武士的船

124　贸易与帝国　600～1450年

贸易与交通

斯堪的纳维亚半岛最早的城镇从本质上看是贸易站，例如瑞典的比尔卡和丹麦的海泽比。不论是格陵兰岛的海象牙、波罗的海的琥珀，还是沿俄罗斯境内河流获取的皮草，维京世界的货物都经由这些城镇中转。

斧头
这些斧头半成品发现于丹麦海滨。悬挂斧头的云杉木棍来自瑞典或挪威，说明它们可能是通过贸易获得的。

云杉木棍

铜线

表示重量的符号

青铜托盘

早期丹麦硬币
这些9世纪的硬币是维京人早期的通用货币。随着王权的增强，国王们发行了更多象征王权的硬币。

硬币冲模
维京人使用这种冲模铸造硬币。在自己铸造硬币之前，他们使用的硬币不是贡品就是抢夺来的战利品，有时还使用碎银交易。

商人的天平和砝码
维京商人随身携带天平和砝码。他们将贸易路线从不列颠群岛扩展到俄罗斯，甚至还远达伊斯兰世界的巴格达和北极圈内的北美洲。

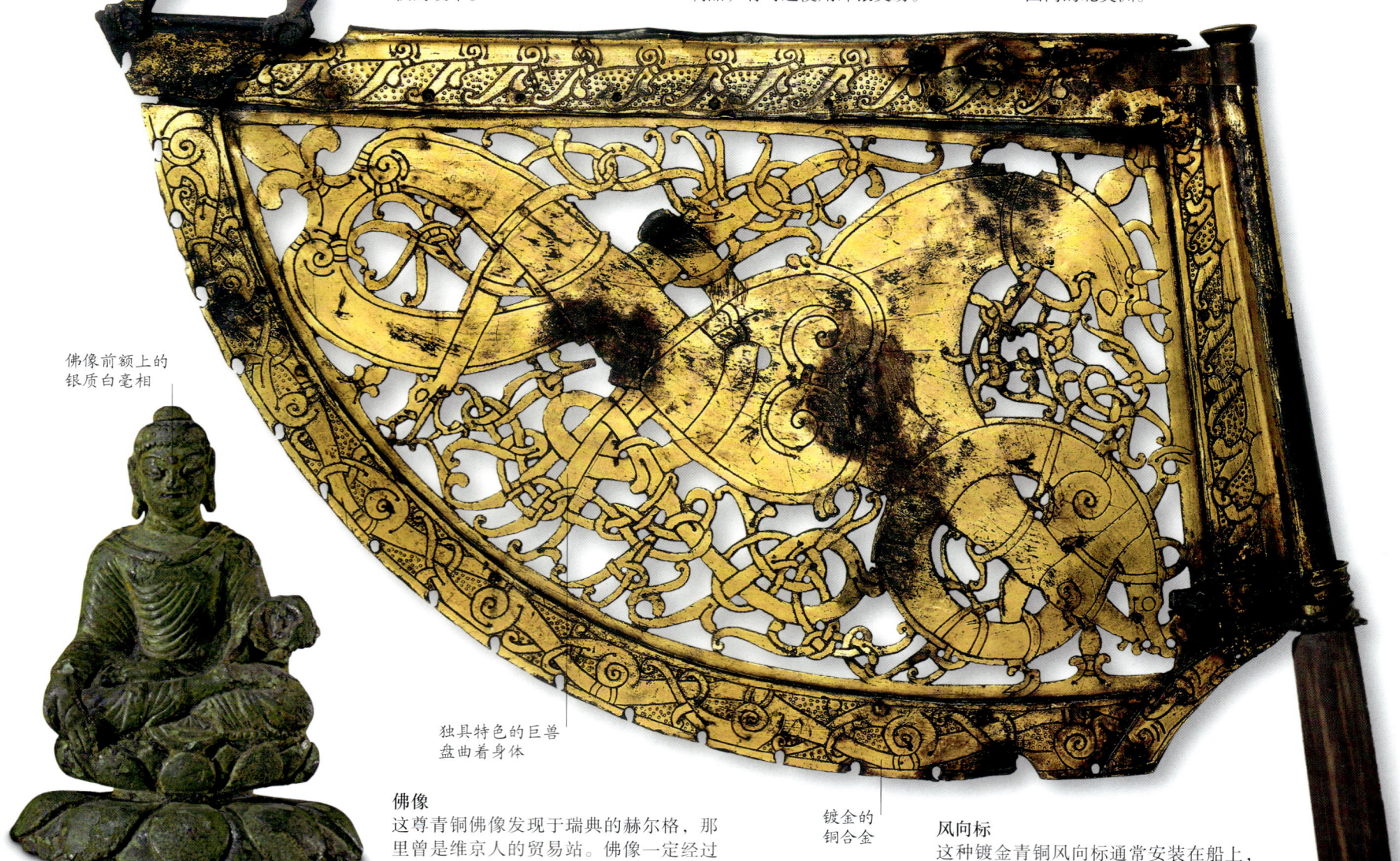

指示风向的狮子像

佛像前额上的银质白毫相

独具特色的巨兽盘曲着身体

镀金的铜合金

佛像
这尊青铜佛像发现于瑞典的赫尔格，那里曾是维京人的贸易站。佛像一定经过多次转手才从遥远的西亚来到此地。

风向标
这种镀金青铜风向标通常安装在船上，上面可能系有飘带，用于指示风向。

科技

维京人中多能工巧匠，不论是制造珠宝首饰，还是打造乘风破浪的长船，他们样样擅长。维京人在造船方面的革新尤为突出。他们使用叠接式构造法造船，船身由一块块木板重叠拼接而成。使用这种技术造出的船吃水浅，可以沿河逆流而上。

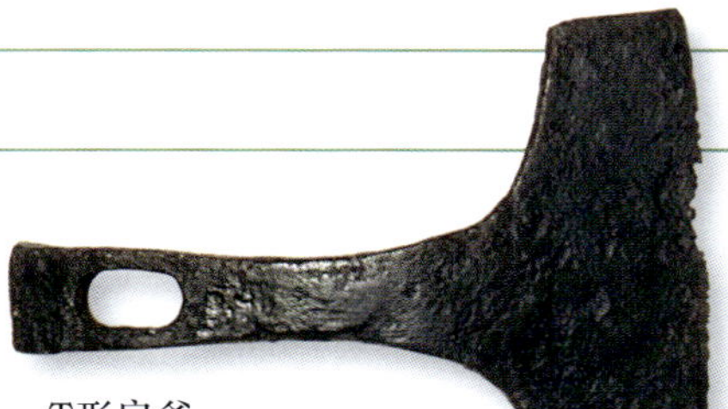

T形扁斧
维京人用扁斧打磨砍伐后的木材。扁斧可以用于处理木头表面的纹理，而斧头则多用于劈砍。

小弓锯
这把弓锯在修整木头的边缘和处理细节时非常有用。

铁锯齿 / 木柄 / 锋利的边缘可以用来切割骨头和金属

木锯
这把木锯用于在木板上开槽或刻痕，也可以用于在木船或木墙上添加雕刻或装饰图案。

家居生活

长屋是维京人的典型居所，长度可达20米。成排的柱子支撑着高高的屋顶，靠墙摆放的长榻是维京人睡觉的地方。许多家庭生活在一起，家畜圈养在长屋一头的围栏里。

形状像鱼 / 雕刻出的梳齿

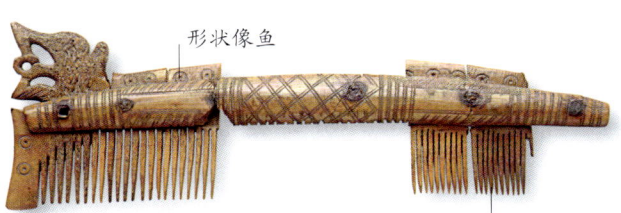

木梳
几乎所有的维京人定居地都出土过用木头或骨头雕刻的梳子，表明维京人非常注重自己的外表。

熨衣板
这块骨板上装饰有一对龙头。它是一块熨衣板，用平滑的石头充当熨斗，熨平衣物。

镂空雕刻的四只攫取兽图案 / 重量轻的金属可以减少衣物的磨损 / 带有卷曲毛发的龙头 / 张开的嘴

装饰精美的钥匙
维京人用钥匙打开存放贵重物品的宝箱。钥匙通常由女性保管，作为主持家务的象征。

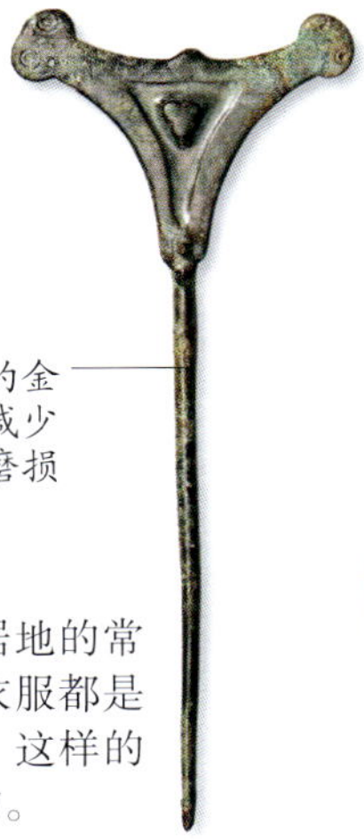

别针
别针是维京人定居地的常见物品。当时的衣服都是人们自己缝制的，这样的别针用于固定衣物。

龙头立柱
这个龙头是将受热熔化的青铜倒入石头模具浇铸成的。它可能是盒子上的装饰物。

双手抚须的人物形象 / 条形装饰 / 两只带状动物缠绕在一起

玻璃杯
这个制作于德国莱茵兰地区的玻璃杯出自瑞典的一座维京人墓葬，可能是墓主人买来或者掠夺来的。

银杯
这个银杯又称耶灵杯，大小跟蛋杯差不多。银杯上装饰的动物图案采用了维京艺术中的耶灵风格。

象牙棋子  / 琥珀棋子

棋子
这些棋子出自丹麦和格陵兰岛，可能为板棋游戏的棋子。板棋是维京人喜爱的棋类游戏。稍大一些的琥珀棋子可能代表国王，游戏的其中一方要设法抓住处于对方保护之下的国王。

126　贸易与帝国　600～1450年

密室

19世纪，有人在一个隐秘石室中发现了93件文物，其中包括78枚棋子。不过这些棋子并不能组成一套完整的棋，因为其中有8个国王、8个王后、16个主教、15个骑士、12个车和19个兵。与现代国际象棋不同的是，其中一些棋子被染上了红色，而非黑色。93件文物中还包含另外14枚简单的圆形棋子，它们可能是板棋的棋子。

圆锥形头盔是维京武士的典型特征

主教头戴主教冠，手拿权杖和圣经

从马背上戳刺敌人用的长矛

碗形头盔

兵手持长剑

形状简单的兵

手握宝剑的国王

王者游戏

刘易斯棋子

刘易斯棋子由海象牙和鲸齿制成，是12世纪维京人娱乐方式的有力证明。这些棋子制作于1150~1200年。1831年，有人在苏格兰刘易斯岛的乌伊格湾发现了它们。维京人于9世纪定居在此地，后来该地区就一直处于维京人的控制之下，直到1266年才通过《珀斯条约》归还给苏格兰。

棋子

这些棋子埋在一个沙丘中的石室内，人们至今仍不清楚为何棋子的主人要将它们藏起来。这些棋子出土时几乎没有磨损的痕迹，可见它们没有被频繁使用。不同的棋子代表欧洲中世纪封建社会中不同阶层的人物。有些棋子表现的是国王、主教和骑士等上层人士，还有些表现的是典型的维京人物形象，例如"狂暴武士"。这些武士可以使自己进入狂暴的战斗状态，甚至不穿盔甲就投入战斗。刘易斯棋子可能是在斯堪的纳维亚半岛的挪威城市特隆赫姆制作的，然后作为行旅商人的货物被带到刘易斯岛。到11世纪时，国际象棋在欧洲贵族之间已经十分流行。苏格兰的维京首领也喜欢玩国际象棋，这充分说明维京人已经逐渐融入欧洲封建社会的主流文化。

其他棋类游戏

维京人也喜欢玩其他棋类游戏，板棋就是其中之一。在维京世界中，板棋棋盘随处可见。游戏时，一方执12枚棋子外加一枚国王棋子，游戏期间要设法让国王逃到棋盘边缘；另一方执两倍于对方的棋子，游戏期间要尽其所能地包围并抓住对方的国王。11世纪中叶，维京人大举侵略的时代结束，板棋逐渐被国际象棋取代。

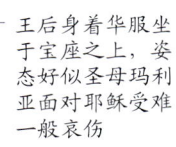

- 维京时代后期典型的风筝形盾牌
- 手拿盾牌准备迎战的骑士
- 狂暴武士咬着盾牌上沿，似乎就要暴发
- 王后身着华服坐于宝座之上，姿态好似圣母玛利亚面对耶稣受难一般哀伤
- 雕刻有连续几何图案的兵

国际象棋的起源

国际象棋起源于公元500年前后的印度，后来向西传到了波斯。7世纪中叶，穆斯林征服波斯后，国际象棋在伊斯兰世界流行开来。后来，游戏规则逐渐发生改变，原来的印度战象变成了主教。到10世纪时，国际象棋已经传至欧洲南部，并逐渐向北传播。

服装与饰品

维京女性通常穿长外袍，外加一条围裙，围裙通过两枚华丽的饰针固定在外袍上。天冷时还可以围上披巾御寒。男性穿长裤配束腰外衣，有时还披着以饰针固定的斗篷。男女都佩戴珠宝首饰。

攫取兽饰针
这枚银饰针表现的是维京艺术中非常典型的攫取兽图案。这种虚构的动物看上去好像正在用利爪抓自己的身体。

— 镂空图案

乌尔内斯风格饰针
这枚11世纪的饰针属于维京时代晚期的艺术风格，其主要装饰元素为一种蛇形生物。

— 金银镶嵌
— 缠绕在一起的蛇形生物
顶视图

盒式饰针
除作为扣件之外，这枚盒式饰针还可以用于存放小物件。这种款式在瑞典的哥得兰岛尤为流行。

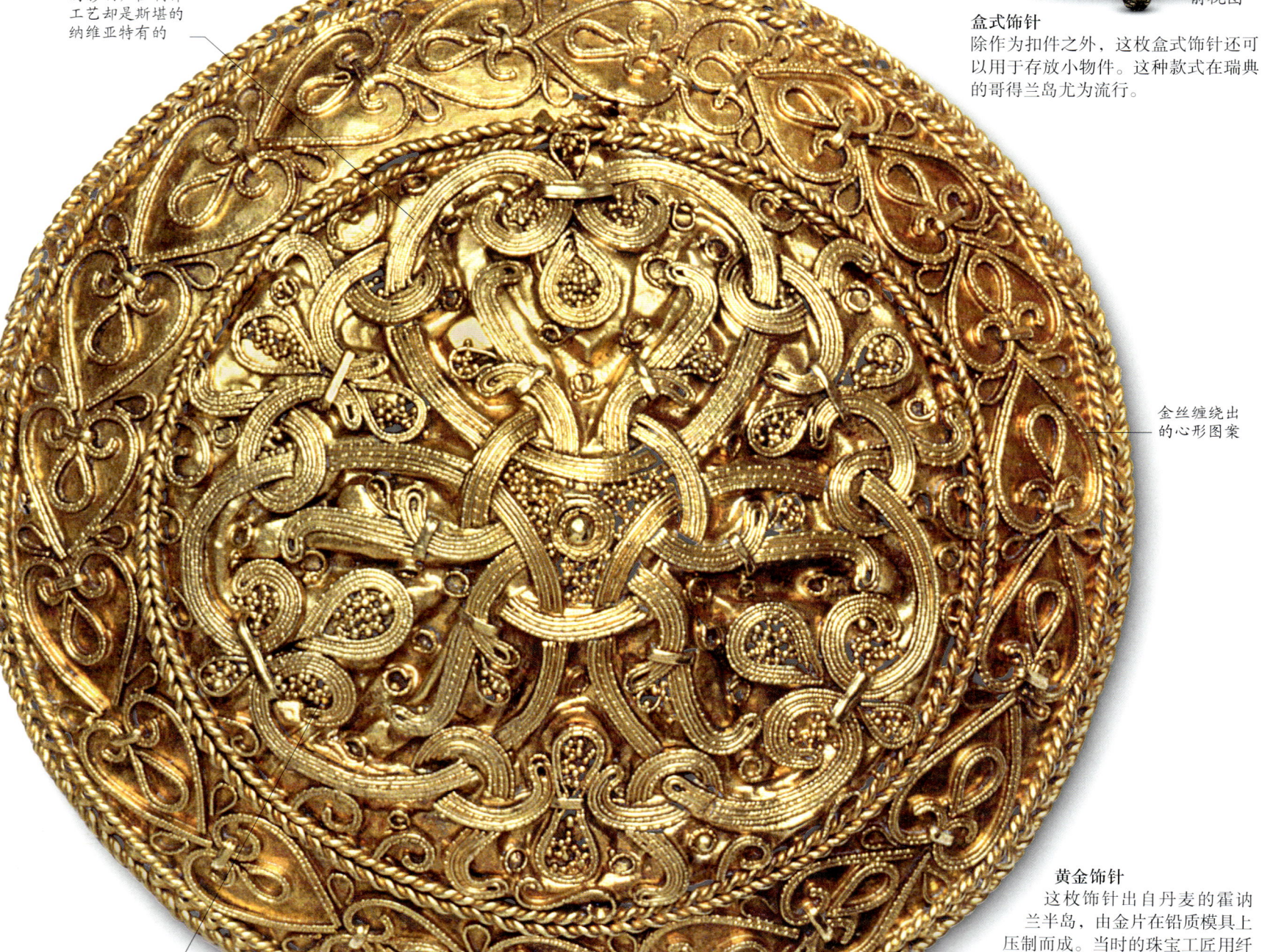

前视图

植物图案的装饰受到了西欧风格的影响，但制作工艺却是斯堪的纳维亚特有的

金丝缠绕出的心形图案

黄金颗粒

黄金饰针
这枚饰针出自丹麦的霍讷兰半岛，由金片在铅质模具上压制而成。当时的珠宝工匠用纤细的金丝在饰针表面装饰出华美的图案。只有非常富有的人才买得起这样的饰针。

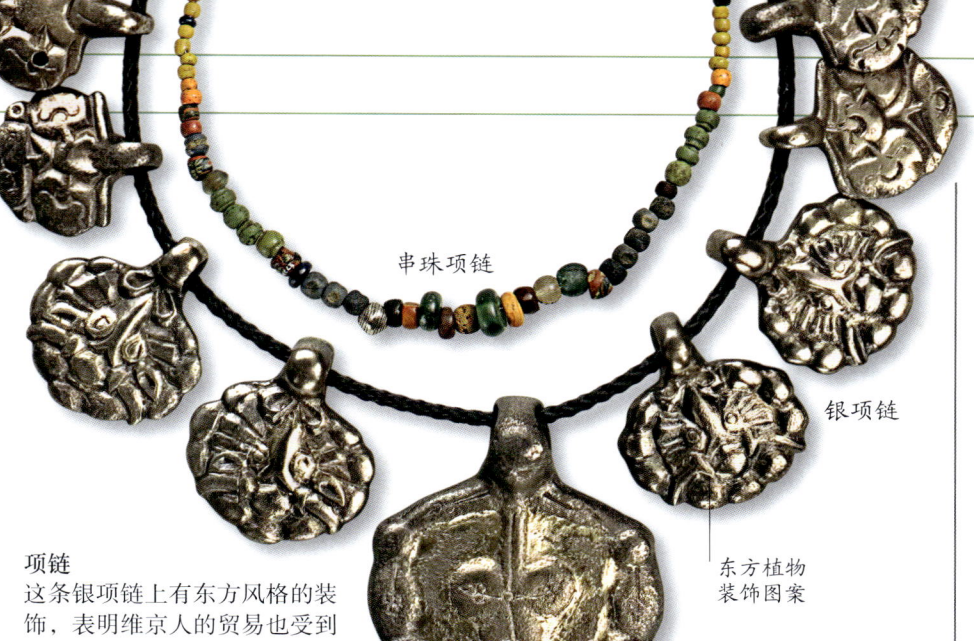

艺术与文化

8~12世纪，维京艺术展现出许多不同的风格。其中最典型的是连环动物和攫取兽的图案，它们有时还会与复杂的植物图案一同出现。从珠宝首饰到木板雕刻，再到如尼字母石刻，这些纹饰出现在各种形式的艺术作品中。

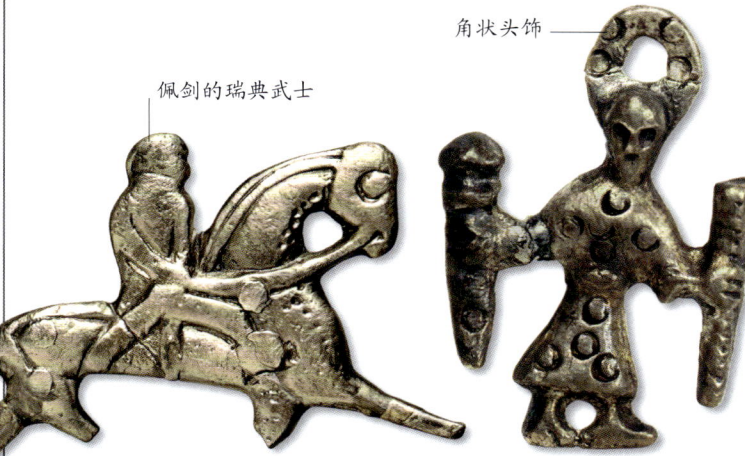

串珠项链

银项链

东方植物装饰图案

项链
这条银项链上有东方风格的装饰，表明维京人的贸易也受到了来自俄罗斯及其以东地区的影响。这条串珠项链出自哥得兰岛，那里曾是繁荣的维京贸易中心。

四条双捻金丝编在一起

黄金项圈
这种黄金项圈是维京人最喜爱的饰品。项圈的尺寸可以很大，重量可达2千克。

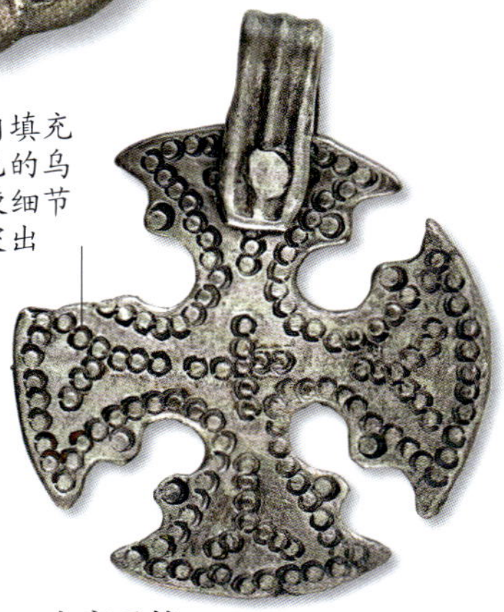

凹槽内填充了黑色的乌银，使细节更加突出

十字垂饰
这个出自比尔卡的十字垂饰证明了在当时的瑞典有人信奉基督教。垂饰上复杂的点状装饰图案中也含有十字架。

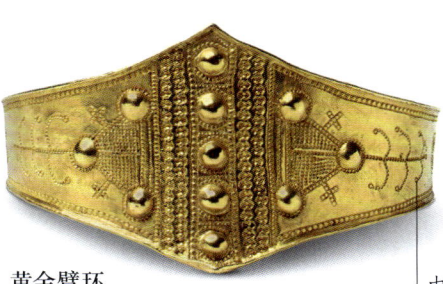

佩剑的瑞典武士

角状头饰

骑兵银像
马的形象出现在了贵重的银像当中，证明马在维京文化中具有非常重要的意义。

小银像
这件小银像出自瑞典，描绘的可能是一位跳舞的神。他一手持棍棒，一手持剑。

骨笛
这件由羊骨制成的乐器出自瑞典。它的演奏方法类似竖笛，用手指按住笛子上的孔，从一端向里吹气。

空气通过孔时会发出声音

由冲压、雕刻和金粒装饰而成的图案

黄金臂环
这个黄金臂环可以追溯至维京人的基督教时期，上面装饰着竖有三个十字架的山丘图案，代表耶稣受难的各各他山。

日历板
这块出自丹麦的维京日历板是用如尼字母刻的，用于指示季节的更替。这样的日历板一直被人们用到1753年。

刻有657种不同的符号

华丽的雕刻图案

扣板
这个由金属制成的扣板可以固定在皮带上，起到扣紧的作用。它由两部分组成，分别固定在皮带的两端。

如尼字母

F U TH A R K H N I A S T B M L R

维京人创造了如尼字母书写系统，这种有棱角的符号易于刻写在木头和石头上。最早的如尼字母出现于公元200年前后，由24个字母组成，不过到公元700年前后时，其中的8个字母遭弃用。如尼字母又称"弗萨克"（源于其字母表中前6个字母连在一起的发音）。不过在维京时代的手抄本中，这种文字并没有被广泛使用，因为当时的通用文字为拉丁字母。

拜占廷的辉煌

395年，罗马帝国分裂为东、西两部分，西部为西罗马帝国，东部为拜占廷帝国，即东罗马帝国。日耳曼人于5世纪征服了西罗马帝国，而拜占廷帝国的统治则持续了1000多年，它经受住多次外敌入侵并创造出美轮美奂的艺术。1453年，奥斯曼土耳其人摧毁了拜占廷帝国。

祷告书
这本9世纪祷告书的封面上装饰着黄金、珐琅和珍珠。它可能是1204年第四次十字军东征的十字军从君士坦丁堡掠夺的战利品。

献给神的祭品 ▽
意大利拉文纳的圣维塔莱教堂中的一幅镶嵌画描绘了拜占廷帝国的塞奥多拉皇后（查士丁尼一世之妻）。她手拿圣餐杯，里面盛着圣餐所用的酒。她奢华的衣服上有东方三博士将黄金、乳香和没药献给耶稣的场景。

330年，罗马帝国的第一位基督教统治者君士坦丁大帝将都城从罗马迁至拜占廷，这座城市后来更名为君士坦丁堡。随着罗马城的凋敝，君士坦丁堡成为基督教新的文化中心，吸收了大量古希腊和古罗马文化。后来，拜占廷帝国的基督教与西方的基督教逐渐分裂，最终于1054年分裂为东正教。

6世纪，查士丁尼一世皇帝推动了拜占廷帝国的复兴，他颁布了诸多法令并征服了西部几处被日耳曼人占领的土地。后来，拜占廷帝国位于非洲和中东的大部分领土被阿拉伯帝国攻占，而巴尔干半岛则几乎全部被斯拉夫人占据。

为了摆脱困境，帝国进行了彻底的改革，以军事贵族领导的地方军队代替原来的罗马军团，并对农民征收更高的税费。自11世纪起，塞尔柱突厥人不断侵占安纳托利亚，使帝国日趋衰弱。1204年，十字军攻陷君士坦丁堡，之后又控制拜占廷帝国领土近50年。15世纪，奥斯曼土耳其人攻陷君士坦丁堡，拜占廷帝国灭亡。

永恒的传说

拜占廷人建造了许多壮观的建筑物，例如始建于查士丁尼一世统治时期的圣索菲亚大教堂。他们还创作出精美的宗教雕塑、镶嵌画、壁画及珠宝首饰。甚至在君士坦丁堡陷落以后，它的艺术和宗教传统依然对巴尔干半岛和俄罗斯具有深远的影响。

拜占廷的辉煌　131

饰品

拜占廷人无论贫富都穿及膝长的束腰外衣。珠宝首饰沿袭古罗马传统样式，是体现个人身份地位的重要物品。529年，查士丁尼一世颁布一项法令，规定蓝宝石、祖母绿和珍珠为皇室专用，不过每个自由人都可以佩戴金戒指。

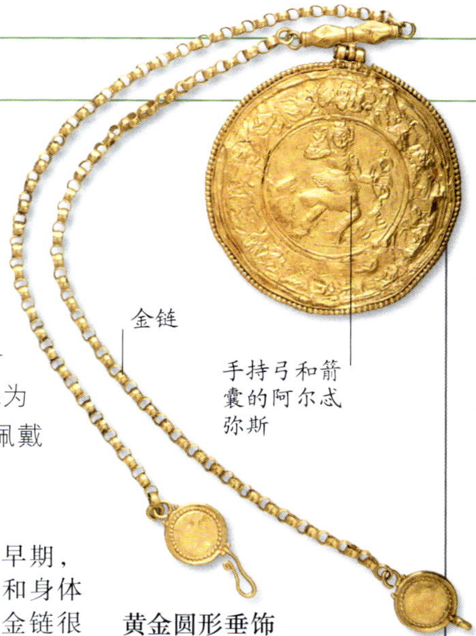

金链

手持弓和箭囊的阿尔忒弥斯

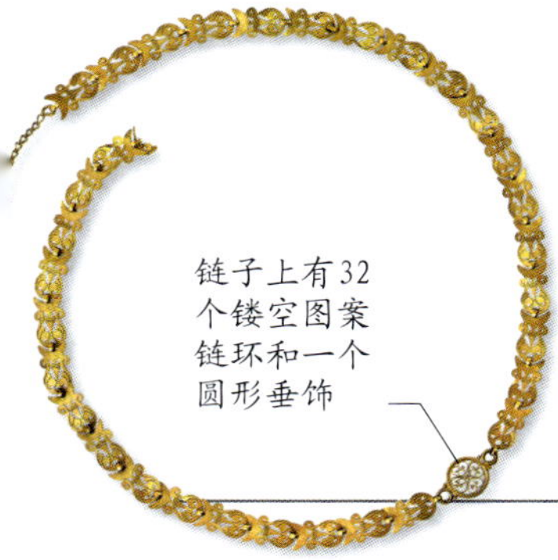

项链
拜占廷帝国早期，佩戴在颈部和身体其他部位的金链很流行，链子上通常装饰有精美的镂空图案。这条6世纪的金项链发现于锡索波利斯（今以色列伯珊）的一个宝藏。

链子上有32个镂空图案链环和一个圆形垂饰

黄金圆形垂饰
这件6世纪的黄金圆形垂饰上装饰有古希腊神话中的月亮与狩猎女神阿尔忒弥斯的形象，说明在帝国皈依基督教后，仍有人崇敬其他宗教的神。

信仰与仪式

宗教信仰占据着拜占廷人的生活中心。然而，宗教纷争却削弱了拜占廷的国家力量。随着东正教教堂的兴建，像一性论派这样的基督教派别在拜占廷帝国的中东和北非地区吸引到很多信徒。东正教的显著特点是认为神迹的干预和圣像的力量能帮助教徒。

象牙三联画
象牙雕刻在拜占廷是广受追捧的奢侈品。这个10世纪的三联画是用于祷告的私人物品。

十字垂饰
这个十字架圣骨匣由黄金和珐琅制成，是拜占廷富人佩戴的典型宗教器物。

贸易与交通

发行货币是将普通人与国家联系起来的最有效途径，拜占廷的主要货币是金苏勒德斯。国家控制着帝国境内的所有贸易，最重要的进口商品是来自埃及和突尼斯的谷物，其次是纺织品和金属制品。

正面　　背面

金币
这枚7世纪早期的金苏勒德斯出自伯珊的一个宝藏，这个宝藏中埋藏有3000多枚硬币。金币正面铸有头戴帝国皇冠的希拉克略皇帝。

合页使圣骨匣可以打开，露出里面的圣物

指明人物身份的希腊文

圣母玛利亚

家居生活

热闹的君士坦丁堡有超过50万居民。富人住在带有院子的房屋中，穷人则住在拥挤的简易居所里。像制陶工匠和面包师这样的工匠要按规定生活在城市的商业区内，而住在农村的农民一般都是小农。

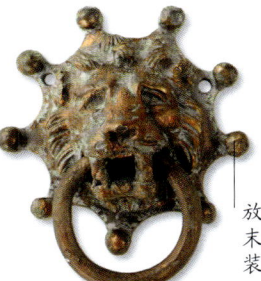

犹太教的哈努卡灯台

油灯
拜占廷人的家庭照明通常使用这种油灯。这盏油灯上装饰的哈努卡灯台表明它可能属于一个犹太家庭。

放射形状的末端有球形装饰

门环
这个狮头门环原本安装于房屋的正门上。

圣巴西尔半身像

"魔术师"圣格里高利半身像

银杯
这个精美的拜占廷酒杯出自瑞典的一个宝藏，可能是维京人从拜占廷掠夺或购买来的。

用金属丝勾勒轮廓并填入珐琅的掐丝珐琅工艺

拜占庭圣像

东正教的胜利

从一开始，基督教会就围绕究竟何为正统信仰而争执不休。所谓正统就是指基督教最原始的信仰，教义及古代惯例。在拜占廷帝国的教会中，围绕是否使用圣像（描绘耶稣基督、圣徒及圣母玛利亚的画像或雕塑）的问题，人们的意见出现了分歧。圣像崇拜在拜占廷帝国的基督教信仰中占据重要位置，尤其受大众的追捧。然而，一些神学家对教徒崇拜圣像的行为深感不安。他们认为这种行为更接近拜神，可能会发展为偶像崇拜。726年，皇帝利奥三世颁布法令，禁止人们崇拜圣像和圣物。754年，利奥三世的继任者君士坦丁五世在那列娅的教会议会上又重申了这项法令。因此，在长达一个世纪的时间里，拜占廷的教会中充斥着反对圣像崇拜和支持圣像崇拜的争论。军队中甚至发生了破坏圣像及迫害圣像崇拜者的暴力事件。

8世纪80年代，圣像崇拜一度得以恢复，但是破坏圣像运动于815年再度兴起。843年，迈克尔三世即位，其母亲狄奥多拉皇太后摄政。狄奥多拉皇后是圣像崇拜者，因而恢复了圣像崇拜，东正教将此视作正统信仰的胜利。圣像崇拜在拜占廷基督教信仰中的地位由此变得更加重要，每座教堂中都装饰了描绘圣徒和圣母玛利亚生活场景的画像，家家户户也都摆放了小圣像。1054年，基督教会正式分裂为天主教与东正教两大派系。

"崇拜圣像的人其实是崇拜圣像所代表的意义。"

第二次尼西亚会议宣布破坏圣像是异端行为，787年

破坏圣像运动的失败

这幅描绘东正教胜利的15世纪圣像，纪念的是843年狄奥多拉皇太后恢复圣像崇拜的事件。在拜占廷帝国遭受奥斯曼土耳其人入侵的形势下，圣像崇拜被再次肯定。奥斯曼土耳其人信奉伊斯兰教，伊斯兰教反对偶像崇拜。

收看圣美多迪乌斯一世

祭坛布

指路圣母画像中的圣母玛利亚惯用手势

恢复圣像崇拜的狄奥多拉皇太后

迈克尔三世

拜占廷的辉煌　133

覆盖着石膏、亚麻布和金箔的木板

圣西奥多

手捧基督圣像的圣西奥多西娅

伊斯兰宫廷与哈里发国

伊斯兰国家在7~8世纪攻占了中东和北非的大片地区。交融的文化促使新宗教思想与现有传统大融合，从而产生了独特的政治与艺术形式。

精美的宝库 ▷
大马士革清真寺的宝库建于789年，供地方政府储存贵重物品之用。宝库四周的墙壁上装饰有精致的金色和绿色镶嵌画。

哈里发国指的是由哈里发统治的伊斯兰国家。哈里发是伊斯兰国家的宗教和政治领袖，也是穆罕默德和其他先知的继承者。建立于661年的倭马亚王朝定都大马士革，并从这里向西一路扩张至摩洛哥。在攻占拜占廷帝国的土地之后，当地工匠为倭马亚王朝建造了拜占廷风格的清真寺。750年，阿拔斯王朝推翻倭马亚王朝的统治，之后在巴格达建立了新都城。阿拔斯王朝大力支持艺术创作和科学的发展。与此同时，法蒂玛王朝于909年在突尼斯建立，随后征服埃及并定都开罗。然而，内乱和十字军东征削弱了法蒂玛王朝。1171年，法蒂玛王朝灭亡。1258年，蒙古军队洗劫了巴格达，伊斯兰世界的阿拔斯王朝就此灭亡。

政治与权力

起初，哈里发的宫廷仅仅是搭建在郊区的营地，或者是便于搬动的移动结构建筑。到阿拔斯王朝时期，哈里发们已经拥有了规模庞大的宫廷和金碧辉煌的宫殿，他们以类似波斯国王和拜占廷皇帝的方式进行专制统治。

— 锈迹斑斑的铜像表面

宫廷乐师像
这件出自埃及法蒂玛王朝的小雕像表现的是一位演奏乌德琴的乐师。倭马亚王朝时期出现了经典伊斯兰音乐，而乌德琴是演奏这种音乐必不可少的乐器。

— 象牙镶嵌
— 经过训练的猎鹰可以协助捕猎

木片
这块木片出自埃及的法蒂玛王朝，描绘了狩猎的场景。狩猎也是倭马亚王朝统治者最喜爱的消遣方式，他们还在叙利亚的荒漠中建造了狩猎行宫。

— 雕刻的朝臣肖像

法蒂玛玻璃器
装饰艺术在法蒂玛宫廷的资助下得以复兴，尤其是玻璃器制造艺术。

贸易与交通

倭马亚王朝疆域内的所有贸易都受官方管理和保护。倭马亚王朝发行的货币，以及阿拔斯王朝和法蒂玛王朝发行的货币，在其疆域内外都具有使用价值。在地方层面上，市场贸易受官方任命的督察员监管。

银迪拉姆
基于宗教原因，伊斯兰国家的硬币上没有统治者的肖像，取而代之的是用华美字体写出的统治者名字或伊斯兰教教义，例如这枚阿拔斯王朝银币。

金币
法蒂玛硬币的设计风格非常独特，例如这枚金币。金币上的文字被写成三个圆环，而不是通常的横向书写。

西班牙和非洲的伊斯兰文化

西班牙南部和马格里布（非洲西北部地区）的伊斯兰地区发展出了与众不同的政治和艺术形式。在西班牙南部，伊斯兰教、犹太教和基督教的思想聚合，推动科学和文化实现飞跃。

狮子喷泉 ▷
奈斯尔王朝的建筑风格受马格里布地区和基督教的共同影响。这是格拉纳达阿尔罕布拉宫的狮庭，这处建筑物展现了建筑工匠高超的雕刻技术。

711年，西班牙建立起伊斯兰政权。929年，后倭马亚王朝的阿卜杜勒·拉赫曼三世在西班牙建立了科尔多瓦哈里发国。此后，哈里发们大力资助艺术和文学，尤其是诗歌，并建造了许多清真寺。后倭马亚王朝接纳了犹太教和基督教群体，不同文化传统的结合创造出独特的安达卢斯文化。1031年，内战摧毁了后倭马亚王朝。后来又出现了阿尔穆拉比特王朝和埃尔莫哈得王朝，这两个王朝都来自摩洛哥（马格里布的一部分）。

与此同时，基督教王国在西班牙建立，随后逐步攻占伊比利亚半岛。到1238年时，仅剩格拉纳达的奈斯尔王朝还处于伊斯兰教的统治之下，该王朝建造了阿尔罕布拉宫。1492年，奈斯尔王朝被卡斯蒂利亚王国和阿拉贡王国的统治者征服。

信仰与仪式

北非和西班牙都曾是基督教地区，虽然北非几乎完全变为伊斯兰教地区，但是西班牙却依然存在犹太教和基督教群体。这些人被称为莫扎拉布人，他们吸收了阿拉伯文化中的许多元素。

金色圆圈充当章节标记　　马格里布体文字

一页《古兰经》
这页《古兰经》由马格里布体写成。这种字体起源于10世纪的非洲西北部，后传到西班牙南部。

艺术与建筑

西班牙南部和马格里布是伊斯兰艺术的最西端。在西班牙，西哥特人（参见第114页）对建筑风格的影响十分深远。象牙雕刻和细致的粉饰是倭马亚王朝的特色，后来被12世纪埃尔莫哈得王朝较保守的艺术风格所取代。

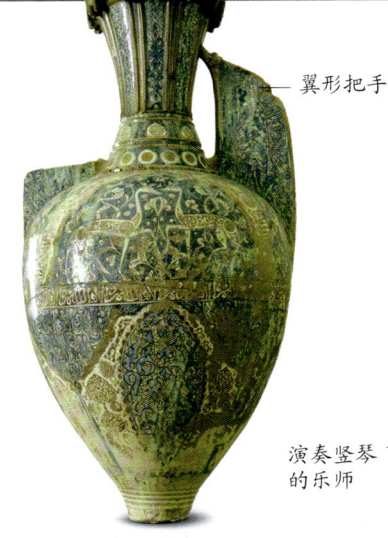

翼形把手

木雕带
马里尼德王朝出现于埃尔莫哈得王朝之后，其建筑风格与伊斯兰时期的西班牙有很多相似之处，例如这种雕带。

阿尔罕布拉花瓶
这种釉面花瓶出自奈斯尔王朝，被称为阿尔罕布拉花瓶。这种花瓶通常为梨形，表面绘有金色和钴蓝色图案。

演奏竖琴的乐师

14世纪盒子
西西里岛的伊斯兰工匠为富有的客户制作出类似这样的盒子。10~11世纪，西班牙南部是主要的象牙雕刻中心。

尖拱　涂漆的雪松木

诺曼十字军与征服者

11世纪的欧洲经历了两次剧变。第一次是拥有维京血统的诺曼人征服英格兰，第二次则是始于1096年的第一次十字军东征。后者标志着一系列军事远征的开始，信奉基督教的欧洲人开始争夺伊斯兰教控制的巴勒斯坦。

骑士壶
这个13世纪的壶被制成骑在马背上的骑士模样，展现了流行于欧洲中世纪的骑士精神。

十字军出发 ▽
这幅画出自法国的泥金装饰手抄本《圣灵的命令》，描绘了十字军出发前往圣地的场景。教宗旗帜的旁边是神圣罗马帝国皇帝旗帜及法国、英格兰、西西里等国的王旗。

911年，法王查理三世将法国北部的部分土地割让给了维京侵略者，维京人随即定居于此。他们在这里建立诺曼底公国，并因此被称为诺曼人。后来，他们将法语作为自己的语言，并皈依基督教。诺曼人向外扩张，通过数次远征控制了欧洲的部分地区。

1066年，诺曼底公爵威廉在黑斯廷斯击败盎格鲁-撒克逊统治者哈罗德·葛温森，英格兰进入诺曼人统治的时代。在诺曼王朝时期，英格兰与欧洲大陆西北部的联系增强。诺曼野心家还侵入意大利南部部分地区及西西里岛。诺曼人将封建制度带到英格兰。国王允许贵族拥有土地，作为交换，贵族必须为国王提供军事支持；贵族允许农民使用自己的土地，前提是农民要为贵族提供各类劳力。

宗教狂热

在11世纪的诺曼底，人们的宗教热情高涨，教会的权力因而逐渐扩大，相同的情况也出现在英格兰。很多诺曼人前去罗马和圣地朝圣。1095年，教宗乌尔班二世召开宗教会议，号召西欧的基督教徒夺取圣地。1096年，第一次十字军东征开始。十字军东征是欧洲天主教发动的军事远征。来自法国、神圣罗马帝国和英格兰的十字军攻占了耶路撒冷，并建立了四个十字军国家，其中存在时间最久的一个灭亡于1289年。连续的十字军东征为这些飞地提供了增援，同时也间接传播了来自东方的知识和技术，例如增强防御工事的技术。

诺曼十字军与征服者

战争与冲突

骑士是中世纪欧洲各国的主力军。装备着沉重盔甲的骑士对于步兵来说几乎是无法战胜的。然而，骑兵作战开销巨大，因此在中世纪后期，步兵（尤其是弓箭手）的作用越来越突出。

弯护手匕首
这把15世纪的英国匕首拥有不同寻常的护手，护手朝向刃的方向弯曲。

- 围绕铆钉的剑镡向反方向弯曲，与护手形成镜像

护手匕首
这把英国匕首可追溯至1400年前后，拥有独特的黄铜剑镡。这种匕首通常是地位尊贵的人在不佩剑时携带的。

- 镶嵌出的几何图案

攻城战

中世纪时，攻城战比野战更普遍。进攻的一方通常采用围攻城中守军的策略。投石机等攻城器械架设在城墙外，向城内投射重物。火炮（如图所示）在发动总攻时可以起到削弱守军的作用。

■ 剑

手半剑
这把15世纪的英国剑主要用于刺击。长剑柄使持剑者可以双手持剑。

- 尖头用于刺穿盔甲
- 逐渐收窄的剑刃
- 细长的凹槽减轻剑的重量
- 长而直的护手
- 长柄
- 八边形剑镡

过渡期的剑
这把剑制作于16世纪早期，当时是中世纪与文艺复兴时期之间的过渡期。因此，这把剑兼具中世纪重型剑与文艺复兴时期轻型长剑的双重特点。

- 剑身横截面为六边形
- 双环护指
- 轮形剑镡

十字军的剑
这把剑拥有宽剑刃、简洁护手和球形剑镡，为12世纪十字军东征中期的典型样式。

- 剑刃较宽
- 剑身横截面呈扁平的菱形
- 平直的护手
- 球形剑镡

法国剑
这把14世纪的剑剑身细长，末端十分尖锐，可刺穿盔甲薄弱的连接处，因此风靡一时。

- 剑刃较直
- 轮形剑镡上有盖状装饰

■ 头盔

诺曼头盔（复制品）
这是一顶诺曼头盔的复制品，从头盔上延伸下来的部分能够保护鼻子。7~12世纪的欧洲士兵一直使用类似的头盔。

大头盔
到12世纪晚期时，圆柱形的诺曼头盔成为典型样式。这种头盔可以提供更全面的保护，美中不足的是头盔过于沉重。

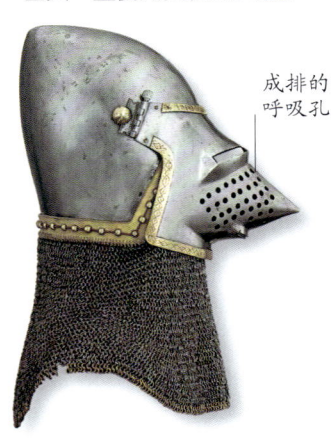

- 独特的圆锥形状

意大利面甲头盔
这顶14世纪的头盔拥有面甲和护颈，可以护住整个头部。由于形状独特，它被戏称为"狗脸盔"。

- 成排的呼吸孔

锁子甲头罩
这种头罩戴在头盔里面，起多层防护的作用。头罩也可以单独使用。

138　贸易与帝国　600～1450年

送葬队伍
英王忏悔者爱德华死于1066年1月5日，他死后躺在精致的棺材中由人们抬着。棺材后面跟着一群修道士。

外交使臣
这是1064年作为外交使臣的哈罗德·葛温森横渡英吉利海峡，出访诺曼底公国的场景。蓬蒂厄的居伊的骑士们遇见哈罗德并将其扣押。

受伤的国王
这个眼部中箭的人是国王哈罗德。挂毯上有"国王哈罗德毙命于此"的拉丁文字样。他的死导致盎格鲁-撒克逊军队溃败。

> "全力作战，杀死所有敌人。只要是我有的，你们也会有……我们绝不带着耻辱返回诺曼底……有上帝的庇佑，我们定能获胜。"
>
> 征服者威廉

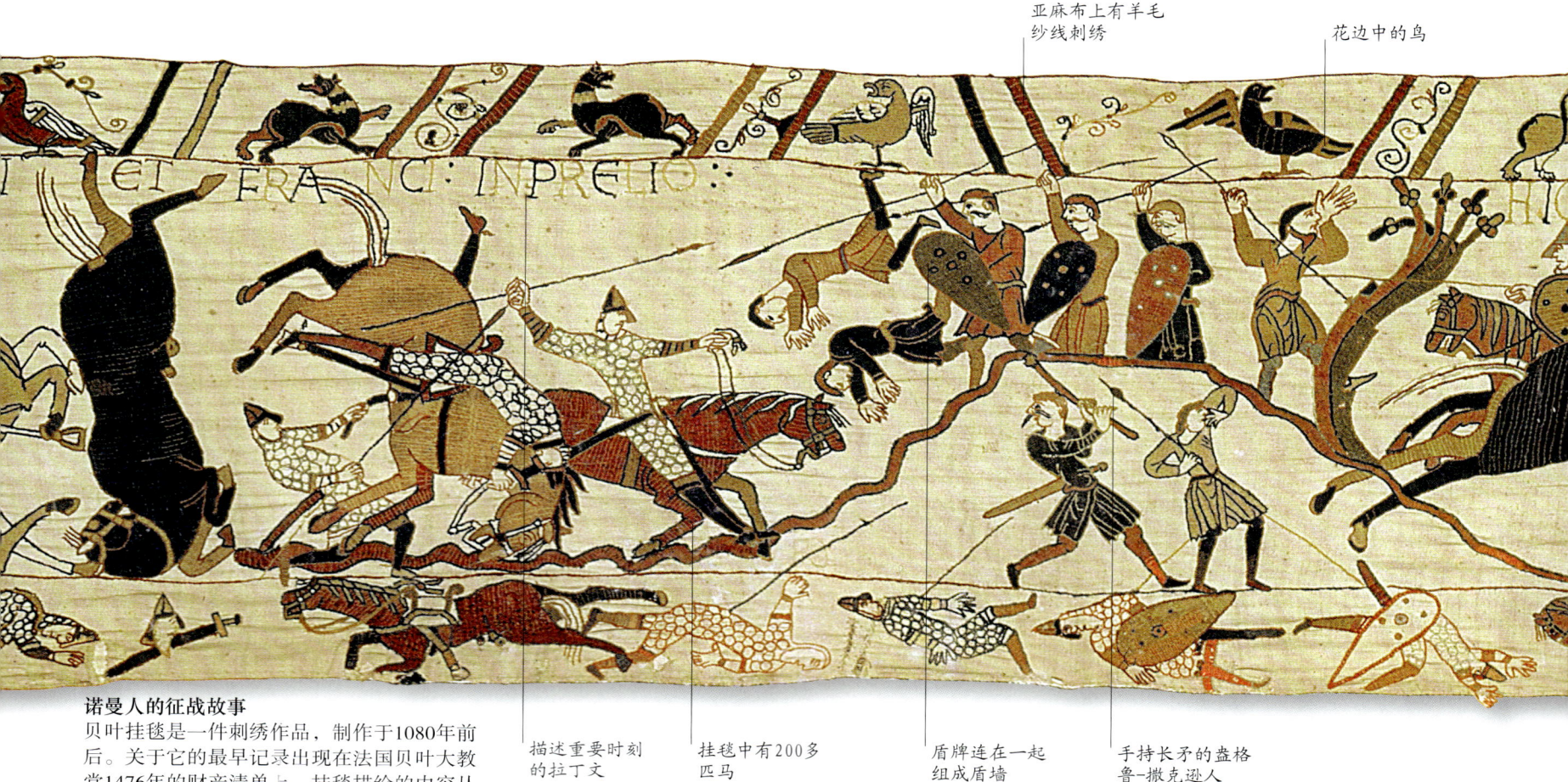

亚麻布上有羊毛纱线刺绣

花边中的鸟

诺曼人的征战故事
贝叶挂毯是一件刺绣作品，制作于1080年前后。关于它的最早记录出现在法国贝叶大教堂1476年的财产清单上。挂毯描绘的内容从1064年哈罗德宣誓效忠威廉开始，到1066年诺曼人获得黑斯廷斯之战的胜利结束。

描述重要时刻的拉丁文

挂毯中有200多匹马

盾牌连在一起组成盾墙

手持长矛的盎格鲁-撒克逊人

诺曼人的胜利

贝叶挂毯

虽然这件作品名叫贝叶挂毯，但它实际上是一幅超过70米长的亚麻布刺绣，描绘的是诺曼底公爵威廉于1066年征服盎格鲁-撒克逊人统治的英格兰的场景。研究者认为这幅挂毯制作于英格兰，不过挂毯上的故事却是以诺曼人的视角来讲述的。它描绘了诺曼人征服英格兰过程中所发生的一系列事件。挂毯的上下边缘装饰有花边，其中既有各种动物形象，也有《伊索寓言》和《斐德罗》中的场景，除此之外还有一些与主叙事画面相关的场景。

这幅非凡的艺术作品解释了威廉远征英格兰的原因，并给出了他于1066年10月14日获得黑斯廷斯之战胜利的信息。它叙述了英王忏悔者爱德华派遣其继任者哈罗德·葛温森出使诺曼底公国的事件，其中包含哈罗德宣誓效忠威廉的场景，哈罗德承诺支持威廉继承爱德华的王位。接下来的画面描绘了哈罗德获得王位后，威廉远征英格兰的场景。

作战策略

贝叶挂毯为研究11世纪中叶欧洲的军事装备和作战策略提供了极具价值的参考，是迄今为止展现诺曼人和盎格鲁-撒克逊人的武器和盔甲的最佳图像来源。

双方的重骑兵都佩戴有金属护鼻的圆锥形头盔。战士们手持风筝形盾牌，以及长矛、剑、战斧等各种武器。诺曼人的军队中有弓箭手队伍，而盎格鲁-撒克逊人则几乎没有。这一差别是诺曼人获得胜利的原因之一，另一个至关重要的获胜原因是诺曼底公爵威廉的足智多谋。他命令自己的军队佯装撤退，引诱盎格鲁-撒克逊人脱离盾墙的保护，然后攻其不备。

盎格鲁-撒克逊人用盾牌和长矛组成盾墙。诺曼人则采用更加灵活的战术，骑兵的反复冲锋和弓箭手的齐射削弱了盎格鲁-撒克逊人的盾墙。哈罗德战败是黑斯廷斯之战的高潮，挂毯上的哈罗德眼部中箭。贝叶挂毯现存部分的最后一幅画面展现了中世纪战争的必然结局：胜利的一方追杀逃窜的敌人，并无情地掠取死者的财物。

贝叶大主教奥多手举棍棒支持诺曼人。因为神职人员不得杀戮，所以他手里拿的是棍棒

风筝形盾牌

锁子甲由扣在一起的金属环制成

拉丁文"奥多大主教举棒鼓舞士气"

手拿弓箭的诺曼弓箭手

诺曼底公爵威廉掀起头盔向他的骑士们证明自己还活着

140　贸易与帝国　600~1450年

政治与权力

11世纪晚期，西欧的国王们都依靠自己在封建等级制度中的至高地位生活。宫廷分工逐渐细化，出现了最初的政府。这使宫廷可以行使王室司法权，以及为像百年战争这样的长期战争征税的权力。

集会号角
这个集会号角出自英格兰的法弗舍姆，用于召集人们参加集会。不过，无论是制定地方政策还是选举官员（如市长），集会起到的作用都是有限的。

包在皮革里的黄铜号角

公爵的名字

圆形垂饰
硬币或圆形垂饰上有统治者的头部浮雕，这是当时的平民看到统治者的唯一途径。这件15世纪圆形垂饰上的人物是勃艮第公爵大胆的查理。

■ **硬币**

手持剑和盾牌的爱德华三世

爱德华三世金币
这种金币也叫诺布尔金币，从14世纪40年代开始出现，是第一种在英格兰大规模铸造的金币。它的价值约为三分之一英镑。

银币
这四枚银币覆盖了英王统治的四个世纪。这些英王分别是克努特（1016~1035年在位）、麦西亚的奥发（757~796年在位）、忏悔者爱德华（1042~1066年在位）和迟钝的艾特尔雷德（979~1016年在位）。

信仰与仪式

基督教在欧洲人的生活中扮演着重要角色。教会因而变得极其富有，并开始赞助某些特定题材的艺术和文学创作。基督教激发了大众的虔诚。虔诚的表现形式多种多样，既有艰苦的朝圣，也有激进的十字军东征。

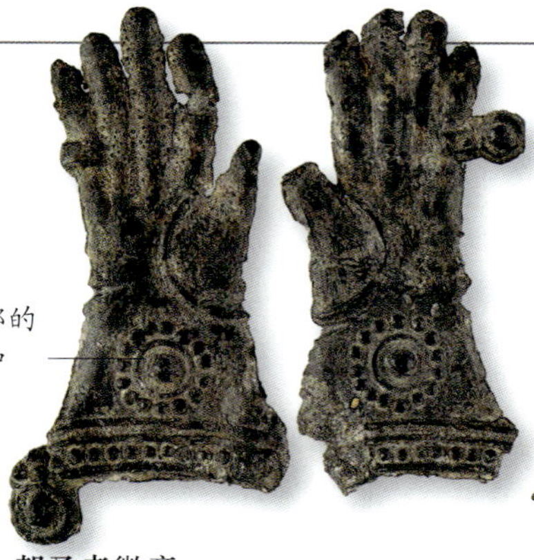

中世纪时，人们通过往玻璃里加入铜矿石或铜粉来制作绿色玻璃

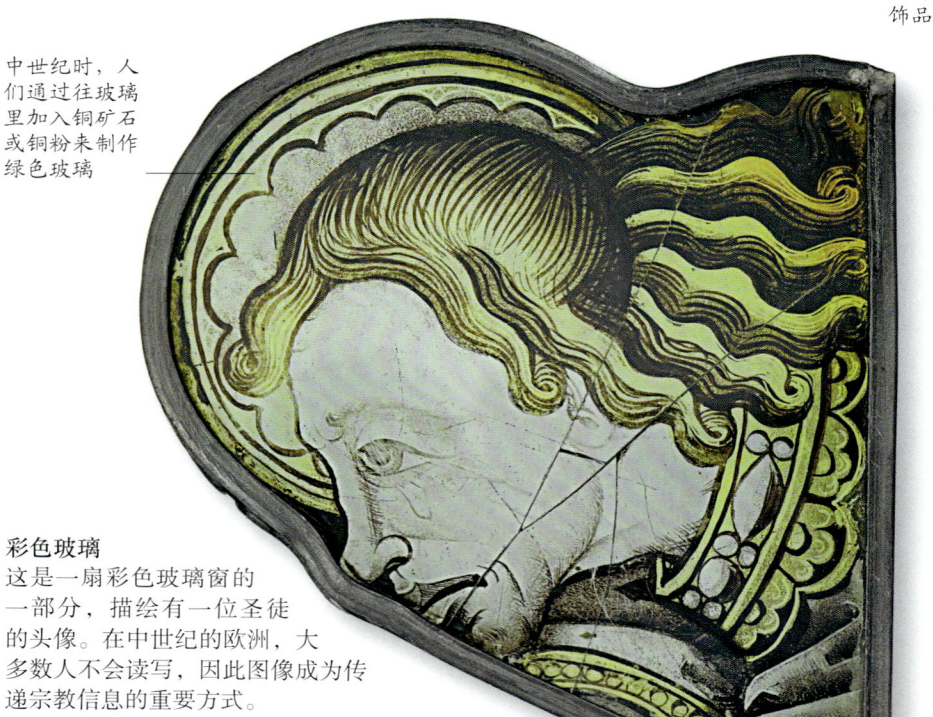

彩色玻璃
这是一扇彩色玻璃窗的一部分，描绘有一位圣徒的头像。在中世纪的欧洲，大多数人不会读写，因此图像成为传递宗教信息的重要方式。

医护骑士团成员的印章
这枚印章属于雷蒙·德贝伦格，他于1365~1374年担任医护骑士团的大团长。当时的耶路撒冷处于伊斯兰教的控制之下，医护骑士团驻扎在罗得岛。

医院内部

腕部的饰品

朝圣者徽章
这种徽章是朝圣者佩戴的，作为其去过某处圣地的标志。例如这枚圣托马斯·贝克特双手徽章，它的主人去过英格兰的坎特伯雷。

朝圣者铃铛
小铃铛是14~15世纪去坎特伯雷的朝圣者热衷的另外一种纪念品。它们被设计成可以挂在脖子上的样式。

圣地朝圣者水壶
这个水壶上装饰着医护骑士团（圣约翰骑士团）的十字标志。医护骑士团成立于1048年，最初是宗教慈善机构，负责照顾前往耶路撒冷的朝圣者。

医用研钵
这个12世纪的研钵属于医护骑士团，用于碾碎药材。尽管为军事团体，但医护骑士团成立的最初目的其实是管理耶路撒冷的医院。

色彩鲜艳的马略卡陶器

修道士药罐
这个有花纹的罐子被修道士用于盛放药品。中世纪早期，修道院和宗教团体是掌握医学知识的主要组织。

诺曼十字军与征服者　**141**

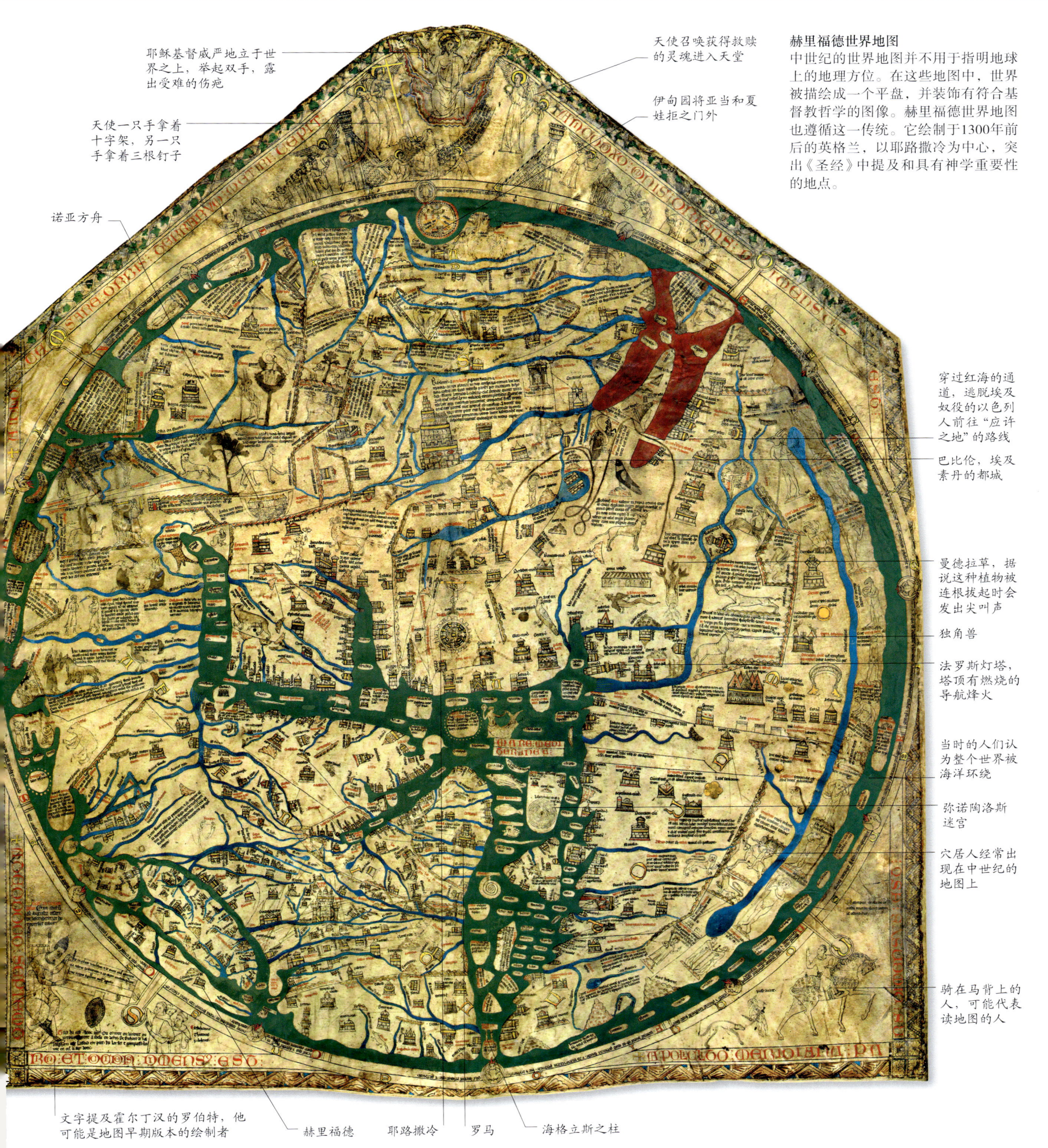

赫里福德世界地图

中世纪的世界地图并不用于指明地球上的地理方位。在这些地图中，世界被描绘成一个平盘，并装饰有符合基督教哲学的图像。赫里福德世界地图也遵循这一传统。它绘制于1300年前后的英格兰，以耶路撒冷为中心，突出《圣经》中提及和具有神学重要性的地点。

- 耶稣基督威严地立于世界之上，举起双手，露出受难的伤疤
- 天使召唤获得救赎的灵魂进入天堂
- 伊甸园将亚当和夏娃拒之门外
- 天使一只手拿着十字架，另一只手拿着三根钉子
- 诺亚方舟
- 穿过红海的通道，逃脱埃及奴役的以色列人前往"应许之地"的路线
- 巴比伦，埃及素丹的都城
- 曼德拉草，据说这种植物被连根拔起时会发出尖叫声
- 独角兽
- 法罗斯灯塔，塔顶有燃烧的导航烽火
- 当时的人们认为整个世界被海洋环绕
- 弥诺陶洛斯迷宫
- 穴居人经常出现在中世纪的地图上
- 骑在马背上的人，可能代表读地图的人
- 文字提及霍尔丁汉的罗伯特，他可能是地图早期版本的绘制者
- 赫里福德
- 耶路撒冷
- 罗马
- 海格立斯之柱

142　贸易与帝国　600～1450年

圣杯，象征福音书作者圣约翰

装饰花边

头戴宽檐朝圣帽的圣詹姆士

合上的书，象征圣彼得的两篇书信

剑，象征圣保罗的殉道

精心描绘的大写首字母

祈祷书
自13世纪起，祈祷书逐渐变成常见物品。这些祈祷书为普通信徒收录了《旧约》中的诗篇、祈祷文和其他经文，供信徒在日课（祈祷）时间诵读。在修道院内，祈祷书中的经文还会被全天背诵。这是一本15世纪的法文祈祷书，其中装饰着丰富的插图，它可能属于一位富有的信徒。

装饰华丽的大写首字母

英文祈祷书
这本14世纪的英文祈祷书不如上方的法文祈祷书奢华，不过却是普通人可以负担得起的。在印刷术出现之后的16世纪，祈祷书进一步普及，甚至连不识字的人都有祈祷书。

钩扣，用于将合上的书锁住

服装与饰品

1000~1500年，人们的穿衣风格变化显著。然而，男性的基础服装依旧是束腰外衣，有时会穿内外两层，然后以腰带束紧。服装的质量和装饰因阶层而异。女性穿长束腰外衣或连衣裙，佩戴各种头饰。12世纪以后，女性服装的款式逐渐趋于紧身。一个人的社会地位可以从其佩戴的戒指和其他饰品上分辨出来。

铭文

固定处被设计成紧握的双手

银图章戒指

戒面上的铭文

双面戒面

金图章戒指　**金肖像戒指**

金银戒指
欧洲中世纪的戒指上通常装饰有铭文和图案。银图章戒指上有手持雷霆的朱庇特；金肖像戒指上的图案体现了偶像崇拜的风潮；金图章戒指上有一个羊头，这是一个中世纪的双关语，代表其出自英格兰的谢佩岛。

天使和圣母玛利亚

银垂饰
这件15世纪或16世纪的菱形垂饰做工精美，出自英格兰的巴勒姆。垂饰上描绘的是天使报喜的场景。

金饰针
这枚15世纪的金饰针表现了两双紧握的手，象征对婚姻的忠诚。这种饰针通常在婚礼上佩戴。

家居生活

居住在农村的穷人日常生活十分保守，几个世纪以来几乎没有变化。然而，一些外部事件也会对人们的生活产生影响，例如1348~1350年的黑死病就曾夺去三分之一欧洲人的生命。富人和城镇居民可以接触到各类奢侈品，其中很多是进口商品。

棋子
这枚棋子由牛颚骨制成，可能是西洋双陆棋的棋子。西洋双陆棋源自一种古罗马棋类游戏。

同心圆装饰

有胡须的面孔，贝拉明酒瓶上的常见图案

蓝色泥釉

有棱角的把手

中世纪大锅
这个中世纪的大锅由铜合金制成，大锅上的把手方便将锅端离灶火。

喇叭形柄脚

高脚杯
这只13世纪晚期的高脚杯由无色玻璃制成，十分稀有。类似的高脚杯在英格兰南部和德国北部也有发现，但大多数缺少柄脚。

银圆形图章装饰

14世纪大酒碗
这种大酒碗是专门用于喝酒的器皿。没有把手的浅杯身由枫木制成，上面有独特的花纹。

盐釉陶瓶

贝拉明酒瓶
这种酒瓶出自德国。它们常被回收，然后用作"女巫瓶"，用于装头发、指甲、尿液及其他被认为能够对抗巫术的东西。

诺曼十字军与征服者　143

法弗舍姆的男爵们
这行文字表明该宪章副本被授予"法弗舍姆的男爵们"。他们是城市的领导者，拥有名义上的"男爵"头衔，但并不是真正意义上的贵族。

爱德华一世的御印，完整的图像为国王坐于宝座之上，手持宝球和权杖

中世纪的羊皮纸标签残片

禁止随意拘禁、流放或者没收财产的条款，规定必须依照法律对人们进行公正的审判

诺曼十字军与征服者　145

自由宪章

《大宪章》

13世纪早期，英王约翰对法国作战的失利不仅导致财政困难，还引发了王国中的主要贵族男爵们的不满。根据封建律法，贵族可以拥有土地，但作为回报，他们要宣誓效忠国王，当发生战争时，还要为国王提供军队。当约翰于1199年继承王位时，男爵们已经开始以支付现金的方式代替提供军队了。这些税金叫作"盾牌钱"，用于供养王室军队。1215年，再次征收盾牌钱的要求引发了男爵们的抗议。男爵们认为约翰应该承认亨利一世的《加冕宪章》，该宪章保护贵族免受王室的不公正对待，例如征收额外的税金。

1215年5月5日，男爵们向位于北安普敦的王室城堡进军，随后占领了伦敦。6月15日，英王约翰被迫在泰晤士河边的兰尼米德与男爵们会面。男爵们提出签署宪章的要求，这是英国历史上第一次拥有影响力的人们联合在一起共同抵抗糟糕的统治。双方的谈判由坎特伯雷大主教斯蒂芬·兰顿从中调解，最终就一系列问题达成一致，签署了著名的"男爵法案"。该文件在英王约翰面前密封，之后由国王的文书录入为宪章。约翰之子亨利三世于1216年再次将其颁布，当1225年又一次颁布时，它已经成为众所周知的《大宪章》。

恢复自由

《大宪章》的具体内容大多与封建制度下的税收、司法及土地所有权相关。它确立了基本原则并恢复了贵族的特权，例如未经同意不得征收额外税金的权利。

尽管制定宪章是为了解决英王约翰与贵族之间的纷争，但《大宪章》也承认了法律、权利和自由。它在全世界成为自由的象征。《大宪章》中的权利内容还成为18世纪晚期北美殖民地革命者反抗英国统治的理论依据。

《大宪章》
这份《大宪章》副本属于法弗舍姆的男爵们，法弗舍姆是五港同盟的成员。1301年，贵族们在法庭上与五港同盟总督对峙时引用了其中的内容。根据《大宪章》中的条款，五港同盟总督侵犯了法弗舍姆的自由。

- 禁止强迫寡妇改嫁的条款，此前拥有大量领地的寡妇常被迫嫁给王室支持者，其财产会转到新任丈夫的名下

- 在王国内统一度量衡的条款，减少买卖双方之间的欺骗行为

- 此条款规定：审判时，王室官员必须要求人证物证齐全，以避免民众遭受不公正的裁决

王室认可
宪章上的批文表明其经过王室文书伦敦的马斯特·爱德华审阅，证明此副本获得了王室的认可。

"在人类历史上，渴望民主并不是最近才出现的思想……它曾被写入《大宪章》。"

富兰克林·德拉诺·罗斯福，美国总统，1941年

- 以花卉图案精心装饰的大写首字母
- 禁止管家和文书等王室官员进入法弗舍姆的条款
- 见证人名单，其中包括坎特伯雷大主教和约克大主教

法弗舍姆宪章
中世纪欧洲有将宪章授予城镇公民的习俗。这份1408年的宪章被授予法弗舍姆的男爵们。亨利四世在宪章中承诺，他的官员不会进入法弗舍姆执行公务。这使法弗舍姆免遭王室的干涉和非法征税的困扰。

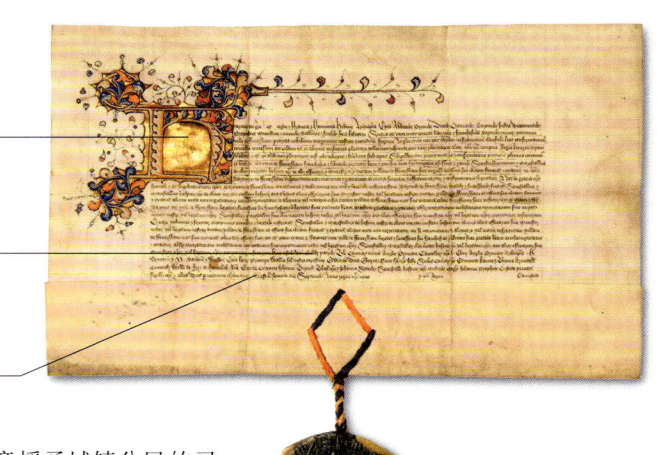

- 亨利四世的御印确保宪章的合法性

神圣罗马帝国的崛起

公元800年，教宗利奥三世加冕法兰克统治者查理为帝，这是罗马帝国灭亡后的首个加冕礼，标志着西欧出现了一个新帝国。神圣罗马帝国存在了超过1000年，其间历经各种挫折，例如外族入侵、瘟疫和宗教冲突。

巴巴罗萨头像
这个圣骨匣被制成腓特烈一世（绰号"巴巴罗萨"）头像的样子，其中装有圣约翰的遗骸。它可能是皇帝的教父卡彭堡的奥托送给皇帝的礼物。

教宗的加冕 ▽
这幅画出自法国的一本15世纪泥金装饰手抄本，描绘了1220年教宗洪诺留三世为腓特烈二世加冕的场景。教宗此前废黜了腓特烈二世的前任，因此腓特烈二世需要重新获得教宗的承认。

9世纪后期，法兰克王国分裂以后，神圣罗马帝国向东迁移至今德国境内。神圣罗马帝国皇帝的权力既来自其在封建领主中的地位，也来自教会的认可（教宗为其加冕）。

1806年，末代皇帝弗朗茨二世宣布放弃神圣罗马帝国皇帝称号，帝国随即灭亡。神圣罗马帝国无单一的统治中心，它由众多公国、教会领地、自由城市及几个大地主的领地组成。当时主要的大地主有韦尔夫家族、维特尔斯巴赫家族、霍亨施陶芬家族及哈布斯堡家族。

教会与国家

教会依旧拥有强大的权力，有时皇帝与教宗之间会因某些事情产生分歧，例如任命主教。909年，克吕尼修道院的建立标志着修道会的复兴。在教会生活定期复苏的同时，世俗文化也在发展。最突出的表现是骑士阶层严格遵守的"骑士精神"，后来随着意大利文艺复兴运动逐渐向北传播，世俗文化愈加繁荣。

在艺术方面，大量精力被投入到宗教题材作品的创作当中，例如宗教画、十字架，以及诸如《奥托三世福音书》这样奢华的泥金装饰手抄本。此外，随着城市的发展，一些城市结成联盟，例如汉萨同盟。富裕的世俗赞助人涌现，他们积极委托艺术家为其创作艺术作品。

政治与权力

自奥托一世于962年在罗马加冕称帝起，神圣罗马帝国皇帝一直由德意志国王担任。西欧再次出现基督教皇帝，开启了长达八个世纪不间断的帝国时代。帝国会议逐渐形成，帝国的首席贵族负责处理联盟事务。到19世纪时，皇帝在其名义上的领地内几乎没有统治权。

查理大帝时期的硬币
这两枚硬币出自查理大帝统治时期。公元800年，教宗加冕查理为皇帝，使他成为476年西罗马帝国灭亡后第一位获得此头衔的西欧统治者。

— 查理大帝的纹章

路易四世印章
这是路易四世的黄金印章。路易四世通过血腥的斗争击败了奥地利英俊的腓特烈，于1328年成为神圣罗马帝国皇帝。素来与路易四世不和的教宗约翰二十二世将其开除教籍，而路易四世则宣布废黜约翰二十二世。

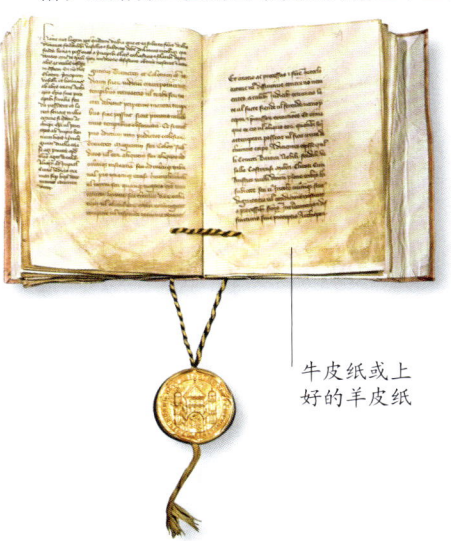

— 罗马城市风景

查理四世《金玺诏书》
1356年，这部法令在纽伦堡和梅斯的帝国会议上颁布。它由查理四世主导，内容为神圣罗马帝国的基本法。

— 牛皮纸或上好的羊皮纸

纹章
这是一本泥金装饰手抄本中的一页，描绘的是神圣罗马帝国国徽。双头鹰象征帝国的皇权，鹰翼中包含所有成员国的盾形纹章。

— 双头鹰，象征皇权
— 顶部较大的盾形纹章属于选帝侯

皇冠
这顶神圣罗马帝国皇冠的造型为独特的八边形，时间可追溯至10世纪或11世纪。这件罗马风格的艺术作品由八块铰在一起的饰板组成，饰板上装饰有《圣经》中的场景。

— 皇冠上装饰有144颗宝石和100多颗珍珠
— 镶嵌满珠宝的十字架，它最初可能是亨利二世佩戴在胸前的十字架
— 由八块22K（开）金板构成的皇冠
— 四幅拜占庭风格掐丝珐琅装饰画中的一幅，描绘的是《圣经》中的场景

神权

圣伊丽莎白圣骨匣

伊丽莎白原是匈牙利公主，在其去世四年后的1235年被封为圣徒，她的颅骨存放于这个奢华的圣骨匣中。伊丽莎白迅速被封圣这件事是中世纪基督教信仰与政治权力相互作用的典型例证。如果有王室成员成为圣徒，王室家族就可以声称其统治权来自神的授予。这种崇敬圣人祖先的需求，使法国国王路易九世、挪威国王奥拉夫二世和波兰女王雅德维加纷纷被其继任者推上圣坛。

伊丽莎白的生平

伊丽莎白的丈夫是图林根侯爵（居于伯爵之上的神圣罗马帝国贵族爵位）路易四世。1227年，路易四世死于第六次十字军东征途中。伊丽莎白拒绝改嫁。她立誓独身，并将自己奉献给了慈善事业，不仅在马尔堡建立医院，而且亲自照顾病人。1231年，在她去世后不久，与她有关的神迹开始出现。教宗格列高利九世封伊丽莎白为圣徒。伊丽莎白封圣主要依靠匈牙利阿尔帕德王朝的推波助澜，他们渴望其王室成员成为圣徒。伊丽莎白的尸身被安置在马尔堡的金色圣殿中，颅骨则存放在这个华丽的玛瑙圣骨匣里。

中世纪的圣骨匣

据说圣徒的遗骸拥有治愈疾病和宽恕罪孽的作用，因此中世纪的人们对圣徒遗骸有着强烈的渴求。每一座新教堂的圣坛上都要有圣徒遗骸。那些富裕的修道院和教堂中收藏着大量与圣徒或耶稣基督本人相关的物品。为表示对遗物的尊重，人们将其存放在圣骨匣中。圣骨匣通常由贵金属制成，外面镶嵌着珠宝。圣骨匣中的遗骸通常来自具有名望的圣徒，例如圣伊丽莎白，奢华的装饰突显其拥有者的权威与圣洁。

圆拱形镀金银盖

圣骨匣王冠

圣骨匣底座

精雕细琢的宝石
玛瑙上雕刻着两位乘坐马车的人和一位车夫。这件作品拥有浓郁的4～5世纪罗马风格。

顶视图
四条金带在圣骨匣圆拱形的镀金银盖上交织成十字，上面装饰有祖母绿、蓝宝石和紫水晶。

耶稣受难像
耶稣受难像的两侧各有一位圣徒，构成圣骨匣柄脚上的主要装饰。镶嵌在两侧的珠宝突出了十字架的形状。

金狮
金狮既象征圣马可，也象征阿尔帕德王朝，该王朝于1000～1301年统治匈牙利。

神圣罗马帝国的崛起　149

王冠上的金丝精工出自一位经验丰富的金匠之手

圣骨匣的王冠是腓特烈二世赐予的

镶嵌有宝石的宽金边

圣骨匣底部的玛瑙碗起初为罗马和拜占廷时期的酒器

碗中装有圣伊丽莎白的颅骨

两侧的黄金把手

镶嵌满珠宝的圣骨匣
圣伊丽莎白圣骨匣是在拜占廷式酒杯的基础上制作的。11世纪，人们在酒杯上添加了镶嵌着珠宝的金带。伊丽莎白被封为圣徒后，神圣罗马帝国皇帝腓特烈二世下令给圣骨匣换上镶嵌有珠宝的新底座，后来又添加了王冠和镶嵌着珠宝的顶盖。这个圣骨匣原本存放于神圣罗马帝国，在17世纪30年代的三十年战争期间被瑞典军队夺走。

拜占廷碗
从内部照亮的玛瑙碗显现出生动的火焰图案，这是因为玛瑙里含有硅酸盐。

装饰有圣徒肖像的柄脚

战争与冲突

在神圣罗马帝国时期，骑士曾一度是战场上的主力。但是到14世纪时，步兵的作用逐渐突显，成为取得胜利的主要力量。例如，瑞士步兵于1315年在莫尔加滕战胜了神圣罗马帝国骑兵。这一时期的盔甲装饰十分考究，层叠的甲片通常经过精心修饰。

颈甲（护颈）

皇帝的头盔
德意志盔甲制造师洛伦茨于1490年前后为马克西米利安一世打造了这顶头盔。头盔是以当时流行的轻便头盔为基础设计的。

倾斜的长尾

轻盔
这顶德意志头盔有两个主要特点，一是面甲上只有一条用于观察的缝隙，二是后部为尾状（用以保护颈部）。

支撑长矛的弯曲边缘

尖护腕

德意志马面甲
马铠将战马易受步兵攻击的部位保护起来，避免骑士的坐骑受伤。这件16世纪中叶的马面甲可以保护马的面部。

中心板
铰接的甲片
指关节板

木盾
这个15世纪盾牌出自德国。盾牌的一侧有凹口，可能用于在比赛或作战时放置长矛。

哥特式臂甲
这件15世纪晚期的臂甲有尖锐的护腕和放射状条纹装饰，这是当时德意志盔甲的典型特征。

铆钉用于固定内衬

凸缘护鼻

家居生活

尽管城镇的数量和重要程度都在稳步提升，但大多数人还是居住在农村。到13世纪时，德意志大约有3000座城镇。黑死病暴发以后，西欧国家的封建统治被削弱。这场瘟疫使欧洲人口数量锐减三分之一，引发劳动力短缺。

骑手抓住狮耳

喷口被制成人撬开狮嘴的造型

局部上釉为水罐增添了色彩

中空的狮身用于装水

扁平的刀身

不匀称的水罐底座

上菜刀
这是一把15世纪的德意志宽刃刀，这种刀并非用于切割食物，而是用于上菜。

刀柄上装饰有桃花心木片和鹿角片

水壶
这是一个带喷口的兽形水壶。这个青铜水壶出自德国，可能是神父在举行弥撒或用餐之前洗手用的。

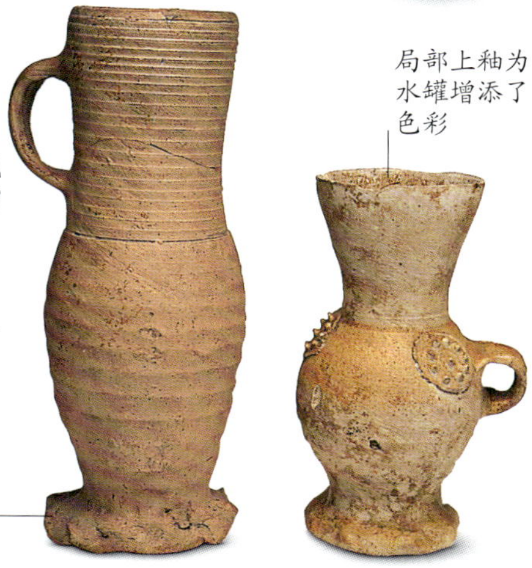

德意志陶器
德国莱茵兰有悠久的制陶传统，时间可追溯至古罗马时代。这种朴素的陶器是地位较低的家庭日常使用的器皿。

中欧和东欧的早期王国

自9世纪起，中欧和东欧的国家开始合并，一些未来国家的核心形成，例如俄罗斯。到公元1000年时，大多数国家已经皈依基督教，它们与拜占廷帝国和西欧君主制国家之间的联系继而增强。

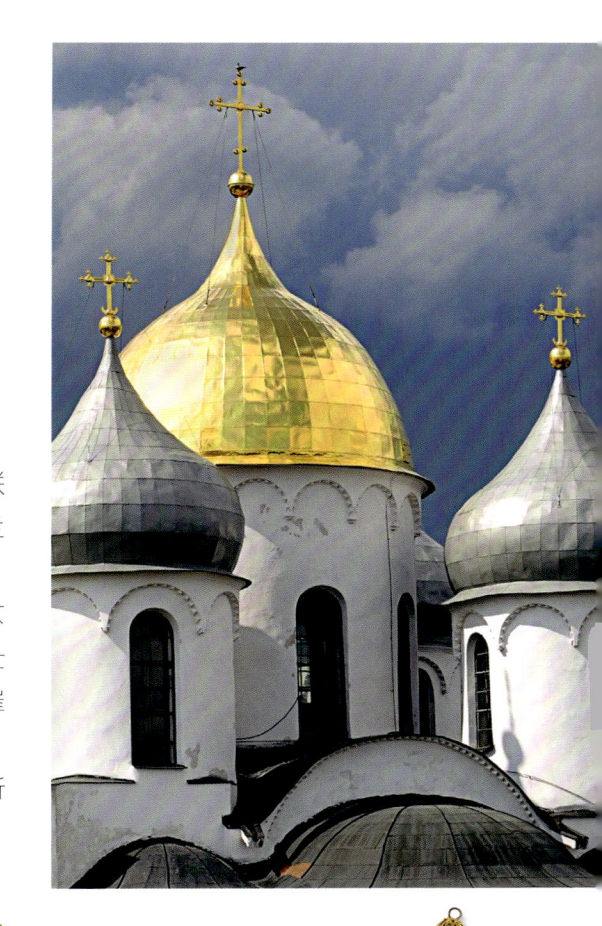

壮丽的穹顶 ▷
俄罗斯大诺夫哥罗德的圣索菲亚大教堂金碧辉煌，高近40米，是俄罗斯北部最古老的石头建筑。它的历史可以追溯至1050年，即该地区皈依基督教60年之后。

中欧和东欧各国在800～1500年的境遇大相径庭。随着拜占廷帝国的衰落，帝国东南部出现了一些新国家，首先是保加利亚，然后是塞尔维亚。马扎尔人于10世纪定居在匈牙利。公元1000年前后，匈牙利成为由基督教国王统治的君主制国家。到14世纪时，匈牙利已经成为中欧最强大的国家。北部的波兰是最后接受君主制的地区之一。1385年，波兰与立陶宛联合，成为地区强权。在此之前，波兰一直受不稳定的政治环境困扰。

东欧的俄罗斯起源于9世纪的维京人定居地和斯拉夫人部落，又于13世纪40年代早期遭到蒙古人的入侵和摧毁。在此之后，莫斯科大公国兴起，成为该地区的文化中心和现代俄罗斯的前身。

政治与权力

尽管强大的君主制从11世纪早期就开始出现，但是中欧和东欧仍然存在抵制中央集权的势力。有些地方的大地主握有实权，例如塞尔维亚的领导人祖潘。有些地方的议会有权选举国王，并且有能力限制王权，例如波兰的议会。

圣斯蒂芬王冠
这顶王冠曾出现在大多数中世纪匈牙利国王的加冕仪式上。王冠的下半部分来自一顶11世纪70年代的拜占廷皇冠，上半部分则是时代稍晚的拉丁王冠。

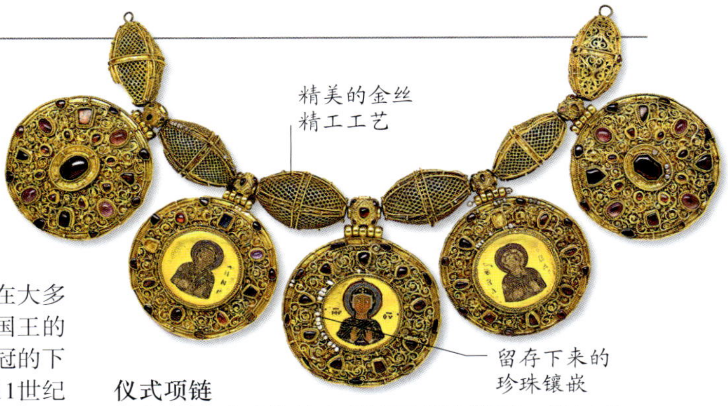

—装饰有珐琅的黄金饰板
—红色的铁铝榴石

仪式项链
这条有圆形垂饰的金项链可以追溯至12世纪或13世纪。它是基辅罗斯贵族佩戴的饰品。基辅罗斯是乌克兰和俄罗斯地区出现的第一个国家。

—精美的金丝精工工艺
—留存下来的珍珠镶嵌

信仰与仪式

到公元1000年时，中欧和东欧的大多数国家已经皈依基督教。有些统治者信奉罗马天主教，例如波兰的梅什科一世和匈牙利的斯蒂芬；有些统治者信仰君士坦丁堡的东正教，例如保加利亚的鲍里斯和基辅的弗拉基米尔。因此，他们之间产生了分歧。

圣骨匣
这个12世纪的盒子上装饰有骑士作战的场景。它后来被改为圣骨匣，用于存放克拉科夫主教圣斯坦尼斯洛斯的遗骸。这位主教在1079年被波兰国王博莱斯瓦夫二世处死。

—骑士用矛刺杀倒地的敌人
—狮子象征力量
—表面有浮雕装饰

圣母与圣婴
《弗拉基米尔圣母像》于1130年被带入俄罗斯，很快成为受人崇敬的圣像之一。据说它从侵入的蒙古人手中解救了俄罗斯。

—面露温柔、慈爱的表情

蒙古大汗的帝国

蒙古人是亚洲的游牧民族，13世纪早期，成吉思汗统一了蒙古各部。在接下来的30多年中，蒙古人征服了大片地区，建立起横跨欧亚的帝国。但是到1300年时，这个帝国就已经瓦解了。

《列王纪》 ▷
这幅画出自波斯史诗《列王纪》。此版本制作于1330年，当时的波斯处于伊儿汗国可汗不赛因的统治之下，因此画中的人物身着典型的蒙古服饰。

1206年，铁木真即大蒙古国大汗位，号成吉思汗。他组建起强悍的蒙古军队，先征服了西辽和金，然后转向西，击败中亚的花剌子模和钦察。1220年，他下令屠杀了3万名驻守花剌子模都城撒马尔罕的守军。成吉思汗的继任者继续扩展大蒙古国的疆域，征服了波斯地区、罗斯诸公国和南宋。蒙古人向西最远征战至匈牙利和波兰。但是在1241年第二位大汗窝阔台死后，蒙古人就没有再扩大征战的范围。1260年，马穆鲁克军在阿音札鲁特击败蒙古军队，阻止了蒙古人对埃及的征服。

成吉思汗的子孙在其征服的土地上建立起许多汗国，例如钦察汗国、察合台汗国、窝阔台汗国和伊儿汗国，分别由不同的可汗统治。各汗国的可汗尊元朝皇帝为大汗。后来，蒙古人创造了稳定的政治环境，建立了便捷的驿站系统，从元大都（今北京）发出的信件在一个月内就可以抵达大不里士（位于今伊朗境内）。

战争与冲突

14岁以上的蒙古男性需要服兵役。蒙古统治者的禁卫军叫作怯薛，最多时数量达到1万人。怯薛配备有大量马匹，机动性极强。这支精锐军装备有弓箭，可以远距离攻击敌人。此外，他们还装备有皮鳞甲、皮头盔及柳条盾牌。

铁战锤
这把装饰精美的战锤出自中国，制作于14世纪的元朝。战锤是重骑兵的装备，用于近身搏斗。

— 精心装饰的锤头
— 木柄由抛光的鳐皮包裹
— 皮腕带

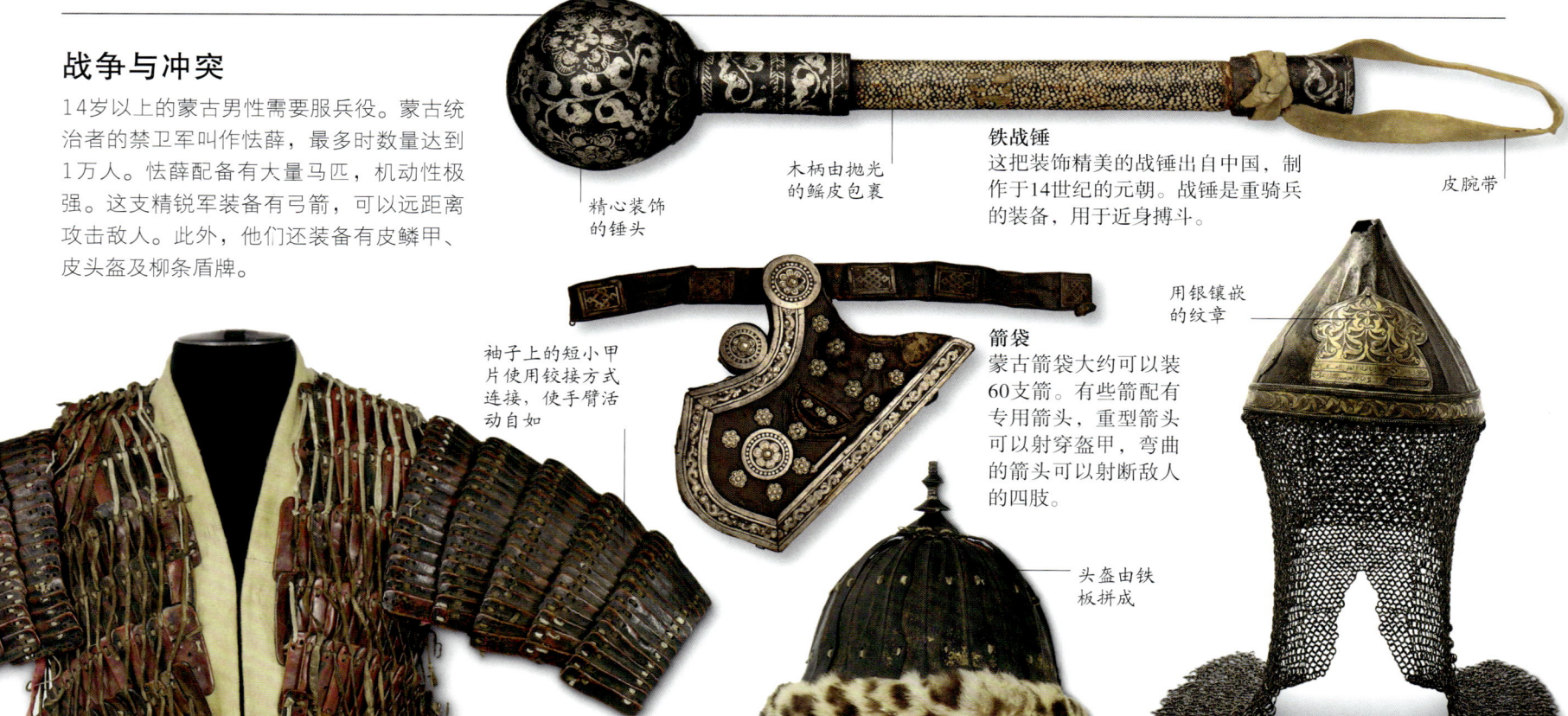

皮甲
蒙古皮甲能有效抵御弓箭。蒙古战士在皮甲内穿着绸衣，这种衬衣可以拦住箭头，并且便于将箭头移除。

— 袖子上的短小甲片使用铰接方式连接，使手臂活动自如

箭袋
蒙古箭袋大约可以装60支箭。有些箭配有专用箭头，重型箭头可以射穿盔甲，弯曲的箭头可以射断敌人的四肢。

蒙古头盔
蒙古战士佩戴传统的锥形头盔。头盔有内衬，边缘镶有毛皮，既舒适又御寒。

— 头盔由铁板拼成

诺盖头盔
这顶金属头盔出自里海北部的诺盖汗国。它拥有锁子甲护颈，保护战士最薄弱的部位。

— 用银镶嵌的纹章
— 钢护颈

蒙古大汗的帝国 | 153

艺术与文化

蒙古西征间接推动了亚欧之间的艺术和文化交流。蒙古统治者们还会四处招募工匠为其服务。随着西部的汗国逐渐独立化，区域差异开始显现。在伊儿汗国可汗改信伊斯兰教之后，还出现了蒙古-伊斯兰风格。

侧视图

奢华的金银镶嵌
铜盆上的镶嵌图案展示了宫廷生活的场景，例如两个玩马球的人、侍从和乐师，其中包括一名演奏乌德琴的乐师。

金银镶嵌装饰

中心为放射状几何图案

浅盆底可以盛适量的水

铜盆
这个14世纪前期的铜盆出自伊儿汗国统治下的波斯。铜盆表面的镶嵌图案显示出其受到伊斯兰风格的强烈影响。铜盆上装饰有大量场景，描绘了乐师、侍从和玩马球的人。这些装饰表明它可能出自宫廷。

扇贝形边缘

印度的艺术与宗教

5世纪后期，印度在笈多王朝（参见第98页）崩溃之后分裂成许多小国。有时，这些国家中的某一个会占据统治地位，但延续时间都很短，因为它们很快就会被与之竞争的王朝接替。

战士盾牌
这个装饰有太阳图案的盾牌属于拉杰普特部族的战士。9~10世纪，拉杰普特部族在印度中北部建立过多个王朝。

史诗般的城市 ▽
这座印度教寺庙是卡纳塔克邦亨比古迹群的一部分，其中最古老的庙宇可追溯至7世纪。后来此地不断扩建，成为强大的维查耶纳伽尔王国重要的宗教中心，后来又成为王国的都城。寺庙内雕刻有印度史诗《罗摩衍那》中的故事场景。

467年前后，嚈哒人侵入印度，击败了笈多王朝统治者塞建陀笈多的军队。此后，笈多王朝逐渐分裂成许多小国。7世纪前期，其中一个小国的国王戒日王征服了印度北部的大部分地区。戒日王朝瓦解后，普拉蒂哈拉王朝、拉喜特拉库塔王朝和帕拉王朝在印度北部展开拉锯。与此同时，另一些国家先后称霸印度南部，例如7世纪的潘地亚和10世纪的朱罗。

宗教的变化

500~1100年，佛教寺庙成为人们接受教育和抄写书稿的主要场所。甚至有僧人不远万里从中国来到印度游历和修习。印度教的湿婆、毗湿奴和雪山女神提毗（还以难近母、迦梨等化身出现）越来越受欢迎。712年，阿拉伯人征服信德地区，随后伊斯兰教开始在印度传播，使印度的宗教更加多样化。随着伽色尼王朝的崛起，伊斯兰教传播到了印度西北部的大部分地区。

这一时期的印度在艺术和建筑方面取得了瞩目的成就。印度南部的阿旃陀石窟中绘有精美绝伦的壁画。印度教寺庙的建筑风格逐渐成熟，例如朱罗王国建于公元1000年前后的杰作布里哈迪斯瓦拉神庙，以及建成于11世纪的卡朱拉霍神庙建筑群（位于德里东南600千米处）。

印度的艺术与宗教　155

统治与征服

这一时期的印度充斥着王朝之间的激烈竞争。这些王朝的统治区域大致以南北划分，但也会在中部地区产生交集。只有少数王朝实现了部分统一，例如7世纪时统一印度北部的戒日王朝。

帕拉王朝硬币
帕拉王朝曾称霸印度北部一个多世纪。这枚动物图案银币发行于12世纪后期的帕拉王朝统治者摩达纳帕拉（1145～1167年在位）统治时期。

骑在马背上的人

德里素丹国硬币
这枚大银币出自14世纪的德里素丹国，上有波斯铭文。

信仰与仪式

公元500年，佛教仍然是印度的重要宗教。印度教处于婆罗门教时期，大多数信徒的信仰基于对寺庙的敬拜。到8世纪早期时，伊斯兰教传入次大陆，并在印度北部扎根。与此同时，佛教的影响力逐渐减弱。

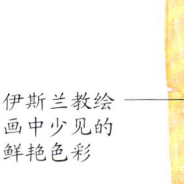

伊斯兰教绘画中少见的鲜艳色彩

伊斯兰教插图
此时，印度北部的艺术作品中开始出现中亚和波斯伊斯兰教文化中的故事场景。这幅画表现的是波斯史诗《列王纪》中的英雄鲁斯塔姆杀死对手的情景。

鲜艳的蓝色提取自青金石

耆那教经典
《劫经》详细叙述了耆那教24位祖师的故事。这一页描绘的是耆那教创立者大雄的母亲通过"14个吉祥梦"预知其降生的故事。

一只右手拿着神盘

宽袖平展后呈长方形

分隔章节的线条和圆圈

金色文字是太斯米，意为"奉至仁至慈真主之名"

金色、橙色和蓝色的圆形装饰图案

青铜毗湿奴像
7世纪，印度教开始专注对神的崇敬，例如毗湿奴、湿婆和雪山女神提毗。这使印度教在印度南部越来越流行。

祖师坐在石垫之上沉思

祖师像
这件11世纪的雕像表现的是耆那教24位祖师中的一位，耆那教的祖师是已经达到理想精神境界的圣人。

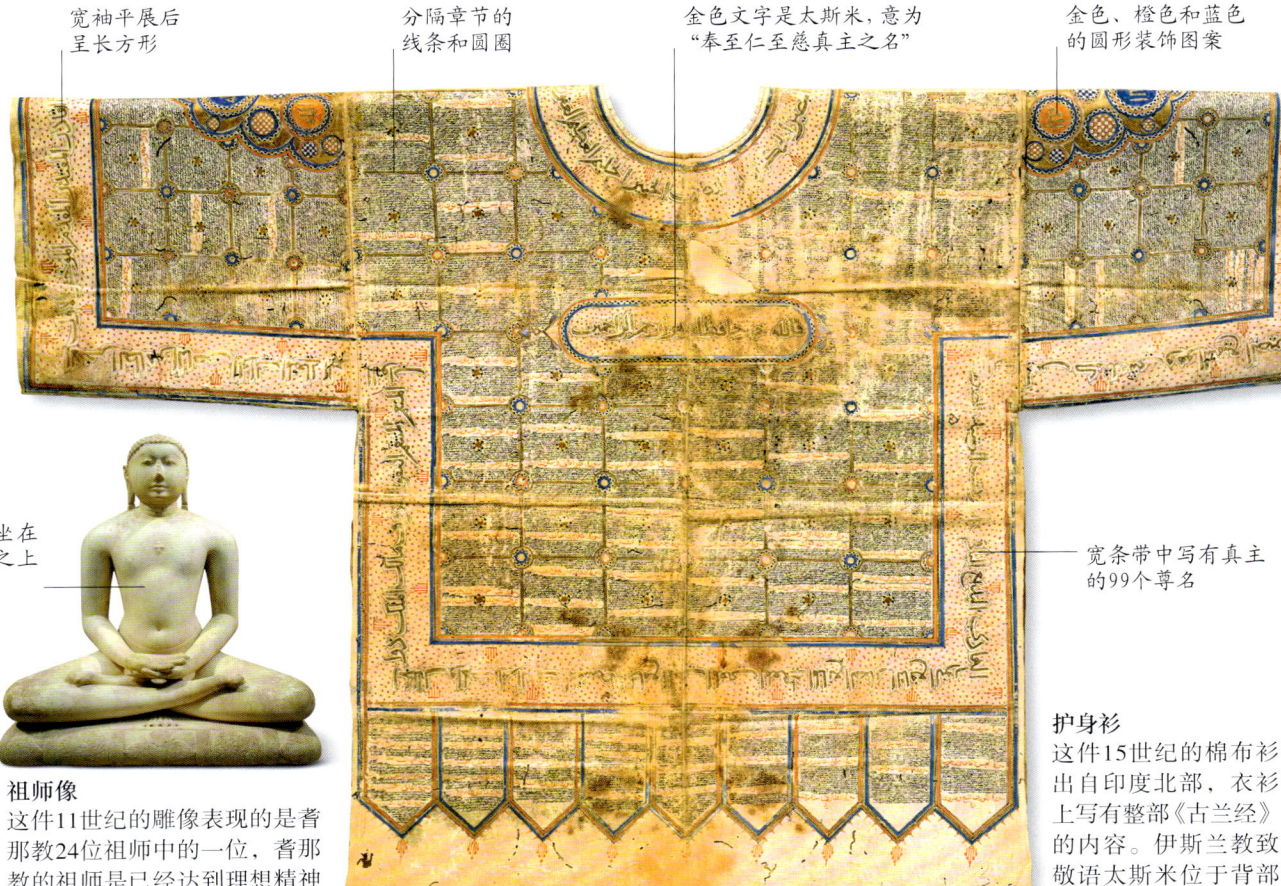

宽条带中写有真主的99个尊名

护身衫
这件15世纪的棉布衫出自印度北部，衣衫上写有整部《古兰经》的内容。伊斯兰教致敬语太斯米位于背部中间的显眼位置。

赞颂神

湿婆与雪山女神

早期印度教的敬神方式注重复杂的仪式和祭献。印度教过严格训练的婆罗门（祭司）主持，由受过严格训练的婆罗门（祭司）主持，他们将自己的一生献给了这项神圣的事务。

公元300年前后，一种新的敬神方式出现，随后逐渐在印度南部流行起来。这就是后来的"巴克提"（意为"虔诚"）。"巴克提"主张通过对神的无限虔诚和信爱获得解脱。到6世纪时，这种思想已经开始在印度教中引发变革。信徒们坚信，只要发自内心地信爱神，即使没有婆罗门主持的祭祀仪式的辅助，也可以从轮回中解脱，对神的虔诚比过程烦琐的祭祀仪式和数量繁多的祭品更重要。

"巴克提"的形式

"巴克提"存在不同的形式。湿婆派强调崇拜湿婆既是万物创造者又是破坏者的湿婆，他代表着和平与这两种对立的力量。毗湿奴派强调崇拜毗湿奴及其在危机与斗争时显现出的各种化身。性力派强调崇拜女神，崇拜的女神有梵天的配偶娑罗斯瓦蒂、毗湿奴的配偶吉祥天女和湿婆的配偶雪山女神。

随着巴克提运动的发展，印度寺庙开始出现。而在此之前，寺庙并不是印度教的特征。这些寺庙起初供奉的主要是毗湿奴、湿婆和雪山女神，他们都是印度教经典《往世书》中的神。

早期印度教寺庙很小，供奉着特定的神。到13世纪时，大多数装饰华美的寺庙已经发展成规模庞大的建筑群，可以容纳数百名信徒。

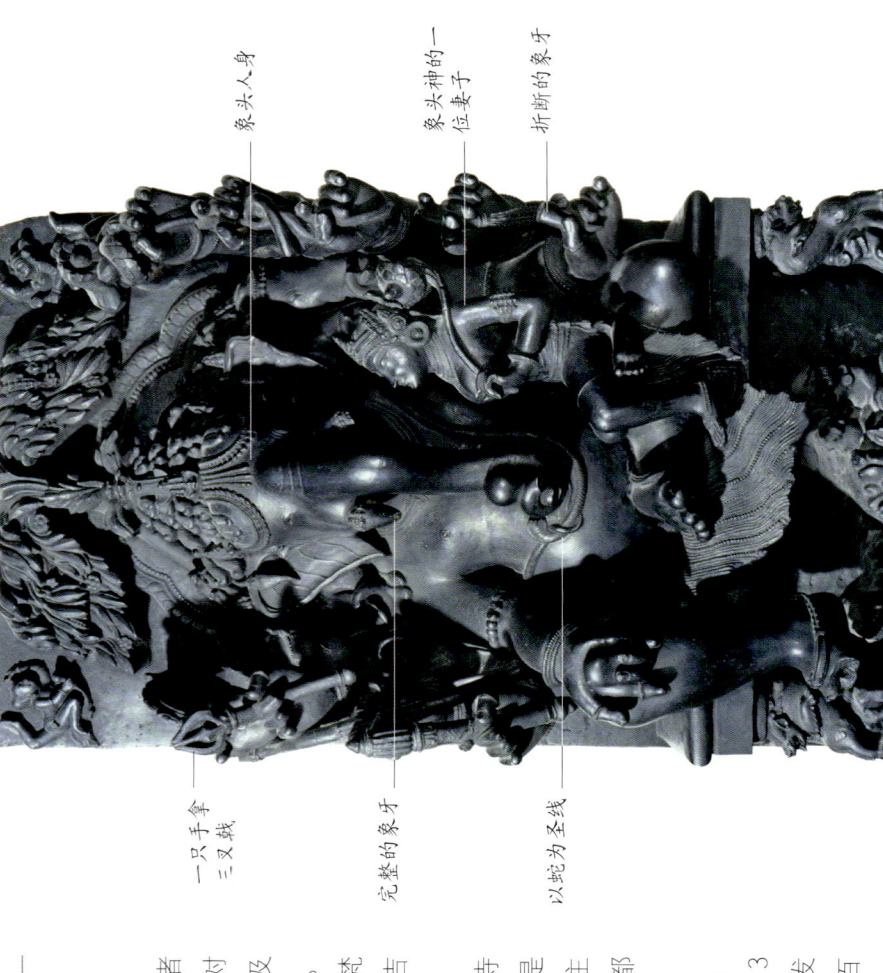

—— 一只手拿三叉戟
—— 完整的象牙
—— 以蛇为圣线
—— 湿婆与雪山女神的侍从支撑着宝座
—— 象头人身
—— 湿婆头上的一位妻子
—— 象头神的一位妻子
—— 折断的象牙

伽内什
象头神伽内什是湿婆与雪山女神之子，印度教徒认为他是智慧与好运之神。

—— 手持圣花环的神
—— 三叉戟象征湿婆的权威
—— 宝座靠背
—— 手持神尘的神
—— 编发盘在头顶

印度的艺术与宗教 157

湿婆与雪山女神 这件雕像出自印度奥里萨邦，描绘的是湿婆和他的配偶雪山女神。湿婆拥有许多化身，例如屠魔者、毁灭之神、创造者、舞蹈之神等。雪山女神同样拥有许多化身，例如难近母、迦梨女神等。

- 雪山女神
- 捐赠人夫妻立于神的两旁
- 湿婆与雪山女神的莲花座
- 狮子，雪山女神的坐骑
- 宝石腰带
- 湿婆
- 念珠象征湿婆沉思的一面
- 莲花象征纯洁
- 公牛难底，湿婆坐骑

158 贸易与帝国 600～1450年

- 花卉图案
- 中心图画的两侧有风格化的花卉图案
- 三面八臂的大孔雀佛母
- 用梵文书写的页码"44"
- 后有光环的莲花座

- 梵文经文
- 中心图画的两侧有彩色菱形图案
- 四面八臂的大随求佛母
- 一只右手握宝珠
- 一只左手结期克印，表示以慈悲摧毁灾厄

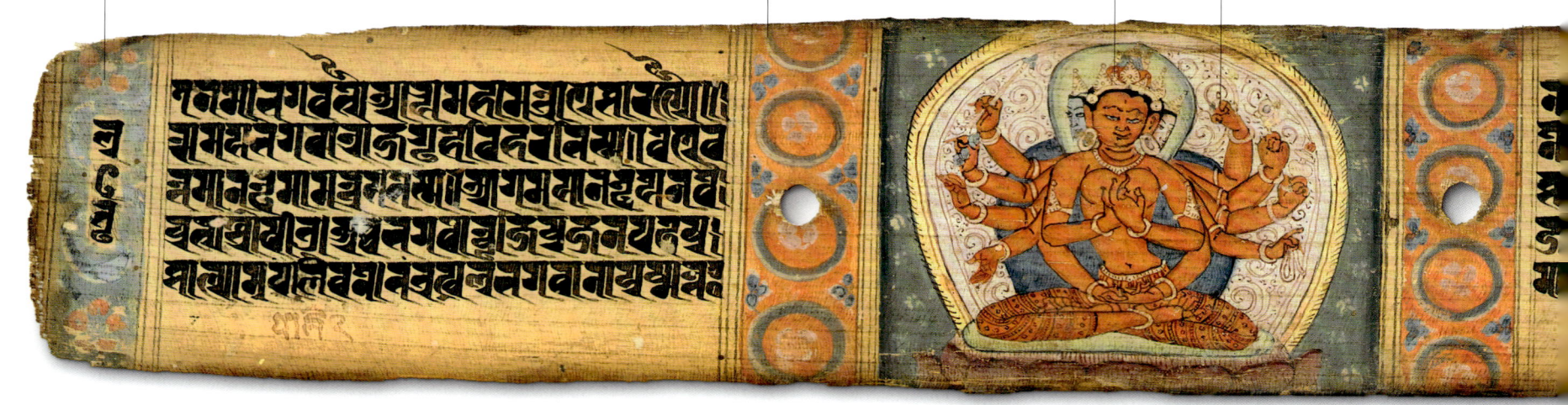

- 用不透明水彩和墨画写在棕榈树叶上
- 中心图画的两侧有圆环图案
- 三面十二臂的大密咒随持佛母
- 拇指和食指结说法印，表示佛说法

印度的艺术与宗教　159

用梵文数字书写
的页码"44"

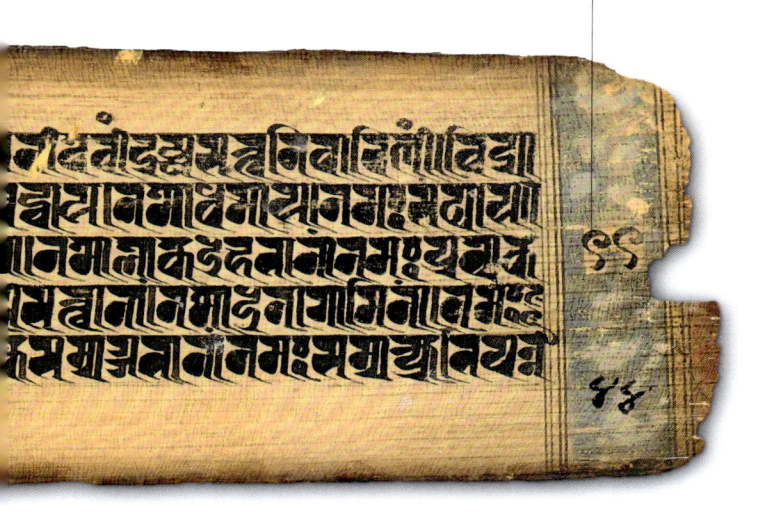

追求智慧

《五护陀罗尼》手稿

公元前5世纪，有别于吠陀印度教的佛教出现。佛教崇敬其创立者释迦牟尼（乔答摩·悉达多，约前565～前486），在恒河流域和印度北部的王朝中逐步扎下根基。

到1世纪前期时，佛教已经发展出小乘佛教和大乘佛教。小乘佛教更接近原始佛教的教义，强调个人修行，认为释迦牟尼是唯一的佛，是流行于斯里兰卡和东南亚国家的主要佛教部派。大乘佛教强调慈悲救世和普度众生，认为除释迦牟尼外还有其他佛，流行于中国、韩国和日本等国家。

终极智慧

大乘佛教强调般若（智慧）思想，即通过不断地修习和领悟达到最高境界。信徒想要完成菩萨修行需要通过布施、持戒、精进、忍辱、禅定和般若波罗蜜这六种方法，即"六度"。般若波罗蜜被集结成册，用以引导追求终极智慧的修行者。般若经中最著名的一部是《金刚经》，它在中国和日本备受尊崇。后来，又陆续有其他注重仪式的经文出现，例如《五护陀罗尼》。它由一套经文组成，内容主要与五位佛母有关。

衰落

大乘佛教在中国、日本和能够抵抗印度教复兴的印度北部占有优势。7世纪中叶，唐朝僧人玄奘前往印度修习，他注意到在萨尔纳特等圣地，佛教已经出现衰落。有些王朝的统治者既资助佛教也资助印度教，例如7世纪前期的戒日王朝和8世纪的帕拉王朝。到11世纪时，印度佛教日渐消亡，只有印度东部的少部分人还信奉佛教。

用梵文数字书写
的页码"115"

用梵文数字书写
的页码"155"

《五护陀罗尼》
这三片经文出自一部《五护陀罗尼》手稿，时间可追溯至11～12世纪。经文中描绘有五位佛母中的三位，她们每一位都象征一部早期佛经，都有保护信徒的特殊能力。这些经文抄写在棕榈树叶上。自公元前5世纪起，棕榈树叶就是原始佛教抄写经文的材料。

梵语

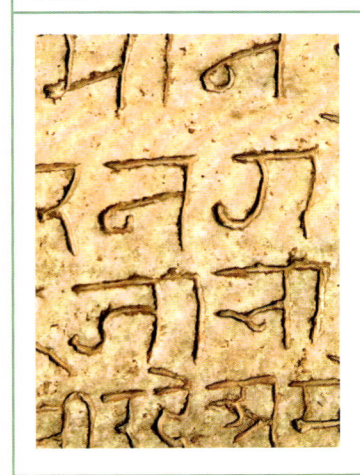

梵语是一种古代印度语言，印度教最早的经典吠陀就是用这种语言创作的。后来的大多数文本也以这种语言写成，例如热那克普的耆那教千柱寺墙壁上的铭文。在波斯语和其他区域语言流行起来之前，梵语还是印度各地的宫廷文化和行政管理用语。

中国帝王的龙椅

在唐朝和宋朝时期，中国经历了大约六个世纪的相对稳定与繁荣。强大的中央集权统治着整个国家，偶尔有反叛势力兴起或来自西北游牧民族和蒙古人的侵扰。强有力的官僚制度确保了政策由上至下的执行。与此同时，帝王们还推动了文化与艺术的发展，尤其是绘画和雕塑。

驮兽
骆驼是丝绸之路上的重要运输工具。唐朝时期，这种精美的铅釉陶俑常随葬在墓葬中。

感怀 ▷
这幅《王羲之观鹅图》是宋末元初著名画家钱选的作品，描绘的是东晋书法家王羲之观鹅的情景。画家有意以朴拙的风格描绘此画，以表现其在南宋灭亡后的脱离之感。

220年，汉朝最终灭亡。在随后三个多世纪的时间里，中国一直未完全统一，直到581年隋文帝杨坚建立隋朝。618年，李渊起兵推翻了隋朝的统治，建立唐朝。在唐太宗李世民统治时期，唐朝的疆域不断扩大。唐太宗调整了全国的行政区划，推行选拔官员的科举制，并且建立了保管官员档案的甲库。他大力支持艺术创作，使文学、绘画和陶瓷艺术等从唐朝早期就开始欣欣向荣。除此之外，唐玄宗还设立了全国最高学府国子监。龙在中国是皇权的象征，因此皇帝的宝座被称为"龙椅"。

宋朝

751年，阿拔斯王朝军队在怛罗斯击败唐朝军队，阻止了唐朝向西扩张。755年，掌握重兵的节度使安禄山和史思明发动叛乱，前后历时八年，史称安史之乱（755~763）。安史之乱后，唐朝逐渐衰落，西部疆域受到侵扰。907年，唐朝灭亡，中国进入动荡时期，史称五代十国，直到960年宋朝建立之后才结束了混乱局面。

宋朝的第一位皇帝宋太祖赵匡胤将中国带入文化史上的辉煌时期，他与其之后的四位继任者加强君主专制的中央集权制度，鼓励艺术创作，采取温和的行政手段进行统治。宋朝发展出了理学（又称"新儒学"）的哲学思想，它以儒学为基础，兼收佛教和道教思想。

宋朝时期，官员选拔的考查范围扩大到了工程学、法学、地理学和医学等方面。社会经济发展迅猛，出现了世界上最早的纸币"交子"。11世纪70年代，宰相王安石实行变法。其中的青苗法规定，当农民青黄不接时，由官府向农民贷款、贷粮。

宋朝的文化艺术发展十分繁荣。这得益于活字印刷术的发明，它推动了文学和科学技术知识的广泛传播。宋徽宗赵佶还下令兴建奢华的殿宇，收集了超过6000幅绘画作品。然而，宋朝的军事力量相对较弱。1127年，来自北方的金军攻入都城开封，占领了宋朝北部疆域，北宋灭亡。宋高宗赵构在应天府（今河南商丘）即皇帝位，史称南宋。1279年，元朝军队南下，宋军战败，南宋灭亡。

明朝的崛起

元朝由蒙古族统治者建立，他们吸收了许多中原的文化和传统。1368年，元朝被汉族统治者朱元璋建立的明朝推翻。明朝的第三位皇帝明成祖朱棣将都城由应天（今南京）迁至顺天（今北京），并在新都城中修建紫禁城作为皇宫。明朝还大规模增筑了长城，以巩固边防。明朝皇帝为加强中央集权，将军队交由文官执掌。与此同时，小说与戏曲得到发展，文化再次繁荣。

> "以不仿前人而物之情态形色俱若自然，笔韵高简为工。"
>
> 赵佶（1082~1135），宋朝皇帝，关于绘画的观点

誓墓高風
有足多
獨推出
羣云

政治与权力

尽管唐朝和宋朝拥有高效的行政体制，但国家的稳定依然依赖于皇帝的个人能力。像唐太宗这样强大的统治者能够应对各种挑战，而像唐僖宗这样昏庸的皇帝则会加重社会矛盾，引发战乱。

图案是从背面锤制出来的

龙冠
这顶10世纪或11世纪的头冠是宋朝送给北方邻国辽朝统治者的礼物。

明朝时期的皇家器物上使用五爪龙纹

黄地绿彩云龙纹渣斗
这个渣斗是明朝的宫廷器物。瓷器的颜色和图案需要与其主人的身份地位匹配。

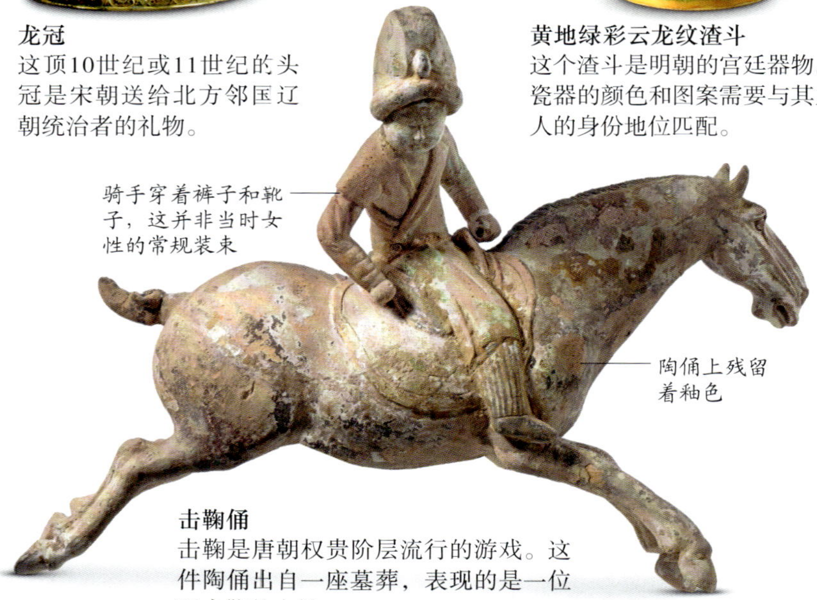

骑手穿着裤子和靴子，这并非当时女性的常规装束

陶俑上残留着釉色

击鞠俑
击鞠是唐朝权贵阶层流行的游戏。这件陶俑出自一座墓葬，表现的是一位玩击鞠的女性。

科技与创新

这一时期的中国在科学技术方面取得了举世瞩目的成就。北宋天文学家苏颂利用水力制作出了可以计量时间和演示天象的机械装置——水运仪象台。数学和制图学的发展也非常显著。印刷术的发明与普及更是加快了知识的传播速度。

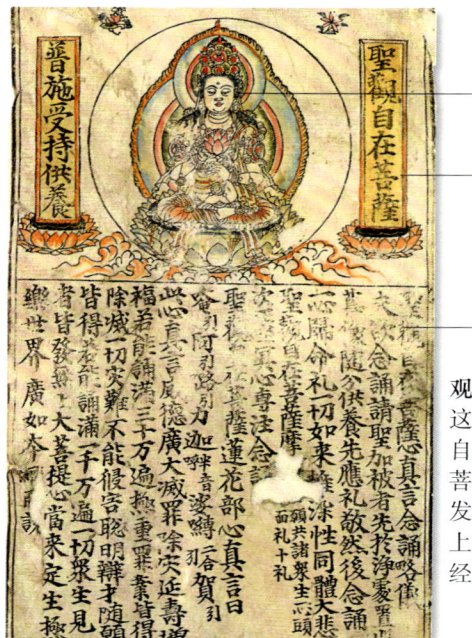

观音菩萨，表示慈悲

手工着色使画像更加丰满

图画在上、文字在下的页面布局，是9世纪中国书籍的典型版式

观音菩萨
这件五代时期的木版印刷品出自敦煌藏经洞，其中含有观音菩萨的画像。在同一洞窟中还发现了其他印刷品，包括世界上最古老的雕版印刷品《金刚经》，它印刷于868年。

信仰与仪式

佛教在汉朝时期传入中国，在唐朝时期得到了皇家资助。宋朝时期，新发展出来的新儒学得到国家的大力支持。新儒学与佛教及中国本土的道教一起，营造出复杂的宗教环境。

昭陵六骏
唐太宗命人为他的六匹爱马雕刻了浮雕，并将它们立于自己的陵墓外。

青石上的高浮雕

四坡屋顶

陶谷仓
这件陶谷仓出自一座唐代墓葬，当时的人们认为它可以为死者提供粮食。

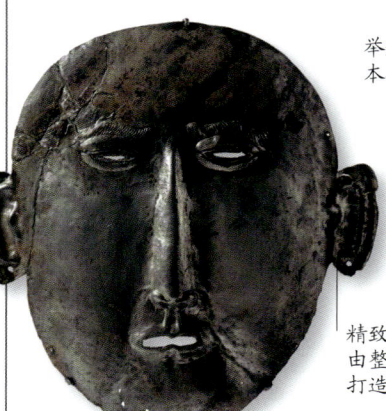

举起的手中原本握着法器

表情凶猛

精致的覆面由整片金属打造而成

银覆面
这件覆面由银制作而成，出自一座辽朝墓葬。契丹族建立的辽朝在916~1125年统治着中国北部。

唐朝的四大天王俑
这两件陶俑描绘的是佛教四大天王中的两位。佛教徒认为四大天王各自守护着一方天下。

烛台

绿色和琥珀色的斑点

乳白色的器身

狻猊烛台
这件明代釉陶塑像描绘的是中国古代神话中的神兽狻猊。它的背上有一个烛台。狻猊的形象还经常出现在佛教的香炉上。

唐三彩烛台
这是一个唐三彩烛台。唐三彩是盛行于唐朝的彩色铅釉陶器，是唐代墓葬中的常见随葬品。

中国帝王的龙椅　　163

高高束起的双发髻是唐朝女性的主要发式之一

唐朝时期，女性流行画细长乌黑的眉毛

残留的颜色表现的可能是花黄，唐朝女性常在前额贴上或涂上黄色的装饰

红唇，唐朝女性化妆时会先涂白嘴唇，然后再用胭脂画出樱桃形状的红唇

箜篌（拨弦乐器），可以独奏也可以为其他乐器伴奏

人俑都穿着高腰襦裙，裙腰处有系带

笙，气鸣乐器

梨形的四弦琵琶

弹琵琶的乐师　　　　吹笙的乐师

衣袖的褶皱表现出舞者的旋转动作

长衣袖随着舞者的动作飘拂

舞者　　　　　　　　舞者

人俑上原本装饰着醒目的色彩

乐师和舞者
这些人俑出自一座唐代墓葬，用于为死者提供娱乐。在中国，音乐是人们日常生活的重要组成部分，皇宫中还有专门为皇帝演奏音乐的宫廷乐师。礼乐往往贯穿于宗教仪式的始末。这些人俑生动地描绘出古代中国的各种乐器和舞蹈。

富贵的象征

唐代马俑

古代中国人相信后世与现世同等重要。在中国古代思想中，魂魄是人的精神灵气，它们在人死后继续存在，并依靠其亲人供奉的祭品滋养。因此，人们参照现世的房屋样式为死者建造墓葬。汉朝时期，流行使用陶俑随葬。人们认为死者在后世也需要使用财物，富人可能还需要为其服务的仆从，这些随葬的陶俑就代表相应的真实事物。

到唐朝早期时，随葬品开始变得过于奢华。皇帝为此颁布律法，规定随葬品的种类、大小和数量要与死者的身份地位相符，以此限制厚葬之风。

批量生产

到7世纪时，制陶工匠的主要工作之一就是制造各种随葬陶器，其中包括人俑、动物俑，以及相貌凶猛的镇墓兽。唐朝时期十分盛行这类随葬品，制作随葬品的制陶作坊甚至需要使用模具生产才能满足市场的需求。

有时，人们会为随葬品施釉。唐三彩就是流行于7～8世纪的彩色铅釉陶器，烧制釉色需要含有铜、铁、钴、锰等金属元素的矿物作为釉料的着色剂。由于唐朝律法的限制，唐三彩只见于皇家和权贵的墓葬之中。

马

马俑无疑是唐代随葬品的巅峰之作。它们神态自然，层次清晰，富有生气。在中国，马是受人喜爱和尊重的动物，尤其是神话传说中的"天马"。传说，天马与龙一样，拥有驰骋于天空的能力，因此令人景仰。汉朝曾从中亚引入大宛马，借以改良军中的战马。隋朝皇帝也曾收到异域进贡的大量良马。马是异域商品的象征，马俑经常出现在唐代的墓葬中。

涂黑的双眼
这件马俑的眼部还残留有颜色。它的双眼原本被描绘成黑色，以表突显。

马蹄铁
与马相同，马蹄铁也来自中亚。这件马俑的姿态精妙传神，马蹄铁清晰可见。

右侧视图　　前视图　　左侧视图

唐代马俑
马俑既象征死者的财富和地位，也在丧葬仪式中用作祭献动物的替代品。它们通常被塑成头小、颈壮、肩高、臀低的形象。这件马俑高50厘米。

中国帝王的龙椅　165

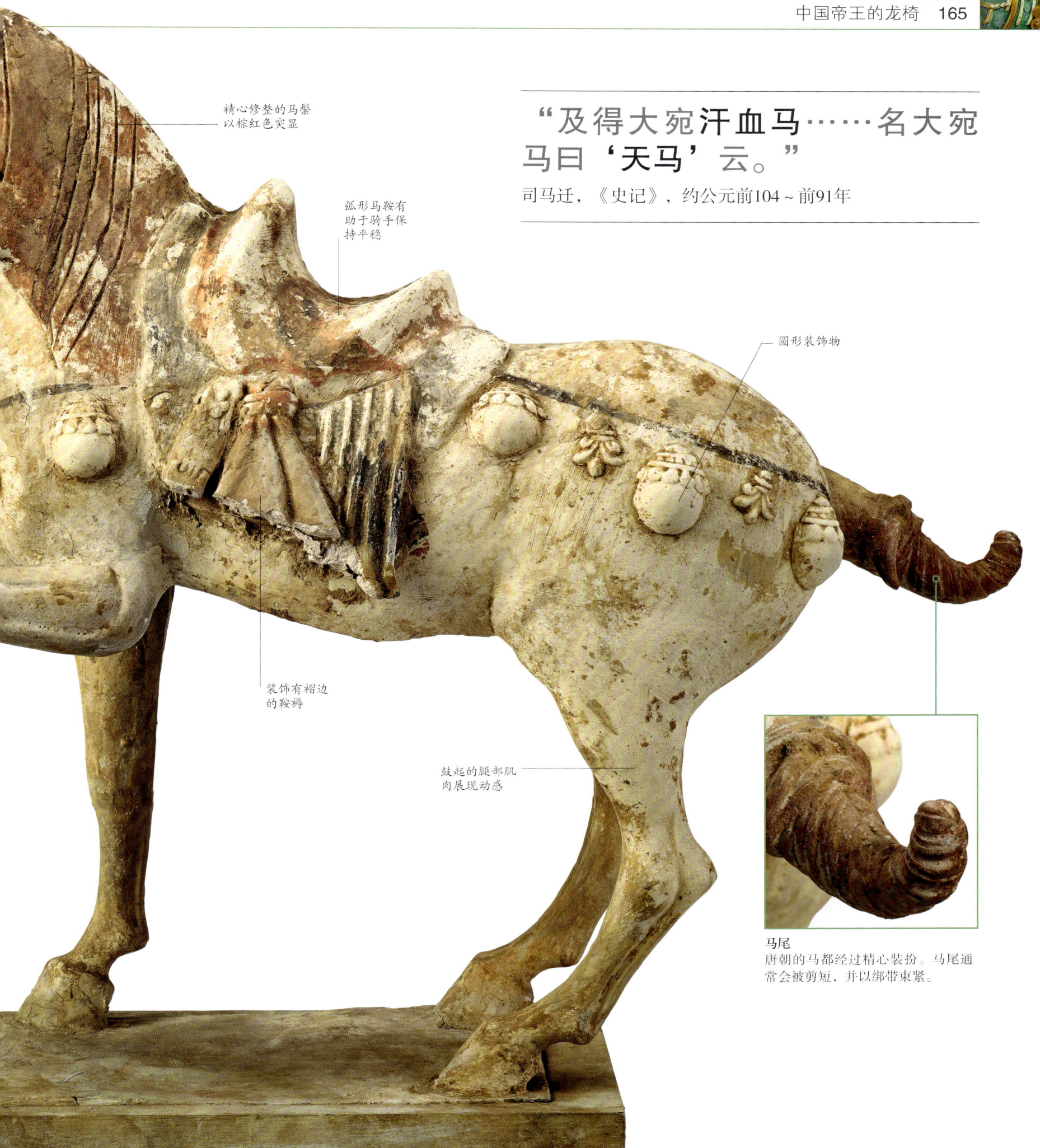

"及得大宛汗血马……名大宛马曰'天马'云。"

司马迁，《史记》，约公元前104~前91年

精心修整的马鬃以棕红色突显

弧形马鞍有助于骑手保持平稳

圆形装饰物

装饰有褶边的鞍褥

鼓起的腿部肌肉展现动感

马尾
唐朝的马都经过精心装扮。马尾通常会被剪短，并以绑带束紧。

166　贸易与帝国　600～1450年

艺术与文化

唐代的艺术作品风格比之前任何朝代的都更加写实,尤其表现在雕塑领域。这种趋势一直延续到宋代,宋朝人更加青睐写实的风格。雕塑作品的主题多为宗教题材,不过大多数随葬品表现的依然是现实生活中的事物。山水画在隋唐时期已经成熟,到宋代更是登峰造极。

五彩盒
五彩的发展与繁荣均出现在明代。这件器物的图案由釉上彩和釉下青花共同组成。

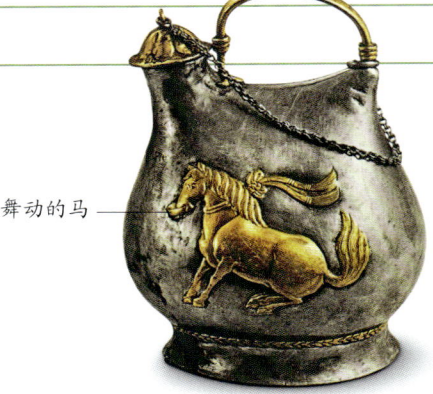

龙纹,使用红色、黄色和绿色的釉上彩

舞动的马

银壶
这个镀金银壶被有意制成传统皮囊的形状,展示出唐朝工匠高超的金银器制作技艺。

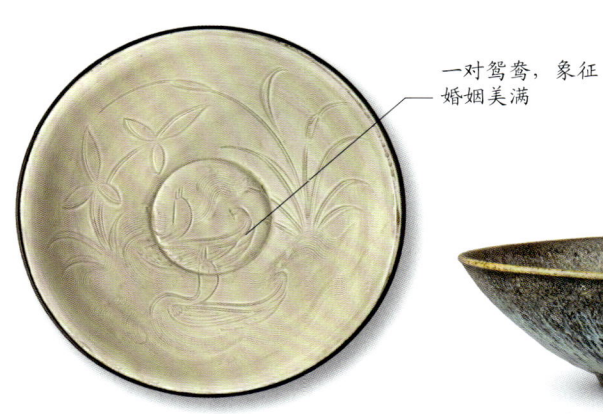

一对鸳鸯,象征婚姻美满

黑底上的线状色斑呈现出乳白色的效果

陶盘中央装饰着八瓣莲花

细白瓷碗
这个象牙白釉色的瓷碗出自北宋时期的定窑。定窑以其典雅的细白瓷闻名。

花釉瓷碗
唐朝时期,除单色釉以外还出现了花釉。这个碗的釉色是通过在黑釉上点缀不同釉色制成的,这就是独特的花釉瓷。

祭酒杯
这个明代酒杯由犀牛角雕刻而成。中医认为犀牛角有重要的药用价值。

两个文人模样的人坐在山间

陶盘
这个三色盘上装饰有宝相花图案。宝相花又称宝莲花,是圣洁的象征。唐朝早期,随着佛教在中国的传播,宝相花成为受人欢迎的装饰纹样。

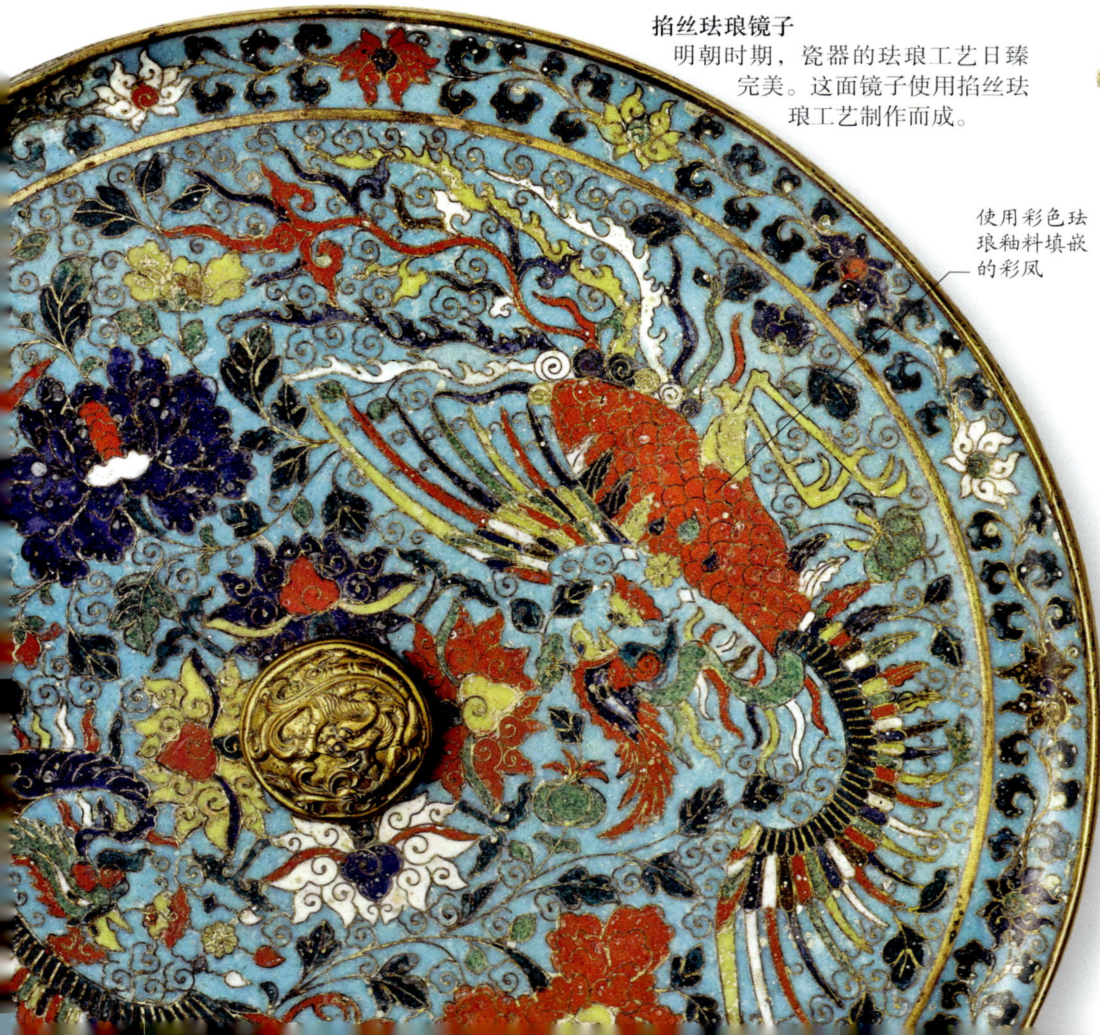

掐丝珐琅镜子
明朝时期,瓷器的珐琅工艺日臻完美。这面镜子使用掐丝珐琅工艺制作而成。

使用彩色珐琅釉料填嵌的彩凤

耳的一端为龙头造型

炻瓷花瓶
这个唐代炻瓷花瓶上的龙头双耳使用了中国传统装饰手法,但球根形状的瓶身造型有可能是受波斯样式的启发。波斯样式是经由丝绸之路传到中国的。

龙追逐着象征精华的珠

背上有鞍的双色玉象

玉雕
在早期中国,玉常被制成礼器和配饰。后来,玉雕日益普及,成为案头赏玩的物件。

中国帝王的龙椅　167

两个花瓶都略微倾斜，这是在窑中发生翘曲所致

象耳

凤凰于飞，象征幸福美满

瓶颈下的瓶肩上装饰着花卉图案

四爪龙，代表智慧和力量

青花瓷上的蓝色来自钴元素

大维德对瓶
这对花瓶也叫青花云龙象耳瓶，是元代青花瓷器。当时，中国与中东地区之间的贸易往来十分频繁。这对花瓶是一个名叫张文进的人进献给一座庙宇的。青花瓷一直流行到明清时期。

火珠和交叉的宝剑，象征好运

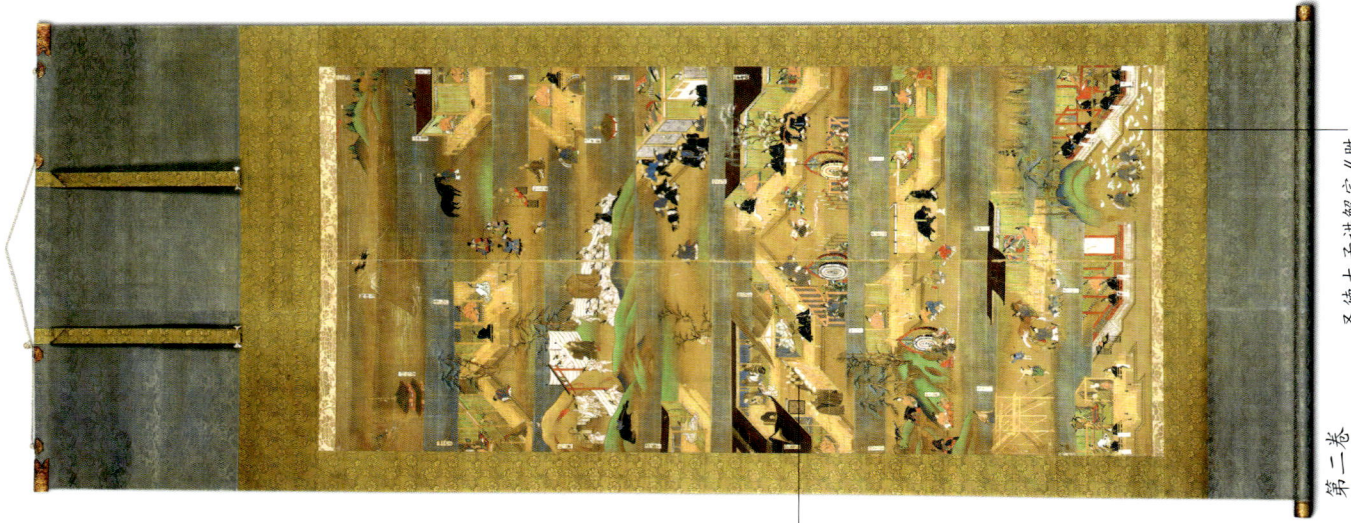

168　贸易与帝国　600～1450年

第二卷

圣德太子讲解完《胜鬘经》后出现奇迹

圣德太子的母后穴穗部间人皇后，怀孕六月，梦见菩萨化身为金僧人进入其口中，令其怀孕

皇后在马厩中生下皇子

三岁的圣德太子与父亲用明天皇和母亲穴穗部间人皇后在一起

宫廷生活场景：贵族们在一起读书、练习书法；僧人们在敬拜佛像

圣德太子通常被描绘为身着橙色衣衫

苏我马子建造的佛寺（敬达天皇585年许可建造）被反佛教的物部守屋派武士烧毁

物部守屋的武士将佛像投入河中，这些佛像是末自朝鲜半岛的僧人于585年赠送给苏我家族的新佛寺的

物部守屋颈部中箭，死于城墙之上，标志佛教在日本兴起

日本的佛教

自3世纪起，日本成为由天皇统治的统一国家。它虽受到中国和朝鲜文化的强烈影响，但仍然保留了浓厚的本民族传统。这些文化的相互作用造就出日本独特又丰富的艺术、政治和宗教传统。

552年，朝鲜半岛的百济王赠予日本一尊佛像，标志着佛教正式传入日本。随后，日本进入对东亚大陆实施文化开放政策的飞鸟时代（592～710）。593年，日本历史上的第一位女天皇推古天皇（592～628年在位）立厩户皇子为太子，即圣德太子，并委以摄政大权。圣德太子推行了一系列改革，使日本的政治体制趋完善。作为一位天资卓越的佛教学者，圣德太子604年颁布"宪法十七条"，将中国的儒家思想确立为改革的思想基础。701年制定的《大宝律令》再一次巩固了这一基础。

在日本建立起与中国唐朝相同的行政机构。不过，这部法典却免除了贵族的税赋，导致国家的统治力量逐渐削弱。

飞鸟时代和平安时代（794～1192）的艺术都受到佛教的强烈影响，尤其是雕塑和寺庙建筑，例如奈良的东大寺。影响深远的传统山水画出现，日本进入了国风文化时期。成书于11世纪早期的《源氏物语》就是日本国风文化时期文学领域的代表作。

武士阶层崛起

8世纪，日本的政治落入几个大家族手中，首先是藤原氏，然后是平氏和源氏。地方贵族控制着都城之外的大部分地区。后来日本爆发内战，源赖朝于1185年取得一系列战役的胜利。1192年，源赖朝被任命为征夷大将军，建立了日本历史上第一个武家政权——镰仓幕府。

新的武家政权在日本发展。新兴精英阶层——武士，担负起守护幕府的职责，成为地方贵族。到15世纪时，他们已经掌控了幕府的大部分权力。由于幕府断绝了日本与其他国家的往来，武士阶层的崛起也从侧面增强了日本本土宗教神道教的影响力。

圣德太子画传

这幅画是一对画卷中的第一卷。这对画卷描绘了圣德太子一生中的62个生活场景。圣德太子是虔诚的佛教徒。在与信奉神道教的世家对抗过程中取得胜利。他的生平故事与释迦牟尼的故事如出一辙。这些故事推动动佛教在中世纪的日本快速传播。

因宗教信仰而引发的内部战争，在以苏我马子为首支持佛教的苏我家族和以物部守屋为首反对佛教的物部家族之间爆发。16岁的圣德太子骑马冲入战场，反对物部守屋。

圣德太子向四天王像祈愿，希望获得帮助，去败物部守屋。

神道教

神道教是日本的传统宗教，崇拜多神。这些神存在于各种自然事物之中。人们建造神社用以敬拜神。7世纪，佛教在日本兴盛起来，不过后来的天皇为神道教提供了保护。到幕府时代时，神道教再次成为日本最重要的宗教。

170　贸易与帝国　600～1450年

朝鲜半岛的黄金王国

7世纪中叶，朝鲜半岛统一。从新罗和高丽开始，朝鲜经历了一连串的王朝统治。这些王朝统治朝鲜半岛1000多年。长时间的相对稳定促进了佛教的发展与繁荣。

新罗金王冠
这顶吊挂着珠宝的金王冠出自朝鲜半岛三国时期的一座墓葬。它的形状好似三棵树，这种艺术风格可能来自中国以外的欧亚大陆其他地区。

神圣的佛教手稿 ▽
这幅14世纪的《妙法莲华经》卷首插图表现了大乘佛教的元素。大乘佛教是当时朝鲜半岛的主要宗教信仰。这幅手稿绘制在用靛蓝染料染过的桑皮纸上，是质量上乘的高丽手稿。

7世纪中叶，朝鲜半岛三雄争霸的局面逐渐被打破。7世纪70年代，新罗统一了朝鲜半岛大部分地区。中国唐朝对朝鲜半岛的影响依然强烈，新罗的都城金城（今韩国庆州）就是仿照唐朝都城长安建造的。佛教在新罗的传播速度极快。806年，新罗哀庄王被迫下令禁止建造新的佛教寺庙，以抑制佛教的传播。907年，唐朝灭亡，朝鲜半岛随之发生了连锁反应。在一系列内战之后，新罗衰落。918年，王建建立高丽，随后逐步结束了朝鲜半岛的动乱局面。王建临终前留下《十训要》，鼓励其继任者在文化方面保持独立。

尽管中国的政治局势动荡，但两国之间的艺术和文化交流却从未中断。950年，朝鲜半岛引入中国的科举制。与此同时，佛教成为实际意义上的国教。在艺术领域，这一时期出现了质量上乘的高丽青瓷和木版画。

高丽灭亡

自11世纪起，高丽与中国东北部游牧民族契丹和女真先后发生战争，因此动摇了统治根基。12世纪70年代，高丽内部爆发军事叛乱。13世纪30年代，高丽又遭到蒙古军队的入侵。自此，高丽长期处于蒙古人（于1271年建立中国元朝）的控制之下，直至恭愍王统治时期（1351~1374）。1392年，李氏朝鲜取代了高丽，其创建者李成桂曾是高丽将领。李氏朝鲜与中国明朝的关系十分密切，其统治一直持续到1910年。

朝鲜半岛的黄金王国　171

信仰与宗教

无论是在新罗还是在高丽，佛教都扮演着重要的角色。高丽统治者还下令雕刻了一套木版大藏经《高丽藏》，体现了宗教信仰与统治权力之间的密切关联。1232年，这套《高丽藏》在蒙古军队入侵时遭到损毁，之后得到复刻。

香匙
这种高丽中晚期的香匙用于在佛像前供香。

鹊尾形把手

骨灰瓮
这个新罗时期的骨灰瓮用于盛放佛教徒火化后的骨灰。高丽时期也流行火葬，不过到了李氏朝鲜时期，人们更愿意选择土葬。

细小的同心圆装饰图案

辟邪瓦当
这种瓦当从680年前后开始流行，通常铺设在房屋、宫殿和寺庙的屋顶。当时的人们认为它们具有驱邪的作用，同时也是财富的象征。

正面　佛陀坐于莲花座上　背面　背面有装饰

带有装饰的镜子
这面高丽王朝的镜子展现出高超的青铜器抛光技艺，类似的青铜器大多是随葬品。

龙头，当时的建筑物容易失火，因此选用了与水有关的动物形象

家居生活

新罗和高丽的社会等级森严。新罗的社会等级在高丽时期被简化至六个，对不同等级人的穿着和取名都有严格的规定。富贵人家通常使用灰绿釉色的青瓷器物。这些青瓷器物上装饰有精美的镶嵌图案。

细长的葫芦形

金漆修补

镶嵌黑白瓷土

嵌花碗
这只碗上黑白相间的图案采用了高丽中期典型的镶嵌技法，即烧制前在胎上刻出凹纹，然后在凹纹里填充各种颜色的瓷土。

镶嵌的莲花图案

发灰的青绿釉色来自铁氧化物

抛光后的青铜表面可以反射光

青铜镜
这种12世纪的青铜镜最初发现于高丽时期的墓葬中，是富贵人家的日常用品。

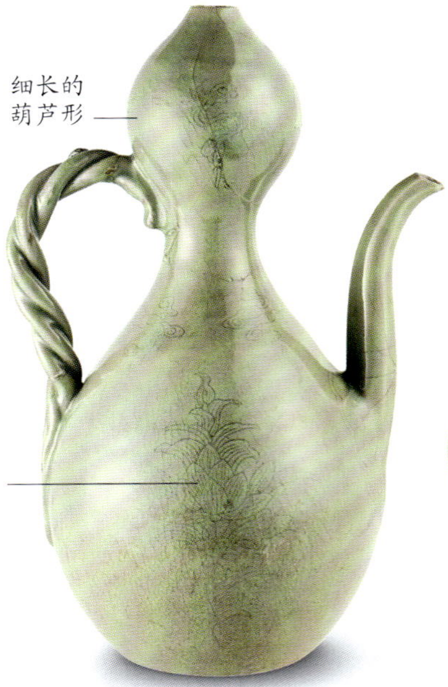

莲花壶
莲花是佛教的象征，也是高丽青瓷上常见的图案。这可能是一个酒壶。

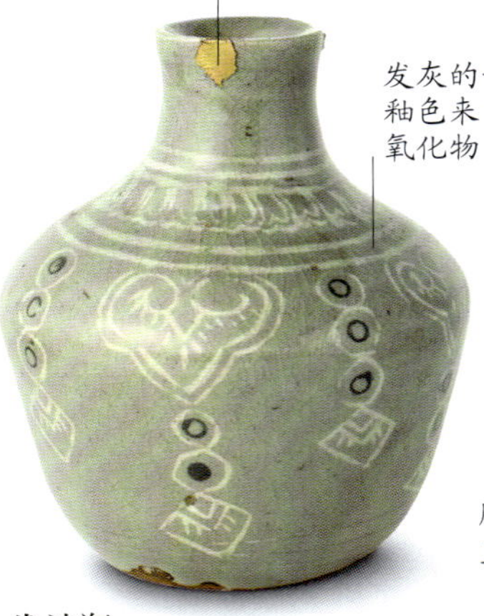

发油瓶
这个青瓷瓶可追溯至12世纪或13世纪，可能用于装发油。瓶口边缘有金漆修补的痕迹，表明其主人地位尊贵。

雕刻的垂直凹纹

高足杯
受元朝的影响，这个14世纪的杯子足圈较高。这表明蒙古军队的入侵对朝鲜半岛产生了深远的影响。

柬埔寨的寺庙城市

柬埔寨的吴哥王朝曾经兴盛一时。9~15世纪，它势力最大时几乎可以辐射整个中南半岛。吴哥王朝的统治者们围绕各个寺庙建筑群建造自己的王城，其中最大的寺庙中坐落着令人叹为观止的神殿。

9世纪，东南亚出现了一系列具有影响力的王国。它们深受印度文化和宗教，尤其是佛教和印度教的影响。这些王国的统治者们建造了宏伟的寺庙，例如印度尼西亚爪哇岛上的婆罗浮屠和缅甸的蒲甘。

802年，真腊国的阇耶跋摩二世建立吴哥王朝，其疆域曾一度覆盖现今的越南、老挝和泰国。吴哥王朝的统治者认为其统治权来自神的授予，因此自称神王。他们在吴哥建造了壮观的寺庙，吴哥成为吴哥王朝的都城。吴哥的建造持续了数个世纪，城市中有华美的宫殿、池塘、雕塑和寺庙。

建筑奇观

吴哥最大的寺庙建筑群是吴哥窟，由苏利耶跋摩二世于12世纪初下令建造。为了表达对毗湿奴的崇拜，吴哥窟的墙壁、台基及回廊上都装饰着复杂的浮雕，内容表现的是印度史诗《摩诃婆罗多》和《罗摩衍那》中的日常生活、战争及故事场景。五座圣塔矗立在建筑群的中央，代表须弥山。据说须弥山是印度教诸神的家园，也是宇宙的中心。

阇耶跋摩七世（1181~约1215年在位）统治时期，吴哥王朝达到鼎盛，自其之后，王朝经历了漫长的衰落期。阇耶跋摩七世将佛教定为新的国教，并改造了吴哥窟的印度教神殿。他还在吴哥建造了一座新王城和佛教寺庙巴戎寺。不过，他建造的许多佛教建筑都在其继任者信仰印度教的阇耶跋摩八世统治期间被摧毁。自13世纪起，自然灾害和邻国的侵扰使吴哥王朝彻底失去了昔日的辉煌。

手指向后弯曲，形成钳形

舞者之厅
吴哥的圣剑寺是阇耶跋摩七世建造的，这件浮雕就出自圣剑寺的舞者之厅。浮雕表现了一群跳舞的舞者，她们可能是女性瑜伽修行者，也可能是与水有关的印度教女神阿布沙罗斯。阿布沙罗斯也出现在吴哥窟的墙壁上。

阿布沙罗斯或女性瑜伽修行者在莲花上舞蹈

柬埔寨的寺庙城市　173

神的家园
吴哥窟是世界上最大的寺庙建筑群之一。它的外墙代表世界的边缘，护城河代表宇宙之海。中心的五座圣塔顶部装饰有印度教的重要象征——莲花的花蕾。

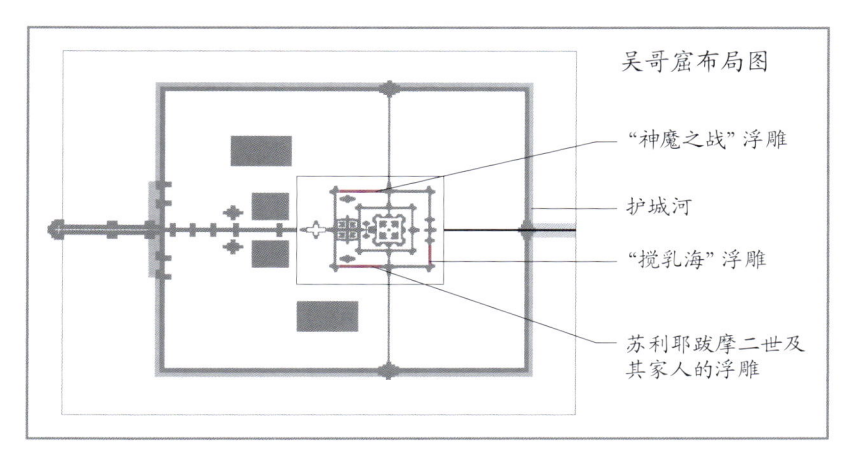

吴哥窟布局图
- "神魔之战"浮雕
- 护城河
- "搅乳海"浮雕
- 苏利耶跋摩二世及其家人的浮雕

战争场景
这件浮雕描绘了吴哥军队准备对战占婆军队的场景。士兵们手持长矛，有的士兵骑着战象。

哈奴曼
这个场景出自印度史诗《罗摩衍那》，神猴哈奴曼前往神山吉罗娑山寻找仙草，救治在战斗中受伤的罗摩的兄弟。

搅乳海
这件"搅乳海"浮雕出自吴哥窟。在印度教传说中，天神和阿修罗想要得到长生不老的甘露，于是来回拉动蛇王婆苏吉搅乳海。

- 中间的人物可能是神话中的天女弥那迦
- 柬埔寨传统舞蹈中伸展手臂的动作可能就来源于这些浮雕
- 浮雕中人物的脚被表现为侧面
- 浮雕雕刻在砂岩上

塞尔柱帝国和早期的奥斯曼帝国

自11世纪起，许多突厥部落占领了波斯西部、美索不达米亚及安纳托利亚。其中，塞尔柱人和奥斯曼土耳其人通过征服建立起广袤的帝国，成为强大和活跃的伊斯兰文化中心。

塞尔柱人原属于游牧民族乌古斯，于11世纪早期到达撒马尔罕地区。他们皈依了伊斯兰教并继续向西推进。1040年，塞尔柱人战胜伽色尼王朝，占领了呼罗珊（主要位于今伊朗境内）。这标志着塞尔柱帝国正式建立。

塞尔柱帝国的图格里勒伯克于1055年占领巴格达，控制了阿拔斯王朝的哈里发政权。然而，真正让帝国疆域扩大至安纳托利亚地区，甚至威胁到君士坦丁堡（今伊斯坦布尔）的是其侄子阿尔普·阿尔斯兰。阿尔普·阿尔斯兰在曼齐克特战役中击败了拜占廷皇帝。

塞尔柱帝国

罗姆素丹国是塞尔柱帝国的旁支，其都城科尼亚成为塞尔柱帝国的中心之一。阿尔普·阿尔斯兰的维齐尔（首相）尼扎姆·穆勒克在巴格达创建了一所大学，并资助了很多教育机构。人们在帝国境内建造清真寺，这些清真寺大多有用花卉和连续图案装饰的花饰窗格。贸易路线贯穿全国，道路旁还建有驿站。帝国官员会对贸易路线上的大部分货物征收2.5%的税款，以抵消开支。

塞尔柱人保留了游牧民族能征善战的传统。他们抵挡住了11世纪和12世纪的十字军东征，还于1176年重挫了拜占廷帝国。然而，塞尔柱帝国最终还是走向了分裂。13世纪中叶，蒙古人入侵，塞尔柱帝国瓦解。

奥斯曼土耳其人

安纳托利亚西部被相互对立的突厥部落瓜分，例如在塞尔柱帝国故地建立国家的奥斯曼土耳其人。奥斯曼帝国的名字来自其创建者奥斯曼一世。1331年，奥斯曼土耳其人占领了尼西亚。在此后半个世纪的时间里，他们涌入欧洲，并于1453年攻陷君士坦丁堡。在文化艺术方面，奥斯曼土耳其人继承了塞尔柱人的传统，在自己的领地内建造清真寺和伊斯兰学校。到1500年时，奥斯曼统治者们通过征战得来的财富使其成为重要的艺术赞助人。

> "这世上有很多君王……他们用自己的长矛触到昴星团。"
>
> 塞尔柱帝国素丹卡伊·卡乌斯一世陵墓的铭文，土耳其锡瓦斯

不透明的单色釉面上装饰着彩釉和金漆

鸟和骑马的人

几何图案宽边

库法体波斯铭文

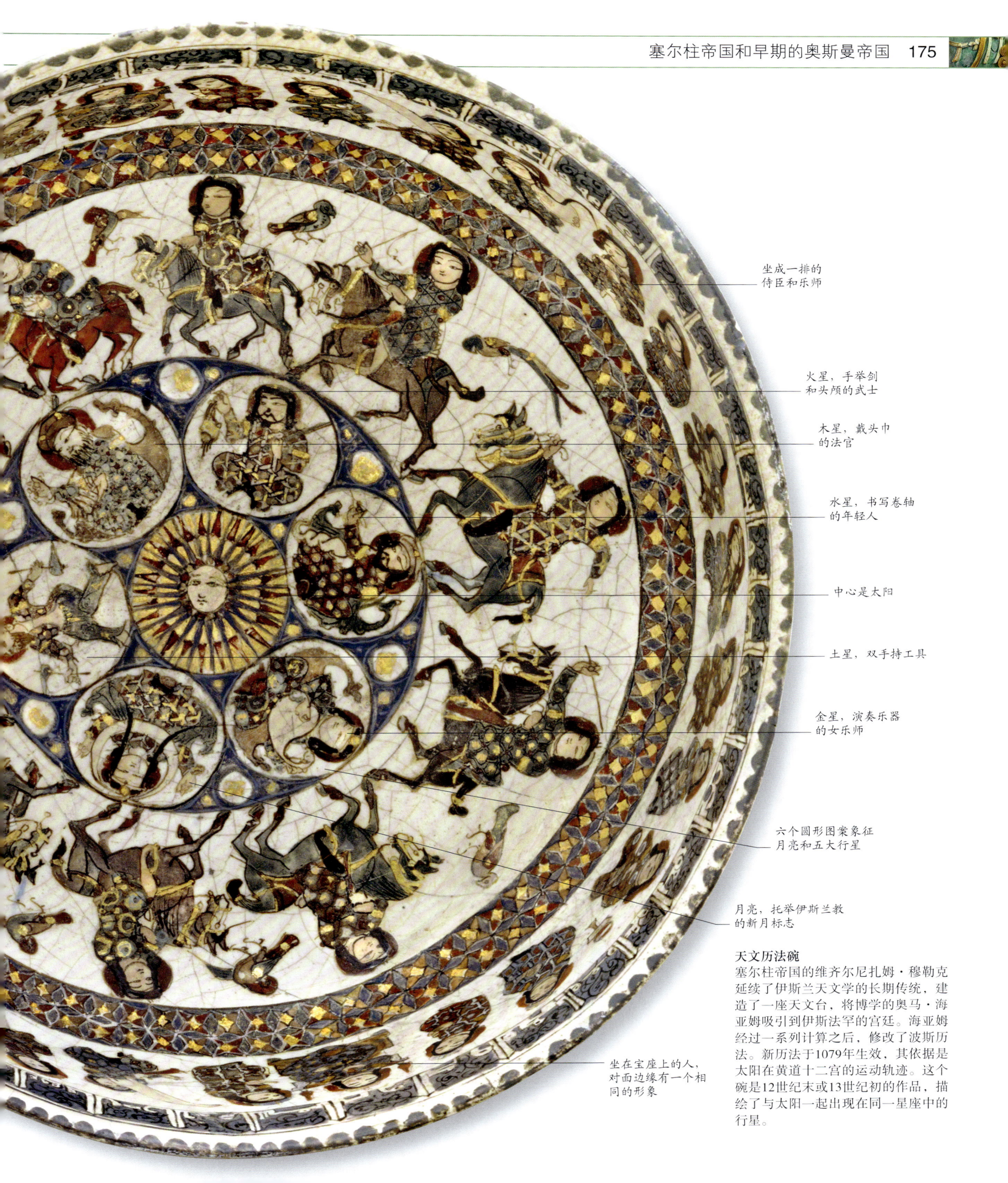

塞尔柱帝国和早期的奥斯曼帝国　175

坐成一排的
侍臣和乐师

火星，手举剑
和头颅的武士

木星，戴头巾
的法官

水星，书写卷轴
的年轻人

中心是太阳

土星，双手持工具

金星，演奏乐器
的女乐师

六个圆形图案象征
月亮和五大行星

月亮，托举伊斯兰教
的新月标志

天文历法碗
塞尔柱帝国的维齐尔尼扎姆·穆勒克延续了伊斯兰天文学的长期传统，建造了一座天文台，将博学的奥马·海亚姆吸引到伊斯法罕的宫廷。海亚姆经过一系列计算之后，修改了波斯历法。新历法于1079年生效，其依据是太阳在黄道十二宫的运动轨迹。这个碗是12世纪末或13世纪初的作品，描绘了与太阳一起出现在同一星座中的行星。

坐在宝座上的人，
对面边缘有一个相
同的形象

北美洲西南部的精神

自9世纪起,美国西南部和墨西哥北部的半干旱地区和荒漠地区孕育出了许多文化。这些文化的特点是拥有大型土坯建筑群,例如著名的普韦布洛就是当时重要的贸易、工艺和农业中心。

莫戈隆陶碗
莫戈隆人会在碗上钻孔,例如图中这只碗。他们这样做的目的可能是杀死某物,并使其灵魂进入来世。

岩画
这块砂岩上的岩画出自美国犹他州东南部的报纸岩。这些岩画的制作周期很长,其中最古老的岩画大约创作于2000年前。岩画中既有普韦布洛祖先的标记,也有后来的弗里蒙特人和纳瓦霍人的作品。人们至今尚不清楚这些岩画的创作目的。

公元1千纪晚期,北美洲西南部的人类聚居地日益扩大,许多复杂的文化随之出现。其中,既有美国新墨西哥州的普韦布洛文化和亚利桑那州的霍霍坎文化,也有美国新墨西哥州西部和墨西哥奇瓦瓦州北部的莫戈隆文化。

文化

自公元900年前后起,普韦布洛人在美国新墨西哥州的查科峡谷建造了许多规划细致的大村镇,并用笔直的道路将这些聚居地连接起来。到1100年时,这些村镇的居民数量已经增长至6000人。他们依靠种植玉米和南瓜维持生计,有时还会到贸易中心交易绿松石。然而,普韦布洛文化却在50年的时间里迅速消亡,原因可能是由降雨量变化导致的粮食减产。

霍霍坎文化兴起于美国亚利桑那州的索尔特河盆地,于1100~1450年达到鼎盛。规模最大的聚居地斯内克敦的居民数量大约为1000人。霍霍坎人居住在地下穴居和地上土屋里。霍霍坎地区发现的球戏场和土丘平台可能是受中部美洲文化的影响。霍霍坎文化从15世纪开始衰落,其贸易网络也遭废弃。

莫戈隆文化(明布雷斯文化为其亚文化)的中心位于美国新墨西哥州西部山区,因其优质的红褐色陶器而闻名。莫戈隆人也建造过聚居地,大约150座房屋围绕一个广场分布。主要的莫戈隆人聚居地于1450年前后衰落。

北美洲西南部的精神

捕猎

尽管北美洲西南部的人们主要以玉米、南瓜等农作物为食（还有驯养的火鸡），但他们也会通过捕猎来补充食物。人们在晚秋或早春捕猎体形较大的动物，例如鹿和草原上的野牛。当天气寒冷时，主要的捕猎对象则会变为野兔。

霍霍坎箭头

用于将箭头固定在箭杆上的柄脚

普韦布洛箭头

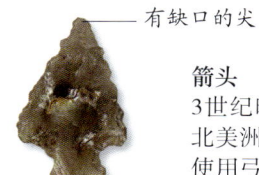

有缺口的尖

莫戈隆箭头

箭头
3世纪时，弓箭已经传入北美洲西南部。猎人可以使用弓箭在森林中捕猎，从远距离击中猎物。

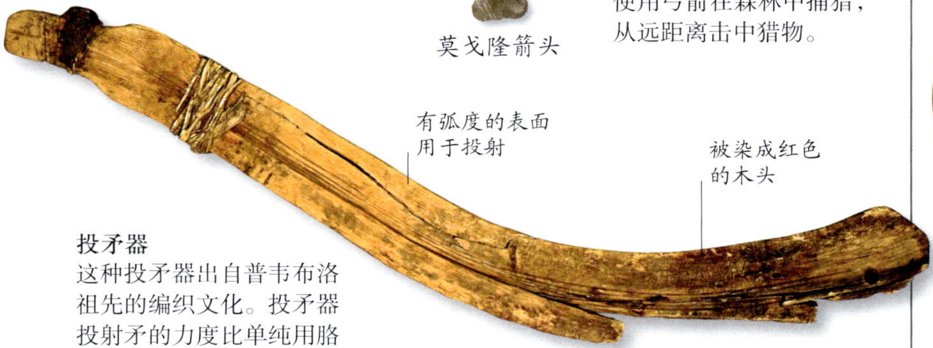

有弧度的表面用于投射

被染成红色的木头

投矛器
这种投矛器出自普韦布洛祖先的编织文化。投矛器投射矛的力度比单纯用胳膊大得多。

服装与饰品

普韦布洛人穿着用棉线编织的衣服。编织工作主要由男性完成，编织用的棉花来自南方。有些物品是用当地的丝兰纤维编织而成的，例如短裙和毯子。鞋则由编成绳的丝兰制成。在普韦布洛人的聚居地，由贝壳和绿松石制成的饰品十分常见。

普韦布洛凉鞋
早期的普韦布洛凉鞋为方形，由丝兰纤维制成。凉鞋与衣服同等重要，都是身份地位的标志。

染色的丝兰纤维

由贝壳制成

普韦布洛垂饰
这个由绿松石和贝壳制成的普韦布洛垂饰可能来自其他地区。

手镯
制作这对霍霍坎手镯的原材料可能是从其他地区交易来的。海水贝壳来自太平洋沿岸，淡水贝壳则来自美国得克萨斯州和加利福尼亚州。

用石质工具加工出的贝壳手镯

家居生活

生活在美国亚利桑那州、新墨西哥州、科罗拉多州和犹他州四州交界处的普韦布洛人开始建造悬崖居，悬崖居的结构与其数世纪前建造的土坯房屋和村镇相似。在墨西哥大卡萨斯的帕魁姆，普韦布洛人建造出包含2000多座房屋的多层土坯建筑。

帕魁姆陶罐
帕魁姆陶罐上的蛇纹装饰是中部美洲的典型图案。这表明思想文化实现了跨地区传播。

白底上的带状几何图案

容器的形状好似孕妇

彩色帕魁姆器皿
大卡萨斯的帕魁姆文化以别具一格的彩陶为特色，例如这件陶器。

青蛙图案装饰

普韦布洛杯
这个杯子出自梅萨维德，是普韦布洛人于13世纪制作的。普韦布洛人的黑白陶器制作工艺独具特色。

勺子
300～400年，制陶工艺传到四州交界处。在一个世纪的时间里，普韦布洛祖先的编织文化中就出现了这样的勺子。

锯齿图案

普韦布洛陶罐
这个12世纪早期的陶罐可能用于储存东西。类似的罐子常作为随葬品出现。

中部美洲的神话缔造者

从公元600年到1519年欧洲殖民者抵达,一连串文明先后出现在中部美洲(从墨西哥北部到萨尔瓦多和伯利兹)。这些文明虽各不相同,但却存在共同特征。城邦和帝国都有举行仪式的中心区,都崇敬相同的神,并且都在仪式上举办球戏。

阿兹特克太阳历石
这块1427年的历石中央雕刻的是阿兹特克太阳神的形象。历石上记录了四个"太阳",即世界。阿兹特克人认为这四个世界存在于当今的"第五个世界"之前。

肖然不动 ▷
这件斜卧的男性雕像出自墨西哥尤卡坦半岛的玛雅古城奇琴伊察,表现的可能是献祭的战俘或查克穆尔神。据说其腹部的平盘用于摆放供品或充当祭坛。

古典时期后期(约600~900)是玛雅文明的繁荣时期。帕伦克、亚斯奇兰、蒂卡尔等玛雅城邦被改建,修筑起石头神庙、金字塔、宫殿、球戏场和广场。巅峰时期的玛雅文明包含40多座城邦,每座城邦都由一位国王或贵族统治。玛雅文明的传奇之处不仅在于它的石头建筑,还在于玛雅人掌握的灌溉和筑台田技术,以及其复杂的文字体系、历法和天文学体系。

9世纪,由于干旱、滥砍滥伐和战争,位于低地地区的玛雅城邦开始衰落。与此同时,北部低地的玛雅城邦崛起。这里的玛雅人是来自海湾低地的商人和武士,他们在尤卡坦半岛的高地上建立起以奇琴伊察为中心的国家。另一座城邦玛雅潘于1221年前后征服了奇琴伊察,不过却于1450年被焚毁。

托尔特克文明

好战的托尔特克人在墨西哥中部高地建立了自己的都城图拉。这座城市于900~1150年达到鼎盛,当时其人口数量可能超过4万。图拉城中有两座巨大的金字塔。托尔特克人不仅是杰出的建筑师,还是伟大的雕刻家。他们雕刻了巨大的武士像,展现出尚武精神。因此,托尔特克人的崛起也是尚武精神在中部美洲兴起的标志,其影响极其深远。托尔特克人的军事等级分为郊狼、美洲豹和雄鹰,这种等级制度也被一些玛雅城邦采用,例如奇琴伊察和玛雅潘。

阿兹特克文明的兴衰

由于气候日益干旱,托尔特克文明衰落,阿兹特克人得到了墨西哥谷地的控制权。1325年,他们在特斯科科湖中的岛屿定居,并建造了都城特诺奇蒂特兰。阿兹特克人在特斯科科湖密集的沼泽中开出航道,并用泥土造出一块块小人工岛(奇南帕),用于种植农作物。为了尽可能地利用可耕种的土地,他们还建造出复杂的灌溉系统。这种改造沼泽的技能是阿兹特克文明兴盛的关键。阿兹特克的最高统治者被称为特拉托阿尼(国王),他们住在奢华的宫殿里,拥有控制整个帝国的权力。他们要求被其征服的地区上交贡赋,并建立起巨大的贸易网络用以聚拢财富。1440年,蒙特苏马一世即位。此时,阿兹特克人已经控制了墨西哥的大部分地区,并向各地收取贡赋。

阿兹特克人复杂的宗教信仰主要基于对太阳的崇敬。他们认为只有用人类献祭太阳,才能避免地球被太阳毁灭。为了获得人祭用的俘虏,他们会与敌人展开仪式性的战争,即"鲜花战争"。

1519年,来自西班牙的殖民者们在埃尔南·科尔特斯的率领下侵入墨西哥。蒙特苏马二世误信了这些西班牙殖民者,对其以礼相待,却被西班牙人俘虏。阿兹特克人不仅被西班牙殖民者夺走了统治权,还遭受了盟友的背叛,并被西班牙人带来的天花感染。阿兹特克文明最终瓦解。

"如果我们没有得到自己想要的……你们会遭到报复。"
伊兹科亚特尔,阿兹特克统治者,与特帕内克人开战前的话,15世纪20年代末

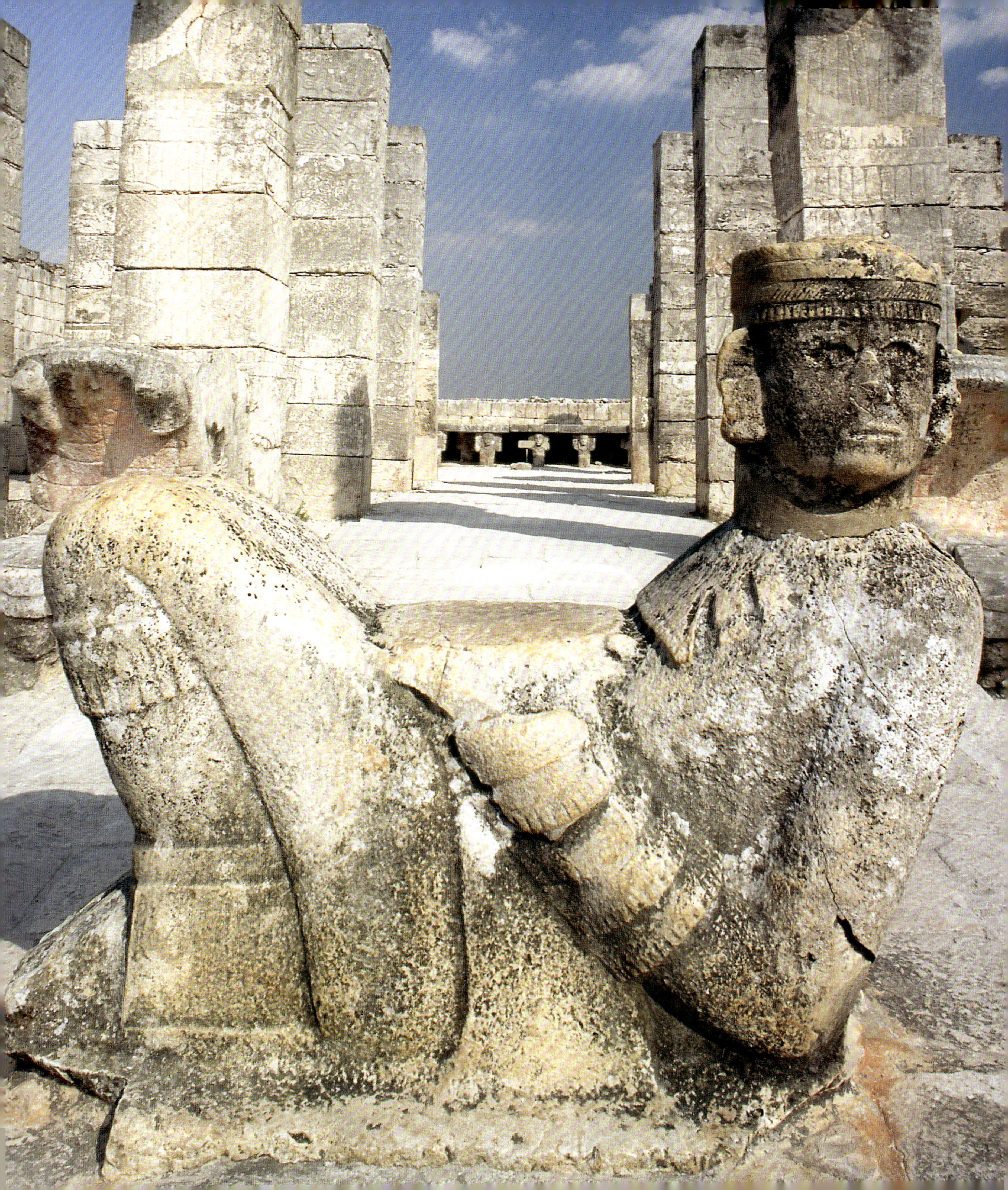

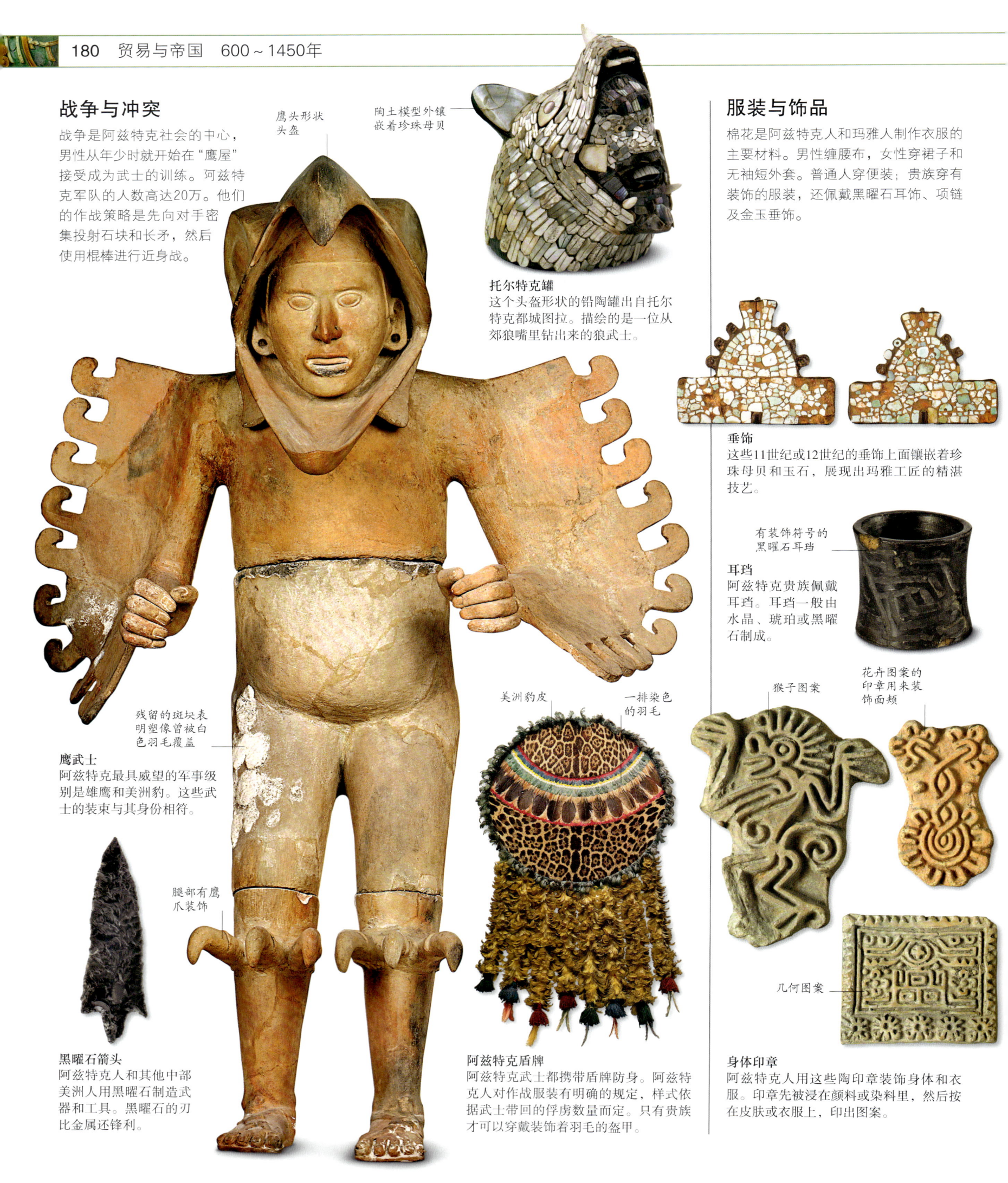

180　贸易与帝国　600～1450年

战争与冲突

战争是阿兹特克社会的中心，男性从年少时就开始在"鹰屋"接受成为武士的训练。阿兹特克军队的人数高达20万。他们的作战策略是先向对手密集投射石块和长矛，然后使用棍棒进行近身战。

鹰头形状头盔

陶土模型外镶嵌着珍珠母贝

托尔特克罐
这个头盔形状的铅陶罐出自托尔特克都城图拉。描绘的是一位从郊狼嘴里钻出来的狼武士。

残留的斑块表明塑像曾被白色羽毛覆盖

鹰武士
阿兹特克最具威望的军事级别是雄鹰和美洲豹。这些武士的装束与其身份相符。

腿部有鹰爪装饰

黑曜石箭头
阿兹特克人和其他中部美洲人用黑曜石制造武器和工具。黑曜石的刃比金属还锋利。

美洲豹皮

一排染色的羽毛

阿兹特克盾牌
阿兹特克武士都携带盾牌防身。阿兹特克人对作战服装有明确的规定，样式依据武士带回的俘虏数量而定。只有贵族才可以穿戴装饰着羽毛的盔甲。

服装与饰品

棉花是阿兹特克人和玛雅人制作衣服的主要材料。男性缠腰布，女性穿裙子和无袖短外套。普通人穿便装；贵族穿有装饰的服装，还佩戴黑曜石耳饰、项链及金玉垂饰。

垂饰
这些11世纪或12世纪的垂饰上面镶嵌着珍珠母贝和玉石，展现出玛雅工匠的精湛技艺。

有装饰符号的黑曜石耳珰

耳珰
阿兹特克贵族佩戴耳珰。耳珰一般由水晶、琥珀或黑曜石制成。

猴子图案

花卉图案的印章用来装饰面颊

几何图案

身体印章
阿兹特克人用这些陶印章装饰身体和衣服。印章先被浸在颜料或染料里，然后按在皮肤或衣服上，印出图案。

中部美洲的神话缔造者　181

家居生活

大多数中部美洲人在公共田地上耕种。女性的大多数时间花费在纺织棉花和磨玉米粉上；男性在田间劳作，有时还要为贵族服务或服兵役。现存的大多数中部美洲生活用品都属于当时的精英阶层。

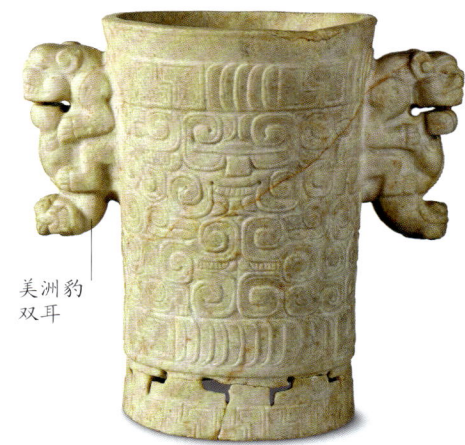

垂饰项链
珠宝制作是受人尊敬的手艺，阿兹特克珠宝工匠有自己的"行会"。这条项链上的垂饰表现的是一个人物。

- 翡翠和绿岩珠子
- 人像垂饰

托尔特克雕塑
精心装饰的羽毛头饰只有托尔特克贵族和其他中部美洲文明中的精英阶层才有资格佩戴，例如这件雕塑中的头饰。

圆柱形花瓶
这种大理石花瓶出自洪都拉斯的乌卢阿河流域，是当时精英阶层使用的物件。它们曾远销至伯利兹，表明玛雅文明的贸易网络十分发达。

- 美洲豹双耳

玛雅女性
这件9世纪的雕塑表现的是身穿典型玛雅服饰的女性。她的两眼略微内斜，前额扁平，这是玛雅人喜爱的长相。

- 脸部有疤痕
- 耳珰
- 大珠串项链
- 露肩衫
- 大手镯

阿兹特克碗
阿兹特克文明有四个主要区域：特斯科科、查尔科、伊斯塔帕拉帕和特诺奇蒂特兰。这些地区出产的陶器以黑橙相间的图案为特征。

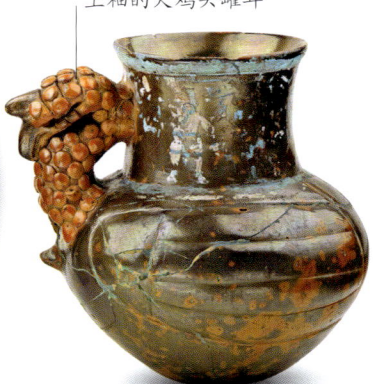

- 线形几何图案是早期阿兹特克陶器的特征

太平洋罐
这种铅陶器是托尔特克文明的一种重要商品，其产地位于太平洋沿岸。

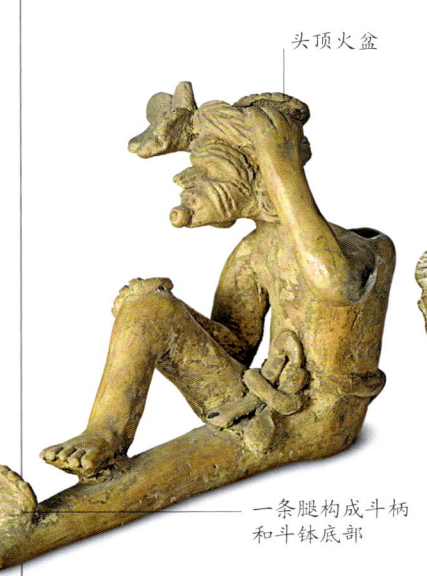

- 上釉的火鸡头罐耳

阿兹特克陶烟斗
烟斗上的人物是巍巍堤奥托（至老神）。他是炉台的守护者，炉台是进行家庭宗教仪式的场所。

- 头顶火盆
- 一条腿构成斗柄和斗钵底部

玛雅雕塑
这件雕塑描绘了一位端坐着操作背带式织布机的女性。在玛雅艺术作品中，女性纺织是常见的主题。

- 这个人物可能是纺织女神伊什·切尔
- 中部美洲广泛使用的背带式织布机

182 贸易与帝国　600～1450年

艺术与文化

中部美洲有技艺精湛的石匠，他们尤其擅长用石头雕刻。珠宝和其他金属装饰品也具有极高的艺术价值。中部美洲文明在建筑和城市建设方面的表现尤为突出，城市规划井然有序，中心广场的四周环绕着巨大的神庙和宫殿群。

盘内绘有超自然形象

戴耳珰的人物

三足盘

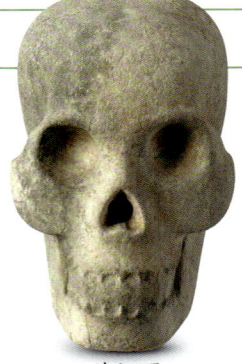

前视图　**侧视图**

石颅骨
这件颅骨石雕制作于15世纪中叶至16世纪初，当时正值阿兹特克文明的巅峰时期。石颅骨表现出阿兹特克人对死亡的痴迷。它可能插于墙上的凹槽内。

阿兹特克人像
这件人像的发型与面容细致入微。阿兹特克人雕刻玉石时不使用金属工具，而是使用由硬玉或其他坚硬材料制成的工具。

彩绘盘
这个盘子出自尼加拉瓜的大尼科亚，此处是中部美洲文明辐射地域的最南端。

玛雅贵族坐像

神庙模型
这是一个托尔特克神庙模型，高耸的金字塔外立面和高大的屋脊饰表明其深受玛雅建筑风格的影响。

蛙与阿兹特克雨神特拉洛克有关

蛙雕像
蛙不仅象征水和雨，还象征生育力。蛙的形象经常出现在阿兹特克艺术作品中。除此之外，蛙还是人们的美味佳肴。

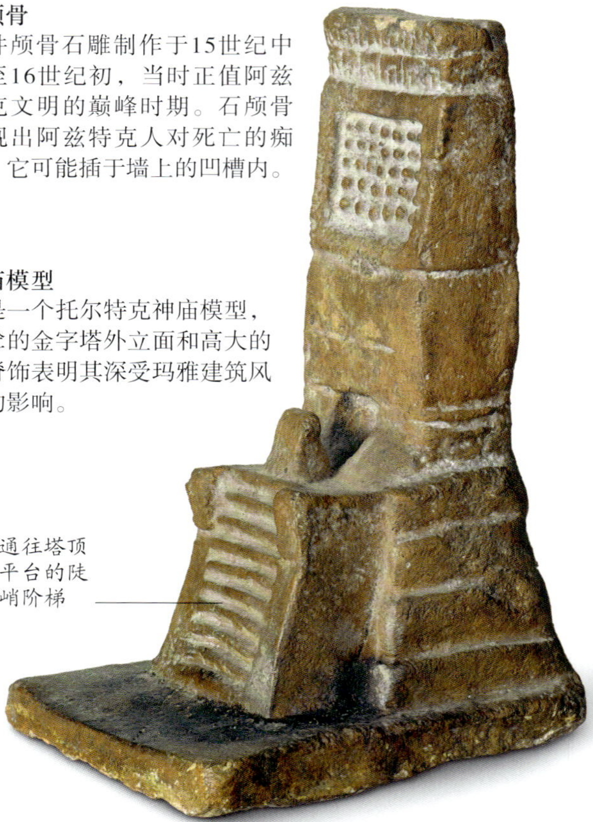

通往塔顶平台的陡峭阶梯

玉雕
中部美洲的玉雕讲究对称与平衡，注重表面细节，例如这两块玛雅翡翠饰板。

球戏

阿兹特克、玛雅和很多其他中部美洲文明都会进行一种带有宗教仪式性质的球戏。这种运动不仅具有宇宙学含义，还是竞技性的比赛和仪式化的战争。在一些文明中，败方的队长会被用于人祭。

育克上的朱砂痕迹

绿岩育克
育克是由柳条或皮革制成的宽腰带，球戏参与者将其穿戴在腰部，起保护的作用。这件石头育克可能用于仪式。

石颅骨
球戏与死亡密切相关。这个石颅骨可能是育克上的装饰物，也可能是划分比赛场地的标志。

玛雅花瓶
这个圆柱形花瓶描绘了身穿育克和其他护具的球戏参与者。参与者还会穿鹿皮衣，头戴精致的头盔。

刻在正面的人物头像

球戏场
球戏场遍布中部美洲各处。在球戏过程中，参与者必须保持球不落地，只允许用臀、肩和膝盖接触球，将橡皮球射进场地墙上的圆环里可以得分。

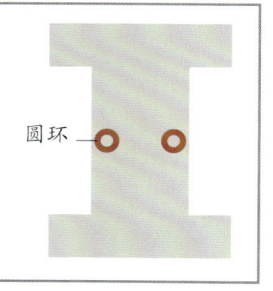

圆环

信仰与仪式

中部美洲的宗教关注宇宙和自然，包含农神和太阳神等数量众多的神。中部美洲的很多文明都以血祭敬神。阿兹特克人认为神曾经为创造世界而牺牲了自己，因此人类应该有所回报。

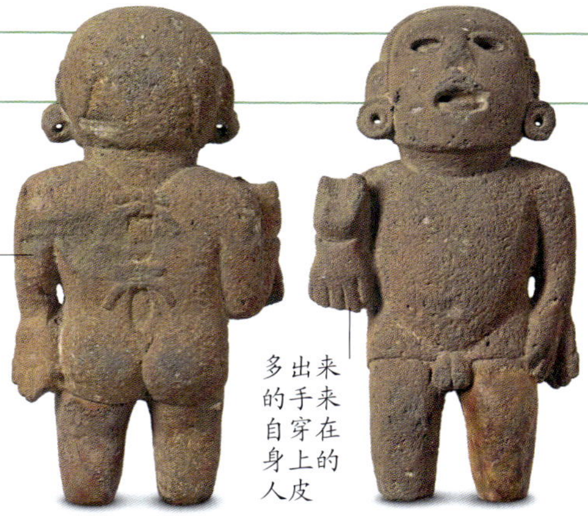

生育神
希佩·托特克是阿兹特克主宰生育的神，也被称为"剥皮神"。因此，献给他的皮肤祭品需要先由祭司剥皮、处理，然后披挂在身上。

- 穿着刚剥下的人皮
- 多出来的手来自穿在身上的人皮

阿兹特克面具
这个马赛克面具表现的是羽蛇神克查尔科亚特尔。他是造物神，同时主宰自然、风和知识，在古代中部美洲受到普遍崇敬。

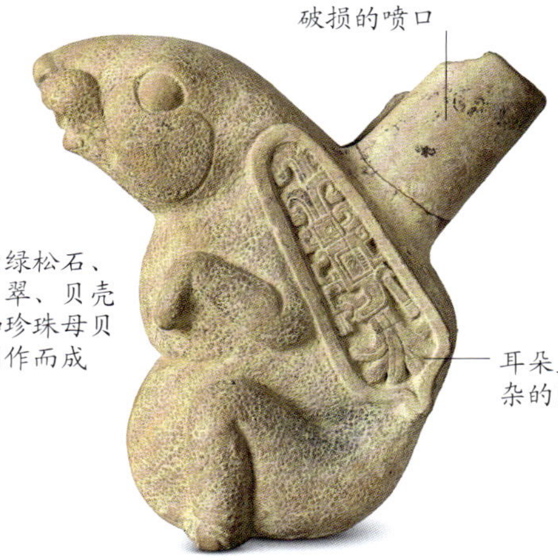

- 由绿松石、翡翠、贝壳和珍珠母贝制作而成

兔形器皿
这是一个兔子形状的器皿。在危地马拉高地的玛雅造物神话中，兔子在球戏中帮助双雄对抗阴间诸神。

- 破损的喷口
- 耳朵上有复杂的图案

双头蛇胸饰
这件双头蛇胸饰原本为阿兹特克高级祭司所佩戴。当时蒙特苏马二世误以为埃尔南·科尔特斯是羽蛇神的化身，因此将这件胸饰和其他珍宝赠予科尔特斯。

- 小块绿松石镶嵌出的马赛克
- 红色和白色贝壳镶嵌出的嘴和牙齿

站立人像
这件人像出自墨西哥湾沿岸。人像表现的人物佩戴着精美的饰品。他双臂伸展，可能是祭司。

- 动物头饰
- 衣服上的动物尾巴充当第三条腿

香炉
这个玛雅香炉用于燃烧由柯巴脂（树脂）制成的香，这种香是大多数玛雅宗教仪式的必备物品。

- 竖起刚毛的豪猪

雨神
玛雅人认为雨神恰克是玉米地的守护者。玛雅建筑物的正面经常装饰着恰克面具。

- 头饰上的玉米
- 精致的头饰
- 雨神恰克常被描绘为长着大眼睛和长獠牙
- 一手端着燃香的碗

诸神的青睐

亚斯奇兰门楣

古典时期后期（约600~900）是玛雅文明的鼎盛时期。玛雅各城邦展开了对最高统治权的争夺，王朝因而不断更迭。玛雅国王们竖起高大的雕刻石柱和门楣（横梁），以纪念战争胜利和其他重大事件。

亚斯奇兰位于墨西哥的乌苏马辛塔河河湾，起初只是一个小城邦。自359年起，亚斯奇兰一直由同一王朝统治。

血祭仪式浮雕

24号门楣描绘了一场举行于709年的血祭仪式。在这件浮雕中，盾豹王二世站在左侧，他的妻子卡泽克夫人正在其面前拉动一根带刺的绳子穿过自己的舌头。浮雕上还有被俘房的敌方统治者的名字。

玛雅象形文字记录了事件发生的日期：709年10月24日

然而，亚斯奇兰与周边城邦的战争从未停止，例如卡拉克穆尔、博南帕克和黑石城。亚斯奇兰国王盾豹王二世（681~742年在位）的统治之下兴盛起来，取得了一连串战争的胜利。亚斯奇兰因而获得了整个乌苏马辛塔地区的控制权。盾豹王二世的儿子鸟豹王四世（752~768年在位）进一步巩固了对亚斯奇兰的统治。

血祭

盾豹王二世在其统治期间建造了很多神庙和纪念碑，以纪念自己的功绩，其中包括王后卡泽克夫人委托建造的23号神庙。这座神庙的25号门楣纪念的是国王盾豹王二世于681年即位的事件，门楣上描绘了雨神恰克从一条巨蟒口中跳出的场景。紧邻的门楣上描绘的是盾豹王二世的妻子卡泽克夫人奉上美洲豹头盛血的场景，夫人为其丈夫奉上美洲豹头盛血的场景。这座神庙的24号门楣（下图）描绘了卡泽克夫人进行血祭的场景，这是玛雅统治者必须完成的仪式之一。玛雅人认为，为神和其他超自然存在举行血祭仪式是对神创造宇宙所做牺牲的重现。血祭仪式也选在特别吉利的日子举行，可以是统治者即位的纪念日，也可以是玛雅历法上某个周期结束的日子，例如一个卡顿（长约20年的周期）的结束日。

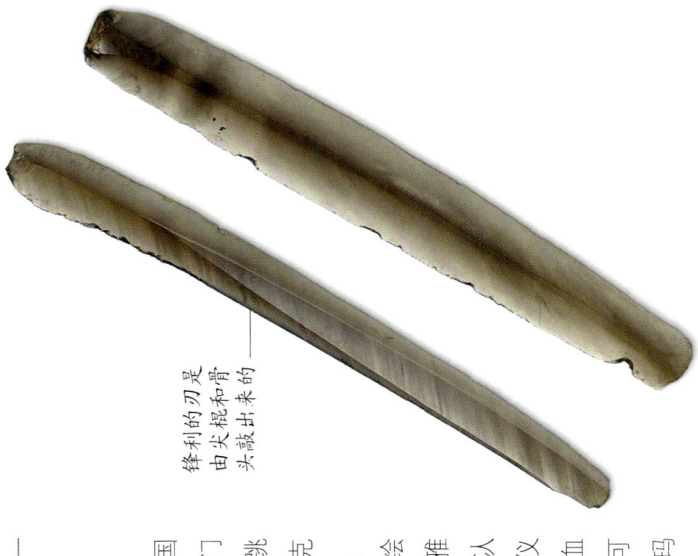

锋利的刃是由尖棱和骨头裁出来的

黑曜石刀片
这种刀片是玛雅血祭仪式使用的典型工具。鲨鱼刺和蜗牛壳也可以用作放血的工具。

表示俘房名字的玛雅象形文字

盾豹王二世手举燃烧的火把

表示盾豹王二世名字的玛雅象形文字

皱缩的人祭害者头颅

表示血祭的象形文字

中部美洲的神话缔造者 185

- 雨神恰克的马赛克头像
- 穿在串珠上的太阳神胸饰
- 代表玛雅太阳神的胸饰
- 红色颜料的痕迹
- 用于放血的带刺的绳子
- 精心雕刻的衣裙
- 蓝色颜料的痕迹
- 收集血滴的篮子

符号之书

《德累斯顿抄本》

《德累斯顿抄本》是四部得到证实的玛雅文献之一。这些文献从16世纪西班牙人对中部美洲的征服中幸存，另外三部分别是《马德里抄本》《巴黎抄本》和《格罗利尔抄本》。其中一些抄本以欧洲城市名命名，这是因为它们目前存放于这些城市中。

《德累斯顿抄本》长3.5米，包含39个可以折叠成册的双面彩绘页面。页面中的内容大多由符号和图画组合而成，主要与玛雅诸神相关。除此之外，抄本中还含有详细的天文和历法信息。

标记时间

玛雅历法高度复杂，中部美洲的其他民族也在使用。历法由一系列循环的时间周期构成，这些周期受卓尔金历（共260天，13个月，每月20天）和太阳历（共365天，18个月，每月20天，外加5个禁忌日）的相互作用。这两个历法循环组合产生的纪年叫作历法轮，每52年完成一个大周期。

玛雅人认为时间是循环的，事件会重复发生，因此可以根据过去预测未来。他们还认为天体的运行与神的活动有关，因此天文学知识是判断日子凶吉的重要参考。玛雅人还有一个叫作长纪年历的历法。长纪年历以公元前3114年8月13日为起点向后推算，主要的时间周期是金（1天）、乌内尔（20天）、顿（360天）、卡顿（7200天，约20年）和巴克顿（144000天，约394年），这些时间周期组合成大循环。《德累斯顿抄本》完成于1210年以后，记录了长纪年历的最后日期。

玛雅天文学

玛雅天文学家通过观察月球的运行周期，计算出149个月球周期为4400天。金星的运行周期对玛雅人尤为重要，他们称呼金星为"伟大的星"。《德累斯顿抄本》中有5页的内容与金星有关，第53页就是其中之一。玛雅人把金星和太阳看作玉米神的儿子，他们运用计谋战胜并杀死了阴间诸神，使玉米神复活并升天。

玛雅人观察到5个金星历年（近584天）大约等于8个地球年。经验丰富的玛雅天文学家还意识到真正的金星历年比这个结果少十二分之一天，并将修正的结论补充进天文律法中。

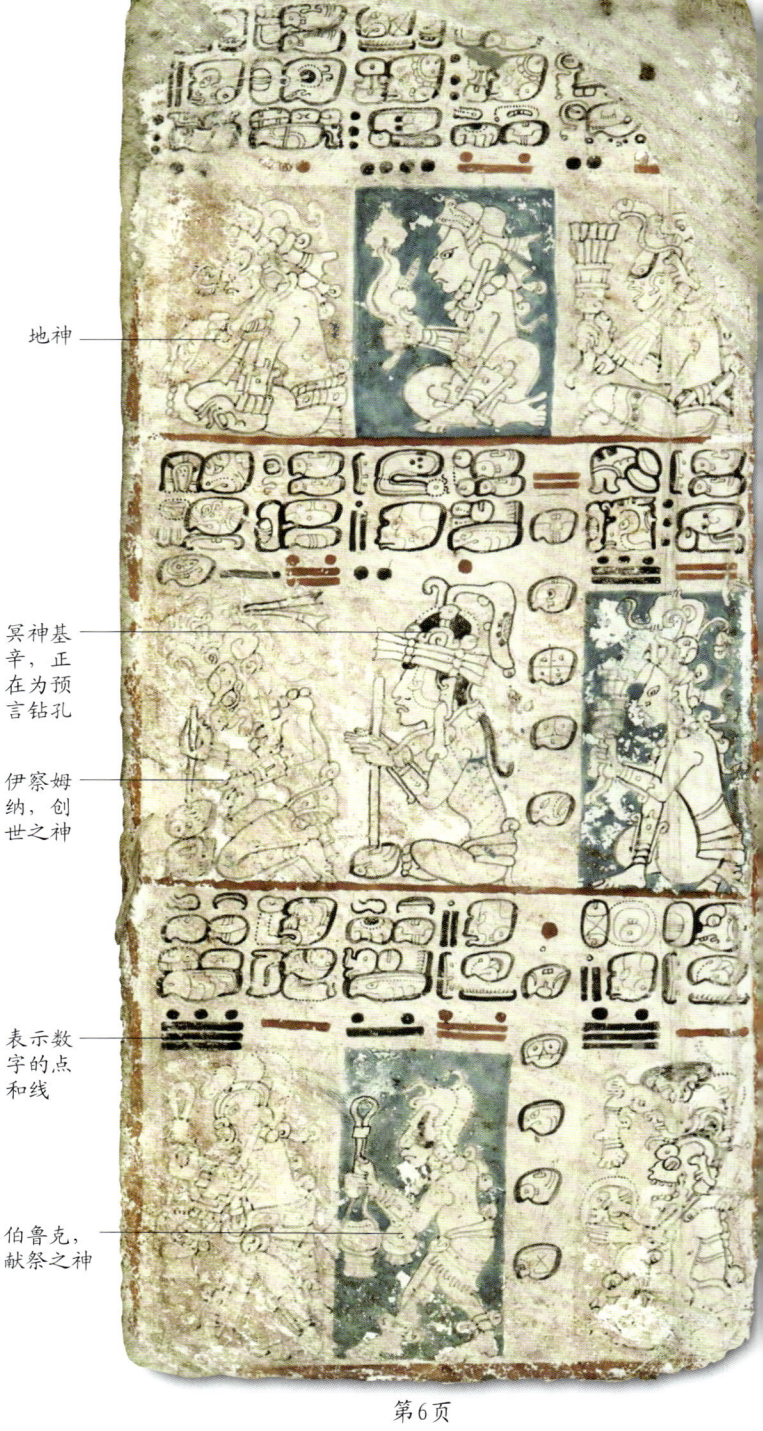

地神

冥神基辛，正在为预言钻孔

伊察姆纳，创世之神

表示数字的点和线

伯鲁克，献祭之神

第6页

完整的抄本
《德累斯顿抄本》的开头是用于计算玛雅历法的乘法表。接下来是一系列记载卓尔金历每一天属性的详细内容。除此之外，还有金星历、月亮历及一套与卡顿相关的预言。

按照从上至下、从左至右的顺序阅读

由植物染料制成的彩色墨水

环绕页面的红框

绿嘴唇的死神戴着骷髅头饰

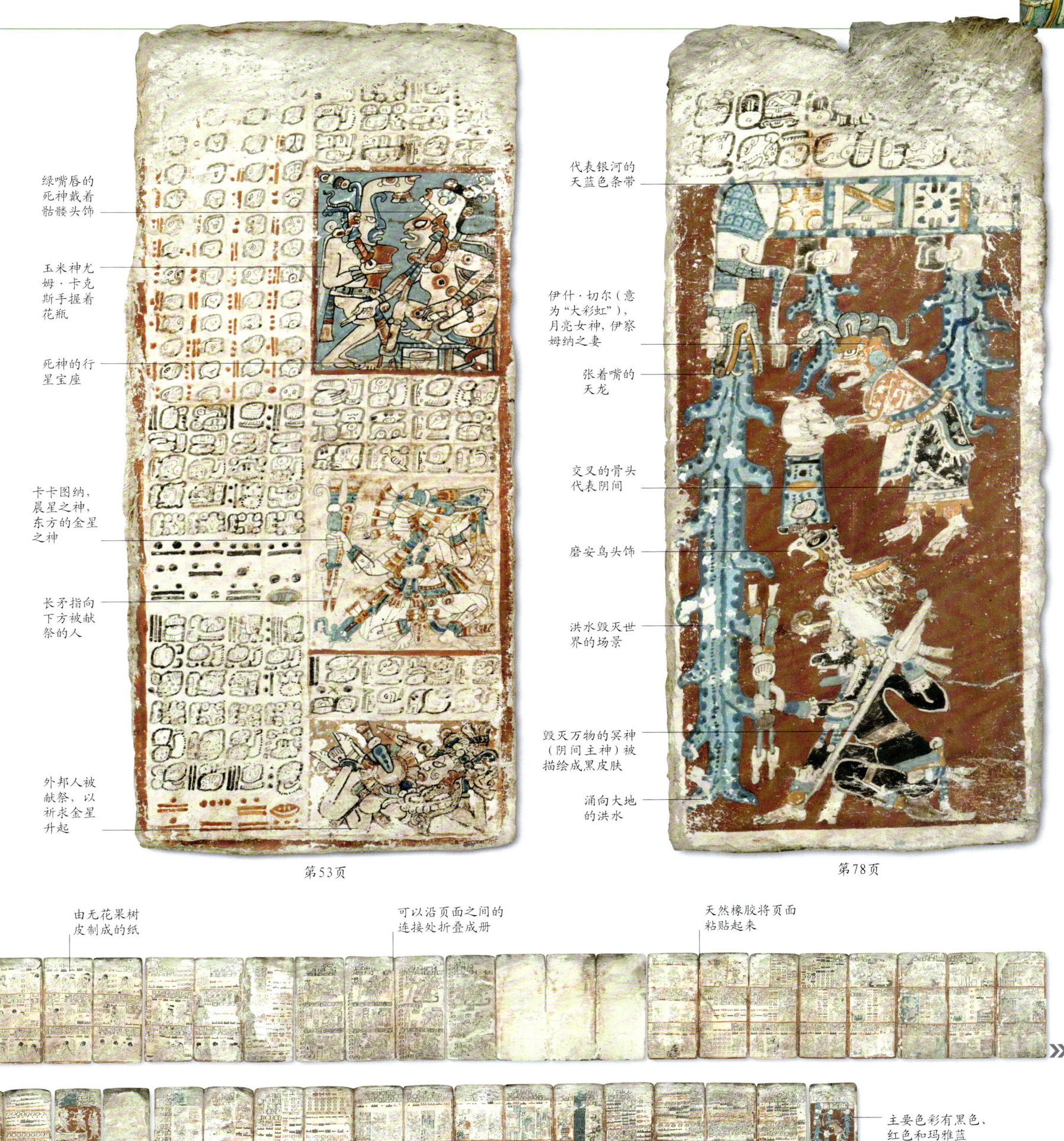

玉米神尤姆·卡克斯手握着花瓶

死神的行星宝座

卡卡图纳，晨星之神，东方的金星之神

长矛指向下方被献祭的人

外邦人被献祭，以祈求金星升起

代表银河的天蓝色条带

伊什·切尔（意为"大彩虹"），月亮女神，伊察姆纳之妻

张着嘴的天龙

交叉的骨头代表阴间

磨安鸟头饰

洪水毁灭世界的场景

毁灭万物的冥神（阴间主神）被描绘成黑皮肤

涌向大地的洪水

第53页

第78页

由无花果树皮制成的纸

可以沿页面之间的连接处折叠成册

天然橡胶将页面粘贴起来

主要色彩有黑色、红色和玛雅蓝

正反面共78页的抄本

安第斯山脉的瑰宝

自4世纪起，秘鲁高原陆续出现了一系列文明，每一个文明都建立了大型的纪念性中心。到15世纪时，最后一个文明——印加，征服了安第斯山脉的大部分高原地区和沿海地区。1532年，印加帝国被西班牙殖民者灭亡。

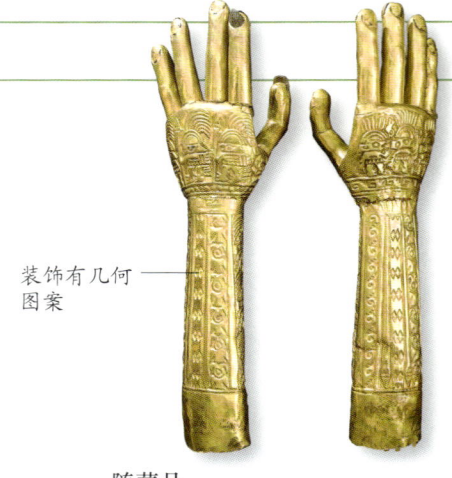

装饰有几何图案

随葬品
在安第斯山脉的宗教信仰中，黄金与太阳密切相关。这副黄金手套是奇穆人的随葬品。

公元600年前后，秘鲁地区的政权转移到了两个国家手中。这两个国家都起源于安第斯山脉的高原地区，一个是蒂亚瓦纳科，另一个是瓦里。的的喀喀湖边的蒂亚瓦纳科城拥有宏伟的神庙和举行仪式的区域，其影响力一直延伸到南部的低地地区。瓦里人以阿亚库乔盆地为中心建立起井然有序的国家，他们拥有先进的灌溉系统，控制着高原和北部的低地地区。蒂亚瓦纳科和瓦里的艺术有许多共通之处。两个国家都衰亡于1100年前后。

失落的乐园 ▽
马丘比丘约建造于15世纪晚期，是印加建筑的典型案例。这处天然要塞中有143座建筑物，其中80座为房屋，其余的为仪式建筑，例如神庙。

8世纪，西坎文明在秘鲁北部沿海的兰巴耶克谷地发展起来。西坎人建造的城市拥有丧葬宗教区域，其金字塔中包含贵族墓葬，里面有很多黄金随葬品。

1375年，西坎被邻国奇穆王国击败。自此之后，奇穆的国王们陆续征服了秘鲁中部的大部分低地地区。奇穆人是技艺精湛的建筑师，其都城昌昌大约拥有1万居民，城内有九个相连的王室院落。1470年前后，昌昌城被印加人攻占。印加文明是安第斯山脉地区最后一个强大的文明，起源于秘鲁高原。在几位伟大统治者的领导之下，印加文明于15世纪中叶发展壮大。印加帝国在克丘亚语中被称为"Tawantinsuyu"（意为"四方之地"）。印加帝国拥有4万多千米长的公路网络和遍布各地的驿站，可以迅速传播消息。这一网络还帮助印加人征服了安第斯山脉的大部分地区。16世纪20年代，西班牙殖民者将天花带到这片土地，致使印加帝国迅速衰亡。

安第斯山脉的瑰宝　189

服装与饰品

古代秘鲁的纺织业高度发达，不同文明的融合创造出形式丰富的纺织品。在安第斯山脉的高原地区，衣服主要由羊毛制成，而低地地区的人们则使用棉花制作衣物。奇穆王国和印加帝国还有专门制作羽毛制品的工匠。

搭肩衫
这件搭肩衫上装饰着各种颜色的羽毛。这些鸟来自亚马孙雨林和秘鲁沿海地区。

印加古柯袋
这种袋子用于存放古柯叶。印加人有嚼古柯叶解乏的习惯，古柯叶还有缓解高原病的作用。

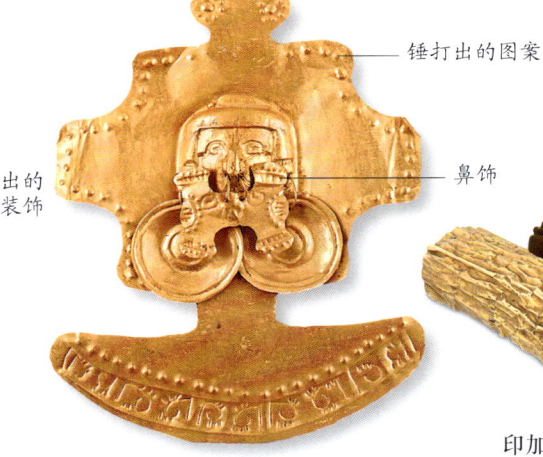

— 手工纺出的线绳上装饰着羽毛

黄金胸甲
这件制造于10世纪的胸甲出自哥伦比亚的卡利马文化，上面装饰有一个佩戴鼻饰的人脸。鼻饰是当时常见的饰品。

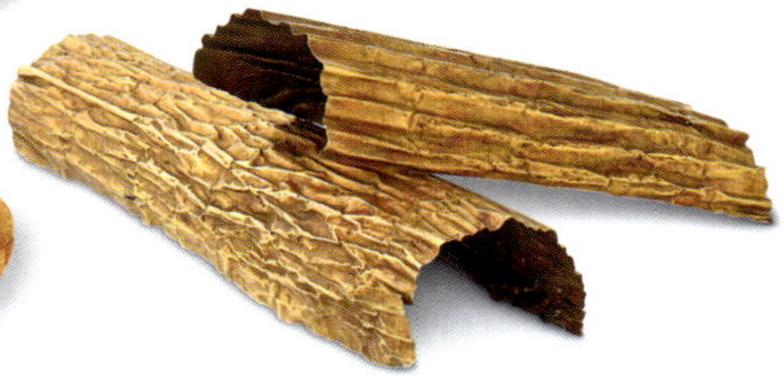

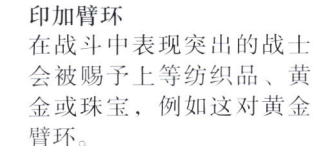

— 锤打出的图案
— 鼻饰

印加臂环
在战斗中表现突出的战士会被赐予上等纺织品、黄金或珠宝，例如这对黄金臂环。

圆盘
这对圆盘可能是耳饰，也可能是衣服上的配饰。鸟和猫科动物的装饰图案交替出现在圆盘上。

— 由贝壳和绿松石制成

— 装饰奢华的王冠可能是随葬品

奇穆头饰
在古代秘鲁，羽毛同黄金一样昂贵。它们主要用于装饰仪式上使用的物件和重要人物的服饰，例如这个14世纪的头饰。

— 由黄金和羽毛制成的流苏

镜框
这个奇穆木质镜框受到瓦里的文化影响。它的外面可能曾经包裹着一层金箔或银箔，由小钉子固定。

— 戴头饰的人像
— 眼睛和发带处原本镶嵌有半宝石
— 木筏
— 由一整块纹理细密的木头雕刻而成

奇穆王冠
宗教和政治领袖用黄金饰品来装饰自己，例如这个黄金王冠。奇穆征服西坎之后，许多西坎工匠被带到昌昌城，他们为奇穆制作了大量的黄金制品。

— 人物周围环绕着动物

190　贸易与帝国　600～1450年

家居生活

对安第斯山脉的大多数人而言，生活是艰难的。当时的社会管理十分严格，人口流动性很小。奇穆的昌昌城有精英阶层的专属居住区。在印加社会里，人们必须终生留在其出生的部族中。普通人的住所是狭小的矩形石头房屋，里面只有一间屋子。

印加盘
这个陶盘出自帕查卡马克太阳神庙。它有一个鸟头形状手柄，盘内有同心圆几何装饰和青蛙图案。

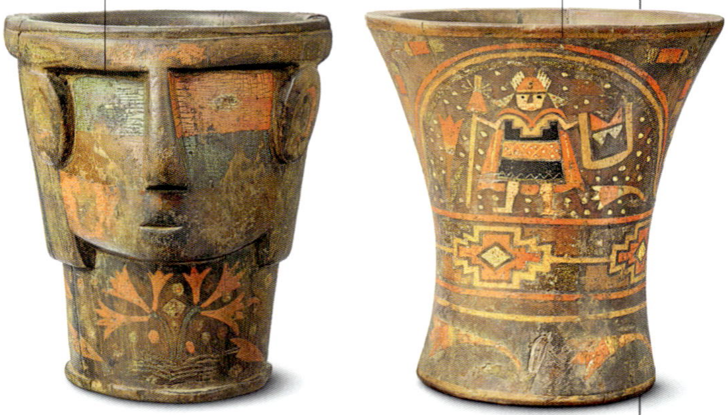

光洁的表面
装饰图案向内收窄

殖民时期的印加凯罗杯
这些凯罗杯制作于西班牙人占领印加帝国之后。它们以早期的仪式用碗为基础，上面的人像比传统样式的更大。

人脸浮雕
用有色树胶绘制的图案

印加水罐
印加人既制作仪式用陶器，也制作日常生活用陶器，例如绘有几何图案的多尺寸水罐。陶器上经常装饰着叶子图案，例如这个水罐。

突出的喷口

信仰与仪式

安第斯山脉地区的宗教信仰崇敬祖先和诸神。奇穆人的主神是月亮女神斯，而印加人的主神则是太阳神印蒂。据说，黄金是太阳神的汗水，白银则是其妻子月亮女神玛玛·基利亚的眼泪。

奇穆木乃伊
奇穆重要人物的尸身会被制成木乃伊，然后安放在墓葬中供人们敬拜。

条纹披风和带子将身体裹住
袋子里装着棉花和古柯叶

人偶
这种彩色人偶有时会随葬在木乃伊身旁。它们的任务是在死后的世界侍奉主人。

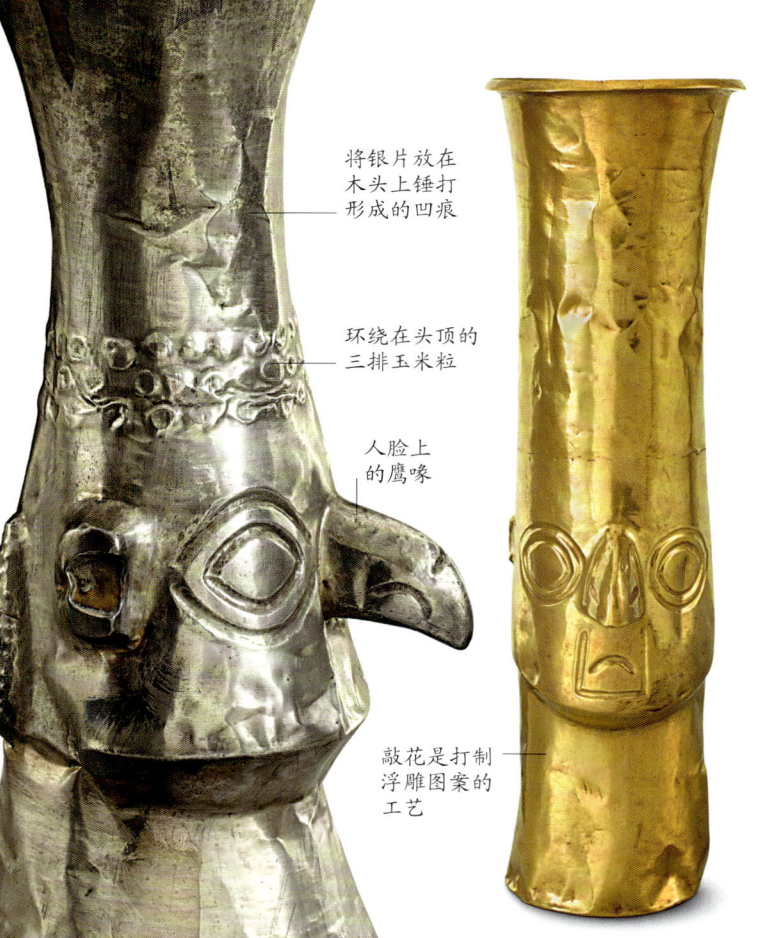

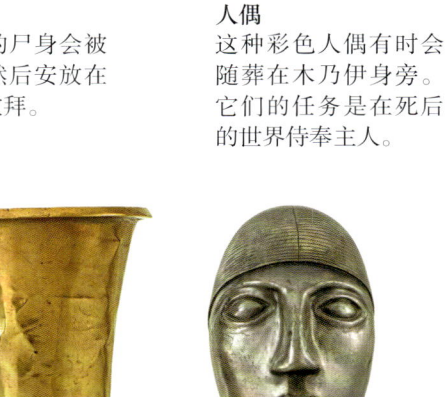

奇穆肖像酒杯
这些金银器可能用于盛奇查酒（玉米啤酒），人们在进行祭祀活动和其他仪式时会大量饮用这种酒。奇查酒也是献给神的供品，用以祈求丰收。

将银片放在木头上锤打形成的凹痕
环绕在头顶的三排玉米粒
人脸上的鹰喙
敲花是打制浮雕图案的工艺

银像
印加人会将人像作为随葬品放置在墓葬中，例如这件女性银像。人像原本穿着由织物制成的衣服。

中空的身体

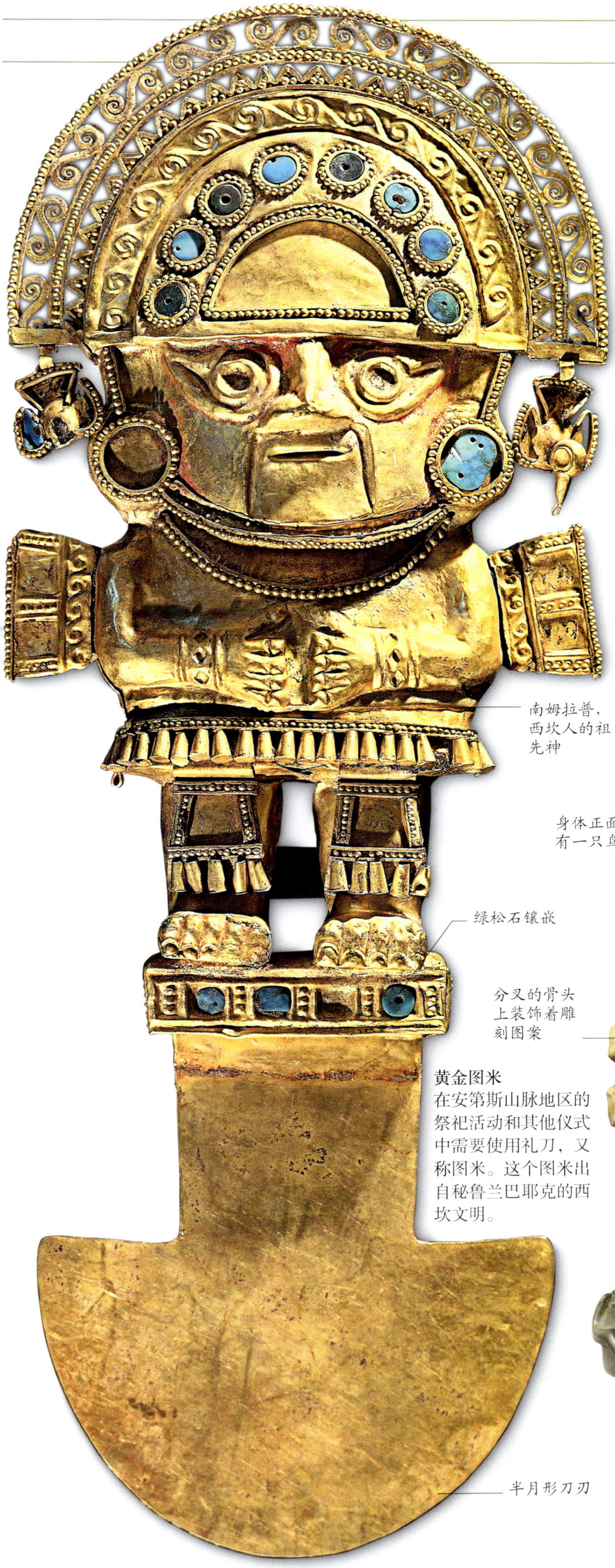

金杯
这个西坎金杯有水平的底座和精美的绿松石镶嵌。它可能用于在祭祀仪式中盛液体,例如血。

— 由黄金锤打而成
— 镶嵌的绿松石周围有金粒装饰

美洲驼像
美洲驼是宗教仪式上常见的祭献动物。微型美洲驼像还是人祭仪式中的供品。

— 南姆拉普,西坎人的祖先神
— 绿松石镶嵌
— 分叉的骨头上装饰着雕刻图案

黄金图米
在安第斯山脉地区的祭祀活动和其他仪式中需要使用礼刀,又称图米。这个图米出自秘鲁兰巴耶克的西坎文明。

— 身体正面绘有一只鸟

豹形器皿
这个器皿形似美洲豹,出自600～800年的瓦里。对美洲豹和其他猫科动物的崇敬在安第斯山脉地区的宗教信仰中扮演着重要角色。

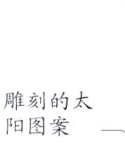

— 雕刻的太阳图案

鼻烟管
这个蒂亚瓦纳科鼻烟管由美洲驼的骨头制作而成。其中装有碾碎的致幻植物种子,吸入后会使人产生幻觉。

鼻烟盘
这块雕刻石板出自蒂亚瓦纳科,上面的矩形凹陷可能用于盛鼻烟。当时的人们用勺直接取用鼻烟。

— 半月形刀刃

— 蛇形装饰

印加石钵
这个石钵由一整块玄武岩雕刻而成。它出自印加帝国都城库斯科,用于在宗教仪式中盛液体。

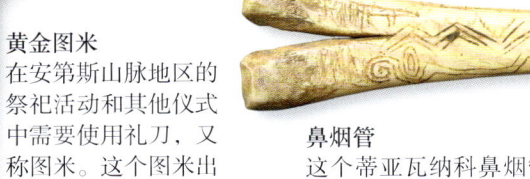

复活节岛的雕塑家

复活节岛（拉帕努伊岛）的与世隔绝造就了岛上独特的祖先崇拜文化。岛上的居民为此竖立起数百件巨大的石头雕像，这些雕像大多沿海岸线排列。

普卡奥，武士的头饰

即便是离复活节岛最近的陆地也与其相距数千米。最早抵达这里的是来自波利尼西亚群岛其他岛屿的波利尼西亚人，他们于1200年前后驾驶双体独木舟来到复活节岛并定居下来。据说，这些航海家的首领名叫霍图·玛图阿。

复活节岛的居民依靠农耕为生，有时也会捕鱼和捡拾贝类。他们发展迅速，到1350年时，其人口数量可能已经超过3000。在欧洲人到来之前的四个世纪里，岛民们过着一成不变的生活。

社会

复活节岛的社会结构为等级制。所有经济活动都处于米鲁家族的控制之下，米鲁家族据说是霍图·玛图阿的后代，由世袭首领领导。聚居地的规模很小，有的仅由两三座房屋组成，祭司的住所也是每个村庄举行仪式活动的中心。

人们开采大量精力用在仪式活动中，其中开采建造摩艾（巨石雕像）的石料尤为耗费时间和精力。摩艾是被岛民们神化的祖先。除摩艾以外，人们还要建造承载摩艾的平台——阿胡。很多摩艾成排竖立在复活节岛的海岸边。18世纪早期，滥砍滥伐和水土流失迫使岛民发展新的农业形式。由于缺乏建造独木舟的木材，海上捕鱼活动难以进行，导致食物匮乏加剧。部落之间爆发战争，因此武士变得越来越重要。传统的祖先崇拜范围逐渐扩展，并最终被取代。人们开始以比赛的方式选出当年统治岛屿的部落。

复活节岛的结局

1722年，欧洲人的到来致使复活节岛走向衰落。在接下来的一个半世纪中，欧洲侵略者与被奴役的岛民之间冲突不断，欧洲人带来的疾病也使岛上的人口数量锐减。1774年，英国航海家詹姆斯·库克抵达复活节岛，与其同行的其他英国人发现，摩艾已经不再是岛民们崇拜的对象了，很多岛民已经开始崇拜新的造物神马克马克，并以"鸟人"为中心开展宗教活动。这是因为岛民们已经开始崇拜下阿胡。

以浮雕形式雕刻出的胳膊线条

巨石雕像

这排摩艾面向陆地立在阿胡上。复活节岛上有250~300座类似的平台。据说，这样摆放摩艾是为了守护村庄。

摩艾

复活节岛上有800~1000件摩艾，竖立的时间为1200~1600年。它们可能源自岛民祖先崇拜的信仰。雕刻这些巨石雕像的材料是拉诺·拉拉库的火山岩。其中最大的摩艾高10米，重量超过80吨。一些摩艾的头顶有用红色火山渣雕刻的普卡奥头饰。在举行仪式时，岛民们会将白色珊瑚放置在摩艾的眼窝内。

鸟人

马克马克是围绕"鸟人"开展的宗教活动的主神。1760年前后，复活节岛的居民们开始举办年度比赛，参加比赛的部落的居民们需要游到莫托伊努岛去寻找有斑点的燕鸥蛋。比赛获胜者被称为"鸟人"，其部落首领就是复活节岛这一年度的统治者。

自1492年欧洲人抵达美洲起，世界的联系愈发紧密。与此同时，欧洲发生了一场深刻的变革，文艺复兴改变了艺术创作与科学探索，但随之而来的宗教改革却引发了激烈的战争。强大的东方帝国不断壮大，例如中国的清王朝和土耳其的奥斯曼帝国。然而，生活在美洲和非洲的人们却无力抵抗欧洲殖民者的侵略。

启蒙运动与帝国主义

1450~1750年

欧洲文艺复兴时期的艺术与科学

文艺复兴是一场文化运动，始于繁荣的意大利城邦。富裕的社会精英开始用其财富资助艺术创作。艺术的繁荣及人们日益浓厚的学习兴趣形成了一种风潮，并很快蔓延至整个西欧，其带来的影响不仅有科学技术的发展和对新大陆的探索，还有视觉艺术和建筑领域的革命。

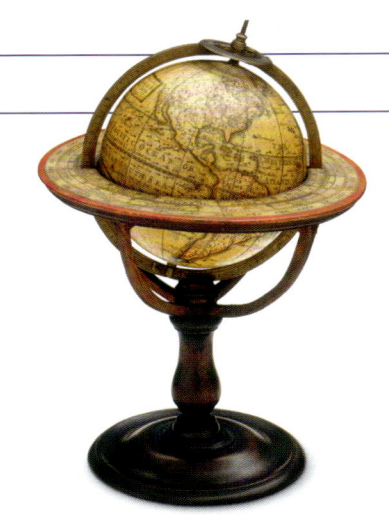

探索世界
葡萄牙探险家斐迪南·麦哲伦的船队于1519~1522年完成环球航行之后，地球仪作为导航设备变得更加精准了。

西斯廷教堂杰作 ▷
坐落于梵蒂冈教皇宫里的这座小教堂建于15世纪70年代，为教宗西斯都四世下令建造，但其内部装饰却是分阶段完成的。1508年，米开朗琪罗受命为西斯廷教堂绘制天顶壁画，他的湿壁画描绘了《圣经·旧约》中的场景，其中包括那幅经常被引用的《创造亚当》。

文艺复兴（the Renaissance，意为"再生"）始于14世纪，其出现源自一系列层层递进的细微变化。文艺复兴使欧洲走出中世纪，开启了一场意义深远的文化运动。这一运动于16世纪达到巅峰。

文艺复兴发源于意大利。当时的意大利艺术家和学者开始从古希腊和古罗马的废墟和作品中寻找灵感。1453年，君士坦丁堡被奥斯曼土耳其人攻陷，大批古希腊学者逃出这座城市，成为文艺复兴运动的一股力量。与此同时，意大利（由许多小王国和城邦组成，尚未成为统一国家）的贸易蓬勃发展，出现多个贸易中心，推动了佛罗伦萨、威尼斯和热那亚等城邦的城市化。

很快，翻译完成的古典文献在这些城邦内外的学者圈中流传开来。好奇的人们纷纷读起了公元前4世纪柏拉图的哲学观点，或者开始思考2世纪托勒密的数学计算方法。这促进了人文主义的出现，它提倡通过哲学、修辞学和诗歌等人文学科来培养人的美德。这与主导中世纪的基督教世界观截然不同。文艺复兴渗透进人们日常生活的方方面面，从艺术创作到建筑设计，再到科学技术探索，"再生"无处不在。它不仅帮助欧洲人发现了新世界，还完善了人们的世界观。

海外扩张

在1492年热那亚航海家克里斯托弗·哥伦布发现美洲之前（哥伦布以为自己发现的是通往印度的航线），欧洲人对世界的了解仅限于北至北海和波罗的海、南至北非和中东的欧洲和地中海地区。一些商人和旅行家曾远行至东方，例如威尼斯人马可·波罗。他曾于13世纪游历亚洲，并将自己的经历讲述了出来。两个世纪后，马可·波罗的经历在西欧广为流传。然而，直到哥伦布远航之前，欧洲人对地中海以西的世界依然知之甚少。

后来，欧洲航海家们扬帆起航，各自探索通往新世界的航线。其中，约翰·卡伯特于1497年发现了一条从北大西洋通往加拿大的航线，葡萄牙人瓦斯科·达·伽马则于1498年绕过非洲大陆抵达了印度。这些航海家和数以千计的水手带回了其在美洲、非洲南部和印度见识到的奇闻趣事，为欧洲人拓宽了想象的空间。

艺术赞助人

文艺复兴时期的思想和文化热情在艺术领域的表现尤为突出。商人和贵族通过贸易聚敛了大量财富，例如美第奇家族，他们用这些财富资助具有天赋的艺术家进行艺术创作。列奥纳多·达·芬奇和米开朗琪罗·博纳罗蒂等艺术家在这样的时代背景之下成长起来，他们创作的艺术作品对欧洲的艺术产生了深刻而持久的影响。

> **"心手不一，何来艺术。"**
>
> 列奥纳多·达·芬奇（1452~1519）

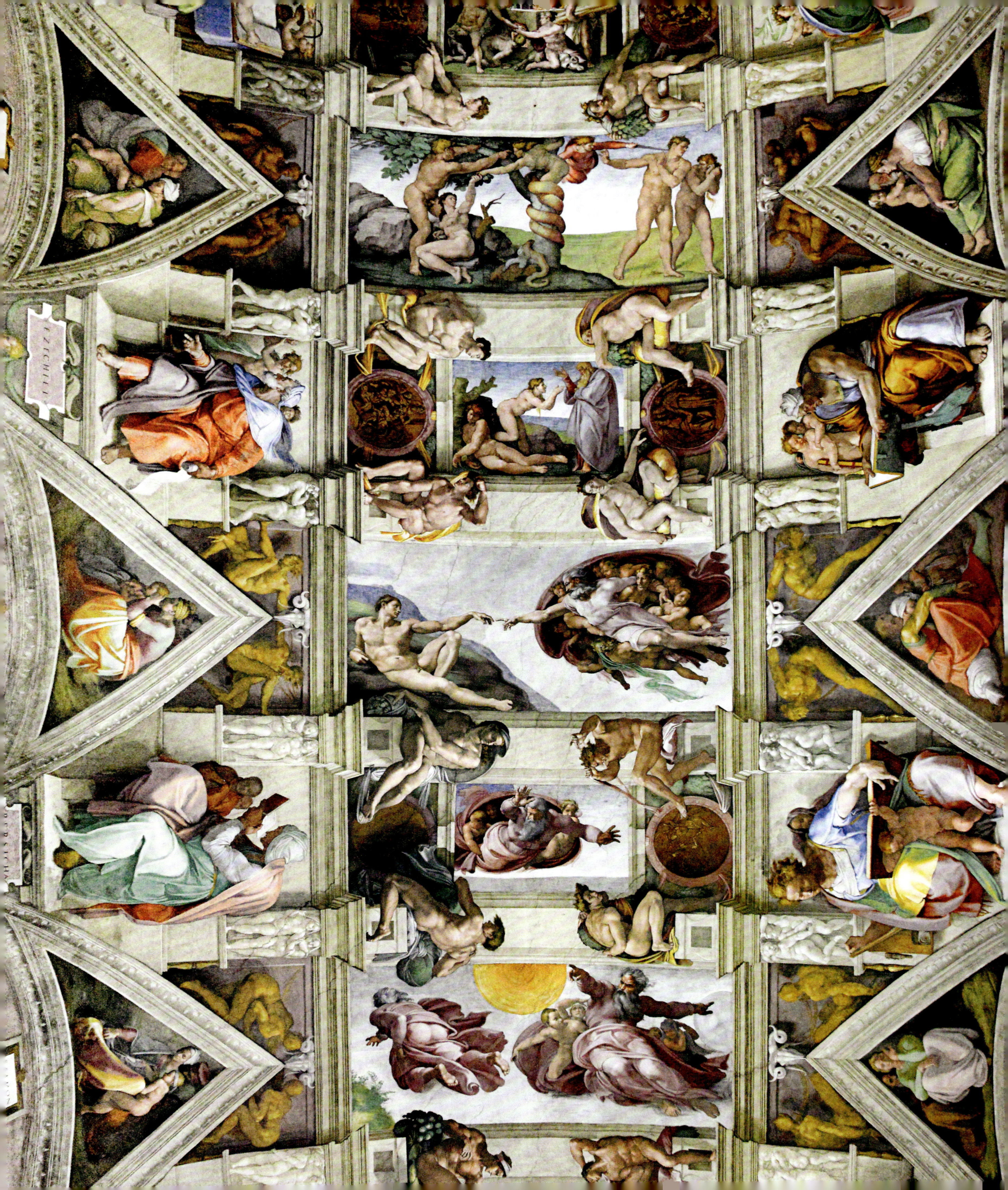
EZECHIEL

198　启蒙运动与帝国主义　1450~1750年

探索与贸易

哥伦布的美洲之行不仅为人类标出了一条横渡大西洋的航线，加速了人类探索世界的进程，还促成了造船与导航技术的伟大变革。这一时期，全球贸易蓬勃发展，货物得以在世界各地交易。

新世界硬币
这些硬币由哥伦布带回的黄金铸造而成。硬币上铸有西班牙国王斐迪南和女王伊莎贝拉的头像。

金属圈

装硬币的外侧口袋

商人包袋
当时的商人通常使用这种款式的包袋，用于装货物样品和金币、银币。

花纹

佛罗伦萨丝绸
纺织品是最重要的商品之一，例如来自中国的丝绸。后来，地中海地区也开始出产丝绸。

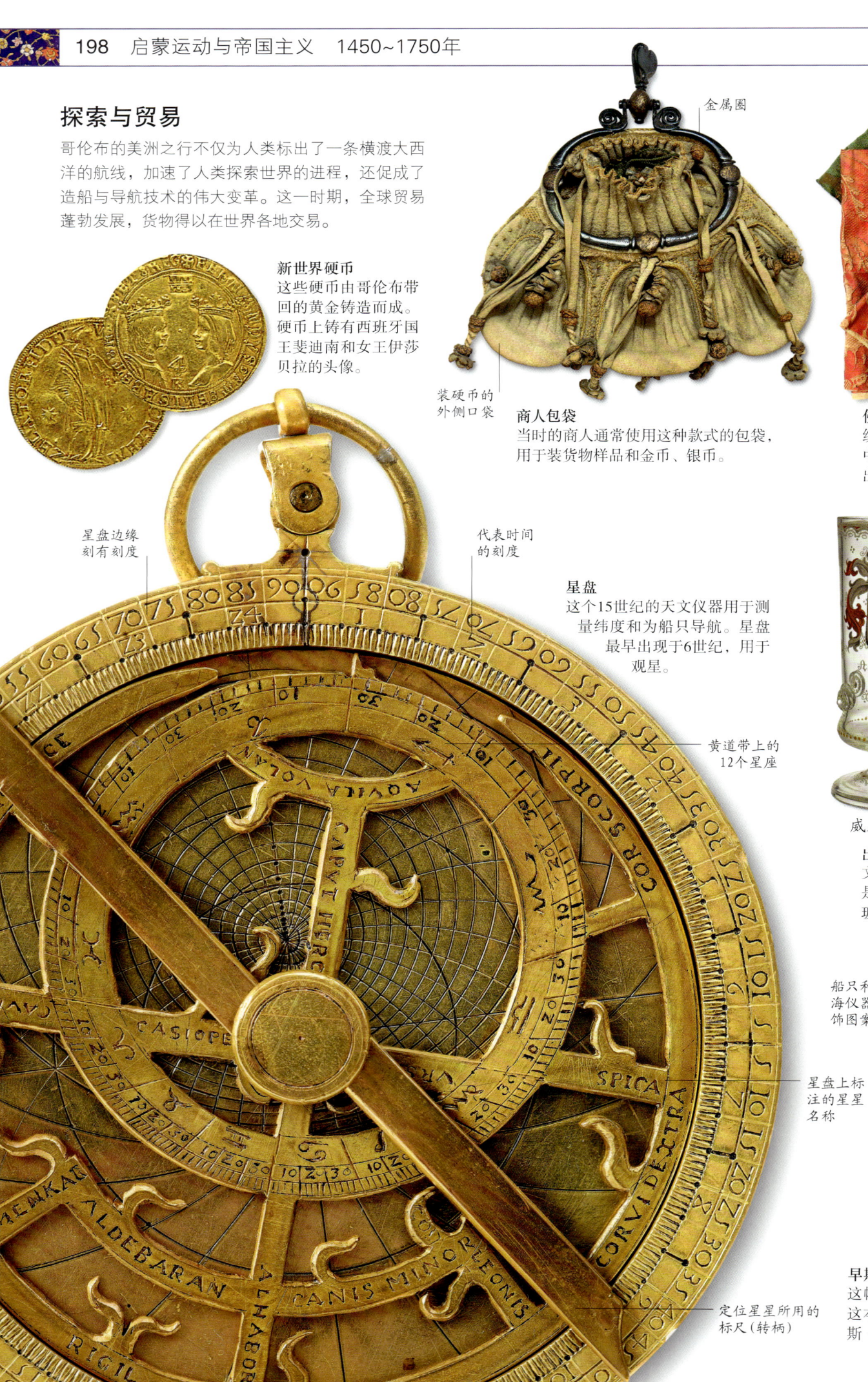

星盘边缘刻有刻度

代表时间的刻度

星盘
这个15世纪的天文仪器用于测量纬度和为船只导航。星盘最早出现于6世纪，用于观星。

黄道带上的12个星座

1631年的盾形纹章

威尼斯玻璃杯　　德意志玻璃杯

出口玻璃杯
文艺复兴时期十分流行玻璃制品，尤其是在威尼斯。这些玻璃杯是典型的出口玻璃制品。

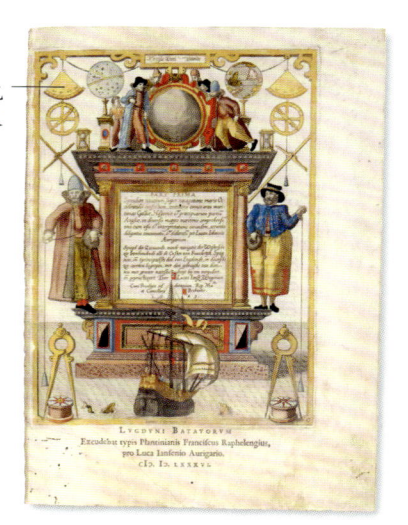

星盘上标注的星星名称

船只和航海仪器装饰图案

定位星星所用的标尺（转柄）

早期海洋地图集的卷首插图
这幅卷首插图出自一本早期海洋地图集。这本海洋地图集由荷兰水手及制图师卢卡斯·瓦格纳尔汇编，出版于1582年。

欧洲文艺复兴时期的艺术与科学　　199

地图四角的圆圈描绘了广阔的宇宙

探讨宇宙学的文字

非洲大陆，在葡萄牙人探索了其西海岸后，非洲大陆的贸易地位变得重要起来

文字中含有旅行家关于非洲和亚洲的最新报告

这幅图画的场景出自《圣经》，描绘了伊甸园中的亚当和夏娃，以及他们将要进入的、遍布岩石的荒凉世界

亚洲

使用金粉和颜料在羊皮纸上绘制的地图

弗拉·毛罗地图
这幅世界地图由威尼斯修道士弗拉·毛罗绘制于1450年，它是世界上最早的"现代地图"之一。受当时的罗盘指向影响，这幅地图的上方为南方，而此前的地图通常为东方在上。

塑造天宇

浑天仪

浑天仪是一种天文仪器，古代天文学家用其模拟天空间的天体和"圆环"。"Armillary"（浑天仪）一词源自拉丁语"armilla"，意为"戒指"或"手镯"。浑天仪可以模拟天地间的环带，例如地平圈、赤道圈和黄道带，以及地球上的子午圈和卯酉圈。不同圆圈之间的角度可以用于测量各个天体的运动，帮助天文学家进一步了解各个天体的运动。浑天仪的设计大多不相同，但文艺复兴时期的浑天仪大多表现出了太阳系的两个模型之间的差异。地心说模型和日心说模型，即地心说由古希腊天文学家托勒密于2世纪提出，该学说认为人和行星围绕地球运行；早期的日心说可以追溯至古希腊时期。后来，文艺复兴时期的天文学家尼古拉·哥白尼于16世纪重新提出日心说，该学说指出地球其实在围绕太阳运动。除欧洲以外，浑天仪也被伊斯兰世界的天文学家广泛使用。中国东汉科学家张衡也发明过浑天仪。

辅助教学

18世纪，类似的浑天仪（下图）主要用于辅助教学，但也可以作为日晷使用，用于测量太阳的高度，是富裕人家常见的器物。

地球 这个天体模型代表围绕太阳运行的地球，而早期的天文模型均以地球为中心。

罗盘 罗盘的指针被嵌在浑天仪的底座上，以使其自转轴方向与地球的自转轴方向保持一致。

地平圈 这个圆环代表地平线所在的平面，投影能够指出太阳所在的阴影能够指出太阳所处的位置。

沿此圆环测量经度

圆环上的刻度帮助测量天体的位置

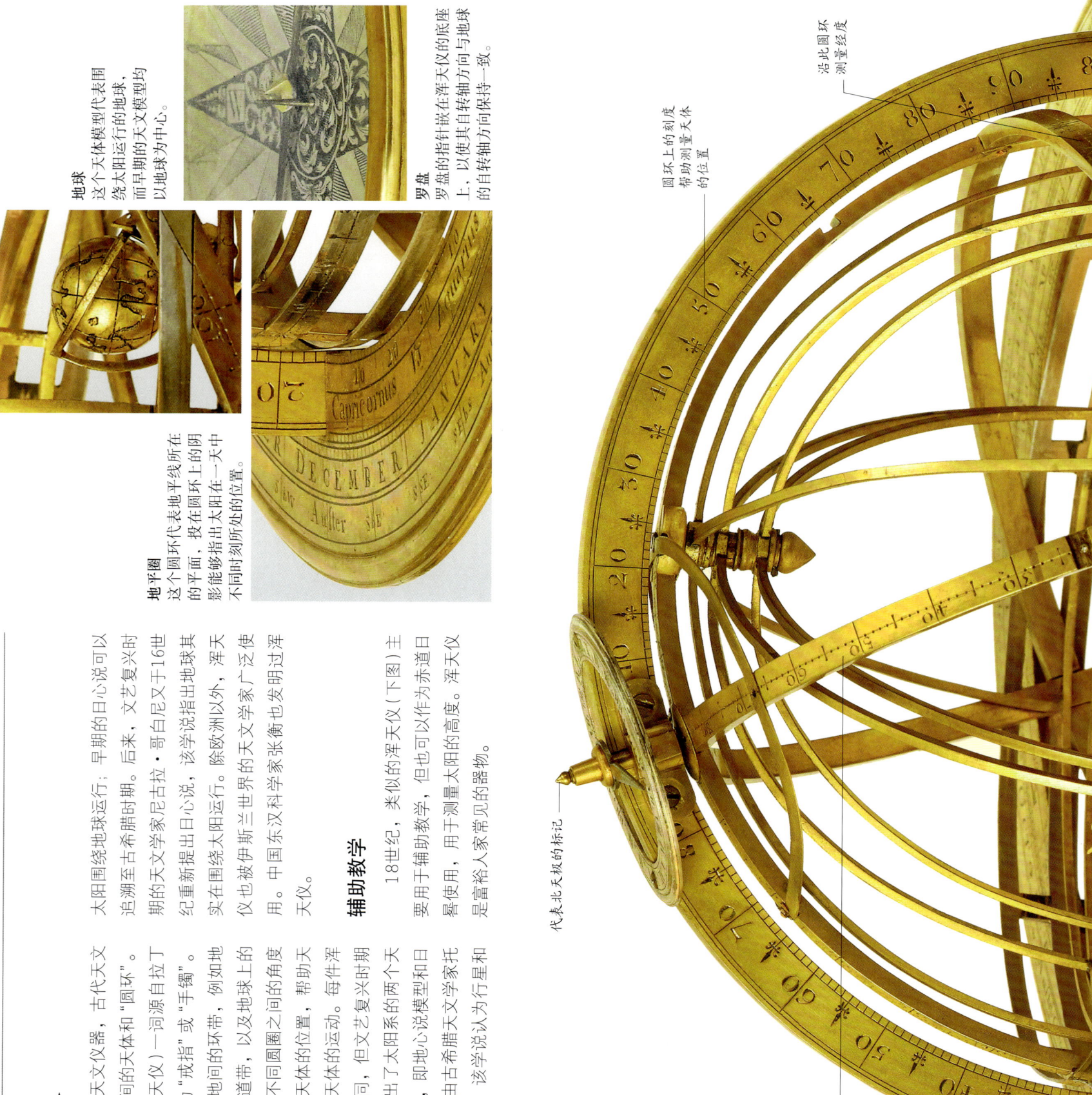

沿此圆环测量纬度

代表北天极的标记

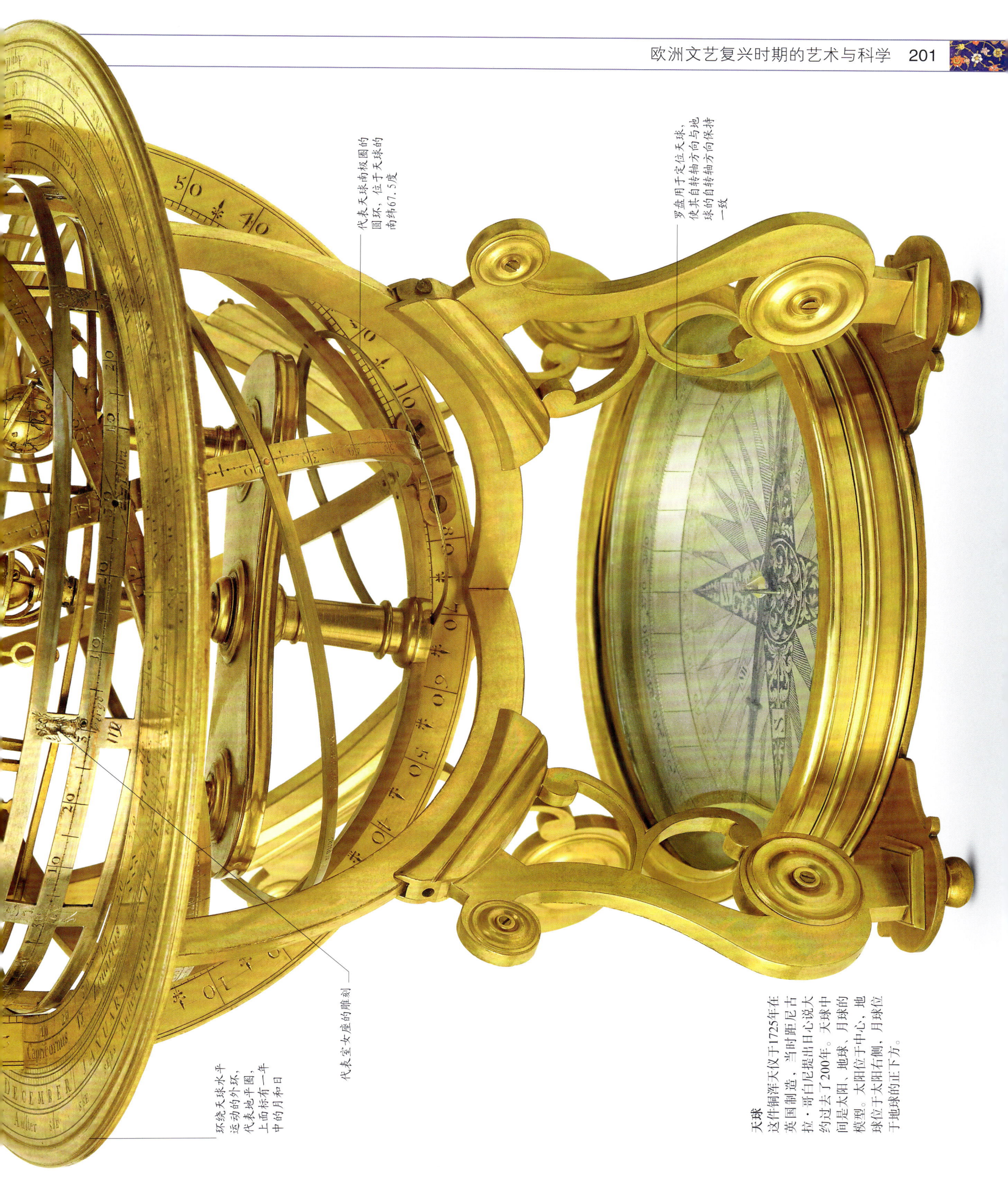

欧洲文艺复兴时期的艺术与科学　201

代表天球南极圈的圆环，位于天球的南纬67.5度

罗盘用于定位天体，使其自转轴方向与地球的自转轴方向保持一致

代表室女座的雕刻

环绕天球仪的外环，代表地平圈，上面标有一年中的月和日

天球
这件铜浑天仪于1725年在英国制造，当时距哥白尼古拉·哥白尼提出古拉·哥白尼提出大约过去了200年。天球中向是太阳，地球、月球的模型。太阳位于中心，地球位于太阳右侧，月球位于地球的正下方。

202　启蒙运动与帝国主义　1450~1750年

宫廷音乐

音乐家受教会和贵族的庇护，并为其创作乐曲。欧洲君主们的宫廷是充满活力的音乐中心，尤其是路易十四统治时期的法国宫廷（下图）。在巴黎和后来的凡尔赛，音乐与烟花表演、宴会和舞会如影随形。在英格兰的都铎王朝统治时期，融合了对白、歌曲和器乐的宫廷化装舞会发展起来。

精美的装饰
塞勒斯家族的乐器制作师以其制作的华丽吉他和琉特琴闻名。这把吉他的琴颈上有用黑檀木和象牙装饰出的精致藤纹，这两种材料都很昂贵。

华丽的音孔
这把马泰奥·塞勒斯吉他的音孔装饰有四层精巧的镂空雕花。雕花由羊皮纸、纸张和染红且部分镀金的皮革制成。音孔被黑檀木和象牙镶嵌的几何图案环绕。

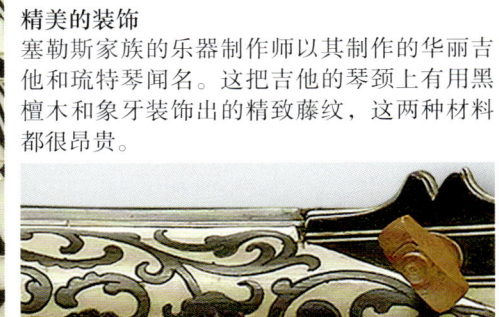

象牙饰板
马泰奥·塞勒斯制作的吉他都镶嵌有象牙或骨头饰板。其父亲多梅尼科·塞勒斯制作的吉他同样奢华，上面通常镶嵌着珍珠母贝饰板。这把吉他的饰板描绘的是乡村风景。

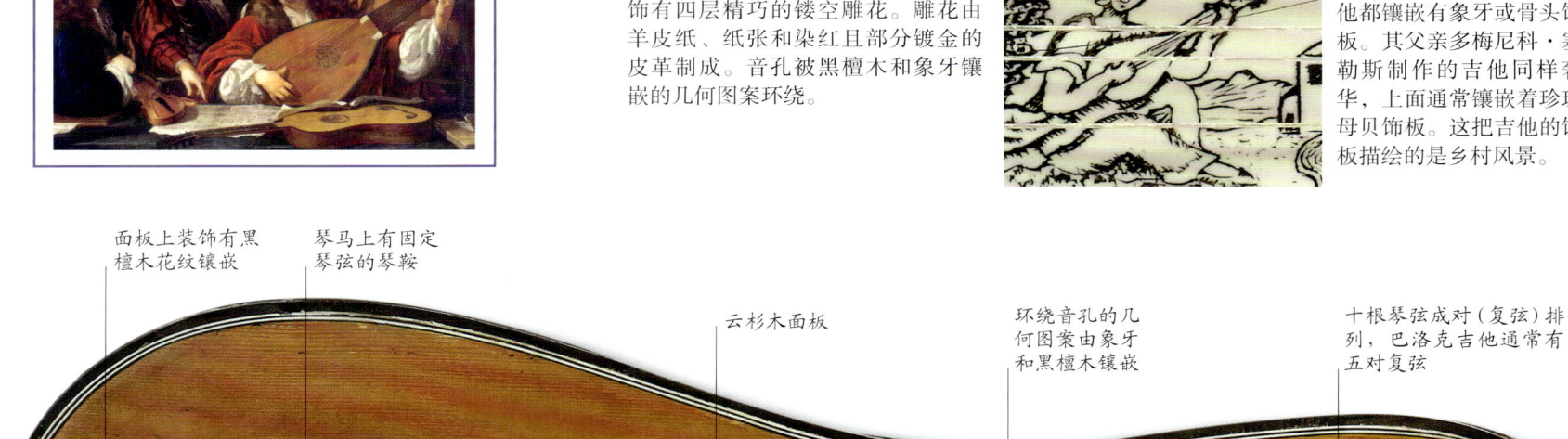

- 面板上装饰有黑檀木花纹镶嵌
- 琴马上有固定琴弦的琴鞍
- 云杉木面板
- 环绕音孔的几何图案由象牙和黑檀木镶嵌
- 十根琴弦成对（复弦）排列，巴洛克吉他通常有五对复弦
- 音孔装饰着精美的雕花

音乐与作曲家

巴洛克吉他

巴洛克风格产生于16世纪的意大利，随后迅速传播到德国和奥地利等地。"Baroque"（巴洛克）一词源自葡萄牙语对不规则珍珠的称呼，原本用于形容复杂或不自然的事物。如今，这个词被用于指代艺术和建筑史上的一种风格。巴洛克风格的特征是集美感、恢宏规模和极致装饰于一体，起到刺激感观、唤起情感和产生戏剧感的效果。

在音乐领域，"巴洛克"一词有另一层含义，指创作于1600年至18世纪中叶的节奏复杂的西方音乐。巴洛克音乐的特征之一是使用对位法创作乐曲，即将几个不同的旋律结合，创作出一首美妙的多声部作品。巴洛克音乐的另一个特征是使用通奏低音，也称数字低音，即一种和声伴奏。这是一种用弦乐器（如琉特琴和吉他）或键盘乐器演奏的连续低音。这种连续低音由大提琴、低音提琴、大管等低音乐器强化。

新的音乐形式得到发展，例如意大利作曲家阿尔坎杰洛·科雷利和安东尼奥·维瓦尔第创作的奏鸣曲和协奏曲，以及由法国和德国的作曲家弗朗索瓦·库普兰、乔治·弗里德里希·亨德尔和约翰·塞巴斯蒂安·巴赫创作的组曲。作曲家们还开始根据特定乐器的独特音质为其创作音乐。

在宗教音乐持续繁荣的同时，世俗音乐作为一种娱乐形式出现。公共音乐会于17世纪兴起之后，世俗音乐迅速在欧洲的王室、贵族和普通民众之中流行开来。

新乐器

乐器制作师在技术方面取得的进步提升了乐器的表现力。羽管键琴流行起来，用于演奏通奏低音。吉他发展出第五对复弦（一对复弦由两根弦组成），但到1790年时，复弦开始逐渐被六根单弦取代，例如现代吉他的弦。巴洛克吉他是用手指或拨片弹奏的，用于给歌曲伴奏或单独演奏。

"音乐是来自上帝的礼物。"

乐器制作师安德烈亚斯·鲁克斯的铭文，1651年

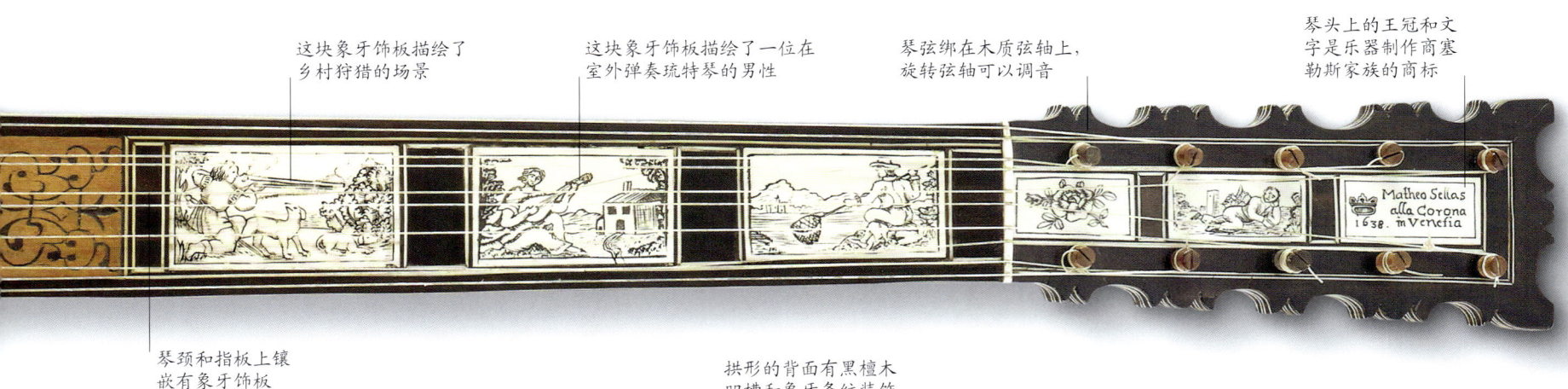

威尼斯吉他

这件弦乐器由马泰奥·塞勒斯制作于1640年前后。他来自意大利威尼斯的著名乐器制作家族，马泰奥与其兄弟乔治一起将威尼斯打造成了吉他制造中心。如同我们在这件精美的乐器上所看到的，象牙或骨头饰板、几何图案镶嵌和条纹装饰是威尼斯传统琉特琴和吉他的典型标志。

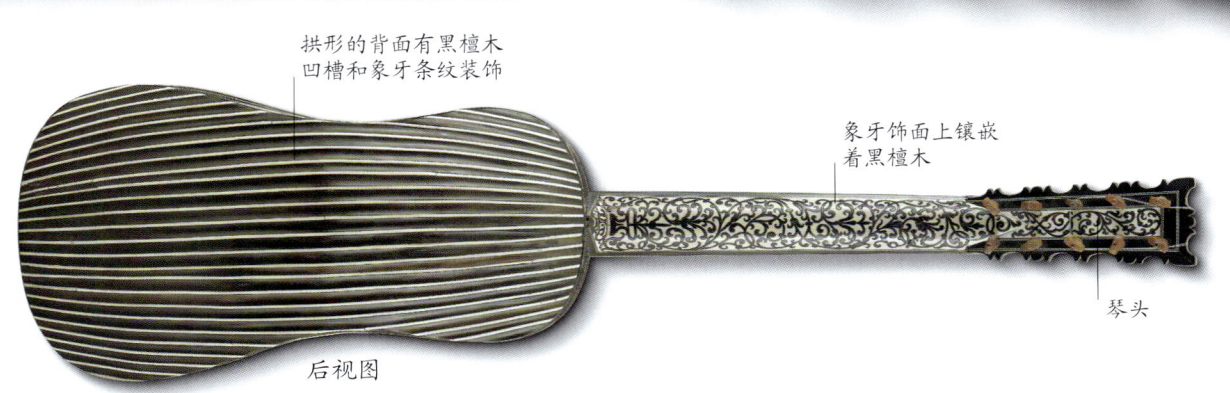

- 琴颈和指板上镶嵌有象牙饰板
- 这块象牙饰板描绘了乡村狩猎的场景
- 这块象牙饰板描绘了一位在室外弹奏琉特琴的男性
- 琴弦绑在木质弦轴上，旋转弦轴可以调音
- 琴头上的王冠和文字是乐器制作商塞勒斯家族的商标
- 拱形的背面有黑檀木凹槽和象牙条纹装饰
- 象牙饰面上镶嵌着黑檀木
- 琴头
- 后视图

204 启蒙运动与帝国主义 1450~1750年

音乐

在音乐的文艺复兴时期(1450~1600),乐器大多由大大小小的家族制作。已有的乐器得到改良,例如小号、管风琴、长笛和竖笛;新乐器陆续出现,例如小提琴、维奥尔琴和古长号。巴洛克时代(1600~1750)见证了乐器的进一步发展,其中包括双簧管、大管和早期钢琴的发明。

雕刻头像
维奥尔琴的弦轴箱顶端常有精致的雕刻头像。这把维奥尔琴上装饰有一个女性头像。

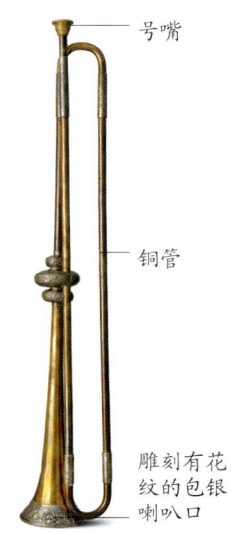

曼多林
提起意大利人安东尼奥·斯特拉迪瓦里,人们立刻就会想到他制作的小提琴。这把1680年的曼多林也出自他的克雷莫纳作坊。

高音琉特琴
弦乐器的历史可以追溯至古代,但人们更习惯将其与文艺复兴时期的音乐联系在一起。这把16世纪的琉特琴出自意大利北部。

西滕琴
西滕琴是文艺复兴时期流行的弦乐器。1574年以后,西滕琴风靡意大利和中欧地区。

中音维奥尔琴
这把东普鲁士六弦维奥尔琴的历史可追溯至1693年,它通常作为维奥尔琴合奏的组成部分出现。

自然号
据铭文记载,这把小号由英国的奥利弗·克伦威尔和查理二世的国号手西蒙·比尔制作于1666年。

阿马蒂大提琴
这件乐器是小提琴制作师安德烈亚·阿马蒂在其位于意大利克雷莫纳的作坊里为法国国王查理九世制作和装饰的。这是提琴家族中留存至今的最古老的低音乐器。

艺术

人们常将文艺复兴与绘画的变革联系在一起，实际上其他艺术形式也发生了巨大的变化。艺术家们深入研究人体的形态和比例，其影响直接体现在绘画、建筑和雕塑作品上。印刷机的出现使作家的作品可以被快速复制，推动了作品的传播。

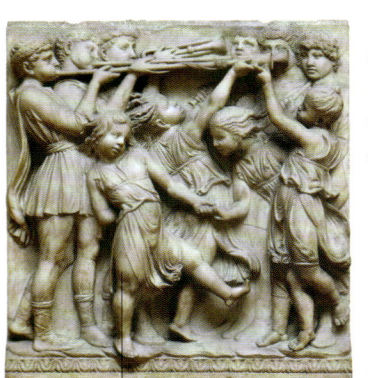

《吹小号的人们》局部
雕塑家卢卡·德拉·罗比亚创作于1481年的浮雕《吹小号的人们》是一组大理石雕带的其中之一，这组雕带描绘了《圣经·诗篇》中的诗句。

跳舞和演奏音乐的儿童

献给圣婴耶稣的礼物

西班牙国王
16世纪的神圣罗马帝国皇帝查理一世被描绘成《圣经·新约》中三博士之一的卡斯帕。这件雕塑是西班牙文艺复兴时期的杰出雕塑家费利佩·比加尼创作的。

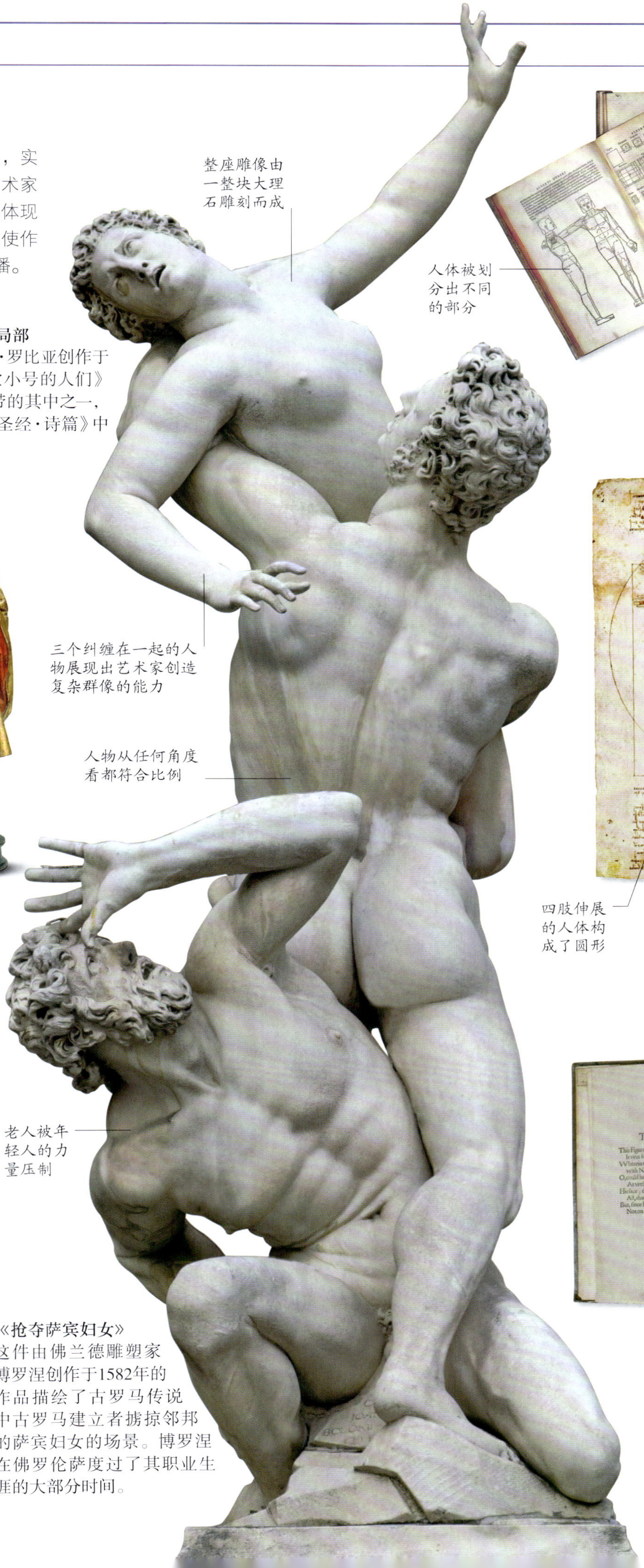

整座雕像由一整块大理石雕刻而成

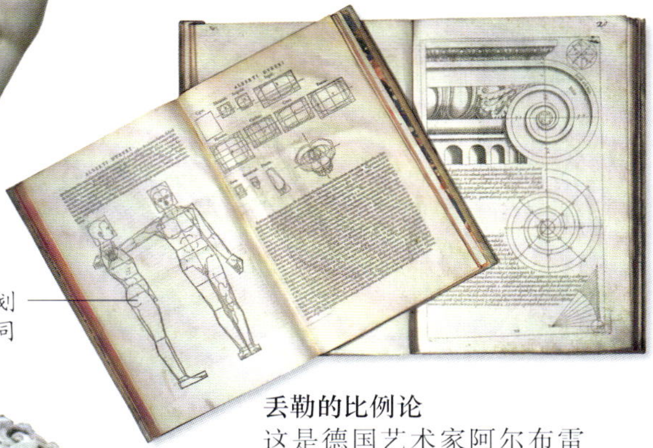

人体被划分出不同的部分

丢勒的比例论
这是德国艺术家阿尔布雷希特·丢勒著于1532年的《人体比例四书》中的页面。他在书中运用几何学解释人体的比例。

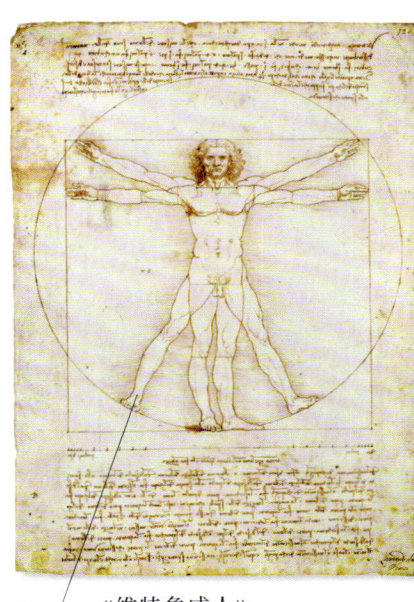

三个纠缠在一起的人物展现出艺术家创造复杂群像的能力

人物从任何角度看都符合比例

四肢伸展的人体构成了圆形

《维特鲁威人》
1509年前后，列奥纳多·达·芬奇开始基于古罗马建筑师维特鲁威对完美人体比例的阐释研究解剖学，并提出了人体比例与几何学关系的经典公式。

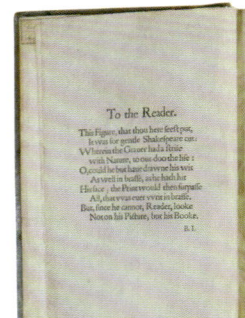

文艺复兴时期的绘画

文艺复兴时期，理性高于信仰的观念为肖像画注入了新的含义，例如佛兰德艺术家小汉斯·荷尔拜因创作于1533年的《大使像》。这幅画描绘了法国驻英格兰大使让·德丁特维尔（左）与拉沃尔主教乔治·德塞尔夫在一起的场景。桌上的书和地球仪等物品象征他们的学识与智慧。

老人被年轻人的力量压制

《抢夺萨宾妇女》
这件由佛兰德雕塑家博罗涅创作于1582年的作品描绘了古罗马传说中古罗马建立者掳掠邻邦的萨宾妇女的场景。博罗涅在佛罗伦萨度过了其职业生涯的大部分时间。

莎士比亚戏剧
这本出版于1623年的《喜剧、历史剧和悲剧》（《莎士比亚戏剧集》）的作者是英国剧作家和诗人威廉·莎士比亚。莎士比亚彻底改变了英国文学。

文艺复兴时期的自然主义

米开朗琪罗的《圣母怜子》

"圣母怜子"是一类作品的总称，这类作品描绘的是圣母玛利亚抱着因受难而死的耶稣基督的情景。有时，玛利亚两侧还伴有天使或圣经人物，如圣约翰或抹大拉的玛利亚。"圣母怜子"是文艺复兴时期的常见主题，出现在整个欧洲的雕塑和绘画作品中，最早见于一件13世纪前后的德国作品。这一主题表现出的悲恸在《圣经》中并没有直接提及，而是源自一篇论述玛利亚的同理心及其作为人与上帝之间媒介的中世纪文本。在意大利语中"pietà"（圣母怜子）的字面意思是"怜悯"。

"文艺复兴人"

意大利首个表现"圣母怜子"主题的作品是米开朗琪罗·博纳罗蒂的这件雕塑，它也是最著名的"圣母怜子"作品之一。这位生于1475年的佛罗伦萨艺术家是"文艺复兴人"（多才多艺的人）的典型之一。他的才能不仅仅局限于雕塑，还体现在绘画、建筑甚至诗歌方面。米开朗琪罗早年成名，是那个时代的杰出人物。他完成《圣母怜子》时年仅24岁。这件作品受法国红衣主教让·比尔赫雷斯·德拉格劳拉斯委托创作，起初拟作为其墓碑。红衣主教要求米开朗琪罗创作的雕塑应该是"罗马最美的大理石作品"。这件雕塑后来被运到梵蒂冈的圣彼得大教堂并留存至今。

雕塑刚一完成就引起了轰动，因为它不仅是一件极具表现力的作品，同时也呈现出文艺复兴时期艺术家们所追求的完美的人体形态。它还展现出米开朗琪罗的超群技艺，多人物雕塑之所以少见，是因为完成这样一件作品所需要的技艺非同一般。

流行形式

以这种形式表现的圣母玛利亚和耶稣基督一直是意大利、法国和欧洲其他地方的绘画和雕塑作品的主题。尽管宗教主题在艺术作品中的比例在18世纪有所下降，但直到19世纪，"圣母怜子"仍是艺术家们的灵感来源。

> "雕像本就存在于大理石中，我只是将不需要的部分去掉。"
>
> 米开朗琪罗·博纳罗蒂（1475~1564）

耶稣
这一时期的人文主义思想被米开朗琪罗淋漓尽致地展现了出来。耶稣基督被钉死在十字架上，米开朗琪罗表现出了其痛苦与安详之美。

手脚上的钉痕是耶稣受难的证据

《大卫》
米开朗琪罗另一件著名的雕塑作品《大卫》完成于佛罗伦萨，描绘的是《圣经》中的英雄大卫。它完美表现出文艺复兴时期艺术家心目中的理想人体。

大卫的双手被雕刻得非常大

与其高度相比，雕塑中的大卫异常苗条

圣母玛利亚与耶稣基督
"圣母怜子"象征献身，旨在激励观者祈祷、引发沉思。虽然这一主题在文艺复兴时期的艺术作品中经常出现，但米开朗琪罗的版本卓尔不群。他在一块大理石上雕刻出两个主体人物，显示出他的非凡技艺。这有助于巩固艺术家的声誉。

底座被雕刻成各各他山岩石的形状

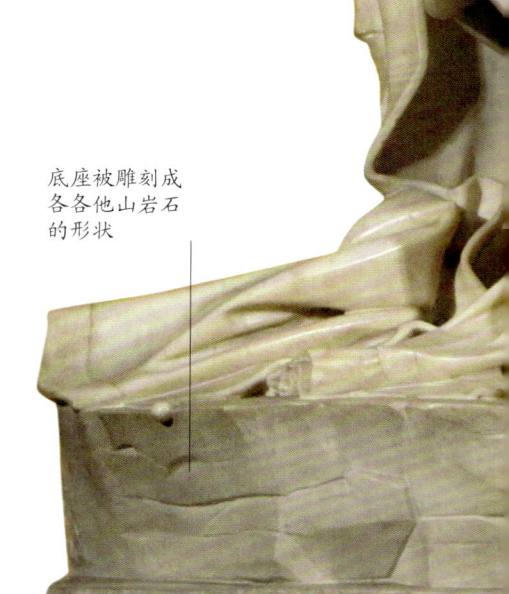

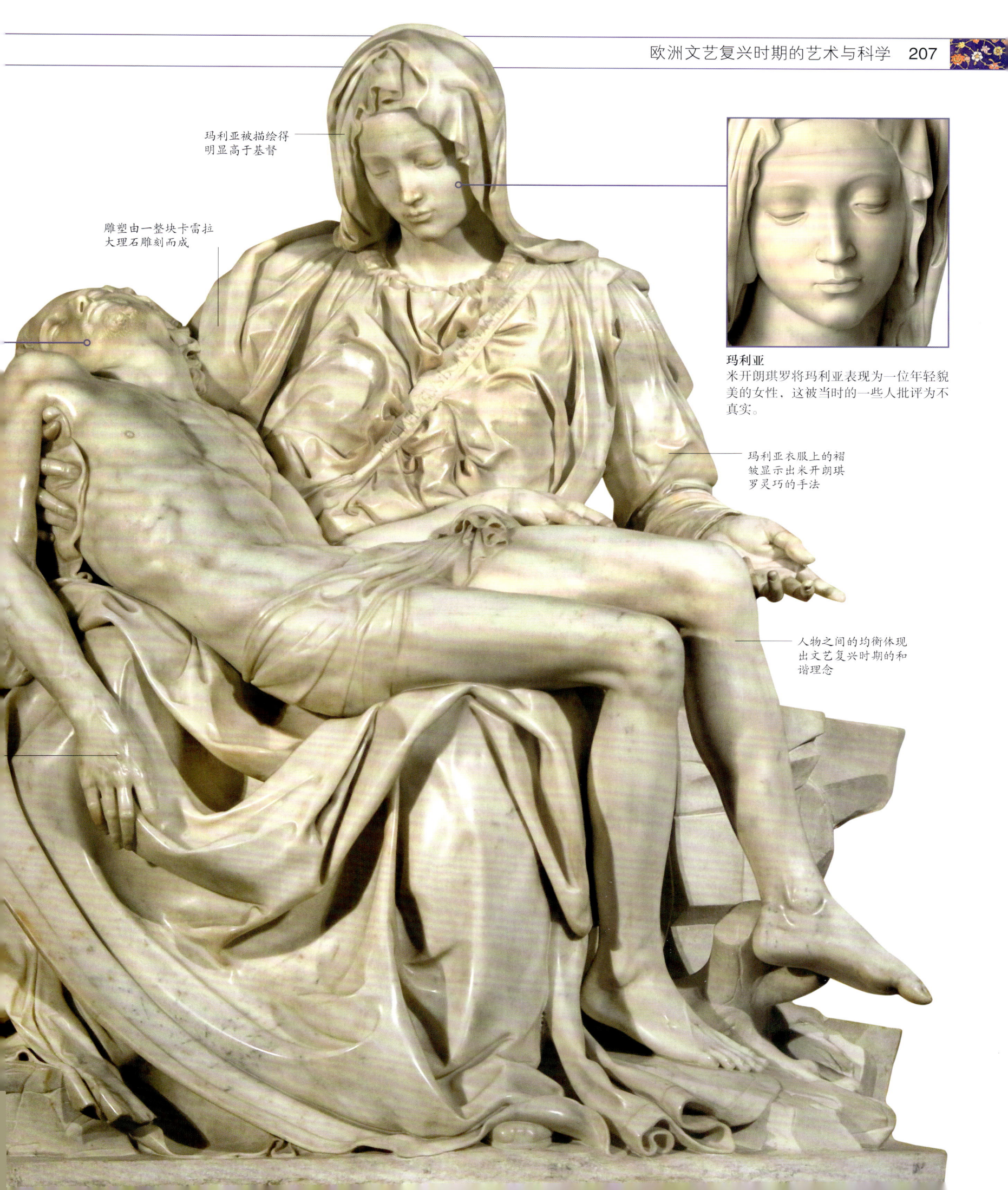

欧洲文艺复兴时期的艺术与科学　207

玛利亚被描绘得明显高于基督

雕塑由一整块卡雷拉大理石雕刻而成

玛利亚
米开朗琪罗将玛利亚表现为一位年轻貌美的女性，这被当时的一些人批评为不真实。

玛利亚衣服上的褶皱显示出米开朗琪罗灵巧的手法

人物之间的均衡体现出文艺复兴时期的和谐理念

家居生活

文艺复兴带来的变化体现在人们日常生活的方方面面。艺术领域的变革也包括日常用品设计的改进。随着贸易的扩大和人们可支配收入的增长,越来越多的人有能力购买先前只有通过资助才能获得的物品,以及来自异域的商品。

覆有角质物的羊皮纸

字母表
16世纪,大多数商人和上流社会家庭的儿童在家学认字,使用类似的字母表教具。

由木板雕刻出的手柄

装饰有神话中的人物

婴儿床
这是一张16世纪的意大利婴儿床。这一时期,大约有四分之一到一半的婴儿会在出生后一年内夭折。

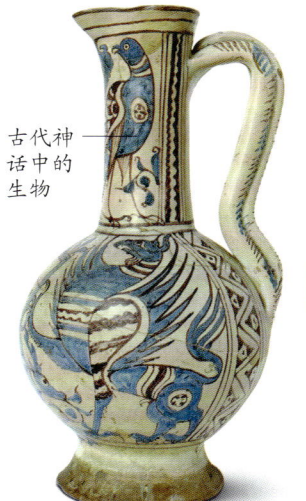

古代神话中的生物

盘子边缘描绘了长翅膀的天使、怪异生物和动物

镂空设计可供散烟

陶壶
这件16世纪的陶器用于装果酒。当时,欧洲的饮用水质量很差,因此人们大量饮用果酒。

马约利卡陶盘
这个出自意大利乌尔比诺的上釉陶盘制作于1570年前后,描绘了古罗马神朱庇特与妻子朱诺互相猜忌的故事。

中室放有蜡烛

镀金和珐琅装饰

在烧过的木头上雕刻的图案

英国木箱
这个16世纪的英国木箱上雕刻有帆船,可能用于家庭储物。

订婚礼
这种用珐琅装饰的绿玻璃高脚杯是男女订婚或结婚时会收到的礼物。

威尼斯玻璃

镀金青铜和珐琅

装饰灯台
中世纪时,人们使用蜡烛和简单实用的烛台照明。但到了15世纪前后,烛台变得愈发精美和华丽,例如这盏16世纪的威尼斯装饰灯台。

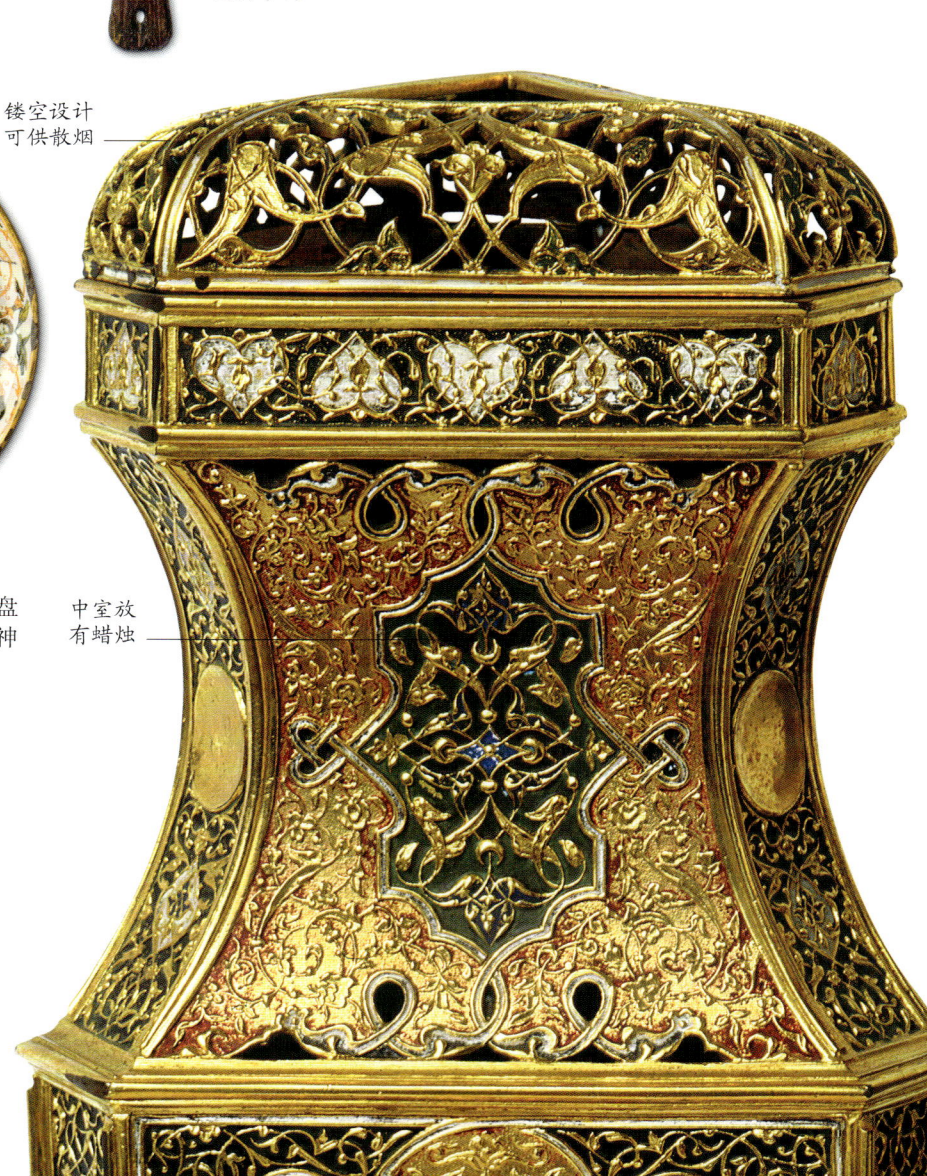

欧洲文艺复兴时期的艺术与科学　209

服装与饰品

船只漂洋过海带回的新织物和新款式迅速融入文艺复兴的时尚当中。服装是财富的象征，欧洲人对丝绸等奢华布料的需求快速增长。由于人们试图通过服装彰显其财富和社会地位，连衣裙和套装的做工变得愈发精细、复杂。

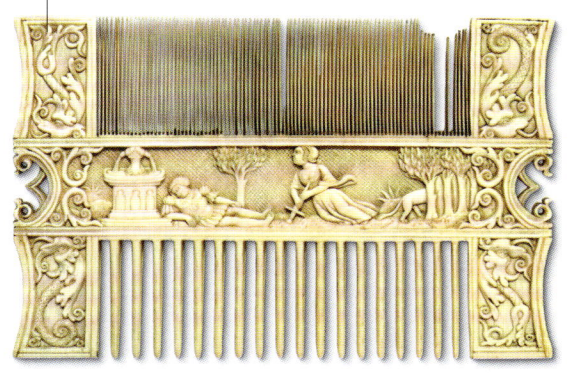

雕刻精致的纹饰

象牙梳
同丝绸一样，象牙也是昂贵、奢华的材料。象牙通常用于制作装饰用品，例如这把意大利梳子。

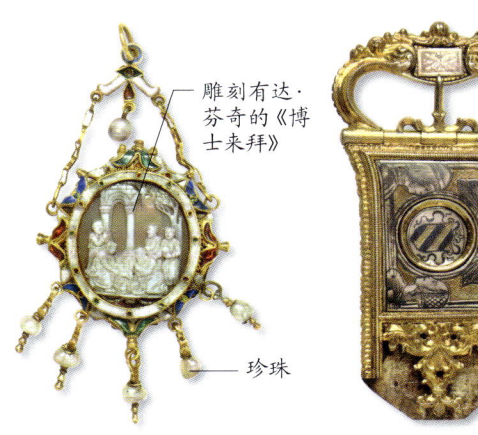

雕刻有达·芬奇的《博士来拜》

珍珠

珍珠垂饰
锡耶纳通过一项禁止女性佩戴珍珠的法律，后因女性抗议而撤销。

带扣
这个镀金银带扣是一件订婚礼，描绘了一对佳偶。类似的带扣表现的通常是订婚的男女。

象牙镜框上雕刻着天使

木鞋底

浮雕镜子
这一时期的头饰和其他配饰都很华丽，例如这面带有浮雕的八边形凸面镜。

松糕鞋
起初，加高鞋底的松糕鞋是一种实用鞋类，穿着它们走在威尼斯的街道上可以使双脚保持干燥。它们很快流行了起来。

医学

科学探索推动了医疗和健康领域的进步，医疗技术得到提升，人们对人体有了更多的了解。这一时期兴起了海上航行的热潮，水手和科学家纷纷开始寻找预防疾病的办法，以防在航行途中丧命，这对当时的水手们来说是亟待解决的问题。

药剂师的药罐和药壶
这些出自意大利法恩扎的锡釉陶罐和陶壶用于存放药剂师配制好的药物。

药罐上用意大利语写着：罗马精油

卷首有作者尼古拉斯·卡尔佩珀的肖像

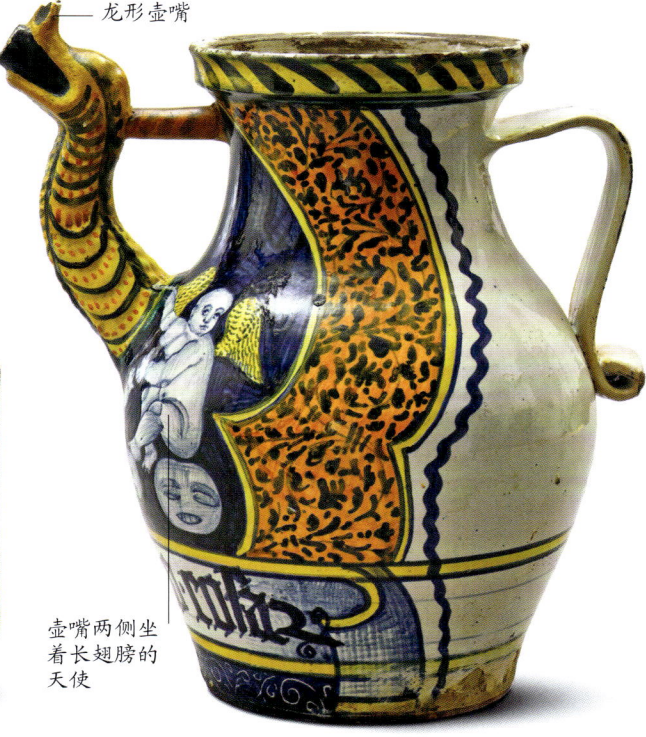

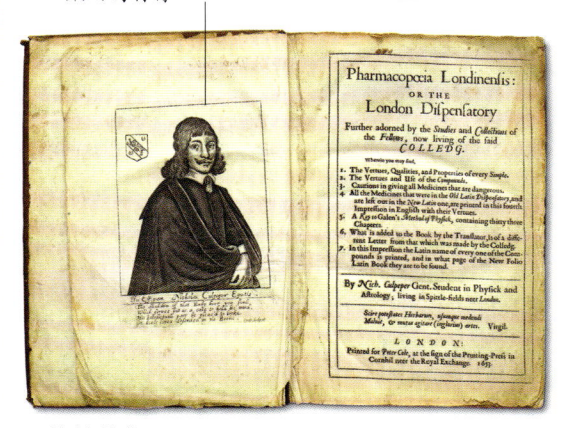

龙形壶嘴

壶嘴两侧坐着长翅膀的天使

《伦敦药典》
这本出版于1618年的书中列出了配制多种药物的方法。它成为英国药剂师的必备书。

《法国外科手册》
这本书由著名外科医生雅克·吉耶莫撰写，出版于1598年。人体解剖学的进步极大地提高了手术的成功率。

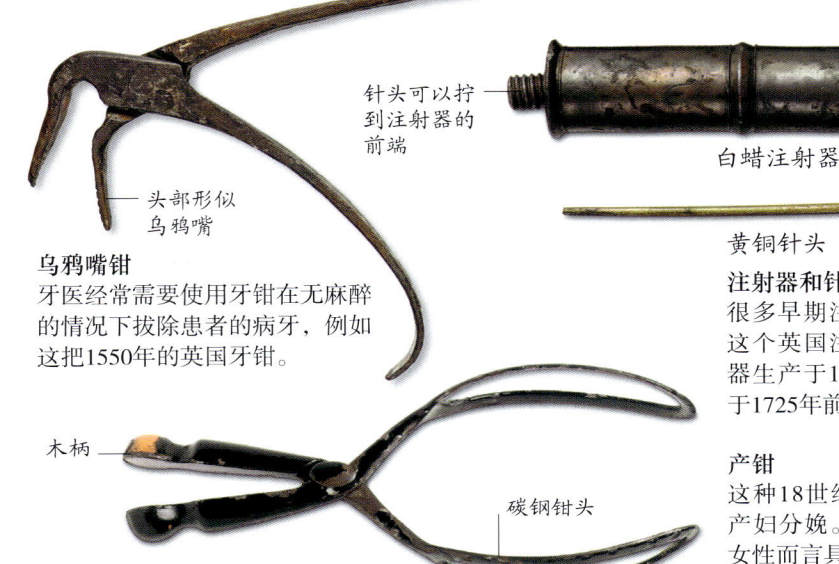

长柄可以加长杠杆

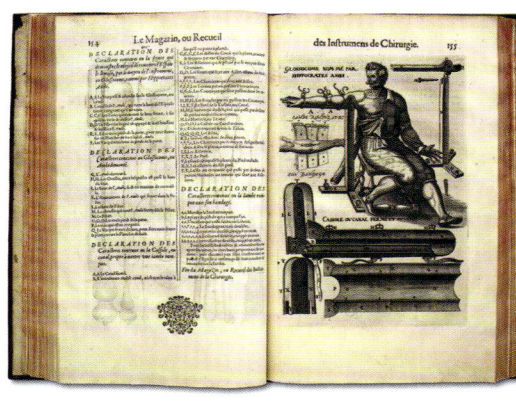

头部形似乌鸦嘴

乌鸦嘴钳
牙医经常需要使用牙钳在无麻醉的情况下拔除患者的病牙，例如这把1550年的英国牙钳。

木柄

碳钢钳头

针头可以拧到注射器的前端

白蜡注射器

白蜡螺帽

黄铜针头

注射器和针头
很多早期注射器分两部分，例如这个英国注射器和针头。此注射器生产于1650年前后，针头生产于1725年前后。

产钳
这种18世纪的产科工具用于帮助产妇分娩。分娩对于这个时期的女性而言具有巨大的潜在风险。

宗教改革、宗教战争和启蒙运动

从宗教改革到启蒙运动的这250年是欧洲的动荡和暴力时期，其间欧洲社会发生了重大变化，例如新教的兴起和科学发现的激增。随着18世纪接近尾声，政治与知识变革已经不可逆转地改变了欧洲社会。

海上导航
第一台航海天文钟于1735年由英国人约翰·哈里森发明。它可以精确计算经度，极大地提高了海上航行的安全程度。

无情杀戮 ▷
这幅法国艺术家弗朗索瓦·迪布瓦的油画描绘的是发生于1572年8月24日的圣巴托罗缪大屠杀。法国的天主教贵族组织力量攻击并杀害了数千名胡格诺派教徒。屠杀从巴黎开始，尽管王室于次日下令停止这一行动，但其还是蔓延到了鲁昂和波尔多。

1517年，一位名叫马丁·路德的德意志神学家出于对天主教会的不满，在维滕贝格教堂的大门上钉出了《九十五条论纲》（辩论提纲）。他的行为引发了一场剧烈的社会变革，促使新教出现，并导致了遍及整个欧洲、持续数十年的宗教战争。这一时期还是欧洲走出中世纪，向现代社会过渡的阶段。最终，欧洲于18世纪中叶出现了启蒙运动的共和主义思想及世俗观念。

新教的出现并非一场单一运动的结果。在宗教改革的过程中，出现了不同的新教宗派，包括路德宗、浸礼宗和加尔文宗。这些新教宗派纷纷与天主教会决裂，拒绝承认教宗的绝对权威，并接受宿命论等非正统思想。在英格兰，国王亨利八世断绝了与罗马天主教会的关系，于16世纪30年代建立英国国教。天主教会被迫进行反思，召开特兰托会议（1545~1563），进行反宗教改革。然而，意大利探险家克里斯托弗·哥伦布于1492年扬帆起航，发现美洲大陆，并宣称西印度群岛为西班牙所有。此后，西班牙开始在美洲开拓殖民地，天主教会也随之将注意力转移到新大陆，开始在美洲传播天主教。

冲突的时代

宗教改革引发了一系列冲突，波及欧洲的大部分地区，例如法国的胡格诺战争（1562~1598）和范围更广的三十年战争（1618~1648）。就在这些冲突即将结束之时，另一场冲突在英国爆发。17世纪40年代，英国议会与国王查理一世之间的矛盾达到顶峰，查理一世解散了议会。1642年，国王支持者（保王党）与议会支持者（圆颅党，因剪短发而得名）之间爆发战争。这场战争包含一系列战役，一直持续到1651年。

1653年，率领军队战胜查理一世的奥利弗·克伦威尔就任护国公。克伦威尔于1658年去世之后，国家陷入动荡。1660年，查理二世夺回王位。

启蒙运动

尽管17世纪和18世纪的欧洲充斥着战争和暴力，但另一种变化还是悄然发生了。受理性而非宗教的驱使，新思潮自18世纪中叶起在欧洲传播，这就是启蒙运动。

科学探索和哲学辩论受古希腊和古罗马经典作品的启发，成为当时的风尚。这一时期的思想家摒弃了极端的宗教思想，新的见解和思想自由催生出许多具有开创性的作品。英国人艾萨克·牛顿的万有引力定律、法国人伏尔泰的讽刺作品以及英国人亚当·斯密的经济学理论，都诞生于这一时期。启蒙运动标志着与过去的决裂，为随后的革命时代奠定了基础。

"我一向崇尚美德，但我永远无法模仿它。"
查理二世，英国国王，"快活王"，其废除了清教徒执政时颁布的过分严苛的法令

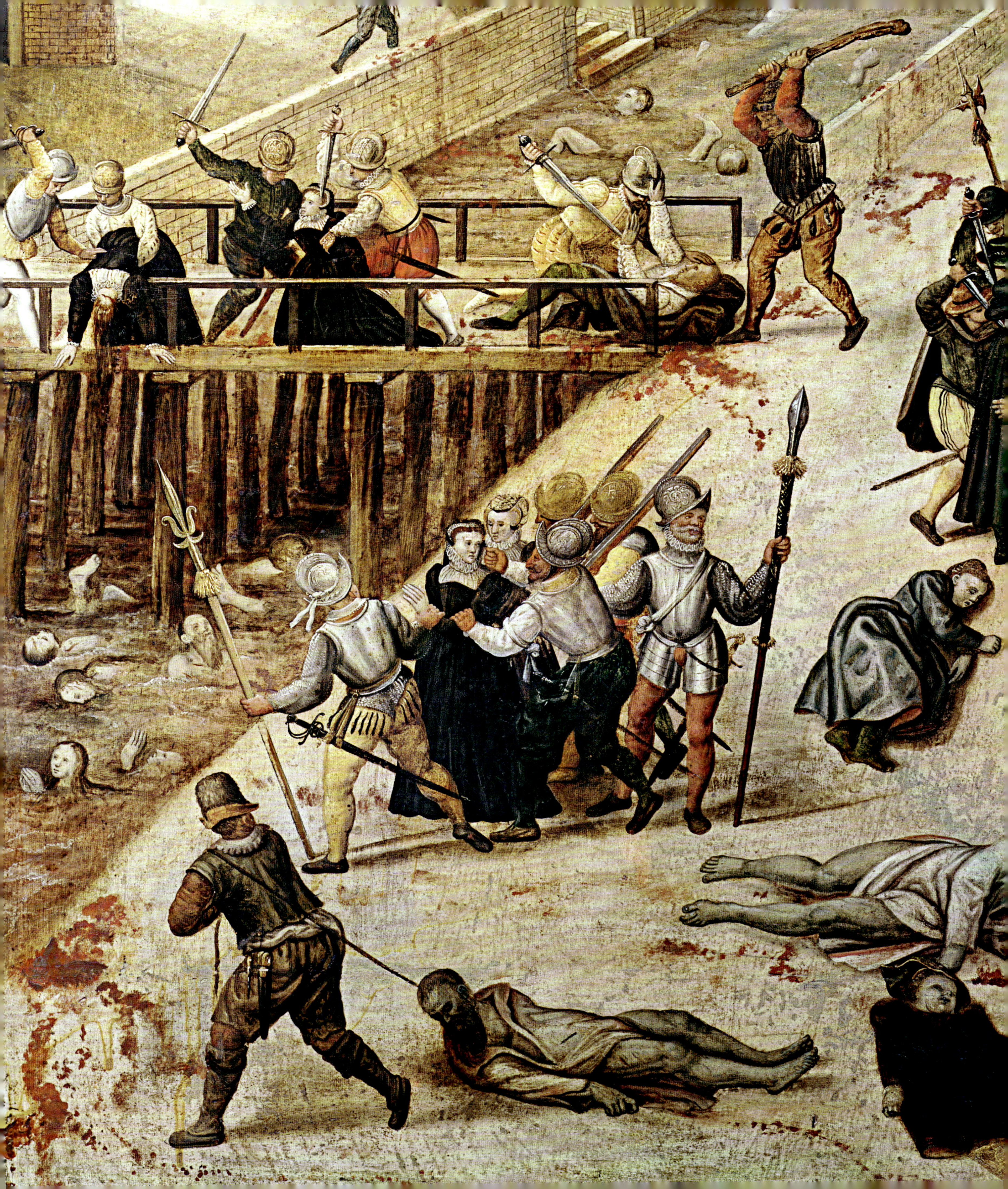

武器与盔甲

在16~17世纪的欧洲，天主教徒和新教徒之间的对抗引发了无数战争与冲突。火器成为大多数欧洲军队的装备。剑和其他传统武器被继续使用，不过其样式和装饰变得十分精致。

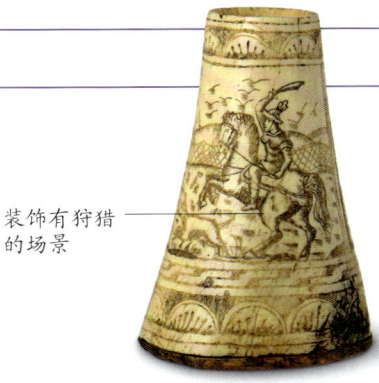

火药瓶
16~17世纪的枪需要火药才能发射。火药装在火药瓶中，例如这件出自英国的兽角火药瓶。

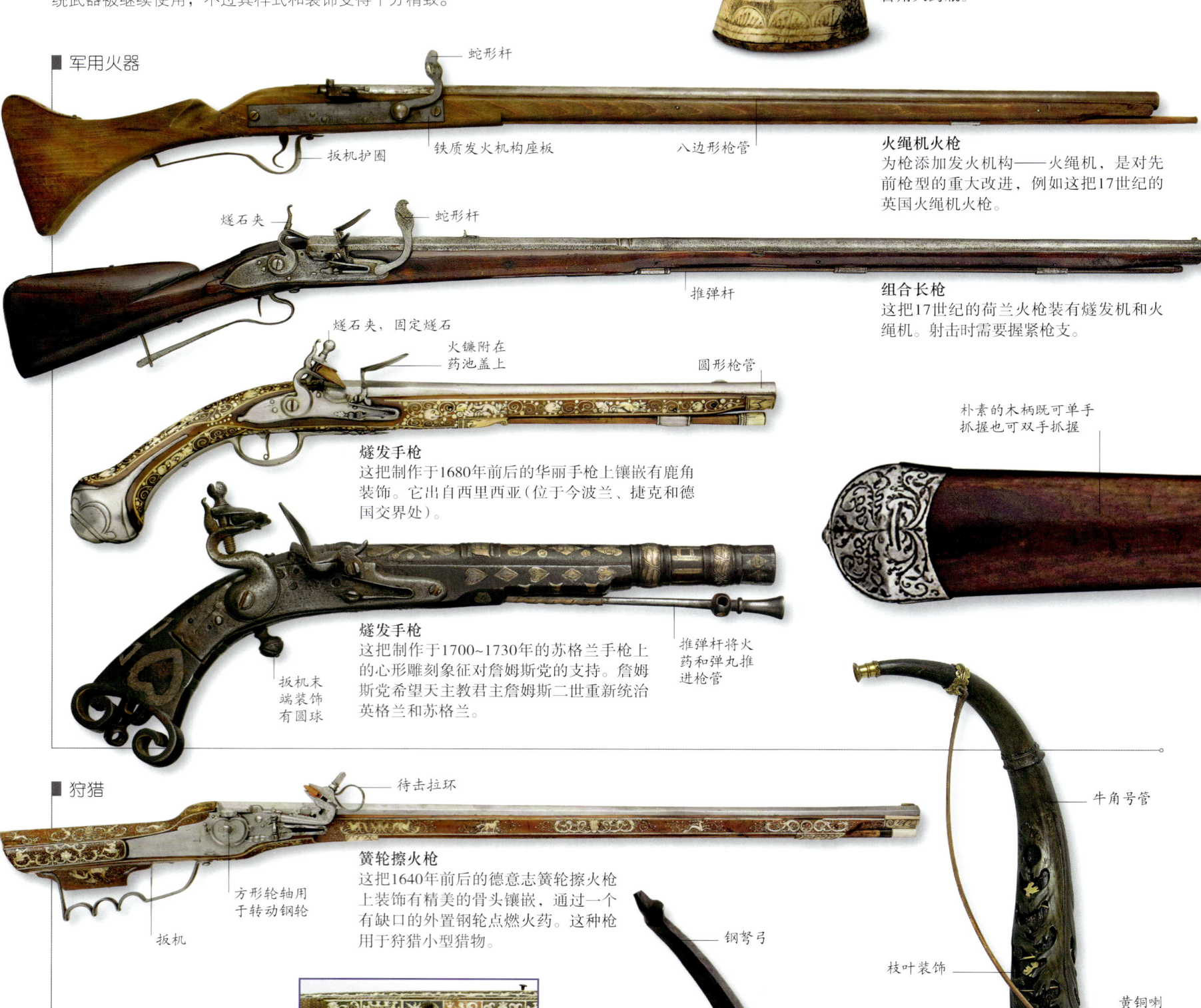

装饰有狩猎的场景

■ 军用火器

蛇形杆 / 扳机护圈 / 铁质发火机构座板 / 八边形枪管

火绳机火枪
为枪添加发火机构——火绳机，是对先前枪型的重大改进，例如这把17世纪的英国火绳机火枪。

燧石夹 / 蛇形杆 / 推弹杆

组合长枪
这把17世纪的荷兰火枪装有燧发机和火绳机。射击时需要握紧枪支。

燧石夹，固定燧石 / 火镰附在药池盖上 / 圆形枪管

燧发手枪
这把制作于1680年前后的华丽手枪上镶嵌有鹿角装饰。它出自西里西亚（位于今波兰、捷克和德国交界处）。

朴素的木柄既可单手抓握也可双手抓握

燧发手枪
这把制作于1700~1730年的苏格兰手枪上的心形雕刻象征对詹姆斯党的支持。詹姆斯党希望天主教君主詹姆斯二世重新统治英格兰和苏格兰。

扳机末端装饰有圆球 / 推弹杆将火药和弹丸推进枪管

■ 狩猎

待击拉环 / 方形轮轴用于转动钢轮 / 扳机

簧轮擦火枪
这把1640年前后的德意志簧轮擦火枪上装饰有精美的骨头镶嵌，通过一个有缺口的外置钢轮点燃火药。这种枪用于狩猎小型猎物。

牛角号管 / 枝叶装饰 / 黄铜喇叭口

钢弩弓

狩猎弩
这把1526年的德意志狩猎弩上嵌有象牙饰板，上面绘有两个盾形纹章。弩在当时已经逐渐退出战场，不过仍用于狩猎。

扳机细节 / 绳子将弩弓固定在弩臂上

猎号
狩猎是王公贵族热衷的消遣活动。猎人使用这样的猎号召集协助围猎的猎犬。

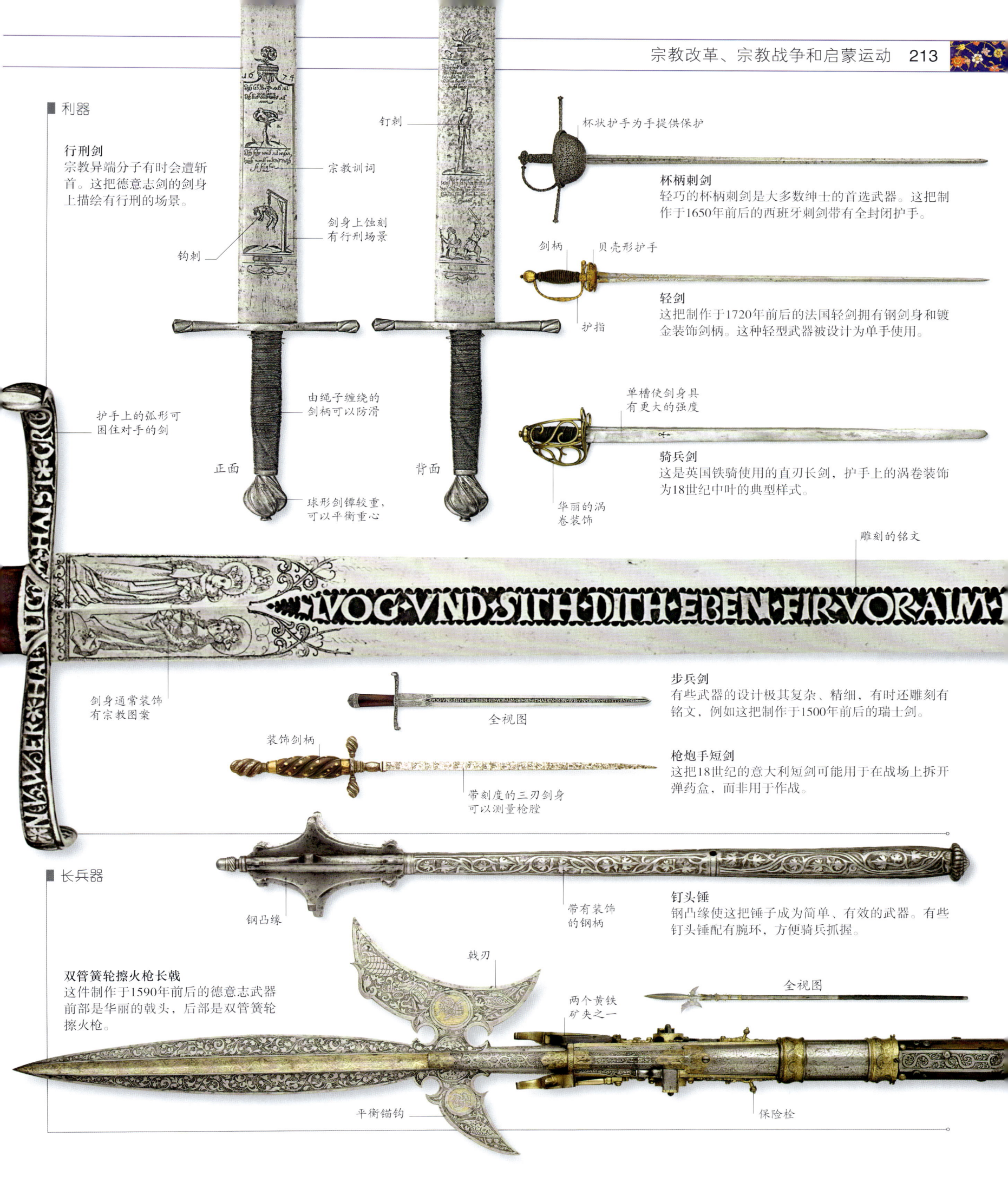

宗教改革、宗教战争和启蒙运动　213

■ 利器

行刑剑
宗教异端分子有时会遭斩首。这把德意志剑的剑身上描绘有行刑的场景。

- 钉刺
- 宗教训词
- 钩刺
- 剑身上蚀刻有行刑场景
- 由绳子缠绕的剑柄可以防滑
- 正面
- 背面
- 球形剑镡较重，可以平衡重心

杯柄刺剑
轻巧的杯柄刺剑是大多数绅士的首选武器。这把制作于1650年前后的西班牙刺剑带有全封闭护手。

- 杯状护手为手提供保护
- 剑柄
- 贝壳形护手
- 护指

轻剑
这把制作于1720年前后的法国轻剑拥有钢剑身和镀金装饰剑柄。这种轻型武器被设计为单手使用。

骑兵剑
这是英国铁骑使用的直刃长剑，护手上的涡卷装饰为18世纪中叶的典型样式。

- 单槽使剑身具有更大的强度
- 华丽的涡卷装饰

步兵剑
有些武器的设计极其复杂、精细，有时还雕刻有铭文，例如这把制作于1500年前后的瑞士剑。

- 剑身通常装饰有宗教图案
- 护手上的弧形可困住对手的剑
- 雕刻的铭文
- 全视图

枪炮手短剑
这把18世纪的意大利短剑可能用于在战场上拆开弹药盒，而非用于作战。

- 装饰剑柄
- 带刻度的三刃剑身可以测量枪膛

■ 长兵器

钉头锤
钢凸缘使这把锤子成为简单、有效的武器。有些钉头锤配有腕环，方便骑兵抓握。

- 钢凸缘
- 带有装饰的钢柄

双管簧轮擦火枪长戟
这件制作于1590年前后的德意志武器前部是华丽的戟头，后部是双管簧轮擦火枪。

- 戟刃
- 两个黄铁矿夹之一
- 平衡锚钩
- 保险栓
- 全视图

214　启蒙运动与帝国主义　1450~1750年

王权象征
亨利二世的盔甲

1547~1559年，亨利二世统治时期的法国纷争不断。法国不仅陷入与邻国的战争当中，王国内部还面临因征收战争税而引发的动荡和叛乱。亨利二世是虔诚的天主教徒，他在1559年颁布的《埃库昂法令》中宣布：清教在法国为非法。

文艺复兴盔甲

与此同时，火器和新的军事技术最终改变了战争的形式，战场上不再需要身着闪亮盔甲的骑士了。然而，文艺复兴和巴洛克时期却出现了制作考究、装饰华丽的盔甲。

这些盔甲用于仪式，是身份地位的象征。在阅兵、王室婚礼、加冕礼、葬礼、封圣礼、外交访问和狂欢节等仪式中，身穿盔甲的男性都是其中重要的组成部分。例如，在法国国王亨利二世进入里昂时，陪同他的步兵就穿着类似古罗马士兵的盔甲。

骑马比武也会使用到盔甲（左下图）。签署于1559年的《卡托－康布雷西和约》缔造了神圣罗马帝国与法国之间的和平。在之后举行的一场欢庆活动中，亨利二世参加了骑马比武。在亨利二世与苏格兰卫队长比武的过程中，卫队长的长矛穿过亨利二世头盔的缝隙，刺入国王的眼睛。十天后，亨利二世离世。

仪式盔甲
这套精美的盔甲是在仪式中穿戴的，彰显了亨利二世通过联合法国与神圣罗马帝国而获得的军事和政治胜利。装饰图案中有一位古罗马战士，被认为出自巴黎金匠和雕刻师艾蒂安·德洛纳之手。

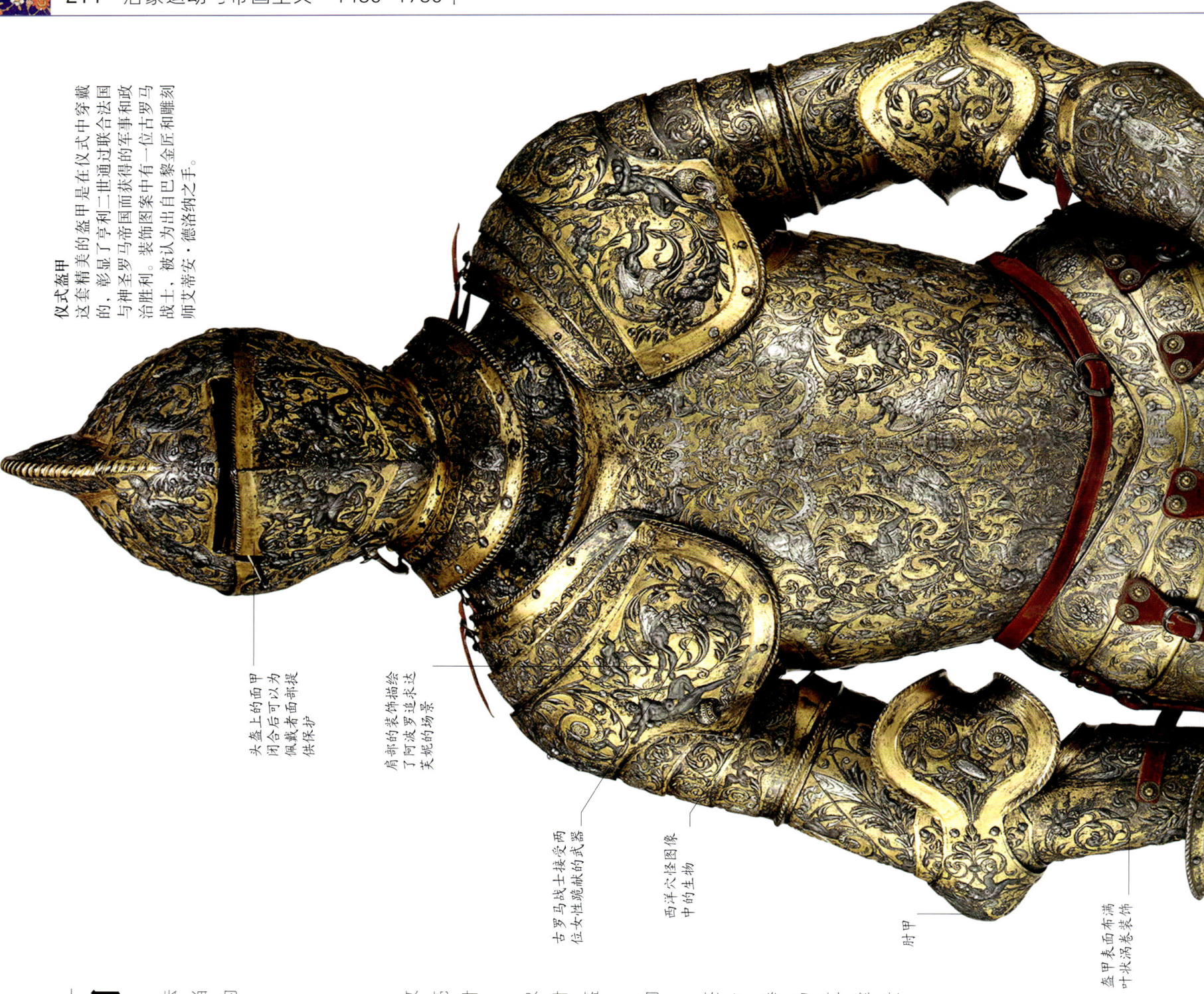

头盔上的面甲闭合后可以为佩戴者面部提供保护

肩部的装饰描绘了阿波罗追求达芙妮的场景

古罗马战士接受两位女性跪献的武器

西洋六怪图像中的生物

肘甲

盔甲表面布满叶状涡卷装饰

宗教改革、宗教战争和启蒙运动　215

镀金表面

整个表面有泛蓝的镀银浮雕

铜浮雕

膝盖甲装饰有人面浮雕

胫甲保护小腿，这套仪式盔甲中胫甲的装饰作用大于保护作用

手甲上的小片全属可以提供更大的灵活度

抬升面甲的栓子

连接上下两片面甲的挂钩可以锁住闭合的头盔

盔冠边缘有绳纹

亨利二世的头盔
亨利二世的头盔上布满了叶状涡卷装饰和人像，与盔甲其他部分的装饰设计保持一致。

骑马比武

骑马比武是欧洲中世纪和文艺复兴时期流行的训练项目和消遣活动。比武时，两位穿戴盔甲的对手需要骑在马背上用长矛攻击对方。由于战争形式的变化亨利二世的死亡，这种活动于16世纪晚期逐渐减少，其他欢庆活动取决很快取而代之，例如射击比赛。

216

长矛兵头盔
英国内战期间，对战双方的军队中都有长矛兵。类似的头盔可以转移来自上方的攻击。

德意志鹰头盔
带有面具式面甲的头盔流行于16世纪早期。这顶头盔制作于1560年前后，其瞭望孔下的部分被设计为鹰头，甚至还蚀刻出了羽毛。

意大利轻盔
轻盔是一种延长至后颈部的露面头盔。15世纪的意大利雇佣兵常佩戴这样的头盔。

- 肘甲
- 大腿甲保护大腿
- 胫甲
- 熟铁胸甲
- 绑带将下摆扣在大腿甲上
- 保护前额的流苏状金属板

王室盔甲
这套盔甲打造于1540年，为英王亨利八世所有，展示出亨利八世格外强壮的体格。它用于比赛和战斗。

长矛兵胸甲
长矛兵作战时使用的长矛长度约为5.5米。这件胸甲可以帮助长矛兵抵御来自对手的攻击。

德意志马面甲
这件马面甲的历史可追溯至1510年。它全部由金属制成，可为马头提供最大限度的保护。

■ 马铠

- 铜羽毛插管
- 护耳
- 用于攻击敌人的螺旋纹尖刺
- 带凸缘的护眼
- 皮革内衬和铆钉使马铠可以活动
- 蚀刻和镀金装饰描绘了现实和神话中的生物
- 护鼻
- 铆钉

意大利马铠
这件马铠制作于1570年，类似的马铠可以在战争或比赛中保护马的头部和颈部免受伤害。马铠一般由加固的皮革或金属制成，上面的装饰图案有时与骑马者的盔甲图案相配。

宗教改革、宗教战争和启蒙运动 | 217

教会与宗教

教会的分裂在宗教器物和日常用品方面都有所体现。英雄、殉道者和圣徒的形象出现在徽章和硬币上。天主教的宗教器物仍由银等昂贵的材料制成且做工精细，例如耶稣受难像。而新教则倡导质朴、简洁的风格。

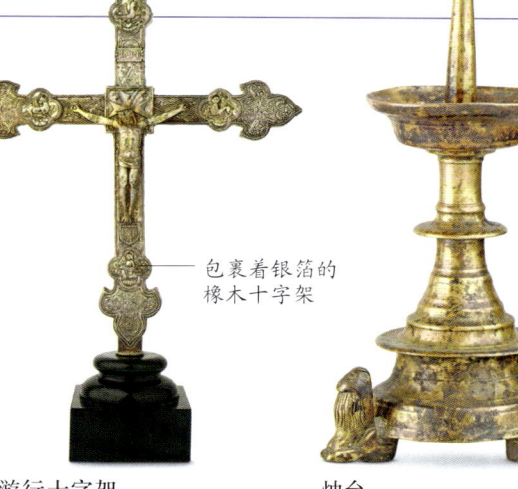

游行十字架
在16世纪，如此华丽的十字架通常用于引导游行队伍参加天主教弥撒。

- 包裹着银箔的橡木十字架

烛台
这个烛台出自一座天主教堂，时间可追溯至16世纪。圣坛上或圣坛旁边摆放着蜡烛，尤其是在弥撒期间。

- 锥形烛托位于带有两个圆盘的通轴上端

圣乔治与龙
这件英国象牙雕刻描绘了英格兰的守护者圣乔治。他是一位基督教殉道者，因杀死过龙而闻名。

- 背景中城堡的垛墙
- 骑士打扮的圣乔治
- 代表邪恶的龙

天主教圣杯
天主教会喜好奢华，从这个用于在弥撒时盛酒的银圣杯上可见一斑。为此，天主教会常受新教的指责。

- 精美的装饰
- 圆形浮雕上有圣徒头像

胡格诺派《圣经》
这本《圣经》属于法国的胡格诺派新教徒。16世纪，他们为避免宗教迫害而逃离了法国。

金徽章
这枚徽章上铸有约翰·胡司（又称扬·胡斯）的胸像。他是捷克改革家，于1415年被判为反天主教教义的异端分子，并被处以火刑。

- 拉丁文铭文"我信奉一个神圣的天主教会"

粗陶瓶
这个陶瓶可追溯至17世纪，描绘了红衣主教罗伯托·贝拉米诺。他是一位新教批评者，反对尼古拉·哥白尼的日心说。制作这个陶瓶的目的可能是为了嘲讽这位红衣主教。

- 红衣主教罗伯托·贝拉米诺的面部

218　启蒙运动与帝国主义　1450~1750年

政治与权力

宗教改革不仅仅是一次宗教分裂，其对欧洲的战争性质和国家形态产生了深远的影响。这一时期充满了戏剧性事件，例如1588年英军击败西班牙无敌舰队。与此同时，不易察觉的社会变化传遍了欧洲各地。

改造后的权杖
英格兰法弗舍姆的市长权杖为反映1660年查理二世复位而被改造。权杖头部有英格兰、苏格兰、法国和爱尔兰的王室纹章。

- 边缘有拉丁文铭文
- 原印章
- 盾形的坎特伯雷市徽上有一头狮子和三只红嘴山鸦
- 新印章
- "CR"代表查理二世

坎特伯雷印章
英格兰坎特伯雷的城市印章原本描绘的是1170年大主教托马斯·贝克特被谋杀于坎特伯雷大教堂的情景。宗教改革后，印章上的图案被改成了市徽。

- 西班牙战舰上的水手跳入大海

荷兰纪念章
荷兰新教徒于1566年掀起了一场反对西班牙统治者的运动。这枚徽章为纪念英国在战争中支持荷兰对抗西班牙而造。

舰队纪念章
这枚徽章为纪念英军舰队于1588年战胜西班牙无敌舰队而造。这次胜利粉碎了西班牙人征服英格兰、复兴天主教的计划。

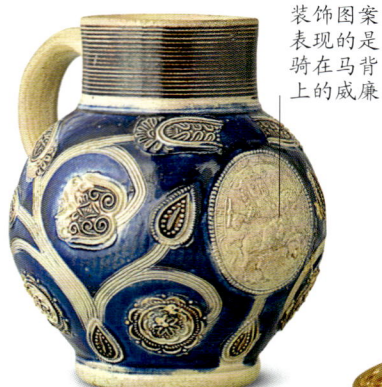

王室立体刺绣
立体刺绣是一种图案凸出于底布之上的刺绣。这件立体刺绣描绘了斯图亚特王朝国王查理二世与其妻子葡萄牙布拉甘萨的凯瑟琳。

- 装饰图案表现的是骑在马背上的威廉

德意志陶罐
这个陶罐为出口到英国而制作，描绘了荷兰的奥兰治亲王威廉，他后来成为英国国王威廉三世，被视为新教的捍卫者。

时尚

尽管欧洲社会动荡和暴力不断，但全球贸易却持续增长，丝毫没有受到影响。布料贸易因新的制衣材料而兴隆，与众不同的时尚潮流从一座城市传向另一座城市。科技创新也改进了制作服装和配饰的技术。

- 印花沿复褶排列

碎花连衣裙
丝绸需要从亚洲进口，因而被视为一种奢侈品。它用于制作衣物，例如这条制作于18世纪70年代的锦缎连衣裙。

- 装饰伞柄的流苏

蕾丝遮阳伞
遮阳伞于17世纪开始流行。到18世纪时，女性已经习惯使用遮阳伞来保护皮肤免受阳光照射了。

布鞋
这只绣花布鞋制作于18世纪40年代。它表明随着人们越来越关注衣物的款式，时尚已经战胜了实用。

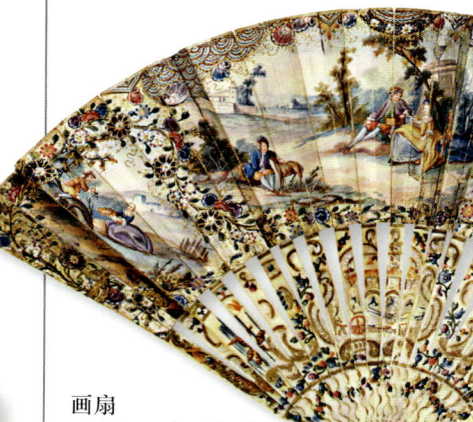

画扇
18世纪，扇子在欧洲成为一种流行的时尚配饰。它们通常进口自中国和日本，以满足欧洲消费者的需求。

- 拥有象牙扇骨的折扇

宗教改革、宗教战争和启蒙运动　219

领口细部
18世纪90年代的男装流行短立领，常搭配花边领饰。这件外套的衣领虽短，但却装饰有精美的刺绣。

洛可可宫廷套装
18世纪，奢华的洛可可风格出现于巴黎并传遍欧洲其他国家。其特征是曲线和优雅，与较沉重的巴洛克风格形成反差。洛可可风格影响了艺术、建筑和时尚领域。这套1780年的宫廷套装装饰有花卉和刺绣，是典型的洛可可风格服装。

布料为带有粉色条纹的黑色天鹅绒

两侧的刺绣图案呈镜像对称

袖口细部
袖口较此前的流行款式略小，被设计成外套的附加装饰。袖口腕部收窄，并以亮片、玻璃和绣花纽扣大肆装饰。

修长的袖子在腕部收窄，更显优雅

侧摆收窄，露出装饰精美的背心

背心口袋细部
这件背心的前襟使用象牙色绸缎制作，并以彩色丝线精绣包边。口袋样式为三点式翻盖，上有用丝线绣出的小花。

马裤与当时的外套和背心一样，都为紧身款式

侧视图　　后视图

印刷

宗教改革时期，依靠油墨和木版的印刷方式已经使用了数百年。直到15世纪50年代印刷机和铅活字出现之后，知识传播的方式才得以改变。德国发明家约翰内斯·谷登堡一般被认为是欧洲印刷机的发明者。

谷登堡《圣经》
约翰内斯·谷登堡印制于1455年前后的《圣经》是已知最早使用铅活字印刷的图书。根据其每栏的行数，该书又被称为《四十二行圣经》。

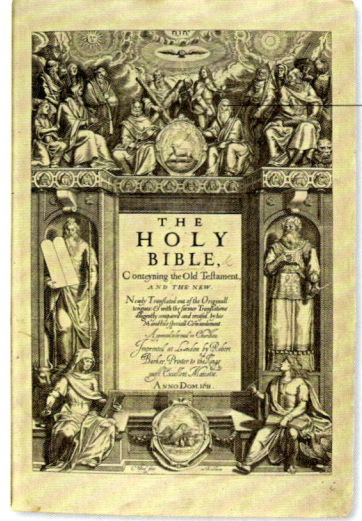

排字盘
早期印刷机使用排字盘将字母排列成单词，然后印在纸上。可移动活字使人们可以轻松地将单个字母拼成单词。

活字刨
这件工具用于刨平金属活字的背面，以确保字母高度一致。

宣传册
18~19世纪，欧洲流行着大量论述各类社会和政治问题的小册子，例如这本宣传禁酒运动的小册子。

- 酒精饮品被比喻为魔鬼及其随从的产物

钦定本《圣经》
这本英国国王詹姆斯一世钦定本《圣经》的英文翻译工作始于1604年，完成于1611年。它在大约300年的时间里一直被奉为权威。

- 使徒彼得和保罗位于中间文字的上方

印刷机
到18世纪时，印刷机已经用于印刷图书和小册子，甚至报纸也开始使用印刷机印刷。

- 滚筒
- 放置活字的金属板
- 固定刀片的螺钉
- 转动滚筒的操纵杆

科学

到18世纪时，人们对科学的兴趣日益浓厚。传播启蒙思想的世俗氛围助长了这一趋势。这种转变的表现之一是对科学探索和实验的新热情，其为世界带来了数学、生物学和天文学等领域的诸多发现。

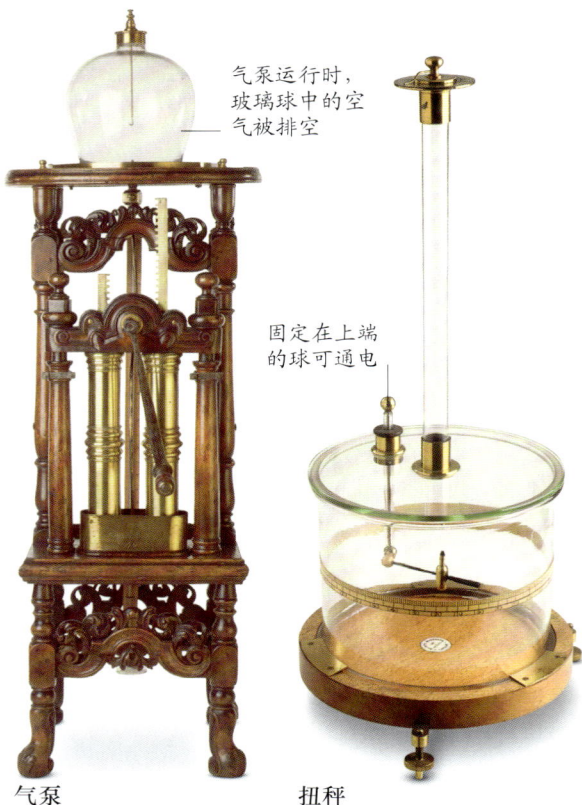

- 气泵运行时，玻璃球中的空气被排空
- 固定在上端的球可通电

气泵
英国科学家和发明家弗朗西斯·霍克斯比发明了这台双缸气泵。它被视为现代真空泵的前身。

扭秤
法国物理学家夏尔–奥古斯丁·德·库仑基于秤杆的原理发明出这台灵敏的仪器，用于研究两个物体之间电荷的吸引与排斥。

■ 天文学

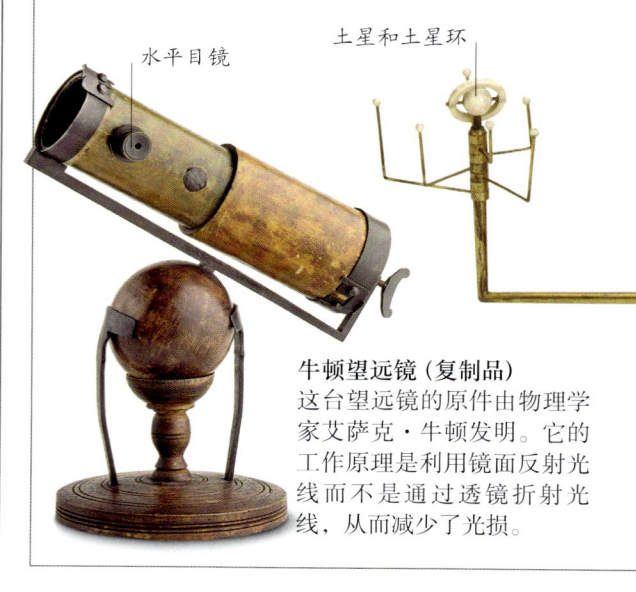

- 水平目镜
- 土星和土星环

牛顿望远镜（复制品）
这台望远镜的原件由物理学家艾萨克·牛顿发明。它的工作原理是利用镜面反射光线而不是通过透镜折射光线，从而减少了光损。

221

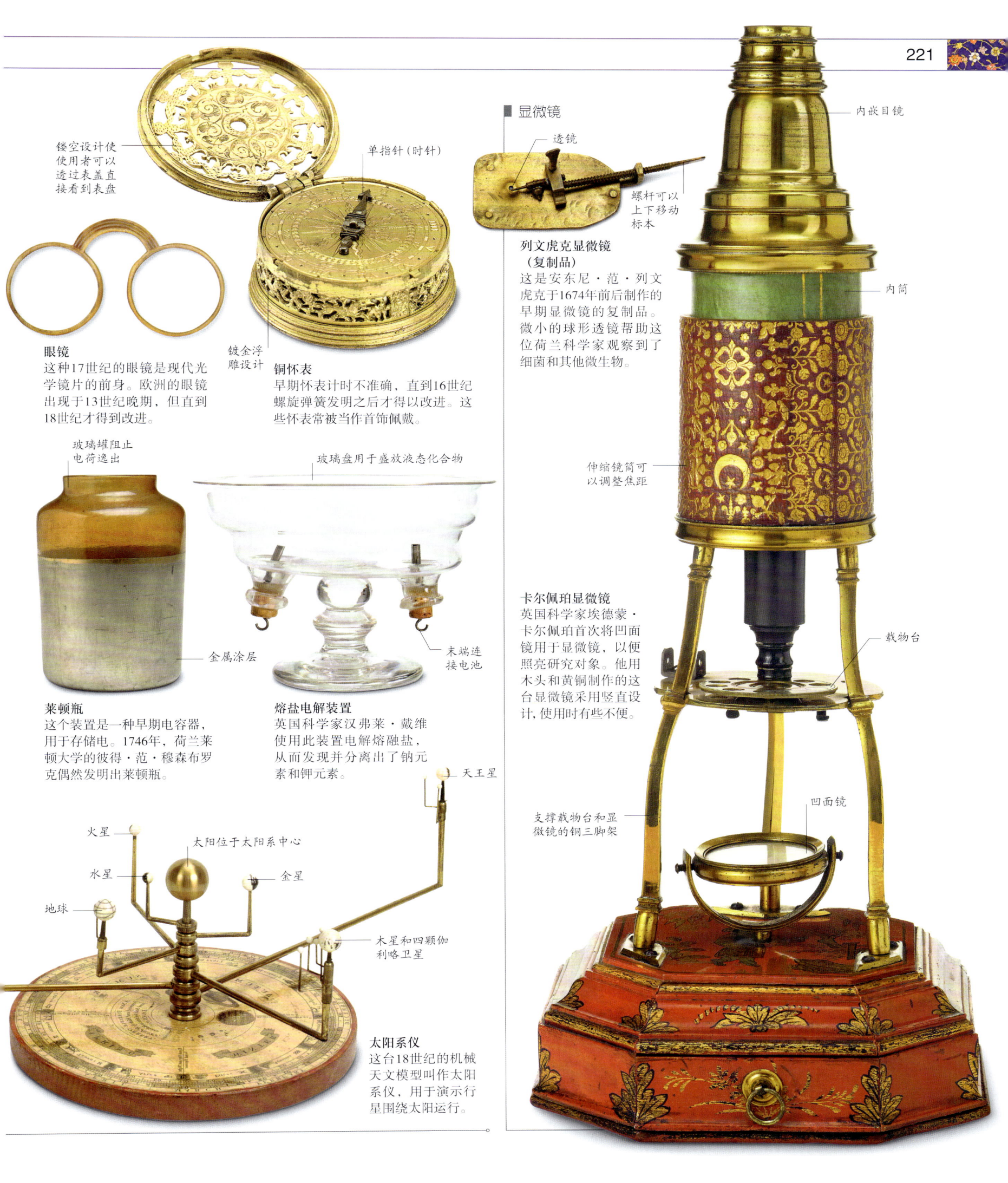

眼镜
这种17世纪的眼镜是现代光学镜片的前身。欧洲的眼镜出现于13世纪晚期，但直到18世纪才得到改进。

- 镂空设计使使用者可以透过表盖直接看到表盘
- 单指针（时针）
- 镀金浮雕设计

铜怀表
早期怀表计时不准确，直到16世纪螺旋弹簧发明之后才得以改进。这些怀表常被当作首饰佩戴。

■ 显微镜

- 透镜
- 螺杆可以上下移动标本

列文虎克显微镜（复制品）
这是安东尼·范·列文虎克于1674年前后制作的早期显微镜的复制品。微小的球形透镜帮助这位荷兰科学家观察到了细菌和其他微生物。

- 玻璃罐阻止电荷逸出
- 金属涂层

莱顿瓶
这个装置是一种早期电容器，用于存储电。1746年，荷兰莱顿大学的彼得·范·穆森布罗克偶然发明出莱顿瓶。

- 玻璃盘用于盛放液态化合物
- 末端连接电池

熔盐电解装置
英国科学家汉弗莱·戴维使用此装置电解熔融盐，从而发现并分离出了钠元素和钾元素。

- 内嵌目镜
- 内筒
- 伸缩镜筒可以调整焦距
- 载物台
- 凹面镜
- 支撑载物台和显微镜的铜三脚架

卡尔佩珀显微镜
英国科学家埃德蒙·卡尔佩珀首次将凹面镜用于显微镜，以便照亮研究对象。他用木头和黄铜制作的这台显微镜采用竖直设计，使用时有些不便。

- 火星
- 水星
- 地球
- 太阳位于太阳系中心
- 金星
- 天王星
- 木星和四颗伽利略卫星

太阳系仪
这台18世纪的机械天文模型叫作太阳系仪，用于演示行星围绕太阳运行。

奥斯曼帝国的鼎盛

奥斯曼帝国始于13世纪的安纳托利亚（位于今土耳其境内），后逐渐扩张，疆域向东延伸至伊拉克和伊朗西部。统治帝国的素丹令欧洲的基督教国家又敬又畏。

获胜时刻 ▷
这幅画描绘的是大约10万土耳其士兵于1526年8月29日在匈牙利的莫哈奇之战中取得决定性胜利的场景。这次胜利使奥斯曼帝国控制了匈牙利东部各省。

在安纳托利亚北部，统治者奥斯曼一世建立了奥斯曼帝国（参见第174页），其后的继任者们持续扩展帝国的疆域。1453年，拜占廷帝国的君士坦丁堡（今伊斯坦布尔）被素丹穆罕默德二世的军队攻陷。很快，埃及、阿拉伯半岛的汉志地区（包括圣城麦加和麦地那）及伊拉克，相继落入奥斯曼土耳其人手中。帝国于16世纪苏莱曼大帝统治期间达到鼎盛。当时的奥斯曼帝国以富有而闻名，其取得的大部分财富建立在贸易和军事实力的基础之上。

尽管奥斯曼帝国以某种形式一直存续至20世纪早期，但其衰落却始自苏莱曼大帝之子谢利姆二世统治时期。谢利姆二世的软弱助长了政府内部的贪腐。民众支持率逐渐降低，帝国的领土被欧洲列强蚕食。第一次世界大战结束后，奥斯曼帝国覆灭。

信仰与仪式

伊斯兰教是奥斯曼帝国的国教。然而，奥斯曼帝国幅员辽阔，各种文化和信仰在这里兼容并蓄、繁荣发展，其中也包括基督教和犹太教。在这样的环境中，伊斯兰教依然占据优势，这反映在奥斯曼帝国的艺术和建筑方面。

墓碑
这块墓碑的顶部呈包头巾状。墓碑上刻有一段铭文，铭文的内容为"长眠于此的是朝圣者阿里·利尔·素丹，他死于希吉来历998年"。

—— 阿拉伯文铭文

—— 清釉
蓝瓷砖
这块17世纪的艳丽瓷砖出自一座奥斯曼时期的清真寺，上面的阿拉伯文含有真主安拉、先知穆罕默德和四大哈里发的名字。

—— 麦加的克尔白

地理盒
地理盒用于定位麦加的方向。穆斯林在进行礼拜时需要面朝麦加。

家居生活

奥斯曼帝国时期，财富与奢华是素丹和统治阶级生活的代名词。家居用品通常很华丽，具有很强的装饰性。手工艺品贸易十分繁荣。除了供整个帝国使用以外，奥斯曼帝国的商品在欧亚大陆的其他地方也很受欢迎。

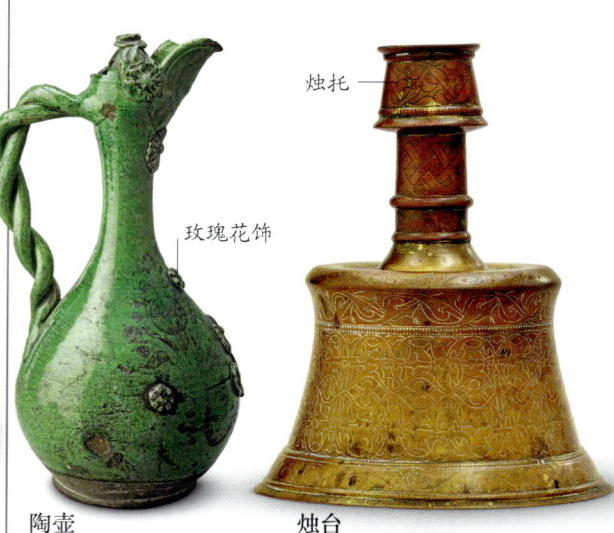

—— 玫瑰花饰

陶壶
这个19世纪的土耳其上釉陶壶有一个双绞壶把。壶身上装饰有点状玫瑰花饰并绘有花卉图案。

—— 烛托

烛台
这个15世纪晚期的伊斯兰铜烛台表面用贵金属镶嵌出了精致的图案。类似的烛台在家庭和清真寺中都很常见。

奥斯曼帝国的鼎盛　223

艺术与文化

奥斯曼帝国的艺术发展繁荣。拜占廷的圣索菲亚大教堂被改建为奥斯曼帝国的清真寺。这激发了建筑师的灵感，他们设计建造出许多举世瞩目的建筑物。手稿和书法兴盛起来。扩张和贸易使地毯编织行业的规模扩大，许多奥斯曼城市都投身到艺术生产当中。

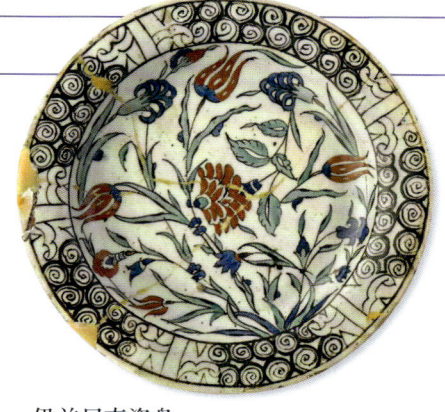

伊兹尼克瓷盘
这个17世纪瓷盘上的花卉图案是土耳其伊兹尼克瓷器的标志性特征。伊兹尼克瓷器在奥斯曼帝国享有盛誉。

红宝石　　　形状好似传统的山羊皮水袋

金壶
这个制作于16世纪晚期的装饰性金壶由黄金打造而成，表面镶嵌有祖母绿、钻石等宝石。

晶雕

水晶壶
这个制作于16世纪晚期的水晶壶拥有精致的雕刻图案、黄金壶塞和红宝石装饰。

瓷砖
奥斯曼时期的建筑墙面和廊柱通常使用伊兹尼克瓷砖进行装饰。

《书法集》中的一页
这本装帧精美的《书法集》是15~18世纪奥斯曼帝国伟大的书法家们的书法史。

红色珐琅珠

银笔墨盒
土耳其书法家使用一种由芦苇制成的朴笔书写。笔和墨放于笔墨盒中，例如这个18世纪的笔墨盒。

服装与饰品

多元的文化影响着奥斯曼帝国的时尚发展。一些来自中亚和北非的服装融合了土耳其风格，例如宽松裤、束腰外衣和非斯帽。衣服的面料和佩戴的珠宝可以显示其主人的身份地位。

花卉图案　古罗马式羽毛装饰物　由铜和金制成的头盔上镶满了珠宝

苏莱曼的头盔
这顶镶满绿松石和红宝石的奢华头盔属于苏莱曼大帝。他是统治时间最长的奥斯曼帝国素丹之一。

珠宝羽饰
这件17世纪晚期的冠状头饰上装饰有珍珠、钻石、祖母绿和翎羽。

金穗

女士长袍
这件使用红色丝绸缝制的奢华长袍上绣满了金色的刺绣，边口处都镶有金穗。

花卉装饰

金线刺绣

武器与盔甲

奥斯曼帝国扩张的高峰从15世纪50年代持续到17世纪初。它抵挡住欧洲人的进攻，保护了贸易路线。在巅峰时期，奥斯曼帝国的疆域覆盖了西起匈牙利、东至伊朗，北起克里米亚半岛、南至北非的广阔区域。这背后的代价则是这一时期持续不断的战乱。

钉头锤
奥斯曼钉头锤拥有沉重的锤头。骑兵和步兵用其锤击敌人。

- 中空的洋葱形锤头
- 全视图

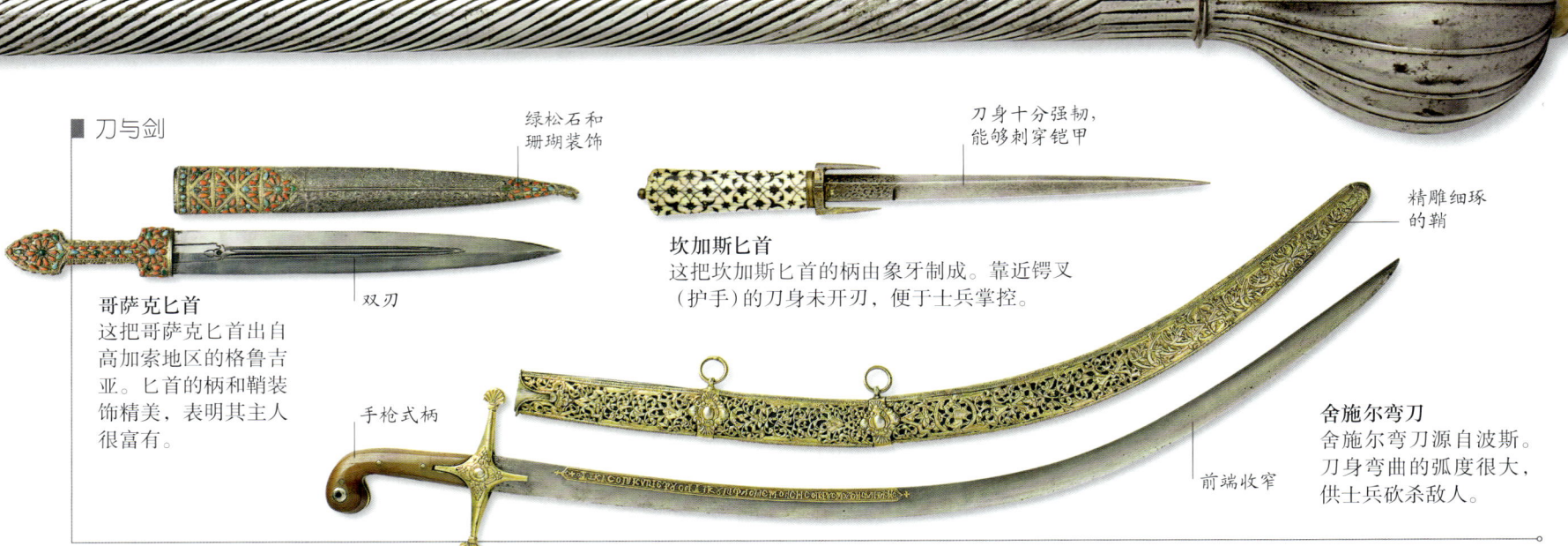

■ 刀与剑

哥萨克匕首
这把哥萨克匕首出自高加索地区的格鲁吉亚。匕首的柄和鞘装饰精美，表明其主人很富有。

- 绿松石和珊瑚装饰
- 双刃

坎加斯匕首
这把坎加斯匕首的柄由象牙制成。靠近锷叉（护手）的刀身未开刃，便于士兵掌控。

- 刀身十分强韧，能够刺穿铠甲

舍施尔弯刀
舍施尔弯刀源自波斯。刀身弯曲的弧度很大，供士兵砍杀敌人。

- 精雕细琢的鞘
- 手枪式柄
- 前端收窄

■ 火器

燧发卡宾枪
这把18世纪的枪是专为骑兵而设计的。枪上有用银镶嵌出的装饰图案，枪管下侧有吊环，用于将枪悬挂在马鞍上。

- 装饰有雕刻的枪托
- 吊环

燧发手枪
奥斯曼帝国的武器往往装饰得异常华丽。这把18世纪晚期的燧发手枪从枪柄到枪口都有精美的镀金装饰。

- 雕刻出的球形枪柄末端
- 火镰
- 五边形枪托
- 镶嵌装饰
- 整个枪身覆盖着雕刻和装饰过的象牙

■ 盔甲

钢盔
16世纪的奥斯曼帝国士兵佩戴这种有护耳、护颈和护鼻的钢盔。

- 弧形护颈
- 护鼻

生牛皮头盔
这种尖顶头盔叫作奇恰克头盔,由素丹禁卫军佩戴的头饰演变而来。

- 镀金铜装饰

盾牌
这个17世纪的卡尔坎盾牌中央为一块铁板,四周环绕着由丝绸包裹的藤条。

- 手柄铆钉

- 链环
- 金属板

锁子甲
这种奥斯曼帝国骑兵的铠甲也被称为板链甲,由铁、铜合金和皮革制成。它由成串的链环和交叠的金属板组成。

胸甲
这件16世纪的胸甲上有君士坦丁堡圣艾琳兵工厂的标志。该兵工厂在1453年君士坦丁堡陷落之前是一座教堂。

- 大金属板由锁子甲连接在一起
- 带扣将金属板合在一起
- 四块交叠的金属板保护脚趾

骑兵靴
这种钢靴非常沉重,每只重达2.8千克,但却可以提供至关重要的保护。钢靴由数块金属板和锁子甲制成。

- 通过锁子甲连接的鞋底

燧发枪
这把18世纪晚期的燧发枪与同时期的印度枪型在设计和装饰风格方面非常接近。

- 麻绳纹饰的枪管箍
- 八边形枪管

米克莱燧发枪
这种武器的名称来自枪上的米克莱(miquelet)燧发机。这种燧发机在西班牙和意大利使用广泛。

- 镶嵌有宝石和黄铜装饰
- 枪管箍
- 推弹杆

226 启蒙运动与帝国主义 1450~1750年

圣布伦丹
这位爱尔兰修道院长和圣徒的旅行具有传奇色彩。据说圣布伦丹一条大鱼（有些版本中是鲸）误认为一座岛，直到这座"岛"游动起来。

北非
北非诸王国为土耳其人所熟知，地图上的人物和动物插图具有很高的精确度。

伊斯帕尼奥拉岛
这幅地图令人惊讶的一个特点是，它描绘的部分西印度群岛，其中包括伊斯帕尼奥拉岛。

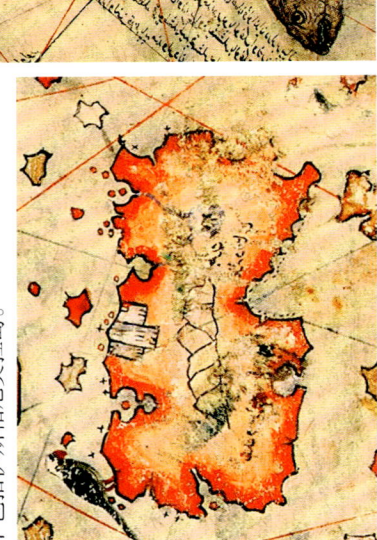

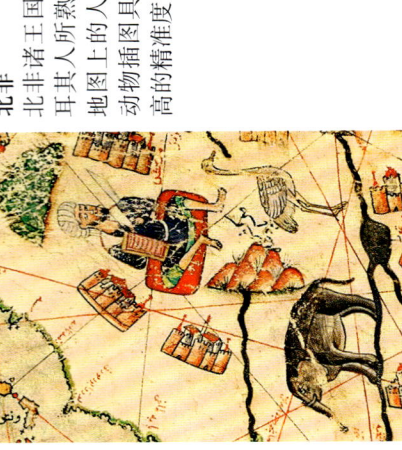

南美洲
南美洲处绘有奇异的动物和一个脸长在躯干上的男性。此地形象在欧洲人绘制的世界地图上也出现过。

伊比利亚半岛

奥斯曼制图法

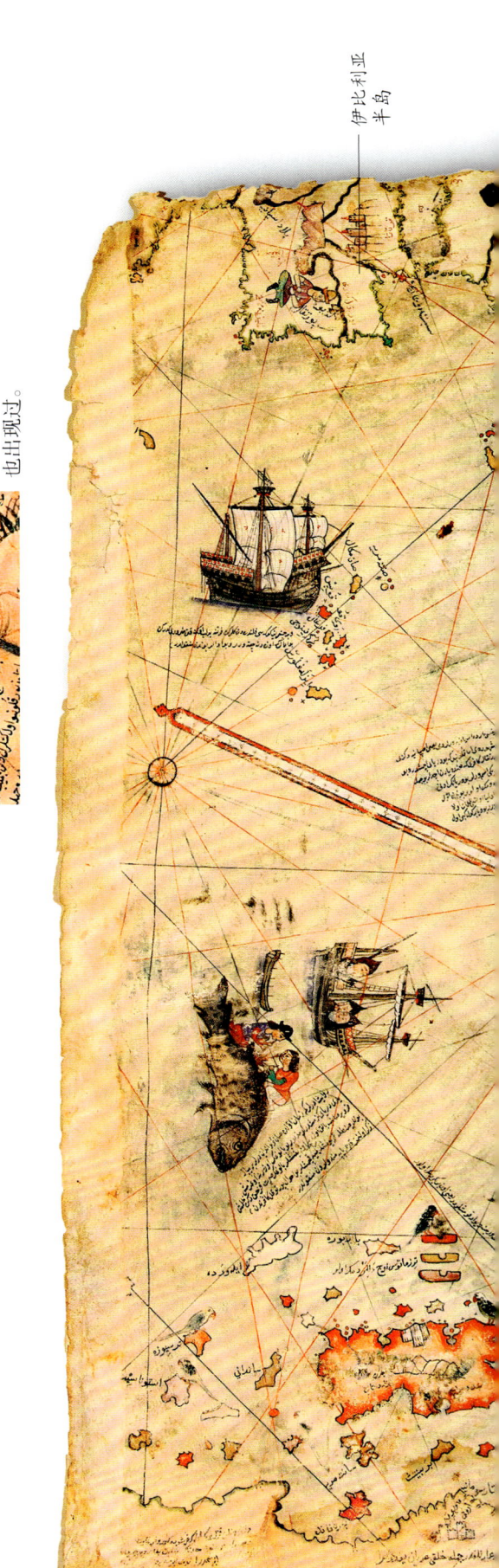

皮里·雷斯地图

这幅由土耳其航海家皮里·雷斯绘制的地图残片可追溯至1513年，是最早绘出美洲大陆的地图之一。历史学家们一直被这幅地图的各个方面所吸引，例如其超乎寻常的精准度。通往新大陆的航线本是探索大西洋的西班牙和葡萄牙航海家，尤其是西班牙君主资助的那位热那亚探险家克里斯托弗·哥伦布所死守的秘密。然而令人惊讶的是，雷斯把新大陆标在了正确的经线上，并使其与非洲大陆相对，这是目前已知最古老的、能够做到这一点的地图。这幅地图的比例不协调，美洲比非洲或亚洲大许多，不过当时的地图大多如此。

海上勇士

"雷斯"（Re'is）的意思是"船长"。皮里·雷斯一生的大部分时间都是在船上度过的，跟随其著名的海盗叔叔加齐·凯末尔学习航海。雷斯沿地中海和北非海岸航行数年并率领奥斯曼海军进行了多次战斗。他将自己的航海知识记录下来，最终绘制出这幅非凡的地图。雷斯还于1521年完成了《海事全书》。书中包含数幅地图，为人们提供了地中海和波斯湾的航海指南。

制图遗产

雷斯所绘的地图属于波托兰海图，用线条表示点与点之间的距离。雷斯在地图旁记述，自己参考了其他阿拉伯地图和一些传统资料。他还提及四幅同时期所绘的葡萄牙地图和一幅哥伦布绘制的地图。一些历史学家认为，雷斯的地图最接近哥伦布为其早期发现所绘制的地图，雷斯地图上的多处内容皆可以证实这一理论。例如，在现代人看来，伊斯帕尼奥拉岛的方向似乎画颠倒了。哥伦布在发现这座岛时，误认为这里是日本。雷斯在绘制伊斯帕尼奥拉岛的形状时似乎复制了这一错误。然而，关于皮里·雷斯是如何获得这些信息的，至今仍是一个谜。

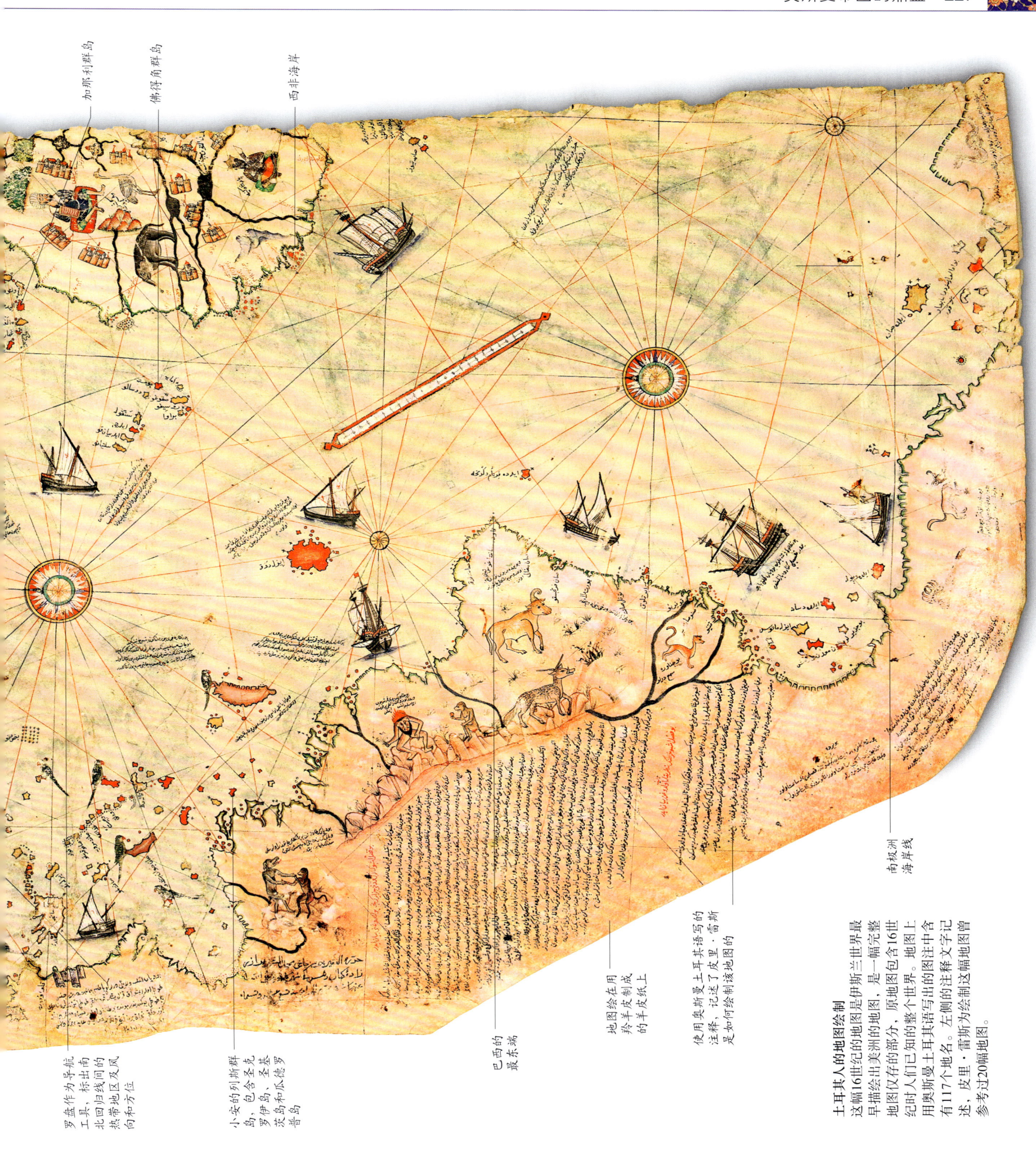

奥斯曼帝国的鼎盛 227

加那利群岛
佛得角群岛
西非海岸

南极洲海岸线

罗盘作为导航工具，标出南北回归线间的热带地区反风向和方位

小安的列斯群岛，包含圣克罗伊岛和瓜德罗普岛

巴西的最东端

地图绘在用羚羊皮制成的羊皮纸上

使用奥斯曼土耳其语写的注释，记述了皮里·雷斯是如何绘制该地图的

土耳其人的地图绘制

这幅16世纪的地图是伊斯兰世界最早描绘出美洲的地图，是一幅完整地图仅存的部分，原地图包含16世纪时人们已知的整个世界。地图上用奥斯曼土耳其语写出的图注中合有117个地名。左侧的注释文字记述，皮里·雷斯制这幅地图曾参考过20幅地图。

萨非王朝的诗歌与权力

波斯的萨非王朝存续了200多年，以其艺术和工艺而闻名，尤其是诗歌和建筑。萨非王朝处在一个宗教变革的时代，伊斯兰教什叶派成为萨非王朝的国教。

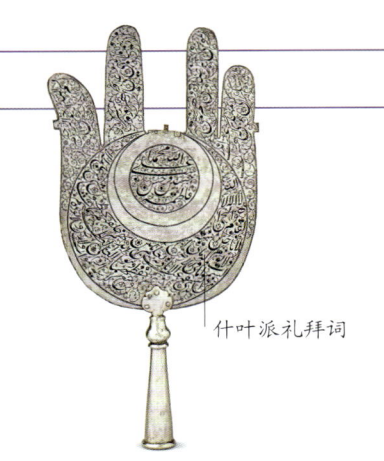

什叶派礼拜词

标志
这个标志用于军事或宗教仪式中。现存手指上展示的是《古兰经》中的诗句。

萨非王朝奠定了现代伊朗的基础。王朝由伊斯梅尔一世建立于1501年，以其始祖苏非教团创立者萨非·丁的名字命名。伊斯梅尔一世控制了整个伊朗。他扩张疆域，吞并了现代伊拉克的部分地区，其中也包括巴格达。

萨非王朝在伊斯法罕建立新都城，取代了大不里士和加兹温两座旧都。伊斯法罕发展成为一座繁荣的城市，并因其美丽的建筑而闻名。与此同时，王朝的财富也在不断增长，其中大部分来自丝绸贸易。萨非王朝的丝绸由当地的亚美尼亚人生产，在各贸易行当中占据垄断地位。这一时期的手稿和诗歌等艺术形式发展繁荣。

伊斯兰教的作用

受伊斯梅尔一世影响最深的领域是宗教。他将伊斯兰教什叶派定为国教，在以逊尼派为主的当时，什叶派尚属少数。不过，伊斯梅尔一世并非开先河者，什叶派在10世纪前后曾是北非法蒂玛王朝的国教。然而，伊斯梅尔一世的政策在伊斯兰世界的其他地方并不受欢迎。萨非王朝受到来自奥斯曼土耳其人的压力。土耳其人于1514年对萨非王朝发起进攻，导致在之后的一个多世纪中双方战事持续不断。与此同时，萨非王朝还得抵御乌兹别克人从东北方向发动的攻击。

1587年，阿拔斯一世即位。1590年，他通过割让领土与奥斯曼帝国签订不平等和约，以便集中力量对抗乌兹别克人。萨非王朝最终击败了乌兹别克军队，继而又于1603年击败土耳其人，收复了先前被其掠取的全部土地，使萨非王朝又保持了一个世纪的领土完整。

装饰拱顶 ▽
伊斯法罕沙阿清真寺竣工于1630年前后，因其美轮美奂的拱顶和艳丽的瓷砖而闻名。

萨非王朝的诗歌与权力　229

贸易

伊朗地处丝绸之路上的重要位置，这条历史悠久的贸易路线将西方与东方联系在一起。丝绸之路是一条重要的商业通道，波斯商人通过它获得了成功，欧洲人对亚美尼亚丝绸的需求也为萨非王朝带来了财富。

帖木儿时期的粗线条花卉图案

装饰瓷盘
这个装饰精美的波斯瓷盘上绘有中国风格图案，表明丝绸之路对萨非王朝的贸易十分重要。

蓝釉罐

硬币上的阿拉伯文被波斯文取代

银币
随着国际贸易的发展，波斯银币成为丝绸之路上重要的通用货币，例如这些17世纪的波斯银币。

艺术与文化

书法和绘画是萨非王朝重要的艺术形式。富裕的城市精英阶层有财力委托他人创作手稿或艺术作品，一些书法家因此名利双收。他们创作的手稿主题涵盖广泛，从《古兰经》到诗歌、历史和科学皆有。

装饰瓷砖
这种彩色瓷砖出自高加索地区的库巴奇，采用低温工艺烧制而成，因而釉面常出现标志性的裂纹。

■ 书法

松动的笔筒盖上有带孔的耳状物

一种波斯书法体

镂空设计

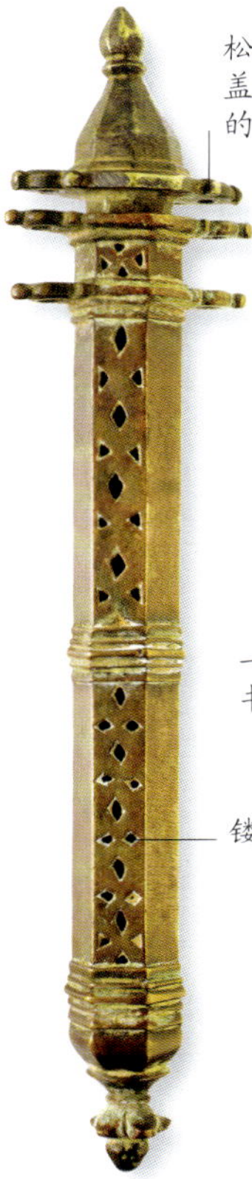

笔筒
这个六边形的金笔筒用于装书法用具。几何图案是伊斯兰风格的典型装饰元素。

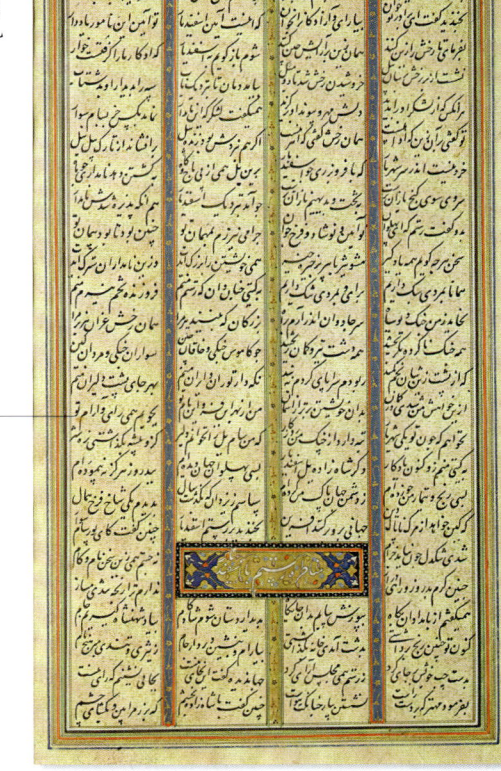

《列王纪》中的页面
这是波斯诗人菲尔多西所著的长篇史诗《列王纪》中的一页。这个版本出自17世纪。

丝毯
伊朗的卡尚在16世纪时出产这种丝毯（又称克里姆）。起初，这种织物只有非常富裕的人家才能拥有。流行的丝毯图案有花卉、动物，以及通俗文学中的场景。

动物图案

独具一格的连续花卉图案

纯金纹饰

剪刀

剪刀套

书法套装
这套钢剪刀和剪刀套是书法套装里的用具，装饰着被称为"纯金纹饰"的黄金镶嵌。

波斯经典诗歌

《五部诗》泥金装饰手抄本

内扎米·甘加维是12世纪的波斯诗人。尽管其作品的创作年代远早于萨非王朝建立的时间，但数百年来，它们一直是伊朗书面文化的重要组成部分。内扎米的波斯语作品兼收并蓄了许多早期的诗歌传统，同时也树立了新的诗歌标准。这使其作品的影响范围不仅局限于伊朗，还涉及伊朗以外的地区。

内扎米最伟大的作品是《五部诗》，他所获得的声誉与尊重从众多版本的《五部诗》泥金装饰手抄本上可见一斑。其中，存世时间最久的版本可追溯至1362年，此处展示的是1584年的一个版本。这个版本的泥金装饰手抄本配有39幅整版绘画和装饰图案。它们被称为波斯细密画，是极具价值的视觉艺术形式，在萨非王朝时期一直十分珍贵。诗歌本身由五部长篇叙事诗组成，包含大约3万个对句。这些诗歌因生动的比喻和对语言的创新运用而富有生机。

诗人生平

据说内扎米出生于一个富裕家庭，不过在很小的时候就成了孤儿。他一生的大部分时间在高加索地区的甘贾（位于今阿塞拜疆境内）度过。内扎米从丰富的波斯诗歌传统和民间传说中汲取灵感。阿塞拜疆的口传民间文学在内扎米的创作中被巧妙运用，例如达斯坦（dastans，历史故事或歌谣）、传说和谚语。虽然内扎米不是宫廷诗人，但也依照习俗将自己的诗歌献给了当时的统治者。作为诗人，内扎米拒绝了王室的资助，这使他拥有了更大的创作自由。

神秘主义

《五部诗》中的第一部名为《秘密宝库》，尽管创作灵感来自神秘主义，但它却是一部哲理诗。另外四部诗中有三部描写的是爱情故事，它们也受到神秘主义的启发，是神秘的寓言故事。很多学者认为内扎米是苏非派（伊斯兰教的神秘主义派别），并认为内扎米对神秘主义的兴趣经常反映在其作品当中。

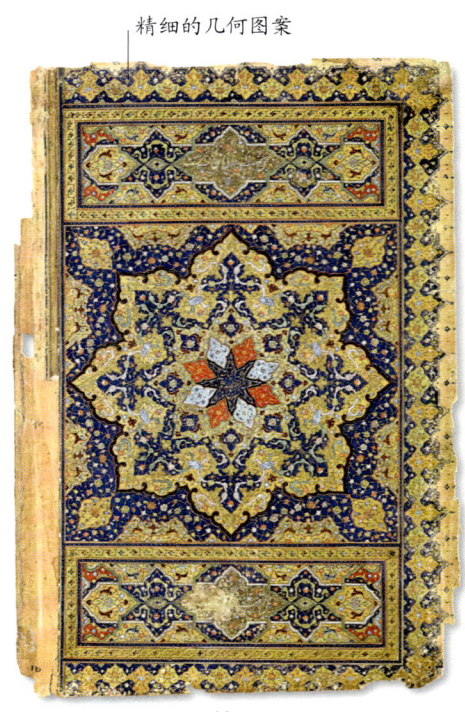

精细的几何图案

霍斯鲁看希琳沐浴

户外环境

建筑物上有精细的彩色瓷砖

从对建筑物的刻画中可以看出这是一处废墟

彩绘场景
绚丽的封面和两部诗歌中的场景反映出萨非王朝时期的一些艺术风格，例如对鲜艳色彩的使用。

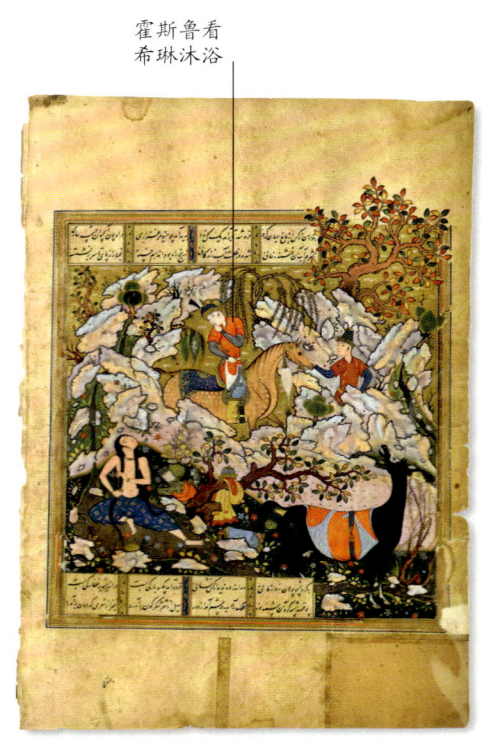

封面　　　　　《霍斯鲁与希琳》中的场景　　　　　《秘密宝库》中的场景

— 《七美图》(《五部诗》中的一部）中的诗句

— 画中人物佩戴的头盔为16世纪波斯人的常用款式

— 描绘细致的服装

— 主人公巴赫拉姆·古尔王子的人物原型为萨珊国王巴赫拉姆五世

— 巴赫拉姆王子用弓箭杀死了龙，表现出王子高超的狩猎技巧

— 萨非王朝时期经常使用鲜艳的色彩

— 波斯文

勇武场景

这是一本1584年版本的《五部诗》泥金装饰手抄本中的一页，由当时伊朗设拉子最著名的手抄本作坊制作。这部诗讲述了萨珊国王巴赫拉姆·古尔的丰功伟绩，他被视为理想的国王。《五部诗》是极具影响力的作品，其风格为其他诗人的创作提供了灵感。

朝鲜末代王朝的文化

建立于1392年的李氏王朝统治朝鲜500多年。尽管受到来自中国明朝的影响，这一时期的朝鲜仍然出现了独具特色的朝鲜文化形式和朝鲜表音文字。

军事将领李成桂取代了当时的高丽王，于1392年建立李氏朝鲜。李成桂被后人称为"朝鲜太祖"，他将都城迁至汉城（今韩国首尔）。他的继任者统治朝鲜超过500年，直到1910年朝鲜沦为日本的殖民地。

李氏朝鲜与中国明朝（1368~1644）关系紧密，明朝视李氏朝鲜为其藩属国。大量证据表明，中国文化对李氏朝鲜的影响十分深远，其中包括取代佛教成为官方思想的儒家思想。朝鲜人将自己的传统融入某些艺术领域。建立于1392年的官窑极大地提高了瓷器产量，其中很多瓷器都借鉴了本土样式。15世纪40年代，朝鲜人还创制了一种叫作谚文的表音文字。

等级标志 ▷
李氏朝鲜文武官员的官服上都有类似的纹样，这些纹样代表官员的级别。这个绘有两只豹的纹样可能代表一品、二品或三品武将。

文字与语言

由于中国的汉字学起来很困难，而且不适合表达朝鲜人的语言，李氏朝鲜在世宗统治期间创制了谚文。谚文以发音为基础，因此更适于日常使用。不过，汉字仍然是官方文件和很多文学作品所使用的文字。

写字台
这张写字台可以存放一位学者所需的所有文具，包括印章、墨、砚台和红色印泥。还有一个抽屉用于存放毛笔。纸张和卷轴则放于底层。

皂石印章
这些印章由皂石雕刻而成。尽管朝鲜已经拥有自己的文字，但汉字仍然被使用。

木印章
这枚印章上刻有四个谚文字母，字母上面有残留的红色印泥。

砚滴
这个19世纪的容器形状如桃，是学者的文具。桃在朝鲜也是长寿的象征。

毛笔和砚台
这些是书写工具。毛笔也可以用于绘画，而砚台则用于磨墨。

朝鲜末代王朝的文化　233

艺术与文化

李氏朝鲜的精英阶层文化受中国文化的影响，例如诗歌、绘画和瓷器制作，而民间传统则更受普通人的青睐。最优秀的工匠会得到王室的资助，其他工匠则服务于市场的需求。戏剧不太受精英阶层的欢迎，被视为底层人的消遣方式。

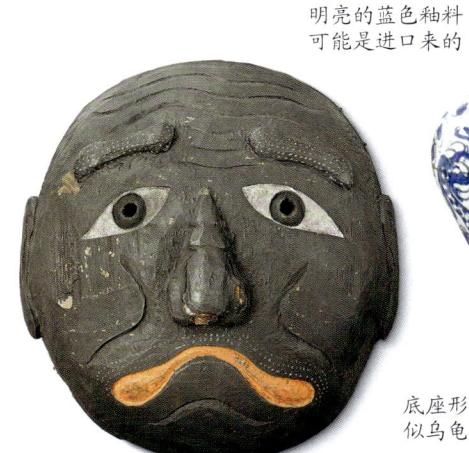

服装与饰品

个人服饰往往遵循儒家的简朴戒律，这一戒律也主导着李氏朝鲜社会生活的其他方面，因此即便是设计精美的器物也鲜有奢华装饰。瓷器在日常生活中扮演着重要角色，从王室到普通百姓都使用瓷器。

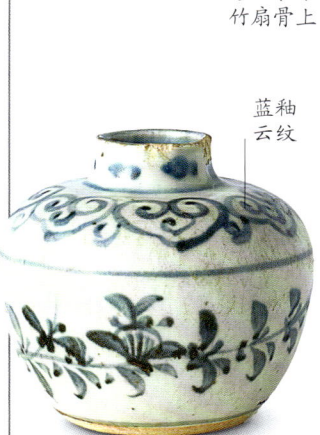

明亮的蓝色釉料可能是进口来的

彩纸装裱在竹扇骨上

蓝釉云纹

用红色颜料描绘的三头鹰

金属销将扇柄连接在扇面上

底座形似乌龟

舞剧面具
这个木面具描绘的是一张仆人的面孔，是表演假面剧时佩戴的道具。假面剧是一种舞剧，内容具有讽刺意味，演出地点通常为村庄的空地。

瓷瓶
这一时期的朝鲜瓷器引入了钴蓝色釉料。起初，只有王室才能使用由这种釉料制作的瓷器。

香水瓶
这个19世纪的白瓷香水瓶表面有用蓝色釉料描绘的花纹。暗淡的蓝灰色表明制作釉料的矿物产自本地。

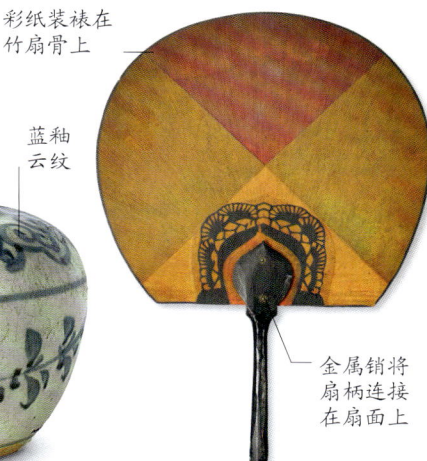

扇子
男女都使用扇子，但款式有所不同。这把纸面竹骨扇是专为女性而设计的。

纸符
这张纸符可追溯至李氏朝鲜晚期。当时的人们将这种纸符放在衣服里或枕头下，以求好运。

家居生活

虽然李氏朝鲜的器物装饰灵感通常取自自然事物，但依然会透露出明显的中国文化痕迹，有时还会反映出明朝的流行趋势。家居用品也不例外。许多器物综合了这两种影响因素，形成独特的李氏朝鲜风格。

风筝
这个盾形风筝的中心有一个圆，属于李氏朝鲜晚期典型的简洁设计风格。

木鸳鸯
象征忠贞的鸳鸯常被放置在婚房内。嘴对嘴摆放意味着幸福，尾对尾摆放则代表争吵。

室内屏风
这扇屏风由木头和纸制成，又用墨和颜料在屏风上描绘了《九云梦》中的故事场景。这是一部论述何为成功人生的哲理小说，阐述了儒家与佛教的不同观点。这种屏风可用作大房间的隔断，也可靠墙陈列。

故事的开头，阅览顺序为从右至左

佛教僧人踏上冥想之旅，却被代表世俗诱惑的美丽女性挡住去路

绘制已知世界的地图

《混一疆理历代国都之图》

这幅著名的地图是李氏朝鲜最具价值的文物之一。它完成于1402年，由两幅早期的中国地图混编而成。不幸的是，它的原图丢失，仅有几幅复本留存至今。《混一疆理历代国都之图》是东亚已知最早的地图之一，也是第一幅对高丽王朝所建立的朝鲜边界做出地理描述的地图。

中国的影响

这幅地图绘制于西方人航行到美洲之前的一个世纪，描绘了李氏朝鲜所了解的世界。它最引人注目的特点之一是中国相对世界其他地区的比例。同时代欧洲人所绘制的地图常以制图者心中的耶路撒冷所在位置为坐标，因为耶路撒冷被欧洲人视为已知世界的精神中心。然而在东方人的心目中，中国显然才是世界的中心和主导力量。不过，这两种地图也有一个共同点，那就是它们都以古希腊天文学家托勒密的著作为基础。托勒密的天文学和制图学研究成果传播到了世界各地，影响非常深远。2世纪的托勒密著作在数百年后被伊斯兰学者翻译，并最终传入中国。然而，中国人也积累了可供借鉴的、丰富的科学知识，其中就包括天文学著作。

两种作用

权近是一位受人尊敬的朝鲜学者。他参与了《混一疆理历代国都之图》的绘制，并负责监管王室的天文学家。在职业生涯的大部分时间里，权近都是一位重要的官员，经常前往中国（他曾在中国学习）。在生命的最后几年，他投身到了这幅地图的绘制当中。

虽然绘制《混一疆理历代国都之图》的目的是为了辅助管理国家，但这幅地图还具有更大的象征作用。它有助于巩固中国古代"天命"的哲学思想，这一思想支持君权神授，使皇帝的统治权力合法化。李氏朝鲜也接受了这一思想，《混一疆理历代国都之图》就是这一思想的具象化表现。

"……不出户而知天下也！"

权近，《混一疆理历代国都之图》下方的跋文

东亚的地图绘制
《混一疆理历代国都之图》的原图可追溯至1402年，虽然已经遗失，但有证据表明它在当时颇受欢迎。人们为它制作了很多复本，其中一些留存至今，例如这幅制作于1560年前后的复本。

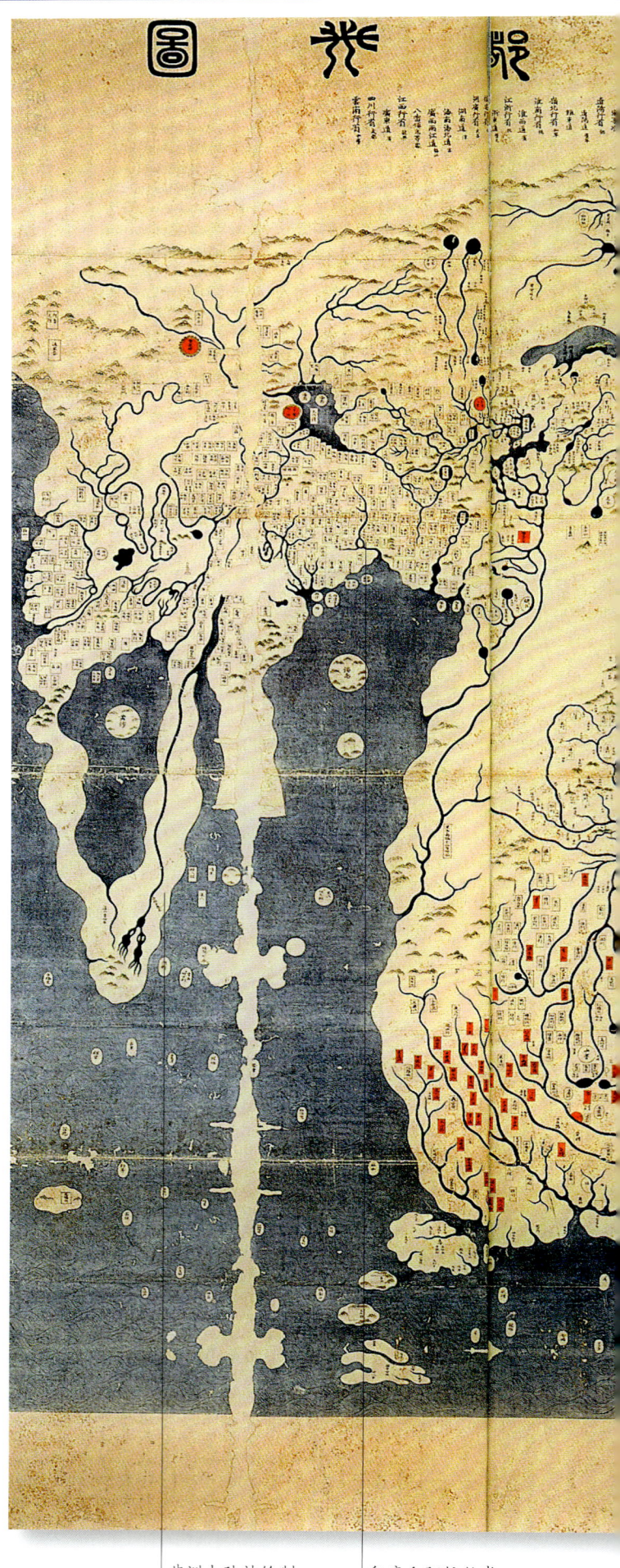

非洲大陆被绘制成细长的半岛

印度和阿拉伯半岛几乎看不到

朝鲜末代王朝的文化 235

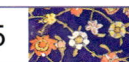

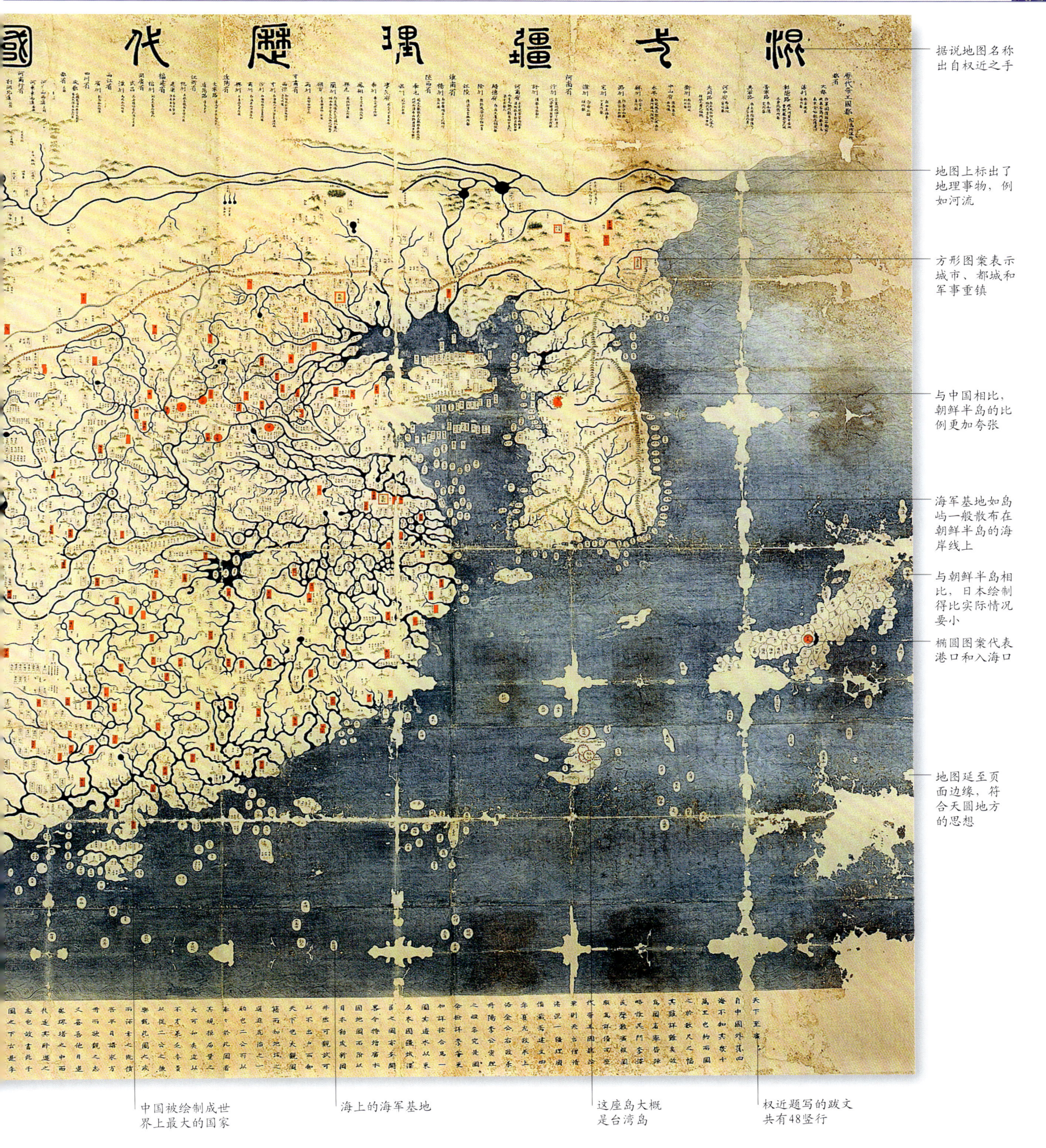

据说地图名称出自权近之手

地图上标出了地理事物，例如河流

方形图案表示城市、都城和军事重镇

与中国相比，朝鲜半岛的比例更加夸张

海军基地如岛屿一般散布在朝鲜半岛的海岸线上

与朝鲜半岛相比，日本绘制得比实际情况要小

椭圆图案代表港口和入海口

地图延至页面边缘，符合天圆地方的思想

中国被绘制成世界上最大的国家　　海上的海军基地　　这座岛大概是台湾岛　　权近题写的跋文共有48竖行

中国的昌盛时代

清朝时期的中国不仅实现了疆域面积和人口数量的快速增长，而且将巨额资金投入到文化生活领域。帝国前期由强大的皇帝统治，例如在位61年的康熙皇帝。这一时期的中国丝绸和细瓷等奢侈品享誉海内外。

皇家头盔
清朝早期的主要特点之一是战事频繁。这项由黄金镶嵌的龙纹头盔是供皇室成员使用的。

通天之路 ▷
祈年殿是北京天坛建筑群的主体建筑。天坛始建于明朝，清朝时期进行过改建。祈年殿的三重檐由柱子支撑，整栋建筑使用榫卯结构建造，没有用过一根钉子。

清朝的统治始于1644年，结束于20世纪早期。清朝的前身后金由居于中国东北的女真人建立。17世纪，明朝社会陷入动荡。1644年，农民起义领袖李自成率领大顺军攻入明朝都城北京。明朝山海关总兵吴三桂向清军求援。清军进入山海关，击溃了李自成的大顺军，继而进入北京，并最终统治了中国。

康熙皇帝的统治

中国在位时间最长的皇帝康熙皇帝是清朝最著名、最伟大的统治者之一。1661年，年仅8岁的康熙皇帝即位，由摄政大臣辅政，后于14岁时亲政。清朝的疆域面积和人口数量在其统治期间大幅增长。康熙皇帝平定了内乱，巩固了对各地的统治。此外，他还将清朝的势力扩展到西伯利亚和中亚，并对其他民族进行同化。这一时期，社会的思想观念较为保守，浸透了儒家思想的等级原则。虽然清朝社会以儒家思想为指导，但并非其一家独大，还有很多人信奉道教和佛教，这两种宗教在中国的历史都超过了1500年。康熙皇帝也欢迎天主教耶稣会的传教士进入中国，并对他们掌握的天文学、制图学和其他科学知识抱有浓厚的兴趣。

文化财富

康熙皇帝开放了包括广州在内的一些港口来进行对外贸易。来自英国、荷兰和其他国家的船只很快便抵达中国，载来了渴望购买丝绸、瓷器和茶叶的外国商人。茶这种饮品在中国一直很受欢迎。茶叶用作饮品的历史可追溯至秦汉时期，而其用作药物的历史甚至可以追溯至史前的神农时期。只要是品尝过茶的商人，都想将其带回自己的国家，英国也因此成为茶叶的最大消费国之一。

帝国的昌盛

日益兴隆的国际贸易将清朝推向鼎盛，这样的繁盛状态一直延续至康熙皇帝的儿子雍正皇帝和孙子乾隆皇帝的统治时期。雍正皇帝和乾隆皇帝都是艺术赞助人，乾隆皇帝本人还是一位书画家和诗人。他们对艺术的兴趣和资助带动了艺术和文化的繁荣。

在帝国稳定的经济形势下，权贵们也开始资助书画家和诗人的创作。在清朝早期，绘画是一种重要的艺术形式，其中一部分清朝的绘画作品受到西方绘画的影响，呈现出独特的艺术风格。由于国际市场对中国商品的需求量增长，制瓷等传统手工艺也得到发展。

"敦孝悌以重人伦……"

康熙皇帝，《圣谕十六条》，1670年

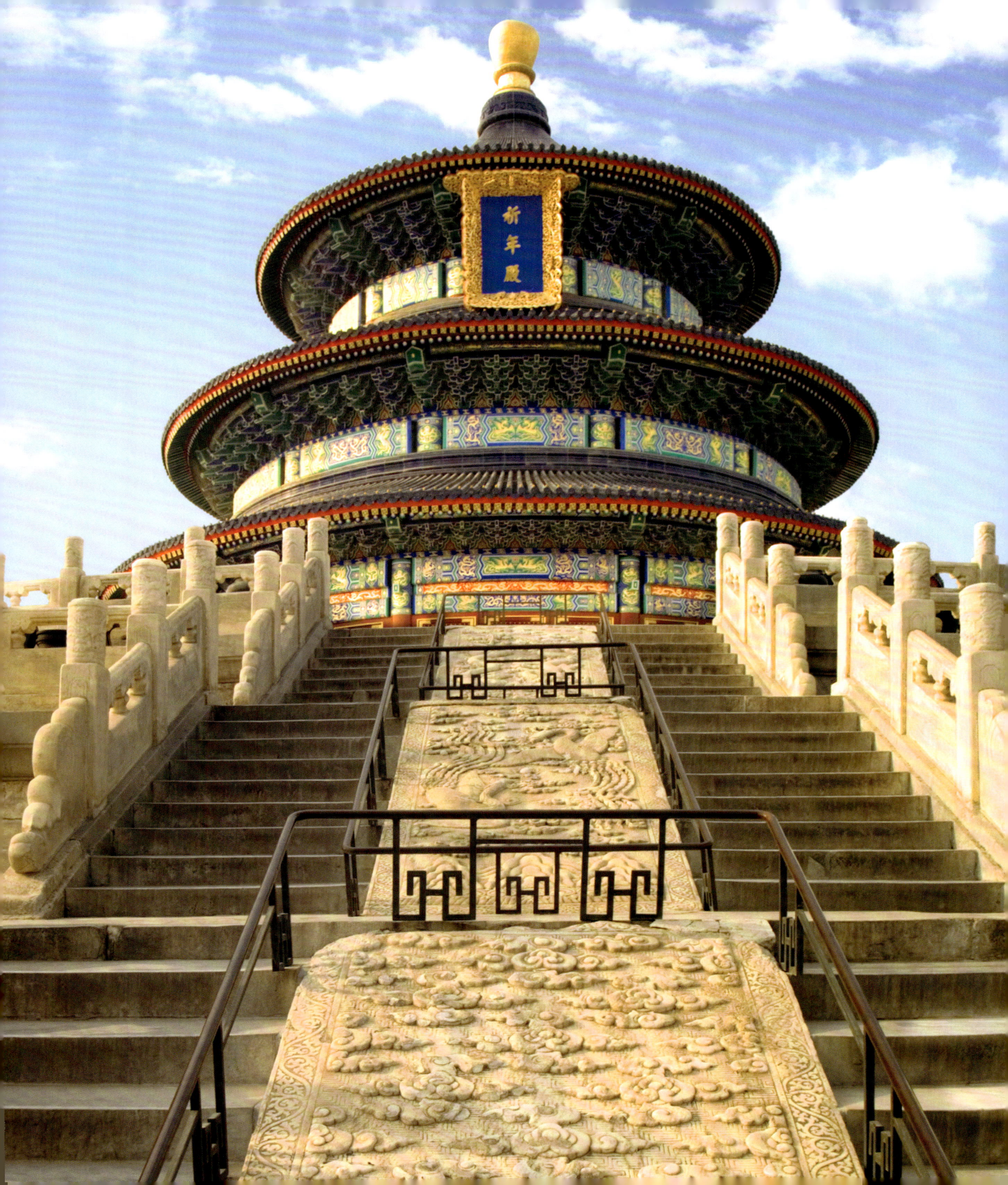
祈年殿

启蒙运动与帝国主义　1450~1750年

艺术与文化

清朝前期是中国艺术和工艺开拓创新的时期，尤其是陶瓷工艺，出现了新的着色方法和釉色。漆器也非常流行。这一时期的艺术作品通常以自然事物为主题，或者含有宗教象征图案。

砚滴
清朝前期，中国的书法艺术繁荣。这个精巧的砚滴被雕刻成一只衔着莲花的鹅。

- 伸展的翅膀
- 鹅嘴衔着莲花茎

太平有象
这头装饰精美的掐丝珐琅大象是乾隆皇帝时期的宫廷陈设品。大象四肢稳固，寓意天下太平、江山永固。

- 鞍褥上有精美的莲花和卷曲的莲叶
- 镀金掐丝珐琅表现出象皮上的褶皱

海晏河清烛台
掐丝珐琅经过数百年的发展在精致和复杂程度方面达到登峰造极的境界。这对18世纪的海晏河清烛台表现的是昂首展翅、足踏玄武的海燕。

- 带装饰的烛托
- 掐丝珐琅中的丝片
- 浪花中的玄武

■ 陶瓷

黄釉暗刻龙纹碗
这个17世纪中叶的碗表面装饰着一条追逐火珠的龙。火珠象征吉祥。

- 胎体外的黄釉
- 四爪龙

釉里红莲花锦纹如意耳扁壶
这种样式的瓶子起初是为方便携带而设计的，后来因装饰过度而逐渐失去使用价值，但仍保留了原本的形状。

- 细颈瓶表面装饰复杂

金红釉观音尊
这种尊形似观音的形态，是清朝康熙至乾隆年间流行的样式。

- 瓶口镀金
- 胭脂红色的釉

祭蓝釉高足碗
这个高足碗优雅、沉稳的蓝色来自呈色剂钴，经1300摄氏度左右的高温烧制而成。

祭红釉碗
这个瓷碗呈现出深沉的红色。由于类似颜色的瓷器常用于祭祀，因此这种红被称为"祭红"。

■ 音乐

铜钟
钟起初是一种宫廷乐器，后来也常见于寺庙中。

玉箫
音乐是社会生活的重要组成部分。这支用玉雕成的箫可以在各种场合演奏。

中国的昌盛时代　239

母狮与幼狮
清朝时期，狮子是建筑中常见的装饰形象。当时的人们认为狮子拥有强大的辟邪能力，因此住宅、寺庙和宫殿的入口处常放置有一对神态威严的狮子雕塑。这件17世纪的掐丝珐琅作品描绘了一头母狮及其幼狮。

狮子头顶疙瘩的数量代表建筑物主人的身份等级

张开的狮口

狮子常以张口的形象出现，象征吐纳

钩环用于悬挂铃铛或流苏

颈圈上饰有缠枝花卉

将铜丝片掐成图案并焊接到铜胎表面的掐丝珐琅工艺

精致的图案
如此大尺寸的雕塑使用掐丝珐琅工艺，说明它是由官方监造的，并且很可能得到了皇帝的资助。

幼狮
幼狮蜷在母狮爪下。在雕塑作品中，母狮通常与幼狮一同出现。

底座上布满了精致的缠枝莲纹

底座腿上也装饰着狮头

双狮戏球
华美的底座上装饰有双狮戏球图案。

圣石

玉山子

玉在中国文化中一直居于特殊的位置，而且在亚洲其他地区也受到普遍珍视。它作为雕刻材料的历史可以追溯至新石器时代。在中国悠久的历史中，玉逐渐成为权力与财富的象征。与此同时，它也被赋予了道德方面的内涵。玉曾得到中国古代思想家孔子（前551～前479）的盛赞，他将君子的德操比作玉，例如"温润而泽，仁也；缜密以栗，知也"。玉也是诗歌经常赋咏描绘的对象。即使在今日，汉语中仍有用玉比喻纯洁和才华的语句。

硬度

人们印象中的玉通常为绿色。其实，玉有软硬之分。历史上用作雕刻材料的玉一直是软玉，硬玉直到300多年前才开始被应用。

虽然大多数硬玉和软玉都呈绿色，但它们其实拥有各种颜色和色调，例如白色、紫色和黑色。玉的雕刻难度很大。这是一件由籽玉雕刻而成的玉山子。依靠当时已有的切割工具雕琢这块籽玉并非易事，因此只能借助砂磨等技术对玉料进行打磨。玉虽然坚硬，但却易碎，不具备延展性，也不能像钢铁那样硬化，因此不适于制剑。不过，玉常被制成礼器。

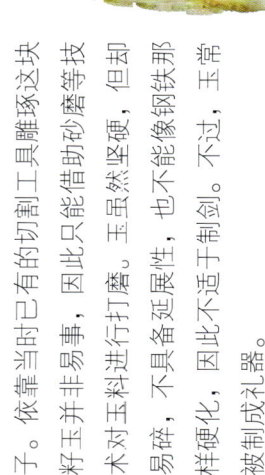

精神力量

玉具有崇高的精神内涵。人们认为它有治愈疾病的力量，并且能使人达到更高的精神境界。古代贵族的墓葬中出土过很多玉器，表明这种石头具有某种宗教含义，可以用于礼仪活动。后来的中国玉器还经常描绘神仙和具有象征意义的动物，以及民间故事和神话传说中的场景。

具有象征意义的动物

山子

香客

皇家玉山子 这件玉山子雕琢于乾隆皇帝（1735～1796年在位）统治时期。乾隆皇帝热衷于收集精美的玉雕。这一时期的玉石产量达到高峰，部分原因是乾隆皇帝对玉石的狂热。

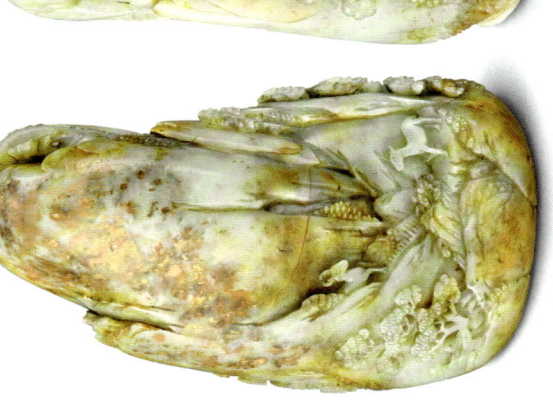

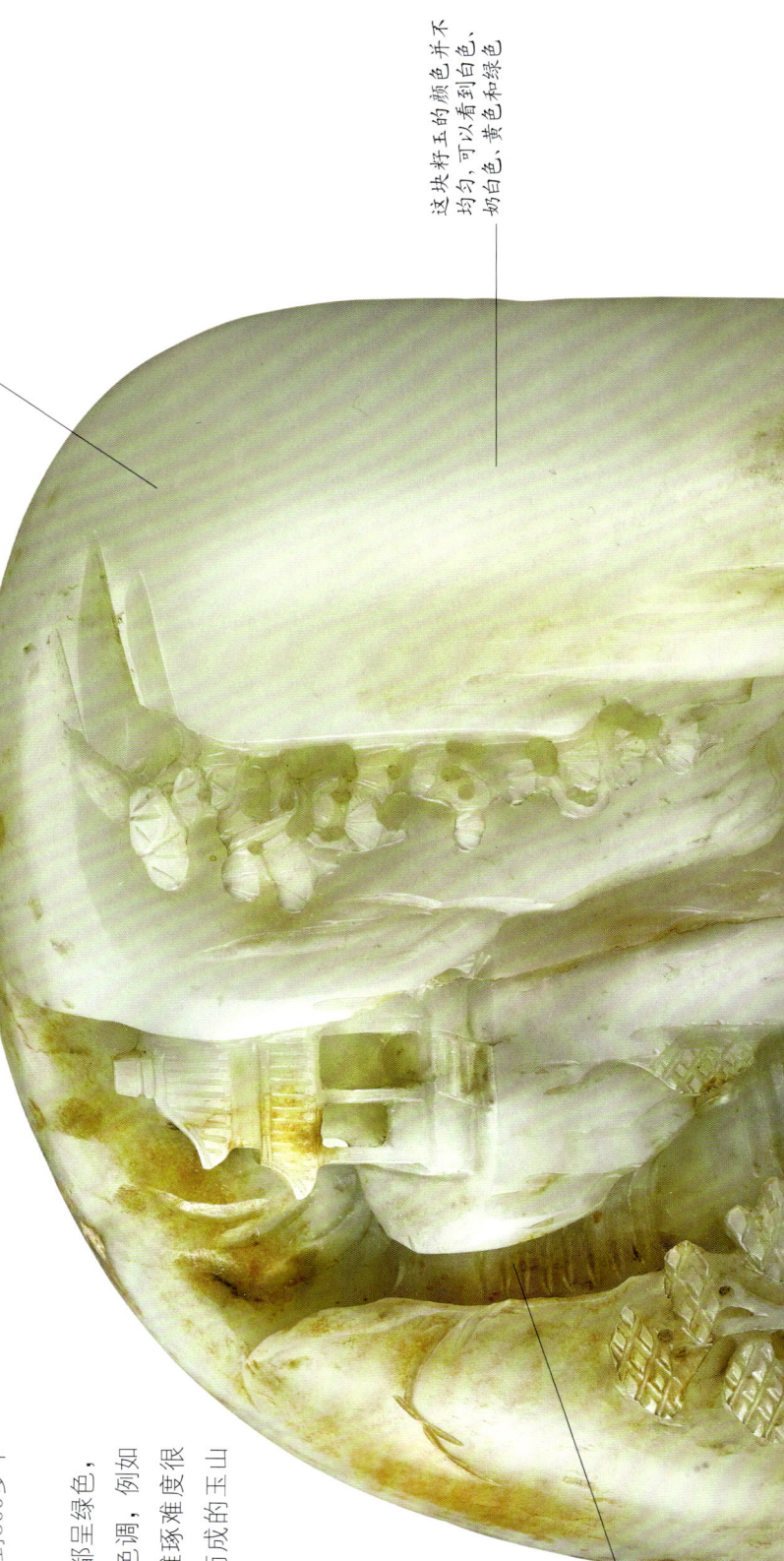

借助砂磨等技术打磨出的圆润轮廓

这块籽玉的颜色并不均匀，可以看到白色、奶白色、黄色和绿色

上山的台阶代表香客和其他信徒跋涉的精神之旅

241

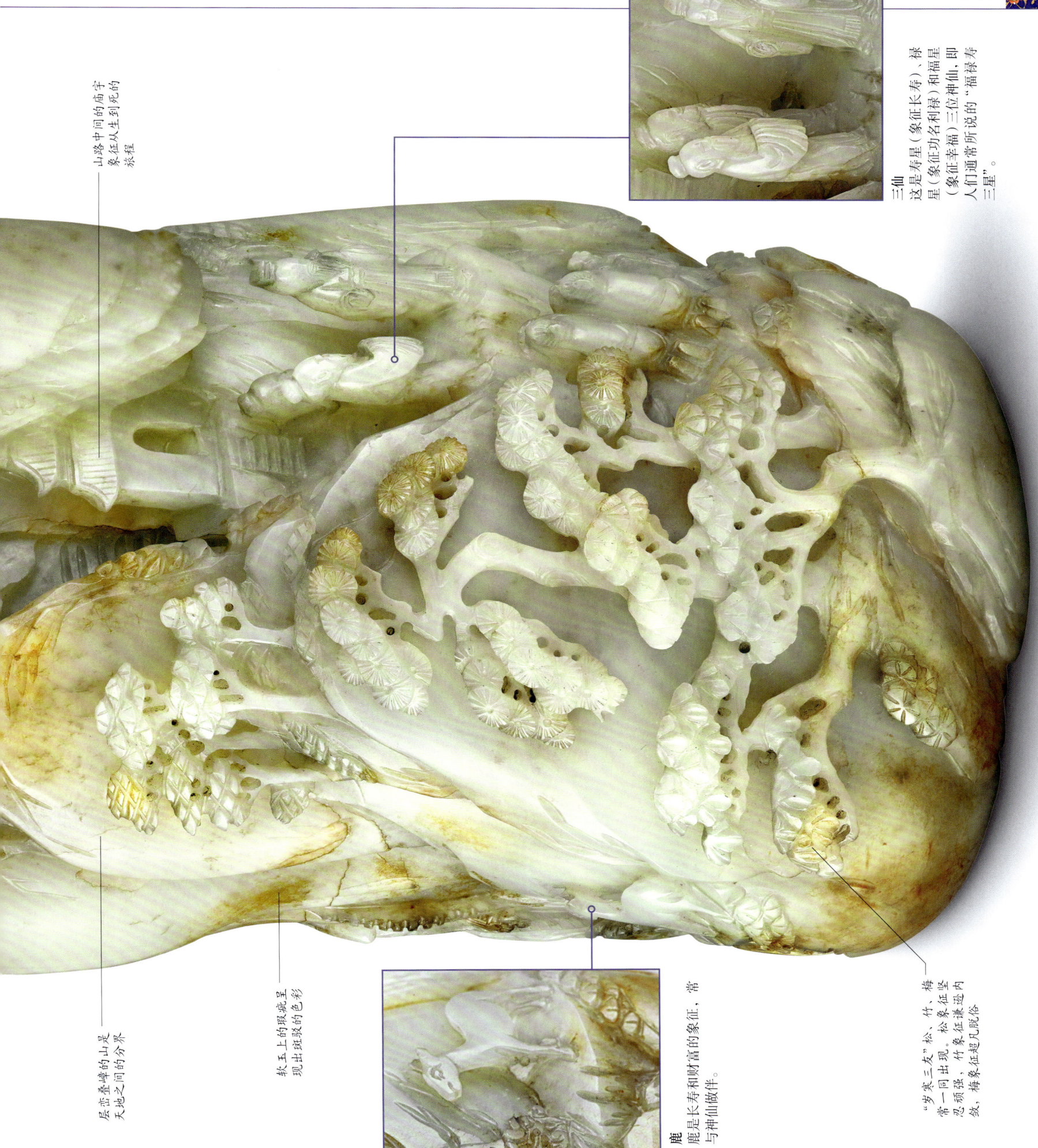

三仙
这是寿星（象征长寿）、禄星（象征功名利禄）和福星（象征幸福）三位神仙，即人们通常所说的"福禄寿三星"。

山路中间的庙宇象征从生到死的旅程

层峦叠嶂的山是天地之间的分界

软玉上的瑕疵呈现出斑驳的色彩

鹿
鹿是长寿和财富的象征，常与神仙做伴。

"岁寒三友"：松、竹、梅常一同出现，松象征坚忍顽强，竹象征谦逊内敛，梅象征超凡脱俗。

242 启蒙运动与帝国主义　1450~1750年

服装与饰品

清朝的服饰通常能够反映出穿戴者的身份地位。人们需要遵循一套着装标准，即便是对普通民众，着装也有限制。官员的朝服上装饰有显示品阶和地位的图案。

龙纹夹褂
这件色彩亮丽的上衣为典型的藏族款式，上面装饰有一条龙，应为清朝时期的藏族权贵所有。龙象征帝王，常见于朝服之上。平民不得穿戴有龙纹的衣物。

黄色仅供皇家及特定官员使用

向外翻出的毛皮内衬

后视图

前视图

发簪
女性的珠宝和配饰可以反映其丈夫的地位。只要负担得起，类似这样的发簪许多人都可以佩戴。

家居生活

清朝前期是一个昌盛的时代，人们的生活水平相对较高。王朝的辉煌也体现在普通人的家居生活方面。家居用品愈发具有装饰性，例如茶壶、茶杯及其他器具。它们的设计风格多样，从简朴到奢华皆有。

铜盖

旅行餐具
这个漆盒用于在出行时携带餐具，例如象牙筷子和锋利的刀具。

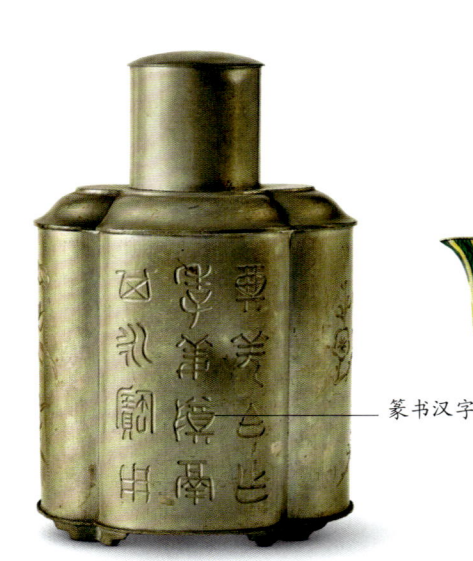

贸易

欧洲人尤其热衷于清朝的瓷器，瓷器实际上是清朝最早出口的商品之一。中国瓷器因设计美观和持久耐用而闻名，后来还开发出专供海外市场的瓷器款式。

■ 出口瓷器

代表皇帝年号的铭文

汉字面　　满文面

清朝钱币
清朝的铜钱一面铸有汉字，另一面铸有满文。

没有图案反而突出了白瓷的象牙白色调

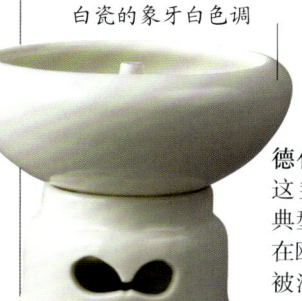

蓝色釉下彩装饰

德化灯
这盏灯是德化窑典型的白瓷款式，在欧洲很受欢迎，被法国人称为"中国白"。

白瓷表面的釉上彩装饰

篆书汉字

茶叶罐
这个18世纪的白镴茶叶罐风格质朴，装饰有花卉图案和书法汉字。

茶壶
这个长方形茶壶的形状好似一口井，其四面绘有代表四季的花卉。

大汤碗
这个大汤碗上描绘的彩色英式狩猎场景旨在吸引英国消费者。

瓷盘
这个18世纪的瓷盘上绘有英国风格的住宅和花园，可能是英国买家定制的。

信仰与仪式

儒家思想奠定了中国社会的道德基础。它始终发挥着指导力量，其价值观得到清王朝的认可。本土的道教仍然流行。到清朝时，佛教传入中国已有上千年，拥有很多信徒。民间信仰和仪式也依然存在。

桃形盒
这个形状如桃（象征长寿）的盒子上刻有寿星。寿星也是道教掌管长寿的神仙。寿星周围环绕着汉字"春"。
- 寿星
- 寿星两侧的龙

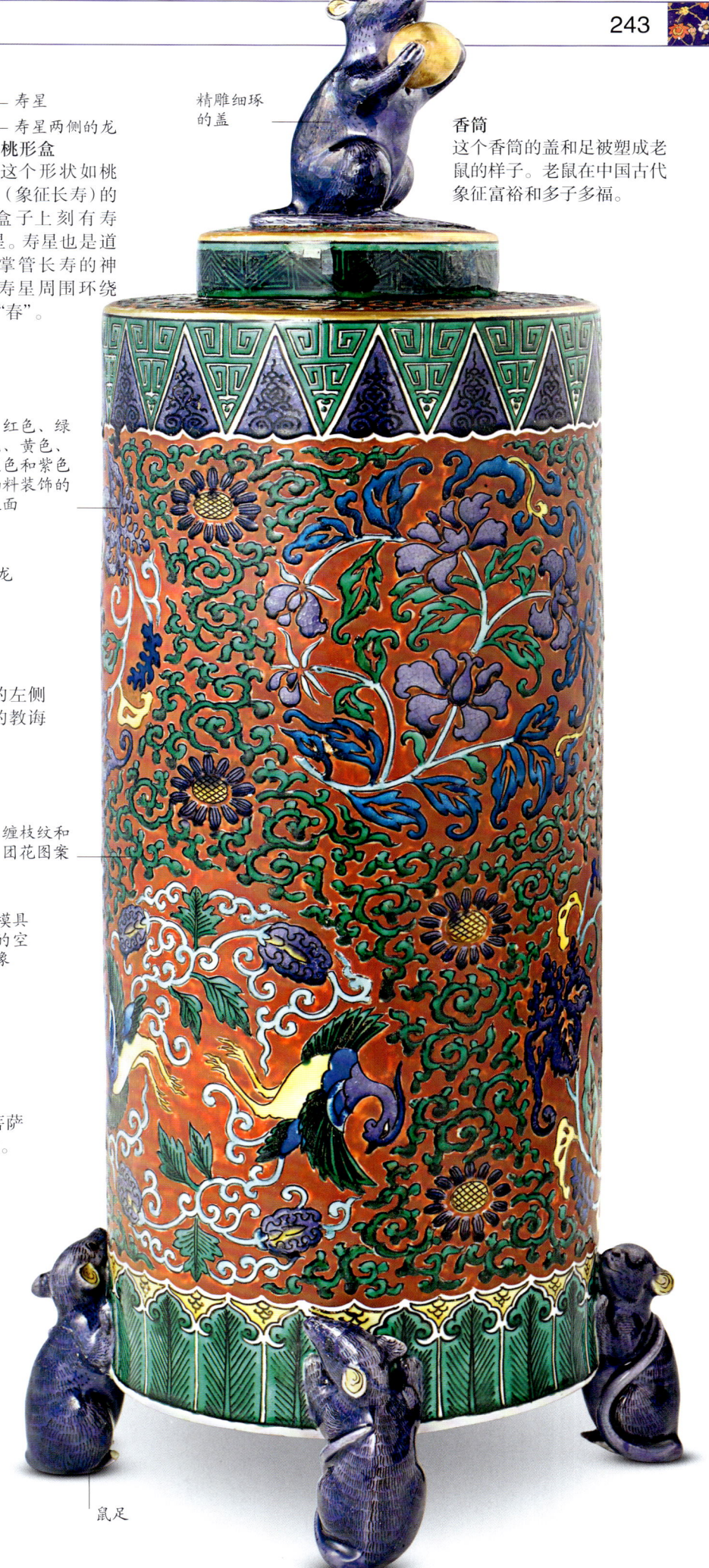

香筒
这个香筒的盖和足被塑成老鼠的样子。老鼠在中国古代象征富裕和多子多福。
- 精雕细琢的盖
- 用红色、绿色、黄色、蓝色和紫色釉料装饰的表面
- 缠枝纹和团花图案
- 鼠足

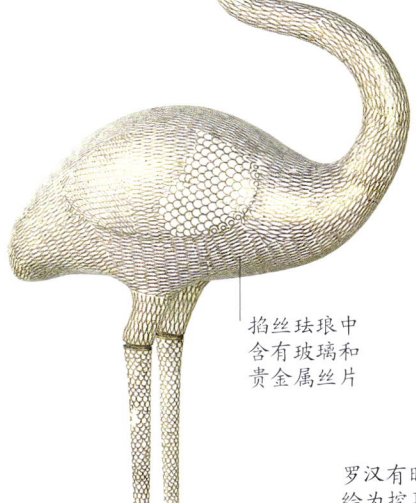

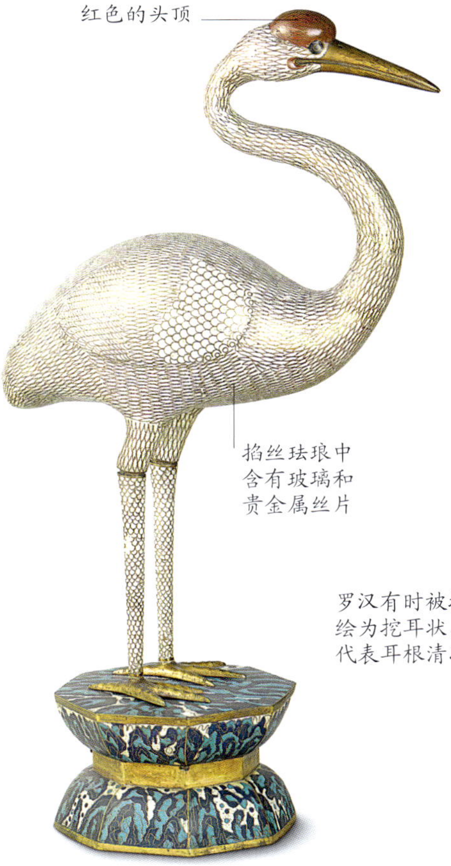

瓷爵
清朝时期，祭祀仪式上使用的金属器具被陶瓷器具取代。
- 孔雀绿釉

观音像
观音菩萨受佛教徒的尊崇。观音的左侧摆放着一册佛法，其中含有佛陀的教诲和宇宙的深层智慧。
- 底部的龙

菩萨像
这件雕塑表现的是一位菩萨。菩萨是上求觉悟、下化众生的修行者。
- 使用模具制作的空心瓷像

仙鹤
除凤凰以外，鹤也是中国文化中重要的鸟。它象征长寿和高雅。
- 红色的头顶
- 掐丝珐琅中含有玻璃和贵金属丝片

罗汉像
罗汉是小乘佛教修行的最高境界，指摆脱了一切烦恼，受天人供养，永入涅槃的修行者。
- 罗汉有时被描绘为挖耳状，代表耳根清净

武士的末日

江户时代（1603~1868）的日本处于太平盛世之中。社会经济发展，艺术繁荣，浮世绘、歌舞伎和俳句等艺术形式涌现。随着商人阶层的财富增加和武士阶层的势力衰弱，社会发生了变革。

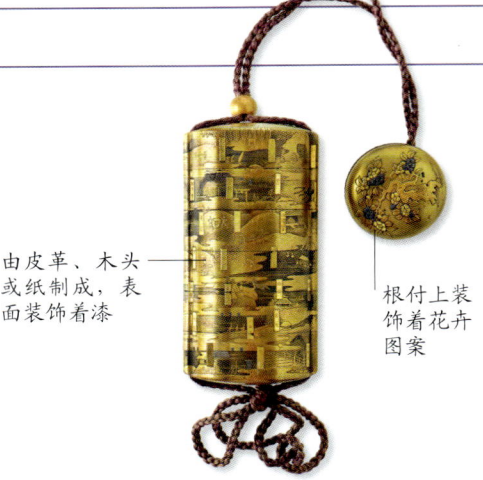

京都印笼
印笼用于存放小物件，一端悬挂于腰带上，另一端以根付固定，例如这个描绘京都景象的印笼。

由皮革、木头或纸制成，表面装饰着漆

根付上装饰着花卉图案

战争三联画 ▷
这幅浮世绘是歌川国芳于1847~1848年创作的三联画《宇治川之战》的中间一联，描绘了发生于12世纪的宇治川之战中的著名事件。在这场战役中，两位将军御马过河，攻打对面的敌人。

持续了260多年的日本江户时代与此前的各时代截然不同。江户时代以前的日本处于封建社会，因封建领主之间的频繁战争而分崩离析。后来，这些冲突逐渐平息，并以德川家康建立江户幕府（武家政权）而告终。日本的政治中心由京都迁至江户（于1868年更名为东京）。尽管旧时的社会制度依然延续，武士仍处于最高阶层。但到了江户时代晚期，商人阶层获得了重要的社会地位和丰厚的经济利益，而武士阶层的权力和财富却在不断衰减。不过，江户时代相对稳定的社会形势为日本经济和文化的变革铺平了道路。

堡垒心态

尽管国内形势发生了变化，但在对外事物方面日本却表现得极为保守。16世纪，欧洲探险家来到日本。他们已经周游四海，并且与中国有贸易往来。基督教传教士也在最先抵达的队伍当中，尤其是来自葡萄牙的耶稣会士。传教士获得了一些特权，但江户幕府认为其所传播的宗教对日本社会构成了威胁，因而他们中的大多数人于17世纪初被驱离日本。

与此同时，紧随其后的欧洲商人希望获得日本的银矿石和其他商品，但江户幕府同样将他们视为潜在的不稳定因素。在外国人引入火器之前，这个国家抱有一种堡垒心态。在引入火器之后，日本人很快便开始自主制造火器。17世纪30年代，日本人不得与外国人进行贸易，也不得出国旅行，违者处死。唯一的例外是荷兰商人的一处小定居点，他们设法保住了设在江户以南港口城市长崎的商馆。

然而，闭关锁国的政策并没有阻挡日本国内的经济和文化变革。18世纪，日本艺术随着经济的发展而日益繁荣。城市化已经开始，江户等城市成为丝绸和其他商品的制造中心。商人们为了炫耀其经商所得的财富纷纷成为艺术资助人，并在新的休闲活动上投入大量金钱。女性职业艺人（艺伎）兴起，音乐和文学繁荣发展，视觉艺术领域出现浮世绘这一新的艺术风格。歌舞伎是出现于江户时代的戏剧形式，其演唱、舞蹈和戏服都高度风格化。

新的社会秩序

上述社会变化削弱了武士阶层的权力。他们通常居住在位于乡村的宅邸中，与当地的统治者联系紧密，并且依靠地租生活。不断发展的城市化从侧面削弱了他们的势力。江户时代晚期，很多武士负债累累。与其相反的是，商人阶层坐拥财富，顺应时代潮流，逐渐登上对他们来说原本望尘莫及的显赫位置。

> "高手用剑不是为了**杀人**，而是为了**救人**。"
> 泽庵宗彭（1573~1645），日本临济宗僧人

佐々木四郎高綱

启蒙运动与帝国主义　1450~1750年

战争与冲突

尽管江户时代天下太平，但幕府仍然需要一支强大的军队来维持统治。这一时期的武器有刀、弓箭和矛，后来还引入了火器。武士需要精通武艺并保持身体强健，以便随时应战。

柄卷（缠绕在刀柄上的丝绳）

镡

头

缘

■ 长兵器

坚固的刀刃

薙刀
这种刀刀身短、弧度大，是女性使用的武器。当丈夫不在时，妻子要负责守卫家园。

全视图

金属环　枪柄涂漆　德川家族家徽

带鞘素枪
这支由木头、钢铁和铜制成的直枪被武士用于刺杀对手。

全视图　鞘

铜套

带叉素枪
这支直枪由钢铁、木头和铜制成，柄上有十字叉，用于钩拽马背上的武士。

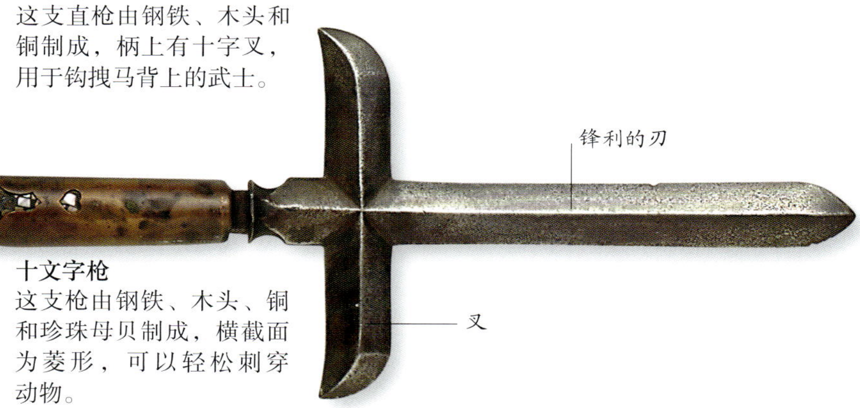

全视图

镶嵌有珍珠母贝

锋利的刃

十文字枪
这支枪由钢铁、木头、铜和珍珠母贝制成，横截面为菱形，可以轻松刺穿动物。

叉

全视图

■ 火枪

照门

扳机

铜质发火机构座版　蛇形杆　枝叶图案镶嵌

用珍珠母贝镶嵌出的细节

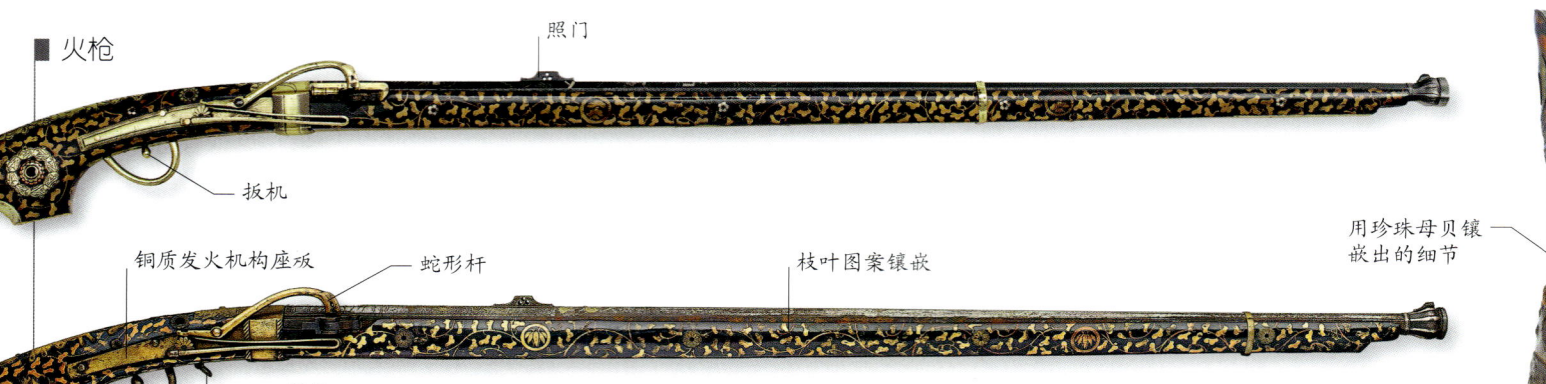

铁炮
这些是日本制造的火枪，也被称为"铁炮"。日本最早的火枪是葡萄牙人引入的。

吊环

火药瓶
这个火药瓶由竹子和金属制成。由于与中国保持贸易往来，日本自13世纪起就有了火药。

武士的末日　247

■ 刀

打刀
除胁差（一种日本短刀）以外，武士有时还会在腰间佩一把较长的打刀。成对佩戴的胁差和打刀叫作大小对刀。武士的武器通常陈列在架子上，作为身份地位的象征。

德川家族家徽

漆器刀架表面装饰有金色的枝叶、果实和牡丹花图案

掐丝珐琅

在树上荡悠的猴子

装饰物
精美的缘和头是刀柄上的装饰物。

渔夫与鸬鹚

小柄
小柄是插在刀鞘上的装饰性小刀具，通常描绘有自然界中的场景。

涂金

用铁板凿刻的镡

镡
武士刀的护手叫作镡，可以防止武士的手被刀刃或对手的刀砍伤。

笄（装饰性小工具）

下绪（用于将鞘系到腰带上）

鞘

切先（刀尖）

胁差和鞘
胁差长度较短，常与打刀相配。这把17世纪胁差的鞘上插有一种名叫笄的装饰性小工具。

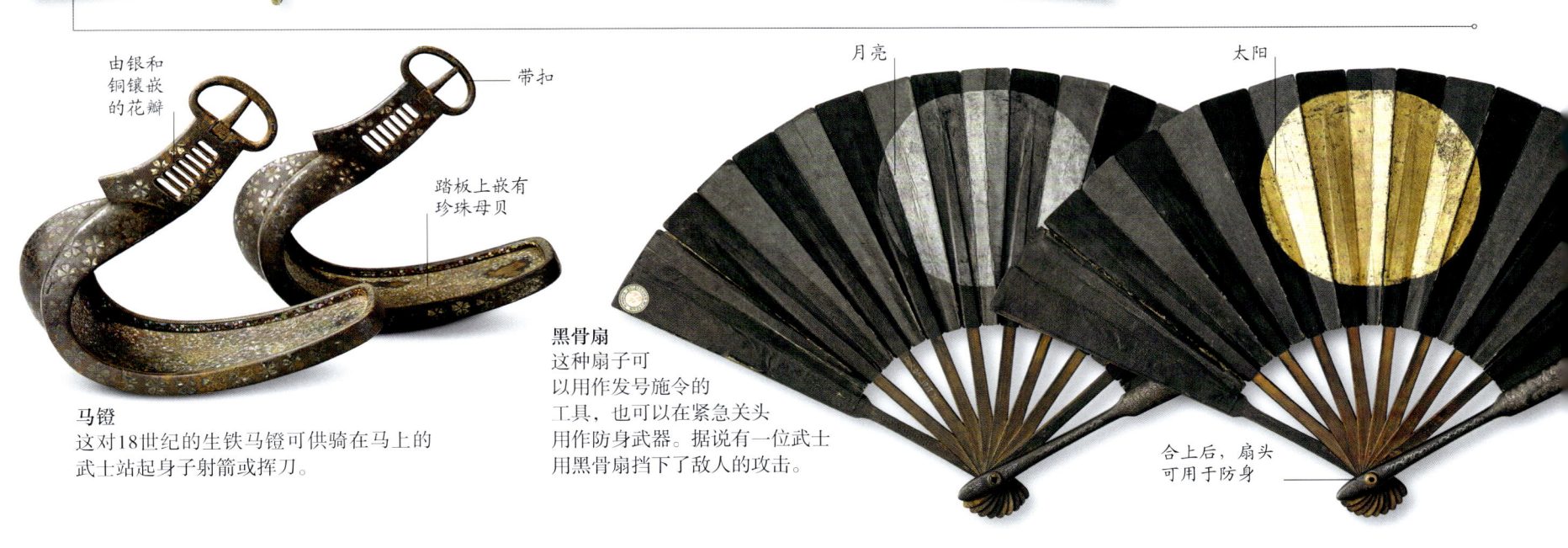

由银和铜镶嵌的花瓣

带扣

踏板上嵌有珍珠母贝

马镫
这对18世纪的生铁马镫可供骑在马上的武士站起身子射箭或挥刀。

月亮

太阳

黑骨扇
这种扇子可以用作发号施令的工具，也可以在紧急关头用作防身武器。据说有一位武士用黑骨扇挡下了敌人的攻击。

合上后，扇头可用于防身

248　启蒙运动与帝国主义　1450~1750年

当世具足

日本武士盔甲可以细分为几个类，其设计细节在数个世纪中一直在发生变化。这是一副19世纪的当世具足（武士铠甲中的一类）。盔甲的主体部分叫作胴，另外还包含兜、袖、笼手、草折、佩楯、臑当等部分。

垂保护武士的颈部前侧

前立位于兜的前部，兼具装饰和保护作用

保护脸部的面甲叫作面颊，通常由铁制成

兜通过被称为忍绪的长布绳系在头上

交叠的金属片保护肩部和上臂

袖

保护肩和上臂的部分叫作袖。由金属片连缀而成。袖的下方为笼手，保护小臂与手部。

绪

武士盔甲的各部分依靠绪（绳子）系在一起，不同部位的绪有不同的名称。有些部分通过绪系在武士身上。

兜

武士的头盔叫作兜。兜上装饰有精美的图案，有些武士用家徽装饰兜，还有些用动物或其他元素装饰。

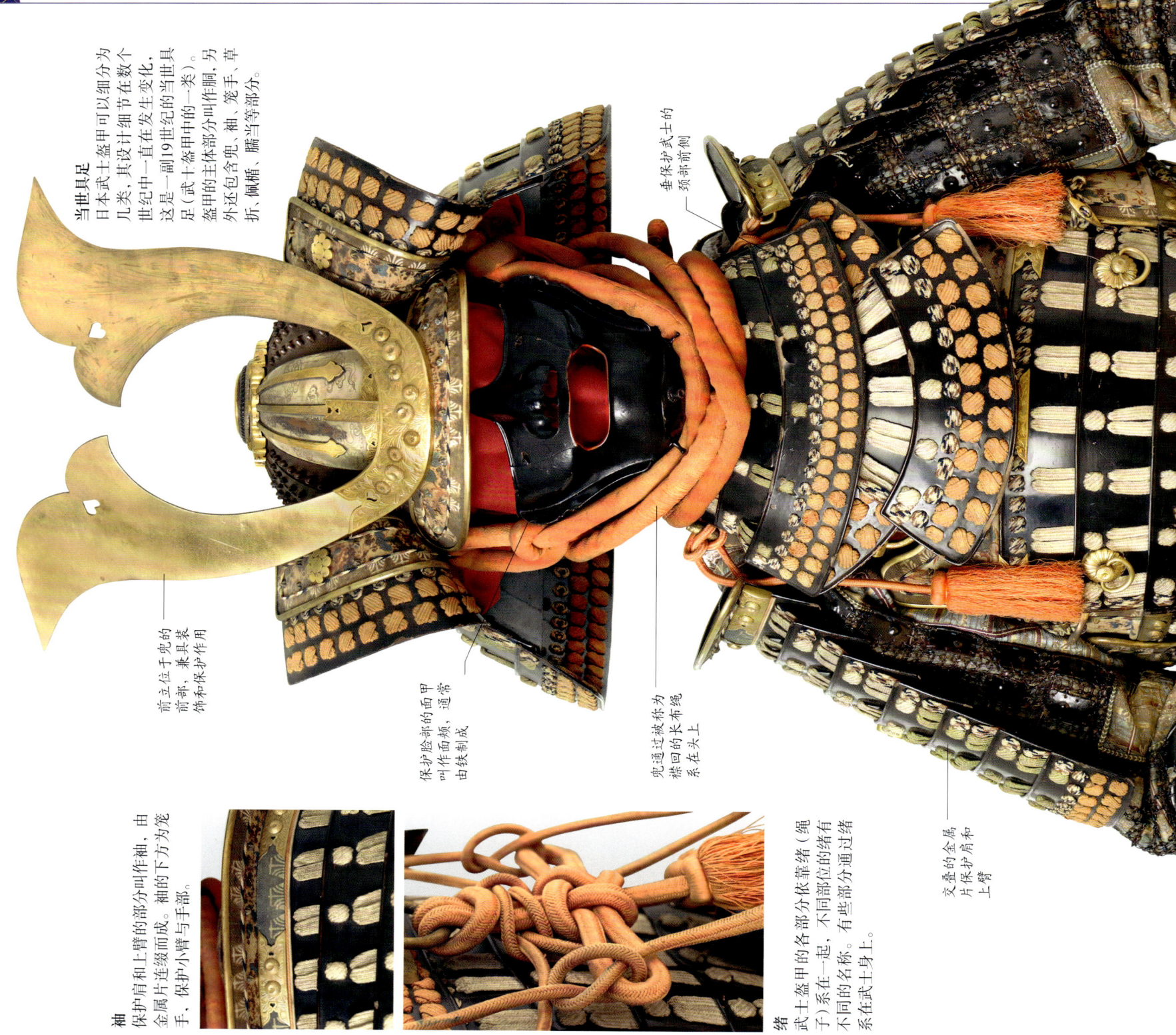

臑当

臑当保护小腿，保护大腿的部分叫作佩楯。

武士的末日 249

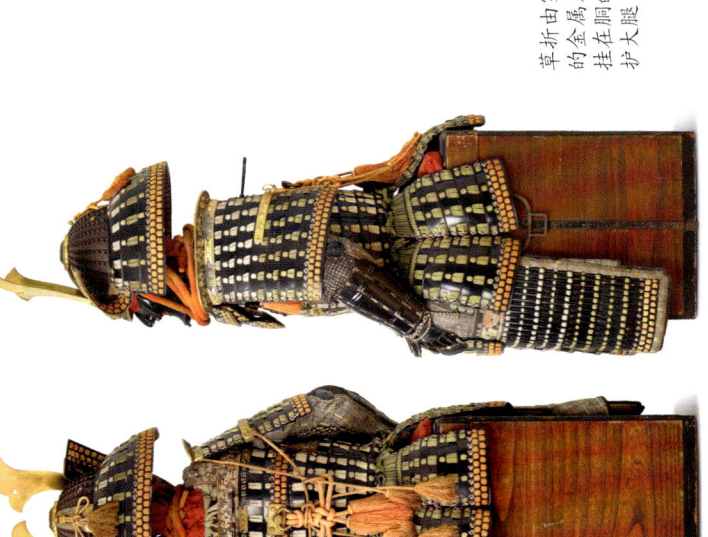

籠手穿戴在胳膊和手上，以绪绸绑固定

革折由穿连在一起的金属片构成，悬挂在胴的下缘，保护大腿

存放盔甲的木箱

侧视图

后视图

■军事贵族

武士盔甲

江户时代，武士的际遇大不如前，但仍属于拥有特权和势力的社会阶层。他们的复盔甲的历史可追溯至8世纪，其作战风格和穿戴的赞叹。日本武士的盔甲注重装饰的兴趣，获得观者的赞赏。日本武士的盔甲注重装饰又不乏实用性。它们色彩艳丽，做工精细，功能设计随着战斗形式的发展而变化，因而应对近距离厮杀的盔甲和骑马在枪林弹雨中冲锋所穿戴的盔甲也有所不同。做工精细的华丽盔甲可以突显其穿戴者的高贵身份，绝非普通士兵能够拥有。

匠心独运

这些复杂的盔甲由各种材料制成。金属为主制作盔甲的主要材料，除此之外还会用到皮革、漆甚至丝绸。胴（保护躯干的部分）通常由连缀在一起的铁片制成。

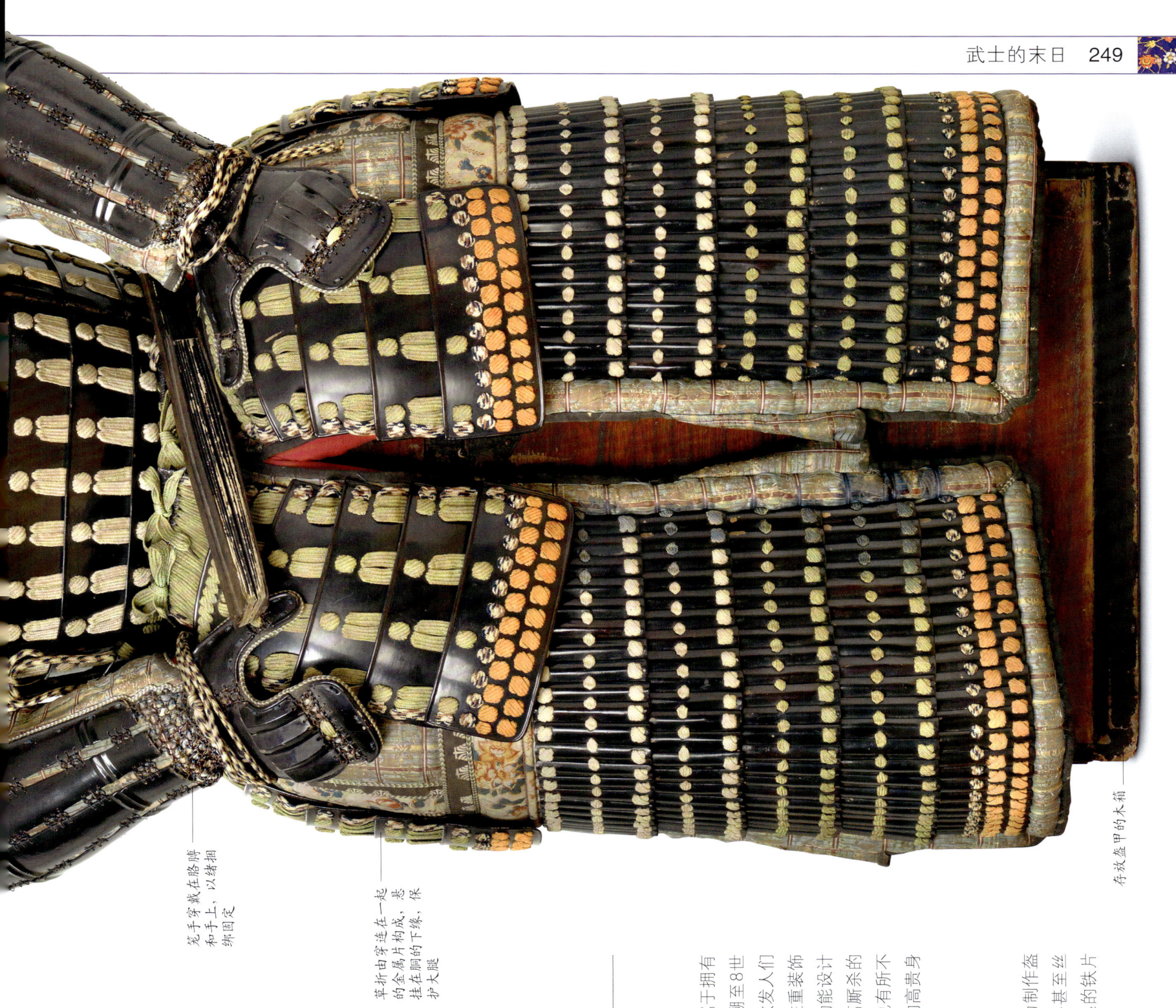

250 启蒙运动与帝国主义　1450~1750年

家居生活

茶在日本人的家庭和社会生活中一直扮演着重要角色。茶道通常在经过专门设计的茶室中进行。在茶室中，主人会遵循佛教禅宗的传统为客人备茶和上茶。

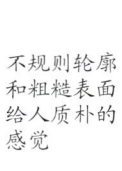

■ 茶道

水罐
不规则轮廓和粗糙表面给人质朴的感觉
这个制作于16世纪或17世纪的器皿用于盛茶道所需的冷水，其质朴的设计风格反映出佛教禅宗的影响。

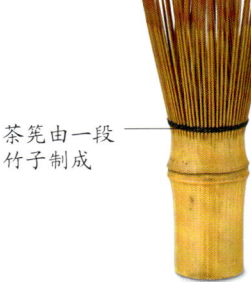

茶筅
茶筅由一段竹子制成
茶道的重要一环是用沸水冲点抹茶，并用茶筅配合搅拌。

糕点碗
这样的浅底陶碗是为客人上糕点用的。

茶罐
象牙盖　保护袋
这个棕色陶罐用于盛抹茶。在茶道过程中，抹茶会被冲点和搅拌。

八边形糖碗
花卉图案
这种八边形瓷碗用于盛糖。糖是茶道所供饮食的一部分。

茶碗
泥釉白牡丹
这个小圆碗用于饮茶，采用了当时流行的简洁设计风格。

铁壶
壶用于烧水。人们认为铁能够增加茶的风味，因此使用铁壶烧水。
龙

萩烧茶壶
浅棕色釉裂
这个茶壶有壶嘴、没壶把，是萩烧（一类陶器）的典型款式。

香炉
麻雀造型
这个制作于1830年前后的麻雀香炉用于在茶室中焚香。

日本清酒壶
釉面
在时间较长的茶道中，可能还会提供茶前或佐餐的清酒。

江户花瓶
这个花瓶上简单的白色和棕色装饰采用了江户时代典型的家庭装饰风格。

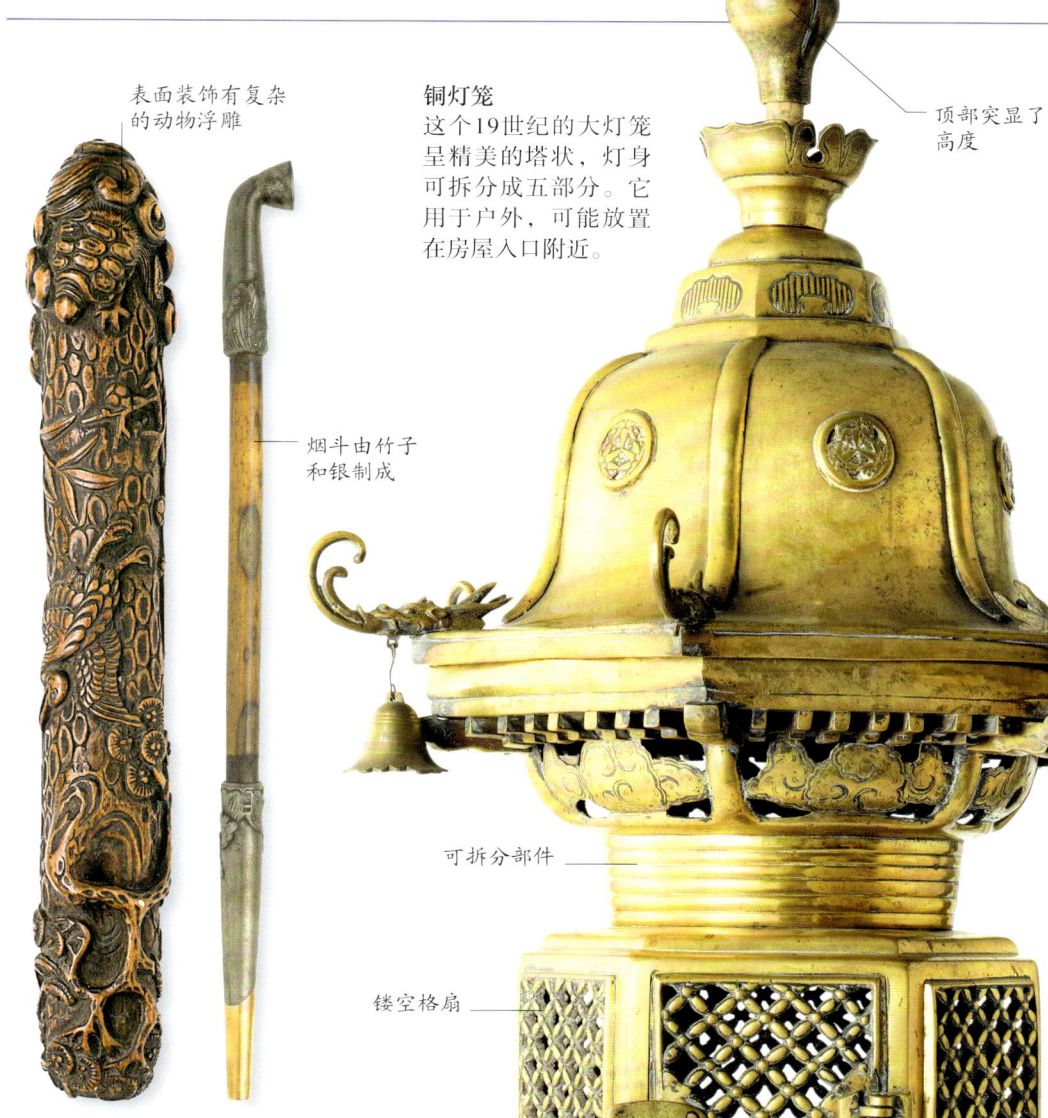

武士的末日 251

表面装饰有复杂的动物浮雕

铜灯笼
这个19世纪的大灯笼呈精美的塔状，灯身可拆分成五部分。它用于户外，可能放置在房屋入口附近。

顶部突显了高度

烟斗由竹子和银制成

可拆分部件

镂空格扇

烟斗和烟斗盒
据说烟草是葡萄牙人引入日本的。尽管法律限制人们吸食烟草，但烟草还是在日本迅速传播开来。

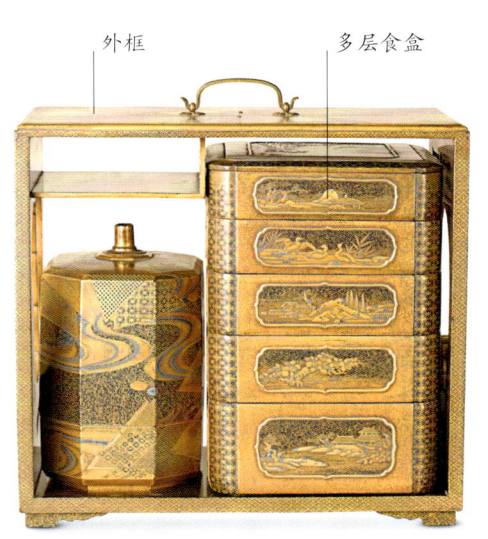

外框

多层食盒

野餐盒套装
这套便携式漆器用于装食物，通常在参观寺庙等特殊活动中使用。

服装与饰品

商人阶层的财富日益增长，使其有能力购买精美的服装和饰品。日本服饰的风格在这一时期发生了变化。和服的设计愈加奢华，在色彩运用方面也更加大胆。

象牙根付

根付

印笼

印笼和根付
这个制作于1765～1790年的印笼用于装随身携带的小物件。佩戴时需要将其悬挂在腰带上，并用根付加以固定。

根付
江户时代，这种表现老人与小孩的根付在富裕的商人阶层十分常见。

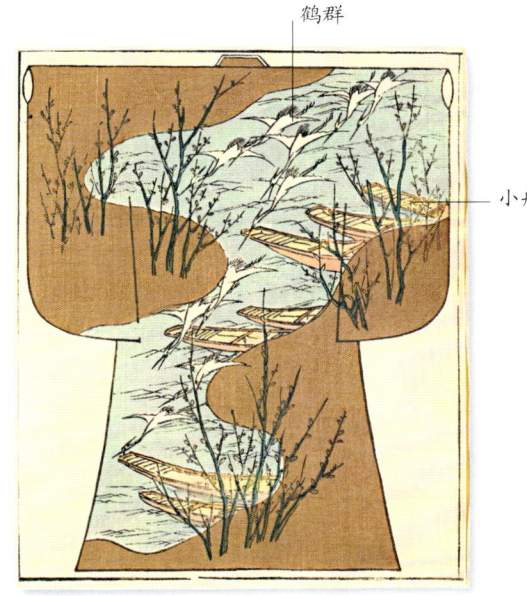

鹤群

小船

和服设计
这幅19世纪的版画展示了一件和服的设计。和服背面描绘有刚发芽的树枝和一条从肩部到下摆、沿对角线延伸的淡蓝色河流。

梳子
这些梳子由贝壳、珊瑚和木头制成，描绘了自然界的景物。梳子上的图案有顺河流航行的船只，还有金鱼和其他生物。

涂漆的木头

信仰与仪式

于552年传入日本的佛教在江户时代仍然是日本的主流宗教。与此同时，融合了原始信仰的本土宗教神道教也拥有许多信徒。人们在家中同时设置佛龛和神龛的情况很常见。

呈镜像对称的双龙环

香炉肩部的凤头龙

金箔

表面涂漆

中国古代神话中的瑞兽麒麟

三足

寺钟
据铭文记载，此钟于1841年被献给了位于新庄的佛教禅宗高林寺。

香炉
这个香炉的造型灵感来源于中国的鼎，体现出中国文化对日本的影响。

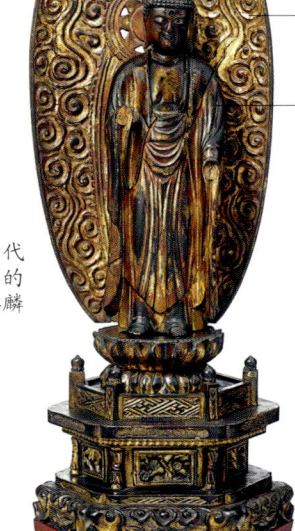

佛像
这尊佛像上的黄金表明它是为富裕人家或者小型寺庙和佛龛而造的。

艺术与文化

城市化的快速发展和商人的慷慨资助推动了艺术领域的创新。画家开始关注城市生活的主题，使用新的技法创作出浮世绘。俳句及包括人形净琉璃剧在内的新型戏剧都出现在这一时期。

手持毛笔和砚台

魁星，主宰文运的神

竹扇骨增加了扇子的硬度

龙头鲤鱼

镶嵌的眼睛

窄而深的盒盖

捆绑信盒的绳子

铜像
这件铜像描绘了一个站在鲤鱼背上的男性，他是中国文化中的魁星。这种雕塑是家中的装饰性陈设。

团扇
扇子在日本文化中一直占据重要位置。这把团扇上有著名木刻版画师、浮世绘艺术家歌川广重的作品。

信盒
这种细长的盒子用于收发信件或文件，通常为女性的嫁妆。

三卷本中的一卷

取材于自然界的事物

水盒　印章　竹杆毛笔　竹匣中装有笔刀和针

墨

木刻版画
这卷木版印刷书装订有一个封面。木雕版通常由樱桃木雕刻而成，每种颜色都需要一块单独的雕版。

书写套装
这个木盒被分隔出小格，用于装书写用具，例如水盒、笔刀、针、印章、毛笔和墨。

武士的末日　253

披散的头发使其看上去更加面目狰狞

角强化了鬼怪的形象

头发摆动可以突出动作的狂野

大嘴中的獠牙

浅肤色是贵族才有的特点

日本戏剧

歌舞伎是江户时代最著名的文化遗产之一。它是一种综合表演艺术，演员穿着精心制作的戏服在模拟真实环境的舞台上表演风格化的歌舞，就如这幅1872年的浮世绘三联画所展示的这样。歌舞伎是日本第一种将普通人作为目标观众的戏剧形式。

能乐面具

这个能乐面具描绘的是象征嫉妒和仇恨的鬼怪般若。面具是日本能乐的重要元素。能乐是一种叙事歌舞剧，在江户时代属于宫廷音乐，通常只为达官显贵表演。

印度莫卧儿王朝的统治

莫卧儿王朝由蒙古突厥征服者帖木儿的后裔巴布尔创建。王朝存续了300多年，在印度发展伊斯兰教，同时也营造了一种相对宽容的宗教氛围。莫卧儿人以富有著称，其在视觉艺术、诗歌、建筑等领域的文化产出也享有盛誉。

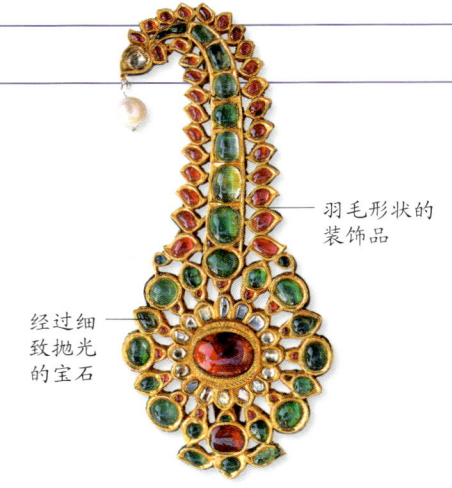

精美的珠宝
这是一种来自印度的头巾装饰品，黄金框架上镶嵌有祖母绿、红宝石、钻石、蓝宝石和珍珠。

羽毛形状的装饰品

经过细致抛光的宝石

爱情丰碑 ▷
泰姬陵是莫卧儿王朝最具标志性的经典建筑物。它是莫卧儿统治者沙·贾汗（1628～1658年在位）为爱妻泰吉·玛哈尔建造的陵墓，用于安葬她的遗体。

莫卧儿王朝对印度大部分地区的统治持续了300多年，16世纪至18世纪中叶是其国力的鼎盛时期。除印度北部和中部地区以外，王朝的疆域还曾延伸至巴基斯坦、阿富汗和伊朗的部分地区。17世纪晚期，莫卧儿王朝的人口数量达到1亿～1.5亿。

莫卧儿王朝的创建者巴布尔是伟大的征服者帖木儿的后裔。巴布尔出生于中亚，他将自己的领土扩展到了中亚之外的地方，并于1504年占领喀布尔（位于今阿富汗境内）。后来，他又花了几年时间进攻印度。1526年，巴布尔征服了德里素丹国，将印度北部纳入其统治之下。

扩张

莫卧儿王朝通过吞并周边的小国来壮大自身。这一过程非常惨烈，因为并非所有小国都愿意归顺巴布尔或其继任者。与此同时，王朝时常爆发内乱和家族纷争。这些都使莫卧儿王朝长期处于战乱之中。

莫卧儿人在印度传播伊斯兰教。伊斯兰教自8世纪传入印度以来规模一直有限，依靠莫卧儿王朝的推动才发展起来。起初，王朝对其他宗教十分宽容，然而在17～18世纪奥朗则布统治时期，情况发生了变化。有观点认为，奥朗则布对伊斯兰教的狂热及其推行的政策，例如恢复对印度教徒征收吉兹亚（人头税），激怒了他的印度教臣民。

艺术与文化

莫卧儿王朝的统治与奢华和财富紧密相连，王朝的财富也推动了艺术的繁荣发展。巴布尔写过回忆录，其后的许多莫卧儿统治者也都愿意在整个王朝营造积极的文化生活氛围。在这一过程中起重要作用的是波斯人，他们将自己的文学作品和科学知识贡献给莫卧儿王朝。16世纪晚期，王朝处于阿克巴统治时期，此时的莫卧儿王朝在文化艺术方面达到了新的高度。因此，阿克巴常常被视为最伟大的莫卧儿统治者。

在阿克巴统治时期，艺术、手工艺和建筑繁荣发展。阿克巴对诗人、画家、历史学家和音乐家的资助十分慷慨。发展的步伐在阿克巴死后并未停止，莫卧儿文化最永恒的标志物泰姬陵就是沙·贾汗监督建造的杰作。

衰落与终结

导致莫卧儿王朝衰落的因素有很多。王朝的疆域在奥朗则布统治时期达到顶峰，但其继任者未能守住广袤的土地。内乱和家族纷争从内部削弱了王朝的统治，同时也消耗了大量财力和人力。奥朗则布刻薄的宗教政策激怒了除穆斯林以外的其他宗教信徒。印度南部信仰印度教的马拉提人利用莫卧儿王朝的弱点占领了其部分领土。1858年，英国殖民者废黜了最后一位莫卧儿统治者巴哈杜尔·沙二世，当时莫卧儿王朝实际控制的领土仅剩德里的红堡及其周围的一小片土地。

> **"印度是……一个黄金之国。"**
> 《巴布尔纳玛》，巴布尔回忆录

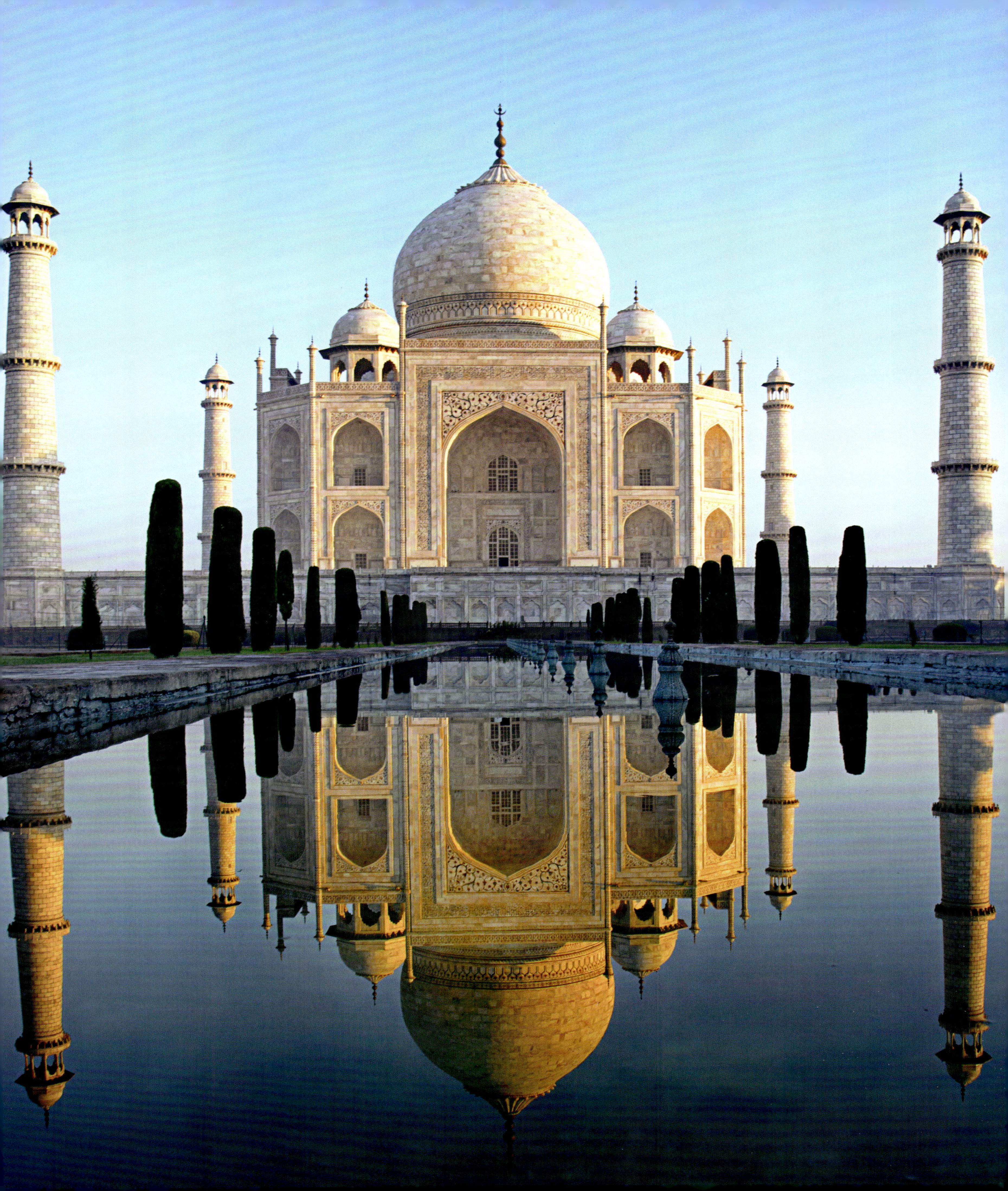

武器与盔甲

战争和冲突贯穿莫卧儿王朝始末。统治者们不断扩展王朝的边界,向北到达阿富汗境内,向南则延伸至印度中部和南部。莫卧儿人将自己的美学观念融入武器制造领域,制造出既具有杀伤力又装饰华美的武器。

早期塔瓦尔刀
这把塔瓦尔刀的刀身由乌兹钢打造而成。这种钢采用印度人于数世纪前发明的工艺炼造,不仅强度大,而且质地均匀。

- 象牙刀柄
- 刀身弧度较晚期塔瓦尔刀略小
- 十字形的铁护手上镶嵌有黄金装饰

晚期塔瓦尔刀
这件武器可能出自拉合尔(位于今巴基斯坦境内)。刀柄装饰考究,护指内侧有双语铭文。

- 护指
- 木鞘外包裹着红色天鹅绒
- 鞘

佛朗机剑
这件武器是仿照一款欧洲剑打造的。剑镡上有一个棒状物。

- 双刃

战斧
经过装饰的简单器物也能变得华丽,例如这把拉合尔战斧。拧开斧桐底端的圆头可以取出一把细刀。

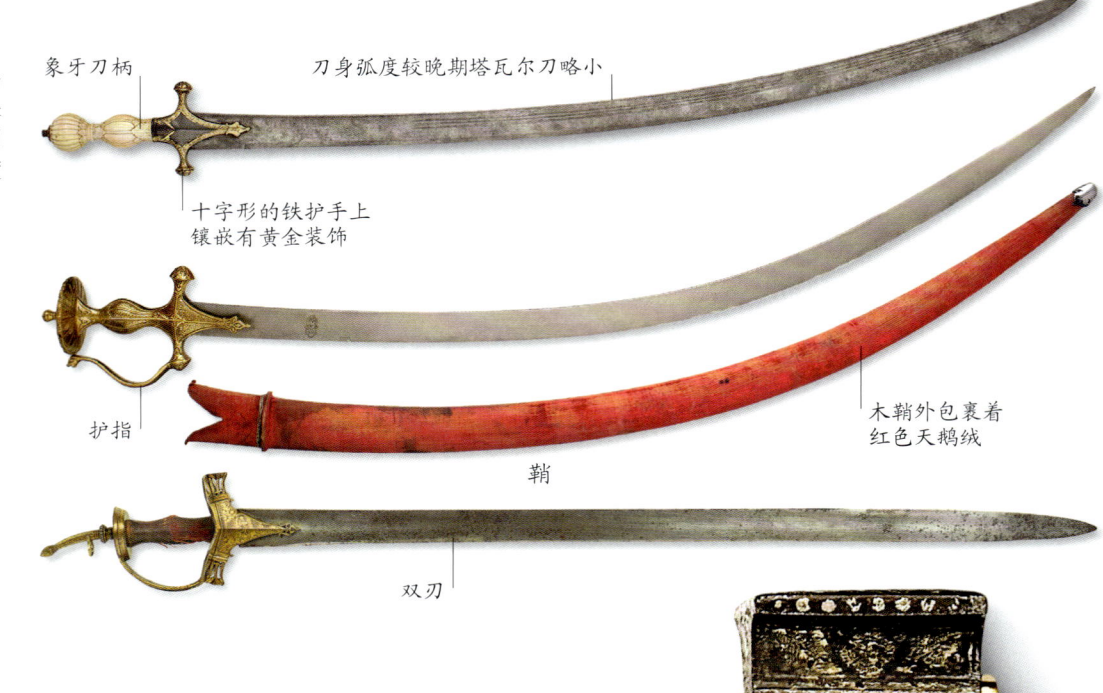

- 用银箔装饰的管状铁柄
- 全视图
- 头部装饰精美
- 弧形斧刃

钉头锤
这种钉头锤在欧洲还被称为"晨星",用于敲碎敌人的头颅。这把钉头锤上精美的装饰突显了其主人的财富和地位。

- 空心柄
- 全视图

艺术与文学

莫卧儿王朝孕育出许多不同语言的文学作品。诗歌格外受人们青睐,波斯和印度诗人的作品很受宫廷的赏识。统治者们有财力也有兴趣资助作家和历史学家的创作,他们还收藏了大量书籍。

泥金装饰手抄本
这本诗集是波斯诗人哈菲兹的作品,他的诗歌在莫卧儿王朝很受欢迎。人们经常翻阅他的诗集,希望从中获得启迪或灵感。

- 墨水和不透明的颜料
- 涂漆封面采用克什米尔的典型风格

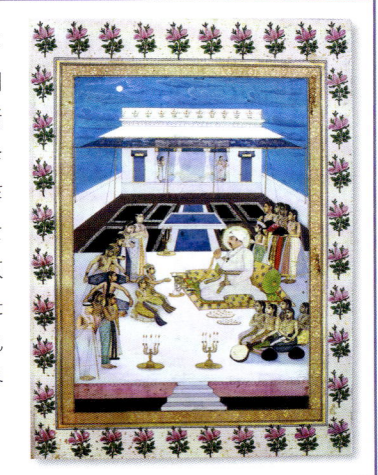

宫廷生活

莫卧儿王朝因其财富闻名。除丰富的自然资源以外，16~17世纪不断发展的贸易也为王朝带来了许多财富。外国人常对他们眼前精美的珠宝和器物，以及宫殿的规模和装饰赞叹不已。

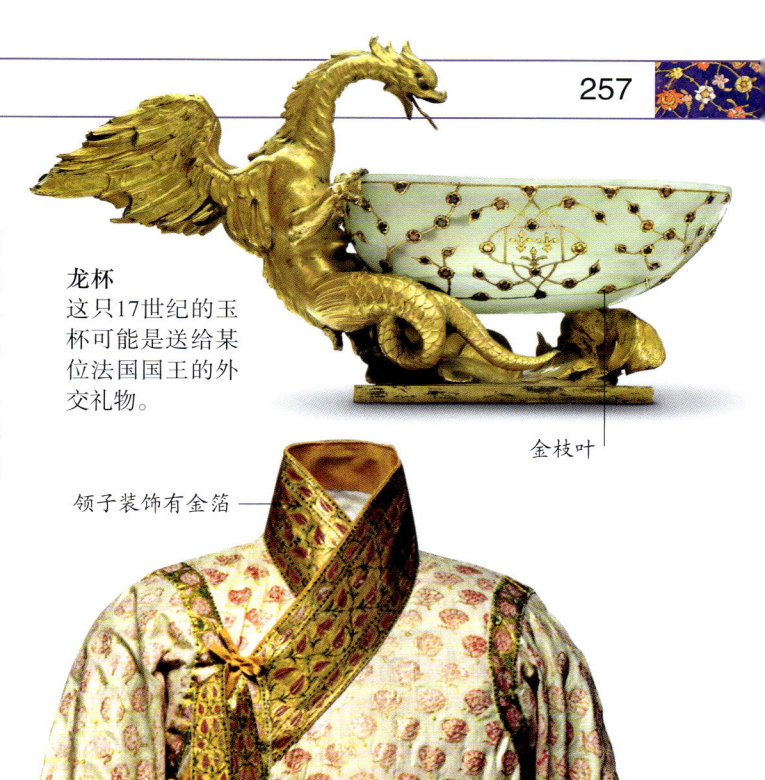

精美的匕首
这把18世纪的匕首款式优雅。柄由白玉制成，上面镶嵌有黄金、红宝石和祖母绿。

- 天鹅绒包裹的鞘上装饰着黄金和宝石
- 鞘
- 有弧度的双刃钢刀身
- 鞘上装饰着鹦鹉图案
- 鞘
- 侧梁
- 宗教铭文
- 能穿透锁子甲的厚刀尖

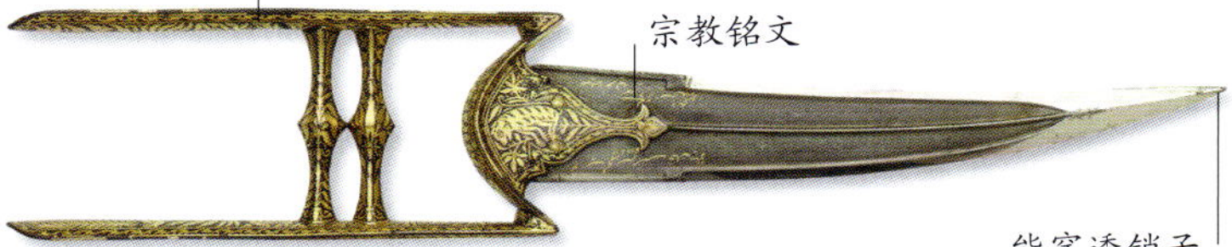

拳剑
这把拳剑上装饰着动物图案。虽然它是一件实用的武器，但也用于彰显主人的地位和权力。

锁子甲头盔
莫卧儿武士戴的金属头盔上有护头的金属板、护耳的帽垂和护脸的锁子甲。

- 圆齿形护头板
- 护耳和护颈的帽垂
- 护脸的锁子甲

龙杯
这只17世纪的玉杯可能是送给某位法国国王的外交礼物。

- 金枝叶
- 穹形盖
- 领子装饰有金箔

玉壶
这个壶由优雅的绿色玉石制成，采用莫卧儿王朝的设计风格，具有标志性的凹槽和雕刻花卉图案。

垂饰
这件装饰性珠宝可追溯至莫卧儿王朝晚期，由镶嵌着黄金、珍珠和宝石的玉制成。

- 装饰有精美的粉红色花卉图案

莫卧儿长袍
莫卧儿王朝统治者对服装和纺织品很感兴趣。这件17世纪的棉长袍叫作乍马（jama）。它色彩艳丽，应该属于一位富有的贵族。

莫卧儿绘画

莫卧儿王朝的绘画大多为泥金装饰手抄本或细密画。类似右图这样精致的画作通常是非常珍贵的作品。画家的创作依赖统治者、宗教人士和富人的资助。大多数莫卧儿细密画描绘的是统治者和宫廷生活，也有一些描绘的是自然界或历史上的场景。

绘制星图

莫卧儿天球仪

莫卧儿王朝统治时期是伟大的文化和科学发展时代，这受到王朝内各民族和各地区传统的影响，例如有着悠久科学探索历史的波斯人。这件制作于18世纪90年代的天球仪体现出波斯人对天文学的重视及莫卧儿人精湛的制作工艺。

科学遗产

虽然这件天球仪可追溯至18世纪晚期，但人类发明天球仪的时间却可以追溯至比这更久远的时代。天球仪的理论基础来自13世纪的波斯天文学家纳西尔丁·图西的著作。蒙古西征期间征服了波斯，成吉思汗的孙子在这里建立汗国并进行统治。图西当时是蒙古人的科学顾问。

图西不仅将古希腊天文学家托勒密及其他古代思想家的著作翻译成阿拉伯语，还主持建设了马拉盖天文台。他是那个时代最前沿的天文学家之一。

图西的研究记录中包含对银河的描述。他这样写道："它（银河）由大量聚集在一起的小恒星组成，这些恒星看上去既密集又微小，就好像一片云；正因如此，它的颜色才被形容为牛奶。"图西认为银河是由恒星组成的。后来，意大利天文学家和物理学家伽利略于16世纪证实了这一推测。

穿梭星空

这种天球仪通常用作装饰物，但也可以通过测算特定星座相对地平线移动的距离来粗略地估算时间。古希腊、古罗马、中国及后来的阿拉伯世界都曾制作过类似的天文仪器。甚至有证据表明，太平洋诸岛上的人们也使用过这种天球仪。

天球仪上的文字为纳斯赫体，这种书法字体可追溯至9世纪前后

这件天球仪由黄铜制成，而早期天球仪则是由大理石等材料制成的

南天极周围的星星和星座被省略

人马座
这个半人半马的形象对应黄道带中的人马座。人马的弓箭瞄向毗邻的摩羯座。

艺术影响
天球仪的设计和装饰来自古代知识，也反映出莫卧儿人的品味。

南端
天球仪的南端星星很少。图西应该能够观测到南半球的大部分天空，但观测不到南极附近的区域。

印度莫卧儿王朝的统治　259

穿过南北天极的轴

大熊座

经线

狮子形象的生物
代表黄道十二星
座中的狮子座

代表黄道
的带

代表天赤道
的带

长蛇座

天球仪
与所有天球仪一样，这件天球仪也描绘了一幅星图，其中的星星被组成星座。环绕中心的带位于天球的赤道上，代表地球赤道的投影，被称为天赤道。天赤道与黄道相交。黄道带上分布着12个星座。

马拉提王国的兴起

17世纪40年代，马拉提人在印度教英雄西瓦吉的带领下开始与莫卧儿人争夺霸权。到19世纪早期时，他们已经控制了印度的大部分地区。

末代领袖 ▷
这幅画描绘的是印度西部泰米尔纳德邦坦贾武尔的末代王公赛佛吉二世。他因在印度南部建造印刷厂而闻名。

马拉提王国的核心地区位于印度西部，主要为马哈拉施特拉邦。在西瓦吉（于1674年加冕为王公）的领导下，信仰印度教的马拉提人建立起一个强大的国家。由于受宗教政策的迫害，西瓦吉展开了反抗莫卧儿王朝统治的斗争。他组织起一支志愿军，于17世纪40年代和50年代攻击了疏于防范的莫卧儿王朝边境。1659年，一次决定性胜利为其推翻莫卧儿王朝铺平了道路。尽管马拉提各部族之间时有纷争，却被西瓦吉联合成为独立的军事国家。1674~1818年，印度大部分地区处于马拉提各部族的控制之下。

马拉提人信仰古老的印度教。从文学和建筑风格到家居装饰的设计风格，宗教对马拉提人的影响无处不在。马拉提王国的社会等级也是遵照印度教种姓制度建立的。

信仰与仪式

马拉提人信仰的印度教源自公元前2000年的一个古老的信仰体系。数千年来，围绕这一信仰演化出了一套复杂的习俗，这套习俗在南亚各地还有所不同。印度教有许多神。有些印度教徒只信奉一位神，认为其他神是这位主神的不同化身。

吉祥天女
吉祥天女是四臂神毗湿奴的妻子，象征幸运和财富。她的形象常与代表纯洁的莲花一同出现。

吉祥天女之子爱神伽摩

伽内什
象头神伽内什是印度教最著名的神之一，其象头象征智慧。他是学识之神，印度教徒认为其能帮助人们解决生活中的困难。

老鼠是象头神的坐骑

宫廷生活

马拉提的宫廷艺术家将莫卧儿王朝及英国、法国等欧洲国家的艺术元素应用到自己的作品当中。这体现在当时的建筑和装饰艺术中，其表现形式为奢华的设计和明亮的色彩。

钻石

鹰垂饰
马拉提人制作了大量珠宝首饰，例如这件由黄金打造并镶嵌有红宝石、祖母绿和蓝宝石的垂饰。

顶部和两侧镂空

鸟笼
这个18世纪早期的象牙鸟笼装饰有彩色的植物浮雕，出自以绘画闻名的印度南部德干地区。

武器与盔甲

马拉提统治者需要通过武力巩固自己的权力。他们的敌人既有北方的莫卧儿王朝,也有印度南部的诸多小国。马拉提联邦不断变化,英国殖民者对马拉提的政治干预和军事入侵最终导致其灭亡。

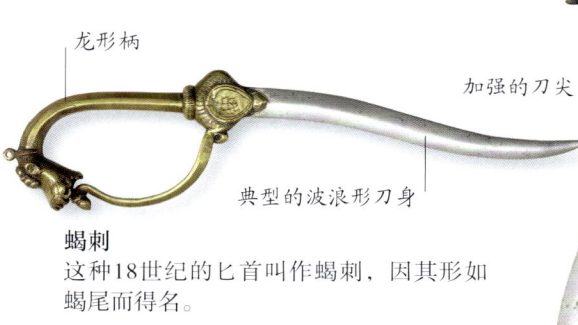

蝎刺
这种18世纪的匕首叫作蝎刺,因其形如蝎尾而得名。

- 龙形柄
- 加强的刀尖
- 典型的波浪形刀身

玫瑰花饰匕首
这把制作于18世纪的匕首也是一种蝎刺。护指上有用银镶嵌出的玫瑰花饰。

- 镶嵌有银

复合弓
这件18世纪的武器出自印度北部。弓身由粘贴着角板的木头制成,然后用兽筋捆绑加固。

- 丝弓弦
- 弓柄以绿色和金色涂绘

钉头锤
马拉提士兵使用恐怖的钉头锤战斗。这把有100多根刺钉的钉头锤制作于18世纪。

- 四棱顶刺
- 拧入金属圆头中的刺钉
- 全视图

战斧
这种武器用于地面作战,很受印度贵族骑兵和其欧洲对手的欢迎。战斧的威力足以穿透头盔和铠甲。

- 锄头中间有一条厚脊
- 尖刺形状的锄头可以在战斗中重创对手
- 锄头根部装饰有一对黄铜狮
- 华美的弧形斧刃
- 金属柄上装饰着精美的花卉图案
- 全视图

战锄
这件装饰奢华的武器出自印度北部。它形如鹤嘴锄,用于刺穿锁子甲。

- 锄头另一端装饰有一头黄铜象
- 中空的铁柄
- 柄内藏有匕首
- 全视图

贝宁的商业帝国

13～19世纪的贝宁王国是非洲西部最强大的国家之一，位于当今尼日利亚的南部地区。它依靠贸易迅速致富，先是于15世纪与葡萄牙人进行贸易，后又与荷兰人和英国人做生意。贝宁工匠因其制作的青铜和象牙雕塑而闻名。

青铜头像
这种青铜头像表现的是已故的贝宁王国奥巴的理想化形象，放置于王室祭坛之上。

节日 ▽
这幅由意大利艺术家安杰洛·比亚肖利创作于19世纪早期的石版画表现的是贝宁王国奥巴庆祝节日的场景。背景中有贝宁城的宫殿群，欢庆队伍中还有豹。豹是奥巴权力的象征，常作为吉祥物参与游行。

尽管人们对贝宁王国的早期历史知之甚少，但据说第一位贝宁奥巴（国王）是埃维卡，他于13世纪晚期统治贝宁王国。在随后的几个世纪里，贝宁王国不断向外扩张，到15世纪中叶埃瓦雷奥巴统治时期，其疆域已从尼日尔河三角洲延伸至现在的尼日利亚拉各斯。贝宁城是贝宁王国的都城，城中有一个巨大的宫殿建筑群。这个宫殿群几乎占据了整座城市面积的三分之一，其恢宏的规模使当时初来乍到的葡萄牙人震惊不已。

艺术作品创作

象牙和金属雕塑是贝宁王国最重要的艺术形式，贝宁王国的青铜雕塑举世闻名。艺术家们组成行会，徒弟跟随师傅学习创作艺术作品的方法和技巧。象牙雕刻是只有统治者才可以拥有的艺术作品，还有一些青铜浮雕饰板用于歌颂奥巴的丰功伟绩。其实西非人早在10世纪就发展出了冶炼金属的技术，不过在欧洲人于15世纪将铜带到贝宁王国之后，金属器物的制作才得到了进一步发展。

奴隶贸易与欧洲殖民者

贝宁王国参与了横跨大西洋的奴隶贸易。贝宁人向欧洲人提供自己抓获的战俘，用以换取金属、布料和珊瑚等商品。到19世纪晚期时，与周边王国的冲突和来自英国的压力导致了贝宁王国的衰落。英国人希望控制贝宁王国的贸易，以获取其中的丰厚利润。1897年，英国人攻占贝宁城。此后，贝宁王国被并入英属尼日利亚，虽然还以某种形式存在，但奥巴却被放逐。

政治与权力

贝宁王国的奥巴拥有绝对权力,其臣民认为奥巴是神圣的。贝宁王国的社会分不同等级。奥巴会借助仪式展示自己的权力和财富,这主要体现在王室所使用的器物上。

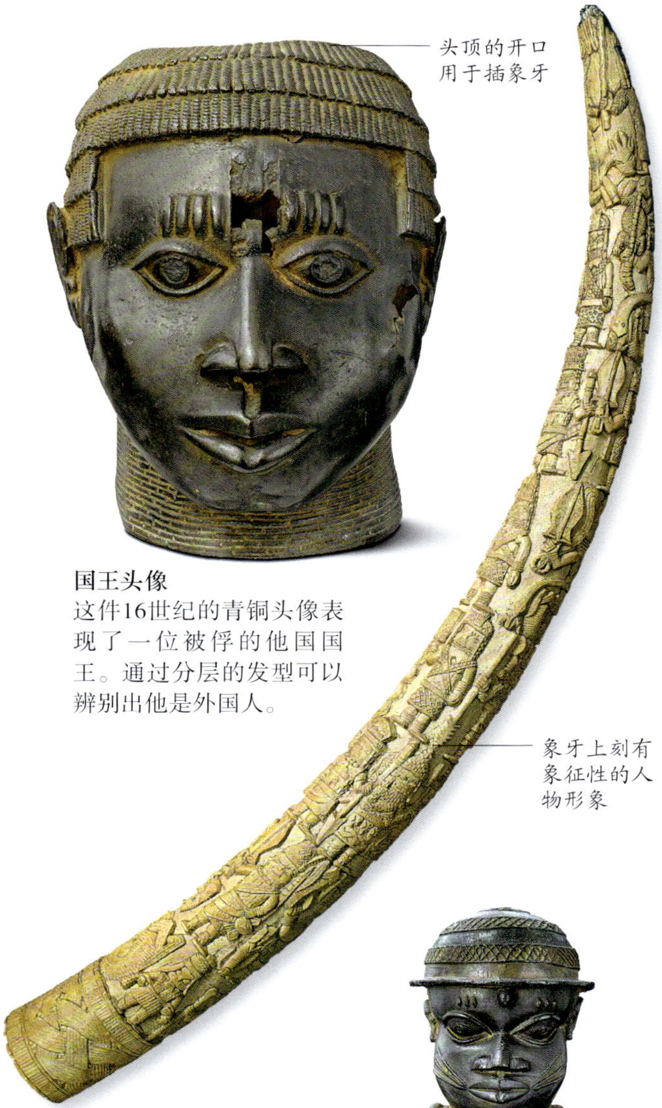

国王头像
这件16世纪的青铜头像表现了一位被俘的他国国王。通过分层的发型可以辨别出他是外国人。

— 头顶的开口用于插象牙

青铜小公鸡
小公鸡象征强力的领导和权威。这种青铜器被放置于宫殿的祭坛上,用于悼念已故的母后。

— 小公鸡与母后有关

母后头像
这件17世纪早期的纪念头像表现的是一位母后,母后是宫廷中的重要人物。当其死后,这种青铜头像会被放置于宫殿的祭坛上。

— 现实中的圆锥形头饰由珊瑚珠制作而成,象征尊贵

— 珊瑚项圈

祖先的象牙雕刻
这件记载着奥巴功绩的19世纪象牙雕刻安装于一件理想化奥巴头像的顶部,陈列于王室祖先的祭坛之上。

— 象牙上刻有象征性的人物形象

豹头垂饰
豹象征权力,贝宁王国奥巴常将其饲养在王宫中。奥巴也会被比喻成豹。人们有时还会杀豹祭献。

青铜人像
这件人像表现了一位佩戴着十字架的王子,他可能同许多贵族子弟一样,在葡萄牙接受过教育。十字架很受贝宁人的欢迎,因为他们见过葡萄牙人佩戴十字架。

— 十字架

勇士饰板
这块16世纪的青铜浮雕饰板表现了一位贝宁王国的勇士和两只象征水陆两栖生存能力的青蛙。

— 这个符号可能表示军衔

264　启蒙运动与帝国主义　1450~1750年

青铜饰板

这块16世纪中叶的饰板描绘了贝宁王国的勇士们。一位身穿仪式服装的将军站在中间，右手握剑，左手持矛。两名手持盾和矛的侍卫站在将军的两侧。这一时期，类似的饰板通常装饰在奥巴宫殿的廊柱上。

— 用于将饰板固定在廊柱上的孔

— 将军

— 精美的头饰表示身份高贵

— 将军两侧的侍卫

— 盾表明战士的身份

— 背景中还有侍从

贝宁的商业帝国　265

贸易

贝宁王国所处的地理位置使其能够控制欧洲与非洲西海岸之间的贸易。欧洲人最初来此的目的是寻找黄金，而他们发现的却是象牙、胡椒、棕榈油，以及可供贩卖为奴的非洲人。

瞭望台和瞭望员

葡萄牙帆船

精致的雕刻头像

葡萄牙贵族

面具
这个16世纪的象牙面具顶部有一排葡萄牙商人的头像，象征贝宁王国与欧洲人的关系。

象牙盐瓶
通过发型、服装和饰品可以判断，这个16世纪的盐瓶描绘的人物是欧洲人。这样的物件通常是海外商人定制的，他们是象牙雕刻的拥趸。盐瓶顶部刻有一艘葡萄牙帆船，还有瞭望台和瞭望员。

艺术与文化

贝宁王国的青铜器和象牙雕刻通常摆放在祭坛上或在祭祀仪式中使用，而日常用品则大多由木头雕刻而成。贝宁王国以精细的象牙雕刻著称，行会中地位最高的通常是雕刻家。

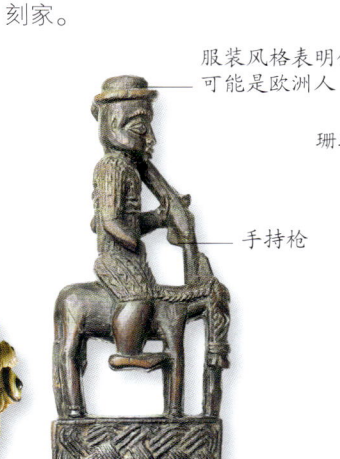

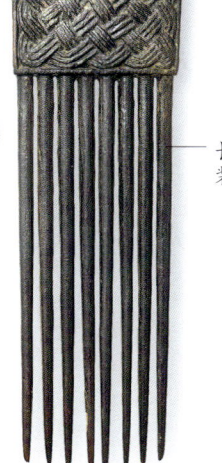

服装风格表明他可能是欧洲人

手持枪

长而尖的装饰梳齿

珊瑚项圈

梳子
这把精致的19世纪梳子由木头雕刻而成，描绘了一个持枪的人，他很可能是一个欧洲人。

象牙人像
这件18世纪末或19世纪初的象牙雕刻描绘了一位佩戴着贵重珊瑚饰品的女性，这表明她可能是一位公主。

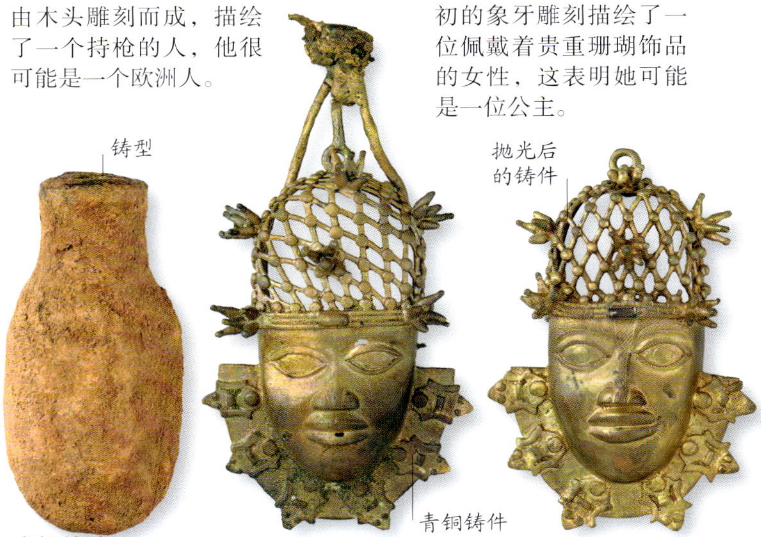

铸型

抛光后的铸件

青铜铸件

青铜铸造
贝宁王国采用复杂的"失蜡法"铸造青铜器。首先，用蜡制作器物的模型。然后，在模型外敷上黏土做成铸型（模具）。接着将它们整体加热，使蜡模熔化、流失，再将液态青铜注入空腔。待青铜冷却后，凿掉黏土，得到铸件。最后，将铸件打磨抛光。

266　启蒙运动与帝国主义　1450~1750年

醒目的色彩是埃塞俄比亚帝国的典型风格

皮带将木板系在一起

圣母玛利亚是经常出现的重要人物

三联画
这幅17世纪三联画的中间一联描绘了耶稣基督、圣母玛利亚和圣约瑟。右联描绘的是耶稣受难和耶稣升天。左联上方为几位圣徒，下方为圣乔治屠龙。

三联画绘于裱在木板上的棉画布上

埃塞俄比亚与基督教世界

埃塞俄比亚帝国是非洲最早的基督教国家之一，信仰自埃及传入的正教，并抵制伊斯兰教和罗马天主教的传播。其独特的宗教艺术形式体现出来自东西方的双重影响。

耶稣受难的故事场景

有翼的天使头像是常见的图案

埃塞俄比亚的基督教来自中东，先后由商人和传教士传入，并于4世纪前后扎根于此。正教和埃及的科普特人对埃塞俄比亚正教会的建立和发展都有重要影响。基督教是埃塞俄比亚帝国统治的基础。1270年，所罗门王朝建立。其统治者声称自己为《圣经》中所罗门王与示巴女王之子孟尼利克一世的后代。这一时期，一部名为《国王的荣耀》的书详细追溯了所罗门王朝统治者的祖先。所罗门王朝在埃塞俄比亚的统治一直持续到20世纪晚期。

对抗伊斯兰教

随着伊斯兰教在北非、红海和波斯湾地区的发展，其势力迅速触及埃塞俄比亚帝国。尽管民众当中也有穆斯林，埃塞俄比亚帝国还是时常陷入与周边伊斯兰国家的战争之中。16世纪初，伊斯兰国家对埃塞俄比亚帝国发起大规模战争，直到1543年帝国才借助葡萄牙人的力量将敌人击退。然而，许多教堂和手稿都在这场持续数十年的战争中损毁。

对抗天主教

17世纪初，来自葡萄牙的传教士想让埃塞俄比亚帝国改信罗马天主教。苏斯尼约斯皇帝接受了天主教的部分教义，但却激起了民众的愤怒情绪。苏斯尼约斯被迫退位，其子法西利达斯掌权，他与埃塞俄比亚正教的关系更加密切。1632年，法西利达斯将埃塞俄比亚帝国的都城迁至贡德尔，贡德尔成为文化活动的中心，复制出大量的宗教手稿和版画。然而，到1769年时，在数起冲突之后，相对和平的时期宣告结束，地方封建领主割据，帝国四分五裂。这一时期被人们称为"王子时代"。直到1855年，埃塞俄比亚帝国一直处于动荡之中。

木质封面

牛皮纸页面

祈祷书
这本17世纪末或18世纪初的祈祷书由吉兹语写成，用于埃塞俄比亚正教的祈祷仪式。

新世界的欧洲移民

哥伦布1492年的美洲之行帮助西班牙在伊斯帕尼奥拉岛上建立了殖民地。不久之后,来自欧洲各地的移民接踵而至,他们的到来使广袤的美洲大陆发生了巨大变化。欧洲人带到美洲的疾病造成大量美洲原住民死亡,欧洲人还将非洲人作为奴隶输送到美洲。

烙铁
奴隶身上通常烙有主人的专属标记,以防其逃跑。巴西于1888年废除奴隶制,它是美洲最后一个废除奴隶制的国家。

移民先驱 ▽
这幅19世纪油画中的人物是一批英国清教徒中的分离主义者,他们于1620年从荷兰搭乘"佳速"号帆船前往英国,与另一批清教徒会合。画面描绘了他们于抵达英国前夜在船上聚集祈祷的场景。后来,这些清教徒从英国搭乘"五月花"号帆船前往美洲定居。

西班牙试图对哥伦布于1492年发现的新大陆宣示主权,然而,其他欧洲国家也想在新大陆建立自己的殖民地。受西班牙人在中美洲发现的财富吸引,来自英国、荷兰、丹麦和法国的船只将渴望发家致富的人们送到美洲。另外,还有些欧洲移民到美洲的目的是躲避本国的宗教迫害。成千上万的移民于16~17世纪抵达美洲,其定居地从北美洲东海岸一直延伸至西印度群岛,最远到达南美洲海岸。然而,欧洲移民的到来却摧毁了那些世代生活在美洲的原住民的社会。

原住民的死亡

美洲原本生活着许多原住民,他们分属于很多不同的族群,例如切罗基人、阿拉瓦克人和阿兹特克人。美洲长期与世隔绝,因此原住民对欧洲移民带到美洲的疾病毫无抵抗力,这致使数百万美洲原住民丧生。一些得以幸存的原住民被迫离开了其世代生活的家园,展开了与欧洲殖民者之间的持续斗争。

奴隶贸易

抵达美洲以后,欧洲人在这里建立种植园。起初,在种植园中劳作的是遭欧洲人奴役的美洲原住民和来自欧洲的契约奴,后来逐渐变成非洲奴隶。16世纪,大量非洲人被贩卖到美洲为奴。殖民者将美洲出产的农作物卖到欧洲,用所得收入购买制成品,然后再从非洲贩运更多奴隶。这一残忍的三角贸易持续了大约400年。

新世界的欧洲移民　269

贸易

随着北美洲种植园的繁荣发展，商人们来到大西洋沿岸的新兴城市进行贸易。他们出口农产品，进口家具和服装等制成品。与此同时，移民也与美洲原住民进行贸易，并学习种植玉米等本土农作物的方法。

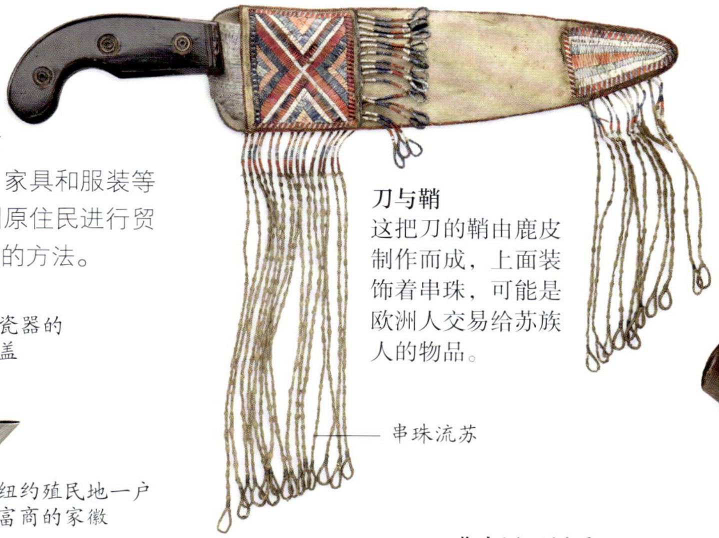

刀与鞘
这把刀的鞘由鹿皮制作而成，上面装饰着串珠，可能是欧洲人交易给苏族人的物品。

- 模仿中国瓷器的可折分壶盖
- 纽约殖民地一户富商的家徽
- 串珠流苏

茶壶
虽然这个18世纪早期的茶壶是模仿中国瓷器的款式制作的，但是其雕刻却呈现出这一时期纽约银器的风格。

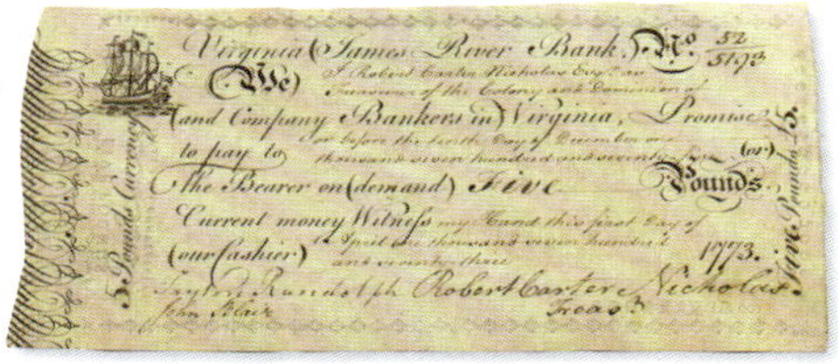

弗吉尼亚纸币
硬币在美洲殖民地供应不足，因此一些殖民地开始发行自己的纸币。这一做法也引发了其他问题，因为纸币更容易伪造。这是一张1755年的弗吉尼亚纸币。

政治与权力

17世纪，英国和法国在北美洲站稳了脚跟。法国占领了现在加拿大的大部分地区和现在美国的五大湖地区。英国沿北美洲海岸建立了殖民地。西班牙一直控制着佛罗里达及其周边地区，以及更遥远的西部地区。

北美洲殖民地地图
这幅地图展示了1721年前后北美洲殖民地的情况。黄色代表英国殖民地，粉色代表法国殖民地，蓝色代表西班牙殖民地。到18世纪晚期时，这一分界发生了明显变化。

信仰与仪式

欧洲人将各个基督教派引入美洲。西班牙人和葡萄牙人建立了天主教殖民地，而英国人、荷兰人和法国人则带来了不同派别的新教。

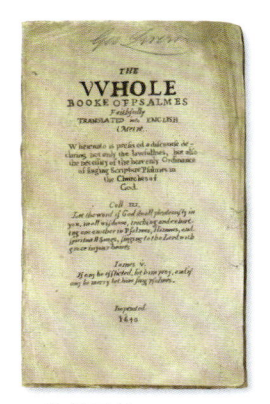

《海湾圣诗》
这是一部出版于1640年的英国清教徒诗集。它是英属北美殖民地印刷的第一种书。

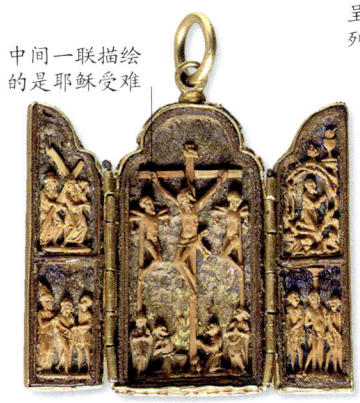

- 中间一联描绘的是耶稣受难

墨西哥三联画垂饰
这件垂饰由美洲原住民制作。方济各会的传教士教原住民使用佛兰德技艺制作微雕。

- 呈放射状排列的翡翠
- 天使托举起太阳

圣骨匣
这个18世纪的黄金圣骨匣用于展示圣餐。它重约5千克，其制作周期长达7年。

- 金底座

战争与冲突

18世纪的北美洲充斥着各类冲突。既有美洲原住民与欧洲移民之间的持续斗争，也有欧洲列强之间的战争，尤其是后来演变为七年战争（1756～1763）组成部分的法国印第安战争（1754～1763）。这个世纪的北美洲历史以北美独立战争（1775～1783）作为结束。

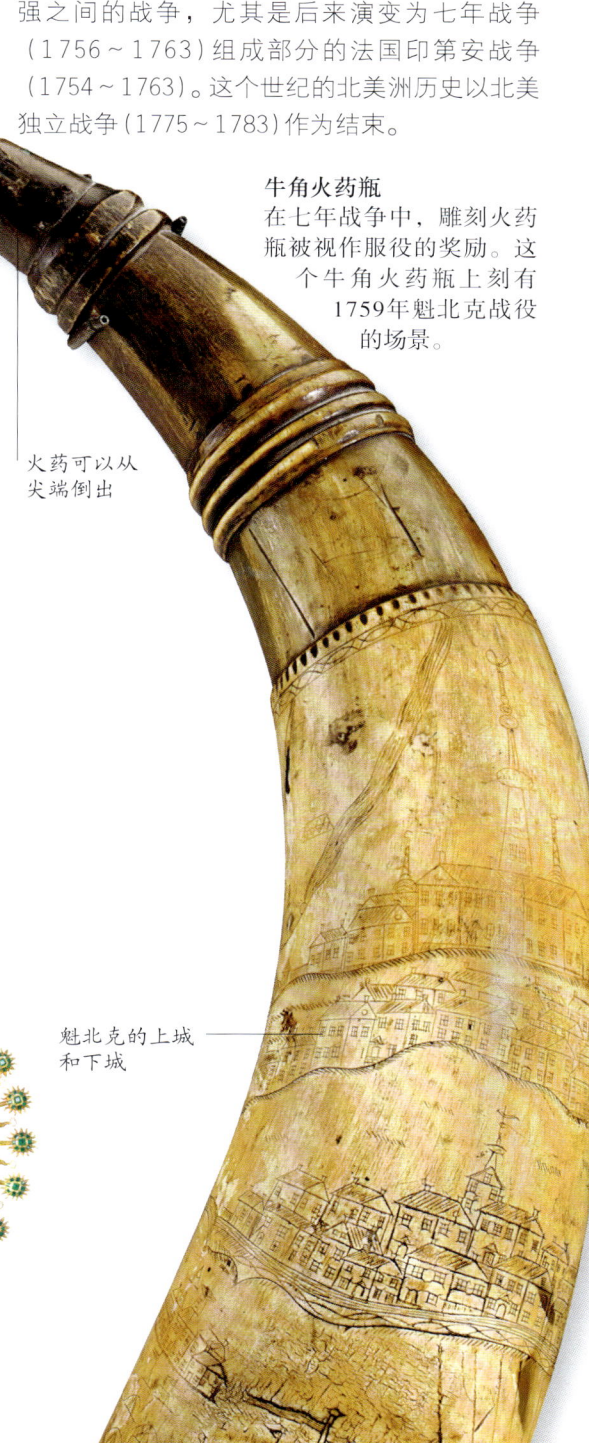

牛角火药瓶
在七年战争中，雕刻火药瓶被视作服役的奖励。这个牛角火药瓶上刻有1759年魁北克战役的场景。

- 火药可以从尖端倒出
- 魁北克的上城和下城
- 英国舰队舰船在围困中被毁

18世纪晚期和19世纪是飞速发展的时代。工厂大规模生产和对蒸汽动力的应用彻底改变了生产和运输的方式。法国大革命使欧洲君主制国家在与人民对抗的过程中退居守势。尽管一些美洲的殖民地获得了独立,欧洲列强仍然控制着世界上的大部分地区。英属北美殖民地摆脱英国的殖民统治,建立了美国,它仅用一个世纪便发展成为强大的国家。

工业与独立

1750~1900年

工业时代的开端

1750年前后，人类生产力开始持续加速增长，这就是人们通常所说的工业革命。工厂使用新技术的同时也在极度剥削劳动力，农业增产和卫生状况改善使人口数量急剧增加。人、货物和信息能够快速完成跨越大洋和大洲的流动，创造出真正意义上的全球经济。

发动机的变化
这个蒸汽消防泵制造于1863年的英国，是这一时期的典型产品。它既坚固又高效，每分钟能泵450升水。

展示技术 ▷
1851年，"万国工业博览会"在英国的钢结构玻璃建筑水晶宫中举办，向世界展示了英国在工业和发明方面取得的成就。这是为庆祝经济和科学进步而举办的第一届世界博览会。

工业革命始于英国。到18世纪中叶时，英国已经通过贸易和商业化农业取得了些许繁荣。英国拥有丰富的煤炭资源，煤是发展工业化的重要燃料。这一时期，英国国内及其海外殖民地的消费品市场增长迅速。

英国政府鼓励发展企业。1780年前后，英国的纺织业开始转型，使用新的纺织机械进行大规模生产。从18世纪80年代到1850年，英国的棉纺织品产量增长了50倍。英国还开创了新的炼铁技术并发展了蒸汽机。这些进步都是由务实的发明家和企业家努力推动的。

铁路时代

工厂在纺织业以外的行业影响力十分有限，直到19世纪30年代和40年代，人们开始大规模建设铁路，工业化的规模才发生改变。铁路的建设和运营需要大量的钢铁和煤炭，从而刺激了重工业和采矿业的发展。这种情况不仅出现在英国，也出现在欧洲大陆的部分地区和美国北部。到19世纪50年代时，精密工程领域的进步促进了包括印刷机在内的高效机械的大规模生产。产量的扩大创造出一种以持续增长为基本原则的新型经济。

到19世纪末时，化学、电力和汽油发动机开辟出新的创新方向。许多科学家受雇于工厂企业，也有一些像托马斯·爱迪生这样的发明家致力于开发新颖的小装置。与此同时，德国和美国超越英国成为工业生产的中心，日本作为新的工业革命参与者脱颖而出。

工业化和其他经济技术变革对人们的生活产生了巨大影响。过去，世界上大多数人一直生活在农村地区，这一情况在19世纪晚期发生了改变，英国和比利时的城市人口数量超过其农村人口数量。从短期来看，世界很多国家都将工业化视为一种灾难，因为它颠覆了人们原有的生活方式，并要求其在严酷的环境和严格的监管中从事艰苦的劳动。

基于煤炭和钢铁的经济发展导致的直接后果是环境恶化，甚至远离工业中心的人们也受到影响，例如在非洲南部矿场劳作的祖鲁人和在美国南部种植园采摘棉花的奴隶。不过，有数据表明这一时期生活在工业区的人们生活水平显著提高。人类预期寿命增长的部分原因是医疗技术进步和流行病减少，还有一部分贡献来自粮食供应状况的改善。这一时期的特权阶层享有前所未有的财富和奢华生活。

> **"资产阶级……所创造的生产力，比过去一切时代创造的全部生产力还要多……"**
> 卡尔·马克思和弗里德里希·恩格斯，《共产党宣言》，1848年

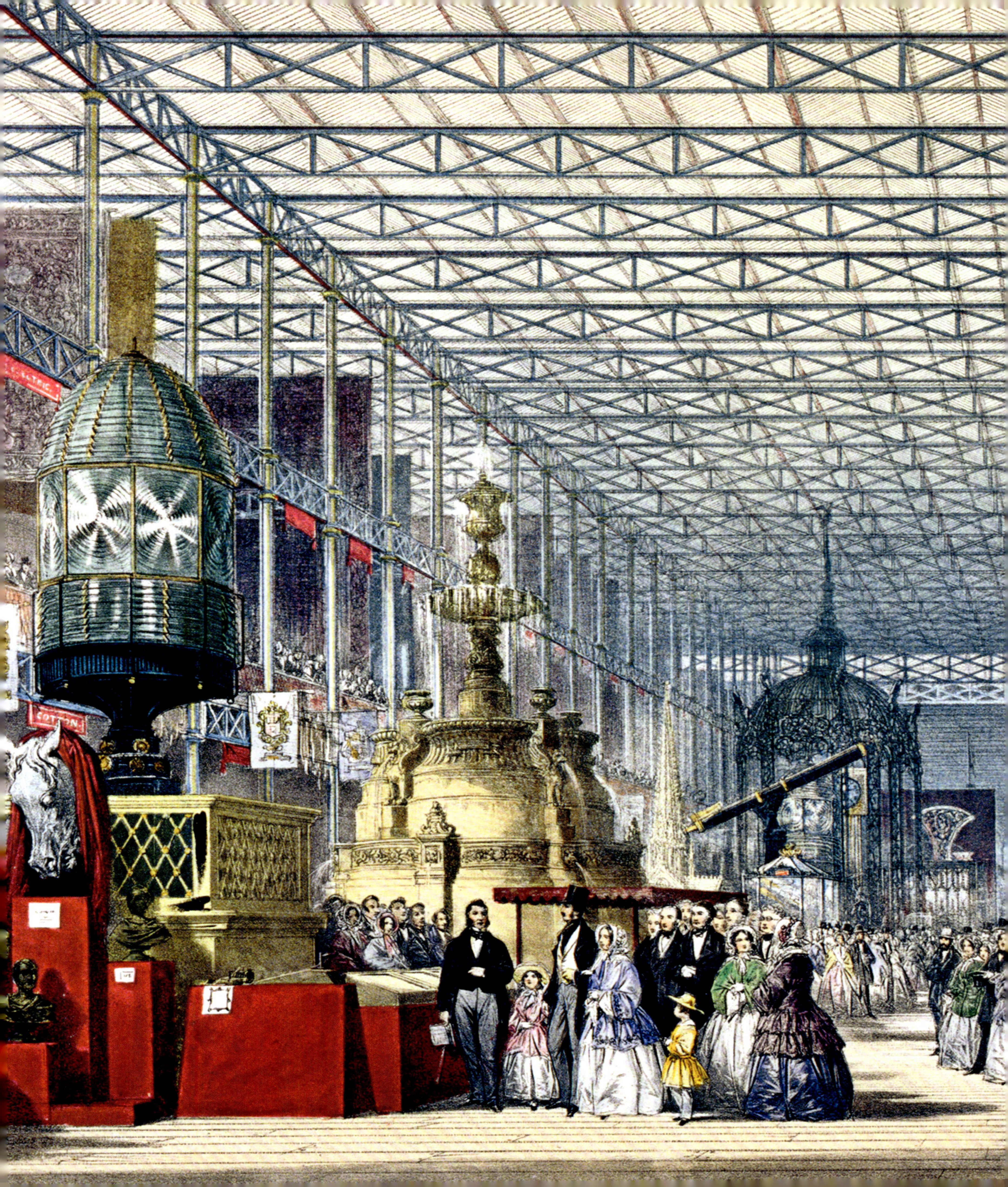

农业

自18世纪中叶起，农业产量通过改进生产方式而实现增长，例如轮作及农业机械和其他新发明的使用。新设备操作简单、价格便宜。它们帮助农民生产出更多的食物，以满足不断增长的城市人口需求。不仅如此，它们还解放了剩余农业劳动力，使其能够去工厂寻找工作。

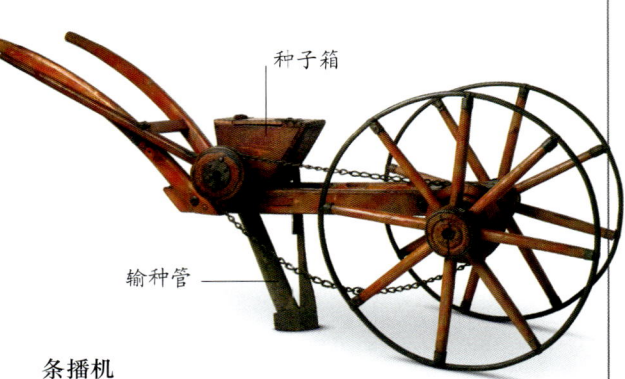

条播机
这种条播机由英国农学家杰思罗·塔尔发明于1701年。条播机播种比人工播种更快、更准。

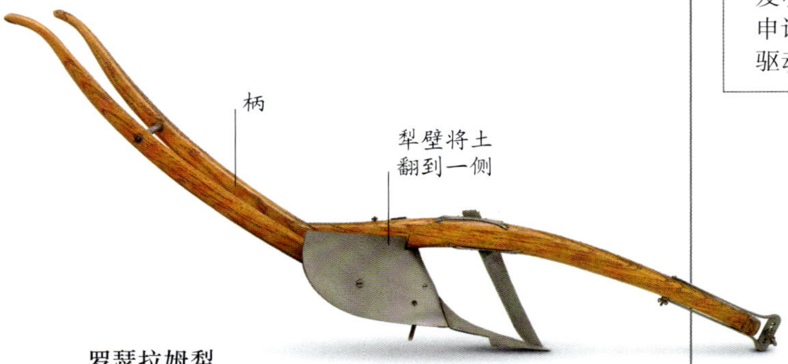

罗瑟拉姆犁
这种由木头和铁制成的犁既轻便又好用，于1730年前后在英国投入使用。它成为工厂大规模生产的第一种农用工具。

埃夫林和波特牵引机
牵引机是一种可移动的蒸汽动力设备，可以在农田里牵引农业机械。英国最早的牵引机可追溯至1871年。

动力与工业

工业革命起初是由水力和蒸汽动力推动的。工厂大规模生产从纺织业扩展到钢铁和其他重工业。铁路蒸汽机车为人们提供了第一种比马奔跑速度更快的陆地运输方式。到19世纪末时，汽油发动机引领世界进入了新的发展阶段。

▪ 纺织

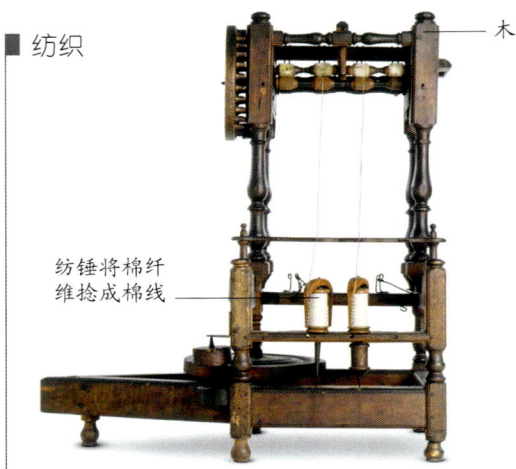

阿克赖特纺纱机
1769年，英国发明家和实业家理查德·阿克赖特发明了一台可以将原棉纺成棉线的机器，并为其申请了专利。1771年，阿克赖特利用这种由水力驱动的机器建造了英国第一家纺织厂。

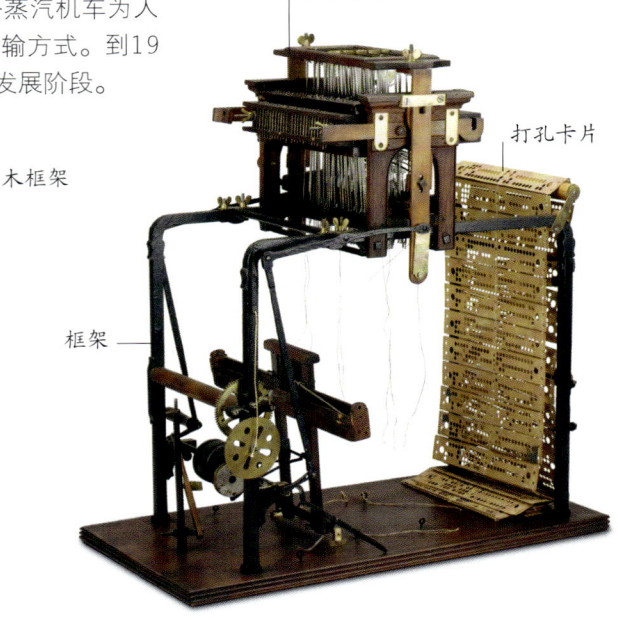

提花机
这是法国人约瑟夫·玛丽·雅卡尔发明于1801年的提花机，通过一套打孔卡片来控制复杂提花图案的织造。

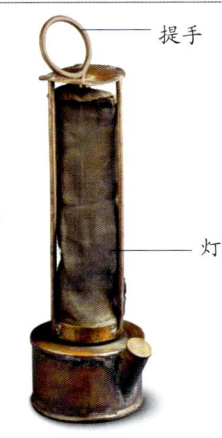

戴维灯
1815年，英国化学家汉弗莱·戴维为煤矿工人发明了一款安全灯。它的火焰包裹在金属网罩内，以防其点燃矿井中的易燃气体。

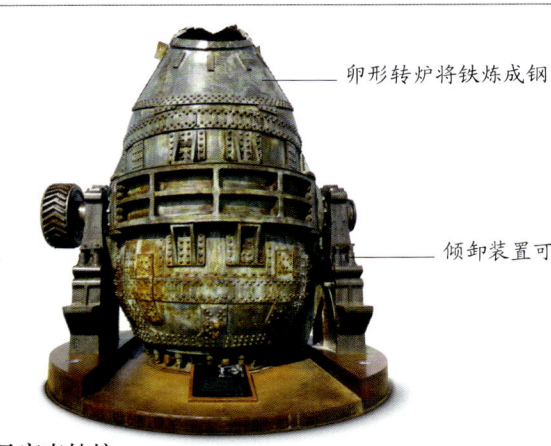

贝塞麦转炉
1855年，英国工程师亨利·贝塞麦为一项大型工艺申请了专利，该工艺可将熔铁炼成钢。这种转炉炼钢工艺降低了钢的价格，美国的铁路也因钢的大规模生产而发生了改变。

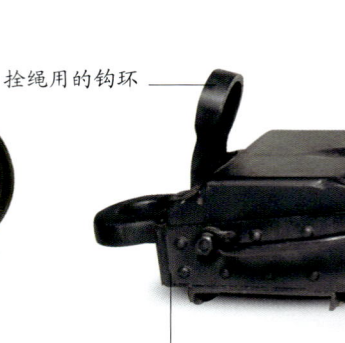

工业时代的开端 275

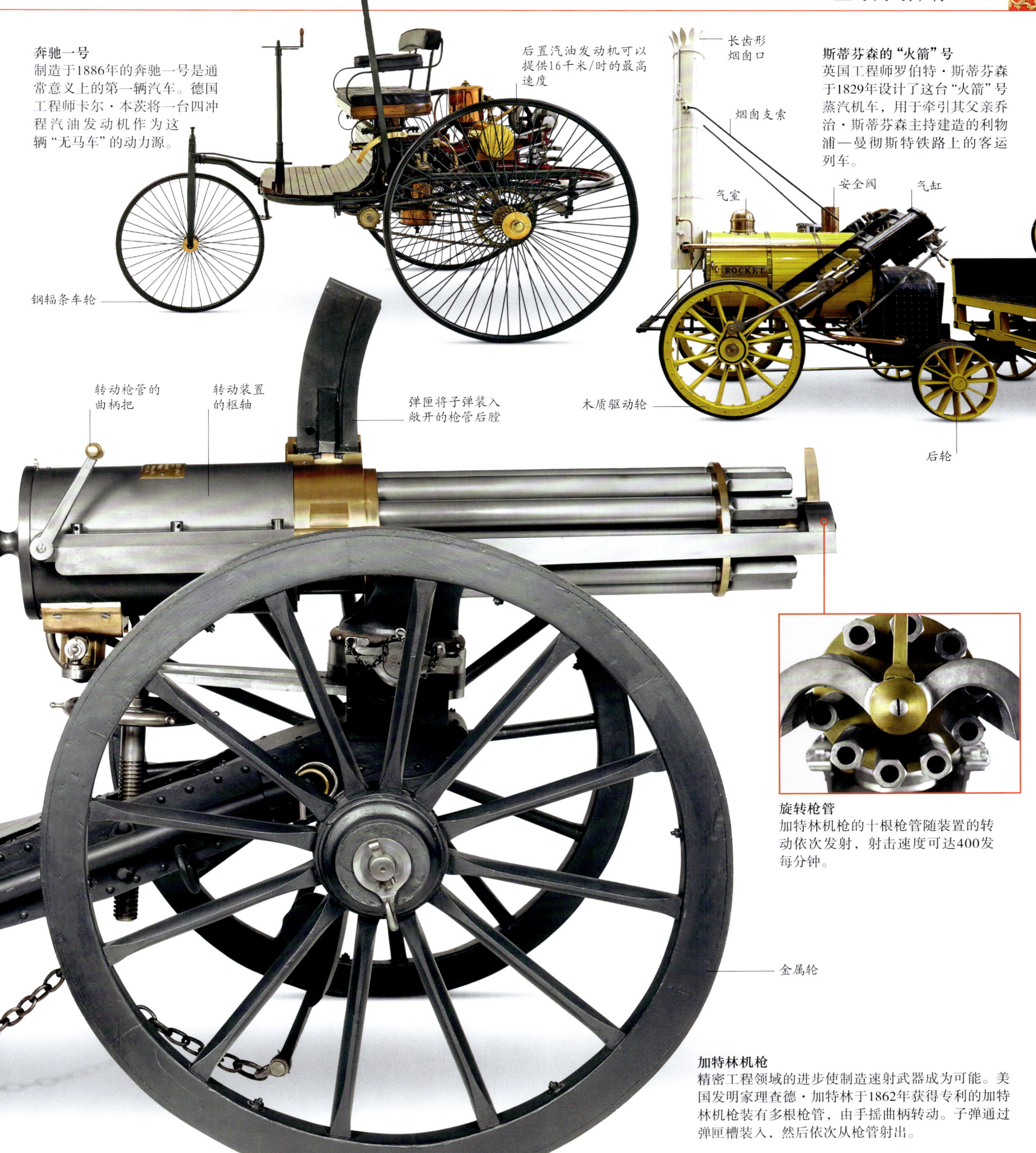

奔驰一号
制造于1886年的奔驰一号是通常意义上的第一辆汽车。德国工程师卡尔·本茨将一台四冲程汽油发动机作为这辆"无马车"的动力源。

后置汽油发动机可以提供16千米/时的最高速度

钢辐条车轮

斯蒂芬森的"火箭"号
英国工程师罗伯特·斯蒂芬森于1829年设计了这台"火箭"号蒸汽机车，用于牵引其父亲乔治·斯蒂芬森主持建造的利物浦—曼彻斯特铁路上的客运列车。

长齿形烟囱口
烟囱支索
气室
安全阀
气缸
木质驱动轮
后轮

转动枪管的曲柄把
转动装置的枢轴
弹匣将子弹装入敞开的枪管后膛

旋转枪管
加特林机枪的十根枪管随装置的转动依次发射，射击速度可达400发每分钟。

金属轮

加特林机枪
精密工程领域的进步使制造速射武器成为可能。美国发明家理查德·加特林于1862年获得专利的加特林机枪装有多根枪管，由手摇曲柄转动。子弹通过弹匣槽装入，然后依次从枪管射出。

万能动力

詹姆斯·瓦特的蒸汽机

起初，蒸汽机仅具有泵水这样的简单功能。后来，经过苏格兰发明家詹姆斯·瓦特（1736~1819）的改造，蒸汽机一跃成为工业革命中的万能动力。瓦特是格拉斯哥大学的数学仪器制造师。1764年，他对纽科门蒸汽机产生兴趣。这台机器由英格兰人托马斯·纽科门发明于1712年前后，广泛应用于矿井抽水，不过它的效率不高，使用起来也不可靠。1769年，瓦特对纽科门蒸汽机加以改进，为其加装凝汽器，并获得专利。四年后，瓦特结识了伯明翰商人马修·博尔顿，两人建立合作关系。1776年，位于伯明翰的博尔顿瓦特公司制造出第一批蒸汽机。这种蒸汽机的效率是纽科门蒸汽机的三倍，因而立刻大获成功。

挑战

瓦特面对的下一项挑战是制造一台可以做旋转运动的蒸汽机。然而，他首次尝试制造的"蒸汽轮"并没有以蒸汽机为设计基础，最终宣告失败。

博尔顿出于商业考量，敦促瓦特将蒸汽机的往复直线运动转变为旋转运动。不过，能够实现这一效果的曲柄已被他人申请专利，瓦特使用行星齿轮机构解决了这一问题。这种蒸汽机的应用范围比之前更加广泛，可以为作坊和工厂提供动力，并最终促成了蒸汽动力机车的诞生。

改进

瓦特继续改进蒸汽机，其中包括发明和加装离心调速器。这个装置巧妙地利用了反馈原理，当蒸汽机即将"失控"时，离心调速器可以使其自动减速。瓦特还是功率单位"马力"的提出者，这个单位至今仍被一些国家所采用。专利的使用及产品的直接销售为瓦特和博尔顿带来了巨大的财富。

平行运动连接机构将活塞推杆的垂直运动转换为横梁末端的曲线运动

活塞推杆上下运动

蒸汽在气缸中冷凝

充满冷水的水箱里有凝汽器和泵；凝汽器将蒸汽冷却成水，然后由泵将水抽出

蒸汽与工厂

19世纪，蒸汽动力在很大程度上超过水力，成为大规模生产的能量来源。煤是蒸汽机的燃料，因此工业发展多集中在煤矿附近。到1870年时，为世界各地工厂提供动力的蒸汽机年输出功率约为300万一瓦。

工业时代的开端　277

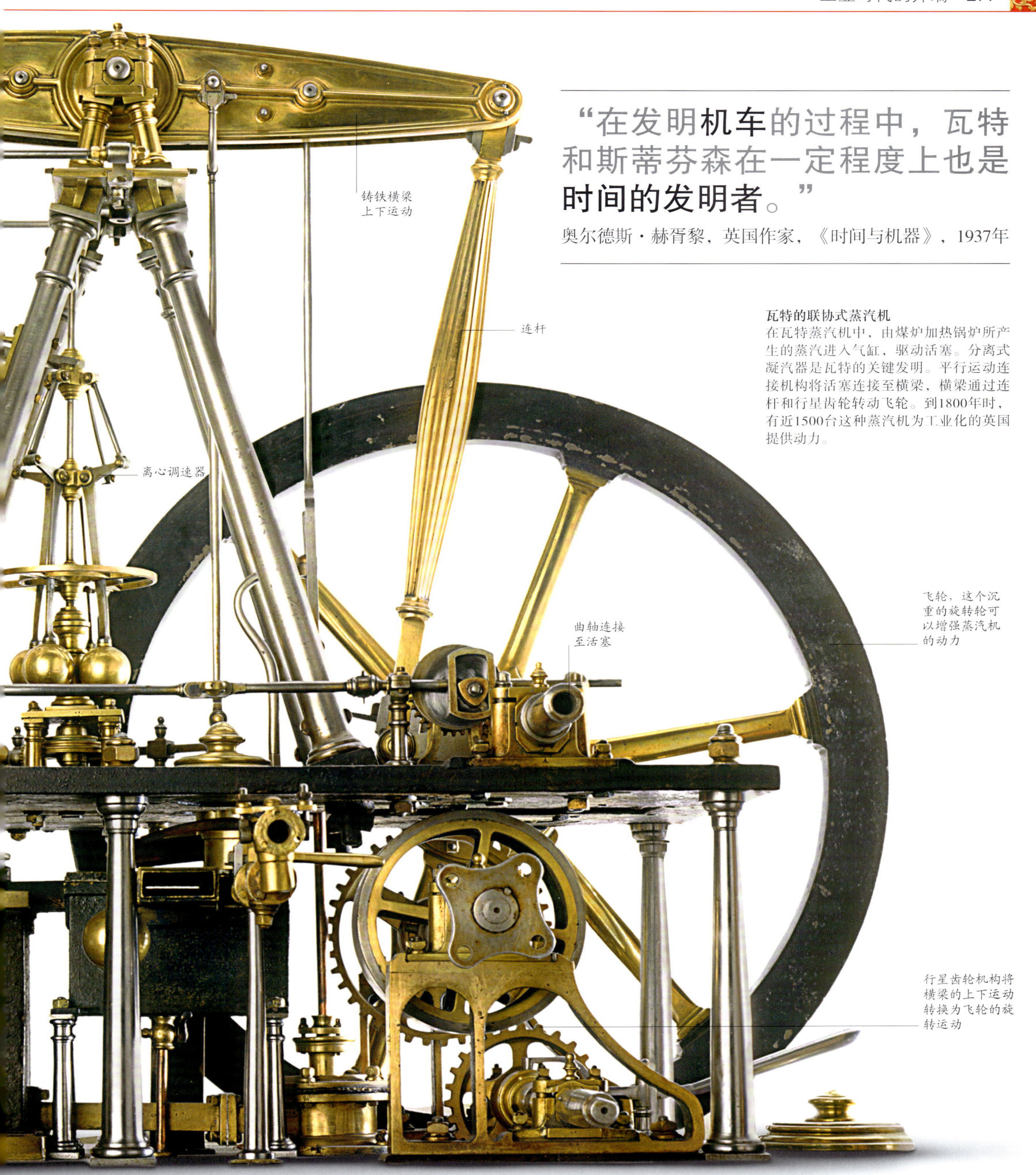

"在发明机车的过程中，瓦特和斯蒂芬森在一定程度上也是时间的发明者。"

奥尔德斯·赫胥黎，英国作家，《时间与机器》，1937年

瓦特的联协式蒸汽机

在瓦特蒸汽机中，由煤炉加热锅炉所产生的蒸汽进入气缸，驱动活塞。分离式凝汽器是瓦特的关键发明。平行运动连接机构将活塞连接至横梁，横梁通过连杆和行星齿轮转动飞轮。到1800年时，有近1500台这种蒸汽机为工业化的英国提供动力。

铸铁横梁上下运动

连杆

离心调速器

曲轴连接至活塞

飞轮，这个沉重的旋转轮可以增强蒸汽机的动力

行星齿轮机构将横梁的上下运动转换为飞轮的旋转运动

电与通信

1750年，没有哪种信息传递方式的速度比马的速度更快。但是到1858年时，电报可以在几分钟内通过海底电缆将信息从欧洲传送到北美洲。从电灯到电话，电是19世纪众多新事物的核心。

伏打电堆
意大利物理学家亚历山德罗·伏打于1800年发明了最早的电池。伏打电堆将铜板和锌板交替堆叠在一起，每对铜板和锌板之间以浸过盐水的纸板相隔，从而产生连续的电流。

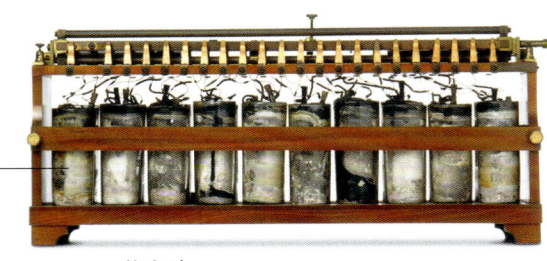

蓄电池
最早的铅酸蓄电池由法国物理学家加斯东·普朗泰发明于1859年。另一位法国人卡米耶·富尔在19世纪80年代将其商品化。

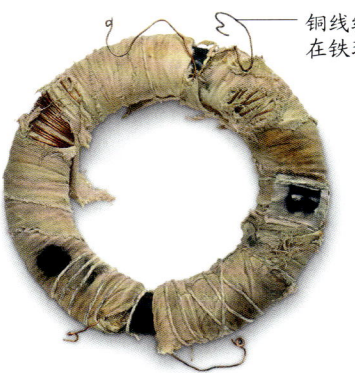

法拉第的感应环
1831年，英国科学家迈克尔·法拉第通过一个缠绕着两组铜线的铁环和磁铁发现了电磁感应现象。十年前，他还发明过电动机。

电灯泡
许多科学家致力于研究白炽灯泡。1879年前后，白炽灯泡终于成为实用光源。这归功于英国科学家约瑟夫·斯旺和美国发明家托马斯·爱迪生。

莫尔斯电报机
发明于1837年的电报改变了长途通信的速度。美国人塞缪尔·莫尔斯发明的这套系统需要由发报员敲出编码。

黑便士邮票
1840年，英国发行了最早的邮票黑便士。这是邮政服务全面改革的举措之一，使收发信件变得更快、更便宜。

■ 录音

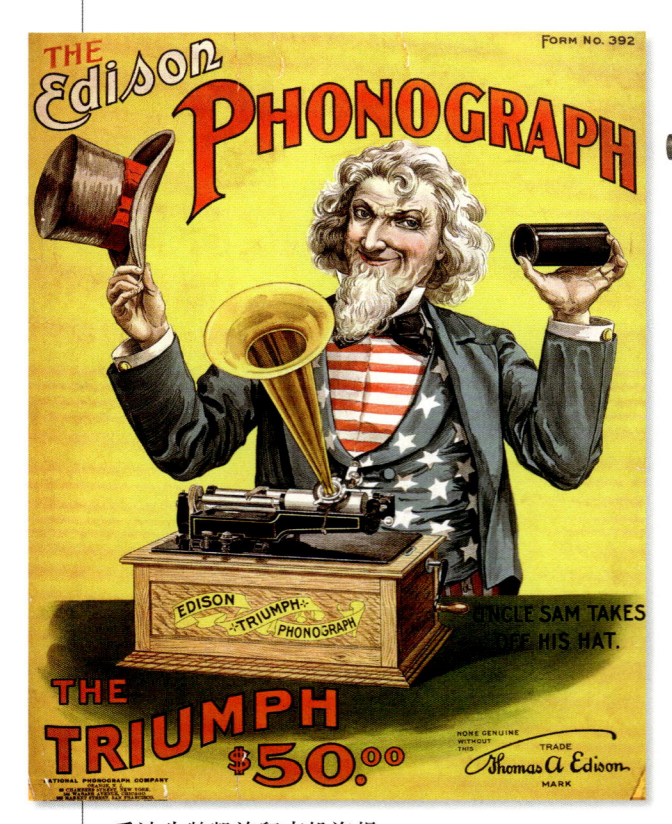

最早的留声机（复制品）
这是托马斯·爱迪生发明于1877年的留声机的复制品。它使用一根尖针将声音的振动刻写到一个圆筒上，记录下声音。

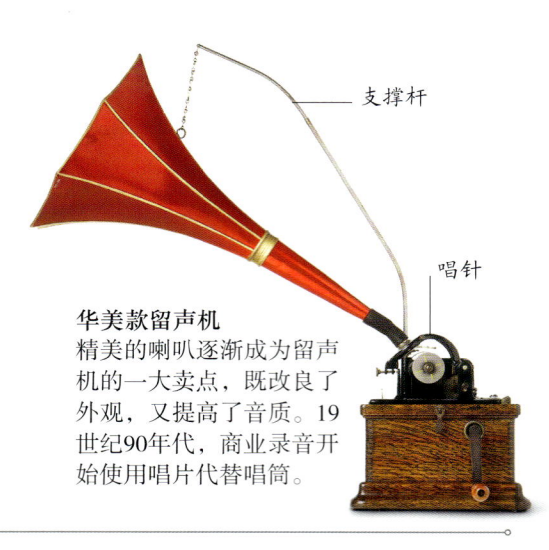

■ 摄影

早期摄影
1839年，法国发明家路易·达盖尔向公众展示了他的达盖尔银版摄影法。1860年，采用湿版法等实用摄影技术的照相机得到广泛使用。

爱迪生牌凯旋留声机海报
自19世纪80年代起，可以播放唱筒（音频载体）音乐的唱筒式留声机作为新奇的娱乐产品被推向市场。

华美款留声机
精美的喇叭逐渐成为留声机的一大卖点，既改良了外观，又提高了音质。19世纪90年代，商业录音开始使用唱片代替唱筒。

肖像摄影
19世纪40年代和50年代，使用银版法的照相馆遍布欧洲和北美洲的城市。每一张照片都是独一无二的，因为没有可供冲洗的底片。

工业时代的开端　279

■ 电话

贝尔电话机
最早的电话机由出生在苏格兰的美国发明家亚历山大·格雷厄姆·贝尔发明，并于1876年获得专利。它只有一个孔口，用来说和听。

- 马蹄形永磁体
- 终端连接外部设备
- 时兴的精美支架
- 听筒
- 双绞线
- 胶木话筒
- 曲柄驱动发电机向交换机发送信号
- 交换机传来信号时铃声响起
- 永磁体连接着扬声器膜片

听筒架电话机
19世纪90年代，带手持听筒的电话机问世。它将发射器和接听器合并在同一个手持听筒上。使用者转动电话机一侧的手柄，呼叫电话接线员。

家居生活与休闲活动

在发生工业革命的国家，工厂生产的廉价消费品使人们的生活发生了翻天覆地的变化。销售这些商品的百货商店开张。起初，百货商店的目标客户是中产阶级，后来逐渐扩展至较富裕的工人阶层。到1900年时，广告行业的发展也十分迅速。

罐装食品
将食品密封进锡罐的技术于1810年获得专利。19世纪60年代，体积更小、重量更轻的罐头进入大众市场。

早期电熨斗
19世纪，几乎所有家庭都有一个可用多种方式加热的熨斗。最早使用电加热的熨斗于1882年在美国获得专利。

— 木柄
— 金属平底板

玩偶之家
19世纪，儿童玩具成为消费品。这款制作于19世纪60年代的住宅模型展示出当时的室内设计细节。

— 仿石灰岩设计
— 挂着真丝床幔的四柱床
— 木烟囱

紧身胸衣
紧身胸衣是女性的常规衣物。这件19世纪90年代的胸衣前部平滑，腰部没有过于紧绷，但突出了臀部曲线。

— 房间装饰采用19世纪60年代的美国风格
— 电灯和煤油灯
— 框架设计紧凑，可靠墙放置

立式钢琴
发明于1827年的立式钢琴由工厂大批量生产。这使钢琴成为一种人们能够负担得起的乐器，甚至在富裕的工人阶层家中也可以见到钢琴。

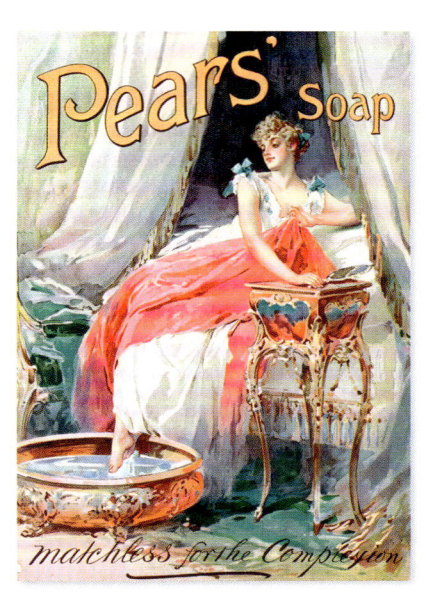

工业时代的开端

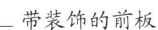

医学

尽管人们为改善医疗水平付出了巨大努力，但由于缺乏对疾病的科学认知，19世纪晚期以前，医学的进步十分有限。19世纪30年代，麻醉技术的进步确实在手术过程中减轻了病人的痛苦，但对公共健康贡献最大的其实是卫生条件和食品供应情况的改善。

梨牌肥皂广告
英国梨牌公司制造出第一款面向大众市场的肥皂。梨牌公司于19世纪80年代率先使用海报和广告语来为自己树立品牌形象。

便捷安全自行车
1817年，一种由脚力驱动的原始自行车"木马"问世。到19世纪80年代时，前轮大、后轮小的设计演变成流行的"安全自行车"。

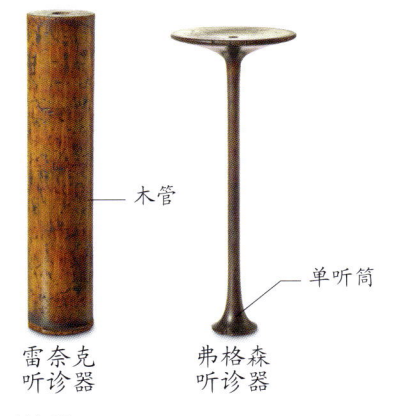

听诊器
勒内·雷奈克发明于1816年的首个听诊器是一根木管。1890年前后，弗格森的听诊器是由郁金香木精雕细琢而成的。

拔罐套装
在19世纪晚期以前，放血是一种广泛应用的医疗手段。将加热后的玻璃罐贴在病人的皮肤上，待玻璃罐冷却后就可以使皮肤充血，达到治疗效果。

接种刺血针
19世纪，感染天花病毒死亡的人数因疫苗接种而大幅降低。通过法国微生物学家路易·巴斯德的努力，狂犬病和炭疽病疫苗于19世纪80年代问世。

维多利亚女王的助听器
声学助听器在19世纪很常见。这个助听器专为维多利亚女王制作。最早的便携式电子助听器出现于1898年。

手术

骨锯
这把1780年的法国骨锯被用于无麻醉的病人身上。这把1860年的英国骨锯比18世纪的骨锯更容易锯断肌肉和骨头。

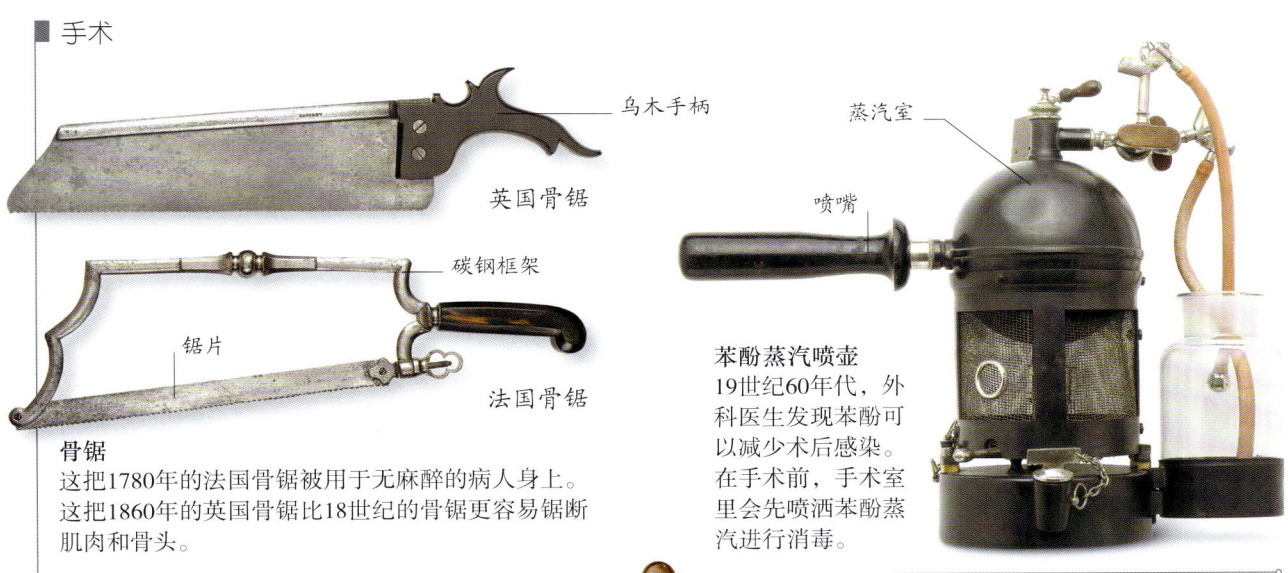

苯酚蒸汽喷壶
19世纪60年代，外科医生发现苯酚可以减少术后感染。在手术前，手术室里会先喷洒苯酚蒸汽进行消毒。

药物

阿司匹林
自19世纪90年代末起，德国拜耳公司开始销售阿司匹林。阿司匹林是商店中常见的药物，药效显著。

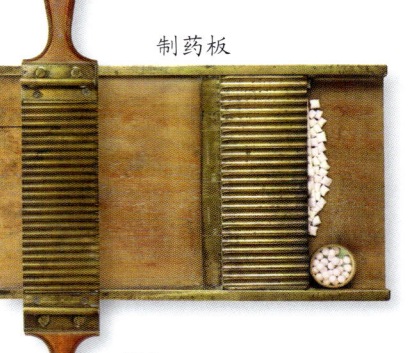

药丸
18世纪，药丸板用于将药搓成药丸。制药板则用于将药切成大小相同的药块，然后用手将其搓成药丸。

法国大革命与共和国

1789年的法国大革命推翻了法国的君主制，并以"自由、平等、博爱"为宗旨建立了法兰西第一共和国。尽管拿破仑·波拿巴将军最终夺得政权并称帝，但是这场革命所产生的影响却远远超出了国家的范畴。

守时
1815年，拿破仑在滑铁卢战役中使用这块怀表来与其军队保持同步。拿破仑战败后，人们在马车里发现了它。

权力归于人民 ▽
巴黎的巴士底狱是法国封建统治的象征。1789年7月14日，巴黎民众攻入巴士底狱，抓住并杀死狱长。这一事件标志着法国大革命的开始。

面对长期的财政危机和政治动荡，法国国王路易十六于1789年召开三级会议，企图对第三等级增税。这加剧了民众的愤懑情绪，第三等级宣布成立国民议会，后改称制宪议会，并接管了政府。制宪议会通过法令，宣布取消教会和贵族的特权。它还通过了《人权与公民权宣言》（简称《人权宣言》），规定人人自由、平等。然而，《人权宣言》中却没有提及女性权利。这场革命很快转向激进，恐怖统治将成千上万人送上断头台，国王路易十六也于1793年被处决。在马克西米利安·罗伯斯比尔的领导下，雅各宾派试图重建法国，以"至上崇拜"取代天主教。这是一次推行民族主义宗教的尝试，其信仰基础是上帝不干涉人类的命运。

自1792年起，革命中的法国一直处于战争状态。法国军队通过大规模征兵迅速壮大，多次击败欧洲君主制国家的常规军队。1799年，拿破仑·波拿巴将军发动军事政变，后于1804年称帝。他的统治使法国恢复了秩序，同时也维护了法国大革命的创新成果并使之合法化。拿破仑的军队几乎控制了整个欧洲，但也遭到英国等一些国家的顽强抵抗。英国出动了海军并为俄国、奥地利和普鲁士提供财政支援，拿破仑最终战败。然而，法国大革命时期提出的各种思想经受住了时间的考验，历久弥新，例如人权的概念。

战争与冲突

法国革命战争（1792~1802）和拿破仑战争（1803~1815）使法国陷入与欧洲其他国家的对抗之中。法国陆军获得多次胜利，而英国皇家海军则在海上占据优势。1812年，拿破仑对俄国发起进攻，这最终使他遭受了灾难性的失败。

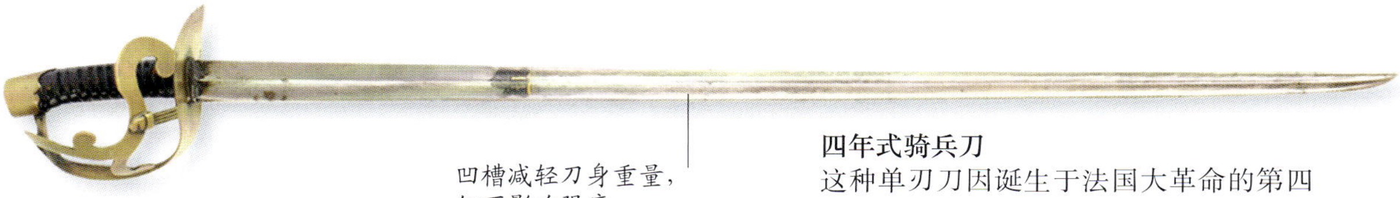

四年式骑兵刀
这种单刃刀因诞生于法国大革命的第四年而得名。它是法国胸甲骑兵的武器，既能砍也能刺。
— 凹槽减轻刀身重量，但不影响强度

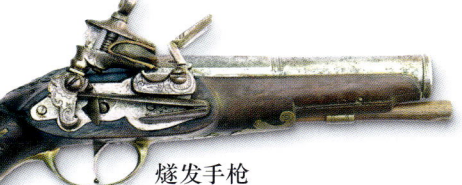

燧发手枪
在拿破仑战争时期，手枪作为身份的象征主要由军官携带。这件英国武器曾在葡萄牙和西班牙的半岛战争中使用过。
— 包铜枪柄

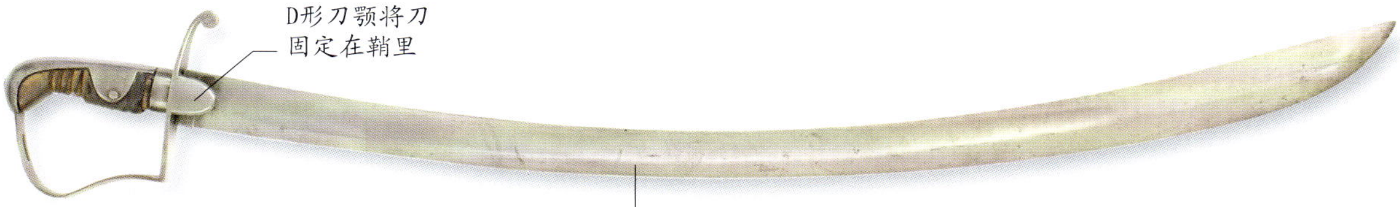

英国轻骑兵刀
在拿破仑战争时期，类似的弧形刀是骑兵广泛使用的武器。1796年，英国轻骑兵装备了这种轻骑兵刀。
— D形刀颚将刀固定在鞘里
— 刀身重，尖端比底端宽

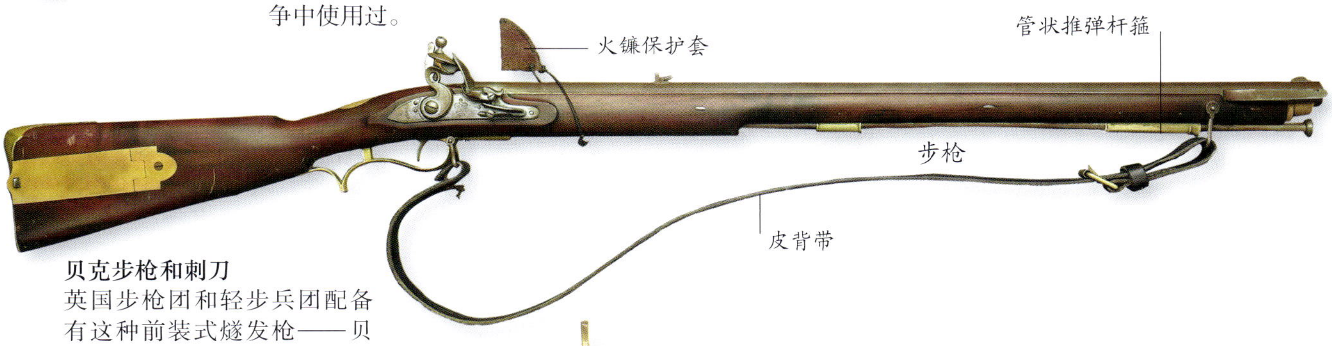

贝克步枪和刺刀
英国步枪团和轻步兵团配备有这种前装式燧发枪——贝克步枪。这种枪的枪管内有膛线，与枪管内光滑的步枪相比具有更高的精度和更远的射程。
— 火镰保护套
— 管状推弹杆箍
— 步枪
— 皮背带
— 铜刀柄和护指
— 刺刀

球弹
球形铅弹是燧发枪和步枪的标准弹丸。弹丸通常用油布包裹，以紧贴枪管内的膛线。

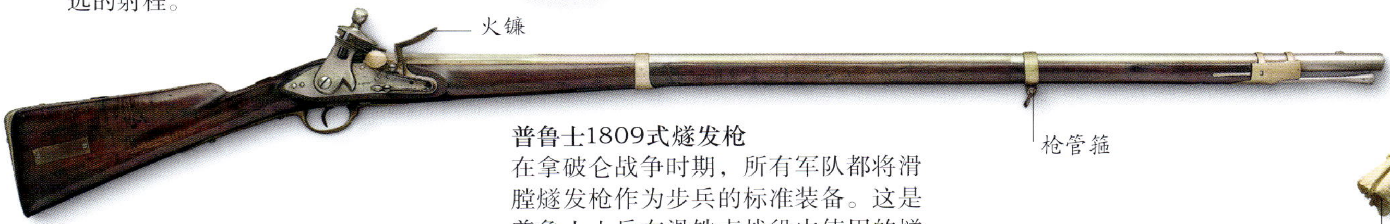

普鲁士1809式燧发枪
在拿破仑战争时期，所有军队都将滑膛燧发枪作为步兵的标准装备。这是普鲁士士兵在滑铁卢战役中使用的燧发枪。
— 火镰
— 枪管箍

纸包枪弹
这种枪弹用于填装燧发枪。首先，撕开纸包，将火药倒入枪管。然后，用纸重新包住弹丸，再使用推弹杆将弹丸推进枪管。
— 纸里包有火药和弹丸

法国12磅野战炮
12磅滑膛野战炮是拿破仑军队中最大的野战炮，用于远距离攻击敌军步兵和骑兵。
— 长炮筒展现出杀伤力
— 用于定位的孔

英国海军舰炮
英国军舰至少装备有74门能够发射24磅或32磅炮弹的舰炮。舰炮安装在有轮子的木炮车上，使其能够在后坐力的作用下向后退。
— 点燃火药的排气孔
— 榆木炮车

284　工业与独立　1750~1900年

步兵军服
1804年，拿破仑的军队中有35万应征入伍的步兵，构成了拿破仑大军的中坚力量。在战场上，士兵们需要列队穿过开阔地带，进入敌人的射程。这种战术毫无隐蔽性可言。军服的设计目的是显示军威、鼓舞士气和威吓敌人。在拿破仑战争时期，大约有100万法国人在服役时受伤或阵亡。

- 与袖口配套的红色衣领
- 带有白色翻边的深蓝色上衣
- 代表下士军衔的条纹
- 刻有军团编号的铜扣
- 带有深蓝色袖襟的红色袖口
- 外面是作战时穿的宽松裤子，里面是贴身马裤

圆筒军帽
拿破仑时代的大多数欧洲军队都将这种筒状帽子作为步兵的军帽。圆筒军帽取代了法国步兵早期的二角帽。

- 三色帽徽
- 鹰徽
- 下颚带

军刀
不同于英国步兵，法国步兵通常佩剑。这种铜柄军刀被称为"煤饼"军刀，通常分发给拿破仑的步兵。

- 护指
- 棱纹铜刀柄
- 弧形钢刀身
- 全视图

法国大革命与共和国　285

政治与权力

受18世纪启蒙运动思想的启发，法国大革命的领导者们试图完全依从理性原则重塑世界。诸如公民权利等解放观念释放了大众的热情和能量。然而，与此同时，民众中保守派的反对意见也遭到了野蛮镇压。

十进制时钟
法国政府于1793年颁布了一项新的十进制计时方法，将1天划分为10小时，每小时100分钟。这台钟表既有传统的十二进制表盘，也有十进制表盘。

- 对月相的描绘
- 十二进制表盘
- 十进制表盘
- 珐琅装饰

法国荣誉军团勋章
1802年，拿破仑设立了荣誉军团勋章，用以表彰有杰出贡献的士兵和平民。该荣誉不受社会阶层限制，面向所有公民。

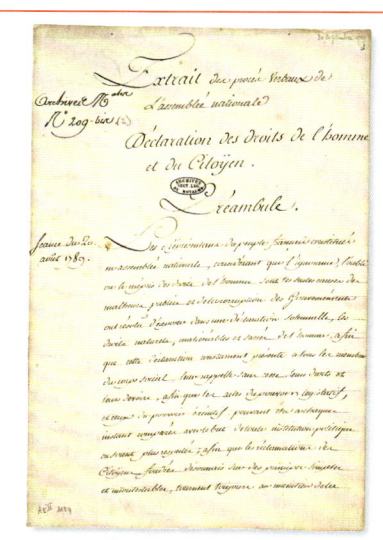

- 橡树和月桂树叶环状装饰
- 拿破仑头像周围的铭文是"法兰西皇帝拿破仑"

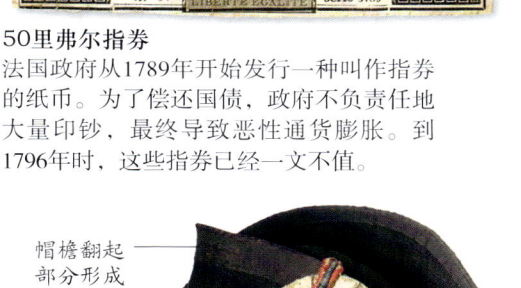

权利的宣言
这是一页1789年制宪议会的会议记录，其中有一段关于个人与集体普遍人权的陈述获得通过。

50里弗尔指券
法国政府从1789年开始发行一种叫作指券的纸币。为了偿还国债，政府不负责任地大量印钞，最终导致恶性通货膨胀。到1796年时，这些指券已经一文不值。

王室和帝国硬币
这些5法郎银币上铸有拿破仑皇帝和国王路易十六的头像。为了稳定货币，拿破仑重新启用了法郎。

- 国王路易十六
- 拿破仑皇帝

三角帽
这顶三角帽上的红、白、蓝三色帽徽表明其主人是大革命的支持者。这顶帽子属于一名国民自卫军成员。

- 帽檐翻起部分形成凹槽

塞夫尔瓷器
在1792年国王被废黜之后，位于塞夫尔的王室瓷器厂转而生产装饰有共和及革命标志的瓷器。

- 巴黎民族广场的共济会标志
- 象征贸易和谈判的赫尔墨斯之杖
- 象征权威的束棒

奥地利帝国的衰落

19世纪，奥地利在与普鲁士争夺德意志霸权的斗争中失利。以普鲁士为中心实现统一的德意志帝国成为一个工业和军事强国，而奥地利帝国则走向了衰落。

1750年，奥地利哈布斯堡家族的统治者们仍旧把持着神圣罗马帝国的皇位，对众多德意志邦国行使控制权。在之后的七年战争（1756~1763）期间，普鲁士与奥地利交战，这使普鲁士成为德意志的又一个权力中心。在19世纪中叶以前，德意志处于分裂状态，各个邦国因其统治者性情不同而各具特色。德意志以浪漫主义诗人和学生、哲学家、音乐家、手工作坊及古色古香的大学城而闻名。然而，德意志的工业发展缓慢，工业水平远远落后于英国、比利时和法国。

1789年法国大革命的成果之一是民族国家观念的兴起。保守派各国试图通过维持稳定来遏制新民族主义的发展，签署于1815年的《维也纳会议最后议定书》便是其中的一项举措，它重新划分了欧洲各国的疆界。哈布斯堡家族将自己定位为民族主义意识形态的首要反对者，因为民族主义意识形态威胁到其统治的多民族帝国，其中包括匈牙利人、意大利人、斯拉夫人和德意志人。1848年，发生在匈牙利和意大利的一系列民族起义动摇了奥地利帝国的根基。与此同时，德意志各邦国在法兰克福召开国民议会。奥地利和普鲁士都参与了镇压民众的运动，法兰克福国民议会瓦解，但变革的迹象已经显现。

德意志的统一

1848年革命浪潮汹涌之时，德意志还是一个被称为德意志邦联的松散联合体，最大的两个权力中心是普鲁士和奥地利。19世纪60年代，普鲁士在首相奥托·冯·俾斯麦的领导下发动了一系列战争，完成了德意志的统一，普鲁士国王威廉一世于1871年成为德意志帝国皇帝。巴伐利亚和萨克森等邦国的统治者虽保留了其头衔，但却失去了政治权力。德意志的统一推动了经济的增长和城市化的进程，将一个以农业为主的国家转变成一个工业大国。与此同时，哈布斯堡家族与匈牙利民族主义者结成联盟，以压制斯拉夫人。1867年，奥匈帝国建立，两座都城维也纳和布达佩斯成为繁荣的文化中心。然而，表面的繁荣掩藏不住不稳定的政局，奥匈帝国在与普鲁士领导的德意志帝国的联盟中逐渐处于从属地位。

"你所看到的我是保守派的最后一位君主。"

弗朗茨·约瑟夫一世，奥匈帝国皇帝，致西奥多·罗斯福，1910年

权力的象征
这件1830年的加冕斗篷是为奥地利帝国皇位继承人哈布斯堡家族的斐迪南（斐迪南一世）制作的。由于哈布斯堡家族的直接统治是联系帝国内不同民族的唯一纽带，用象征和仪式来巩固帝国权威就变得尤为重要。然而，哈布斯堡家族专制统治的弱点是无法隐藏的。斐迪南一世不能施行有效的统治，而其继任者弗朗茨·约瑟夫一世则将帝国引向了衰落。

貂皮

金冠象征皇权神授

红宝石代表皇室智慧

方形钻石象征皇权

奥地利皇冠
这顶皇冠是1602年为神圣罗马帝国皇帝鲁道夫二世制作的。神圣罗马帝国于1806年瓦解以后，它又被用作奥地利帝国的皇冠。

刺绣
这件皇室斗篷上的金色刺绣描绘的是橡树和月桂树的树叶，由菲利普·冯·施图本劳赫设计，金绣大师约翰·弗里茨绣制。

月桂树叶刺绣

红色天鹅绒

哈布斯堡家族的双头鹰徽

音乐与民族主义

在政治舞台上受压迫的民族主义在音乐中得以表达。弗雷德里克·肖邦的马祖卡舞曲和波洛奈兹舞曲表现的都是1830年民族起义被镇压后的波兰（上图为其1846年创作的《波兰幻想曲》乐谱）。作曲家贝德里赫·斯梅塔纳和安东宁·德沃夏克的作品表现了捷克人对奥地利统治的抵抗。朱塞佩·威尔第的歌剧表达了意大利复兴运动的精神，正是这种精神使意大利实现了统一。

罗曼诺夫王朝统治下的俄国

沙皇俄国地跨欧洲和亚洲，幅员辽阔，塑造出拥有国际视野的皇室宫廷。然而，改革与反改革给国家带来剧变，其中还掺杂着暗杀与政治阴谋。加之战争造成的破坏，革命由此爆发，最终结束了罗曼诺夫王朝的统治。

沙皇彼得一世，又称彼得大帝，是俄国1696~1725年的唯一统治者。他通过广泛的改革为帝国扩张奠定基础。这些改革涉及军队和行政部门，以及教育和社会习俗等方面，使俄国跻身欧洲强国之列。不同于较为传统的莫斯科，这位现代化的独裁者将圣彼得堡建设成一座面向西方的新都城。18世纪晚期，叶卡捷琳娜二世将权力和文化聚拢于宫廷，进一步巩固了君主制。

相比之下，尽管早期有过一些尝试性的改革，到19世纪时，许多地主仍保有大量农奴。1861年，亚历山大二世宣布废除农奴制。后来，亚历山大二世死于刺杀。他的死令继任者们小心谨慎，亚历山大三世还为此建立了审查制度。当亚历山大三世去世时，其子尼古拉二世并没有做好接手权力的准备。但在其统治时期，俄国的工业化进程加快，外国投资开始增长，用以运输货物的铁路也得到发展。

日益壮大的帝国

俄国的扩张依靠的是彼得大帝组建的强大武装力量。19世纪，扩张的潮流转向东方，俄国相继征服了高加索和中亚地区，还开发了西伯利亚。然而，通过扩张所取得的资源并没有得到妥善的规划与利用，未能给庞大的帝国带来最大化的利益。

革命之路

19世纪末，工业人口数量的增长和土地改革的持续推进带来了新的政治诉求。与此同时，伟大的艺术萌芽也在积蓄能量。到20世纪初时，圣彼得堡发展成为文化中心，俄国艺术家获得了全欧洲的赞誉。尽管在工业化和经济方面取得了些许进步，但僵化的沙皇专制制度也预示着俄国将走上暴力革命的道路。

> **"与其等农奴自下而上解放自己，不如自上而下解放农奴。"**
> 沙皇亚历山大二世，对莫斯科贵族的讲话，1856年3月30日

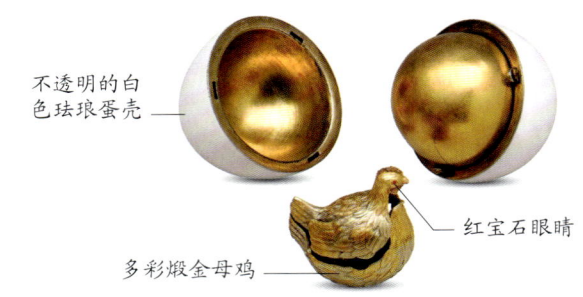

金蛋
1885年，第一枚皇室彩蛋的外壳为白色，以模拟鸡蛋。它是沙皇亚历山大三世送给妻子的礼物。外壳里有一个金"蛋黄"，里面有一只金母鸡。

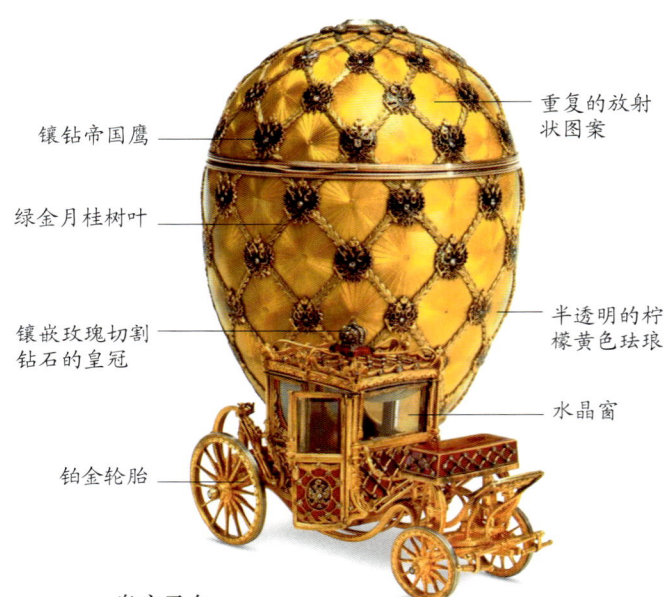

- 不透明的白色珐琅蛋壳
- 红宝石眼睛
- 多彩煅金母鸡

皇家马车
1896年，这枚彩蛋为庆祝沙皇尼古拉二世和皇后亚历山德拉的加冕礼而制作。彩蛋里面是皇后亚历山德拉加冕马车的精致模型，其部件可以活动。

- 镶钻帝国鹰
- 重复的放射状图案
- 绿金月桂树叶
- 半透明的柠檬黄色珐琅
- 镶嵌玫瑰切割钻石的皇冠
- 水晶窗
- 铂金轮胎

金宫
这枚彩蛋是尼古拉二世于1901年送给其母亲的礼物，里面含有加特契纳宫的微雕模型。位于圣彼得堡郊外的加特契纳宫是沙皇母亲冬季的主要居所。

- 乳白色的珐琅底色
- 1796~1801年的俄国沙皇保罗一世的雕像
- 成排镶嵌的珍珠将金蛋等分成12个部分
- 珐琅金号

罗曼诺夫王朝统治下的俄国　289

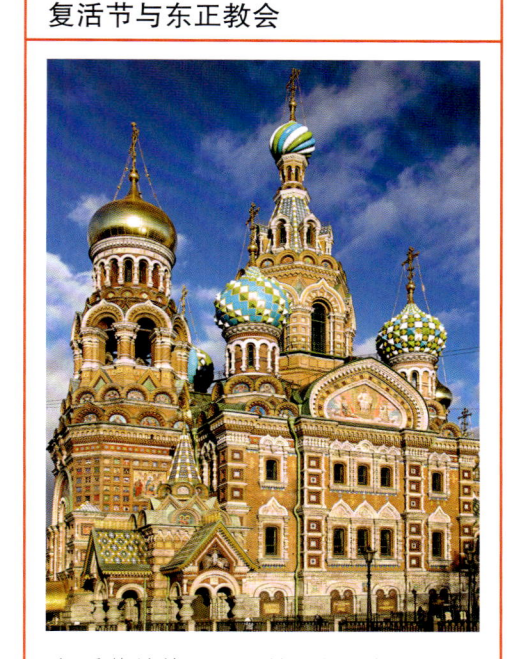

复活节与东正教会

复活节前的40天是基督教一年中最神圣的节日之一——大斋节，人们在大斋节期间不吃鸡蛋。俄国大部分地区的人们都信奉东正教，这种习俗为复活节增添了象征意义，同时也丰富了庆祝活动。自彼得大帝统治时期起，俄国的东正教会一直处于国家的掌控之中。由于认同沙皇政权并得到其资助，教会逐渐失去了独立性和精神上的权威地位。圣彼得堡的基督复活教堂（上图）由沙皇亚历山大三世下令建造，位于其父亚历山大二世遇刺的地点。

皇室礼物

1885～1917年，圣彼得堡珠宝商卡尔·法贝热和他的能工巧匠们为俄国宫廷制作了50多枚彩蛋。这些含有精致机械装置和微型绘画的彩蛋展现出珐琅、宝石和金属加工的精湛工艺，令人叹为观止。这枚幽谷铃兰彩蛋是1898年沙皇尼古拉二世送给妻子的礼物，其花卉设计体现出新艺术运动的元素。

- 镶嵌红宝石的皇冠
- 绘在象牙片上的沙皇尼古拉二世的袖珍画像
- 女大公奥尔加，沙皇长女
- 女大公塔季扬娜，沙皇次女
- 淡粉色的半透明珐琅，这是皇后亚历山德拉最喜欢的颜色
- 绿色珐琅叶片
- 花朵由镶嵌着钻石花瓣的珍珠构成
- 精心雕琢的金茎
- 重叠的绿金叶片拥有用钻石镶嵌的叶脉
- 玫瑰切割钻石露珠
- 18世纪的弯脚

争夺非洲

19世纪早期,非洲大陆生活着各种各样的人类族群,既有大规模的王国和帝国,也有小规模的村庄和狩猎采集部落。到19世纪末时,几乎整个非洲大陆都处于欧洲列强的直接或间接统治之下。

阿散蒂黄金
西非阿散蒂王国富有的统治者拥有一个黄金宝座,上面装饰着具有象征意义的黄金雕塑,例如这只金鹰。

祖鲁人的抵抗 ▽
欧洲殖民者在非洲的统治常遭到当地人的顽强抵抗。1879年1月,手持长矛和盾牌的祖鲁战士在伊桑德尔瓦纳战役中击败了英国殖民军,英国士兵死伤惨重。

在殖民时代以前,欧洲对西非及包括安哥拉在内的中非西部沿海地区的主要影响之一是横跨大西洋的奴隶贸易。到18世纪末时,每年大约有10万名非洲人被英国、法国、西班牙、葡萄牙、荷兰和美国的商人强行贩运至美洲。1807年,英国宣布废除奴隶贸易,但大规模奴隶贸易却一直持续到19世纪下半叶。奴隶贸易在非洲引发了冲突,像阿散蒂王国这样的非洲国家为了获得可供出售给欧洲人的战俘而发动战争。然而,也有些战争源自非洲大陆的动荡局势。例如,在非洲南部,祖鲁人自19世纪20年代起通过征服毗邻的族群建立起一个大帝国;在西非,穆斯林统治者为扩大伊斯兰教的势力也在发动战争。

新的动机

19世纪早期,欧洲探险家和传教士开始深入非洲。从人道主义行为到开发新的商品市场,再到寻找原材料,各种动机交织在一起,促使欧洲列强竞相瓜分非洲。

到19世纪末时,英国、法国、葡萄牙、比利时、德国和意大利侵占了非洲的大片土地。除击退意大利殖民者的埃塞俄比亚以外,没有一个非洲国家有能力保持独立。非洲人的生活开始逐渐发生变化。在一些地方,变化来自野蛮地强加;在另一些地方,变化来自向殖民者妥协的谈判。

艺术与文化

非洲工匠拥有多样的文化传统，他们使用当地可获得的材料进行创作，例如木头和象牙。其作品大多用于个人装饰，既有漂亮的纺织品，也有精致的珠饰。复杂的雕刻和仪式用品装点着阿散蒂、贝宁和刚果等富裕的非洲王国的宫廷。

串珠项链
祖鲁人和非洲南部的其他族群佩戴这种由串珠制成的绚丽项链、腰带和头饰。男性和女性皆可佩戴串珠饰品。

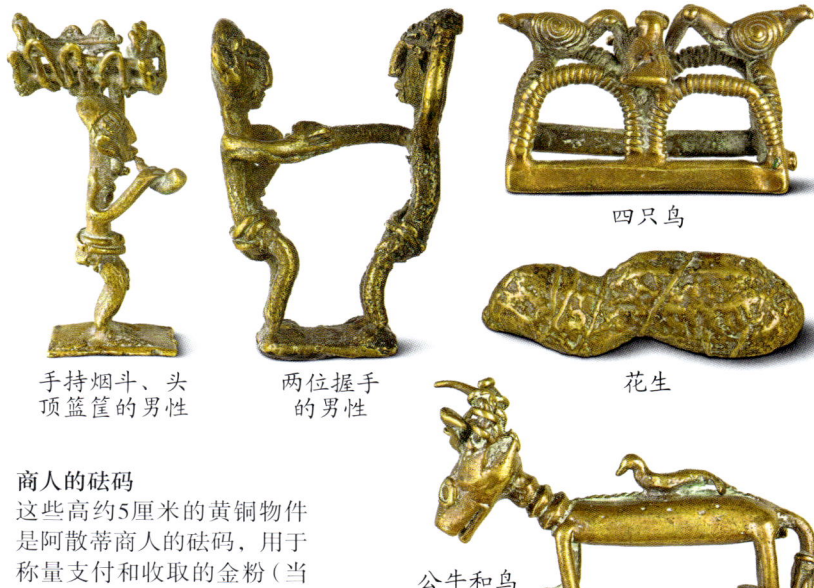

— 小彩珠

金量勺
阿散蒂商人使用这种勺称量金粉。阿散蒂王国巨大的黄金产量令英国人惊叹不已。

象牙雕像
这件由中非的刚果工匠雕刻的小象牙雕像表现的是两位女性，她们可能被绑在一起。

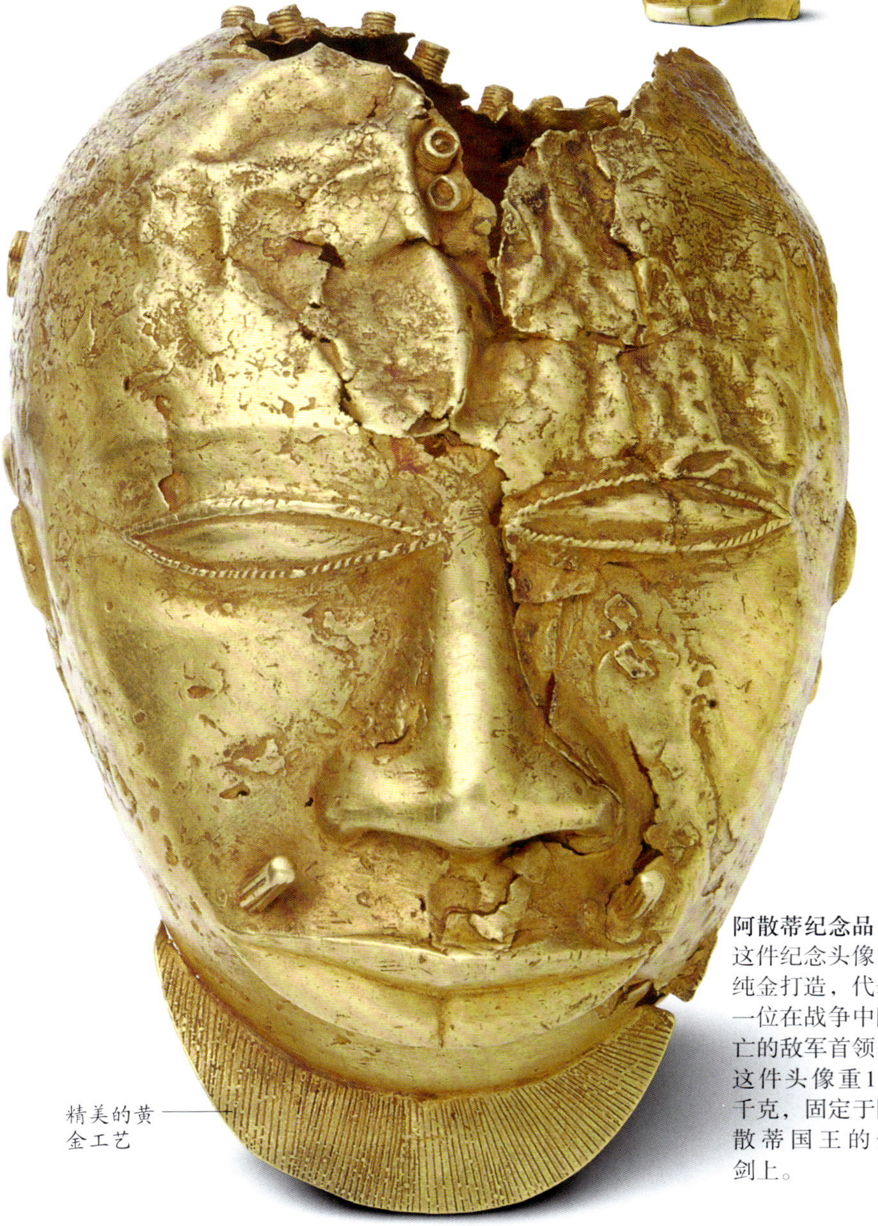

— 头巾

■ 砝码

- 手持烟斗、头顶篮筐的男性
- 两位握手的男性
- 四只鸟
- 花生
- 公牛和鸟

商人的砝码
这些高约5厘米的黄铜物件是阿散蒂商人的砝码，用于称量支付和收取的金粉（当地货币）。

■ 刀

— 镀金装饰

阿散蒂勇士刀
这把阿散蒂勇士刀配有一个包裹其弯曲刀身的鲨鱼皮鞘和拥有独特圆形刀首的柄。

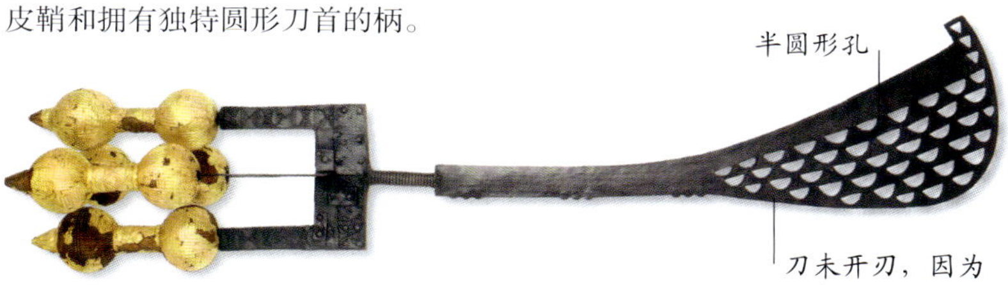

— 半圆形孔

— 刀未开刃，因为它不用于战斗

阿散蒂王刀
这把仪式用刀属于1867～1875年的阿散蒂国王科菲·卡卡利。刀柄上的镀金圆球象征生育力。

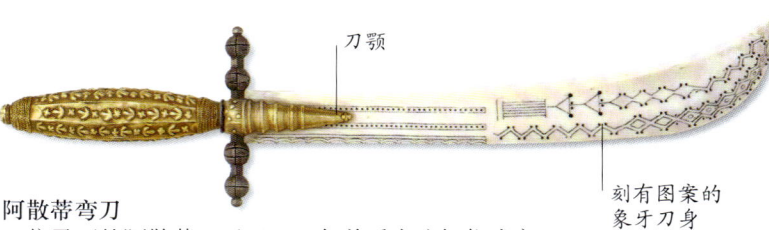

— 刀颚

— 刻有图案的象牙刀身

阿散蒂弯刀
一位灵巧的阿散蒂工匠于1870年前后在这把仪式弯刀的刀身上刻出多种西非装饰图案。

阿散蒂国王匕首
这是阿散蒂国王科菲·卡卡利出席国事活动时佩戴的纯金匕首，是英国殖民者于1874年从阿散蒂王国都城库马西抢夺的战利品。

— 精心装饰的刀身

阿散蒂纪念品
这件纪念头像由纯金打造，代表一位在战争中阵亡的敌军首领。这件头像重1.5千克，固定于阿散蒂国王的佩剑上。

— 精美的黄金工艺

争夺非洲　291

292　工业与独立　1750~1900年

信仰与仪式

北非、西非大部分地区和东非沿海地区的人们信仰伊斯兰教。这些地区也有零星的基督教分布，例如埃塞俄比亚（参见第266~267页）。非洲大陆的其他地区盛行多神信仰和祖先崇拜。自19世纪末起，基督教迅速传播，成为撒哈拉以南非洲的主要宗教。

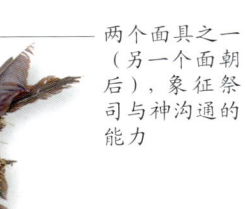

约鲁巴传教士雕像

这件19世纪晚期的雕像出自西非阿贝奥库塔镇的一位约鲁巴工匠之手。该镇有许多基督教和伊斯兰教社区。雕像描绘了一位身旁围绕着皈依者的基督教传教士及一位由随从陪伴的穆斯林。约鲁巴人可能是19世纪最早大量皈依基督教的西非民族。

- 骑在马上的传教士，欧洲风格的帽子表明其身份
- 两个面具之一（另一个面朝后），象征祭司与神沟通的能力
- 白色羽毛象征祖先和神
- 黑色羽毛象征人间
- 围绕传教士的皈依者
- 头饰是地位高贵的象征
- 骑在马上的穆斯林及其随从
- 装饰精美的木底座

刚果祭司的服饰

在传统非洲宗教中，祭司是主持仪式和传递精神力量的重要人物。这套祭司服饰属于中非的刚果人。

约鲁巴舞蹈面具

这种约鲁巴面具用于在舞蹈仪式中佩戴，其顶部有一件代表神或国王的雕像。这种面具具有精神力量，被放置于神龛当中。

争夺非洲　293

战争与冲突

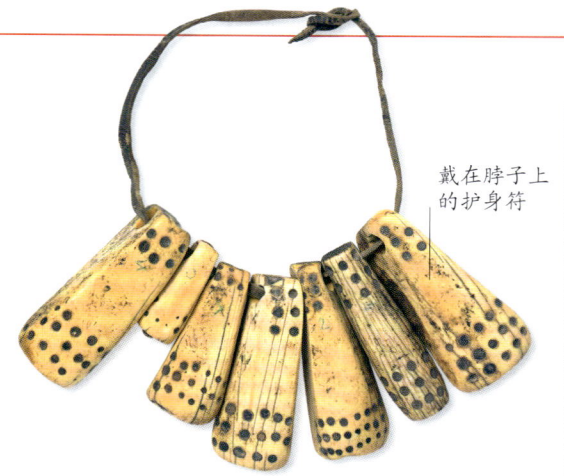

虽然非洲人也拥有一些火器，但他们主要使用长矛等传统武器作战。祖鲁人和苏丹的马赫迪等意志坚定的非洲勇士在对抗欧洲殖民者的战斗中偶尔能够获胜，不过，大多数情况下，火器才是决定战争胜负的关键。只有在英国人和布尔人之间的两次战争（1880~1881，1899~1902）中，双方都使用了现代武器。

■ 祖鲁战争

埃塞俄比亚护身符
非洲人十分相信护身符和护身符的力量。这个护身符来自埃塞俄比亚，人们认为它可以保佑牛成功繁殖。

戴在脖子上的护身符

约鲁巴碗
这个约鲁巴碗是用于占卜的器具。在约鲁巴人的传统宗教中，祭司使用占卜器具向祖先咨询重要意见，例如举行仪式的最佳日期。

盖上的动物形状把手
复杂的木雕

约鲁巴豹面具
这个约鲁巴面具制作于19世纪晚期，在跳格莱德舞时佩戴，用以为族群中的母亲庆祝。虽然大多数约鲁巴人后来成为基督教徒或穆斯林，但传统信仰仍具有重要影响。

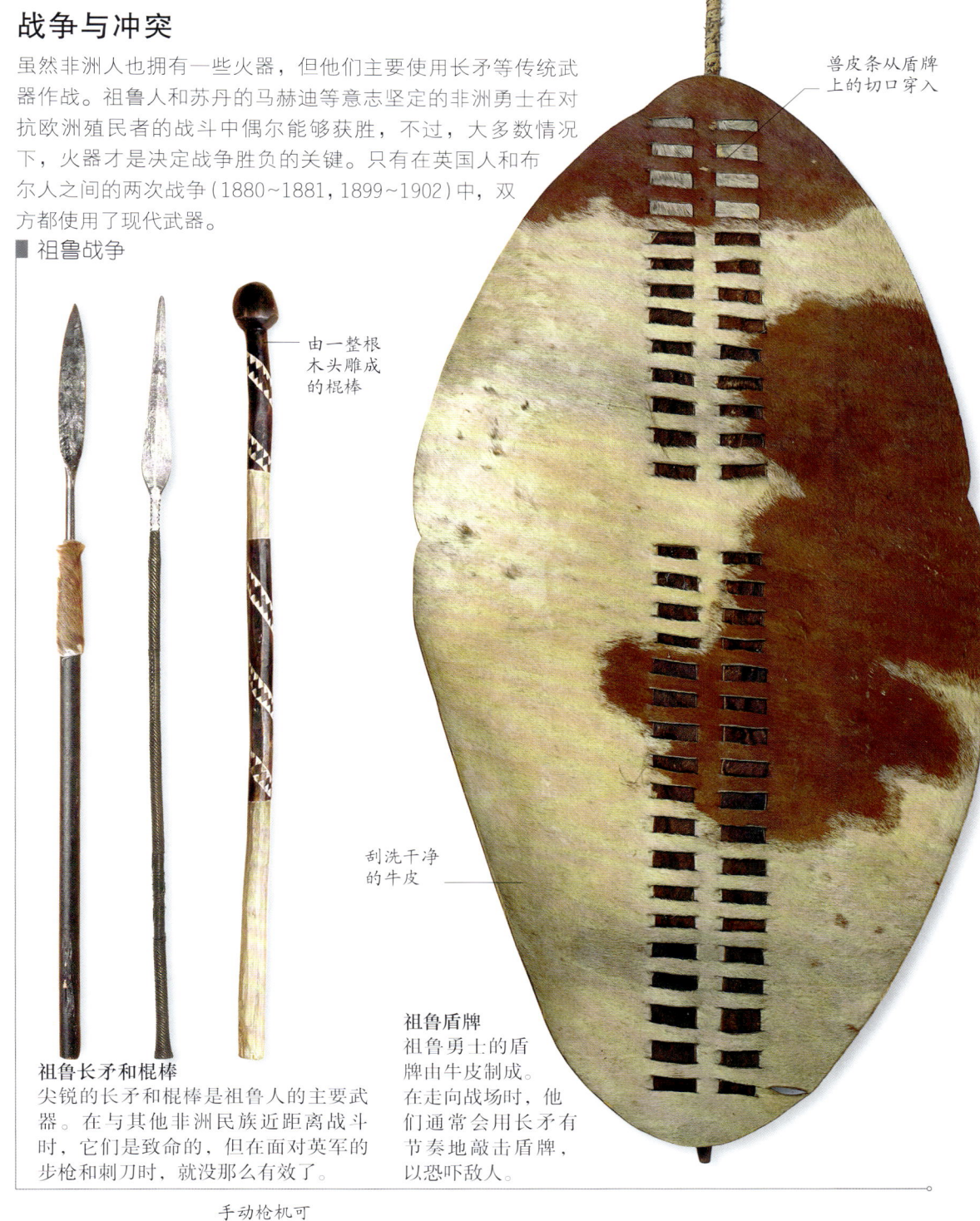

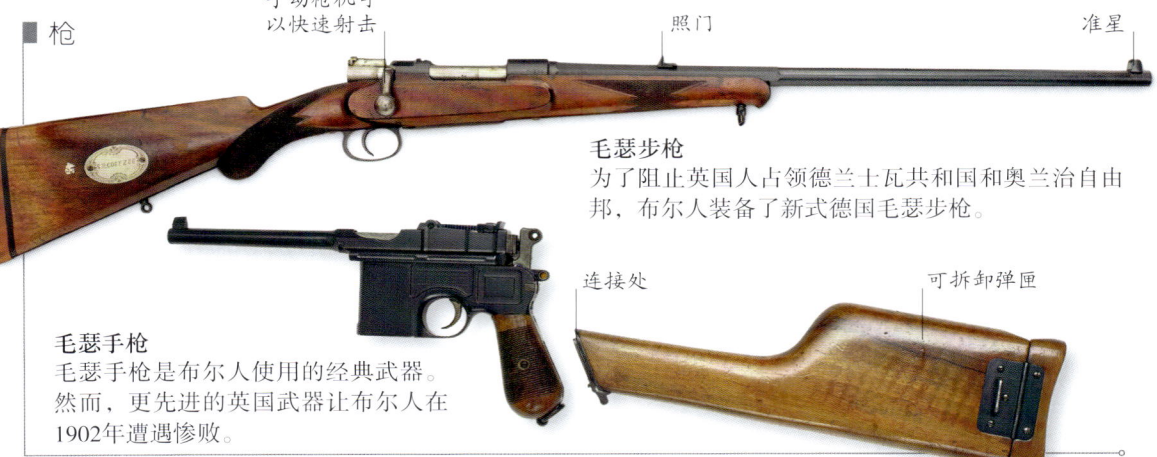

豹

祖鲁长矛和棍棒
尖锐的长矛和棍棒是祖鲁人的主要武器。在与其他非洲民族近距离战斗时，它们是致命的，但在面对英军的步枪和刺刀时，就没那么有效了。

由一整根木头雕成的棍棒

祖鲁盾牌
祖鲁勇士的盾牌由牛皮制成。在走向战场时，他们通常会用长矛有节奏地敲击盾牌，以恐吓敌人。

兽皮条从盾牌上的切口穿入
刮洗干净的牛皮

■ 枪

手动枪机可以快速射击　　照门　　准星

毛瑟步枪
为了阻止英国人占领德兰士瓦共和国和奥兰治自由邦，布尔人装备了新式德国毛瑟步枪。

毛瑟手枪
毛瑟手枪是布尔人使用的经典武器。然而，更先进的英国武器让布尔人在1902年遭遇惨败。

连接处　　可拆卸弹匣

锡克王国

19世纪早期，有"旁遮普雄狮"之称的锡克教领袖兰季特·辛格在印度西北部建立了一个强大的国家。然而，由于被内部权力斗争所削弱，以及在对外战争中的失败，锡克王国在其建立者死后不久便覆灭了。

王室雕像
这件制作于1830年的兰季特·辛格象牙雕像展示了其独眼的形象。在童年时期，他的一只眼睛失明了。

金庙
阿姆利则的哈曼迪尔寺又称"金庙"，是锡克教的著名圣地之一。19世纪初，锡克王国建立者兰季特·辛格下令使用大理石和黄金装饰这座寺庙。

18世纪，印度莫卧儿王朝的衰落使其竞争对手锡克教领袖得以统治旁遮普地区。1799年，锡克教领袖之一兰季特·辛格攻占拉合尔（位于今巴基斯坦旁遮普省境内）。1801年，他在旁遮普称王，建立了统一的锡克王国。随后，他发动针对阿富汗人和拉杰普特人的军事行动，扩大锡克王国的统治范围，使其疆域北至克什米尔、西抵开伯尔山口、东达中国西藏边界。兰季特·辛格的臣民中有百分之七十是穆斯林，他并未强制其改信锡克教。不过，他禁止了穆斯林的一些习俗，例如禁止宣礼员召唤穆斯林进行礼拜和禁止杀牛。

动荡的时代

兰季特·辛格于1839年去世以后，围绕其继承权爆发了残酷的争夺。在一连串暗杀事件之后，兰季特·辛格最小的儿子、年仅五岁的达利浦·辛格于1843年继承王位。实际统治权逐渐转移至军队，军队宣称自己是锡克教人民的真正代表。锡克王国的内乱加剧了其与英国的紧张关系。英国此时刚将其对印度的殖民统治扩展到锡克王国南部边界的信德地区。

1846年，英军在第一次英国-锡克战争中获胜。锡克王国不得不割让大片领土，并接受英国专员对其政府的监督。一场锡克教起义引发了第二次英国-锡克战争（1848~1849）。战争结束后，旁遮普并入英属印度。

锡克王国　295

信仰与仪式

锡克教由那纳克祖师创立于16世纪，以那纳克和其之后九位祖师的教诲为教义。锡克教徒相信一神论和轮回。在锡克王国，锡克教徒只占少数，穆斯林和印度教徒占多数。

装饰布面

《阿底·格兰特·萨赫布》
这本阐述锡克教信仰和思想的典籍叫作《阿底·格兰特·萨赫布》，是锡克教的重要经典，其中的内容被当作经文吟诵。

拂尘
拂尘是锡克教的仪式用品。在诵读经典时，人们会用拂尘在《阿底·格兰特·萨赫布》上方轻拂，以示敬意。

牦牛毛

笔盒
这个19世纪早期的笔盒由锡克王国的一位穆斯林制作于克什米尔，用于装抄写伊斯兰教经文所用的芦苇笔。

纸盒外贴有金箔

战争与冲突

兰季特·辛格雇用法国和其他国家的顾问来为其训练军队。顾问们将步枪和现代大炮与锡克战士的传统战斗技巧结合，使锡克王国屡次战胜阿富汗及其他邻邦。不过，他们未能战胜纪律严明、武器先进的英国军队。

绿色天鹅绒上有金线刺绣

弹药皮带
给燧发枪填装弹药的过程十分复杂。配备燧发枪的锡克士兵腰系这种挂有火药瓶和弹药袋的皮带，使填装弹药变得相对方便。

羽毛插管中插着白鹭羽毛

由钢带卷成的枪管

燧发手枪
这把1800年前后的手枪制造于锡克王国都城拉合尔。当地工匠能够毫不费力地制造出欧式枪械，并为其添加上精美的装饰。

盾牌
这个盾牌可追溯至英国-锡克战争时期，盾牌上有波斯文铭文。它可能属于锡克军队中的一位穆斯林战士。

黄金镶嵌

轮刃

丝绸头巾裹成圆锥形

胸甲

小飞刀

锡克盔甲
这套盔甲制作于18世纪。在英国-锡克战争时期，锡克指挥官穿着这种盔甲。不过，它的设计更注重美观而非为穿戴者提供保护。

轮刃头巾
外缘锋利的轮刃，或称"查克拉姆"，是锡克教阿卡利派喜爱的武器，他们通常将其堆在高高的头巾上。发射轮刃时，需要先用手指旋转轮刃，然后将其投掷出去。

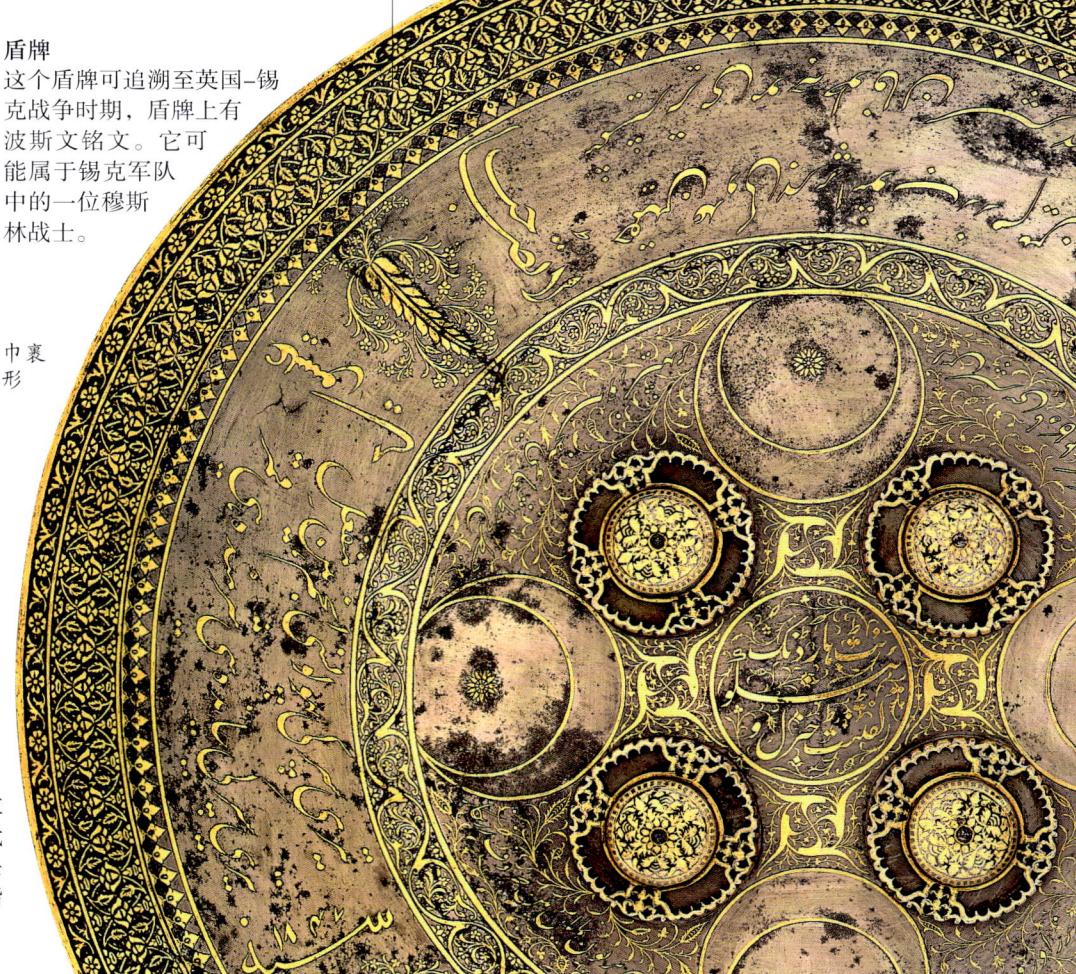

296 工业与独立 1750~1900年

侧视图

炮口
这个华丽的青铜虎头塞用于在大炮不使用时堵住炮口。印度的青铜工匠习惯在大炮上使用老虎造型。

炮车轮

连接炮架尾的前车

提手

填装弹药的后膛

装饰华丽的铸铜炮管

炮车上有精致的装饰

清洗炮管用的水桶

踏板

威力强大的大炮
这门萨特莱杰大炮是第一次英国-锡克战争期间（可能是阿里瓦尔之战），英军从锡克军队手中缴获的。它的名字源自流经旁遮普的萨特莱杰河。这门大炮于1838年在拉合尔制造，展现出锡克工匠高超的技术和工艺。

身陷冲突

萨特莱杰大炮

1839年，兰季特·辛格去世，随之而来的权力争夺从内部削弱了锡克王国的实力并导致其分裂。宫廷斗争演变成动乱，而此时英国的势力已经越过印度次大陆，抵达锡克王国的南部边界。由于旁遮普的局势愈发动荡，英国殖民者公然将军队和武器装备转移至边境地区。尽管锡克军队在随后的战争中战败，但事实证明，他们是令人敬畏的强大对手。萨特莱杰大炮是19世纪40年代锡克军队抵抗英军入侵时使用的武器，至今仍能令人们想起锡克军队的猛烈炮火。

在战场上

第一次英国-锡克战争发生于1845~1846年冬。当时，锡克军队的对手是由英国军队和东印度公司的印度雇佣兵组成的联军。1845年12月，锡克军队渡过萨特莱杰河，标出锡克王国与英属印度之间的分界线。

1845年12月21日，在费罗兹普尔的一场战役中，锡克军队的130门大炮重创英军，仅一天的时间，就有将近700名英军士兵身亡。然而，锡克军队在战争初期的胜利却于1846年1月戛然而止。在阿里瓦尔之战中，英军骑兵挥舞军刀冲锋，击溃了装备有燧发枪的锡克步兵方阵。2月，在索布拉翁的又一次战败迫使锡克军队接受了停战协议。

两年后，锡克军队的一场起义引发了第二次英国-锡克战争。虽然英军在奇连瓦拉战役中面对锡克军队的炮火再次损失惨重，但锡克军队却在这次战役中遭受了决定性失败。

王朝的终结

1849年3月14日，锡克军队在古吉拉特战役中被英军击溃。战败后，锡克军队向英军交出了其剩余的41门大炮。在不到两周的时间里，旁遮普正式并入英属印度。英国殖民者解散了锡克王国的军队，废黜了达利浦·辛格。此时，距达利浦·辛格的父亲、锡克王国的建立者兰季特·辛格去世仅仅过去了十年时间。

战役名称
炮尾刻有第一次英国-锡克战争中各场战役的名称。这些战役名称是英军缴获大炮后添加上去的。

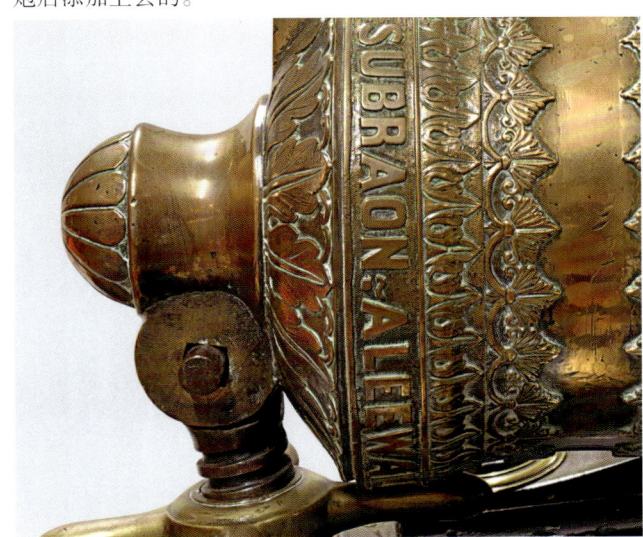

剪线钳
拉合尔工匠会抓住每一个为大炮添加奢华装饰的机会。这把钳子被设计成印度国鸟孔雀的造型。

拖钩
一个大象与骑象人造型的拖钩将炮架尾与前车（拖大炮的两轮马车）连接在一起。

弹药箱
前车前端的弹药箱里装着大炮的弹药。许多英军步兵死在这种大炮的炮火之下。

东印度公司的统治与英属印度

1757年，英国东印度公司从一家贸易公司一跃成为印度次大陆的统治者。最终，印度的统治权由这家公司移交至英国王室，维多利亚女王成为包括今巴基斯坦、孟加拉国、斯里兰卡、缅甸和印度在内的英属印度的女皇。

东印度公司硬币
1819年，英国东印度公司在金奈发行了这种金币。该公司负责管理由英国控制的印度地区直到1858年。

浮华与辉煌 ▽
1877年、1903年和1911年，在德里举行过三次杜尔巴，这是英国君主加冕为印度皇帝或女皇的大型仪式。爱德华七世即位后，1903年的杜尔巴成为展示英国在英属印度的权力和财富的盛大仪式。

到1750年时，莫卧儿王朝的衰落使印度次大陆在政治上四分五裂，欧洲商人控制着分散的沿海地区。英法两国为扩大自己在印度的影响力而展开斗争，选择与对方敌对的印度统治者结盟。一系列胜利使英国于1818年占得优势，东印度公司实际上是英国政府在印度的代理人。1857年，英国军队中的印度雇佣兵发动起义。起义被镇压后，英国开始直接统治印度。

英国的参与

英属印度的政治结构十分复杂。除英国直接统治的地区以外，还有600多个印度土邦保持着部分独立。印度人被招募进士兵、警察和初级公务员的队伍当中，这样的安排使英国仅用很少的英国人就可以管理整个英属印度。1900年，2万名英国官员和军官统治着大约3亿印度人。英国人认为通过诚信管理、发展经济和技术及为印度精英阶层提供现代化教育就可以推动印度进步。然而，英国的政策却使大多数印度人陷入贫困，英国也没有采取任何措施应对造成数百万印度人死亡的饥荒。

英属印度的民族主义情绪日益高涨。1885年，印度国民大会党成立。20世纪，印度人摆脱外国统治的呼声越来越高，敌对行动不断。1947年，印度脱离英国的统治，实现独立。

贸易

英国商人前往印度的最初目的是购买印度生产的精美产品。在英属印度时期，印度次大陆满是英国工厂生产的廉价商品，严重损害了当地制造商的利益。英国人经营的庄园种植棉花和茶叶等农产品，这些农产品成为印度的主要出口商品。

使用本地和欧洲技术切割的钻石

珠宝首饰
印度宝石举世闻名，这些宝石常用于为当地统治者和英属印度官员制作首饰。这些19世纪的奢华饰品展现出印度工艺与欧洲风格融合的特点。

动物头上镶嵌着红宝石眼睛

棱纹瓜造型壶身

精美的凸纹装饰

银茶具
印度土邦为英属印度工匠提供了庇护。这套银器是在卡奇（位于今印度古吉拉特邦境内）统治者的宫廷里制作的。

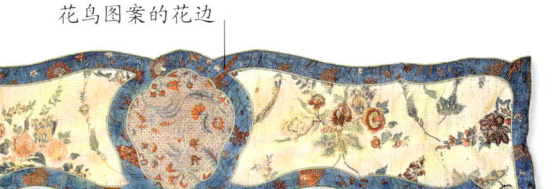

花鸟图案的花边

装饰性印花棉布
18世纪，印度精美的彩绘和印花纺织品享誉全球。这种印花棉布是为欧洲人设计的，由东印度公司进口至英国。

政治与权力

英国若想在印度获得权力，就必须战胜顽强的地方抵抗力量。1767～1799年，英军与迈索尔土邦交战四次。1857年，英国军队中的印度雇佣兵发动起义，印度民族大起义爆发。这些抵抗行动揭示出印度人对英国统治的潜在敌意。

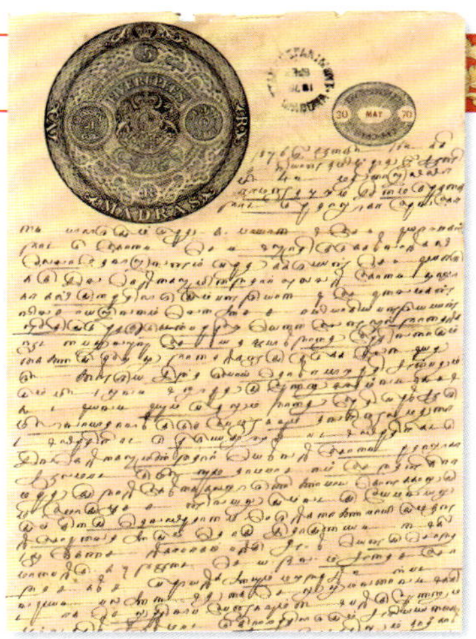

盖章文件
英国东印度公司对在法律文件上加盖官印的服务收取费用，以增加收入。这份文件上的内容是用印度南部泰米尔人的文字书写的。

英国勋章
参与平定1857年印度民族大起义的英国士兵、平民和印度雇佣兵会被授予印度平叛勋章。

右手举花环，左手持联邦盾牌的女战士

蒂普的老虎
这件真人大小的老虎咬人装置为迈索尔土邦的蒂普素丹所有。摇动隐藏手柄，老虎会发出吼叫声，而受害者则会痛苦地大喊。

艺术与文化

随着英国在印度次大陆的统治日益巩固，殖民者开始强调英国的优越性。英国维多利亚时代的行为准则和社会角色划分标准极度削弱了印度古典女歌手和舞者的地位，以至于她们的表演传统几乎绝迹。不过，印度古典音乐和其他艺术形式得以在印度土邦的宫廷中发展延续。

东印度公司油画
印度艺术家创作了东印度公司官员享受印度生活的油画。这幅画描绘了外科医生威廉·富勒顿。在印度仆人的服侍下，这位医生看上去十分惬意。

富勒顿身穿制服，吸着水烟

头部以真孔雀喙装饰

中空的木质琴身

马由里维纳琴
马由里维纳琴的印度名字源自波斯语中的孔雀一词。马由里维纳琴是非常复杂的弦乐器，在19世纪的印度土邦宫廷里非常受欢迎。

可移动的拱形金属琴品

真孔雀尾羽

连通大陆

大吉岭喜马拉雅铁路B级机车19号

印度铁路网是二程史上的非凡成就，它连通了印度次大陆。19世纪40年代末，东印度公司和英国政府同意支持私营公司在孟买、加尔各答和金奈等主要沿海城市之间建设铁路。

第一条商业客运铁路于1853年4月开通运营。这条由大印度半岛铁路公司建造的铁路全长34千米，连接了孟买和塔纳。次年，以加尔各答为起点的第一条东印度铁路线开通。1856年，金奈铁路开通运营。到1871年时，建设这些铁路的三家公司已经将其铁路网合并，连接起孟买、加尔各答和金奈。印度多山的地形和缺乏有经验的劳动力给铁路工程师带来了前所未有的挑战。参与建造铁路的工人大多为印度人，领到的酬劳非常少。而且，他们使用的传统建造技术导致工程建设效率低下。例如，他们使用篮筐而不是手推车来运输材料。由于生存环境恶劣，成千上万的工人在铁路施工过程中死亡。

1880年，印度铁路总长度约为14500千米。铁路的建设一直持续到20世纪。到20世纪20年代末时，印度铁路总长度已经达到66000千米。

地方特色

印度的大吉岭海拔高度2200米，这里气候温和，是英国官员和军官的避暑胜地。1881年，一条78千米长的窄轨铁路穿过大吉岭的茶园，连接起大吉岭与印度北部平原。多年来，英国制造的机车一直沿这条山区铁路运送乘客，其中也包括这台制造于1889年的机车。由于轴距短，它非常适应大吉岭喜马拉雅铁路的多弯路况。机车的全部重量都压在铁轨上，这有助于在地形复杂地带牵引。

> "……人们认为，如果可能的话……整个国家最好由一个统一运营的铁路网覆盖。"
>
> 梅奥，印度总督，在孟买—加尔各答铁路开通仪式上的讲话，1870年3月7日

东印度公司的统治与英属印度　301

永恒的遗产

起初，印度的所有铁路机车都是从英国进口的。后来，印度工厂从1895年开始制造机车。英国制造了34台B级机车，其中部分机车一直运行至21世纪。在第一条山区客运铁路线上运行的B级机车，最高时速约为32千米，因身形小巧而获得"玩具火车"的昵称。大吉岭喜马拉雅铁路被联合国教科文组织世界遗产委员会列入《世界遗产名录》，被誉为"创新运输系统的杰出典范"。

- 烟囱前方的大车头灯
- 烟室收集锅炉产生的烟和气体
- 锅炉上方的鞍状水箱用于盛水
- 主汽管将蒸汽送入气缸
- 蓝色是大吉岭喜马拉雅铁路机车的特征
- 蒸汽封盖（防止蒸汽泄漏）的铜质润滑盒
- 烟室转柄上的装饰，转柄用于锁紧烟室的门
- 气缸将蒸汽的热能转化为机械动力
- 车组人员检查机车时倚靠的扶手
- 连接车头和车身的车钩

重新开放的日本

19世纪下半叶，日本的经济和社会快速迈入现代化。强大的中央集权政府鼓励工业发展，这也为日本创建强大的陆军和海军奠定了基础。日本不仅没有沦为帝国主义列强掠夺的对象，而且成为第一个能够在工业时代巩固自身国力的非西方国家。

实行改革的天皇
1867年即位的明治天皇主导了日本的现代化进程。他身着西式服装，修剪西式发型，为其臣民树立榜样。

现代化之路 ▷
这幅木刻版画创作于1875年，描绘了日本第一条铁路东京—横滨铁路的东京总站。这条铁路由英国工程师设计建造，铁路上运行的机车也是英国制造的。日本政府对此类项目实施严格的监管，以确保其符合国家的需要。

从1641年到19世纪50年代，统治日本的江户幕府（又称德川幕府）严格限制日本人与外部世界进行贸易和信息交流。这项政策在一些方面取得了成功。19世纪早期，日本拥有一个有效的政府。各地大名（封建领主）在江户幕府的领导下实施强有力的地方统治，而身居京都的天皇则是有名无实的国家元首。武士摇身一变成为地位显赫的社会阶层，他们随身携带的佩刀是其身份地位的象征。地位低下的商人阶层十分富有，他们居住在繁华的城市中。1800年，江户（今东京）的人口数量可能超过了伦敦和巴黎。艺人、艺术家和工匠等职业兴盛，满足了商人阶层和武士阶层的需求。

权力斗争

19世纪上半叶，日本社会迫切需要改革。此时，农业出现危机，农民和贫苦市民发动了起义。幕府统治者得知欧洲列强已经进攻中国，担心日本可能面临同样的境况。1853年，美国海军准将马修·佩里率领一支海军舰队抵达日本，引发了一场政治危机。佩里要求日本开放对外贸易，统治者们就如何回应这一要求而争论不休。德川幕府迫于压力，决定向外国人让步。由于反对此政策，萨摩藩的武士率先发起反抗幕府统治的斗争，他们组成倒幕派，最终于1868年推翻江户幕府。

倒幕派将新天皇从京都带至江户，声称要恢复王政，实际上是想让天皇作为其统治的傀儡。然而，明治维新的领导者面对变革并未采取保守的应对策略，而是启动了一项加速经济增长和社会变革的计划。他们意识到只有向西方学习才能使日本强大到有能力抵御外国的侵略，维护住国家独立。

复兴传统

到1873年时，明治政府已经给予所有日本人平等的公民权，废除幕藩体制，普及基础教育，创建邮政系统和电报系统，并为大规模征兵和建设现代化海军奠定了基础。1877年，武士阶层发动暴乱，反对政府取消其特权地位，暴乱随后被镇压。为推动现代化工业经济的发展，明治政府从外国引入专家、技术和资金，不过整个过程仍由日本人掌控和指导。在政府的大力支持下，武士阶层加入明治维新之前的商人阶层，成为开办工厂和发展贸易的企业家群体。自19世纪80年代起，棉纺织和丝绸织造业发展成为主要的出口产业，与此同时，为日本军队提供武器装备的军工业发展也很迅速。

随着自信心的逐渐恢复，日本人开始重视其独特的民族文化。西方的方法虽然实用，但复兴日本传统才是明治时期意识形态的核心。因此，天皇既是欧式的立宪君主，也是国家推崇的神道教宗教仪式的神圣统治者。

> **"富国强军。"**
> 明治时期的日本国家口号

汽車の噂をきかざりし
いにしへ人にきかせたく
次第次第に開化する
の御代もめでたけれ
御代のとくとかな

新橋近傍
ステーション

正道中記 二

304　工业与独立　1750~1900年

家居生活

日本的家居用品抵制西式风格。明治维新之后，日本公务员工作时会坐在椅子上，但回家后则会坐在地垫上。若以西方的标准来衡量，日本人的家中空空荡荡，陈设简单，仅摆设一些进口的钟表、灯具和日本传统工艺品。

瓷杯和瓷碟
这副瓷杯和瓷碟出自一套咖啡用具，上面描绘有人们在雨中的情景。茶占据着日本文化的中心地位，咖啡从19世纪80年代开始流行。

— 薄胎瓷

— 黄金镶嵌

青铜花瓶
日本的金属工匠擅长制作镶嵌有彩色金属的精美青铜花瓶。在日本，克制、优雅和简洁是高雅品位的精髓。

黑漆柜
日本明治时期工匠制作的这个黑漆柜表面装饰着扇子图案。它应该属于高级家具。

— 柜门上装饰有扇子图案

— 金漆

— 梅花和大丽花寓意幸福和财富

— 镶嵌图案

明治黑漆盘
这个装饰着花鸟图案的黑漆盘是明治时期日本家居用品的经典范例，充分展现了日本传统美学。

— 小鱼代表孩子

— 鲤鱼代表对婚姻的忠诚

瓷盘
这个瓷盘是一件结婚礼物，它的图案中包含很多与婚姻生活有关的元素。

战争与冲突

在德川幕府统治时期,日本社会和平、稳定,军事技术发展停滞。1853年,西方海军的到来促使日本迅速引入西方先进武器。明治维新之后,日本利用西方技术发展出强大的现代武装力量。1894~1895年,日本在甲午战争中击败中国。十年后,日本又赢得了日俄战争的胜利。

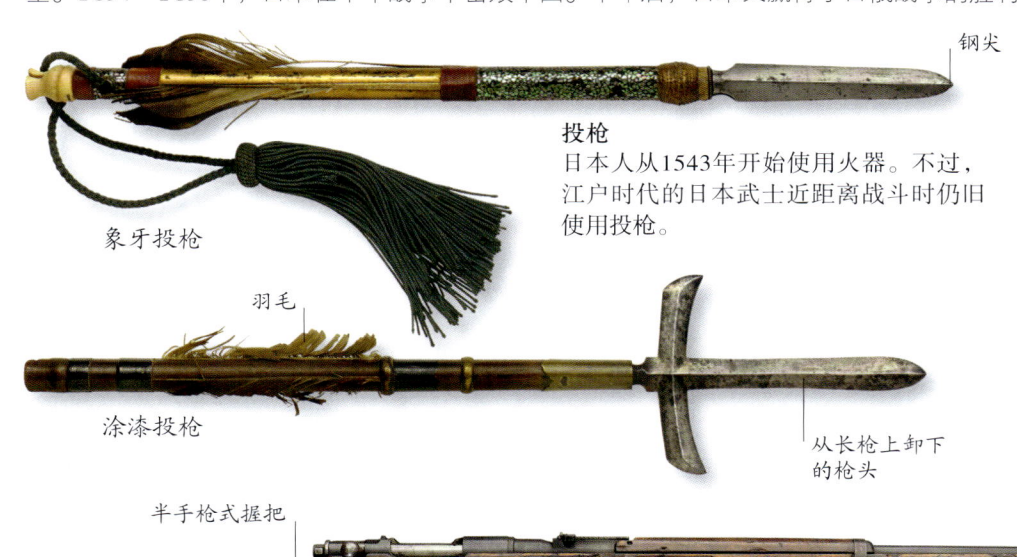

投枪
日本人从1543年开始使用火器。不过,江户时代的日本武士近距离战斗时仍旧使用投枪。

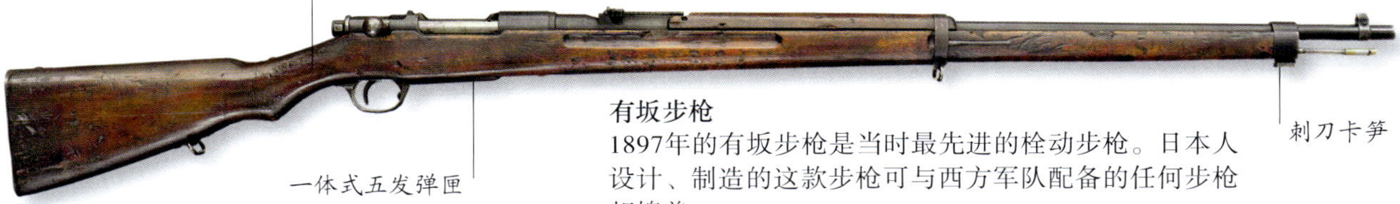

明治军服
日本陆军士兵身穿深蓝色的束腰军服。日本士兵最初由法国教官负责训练,因此其军服与当时法国士兵的着装相似。

有坂步枪
1897年的有坂步枪是当时最先进的栓动步枪。日本人设计、制造的这款步枪可与西方军队配备的任何步枪相媲美。

艺术与文化

日本自19世纪50年代开启现代化进程之后,受到西方文化的强烈冲击。不过,日本的传统艺术和手工艺得以幸存。日本人对其独特的文化价值和质量上乘的手工艺品有了全新的认知,并将手工艺品作为国家形象的象征加以宣扬,使之成为西方买家梦寐以求的异域商品。

日本扇子
这把扇子上有一幅明治时期著名陶瓷艺术家伊藤陶山所制陶器的绘画。这类物件深受日本富人及海外收藏家的喜爱。

锻造
从18世纪到明治时期,日本的金属工匠制作出许多新奇的物件,例如铰接式的蛇模型和拥有灵活关节的甲壳动物模型。由于不再需要制造武士刀和盔甲,金属工匠开始运用自己的技能制作此类商品。

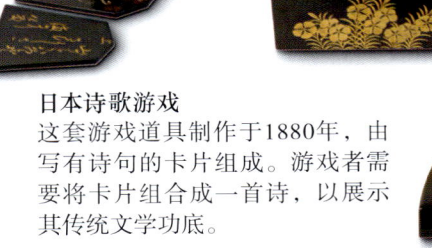

日本诗歌游戏
这套游戏道具制作于1880年,由写有诗句的卡片组成。游戏者需要将卡片组合成一首诗,以展示其传统文学功底。

日本的现代化

贵妇木刻版画

这幅三联画由日本著名艺术家杨洲周延（1838~1912）创作，描绘的是19世纪下半叶日本现代化进程中的一个极端时期。自1868年起，明治时期的统治者鼓励人们以西式服装取代传统的和服，这是日本现代化计划的一部分。1872年，公务员被要求穿着西装工作，这种做法迅速在商界和政界普及开来。与此同时，西式军服也取代了传统的武士和服。

西化的社会

19世纪80年代，女性也被鼓励接受欧洲时尚。不幸的是，当时的欧洲女性时装包含极不实用的裙撑和复杂的帽子。习惯不戴帽子，身着宽松、优雅服装外出的日本上层社会女性，勇敢地接受了这些并不舒适的异国服装。而女性的新发型——束发则融合了日本传统与欧洲流行发式。

然而，西式服装仅用于工作和公共场合。日本精英阶层在家中仍会换上和服，其中一部分原因在于实用。西式服装剪裁贴身，穿着时若想坐卧舒适，就需要桌椅这样的家具。虽然日本的办公场所都引进了桌椅，但日本人在家中仍习惯席地而坐。因此，宽松、舒适的服装十分必要。

改穿西式服装的主张仅影响到一小部分女性，而且未能持续太久。到19世纪90年代时，民族主义开始兴起，提出现代化并非西方化的观点。日本精英阶层的女性重新穿上了从未被普通女性抛弃的和服。不过，身为公务员和商人的男性还继续穿着西装和西式军服。

> 日本人对枫树进行了数百年的培育，赏枫仍是流行的消遣方式

> 束发融合了日本传统和欧洲流行发式

> 维多利亚时代的高帮鞋不适合在家中穿着

> 雨伞这样的配饰比全套的西式服装更容易被人们接受

> 皇室菊花徽

> 明治天皇

> 旭日旗是日本军国主义的象征，受到全世界爱好和平的人们的抵制

> 明治天皇爱马也喜爱骑马

> 1876年，日本军队开始禁用传统武士刀

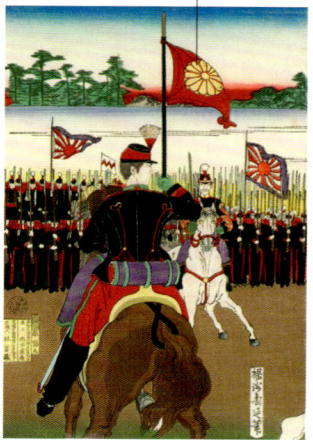

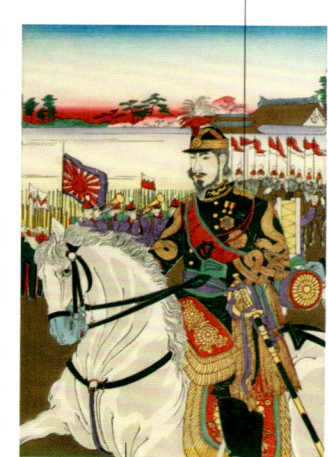

阅兵式

在这幅三联木刻版画中，杨洲周延描绘了明治天皇（中幅）检阅军队的情景。明治时期的日本军服参照法国和普鲁士军服的样式设计，军队编制也效仿当时的欧洲军队。大量应征入伍的士兵在受过专业训练的军官手下服役。日本开始走向近代军国主义。

重新开放的日本

裙撑适合西式家具，而不适合传统的榻榻米

现代发型可以戴帽子

西方合成染料让设计师和裁缝更容易做出红色和紫色的服装

西式短发和小胡子

为散步而设计的庭院小径

现代军服

贵妇三联画
使用传统彩色木刻版画手法进行创作的杨洲周延，在这幅画中描绘了日本精英阶层休闲时的新形象。人们的穿着受到明治时期提倡的西式风格的影响。变化不仅限于服装。男性开始留短发、蓄胡须，女性不再把牙齿涂黑。

> "我们期待并想要**变革**……与最**文明的国度**并驾齐驱……"
>
> 明治天皇，给美国总统尤利西斯·辛普森·格兰特的信，1871年

清朝晚期的动荡

清朝晚期的中国交织着民族耻辱、国家分裂与社会动荡。清帝国在对外战争中连连失利,国内爆发了风起云涌的起义。清政府虽然吸纳了西方的科技与军事要素,但尝试性的改革未能使其抵挡住他国的入侵。

动荡的根源
这枚清朝钱币的一面为满文,另一面为汉字。清朝后期的经济衰落与社会矛盾激化引发了社会动荡。

皇权的象征 ▽
清漪园(颐和园的前身)建于18世纪,代表了清朝鼎盛时期的财富和品位。然而,它却于1860年被英法联军洗劫和烧毁。重建后的清漪园更名为颐和园。

19世纪,清朝的统治受到来自国内外的各种因素的影响,发生动摇。在帝国内部,农业生产无法满足人口大幅增长的需要。人口大规模迁移(如闯关东和下南洋)虽然解决了一部分问题,但贫困和饥饿的情况并没有因此得到改善。加之一部分清朝官员的贪污腐化,人民对清政府的不满情绪日渐增加。19世纪,清朝爆发过数次大规模起义,其中规模最大的太平天国运动于1864年被镇压。这些内部动荡与西方对中国的影响密切相关。

毁灭性的影响

1800年,清帝国尚能严格控制来自欧洲和美洲的商人,以高傲的姿态面对来访的外国列强。1839年,为阻止鸦片在国内蔓延,清政府发起了禁烟运动。当时,在中国从事鸦片贸易的主要是英国商人。禁烟运动损害了英国商人的利益,英国对中国发动了鸦片战争。鸦片战争战败之后,清政府被迫割让香港岛给英国,向英国赔款,开放五个通商口岸,接受英国提出的自由贸易要求,与英国协定关税,并允许基督教传教士传教。这使原本实行闭关政策的清帝国门户洞开。北京于1860年和1900年两次被外国列强的军队占领。1912年,清朝最后一位皇帝——溥仪退位,清朝就此灭亡。

战争与冲突

自19世纪30年代起，清帝国在与外国军队交战的过程中意识到自己在军事装备和组织结构方面存在薄弱之处。整个19世纪，清政府都在为实现军队现代化而努力，建立了能够制造现代武器的兵工厂。然而，清军仍旧不敌外国列强的军队。

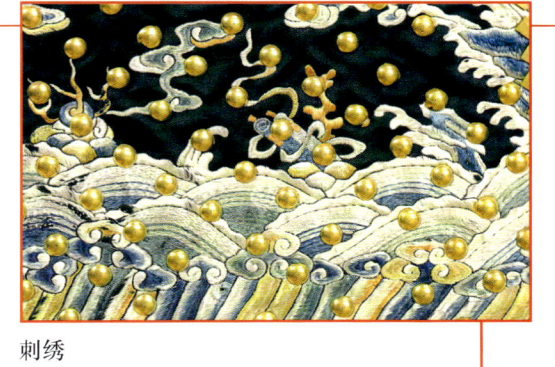

刺绣
每片深蓝色丝绸上都绣着海水江崖纹和云纹，还装饰着圆形和菱形的黄铜饰钉。

单发枪机　　可调节的照门

抬枪
这支远程步枪制造于义和团运动时期。它的长度超过2.1米，需要支撑才能射击。

鞘上的镀金浮雕饰板

象牙剑柄　　剑身上的装饰由银镶嵌而成

剑
19世纪，中国人仍在制作传统的双刃剑。当时，剑在战斗中的作用十分有限。鞘上华丽的装饰表明其属于一位将领。

亲军礼服
亲军守卫着皇帝在北京的皇宫——紫禁城。这套绸缎礼服包含上衣、下裳、袖、护肩和护腋等部分。

政治与权力

清朝皇帝通过内阁和地方官员进行统治。官员的选拔方式依然使用创立于隋朝的科举制。在宫廷中，宦官扮演着重要角色。1861～1908年，反对社会和政治变革的慈禧太后垂帘听政，掌握着清朝的实际统治权。

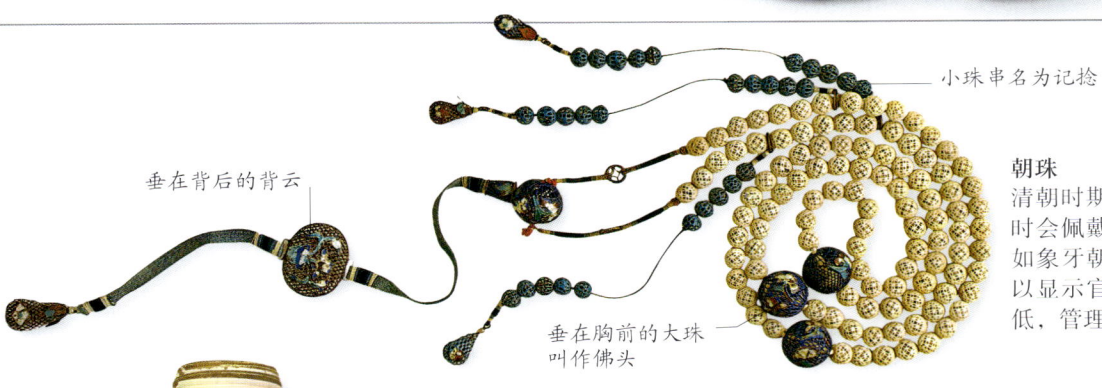

垂在背后的背云　　小珠串名为记捻

朝珠
清朝时期，高官上朝时会佩戴装饰品，例如象牙朝珠。朝服可以显示官员品阶的高低，管理非常严格。

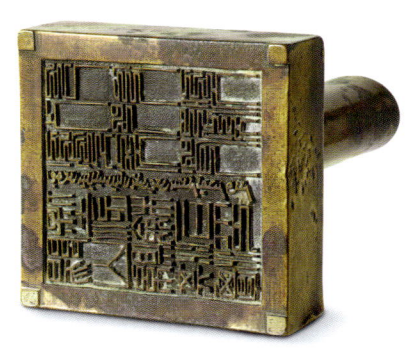

垂在胸前的大珠叫作佛头

印章
这枚清朝晚期的印章上刻有满文和汉字。各类文书需要加盖印章才能生效。

彩色云纹锦缎

诰命
这种诏令文书是皇帝颁给高级官员的官阶凭证。

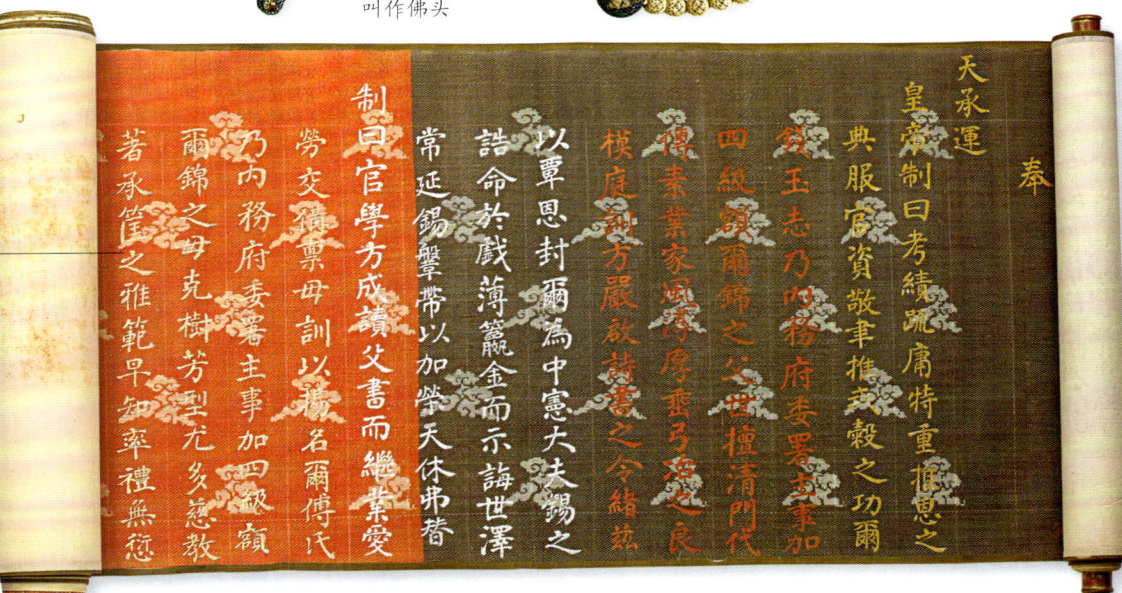

服装与饰品

18世纪晚期和19世纪的中国服饰在风格方面没有发生太大变化，西方风格于20世纪早期遭到普遍抵制。男性依照满族的习俗剃半头、梳辫子。富裕人家的女性穿着绣有精美图案的锦缎和漳绒服装。

梳子
这把19世纪的梳子出自清帝国西部的和阗地区（今中国新疆和田地区）。此地的居民多为维吾尔族，服饰具有明显的中亚风格。

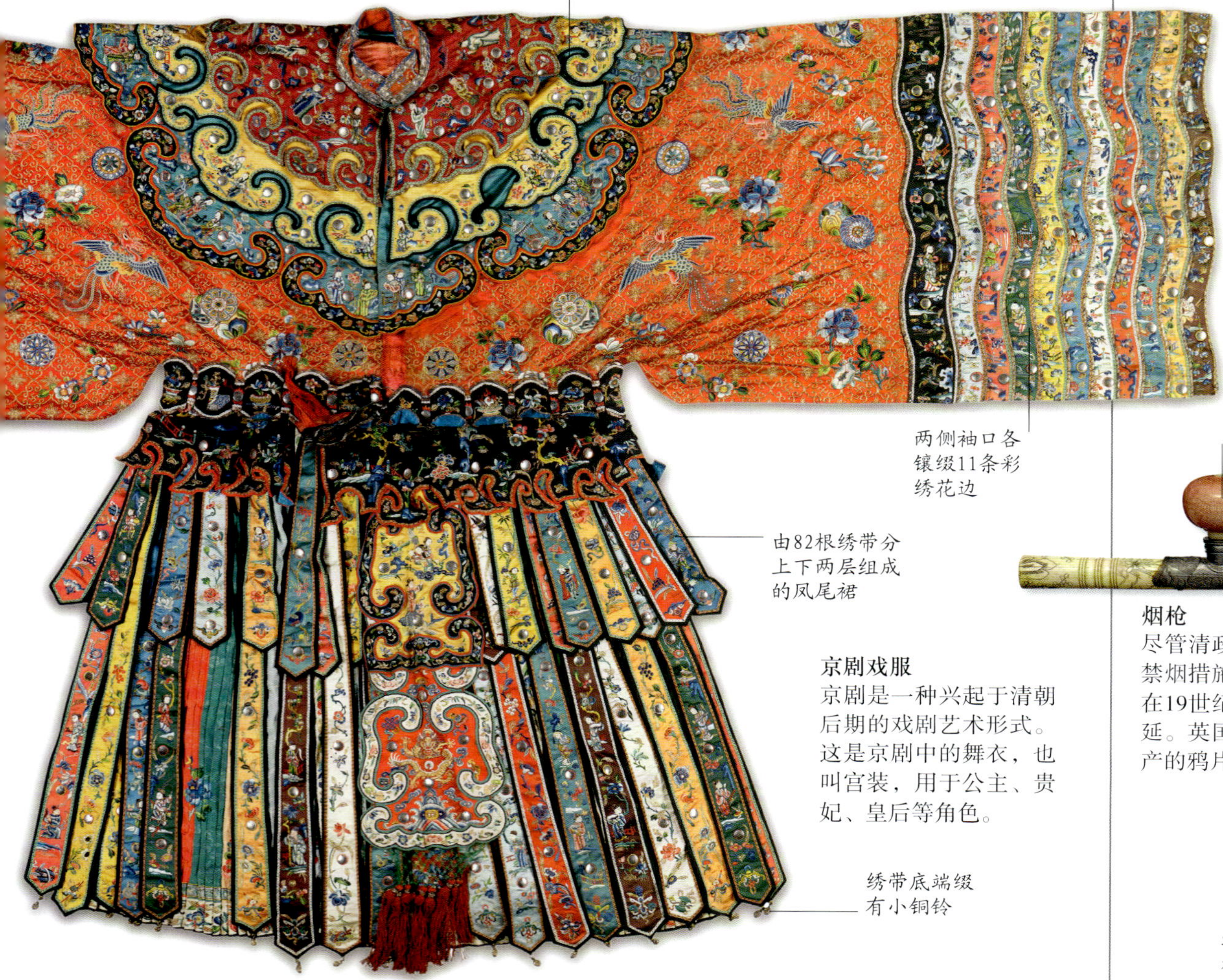

云肩

两侧袖口各镶缀11条彩绣花边

由82根绣带分上下两层组成的凤尾裙

京剧戏服
京剧是一种兴起于清朝后期的戏剧艺术形式。这是京剧中的舞衣，也叫宫装，用于公主、贵妃、皇后等角色。

绣带底端缀有小铜铃

珐琅

珊瑚

护甲
身份高贵的女性不需要劳动，可以留长指甲。这种装饰华丽的护甲用于保护指甲。

由银铜合金制成

凤钗
凤凰象征女性的权力与美德，常用于代表皇后。

清雅的花卉图案

团扇
团扇既是中国古代女性扇风取凉的用具，也是随身携带的装饰物。团扇的扇面常以丝、绢制作，上面点缀绣画。扇柄则由竹子、木头、象牙、玉石等材料制成。

贸易

19世纪30年代以后，清政府对对外贸易的管控日益严格。外国人在中国购买瓷器和茶叶等商品需要使用白银支付。英国商人发现鸦片在中国拥有市场。1840~1842年和1856~1860年的两次鸦片战争迫使中国开放通商口岸，进行包括鸦片贸易在内的贸易活动。

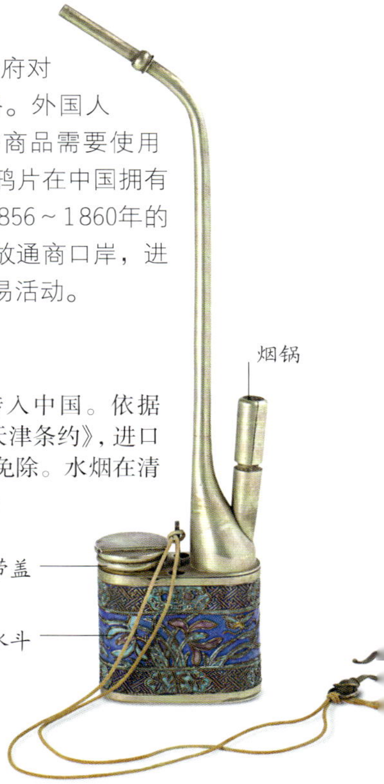

水烟壶
烟草于16世纪传入中国。依据1858年签订的《天津条约》，进口烟草的关税可以免除。水烟在清朝晚期流行起来。

烟锅

可拆卸的带盖烟丝仓

水斗

烟葫芦用于装鸦片烟膏

象牙烟杆上刻有道教神仙

烟枪
尽管清政府采取了各种禁烟措施，但鸦片还是在19世纪的中国迅速蔓延。英国商人将印度生产的鸦片销售到中国。

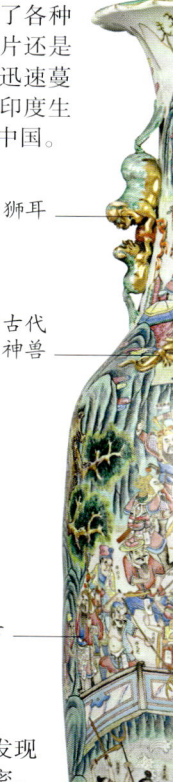

狮耳

螭，中国古代神话中的神兽

山边的勇士

瓷瓶
欧洲人于18世纪发现了制作瓷器的秘密。然而，中国瓷器在世界上仍然享有盛誉。这个瓷瓶是为19世纪50年代的一位英国收藏家制作的。

家居生活

清朝晚期的中国人沿袭着优雅、精致的家居生活传统。城市中的手工作坊使用传统工艺为富裕人家或外国客户制作高品质的器物。

雕漆装饰

内部彩绘

鼻烟壶
清朝各阶层都有喜欢吸鼻烟的人。这些装饰精美的内画鼻烟壶和漆鼻烟壶的主人身份高贵。

茶具
这套带有瓷盖和瓷碟的茶具制作于19世纪晚期。只有富裕人家才能用得起这种茶具。

珐琅釉

珐琅茶壶
饮茶是中国的传统文化之一。这个清朝晚期茶壶出自北京，它的壶盖上有一只镀金老鼠。

■ 游戏

七巧板
七巧板是一种古老的中国拼图游戏，由七种不同形状的薄板组成。1816年，有人将一套七巧板带到美国，使其在西方风靡一时。

刻有凤凰图案的板块

盒盖上刻有园林场景

挑棍游戏
挑棍游戏据传起源于中国。这套19世纪的挑棍游戏工具包含一个精致的象牙筒，里面装着游戏用的竹棍。

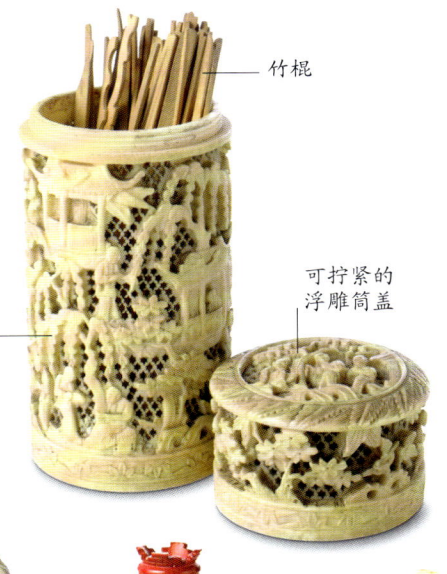

竹棍

可拧紧的浮雕筒盖

浮雕庭院场景中分布着人物

雕刻细腻的王

象牙国际象棋
中国拥有自己的象棋，欧洲的国际象棋于19世纪才传入中国。这副1820年前后的国际象棋棋子由中国人制作，其中的王采用了英国国王乔治三世的形象。

王（国王乔治三世）　　后（王后夏洛特）　　象　　马　　车　　兵

信仰与仪式

儒家思想是清朝官方和社会的主流信仰。然而，与儒家孔庙共存的还有很多佛教寺庙、道教宫观，以及宗族祠堂。清朝时期的中国还生活着大量信仰伊斯兰教的穆斯林，基督教传教士也对19世纪的中国产生了一定的影响。

香置于狮子胸腔部位的香屉中

香炉
这个清朝晚期的铜狮子其实是一个香炉。狮子雕像常立于官府、住宅和宗教建筑的大门两侧。

铭文

钟
这口钟铸造于1898年，出自一座佛教禅宗寺庙的禅房。钟上还铸有道教符号。这种信仰融合的现象在清朝十分常见。

计量节气

北极恒星图时辰节气钟

1793年，由马戛尔尼率领的英国使团来到中国觐见乾隆皇帝。英国使团此行的首要目的是与清政府商谈开放贸易的事宜。马戛尔尼向乾隆皇帝献上包括天文钟在内的各种礼物，而乾隆皇帝就以"所称奇异之物，只觉视等平常耳"回应。这台北极恒星图时辰节气钟就是当时的清朝工匠制作的天文仪器。这台天文仪器制作于广州。清政府严格管控对外贸易，从清朝中期至《南京条约》签订之前，广州是清政府对外开放的唯一港口。

西方的影响

机械钟表的历史最早可追溯至中国北宋天文学家苏颂设计、制作的水运仪象台。然而，在之后的数个世纪中，欧洲制作机械钟表和天文仪器方面逐渐居于世界领先地位。自17世纪中叶起，北京古观象台开始采用欧洲天文学度量制和仪器结构，并由比利时耶稣会士南怀仁监造了六件大型天文仪器，以获得更准确的观测结果。

这台北极恒星图时辰节气钟制作于中国历史上的动荡时代。这一时期，中国刚刚开始吸纳西方在一些领域取得的科技成果，不过仍极力抵制外国对本国的影响，坚持捍卫自己的传统文化。

北极恒星图时辰节气钟
这台天文仪器制作于18世纪晚期，可以计量二十四节气和时间。这种天文仪器目前已知只有两台，另一台现存于北京的故宫博物院。

北京古观象台

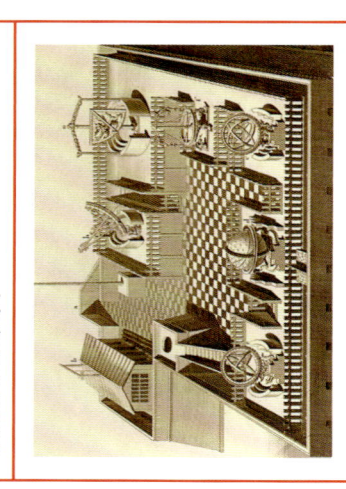

通过天文观测和时间计量来精确地推算节气对中国古代帝王的统治至关重要。皇帝每年会下令举行各种仪式，来祈求风调雨顺。坐落于北京的古观象台是当时重要的天文观测机构，负责观测和记录天体的运动。

- 内侧铜圈上刻着节气，每年保持一圈
- 外侧铜圈上刻着时辰
- 中国南部地区所见的星图
- 银河十分明显

清朝晚期的动荡 313

共计850颗星体，由小红点标示

短针走一圈为24小时

古代中国人将黄道附近的星体划分为二十八宿

木架

东南亚的反殖民斗争

欧洲帝国主义的入侵扰乱了从缅甸、泰国、越南到爪哇等东南亚地区长久以来的社会秩序。尽管当地人奋起反抗,但却无法阻挡欧洲人的侵略步伐。

殖民者 ▷
这幅由当地艺术家创作的绘画作品描绘了荷兰人殖民印度尼西亚的场景。19世纪,荷兰人发动了一系列战争,镇压反抗殖民统治的当地人。

以穆斯林和佛教徒为主的东南亚人很早就与欧洲人建立了联系。西班牙人自16世纪起殖民菲律宾,荷兰人自17世纪中叶起控制了爪哇的部分地区。19世纪,欧洲帝国主义扩张的步伐加快,部分原因是其对铝土矿、橡胶和石油等工业原料的需求。1819年,英国人将新加坡建设为自由贸易港,继而控制了马来西亚。而缅甸则被英国并入英属印度。

荷兰人加强了对爪哇和苏门答腊的控制。自19世纪60年代起,法国逐步控制了中南半岛的越南、老挝和柬埔寨。到20世纪时,泰国是唯一一个保持独立的东南亚国家。不过,东南亚的贵族们仍掌握着一定的权力。除菲律宾人以外,很少有东南亚人信奉基督教。

战争与冲突

不论是搏击术还是刀枪剑戟,东南亚国家的军队都受印度、中国和伊斯兰世界的军事传统影响。19世纪,东南亚军队尚能持续对抗欧洲军队,例如爪哇战争和亚齐战争。然而,东南亚人最终还是败给了在武器装备和组织管理方面占据优势的欧洲军队。

手柄被雕刻成神鸟迦楼罗的样子

印度尼西亚配剑
印度尼西亚配剑在东南亚地区非常常见,是一种拥有波浪形刀身和装饰手柄的匕首。印度尼西亚配剑被认为具有神奇的力量,甚至会为其主人带来好运。

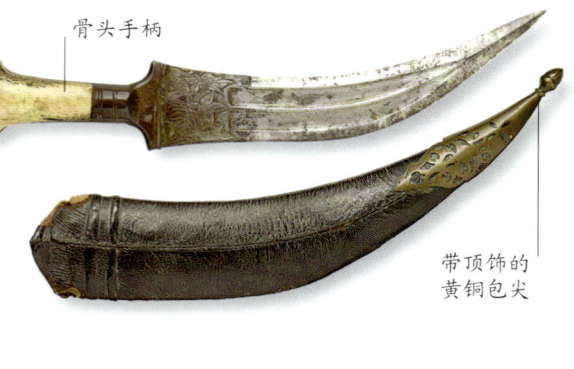

骨头手柄

手柄末端有一个凸起

弧形匕首和鞘
这把18世纪的匕首刀刃锋利,既能用于砍,也能用于刺。鞘是用皮革和黄铜制成的。

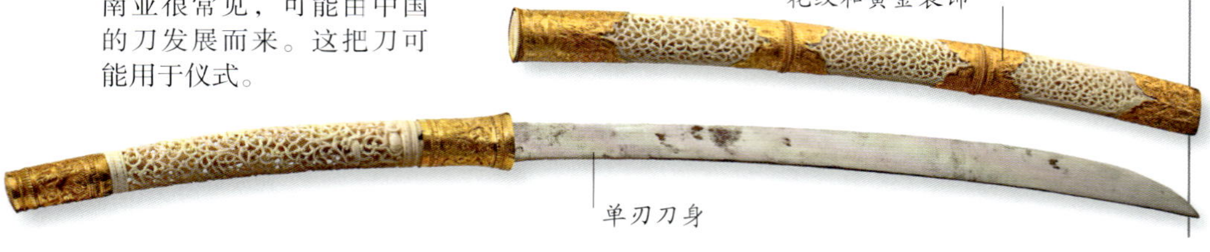

带顶饰的黄铜包尖

缅甸刀和鞘
这种缅甸刀在19世纪的东南亚很常见,可能由中国的刀发展而来。这把刀可能用于仪式。

鞘上有镂空的藤蔓花纹和黄金装饰

单刃刀身

信仰与仪式

在伊斯兰教传入之前,东南亚地区的主流信仰一直是佛教和印度教。伊斯兰教于15世纪在爪哇兴起。西班牙的天主教传教士使基督教成为菲律宾的主要宗教。在印度尼西亚,不论宗教差异大小,佳美兰音乐是大多数宗教仪式的构成要素。

类似野猪的獠牙

吐出的长舌头

巴厘面具
这个面具代表巴厘岛神话中的恶神让特。巴厘人的主要信仰结合了佛教、泛灵论和印度教的元素。

缅甸佛像
这尊镀金佛像表现的是手持钵盂的释迦牟尼。他本名乔答摩·悉达多,曾是一位生活优渥的王子。

佳美兰乐器

印度尼西亚的佳美兰音乐主要由锣、鼓、金属木琴和木琴等打击乐器共同演奏，其节奏和旋律十分复杂。下面这些乐器来自爪哇，是一套佳美兰乐器的一部分。19世纪，佳美兰音乐是在宗教仪式和宫廷中演奏的音乐。在1889年的巴黎世界博览会上，一支佳美兰乐队的演奏引起了轰动。

佳美兰乐队的组成

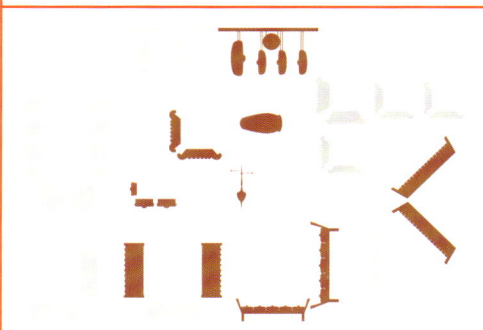

佳美兰乐队由许多乐器组成，本页所示的仅为其中一部分。左图是佳美兰乐队通常的位置排布，本页出现的乐器在图中以红色标出。声音大的乐器位于后部，声音小的乐器位于前部。鼓手位于中央，负责统领乐队。

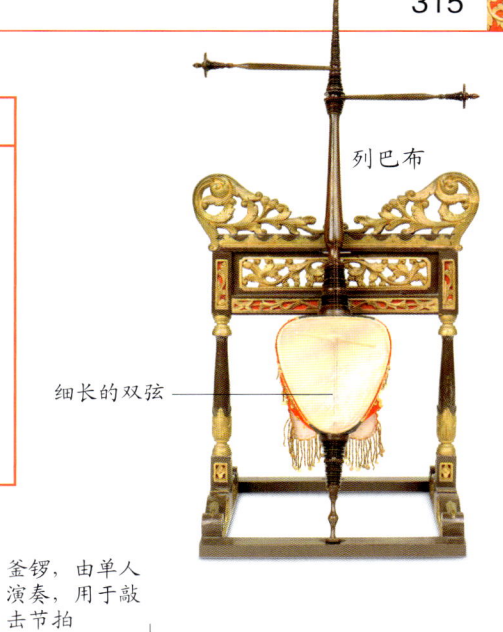

列巴布
— 细长的双弦

带装饰的柚木鼓身
肯当·凯蒂蓬

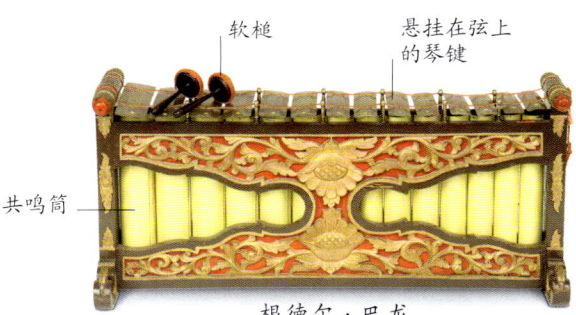

软槌
悬挂在弦上的琴键
共鸣筒
根德尔·巴龙

釜锣，由单人演奏，用于敲击节拍
坎普扬
凯图克 

由单人演奏的一组锣
波南·帕纳鲁斯

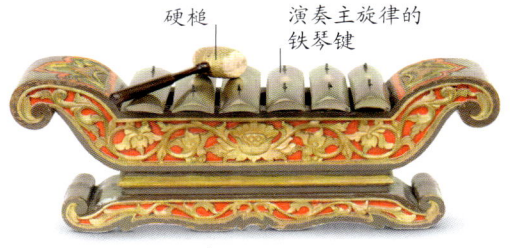

硬槌
演奏主旋律的铁琴键
萨龙·巴龙

角柄槌
木琴甘邦
佳美兰乐器中唯一的木质琴键

戴头冠的龙
包着金箔的花朵和叶子形状装饰
三件式柚木架
用锣声划分出音乐的结构

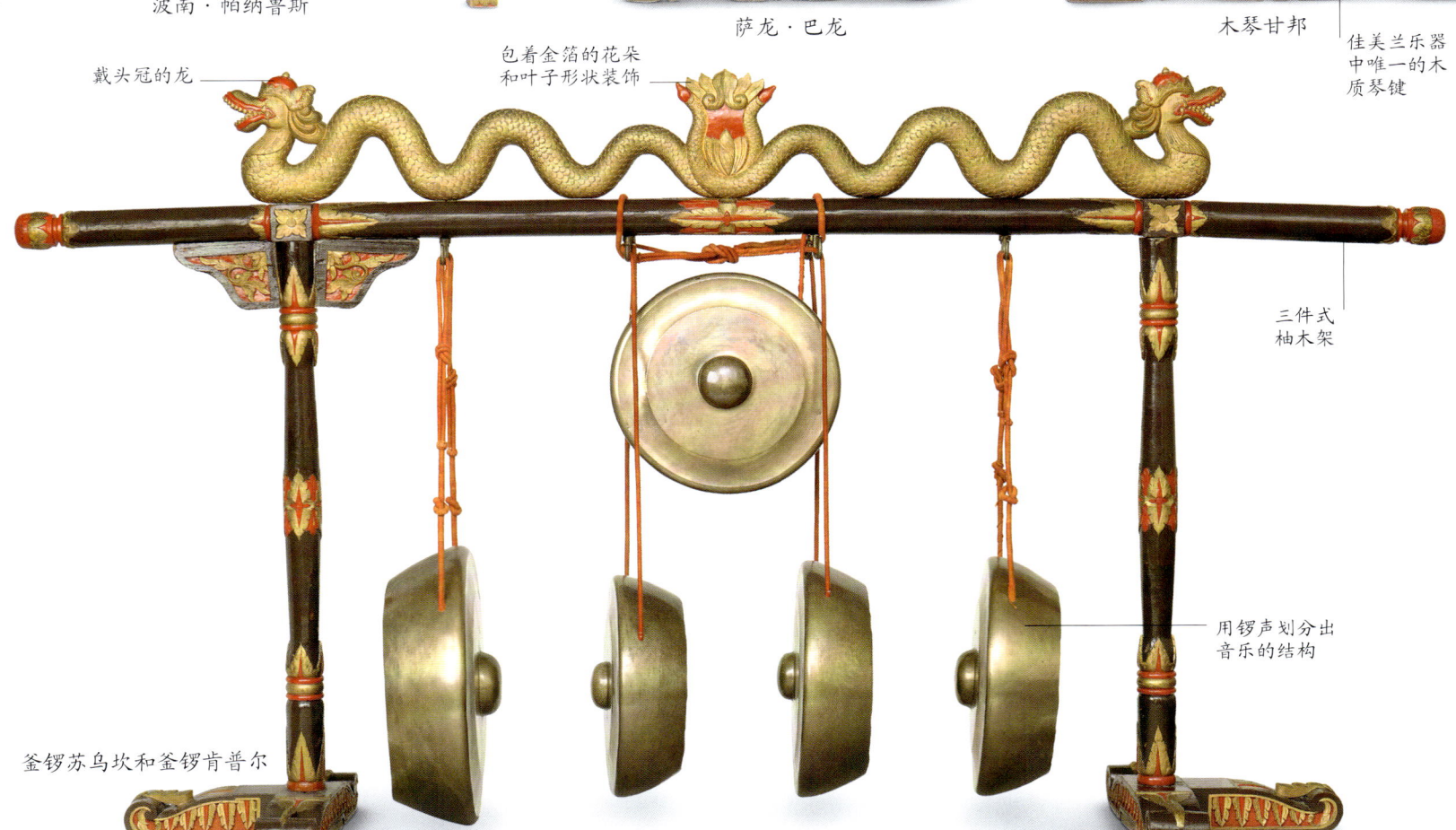

釜锣苏乌坎和釜锣肯普尔

太平洋上的探索与扩张

太平洋上最早的探险者是一群驾驶独木舟的航海家，他们于公元前1300～公元1200年抵达并定居在密克罗尼西亚、美拉尼西亚和波利尼西亚。欧洲人对太平洋的探索要晚得多。自18世纪末起，欧洲水手抵达太平洋岛屿，对岛上居民的传统生活方式构成了严重威胁。

食物挂钩
这个由抹香鲸牙齿雕刻成的钩子用于悬挂盛食物的篮子，这样可以防止老鼠偷吃。

改变的征兆 ▽
在詹姆斯·库克船长的第二次太平洋航行（1772～1775）期间，他的"决心"号和"探险"号在社会群岛的胡阿希内岛和塔希提岛做过停留。欧洲船只的抵达给波利尼西亚的当地居民带来了厄运。

这些海洋民族可能起源于亚洲，他们在远离大陆的岛屿上发展出多样的社会与文化。在太平洋岛屿上，政治组织的规模通常较小。不过，也有部分民族的首领建立了独立的王国，例如汤加和萨摩亚。

波利尼西亚人与欧洲水手的首次接触发生在17世纪。然而，直到18世纪60年代和70年代，英国航海家詹姆斯·库克和法国航海家路易-安托万·德·布干维尔的探索航行之后，波利尼西亚人的生活方式才真正开始受到外部世界的影响。

殖民

欧洲商人在太平洋岛屿的军火和酒水生意在不经意间将疾病带到了这里，导致大批当地人死亡。海洋民族的健康和社会稳定遭到破坏。基督教传教士也来到这里，致力于以基督教取代当地的传统信仰。当地人的穿着和行为准则开始发生变化。19世纪，帝国主义列强之间的竞争导致了其对太平洋岛屿的瓜分。1842年，塔希提岛沦为法国的保护国。1874年，斐济群岛沦为英国的殖民地。1898年，夏威夷群岛被美国吞并。有些当地统治者在处理内部事务方面仍保留有相当一部分权力。汤加于1900年沦为英国的保护国。在此之前，以及获得完全独立之后，汤加一直由同一个王族统治。

战争与冲突

战争在传统的海洋社会中扮演着重要角色。波利尼西亚的酋长们经常率军攻打临近部族,不过他们的武器装备只有棍棒、匕首和长矛。19世纪,欧洲火器的出现加剧了波利尼西亚人之间的冲突。然而,针对欧洲殖民者的抵抗行动却十分有限。

凹进去的部分为贝壳

胸甲
有些海洋民族的勇士身着胸甲,用于保护躯干。这件胸甲的主人是一位斐济酋长,胸甲中一些部位使用了抹香鲸的牙齿和珍珠贝的壳。

几何图案

波利尼西亚武器
这是一根装饰精美的棍棒(或砍刀),其形状像欧洲水手携带的弯刀。

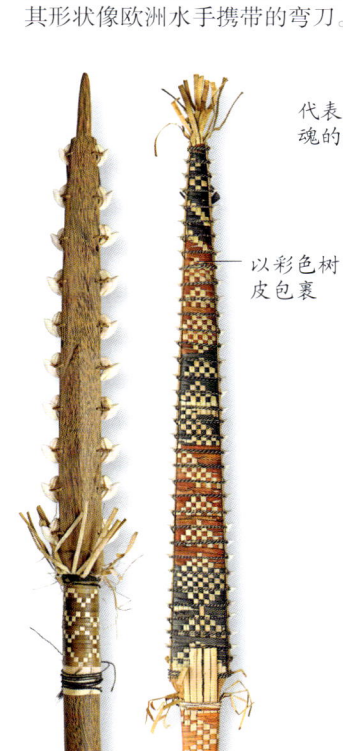

代表祖先灵魂的面孔

以彩色树皮包裹

剑
这些华丽的剑出自太平洋的美拉尼西亚。木质剑身的两侧安装有经过雕刻的鲨鱼牙齿。

彩绘盾牌
类似这样的木质彩绘盾牌为新几内亚岛塞皮克地区的勇士们提供了既神奇又实用的保护。

信仰与仪式

太平洋岛屿的传统信仰认为,神灵广泛影响着人们生活的方方面面。人或物若被正义的超自然力量附着便会拥有神力或其他特殊能力,这些神圣的人或物随之成为不可触碰的禁忌。举行仪式的目的在于寻求正义之神的帮助,以祛除恶灵。

四根尖齿

酋长或祭司的叉子
这可能是一位斐济酋长的叉子。在宗教仪式中,酋长不可以自主进食。普通人禁止触碰酋长的叉子。

面具
在新几内亚岛附近的新爱尔兰岛上,男性在仪式中会佩戴这种彩色面具,扮演面具所代表的神灵。

服装与饰品

海洋民族会创造性地使用身边的各种材料(羽毛、植物纤维、骨头和贝壳)来装饰自己的身体。波利尼西亚人和密克罗尼西亚人因善于利用天然材料(骨头和贝壳)文身而闻名。

头饰
所罗门群岛居民和新几内亚岛的部分居民会用龟壳和软体动物的壳制作漂亮的头饰。这件头饰可能戴于前额或耳朵上。

提基像
在一些波利尼西亚文化中,描绘提基的木雕和石雕用于标记圣地的边界。提基是波利尼西亚神话中的重要人物。

动物形象的木雕

骨头上绘有图案

鼻夹
所罗门群岛的勇士有在鼻中隔上打孔并佩戴饰品的传统。这样能使他们看上去更凶猛。

狗毛

胸饰
詹姆斯·库克船长在其太平洋发现之旅的途中得到了这件饰品。它的前任主人是社会群岛的一位酋长。

澳大利亚和新西兰的移居者

澳大利亚最早的居民在大约6万~4万年前抵达。新西兰的移居者则要晚得多，波利尼西亚的毛利人可能在1300年前后才驾船抵达。19世纪，澳大利亚和新西兰都成为英国的殖民地，向欧洲移民打开了大门。

历史性协议
英国政府和毛利人于1840年签署《怀唐伊条约》，使新西兰成为英国的殖民地。该条约在原则上保障了毛利人的土地所有权。

浸水并被啮齿动物啃咬过的《怀唐伊条约》

圣地 ▽
乌卢鲁，也叫作艾尔斯岩，是澳大利亚中部的一处自然景观。澳大利亚原住民称其为"乌卢鲁"，它是原住民阿南古人的圣地。欧洲移民移居到澳大利亚后，忽略了原住民对这片土地的深厚感情。

欧洲水手曾于17世纪航行到澳大利亚和新西兰。然而，直到1770年，英国航海家詹姆斯·库克沿澳大利亚东海岸航行时才宣称这片陆地属于英国。第一批抵达澳大利亚的欧洲移民是来自英国的罪犯，他们于1788年被流放到澳大利亚的植物学湾。

自由移民从18世纪末开始移居到澳大利亚。在19世纪50年代发现黄金之后，移民开始大量涌入。在1839年以前，新西兰的欧洲移民规模并不大，但自19世纪中叶起，移民数量显著增多。澳大利亚和新西兰的早期欧洲移民大多来自不列颠群岛。

恶意接管

澳大利亚原住民无力抵挡英国的殖民，也阻止不了欧洲移民占据自己世代生活的土地。到19世纪末时，欧洲移民带来的新疾病、重要资源的丧失和局部暴力冲突，导致大量原住民死亡。仅有少数原住民幸存下来，他们主要生活在澳大利亚白人社会的边缘地区。在新西兰，毛利人拿起武器抵抗殖民者。尽管他们也像澳大利亚原住民一样饱受疾病的困扰，但在经历了一系列冲突和妥协之后，毛利人最终保留住部分土地和权利。

后来，澳大利亚和新西兰逐渐开始自治，成为英国的自治领，获得独立。但其对待原住民的方式却成为无法抹去的历史污点。

澳大利亚和新西兰的移居者　319

战争与冲突

澳大利亚原住民的战斗装备落后，他们与欧洲殖民者之间仅发生过零星的小规模冲突。然而，新西兰的毛利人具有好斗的武士传统。19世纪早期，毛利人获得了欧洲的武器装备，部落之间的厮杀加剧。19世纪60年代，毛利人与英国军队之间爆发了大规模战争。

新材料武器
澳大利亚原住民用英国殖民者带来的材料，结合自己的传统工艺制造武器。

用啤酒瓶玻璃制成的矛头

末端的标记代表部族

原住民的条形盾牌
这个盾牌由实木制成，背面有一个把手，用于在部落间的战斗中抵挡对方的棍棒或长矛攻击。

用电报机绝缘体制成的箭头

精雕细琢的纹路上绘有赭石色条形图案

传统的瓦海卡（钩形扁棒）

标记和装饰与梦幻时代的神话相关

原住民的飞去来器
飞去来器是澳大利亚原住民的传统工具和武器，常装饰有赭石色和白色图案。

钩部可以勾住对手的盾牌

由相思木制成

毛利人的棍棒
毛利武士需要学习使用棍棒和长矛近身战斗。尽管这些武器在部落战争中很管用，但在对抗欧洲的现代化军队时就毫无用处了。

镶有鲍鱼壳的木质巴图（短扁棒）

钩状飞去来器
飞去来器专为曲线飞行而设计，主要用于狩猎，也可以用作武器。掷出后没有击中物体的飞去来器可以返回原处。

信仰与仪式

澳大利亚原住民的信仰围绕"梦幻时代"展开，这是一套复杂的创世神话，赋予动物、植物和圣地精神上的意义。毛利人的波利尼西亚文化在对待自然界的态度方面也相信万物有灵，认为各种事物都具有精神力量。

毛利人的瓦卡怀亚
瓦卡怀亚是一种装饰盒，挂在毛利人住宅的天花板上，用于存放禁忌（神圣）生物垂耳鸦的珍贵尾羽。

使用石凿雕刻的木盒

悼念臂箍
原住民女性在跳悼念死者的舞蹈时会佩戴这种臂箍。这种臂箍还用于标志着青春期结束的仪式中，悼念从儿童到成年的转变。

原住民彩绘
这幅画在树皮上的绘画作品描绘的是一只袋鼠。画中的几何元素具有象征意义，需要深入探究才能知晓。

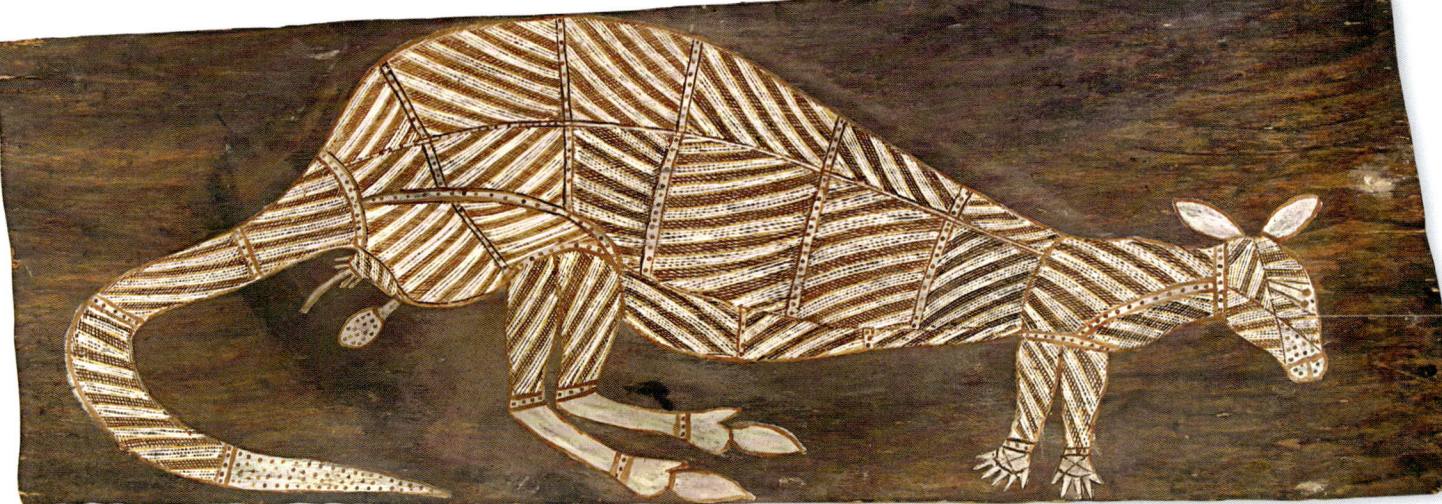

条纹区域代表不同的部落

拉丁美洲革命

19世纪，包括加勒比海地区的海地在内的大多数拉丁美洲国家摆脱了殖民统治，获得独立。奴隶制随之被废除。不过，这些胜利也遗留下一些尚未解决的问题，例如政治动荡、社会不平等和经济剥削。

促使欧洲殖民地变革的原因是欧洲国家自身的剧变。1789年的法国大革命引发了西印度群岛法属圣多明各的奴隶起义。1804年，海地获得独立，成为美洲第一个由黑人统治的国家。

1807～1808年，在西班牙和葡萄牙忙于半岛战争之时，两国在南美洲的殖民地陷入混乱。当地的精英阶层克里奥尔人（出生于美洲的欧洲人后裔）开始为西班牙殖民地争取独立而抗争。西蒙·玻利瓦尔在哥伦比亚和委内瑞拉等地领导独立力量，而何塞·德·圣马丁则是阿根廷、智利和秘鲁等地的独立运动领袖。经过曲折而漫长的斗争，到1826年时，西班牙在拉丁美洲的大部分殖民地都获得了独立。1822年，巴西以和平的方式摆脱葡萄牙的殖民统治，宣布独立。葡萄牙在巴西的摄政王佩德罗加冕为巴西帝国皇帝。

巴西和加勒比海地区的大部分人口为非洲裔。他们大多是为种植园工作的奴隶，为欧洲殖民者种植甘蔗和咖啡树等经济作物。虽然英国于1807年通过了禁止奴隶贸易的法令，但在英属美洲殖民地，奴隶制仍然存在。

前途未卜

在接下来的80年中，奴隶制在各地逐渐被废除。1888年，巴西成为美洲最后一个废除奴隶制的国家。奴隶制被废除以后，获得自由的奴隶通常会成为下层社会的一员。不公平的土地分配使他们的贫困程度加剧，这使他们遭受到更多的不公正待遇。

拉丁美洲各国独立以后，没有实现广泛繁荣，也没有建立健全的政府。国家权力出现真空，经济发展不均衡。军事独裁司空见惯，外部战争和内部冲突时有发生。然而，也有一些国家的发展情况良好，例如阿根廷和巴西。阿根廷在19世纪晚期发展迅速，吸引了大批欧洲移民。与此同时，巴西自19世纪80年代起迎来"橡胶热"。但是，它们的发展完全依赖欧洲和北美洲的投资。这些投资的目的是满足工业化国家的需求，而非满足当地人的需要。

插画地图集
这本地图集由墨西哥地理学家安东尼奥·加西亚·库巴斯创作。他希望自己的作品能增强墨西哥人的民族认同，维护墨西哥在世界上的国家地位。

金银产量图

矿产图
墨西哥是世界上主要的产银国，同时还拥有金矿、铜矿和其他金属矿藏。19世纪70年代以后，美国企业接管了墨西哥的大部分采矿业，使用现代化开采技术迅速扩大产量。但是，墨西哥也因此丧失了这些矿藏的所有权。

独立运动领袖米格尔·伊达尔戈·伊·科斯蒂利亚及其他国家首脑和革命英雄

行政图
墨西哥深受政局不稳和违法乱纪行为的困扰。自1876年起，波菲里奥·迪亚斯开始实行独裁统治，以牺牲自由为代价换取秩序和稳定。在鼓励外国投资者的同时，成千上万的农民失去了印第安公社土地。

> "一个国家如果过分奢华，又不能自力更生，就必定会衰败。"
>
> 西蒙·玻利瓦尔，独立运动领袖和军事家，《牙买加来信》，1815年

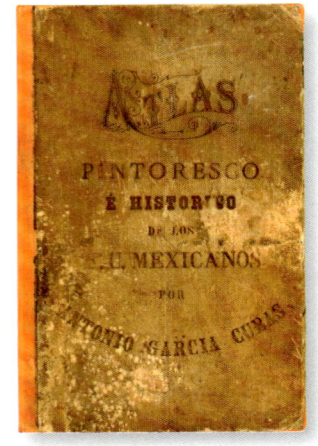

拉丁美洲革命 321

利用外国资本建设的交通和通信设施连接了城市，但却隔绝了内陆的农村地区

曼萨尼约如今是墨西哥最繁忙的港口之一，这里于1869年开设了墨西哥在太平洋沿岸的第一家电报局

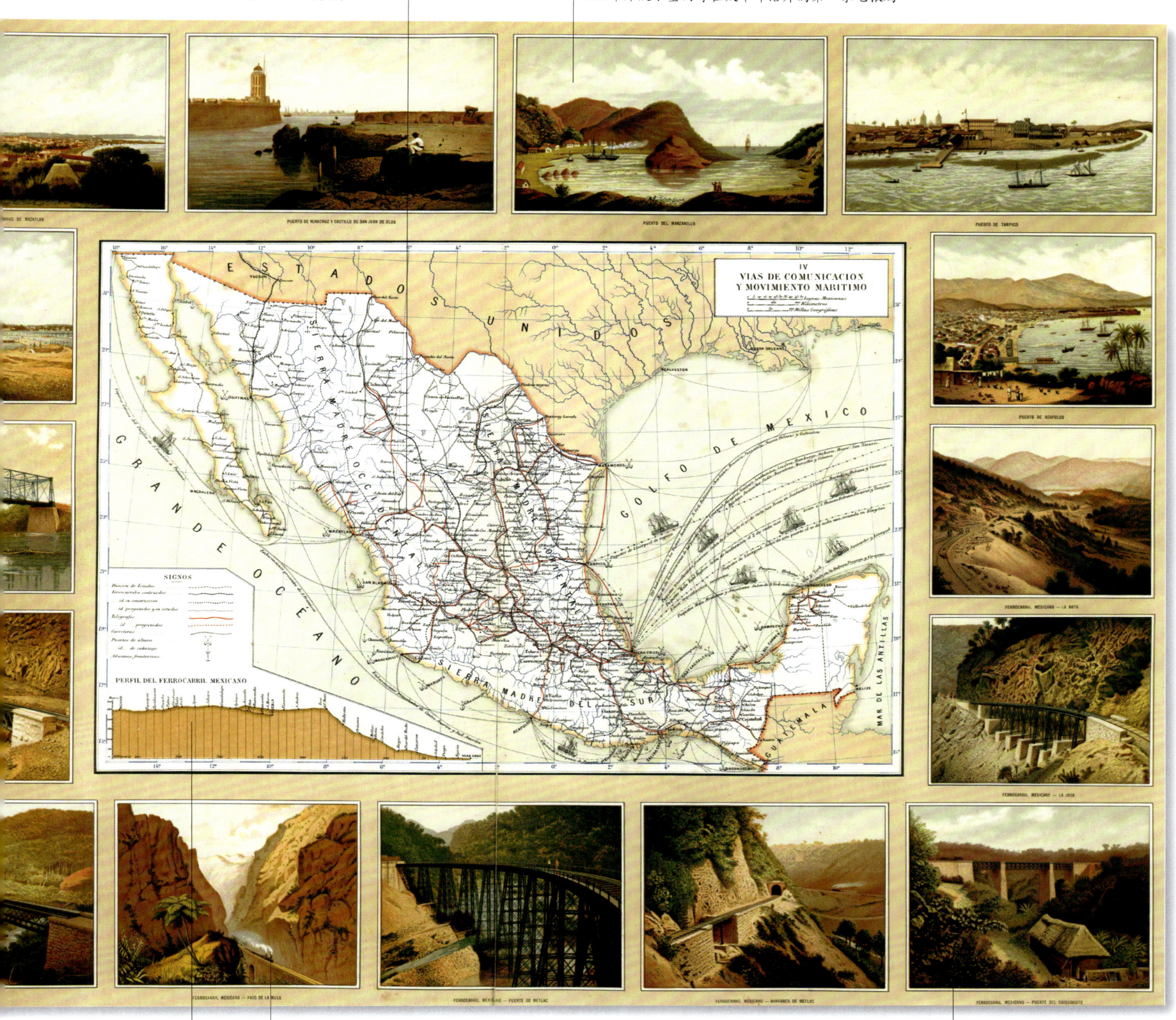

连接墨西哥城和韦拉克鲁斯的铁路地势剖面图

在帕索-德拉穆拉这样复杂的地形上建设铁路是英国建筑工程的一项壮举

虽然城市生活欣欣向荣，但与世隔绝的墨西哥农民的生活却依旧贫困

交通图

拉丁美洲国家于19世纪早期获得独立以后，社会和经济发展停滞不前。这幅地图出版于1885年，庆祝墨西哥自19世纪70年代起的腾飞。墨西哥利用英美两国的资金和技术，建造了铁路、电报线路和现代化港口，将墨西哥与飞速发展的全球经济连接在一起。

北美洲的传统与战争

美国建立之初,北美洲的大部分地区是原住民的领地,他们依靠打猎、捕鱼和农耕为生。这些美洲印第安人对数量迅速增多的欧洲移民持不同态度,有些部落愿意结盟,有些部落则选择武装对抗。

和平的象征
美国政府曾向印第安酋长颁发勋章,以促进友好关系。这枚勋章由托马斯·杰斐逊总统颁发于1801年。

瀑布旁
这幅画由美国艺术家乔治·卡特林创作于19世纪40年代,描绘了安大略湖马蹄瀑布旁的一群印第安人。此处是水陆联运点,当地的商人和猎人将自己的独木舟停在瀑布旁的陆地上。

欧洲人于15世纪末抵达北美洲时,这片土地上生活着数百个不同的原住民部落。他们说不同的语言,拥有各具特色的文化。欧洲移民的到来彻底破坏了原住民的世界。欧洲人不仅对土地有不同的利用方式,而且还带来了天花等疾病。西班牙人将马引入北美洲西南部,改变了大平原的面貌。人们需要到更远的地方寻找野牛,获取牛肉和牛皮,然后将其运到贸易中心交易。与此同时,欧洲商人将火器引入北美洲东北部,火器迅速成为原住民捕猎和保卫家园的工具。这些变化使北美洲的战事激增,因为各个部落都需要保卫自己的传统领地,获得贸易资源。到18世纪时,马与火器的区域边界交汇、重叠,催生出新的部落生活方式。

殖民时期,很多部落尚能与需要同其进行贸易合作的外国政府谈判。然而,在英国战胜法国以及英属北美殖民地脱离英国获得独立之后,一切都改变了。一个强大的统一政府成立,它致力于帮助白人移居者获得土地。虽然印第安民族的主权得到法律的承认,但大多数土地转让都是新政府强加给各部落的。

抵抗与迁移

在1812年的美英战争期间,由卡尤加人、摩霍克人、奥内达人、奥南达加人和塞内卡人结成的精神与政治联盟——易洛魁联盟,开始抵制强加于自己的条约,并与英国结成战略联盟。英国战败后,易洛魁人被迫迁往加拿大。肖尼人的酋长特库姆塞也试图将中西部的印第安人结成联盟。后来,他被美军杀害,联盟瓦解,参与联盟的印第安人失去了自己的土地。

一些欧洲人的习俗融入印第安人的文化传统中,尤其是切罗基人、克里克人、奇克索人、乔克托人和塞米诺尔人,这五个印第安民族被称为"文明五部落"。到19世纪20年代时,切罗基人的城镇已经拥有二层楼房、警察和司法机关,发展出书面语言,并于1827年颁布了成文宪法。不过,这对切罗基人并无用处,克里克人和塞米诺尔人的武装抵抗同样徒劳无功。根据美国政府1830年通过的《印第安人迁移法案》,文明五部落的土地被剥夺,族人被强制迁移到遥远的西部保留地,踏上"血泪之路"。

随着在大平原上开展铁路和公路建设,美国政府与苏族人、夏延人、科曼切人和基奥瓦人等平原部落之间时常发生冲突。尽管印第安人取得过重大战役的胜利,例如1876年的小比格霍恩战役,但这些部落终因不敌敌人的强大火力,以及赖以生存的野牛被敌人捕杀殆尽而失败。然而,美国政府仍然担心印第安人反抗,禁止印第安人举行集会和"鬼舞"等仪式。1890年,一群苏族人聚集在南达科他州的伤膝河附近跳舞,惨遭美国政府军屠杀。

加拿大原住民的命运不像美国印第安人那么悲惨。居住在北美洲西海岸的部落在整个19世纪都保持着独立,例如海达人和特林基特人。他们抵御住了欧洲人带来的疾病,并且顶住了基督教对其传统文化造成的压力。在更往北的地区,因纽特人的和平一直持续到20世纪,这在很大程度上得益于其家园偏远的地理位置。

> **"脚下土地,焉能出售。"**
> 疯马,印第安战争领袖,1875年9月23日

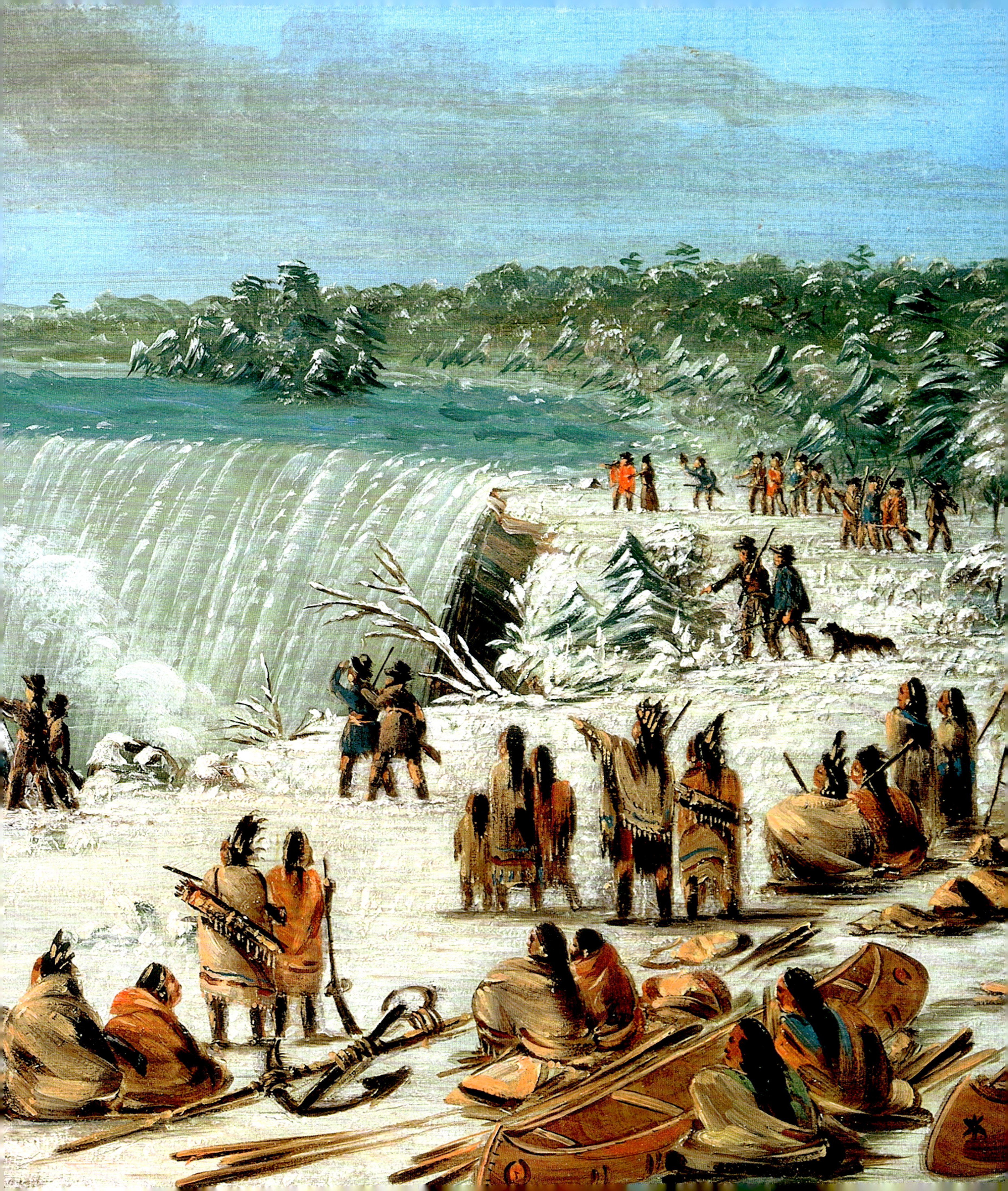

贸易

起初，印第安人渴望获得新商品和新技术。通过与欧洲人进行贸易，他们获得了由机器织造的布料、玻璃珠、金属刀具和火器等实用商品。但是，到19世纪中叶时，稳定的枪支和弹药供应成为捍卫部落领地的决定因素。新贸易网络的形成引发了人口流动和竞争。

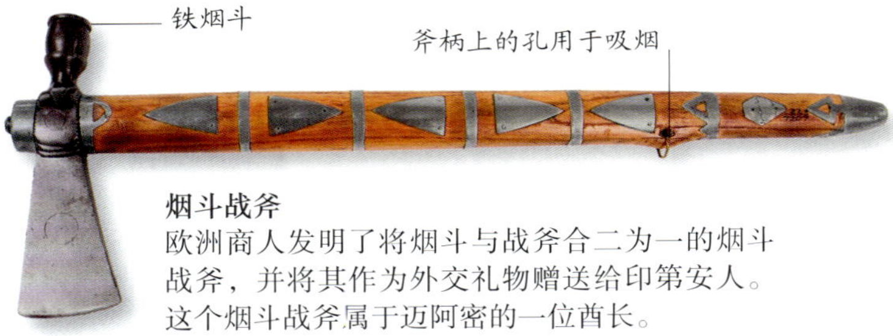

铁烟斗

斧柄上的孔用于吸烟

烟斗战斧
欧洲商人发明了将烟斗与战斧合二为一的烟斗战斧，并将其作为外交礼物赠送给印第安人。这个烟斗战斧属于迈阿密的一位酋长。

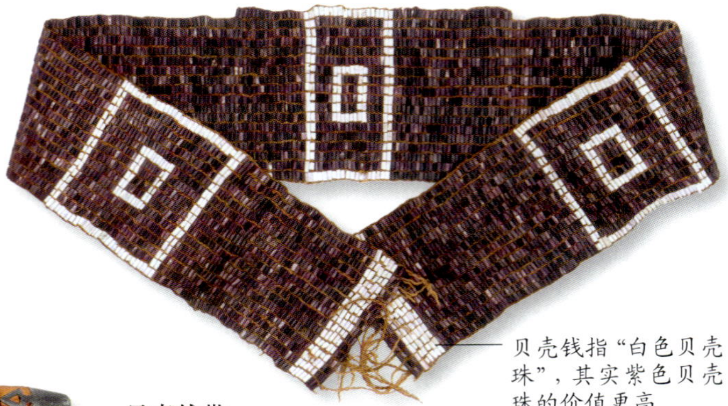

贝壳钱指"白色贝壳珠"，其实紫色贝壳珠的价值更高

贝壳钱带
由贝壳穿成的贝壳钱是北美洲印第安人使用的一种货币。贝壳钱带可以用于标记重要事件或记录与欧洲人进行过的交易，例如这条阿尔冈昆人的贝壳钱带。

兽皮流苏

马鞍袋
马鞍袋是马背部落使用的一种装备。这个马鞍袋出自西北高原，那里的人们在大平原与加利福尼亚之间进行贸易。

枪架 **枪管**

燧发枪
阿拉斯加的因纽特人于19世纪通过贸易获得了这支枪。这表明欧洲商品甚至渗透到了北美洲最偏远的地区。

牛角火药瓶

尚武传统

北美洲的印第安人都在设法守护其世代生活的土地。生活在大平原上的部落有尚武传统。年轻人都希望通过战斗、争夺马匹或保护族人来证明自己。

弓弦由动物筋制成

将匕首绑在手腕上的皮带

格斗匕首
北美洲西北海岸的特林吉特人从欧洲人那里学到了制作金属刀具的技术。这把匕首的手柄末端有用象牙雕刻的图腾。

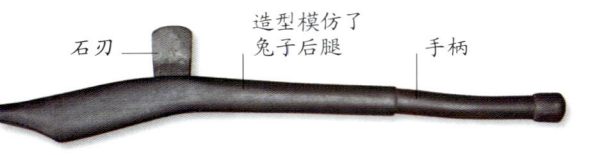

石刃 **造型模仿了兔子后腿** **手柄**

石刃战棍
虽然战棍不再用于作战，但作为领袖的标志，它仍被随身携带。

背带以玻璃珠装饰

弓、箭和箭袋
大平原上的印第安人骑马时会将装有弓和箭的箭袋斜挎在肩膀上。有些弓由木头和动物筋制成，箭头由石头或金属制成。

装饰盾牌
北美洲西南部的普韦布洛人携带装饰有羽毛的兽皮盾牌。盾牌四周的羽毛取自精神力量强大的鸟类，例如鹰、乌鸦和隼。

盾牌常以鹰羽装饰

北美洲的传统与战争　325

苏族拉科塔人的羽冠
大平原上的苏族人战士头戴由鹰羽制成的羽冠。这些羽毛代表羽冠的主人或受其领导的族人所取得的战绩。苏族拉科塔人是1876年在小比格霍恩战役中击败乔治·卡斯特将军和美国第七骑兵团的部落之一。

额带
额带上的蓝色和白色玻璃珠是从欧洲商人处获得的。红色毛呢被称为"斯特劳德呢"，以其位于英国格洛斯特郡斯特劳德的原产地命名。

22根末端以红色绒毛装饰的鹰羽构成羽冠的上半部分

鹰羽末端以白黏土固定着一缕马毛

下半部分由35根鹰羽构成

红色毛呢

每根羽毛都代表一次光荣的战绩

丝带和鹿皮带

全视图

326　工业与独立　1750~1900年

服装与饰品

北美洲的印第安人巧妙地利用天然材料制作出既实用又美观的服装。兽皮是制作大多数服装的基础材料，例如鹿皮。用作装饰的豪猪刺、马毛和驼鹿毛等动物制品，常与欧洲商人提供的玻璃珠搭配使用。

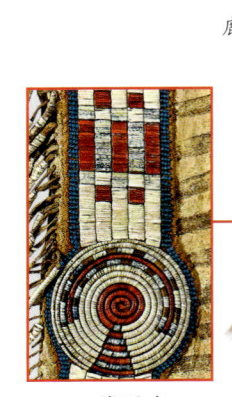

羽管图案

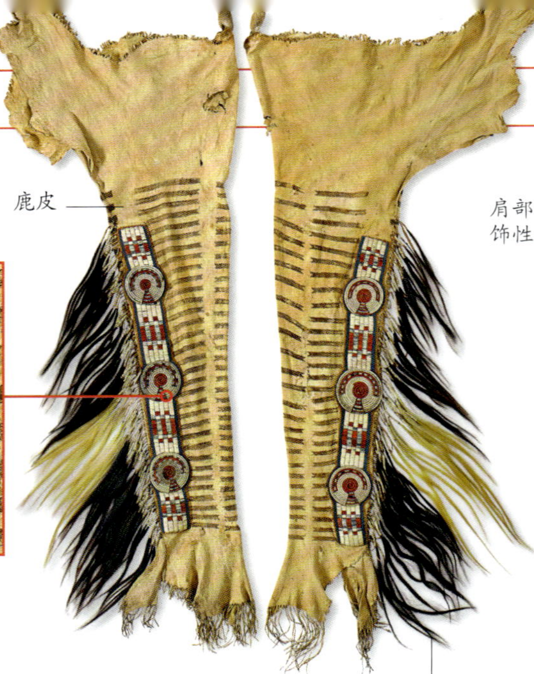

酋长的绑腿
这副绑腿属于1830年前后密苏里河沿岸的一位曼丹人酋长。条纹代表他所取得的成就。

鹿皮 / 染色的马毛

佩诺布斯科特人的夹克
美国东北部缅因州的佩诺布斯科特人制作的这件鹿皮夹克是按照欧洲风格剪裁的，上面装饰着通过贸易获得的玻璃珠。

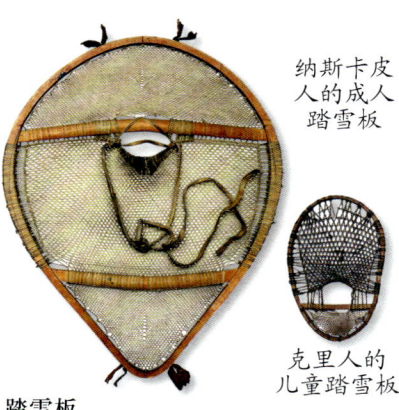

肩部的装饰性流苏 / 袖口上的玻璃珠

踏雪板
为了便于冬季出行，生活在加拿大的印第安人用桦木制作框架，绑以皮网和驼鹿皮，制成踏雪板。

纳斯卡皮人的成人踏雪板 / 克里人的儿童踏雪板

莫卡辛鞋
这双带有驼鹿毛的莫卡辛鞋制作于18世纪后期的加拿大，展现出印第安人精湛的手工艺。

染色的驼鹿毛

雪镜
加拿大北部巴芬岛的因纽特人制作了这副木质雪镜。这种雪镜通过将视线缩小至狭窄的缝隙来减少眩光，用以防止雪盲。

供视物的窄缝

信仰与仪式

北美洲的印第安民族拥有各自不同的精神信仰。他们的社会生活以各种仪式和典礼为中心，旨在获得精神上的幸福。祭司、萨满和巫医等精神领袖为人们提供精神支持，帮助人们获得健康，或者保佑捕猎及各项活动能够顺利进行。

波特拉赤帽
波特拉赤是北美洲西北海岸的印第安人举行的礼品交换仪式。这顶帽子上的每一个环都代表其穿戴者举办过的一次波特拉赤。

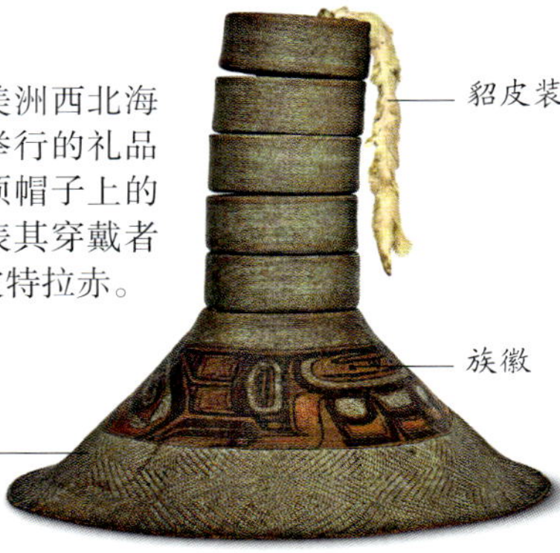

貂皮装饰 / 族徽 / 由云杉根编制而成

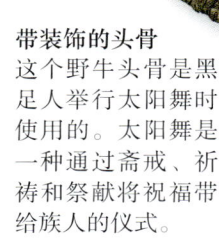

带装饰的头骨
这个野牛头骨是黑足人举行太阳舞时使用的。太阳舞是一种通过斋戒、祈祷和祭献将祝福带给族人的仪式。

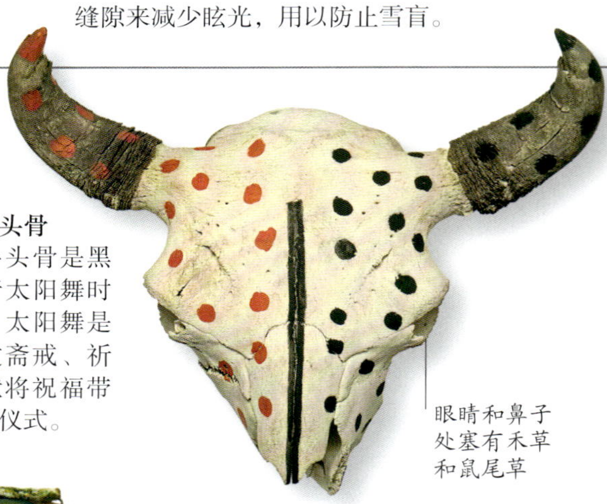

眼睛和鼻子处塞有禾草和鼠尾草

马耳后斜表示恐惧和疼痛 / 真马鬃 / 红色代表伤口流出的鲜血 / 红色马鬃代表从口中流出的鲜血

北美洲的传统与战争　　327

家居生活

北美洲印第安人生活中的性别分工十分明确。在大多数部族社会中，女性负责收集浆果、种植农作物、烹饪和腌制食物、搭建住所及缝制衣物。男性主要负责打猎、捕鱼和保卫家园。除此以外，男性还在事关部落福祉的重要仪式和典礼中扮演重要角色。

桦树皮刀
佩诺布斯科特人用这把刀将桦树皮切割成片，用桦树皮制作帐篷和独木舟。

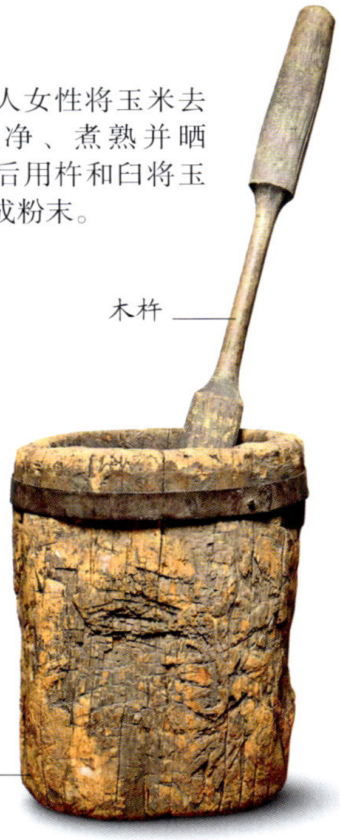

- 独特的刀片能在桦树皮上留下深浅不一的图案

杵和臼
易洛魁人女性将玉米去皮、洗净、煮熟并晒干。然后用杵和臼将玉米粒捣成粉末。

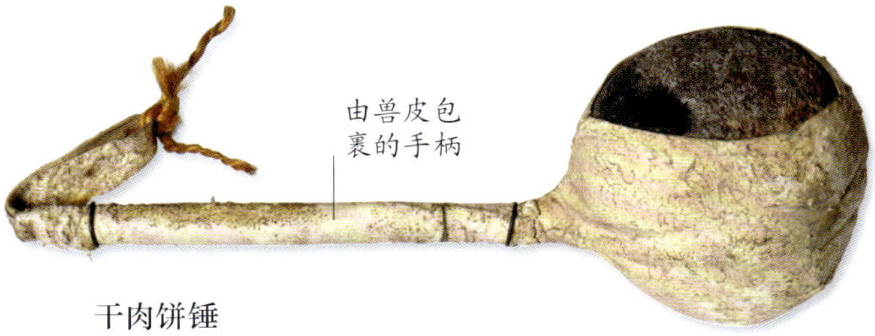

- 木杵
- 用中空树干制作的臼

干肉饼锤
美国北达科他州的希达察人用这种石头工具捣碎野牛肉，混入油脂和浆果，制成一种叫作干肉饼的高蛋白食物。

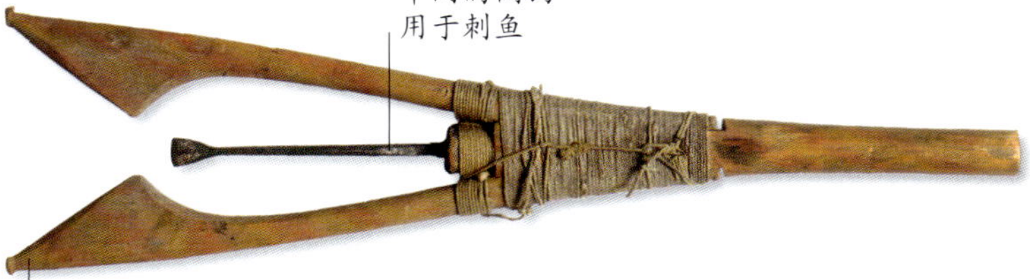

- 由兽皮包裹的手柄

鱼叉
加拿大新斯科舍省的米克马克人用这种鱼叉捕鱼。他们常在夜晚驾驶独木舟到湖泊和河流上，用火把将鱼吸引到水面附近。

- 中间的倒钩用于刺鱼
- 侧面的倒钩可以防止鱼打滑

网棒球球棍
许多北美洲印第安人都玩一种叫作网棒球的球类游戏。北方的部落在游戏中使用一根球棍，而南方的部落则两手各握一根球棍。

- 兽皮带将棍子捆绑在一起
- 仔细编制的条带，造型略显复杂

仪式用烟斗
吸烟草是许多宗教仪式的组成部分，与祈祷相关。这支烟斗属于五大湖地区的一位卡斯卡斯基亚人。

- 扁长的烟斗管
- 连接烟斗管的加长烟斗

灵魂俘获器
在恢复健康的仪式上，萨满使用灵魂俘获器捕捉迷失的灵魂并将其送回病人体内。这些灵魂俘获器属于一位钦西安人。

- 镶嵌有鲍鱼壳的鹿骨

苏族人的马舞棍
苏族人战士在马舞等部落仪式中手持这种木雕棍。这根棍子雕刻于1875年前后，表现了一匹因中弹而口吐鲜血的马。

- 真马鬃制成的马尾

海达人的图腾柱
北美洲西北海岸的部落有用树干雕刻图腾柱的习俗，例如海达人。渡鸦像既被视作伟大的造物主，也被视作无赖。

- 小青蛙
- 渡鸦头
- 柱子下部描绘忠诚的婚姻和家族中的其他大事

美国的诞生

1776年，在英属北美殖民地反抗英国统治的战争中，美国诞生了。美国可以称得上一个实现个人权利和民主原则的新兴国家，尽管起初只局限于白人，但其成立仍不失为一次大胆的政治尝试。在成立后的第一个世纪中，美国实现了领土面积的急剧扩张和人口数量的快速增长，成为世界上最大的工业强国。

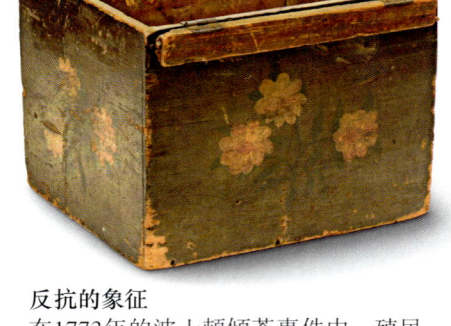

反抗的象征
在1773年的波士顿倾茶事件中，殖民地居民为反抗英国的统治，将英国商船上的茶叶倾入大海。这个茶叶箱是其中之一。

鸟瞰图 ▷
这幅芝加哥鸟瞰图绘制于1874年，描绘了这座在草原上拔地而起的城镇，它用30年的时间发展成为美国第二大城市。19世纪，美国的人口数量增长和经济发展的速度史无前例。

18世纪中叶的北美洲是英法殖民统治的竞技场。在1754～1763年的法国人和印第安人战争中，英国获胜。英国和法国的殖民势力在北美洲的角逐以法国的完败而告终。然而，战争结束后，英国与13个英属北美殖民地之间的分歧日渐加剧。英国对殖民地征收各种苛捐杂税，殖民地居民对此提出强烈质疑，并发起反抗运动，但遭到英国的镇压。13个英属北美殖民地召开大陆会议，联合反抗英国的统治。1775年，北美独立战争打响。1776年，大陆会议通过《独立宣言》，宣告美利坚合众国成立。在法国的帮助下，美国获得独立战争的胜利。大多数忠于英国的殖民地居民离开美国，其中许多搬到了仍处于英国控制之下的加拿大。

成立之初

新成立的美国起初只有大约400万人口，与当时的爱尔兰人口相当。这些人大多是农民、商人、律师、水手和黑奴。美国社会不同于当时的欧洲社会，这里既没有大量的农民，也没有贵族，更没有君主。在欧洲人眼中，美国已经是一个非常民主的国家了。然而，纵使如此，投票权也直至19世纪20年代才普及到全部白人男性。在整个19世纪，美国享有的自由与机遇之国的美誉为它吸引到越来越多的移民。

美国内战

美国领土的扩张速度远超其人口数量增长的速度。在1803年的路易斯安那购地事件中，美国向法国支付1500万美元购得从新奥尔良到蒙大拿的路易斯安那地区。在南部，美国从西班牙手中获得佛罗里达，墨西哥因战败被迫将从得克萨斯到加利福尼亚的大片土地割让给美国。与此同时，移民大量涌入中西部地区，对原住民造成毁灭性的影响。

到19世纪中叶时，领土扩张连同经济增长使政治和社会分裂问题突显。已经废除奴隶制的北方各州成为美国的制造业中心，依靠奴隶制的南方各州成为主要的棉花种植和出口地。美国的开国元勋们曾以为奴隶制会逐渐消亡，但事实却恰恰相反，奴隶制于19世纪上半叶迅速扩展。1861年，南方各州脱离联邦，美国内战爆发。1865年，北方联邦军的胜利维护了美国的统一，奴隶制被废除。

战后

内战结束之后，美国的经济迅猛发展，从根本上改变了美国的国家性质。纽约和辛辛那提等城市充满了来自非英语国家的移民，他们的贫穷与实业家和铁路建设者的财富形成鲜明对比。除萧条的南部地区以外，各地的工业和农业一片繁荣。到1900年时，美国已经成为世界上最大的工业生产国，人口数量达到7600万。

> "整个北美洲大陆看起来……注定……是一家人。"
>
> 约翰·昆西·亚当斯，后来的美国第六任总统，给约翰·亚当斯的信，1811年8月31日

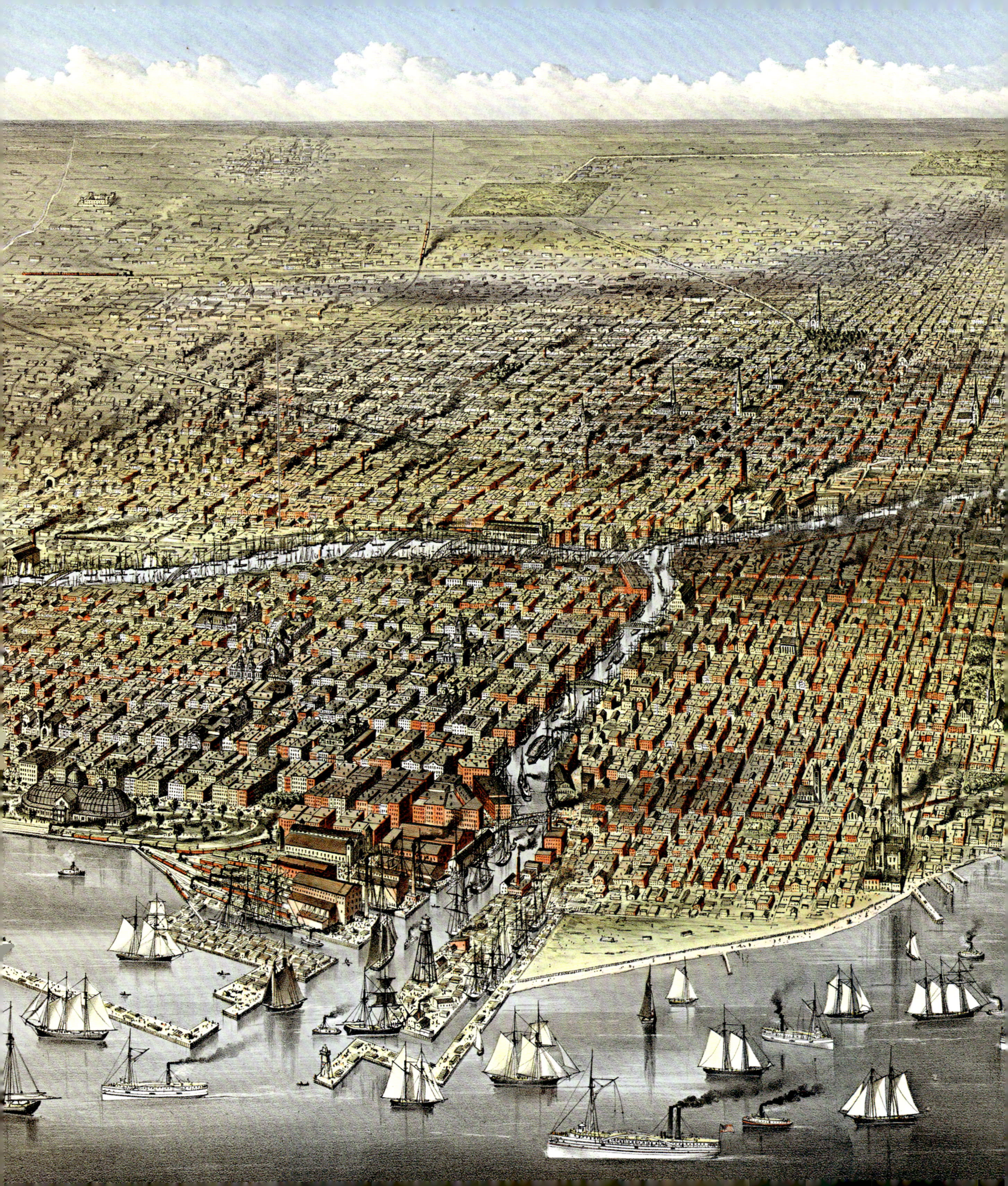

探险、贸易与交通运输

对密西西比河以西地区的开发始于1803年。当时,梅里韦瑟·刘易斯和威廉·克拉克受托马斯·杰斐逊总统委派,率领一支远征队穿越内陆,抵达太平洋海岸。不久以后,黄金和廉价的土地将越来越多的移民吸引到西部。到19世纪60年代末时,铁路和电报已经将美国的东西海岸联通。

宣传海报
1885年,加利福尼亚州政府为吸引移民而制作了这张海报,将可利用的土地和宜人的气候作为宣传重点。

弗里蒙特邮票
有"探路者"之称的探险家约翰·查尔斯·弗里蒙特于1842～1848年四次率领探险队穿越美国西部。这枚纪念邮票发行于1898年。

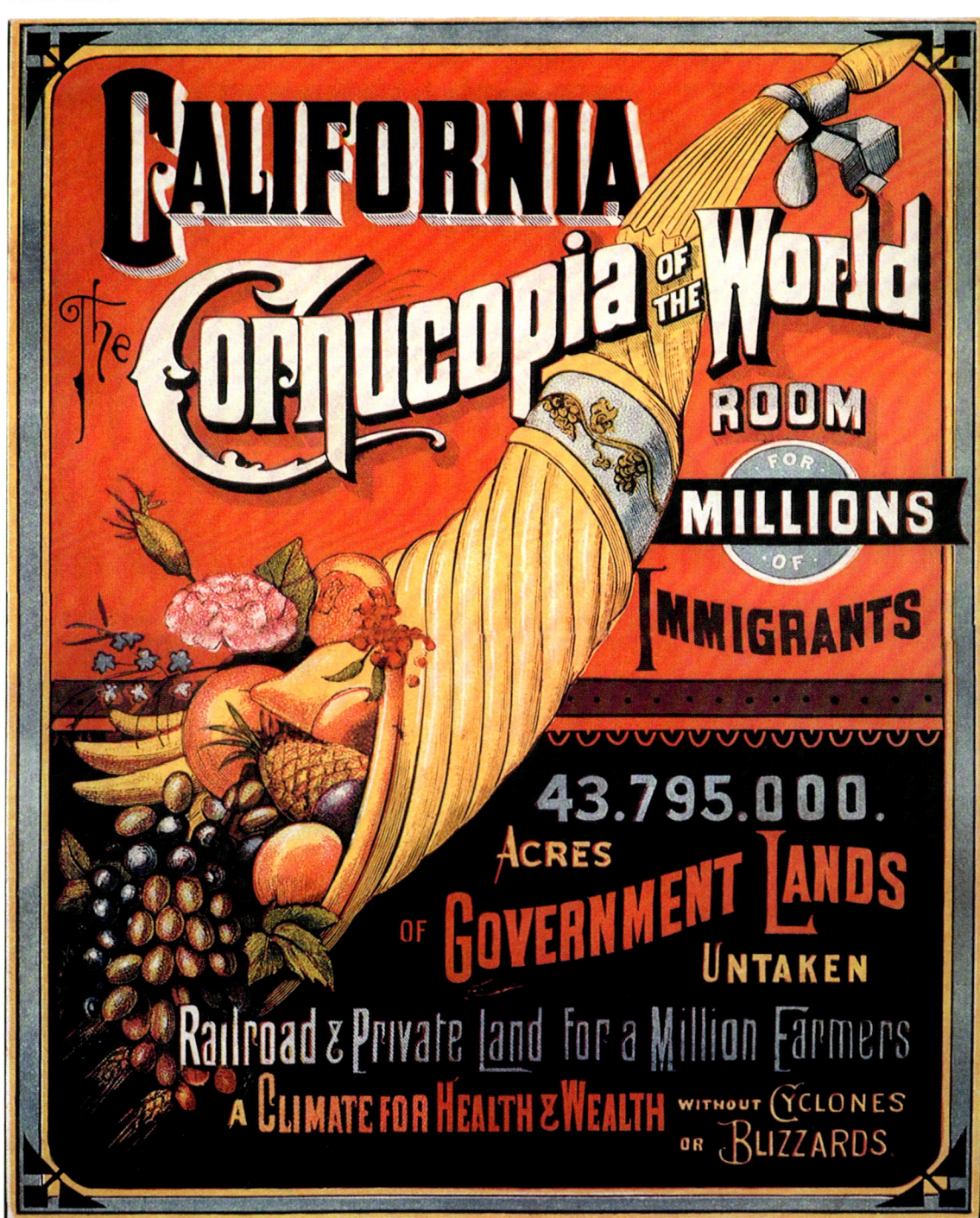

指南针
1804～1806年,刘易斯和克拉克在从密西西比河到太平洋海岸的探险途中使用了这个袖珍指南针。

嵌在红木盒里的指南针

驿马快信
1860年4月～1861年10月,驿马快信的骑手们将邮件从密苏里州圣约瑟夫最西端的铁路终点站送至加利福尼亚州的萨克拉门托。他们完成这项任务需要十天,途中经停数个驿站。

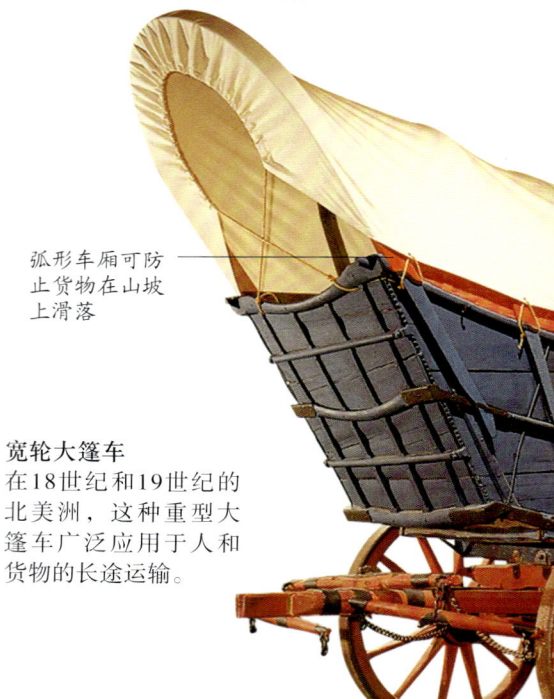

宽轮大篷车
在18世纪和19世纪的北美洲,这种重型大篷车广泛应用于人和货物的长途运输。

弧形车厢可防止货物在山坡上滑落

美国的诞生　331

政治与权力

美国的开国元勋们提出崇高的自由与人权观念，但在现实生活中，违背这些观念的现象却屡见不鲜，例如对非洲裔美国人的奴役、肆无忌惮的金钱权力、普遍的违法行为和乱象丛生的执法机构。尽管奴隶制于1865年被废除，但平等的理想却远未实现。

加利福尼亚的黄金
1848年，在萨特农庄发现的这块黄金引发了著名的加利福尼亚淘金热。黄金的诱惑将30万移民吸引到这片未经开发的土地。

金币
这枚20美元金币铸造于加利福尼亚州发现黄金之后的1849年。美国自1873年起采用金本位制，将美元的价值与黄金挂钩。

正面　　背面

南部同盟纸币
美国内战期间，南部同盟发行了自己的货币。这些纸币很快便失去了价值，南部同盟政府不得不发行大额货币，例如这张面值500美元的纸币。

黄金道钉
这枚黄金道钉为纪念1869年北美洲第一条横贯大陆铁路的竣工而打造。当时，东、西两条铁路在犹他州的海角峰交会。
刻有铁路官员和董事的姓名

废奴勋章
由英国废奴主义者乔赛亚·韦奇伍德设计于1787年的这枚勋章成为废除奴隶贸易和奴隶制的象征。

戴着镣铐、单膝跪地的奴隶浮雕　　碧玉细炻器，细粒无釉瓷器

第13条修正案
1865年1月31日，美国国会众议院通过《联邦宪法第13条修正案》，废除了美国境内及其管辖范围内的奴隶制。

奴隶制与废除奴隶制

声明提到，出售地图所得款项将用于帮助受伤士兵

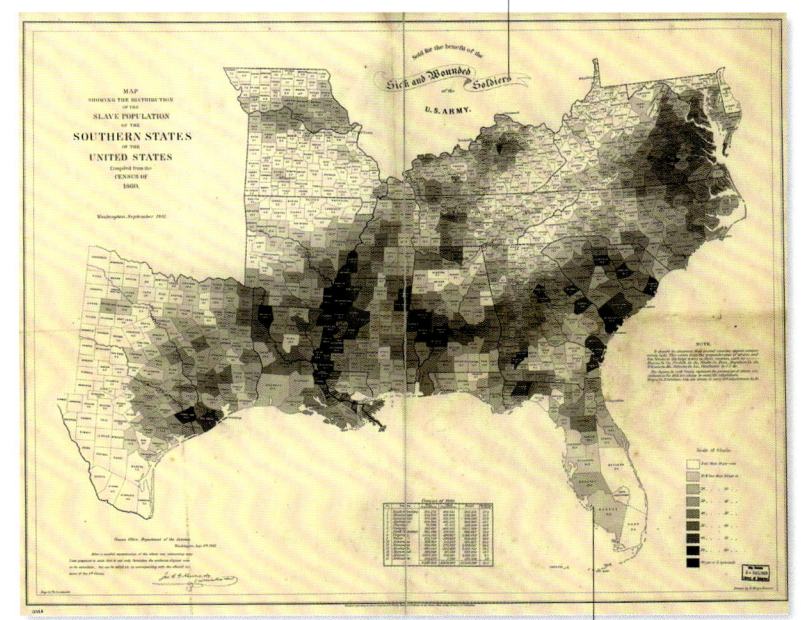

奴隶的分布
这幅根据1860年人口普查情况绘制的地图显示了奴隶在南方各州的分布情况。19世纪中叶，依靠奴隶劳动种植出的棉花是南方各州的主要出口作物。

不同深浅的灰色代表各地的奴隶比例

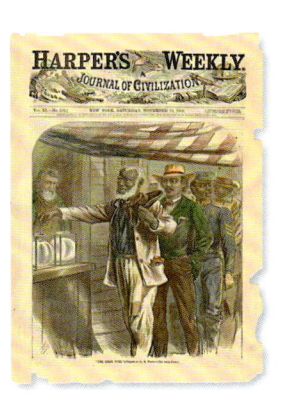

《哈珀周刊》封面
这幅封面图描绘了1867年非洲裔美国男性在弗吉尼亚州投票的场景。然而，这项权利在多数南方州迅速被否决。

法律与秩序

平克顿国家侦探事务所的标志，代表"全视之眼"

得克萨斯骑兵徽章
成立于1823年的得克萨斯骑兵原本是自卫队，后来成为美国第一个国家执法机构。它对待印第安人和不法分子冷酷无情。

侦探徽章
成立于1852年的平克顿国家侦探事务所是一个令人生畏的私人机构。它在镇压不法分子团伙和阻止工会罢工时不择手段。

狱警徽章
为关押和改造罪犯，政府建造了许多监狱，例如亚利桑那州的尤马监狱。囚犯受到粗暴对待，不是参加集体劳动，就是被单独监禁。

- 序言以"我们人民"开篇，呼应《独立宣言》中的"人民"
- 第一条规定国会拥有立法权及国会的组织结构
- 制定宪法的目的

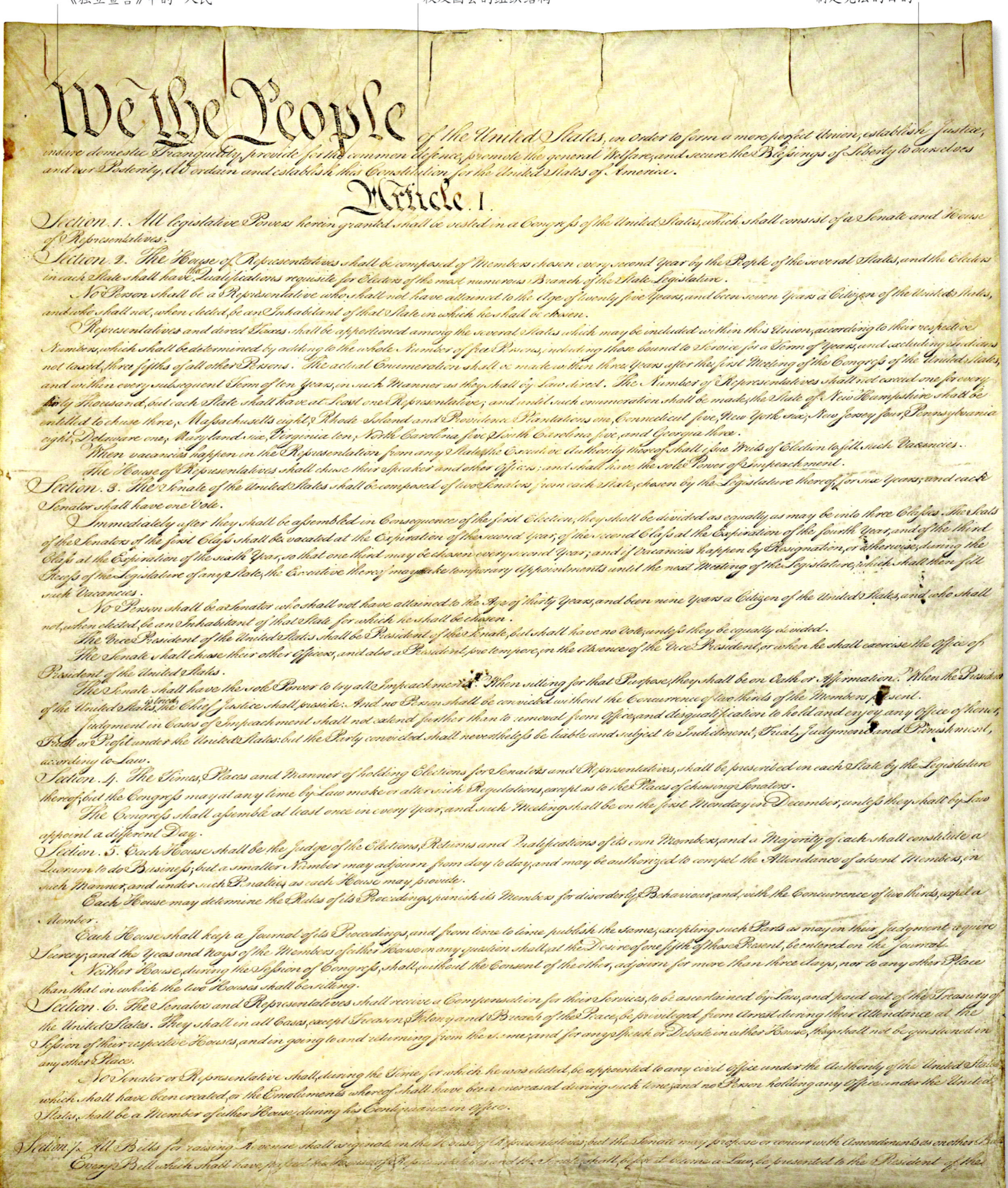

美国的诞生　333

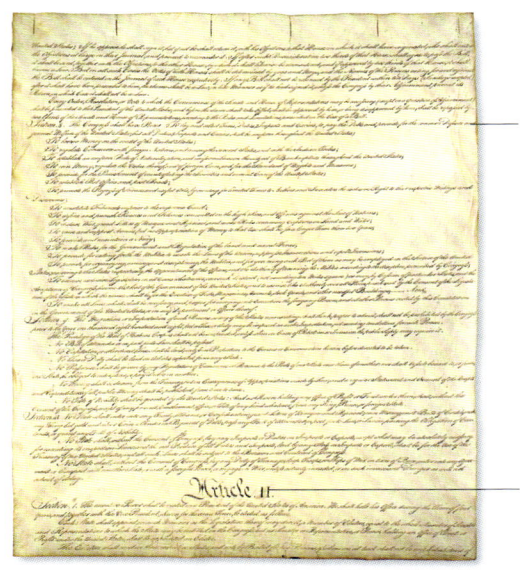

最高法律

《美利坚合众国宪法》

1776年，13个英属北美殖民地脱离英国的统治，成立美利坚合众国（参见第328页）。出于联合抗英的需要，大陆会议通过了《邦联和永久联合条例》（简称《邦联条例》）。这使代表前殖民地的邦联国会能够在有限的范围内采取行动。在1783年美国完全独立之后，《邦联条例》继续生效。不过，各州实际上都在依据自己的宪法追求各自的利益。

建立联邦政府

1786年，独立战争之后的经济困难导致马萨诸塞州爆发了名为"谢斯起义"的武装农民起义。虽然起义最终平息，但它却给统治各州的富裕精英们留下了深刻印象，使他们意识到强大的中央政府的必要性。1787年，制宪会议在费城召开，除罗得岛州以外的其他各州均选派代表出席。

弗吉尼亚州的政治家詹姆斯·麦迪逊在制定宪法的过程中发挥了关键作用。这一过程充满争议，许多代表对减弱各州权力和建立强大联邦政府的提议持敌对态度。较大的州希望按照人口比例获得代表席位，而较小的州则希望代表席位均等。作为妥协，国会最终由众议院和参议院两个议院共同组成。众议院按各州人口比例设置代表席位，每个奴隶以五分之三人计算。参议院为每个州设置两个代表席位。根据三权分立原则，行政权（总统）受到立法权（国会）和司法权的制衡。

新宪法

制宪会议于1787年9月就宪法内容达成一致。1789年3月，《美利坚合众国宪法》得到12个州的最终批准，正式生效。罗得岛州也于次年勉强认同了它。后来，为了平息人们对联邦政府权力过大的担忧，保障公民权利不受政府侵犯，国会又通过了"权利法案"，对宪法做出修正。1789年4月，乔治·华盛顿被一致选举为美利坚合众国第一任总统。

- 第一条第八款规定国会有立法权，但也对其权力加以限制
- 第二条涉及总统和其他行政职位
- 第三条规定最高法院为美国联邦最高法院
- 第四条涉及各州与联邦之间的关系
- 第五条涉及宪法修正案，规定修宪的程序
- 第六条规定联邦宪法高于各州法律
- 第七条详细说明了宪法生效所需的批准
- 乔治·华盛顿的签名
- 詹姆斯·麦迪逊的签名

初版《美利坚合众国宪法》
这四页初版《美利坚合众国宪法》草案于1787年9月17日由制宪会议通过。虽然它规定了美国的政体和法律，但却没有明确规定何人拥有投票权。1791年，"权利法案"对宪法做出十条修正，增加了宗教信仰和言论自由的权利，以及携带武器的权利等条款。

《独立宣言》

1776年7月4日，由美国政治家托马斯·杰斐逊主持起草的《独立宣言》获得通过。在阐述英属北美殖民地反抗英国统治的原因时，他提出人人生而平等，人们拥有生命权、自由权和追求幸福的权利。他还指出，政府的权力是经被治理者的同意而产生的。

战争与冲突

美国诞生于北美独立战争（1775~1783），当时，大陆军在法军的帮助下击败了英军。在1861~1865年的美国内战中，北方各州的联邦军队为阻止同盟各州（南部蓄奴州）分裂而战斗。这是美国历史上最血腥的战争，60万人被夺去了生命。

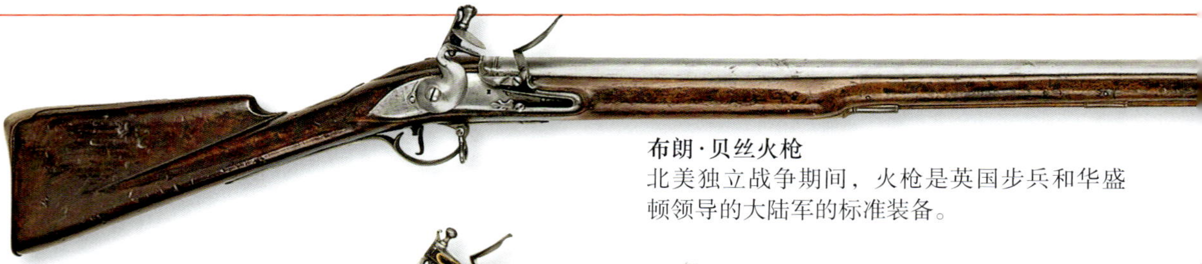

布朗·贝丝火枪
北美独立战争期间，火枪是英国步兵和华盛顿领导的大陆军的标准装备。

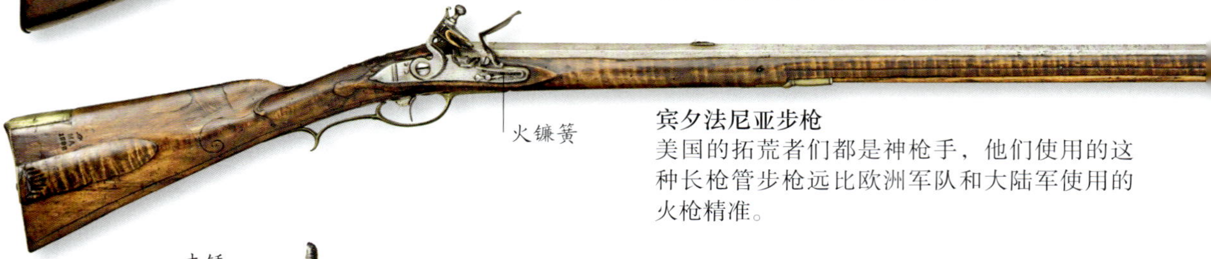

宾夕法尼亚步枪
美国的拓荒者们都是神枪手，他们使用的这种长枪管步枪远比欧洲军队和大陆军使用的火枪精准。

— 火镰簧

纸包枪弹
美国内战期间，步兵使用由纸包裹的枪弹，里面装有弹丸和火药。士兵需要借助推弹杆将枪弹推进枪管。

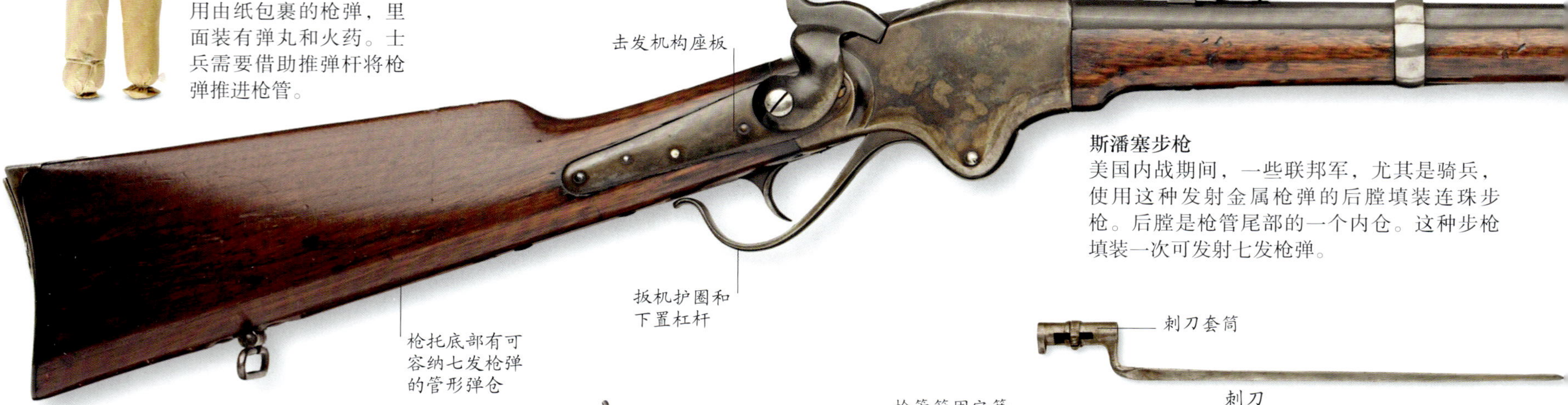

— 由纸包裹的火药

— 击锤
— 击发机构座板

斯潘塞步枪
美国内战期间，一些联邦军，尤其是骑兵，使用这种发射金属枪弹的后膛填装连珠步枪。后膛是枪管尾部的一个内仓。这种步枪填装一次可发射七发枪弹。

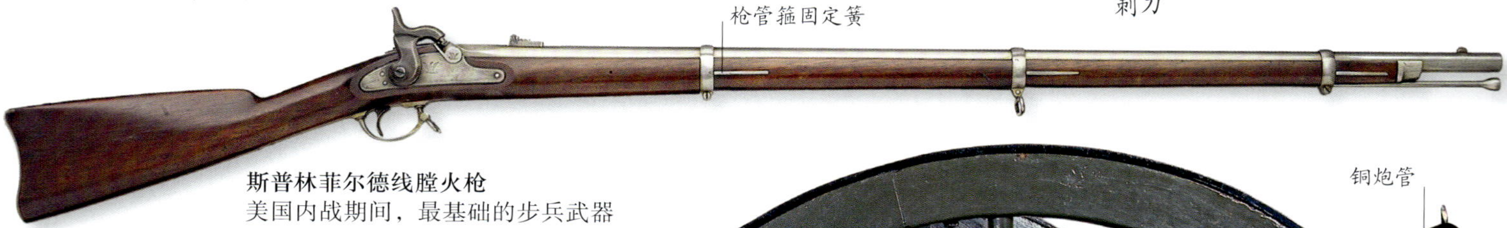

— 扳机护圈和下置杠杆
— 枪托底部有可容纳七发枪弹的管形弹仓

— 刺刀套筒
— 刺刀
— 枪管箍固定簧

斯普林菲尔德线膛火枪
美国内战期间，最基础的步兵武器是这种枪管内有膛线、枪口可安装刺刀的火枪。线膛火枪在精准度、射程和射速方面远优于燧发枪。

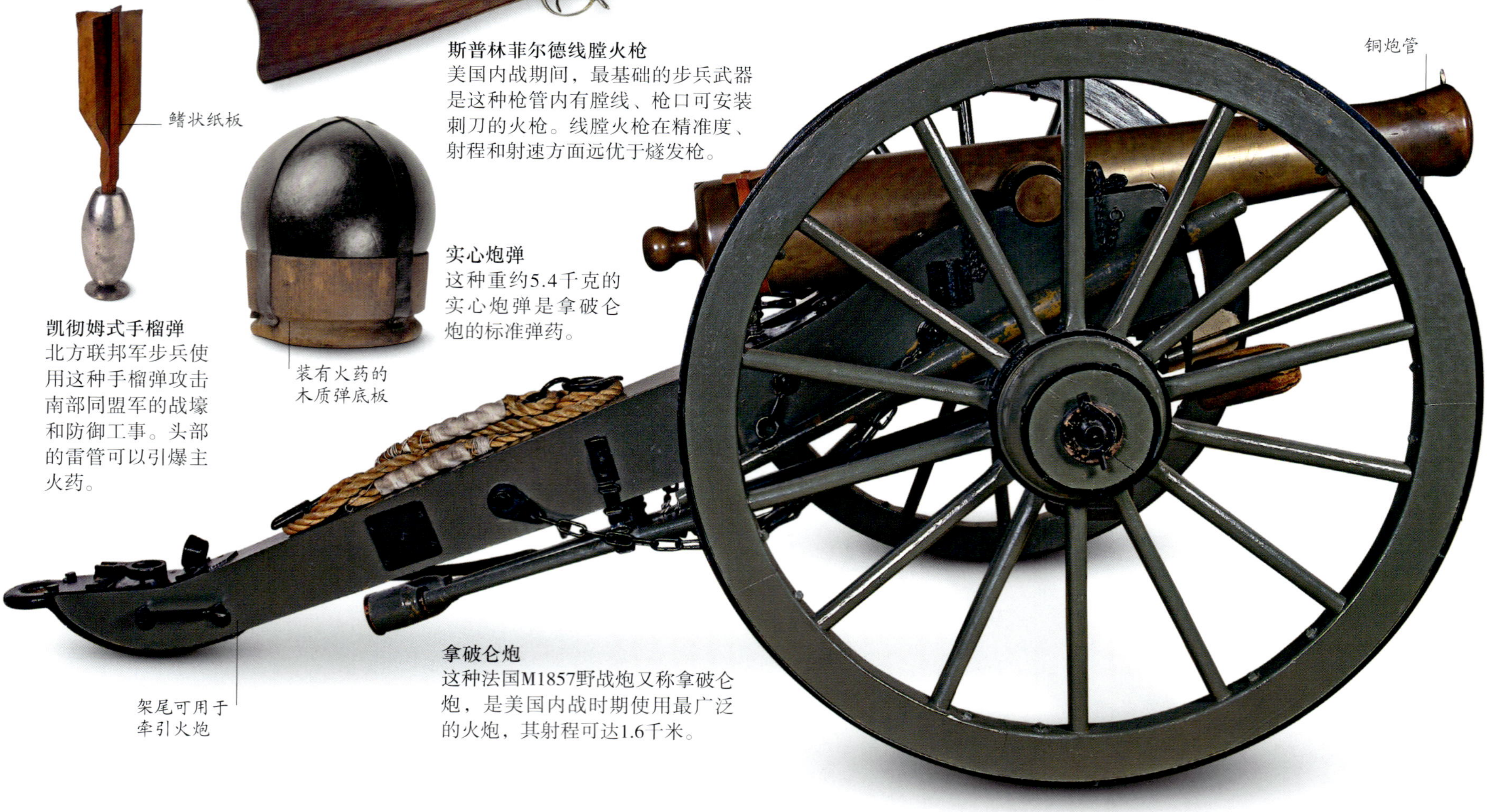

— 鳍状纸板

凯彻姆式手榴弹
北方联邦军步兵使用这种手榴弹攻击南部同盟军的战壕和防御工事。头部的雷管可以引爆主火药。

实心炮弹
这种重约5.4千克的实心炮弹是拿破仑炮的标准弹药。

— 装有火药的木质弹底板

— 铜炮管

拿破仑炮
这种法国M1857野战炮又称拿破仑炮，是美国内战时期使用最广泛的火炮，其射程可达1.6千米。

— 架尾可用于牵引火炮

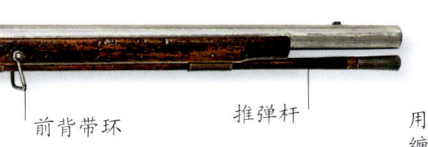

美国的诞生　335

前背带环　推弹杆　用铜丝缠绕的皮刀柄

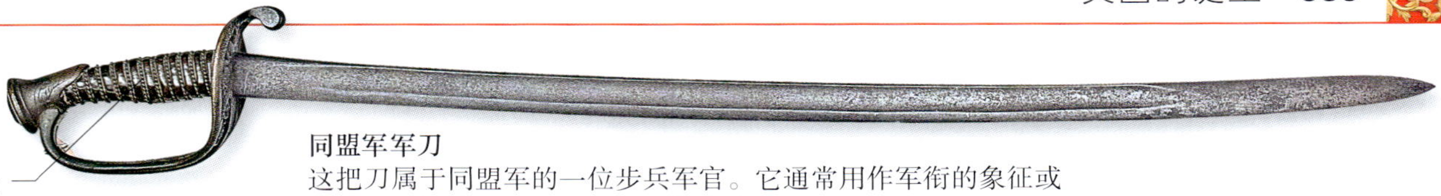

同盟军军刀
这把刀属于同盟军的一位步兵军官。它通常用作军衔的象征或指挥士兵作战的工具，而不用作武器。

长膛线枪管

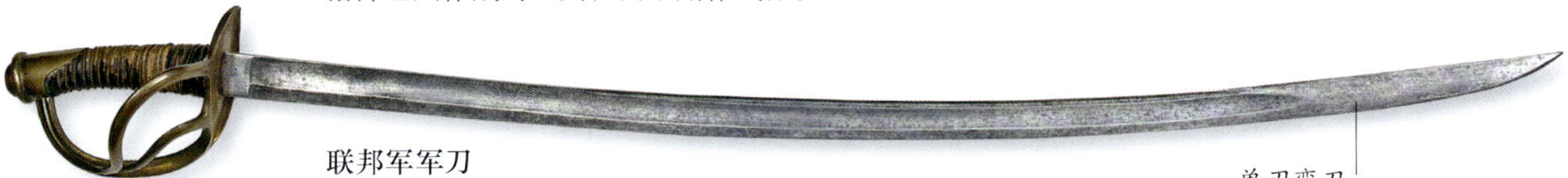

联邦军军刀
在美国内战期间，联邦军骑兵使用的军刀在由重火力主导的战场上作用有限。骑兵下马作战时，通常使用一种名为卡宾枪的短枪。

单刃弯刀

枪管箍　准星　刺刀卡笋　前背带环

立领

表示军衔的编织物

美国内战平顶军帽
美国内战期间，这种带帽舌的平顶军帽被分发给联邦军和同盟军的军官。还有很多人戴宽边软帽。

联邦军军官的平顶军帽 　　同盟军军官的平顶军帽

同盟军军服上衣

木质鼓身

滑动片将鼓面绷紧

肩章表示军衔和军种

象征美国的图案

联邦军军鼓
军鼓不仅可以用于统一队伍的步伐节奏，还可以用于在战场上传达命令。在美国内战期间，鼓手通常是年龄最小的士兵，大多不满16岁。

翻边袖口

联邦军军服上衣

美国内战军服上衣
联邦军穿着由北方工厂生产的蓝色军服，而同盟军的手工军服则为灰色或灰胡桃色。

336　工业与独立　1750~1900年

- 绣在蓝色背景上的星星
- 染成靛蓝色的毛料
- 15颗星中的一颗于19世纪被挖掉
- 旗帜上有37块补丁，为不同人在不同时期缝补
- 毛料上的红色条纹由一种名为茜素的植物染料染成

■ 新国家的象征

星条旗

1777年，星条旗正式成为美利坚合众国的国旗。起初，旗上有13颗星和13道条纹，代表1776年宣布独立时的13个英属北美殖民地。1795年，佛蒙特州和肯塔基州加入联邦，旗上的星和条纹的数量均增加到15。这面国旗即为这一版本。它于1814年成为美国爱国主义最著名的象征之一。

第二次美英战争

1812~1815年，美国与英国进行了第二次战争。与法国交战的英国封锁了美国的海外贸易，并强制征召美国水手到英军服役。这激起了一部分企图以武力夺取加拿大（英国殖民地）的美国鹰派政治家的野心，在其推动下，美国正式对英国宣战。这场战争的规模较小，没有实质性意义。最终，双方同意恢复至战前状态。然而，这场战争在确立美国的民族认同方面却发挥了至关重要的作用。

巴尔的摩战役是第二次美英战争中的关键事件。这次战役不仅激发了美国人的爱国主义热情，而且也为美国国歌的创作提供了灵感。1814年，英国派遣一支海军力量袭击美国沿海地区。8月，英军登陆华盛顿，摧毁包括美国国会大厦在内的公共建筑物。之后，继续进攻巴尔的摩港。9月13日，保卫巴尔的摩港进出通道的麦克亨利堡遭英国皇家海军轰炸。然而，炮弹、炸药和康格里夫火箭仅对这处坚固的堡垒造成轻微破坏。夜幕降临后，英军奉命登陆。翌日清晨，守卫堡垒的美军升起他们手中最大的一面美国国旗，表明堡垒仍处于美军的控制之下。由于无法确定守卫堡垒的美军人数，英军很快便选择撤退，放弃了对巴尔的摩的进攻。

国歌的诞生

美国律师和诗人弗朗西斯·斯科特·基目睹了短暂的巴尔的摩战役。看到麦克亨利堡上空飘扬的旗帜，他迸发灵感，写下后来被称为《星条旗》的一首诗。这首诗被谱成乐曲之后，很快成为一首极受欢迎的爱国歌曲。不过，直到1931年，它才被正式确定为美国国歌。

— 15道条纹，每一道都代表1814年时联邦的一个州

— 旗帜边缘被人当作纪念品剪下

巨大的旗帜
1814年，飘扬在麦克亨利堡上空的旗帜是驻军指挥官乔治·阿米斯特德于前一年被授予的。当时，这座堡垒的控制权由民兵组织移交至军队。这面旗帜长12.8米，宽9.1米。

■ 美国内战时期的旗帜

锚为旗帜主人添加，表明他曾在海军服役

昔日荣耀
在美国内战期间，星条旗也被称为"昔日荣耀"。一位市民将这面星条旗藏在被同盟军占领的纳什维尔。1862年，他展开这面旗帜，迎接联邦军的到来。

同盟军旗帜
同盟军最初的旗帜很容易与联邦军的星条旗混淆。因此，他们采用了这面旗帜，以示区分。

有色军团旗帜
在美国内战期间，支持联邦的非洲裔美国人被单独编入"有色"军团。第84团挥舞的这面旗帜上标有他们参加过的战役。

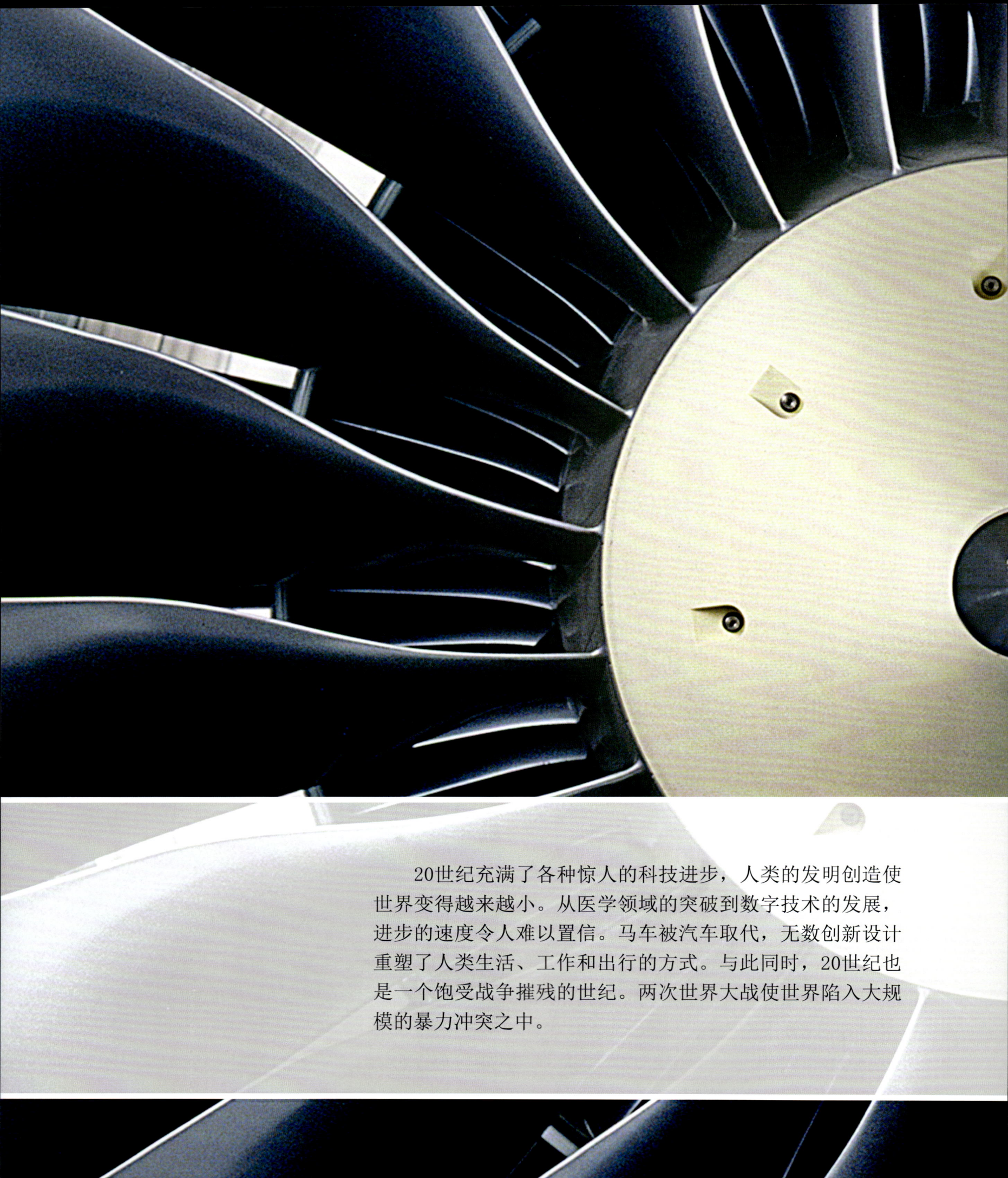

20世纪充满了各种惊人的科技进步，人类的发明创造使世界变得越来越小。从医学领域的突破到数字技术的发展，进步的速度令人难以置信。马车被汽车取代，无数创新设计重塑了人类生活、工作和出行的方式。与此同时，20世纪也是一个饱受战争摧残的世纪。两次世界大战使世界陷入大规模的暴力冲突之中。

日渐缩小的世界

1900年至今

百年飞行

从1903年第一次摇摇欲坠的飞行到如今的超声速飞行，飞机用不到一百年的时间改变了人类的生活。飞行领域的创新从根本上改变了我们旅行、探索、运输货物，甚至进行战争的方式。

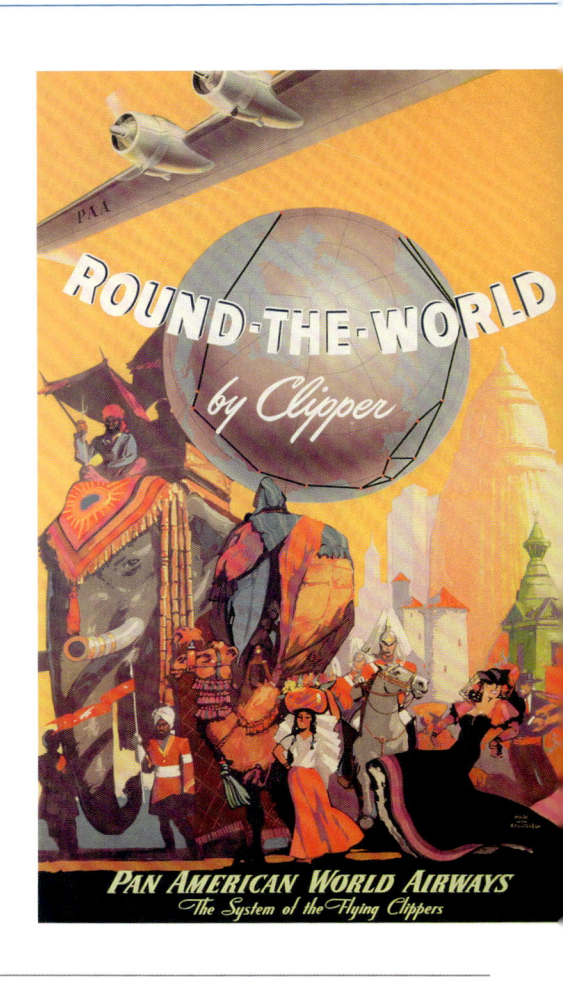

环游世界 ▷
当飞机发动机变得更轻、更强和更稳定时，开通国内和国际定期航班成为可能。这张1949年的海报宣传的是泛美航空公司"飞剪"号的环球飞行。

人类对飞行的渴望几乎与自身的文明同样古老。不过，20世纪工程师所面临的挑战是制造出一种不仅能够在空中飞行，而且还可以操控的飞行器。直到1903年，从事自行车修理和制造的威尔伯·莱特和奥维尔·莱特两兄弟驾驶世界上第一架固定翼飞机飞上天空时，这一渴望才成为现实。莱特兄弟取得的突破促使大量飞机被设计和制造出来。当人们意识到飞机除可以用于体育运动以外，还可以用作战争武器时，飞机制造业进入了蓬勃发展期。

飞行员们还专注于其他挑战。美国人查尔斯·林白和阿梅莉亚·埃尔哈特都因独自驾驶飞机飞越大西洋而成为民族英雄。羽翼渐丰的航空业迅猛发展，飞机也从小型双翼机发展成为大型喷气式飞机。它们搭载着大量旅客往返于世界各地。

固定翼飞机

飞行史上出现过很多英雄，他们驾驶着单薄、粗糙、动力不足的飞行器，尽力在空中停留。从滑翔机到箱形风筝，固定翼飞行器的发展使载人飞行成为现实。当飞机向前移动、机翼划过空气时，机翼上下因空气流速不同会产生气压差，从而产生升力。

操纵绳可以使机翼弯曲，也可以转动方向舵　　双螺旋桨　　云杉木机身结构

"飞行者"1号
1903年12月17日，莱特兄弟制造的这架可操控固定翼飞机创造了历史。它在空中飞行了12秒，飞行距离约37米。

布里斯托尔F.2B战斗机
布里斯托尔F.2B战斗机是第一次世界大战中应用最广泛、功能最多的机型之一。它是英国皇家飞行队使用的第一种双座战斗机。

后座的刘易斯机枪　　机身由织物覆盖　　排气管

LVG C.Ⅵ侦察机
在第一次世界大战中，德国的LVG C.Ⅵ侦察机主要用于侦察和定位火炮。战争结束后，它继续在立陶宛服役至1940年。

烟囱造型排气管　　木质机身

方向舵控制飞行方向　　张线使机身框架保持稳定　　升降舵控制俯仰

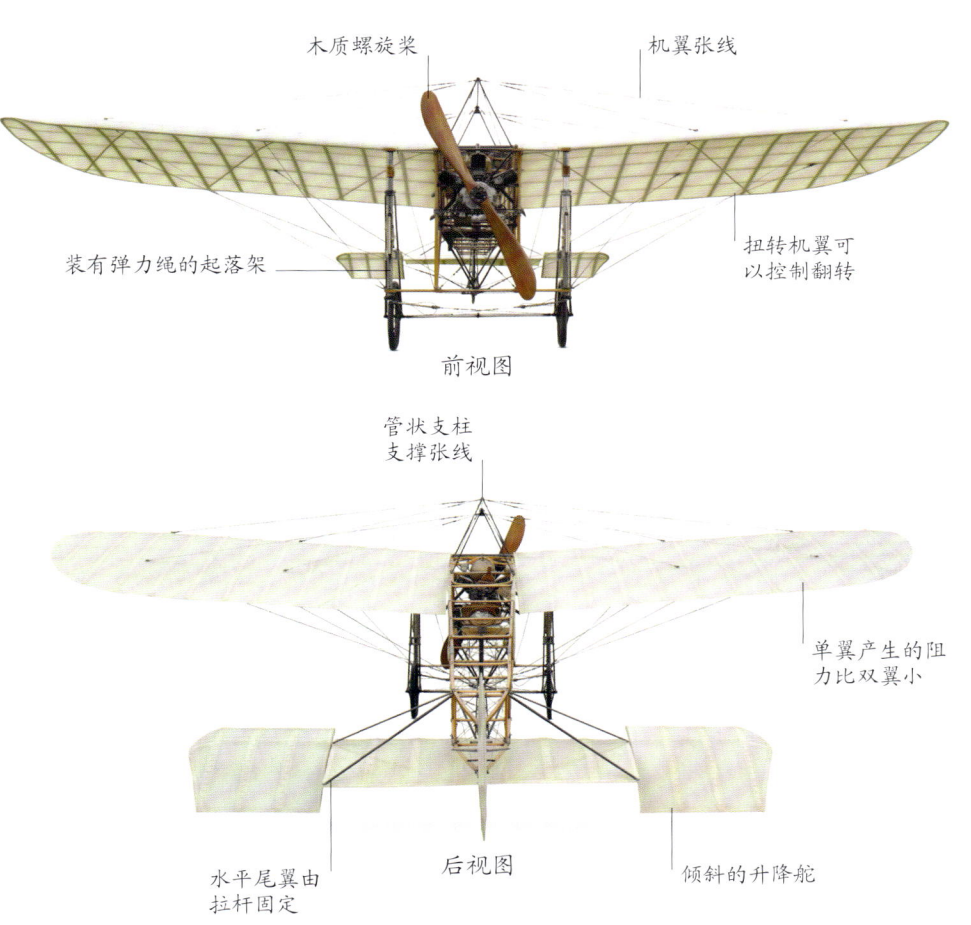

百年飞行　341

木质螺旋桨　　　机翼张线

装有弹力绳的起落架　　　扭转机翼可以控制翻转

前视图

胡桃木螺旋桨
这个光滑的复合双叶螺旋桨直径2米，能够完成飞越英吉利海峡的任务，并且不会开裂。

管状支柱支撑张线

黄铜燃料箱
一个小巧的桶形燃料箱水平安装在发动机与驾驶舱之间。在拥挤的条件下，它被放置于驾驶员座位的前面。

单翼产生的阻力比双翼小

水平尾翼由拉杆固定　　后视图　　倾斜的升降舵

方向舵
方向舵由两个脚踏板控制。这个新系统解决了飞机飞行过程中控制方向的问题。

布莱里奥XI号
法国人路易·布莱里奥是一位高产的飞机设计师。当英国《每日邮报》出资1000英镑奖励能够飞越英吉利海峡的人时，布莱里奥制造出了这架飞机。他于1909年7月25日完成了这一飞行壮举，用时约37分钟。布莱里奥XI号是一架单翼机，这是飞机设计领域的重大进步。

轮状操控杆

翼肋加固机翼

机身由既牢固又柔韧的木料制成

扭转机翼的曲柄

弹力绳悬架

控制升降舵的操纵线

自行车式轮子

342　日渐缩小的世界　1900年至今

辐射状"旋风"发动机

安装在机翼上方的发动机

道尼尔Do-X
制造于1929年的道尼尔Do-X是当时最大的飞机。它有3层甲板和12台发动机，是名副其实的"巨人"。第二次世界大战以前，它在豪华国际航线上为乘客们提供服务。

"圣路易斯精神"号
1927年，美国飞行员查尔斯·林白驾驶"圣路易斯精神"号从纽约直飞巴黎。整个飞行过程耗时33.5小时。

木质双叶螺旋桨

机身由织物覆盖

带有强力襟翼的高效机翼

波利卡尔波夫 波-2
这种飞机设计于20世纪20年代，最初用作教练机。但在第二次世界大战期间，这种苏联飞机承担了侦察、夜间突袭、投放宣传资料等多项任务。

机翼末端为圆弧形，有助于提高飞机在高空的性能

道格拉斯DC-2
具有革命性意义的道格拉斯DC-2提高了飞机的巡航速度，将速度作为20世纪30年代的"新商品"。商业飞行成为可能。

洛克希德XC-35
1937年，第一架配备加压机舱的飞机升空。加压机舱使乘客感觉舒适，即使在高空飞行也不会感到难受。

双发动机

驾驶舱位于主甲板上方

机身截面为圆形

钢架机身上覆盖着织物

鼻锥

张线加固尾翼

前起落架有两个轮子

派帕J3"幼兽"
在投产后的10年间，大约有2万架这种小飞机被制造出来。其中很多为L-4"蚱蜢"军用改装型，美国空军在第二次世界大战期间将这一型号用作教练机。

尾轮通过弹簧操控

全金属结构

飞行员与飞机工程师并排坐

机鼻枪塔

中高枪塔

阿维罗"兰开斯特"轰炸机
第二次世界大战期间，"兰开斯特"轰炸机是英国最著名的四发动机夜间轰炸机。它最多可携带6356千克炸弹。

机尾枪塔

弹舱不受起落架阻挡

投弹手位置

百年飞行 343

梅塞施米特Me 262
这种飞机的最高速度为869千米/时。它是世界上第一种喷气式战斗机，被认为是第二次世界大战中最好的战斗机。

标注：安装在机鼻处的枪；沉重的铰链式座舱盖；尾轮回收进机身；强劲但不稳定的涡轮喷气发动机

涡轮喷气发动机

第一台涡轮喷气发动机（上图）由英国人弗兰克·惠特尔于1937年试验成功。十个单管燃烧室为其提供了前所未有的动力。1938年，德国人率先制造出喷气式飞机——亨克尔He 178。第二次世界大战后，涡轮喷气发动机使航空运输业发生了革命性的变化，缩减了飞行的时间和成本。

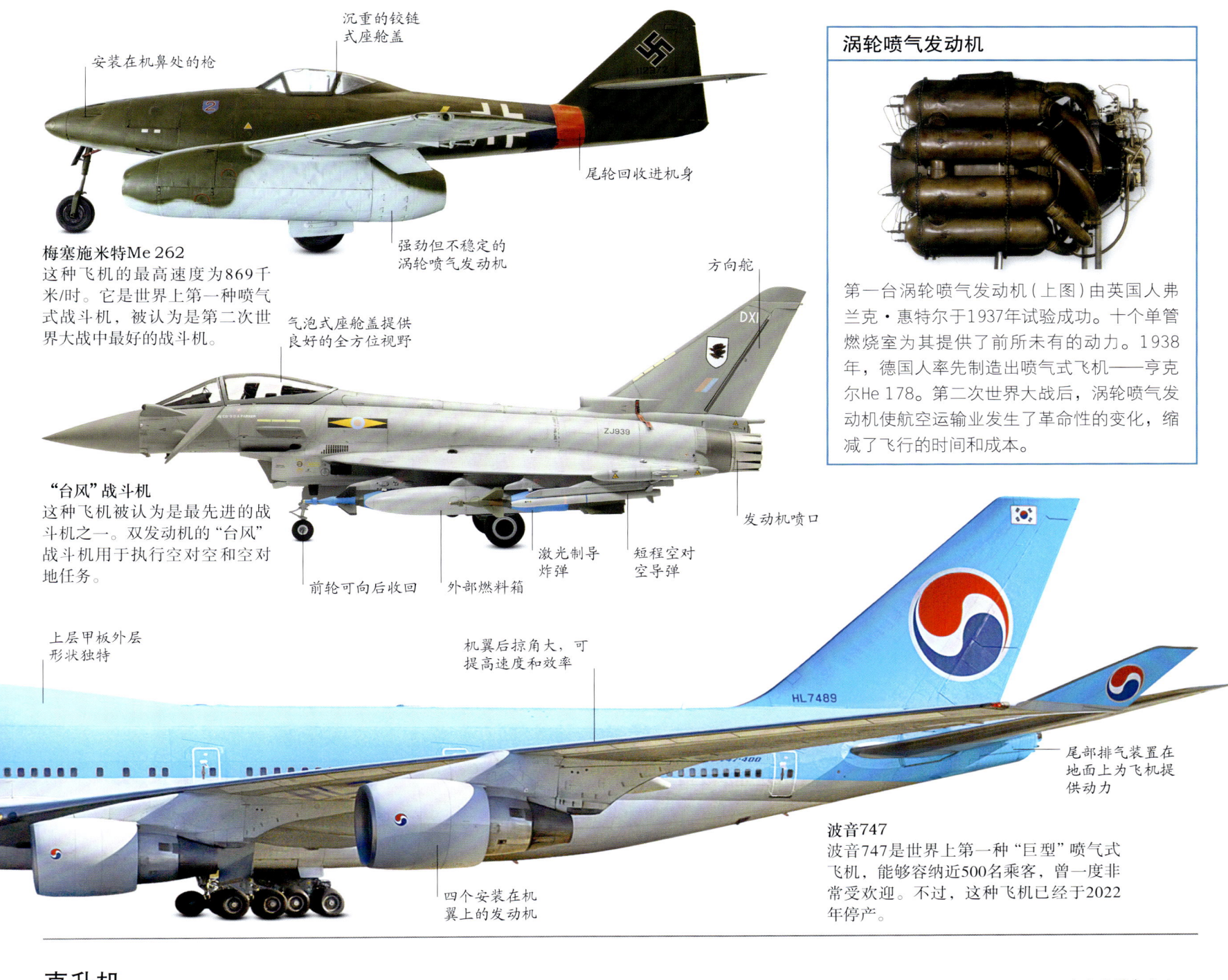

"台风"战斗机
这种飞机被认为是最先进的战斗机之一。双发动机的"台风"战斗机用于执行空对空和空对地任务。

标注：气泡式座舱盖提供良好的全方位视野；方向舵；前轮可向后收回；外部燃料箱；激光制导炸弹；短程空对空导弹；发动机喷口

波音747
波音747是世界上第一种"巨型"喷气式飞机，能够容纳近500名乘客，曾一度非常受欢迎。不过，这种飞机已经于2022年停产。

标注：上层甲板外层形状独特；机翼后掠角大，可提高速度和效率；尾部排气装置在地面上为飞机提供动力；四个安装在机翼上的发动机

直升机

1907年，法国工程师保罗·科尔尼设计制造出了第一架能载人任意飞行的直升机。1940年，伊戈尔·西科尔斯基在美国研究制造出第一架实用单旋翼直升机。直升机行业随之腾飞，涌现出从小型单人直升机到武装直升机等数百种类型。

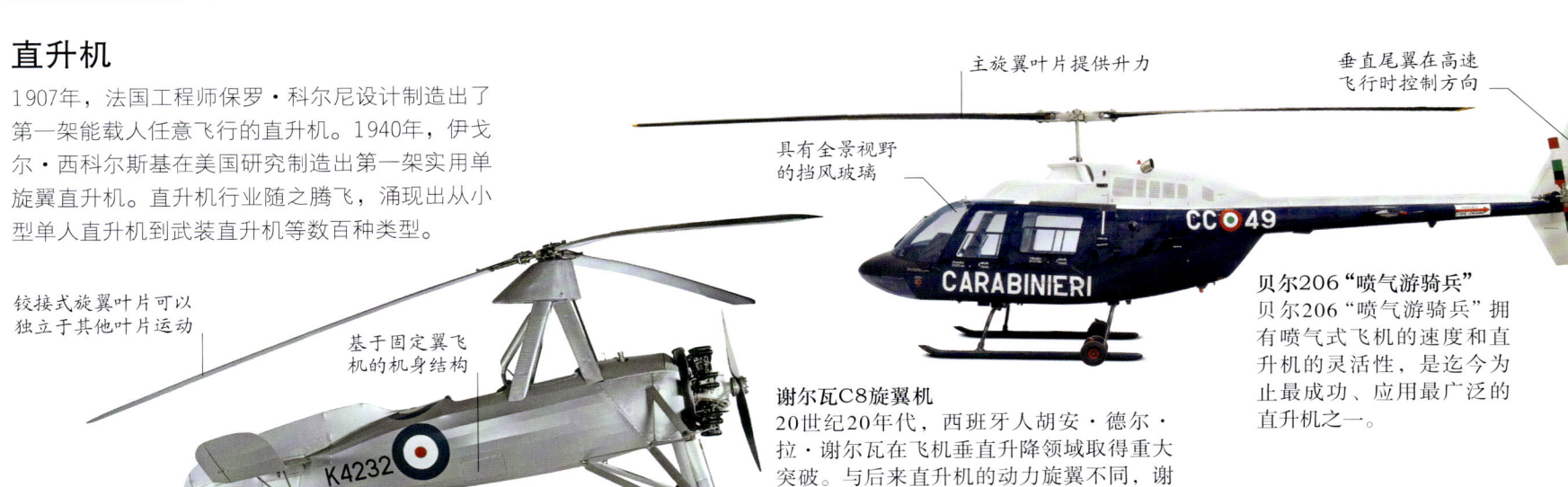

谢尔瓦C8旋翼机
20世纪20年代，西班牙人胡安·德尔·拉·谢尔瓦在飞机垂直升降领域取得重大突破。与后来直升机的动力旋翼不同，谢尔瓦C8旋翼机的主旋翼没有动力。

标注：铰接式旋翼叶片可以独立于其他叶片运动；基于固定翼飞机的机身结构

贝尔206"喷气游骑兵"
贝尔206"喷气游骑兵"拥有喷气式飞机的速度和直升机的灵活性，是迄今为止最成功、应用最广泛的直升机之一。

标注：主旋翼叶片提供升力；垂直尾翼在高速飞行时控制方向；具有全景视野的挡风玻璃

大众运输

交通运输于20世纪取得了惊人进步。过去，在旅行路程上所花的时间需要按天计算，到20世纪末时，花在同样路程上的时长仅需按小时计算了。旅行对于普通大众来说已经成为稀松平常的事情。汽车和火车的发展改变了社会和人们的日常生活。

流线美
这张1941年的海报宣传的是"帝国快车"。它是一列以装饰艺术风格设计制造的不锈钢长途客运列车。一台巨大的蒸汽机为这列火车提供动力，旅客可以享受舒适且价格合理的旅行。

发明于19世纪的内燃机加快了20世纪的生活节奏。然而，在世纪之交，工薪阶层的普通人根本买不起汽车，更别提外出度假和旅行了。

一切的改变都要从亨利·福特将流水线装配应用到汽车生产开始。汽车工厂的流水线装配降低了汽车的生产成本，并且极大地提高了生产效率，制造出大量价格低廉的汽车。汽车和摩托车一同发展，给予人们想去哪里就去哪里的自由。长途铁路线缩短了横穿大陆的时间，过去耗时数月的路程如今仅用几天就可以完成。对许多家庭来说，到海边度假或休憩已经成为可能。蒸汽机车早已被柴油客运列车取代，电气化的高速铁路正在迅猛发展，使旅行变得更加方便、快捷。

火车

轨道和发动机的改进为铁路交通带来变革，使火车成为20世纪最具活力的交通工具之一。以蒸汽为动力的蒸汽机车曾独占鳌头数十年，而如今的柴油和电力机车已经取代蒸汽机车，成为使用最广泛的火车。1964年，第一列高速客运列车在日本投入运营，将东京到大阪的路程时长从6.5小时缩短至4小时。现在，高速列车的速度更快，甚至可以与飞机相提并论。

弗吉尼亚铁路SA型蒸汽机车
这台巨大的蒸汽机车制造于1910年，用于在弗吉尼亚铁路上运输货物。它于1957年退役。

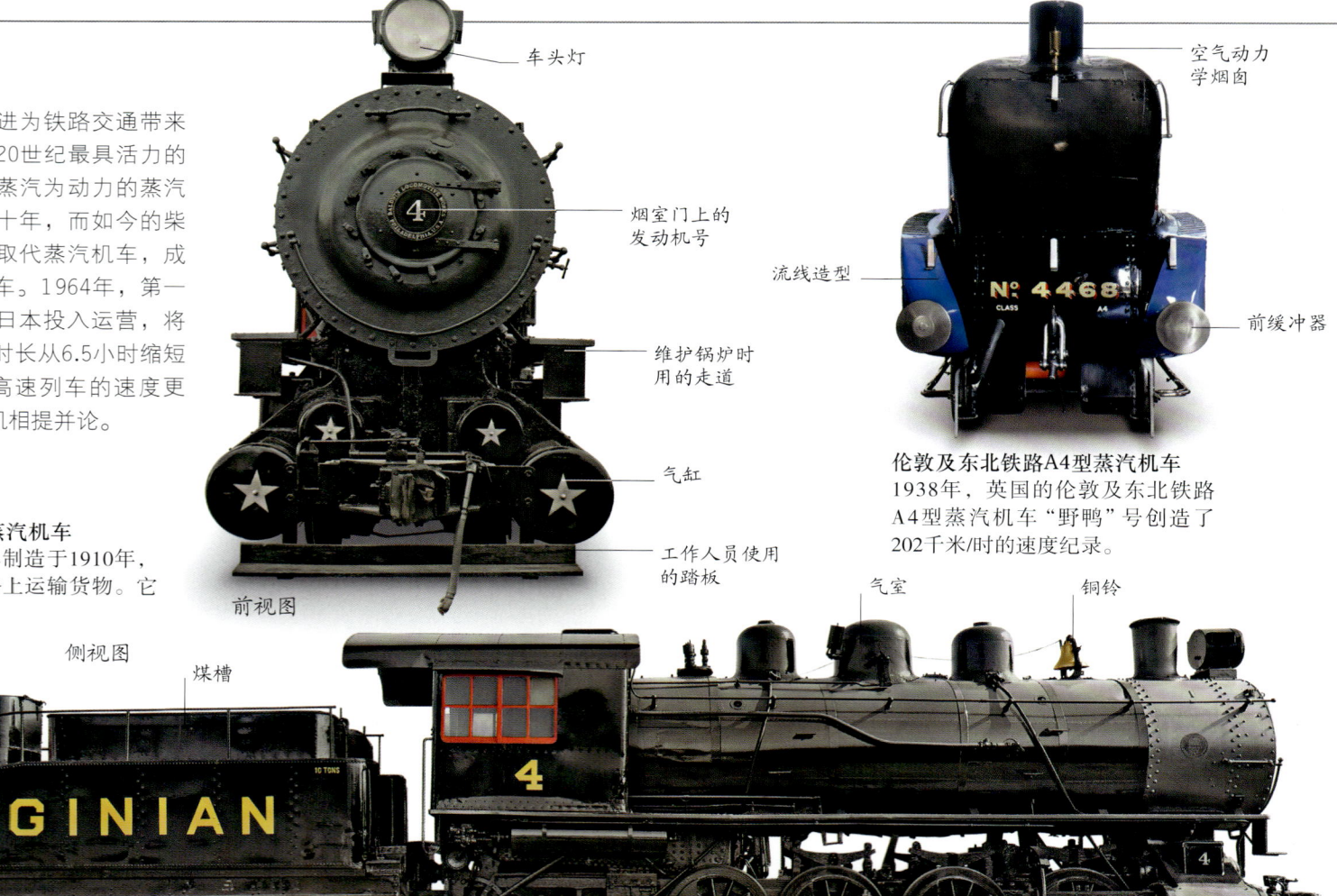

伦敦及东北铁路A4型蒸汽机车
1938年，英国的伦敦及东北铁路A4型蒸汽机车"野鸭"号创造了202千米/时的速度纪录。

大众运输 345

摩托车

从笨拙的机械到彰显个人力量的流行符号，摩托车已经从配备发动机的木质自行车发展成便利、快捷的运动型车辆。在战争时期，摩托车是士兵广泛使用的机动车辆。如今，它成为警察的常规装备。许多人认为摩托车是世界上最刺激的交通工具之一。

单缸发动机

用于夜间作战的防空灯

不反光的军绿色涂漆

巴特2.5马力摩托车
这辆装有发动机的改装自行车制造于1904年，拥有一个弹簧车座。它被用于竞技比赛，曾创造过多项纪录。

哈雷戴维森WLC摩托车
这辆摩托车是第二次世界大战期间哈雷戴维森公司生产的9万多辆摩托车的其中之一。这些摩托车孕育了战后的摩托车文化。

腿部防护板　侧防护板　备用轮胎

传统又不失时尚感的燃料箱

自适应系统使前灯在摩托车转弯时保持水平照明

加热车座

兰美达LD150摩托车
这款经典的20世纪50年代意大利小型摩托车是最早配备全尺寸腿部防护板和侧防护板的摩托车。它成为当时年轻人的时尚配件。

四缸发动机

本田CB750摩托车
这款1970年的摩托车是日本最早的超级摩托车。它动力强劲、性能卓越，速度可达201千米/时。

宝马K1600 GT摩托车
这款现代风格的摩托车拥有动力强劲的六缸发动机，可以搭载两人进行舒适的长途骑行。

烟室正面为圆头造型

车牌号　199 872-3

驾驶员座位居中

前大灯的上方装有红色小灯

前大灯的下方装有小灯

指示灯

防畜栏

印度铁路WP型蒸汽机车
第二次世界大战后，WP型蒸汽机车成为印度客运列车的标准型号。这台蒸汽机车名为"阿克巴"，以莫卧儿王朝君主的名字命名。

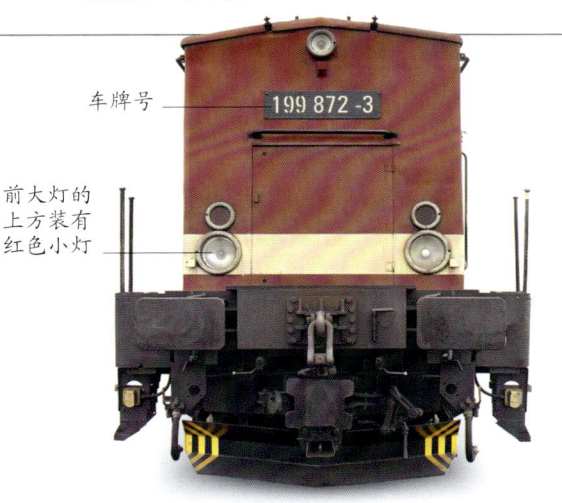

德国铁路V100型柴油机车
这台德国铁路V100型柴油机车由德意志民主共和国制造。1966～1985年，这种机车负责运输旅客和货物。它还被出口到其他国家。

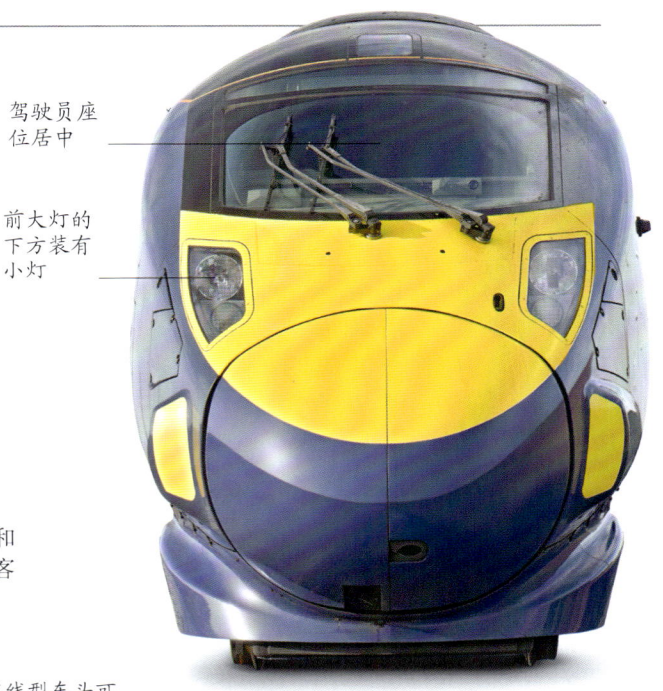

中国标准动车组复兴号
2017年，由中国自主研发的标准动车组复兴号正式上线运营。这是世界上运营时速最高的新一代高速列车，最高运营速度可达350千米/时。

流线型车头可降低空气阻力

英国铁路395型列车
这台速度极快的现代列车是英国最快的通勤列车之一，最高速度可达225千米/时。它由日本制造商日立公司设计。

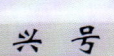

汽车

汽车给人们日常生活带来的改变要远多于同时代的其他发明。当发明家们竞相制造第一辆"公路机车"时，德国的工程技术得到法式审美和美国企业的助力。第二次世界大战后，创新的速度加快，现代汽车初具雏形。如今，汽车具有的运算能力甚至比载人登月所需的运算能力还要强。

奔驰"爱迪尔"
到1900年"爱迪尔"问世时，卡尔·本茨已经成为世界领先的汽车制造商。他于1885年成功制造出第一辆汽车。

劳斯莱斯"银魅"
设计于1906年的劳斯莱斯"银魅"是史上最著名的汽车之一，最高速度为110千米/时。它行驶起来既安静又平稳。

雪铁龙Type A
1919年的雪铁龙Type A是欧洲第一款批量生产的汽车。它由一台1.3升四缸发动机驱动，拥有三档变速箱。这款法国汽车用途广泛，性能可靠。

阿尔法·罗密欧6C 1750
6C 1750是阿尔法·罗密欧最著名的汽车型号，分为公路款和赛道款两种车型。1929年，它以170千米/时的最高速度轻松击败了对手。

林肯"和风"
林肯"和风"是美国汽车界的传奇。它的车身线条流畅，开创了主导20世纪30年代的汽车时尚潮流。

大众运输 347

福特F-1
福特F系列的传奇始于1948年的八款卡车。F-1是一款自重半吨的皮卡。当时，福特汽车的销量屡创新高，这款皮卡的销量始终居于高位。

- 通风孔
- 脚踏板延长至后挡泥板

大众"甲壳虫"
"甲壳虫"是第二次世界大战期间阿道夫·希特勒委托费迪南德·波尔舍设计的一款汽车。这款为普通民众设计的汽车一直是汽车设计界的标杆，也是有史以来最畅销的汽车之一。

- 前置行李箱
- 后置发动机

凯迪拉克62系列
这款1959年的凯迪拉克拥有宽大的尾翼和子弹形尾灯，是当时最华丽、最具标志性的汽车之一。

- 镀铬装饰
- 车顶向后折叠收起
- 包覆式后挡泥板

奥斯汀"迷你"
这款奥斯汀"迷你"的外形虽然小巧，但内部空间却不逼仄，速度也相当傲人。它是英国第一款真正意义上的无阶级汽车，象征20世纪60年代的舒适生活。它也是英国有史以来最受欢迎的汽车之一。

- 外露铰链

大众Type 2
大众Type 2旅行车赢得了人们的喜爱和狂热追捧，在世界范围内被认可。它享有"轮上小屋"的美誉，成为居无定所的嬉皮士的象征。

- 驾驶座位于前轮上方

法拉利F40
这款车发布于1987年，为庆祝法拉利汽车40周年而设计。它是当时世界上速度最快的汽车，最高速度可达324千米/时。

- 略微凹陷的车门展现了运动风格
- 向前开启的发动机盖

丰田"普锐斯"
丰田"普锐斯"是第一款批量生产的混合动力汽车，由汽油发动机和蓄电池提供动力。它于1997年在日本发布。

- 流线型抗风设计
- 小后备厢

特斯拉Model 3
早期纯电动汽车即使在充满电的情况下，行驶的距离也相当有限。特斯拉Model 3长续航版在充满电的情况下可以行驶518千米。

- 电池位于座舱下方

348　日渐缩小的世界　1900年至今

方向盘
这个安装在左侧的木质方向盘开启了汽车驾驶座靠左的时代。点火杆和油门杆都安装在转向柱上。

速度表
速度表由一个齿轮和一根脆弱的线缆驱动。1910年，美国大多数城镇道路的限制车速为16～19千米/时。

发动机
这台一体式四缸发动机简洁、有效。它的额定功率约为15千瓦，最高速度为72千米/时。

前灯
前灯由黄铜制成，以发电机产生的乙炔气体为燃料。

轻快小汽车
1908年，亨利·福特将福特T型汽车带给公众。他希望制造一款普通人能买得起的汽车——人人都能拥有的汽车。当时的大多数道路都没有铺设路面，质量十分粗糙。福特T型汽车用料坚固，底盘较高，拥有三点悬挂。这些特点使其能够在路况恶劣的道路上行驶。

- 挡风玻璃可以在一定程度上为司机和乘客遮挡道路上溅起的水和泥
- 手动响笛式汽车喇叭
- 真皮座椅以铆钉固定
- 散热器格栅顶部的水温表
- 前置发动机
- 反常的踏板布置（离合、倒车挡、刹车）
- 脚踏板
- 气瓶中存有照明所需的乙炔
- 高底盘使汽车可以在路况较差的道路上行驶
- 木质车轮（于1926年改为金属车轮）

大众运输 349

黄铜挡风玻璃框架

前视图

坚固的橡胶轮胎

后视图

适应性强的底盘可以弯曲和扭转

安装在仪表盘上的点火线圈

侧视图（车蓬关闭）

车蓬以长皮带固定

铰接式前后轮轴使汽车能够更好地在不平坦的道路上行驶

大规模汽车生产

福特T型汽车

汽车工业在起步阶段发展缓慢。早期汽车上的大部分零部件皆为纯手工打造。汽车制造商自己不生产汽车零部件，而是从许多不同的供应商处购买。每个零部件都存在细微差别，能否与相邻的零部件完全吻合只能凭运气。购买汽车的客户甚至可以指定车身样式。因此，没有哪两辆汽车是完全相同的。制造汽车不仅费力，而且造价高昂。

批量生产

1913年，美国实业家亨利·福特彻底改变了汽车制造业。在他位于密歇根州海兰帕克的工厂中，福特T型汽车开始了大规模生产。这款汽车于1908年问世后广受欢迎。它车身坚固，易于驾驶，维修起来也十分简便。

海兰帕克的福特汽车工厂采用了两项新颖的生产原则。一是统一零部件的标准，使其可以更换。二是使用流水线装配汽车。汽车的各种零部件乃至整辆汽车，都需大量流水线工人经手。这些工人有的负责安装一个零部件，有的负责执行一项操作。通过流水线装配，每十秒钟就有一辆福特汽车被生产出来。使用这种方式制造的汽车，价格比之前降低了三分之二。一夜之间，普通人也能买得起汽车了。

福特的愿景

汽车制造业很快成为各个发达国家规模最大的产业。到1918年时，每辆福特T型汽车的售价不到400美元。行驶在美国公路上的汽车，有一半是福特T型汽车。

亨利·福特主张建造更好的道路和更多的加油站。他率先在自己的工厂中施行八小时工作制，将工人的最低工资提高到前所未有的每天5美元，并且安排工人轮班。到1927年最后一辆福特T型汽车离开流水线时，福特的工厂总计生产了1500万辆这款汽车。

> "**很多事情**都将改变。"
> 亨利·福特，《我的生活与工作》，1922年

流水线

尽管机器人已经接手了很多过去需要由工人完成的生产工作，但大规模生产仍然是现代汽车工业遵循的重要原则。福特的标准化零部件原则在当下依然适用，而且基于此原则还发展出了平台共享的概念，即存在竞争关系的不同制造商可以使用相同的零件来制造性能相似的汽车，以节约时间和成本。

娱乐世界

电影、音乐、电视和出版的发展为人们创造出一个多姿多彩的娱乐和休闲世界。20世纪见证了全球娱乐业的兴起，各种各样的报纸、电视节目、畅销书和电影层出不穷。

大都会
20世纪20年代至今，美国纽约百老汇的音乐剧与电影、平面艺术、文学、流行音乐和戏剧一起，占据着纽约娱乐界的主导地位。

20世纪早期，大多数人只能自娱自乐或参加当地组织的娱乐活动。20世纪20年代，电影院开始出现，看电影成为流行的消遣方式。不过，在20世纪30年代以前，大多数电影都是无声的黑白电影。20世纪20年代初，广播得到广泛应用。但直到20世纪50年代，电视才得到普及。不过，到60年代中叶时，电视已经成为主要的娱乐形式，削弱了电影的主导地位。自20世纪70年代末起，人们可以通过一系列便携式设备随时随地听音乐。电影院"搬进"了人们的起居室，这要归功于磁带录像机和出现于20世纪90年代末的DVD播放机。到21世纪10年代时，人们通常使用智能手机和平板电脑等移动电子设备，通过互联网收听音乐和观看视频。21世纪，电子阅读器的出现为人们提供了一种新的阅读方式。

文字

20世纪，科技发展与文化传播并驾齐驱。报纸、漫画和杂志都配上了色彩艳丽的插图。与此同时，印刷的速度也越来越快。20世纪60年代，打字技术逐渐电子化，打字机最终于80年代被计算机取代。随着平板电脑的发展，人们阅读的方式也发生了改变。

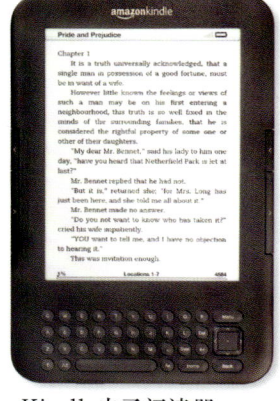

大众图书
平装书使小说进入大众的生活。企鹅公司是第一家将平装书推向大众市场的出版商。

Kindle电子阅读器
电子阅读器最早出现于1998年，但直到2007年亚马逊公司推出Kindle电子阅读器，这种新设备才使阅读和购书方式发生变革。

报纸
第一次世界大战前，技术革新使现代报纸的出现成为可能。随着文字和图片以前所未有的速度在世界各地传播，报纸的规模也越来越大，开始大量发行。

廉价的黑色油墨容易脱落

蜘蛛侠漫画
1938年，动作漫画的出版带动漫画产业腾飞。自此，漫画书成为青少年文化的主要组成部分。蜘蛛侠是漫威公司出版的漫画书中最受欢迎的漫画人物之一。

娱乐世界 **351**

声音

20世纪早期，将声音用作大众交流的媒介还只是一个梦想。然而，在短短数年的时间里，收音机就将新闻和流行音乐带给了公众。无线电广播的出现为唱片业带来了巨大改变。20世纪末，音乐和娱乐产业已经成为价值数十亿美元的全球性产业。

马可尼无线电接收器
1901年，古列尔莫·马可尼用这台无线电接收器接收到来自大西洋彼岸的无线电信号。无线电报成为最早的现代大众通信手段。

胶木是最早用于制作收音机的一种塑料

胶木收音机
20世纪二三十年代，作为娱乐媒介的收音机发展迅速。由于流行音乐与广播紧密相连，收音机迎来了"黄金时代"。

小到可以放入口袋

晶体管收音机
在20世纪50年代便携式晶体管收音机出现以前，收音机一直又大又重。有了便携式收音机，人们可以随时随地收听广播，尤其是当时的青少年。

用磁带进行卷对卷录音

盘式录音带
第二次世界大战期间，德国的研究人员努力改进录音机，直到听众分辨不出广播节目是直播还是录播。

带唱片的旋转托盘

20世纪20年代的电唱机
20世纪20年代，电唱机是价格昂贵的奢侈品。到50年代时，大多数家庭都拥有了电唱机。

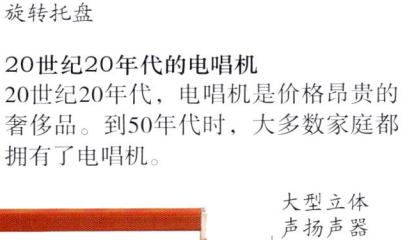

精选的24张唱片

设计灵感来自第二次世界大战时的轰炸机

玻璃罩

大型立体声扬声器

手提录音机
20世纪80年代，手提录音机（配有录音带播放器的大型收音机）成为重要的个人音频设备。

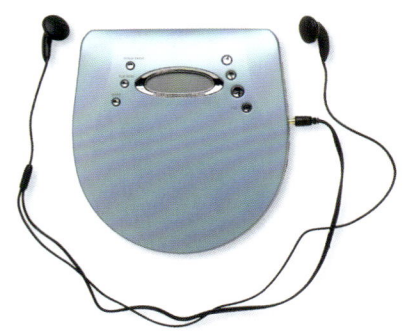

显示屏

索尼CD随身听
日本索尼公司制造出多款便携式音乐播放设备，先是播放录音带，1984年发展到播放CD光盘。随身听改变了人们享受音乐的方式。

苹果iPod音乐播放器
这款小巧的便携式音乐播放器拥有很大的存储空间，而且下载音乐的速度很快。

沃利策点唱机
20世纪30年代末出现的点唱机热潮是青年市场繁荣的标志。每年有1300万张唱片被装入点唱机中。

352　日渐缩小的世界　1900年至今

音乐剧
20世纪40年代，理查德·罗杰斯和奥斯卡·哈默施泰因制作了大量音乐剧，例如《飞燕金枪》。

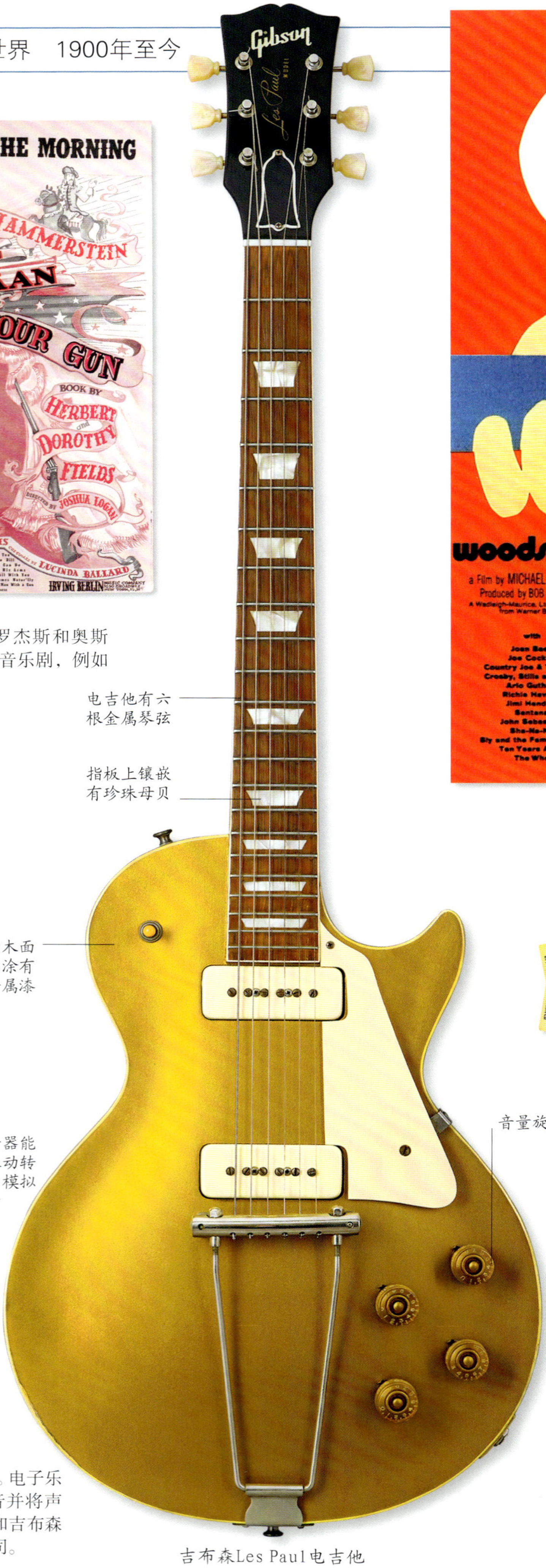

电吉他有六根金属琴弦

与琴弦相连的调音弦轴可以给电吉他调音

指板上镶嵌有珍珠母贝

坚固的木面板表面涂有金色金属漆

拾音器能将振动转化为模拟信号

音量旋钮

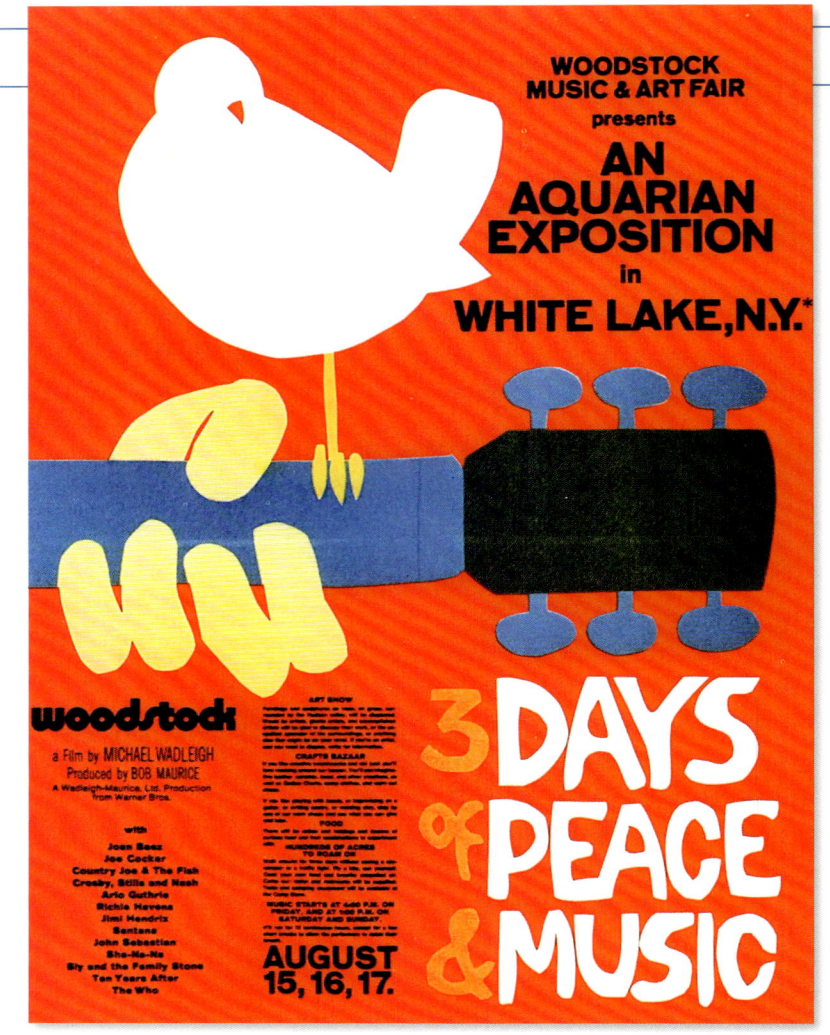

伍德斯托克音乐节
1969年，4万多人参加了在美国纽约州伍德斯托克举办的露天音乐节。现在，世界各地有许多音乐节。

披头士乐队演出入场券
1966年，英国的披头士乐队在美国纽约的谢伊体育场演出。4.4万名乐迷为乐队尖叫、欢呼。

黑胶密纹唱片
密纹唱片的容量更大，使表演者能够制作时长更长的专辑。迈克尔·杰克逊的《颤栗》是史上最畅销的专辑之一。

芬德Telecaster电吉他

20世纪50年代的电吉他
20世纪，电子乐器逐渐发展。电子乐器采用电磁拾音器采集声音并将声音传送到扩音器。芬德公司和吉布森公司是最早生产电吉他的公司。

吉布森Les Paul电吉他

键盘合成器
发明于1965年的键盘合成器是一种使用电信号合成声音的电子设备。它可以模拟各种乐器的声音。

娱乐世界　353

图像

20世纪早期，电视和电影还属于新鲜事物，不过娱乐产业很快被科技进步改变。随着人们的工作时长缩短和劳动报酬增加，越来越多的人走进了电影院。大多数家庭还拥有了自己的电视机。

35毫米胶片
早期电影将35毫米胶片作为电影胶片的标准规格，使电影可以在全世界发行。

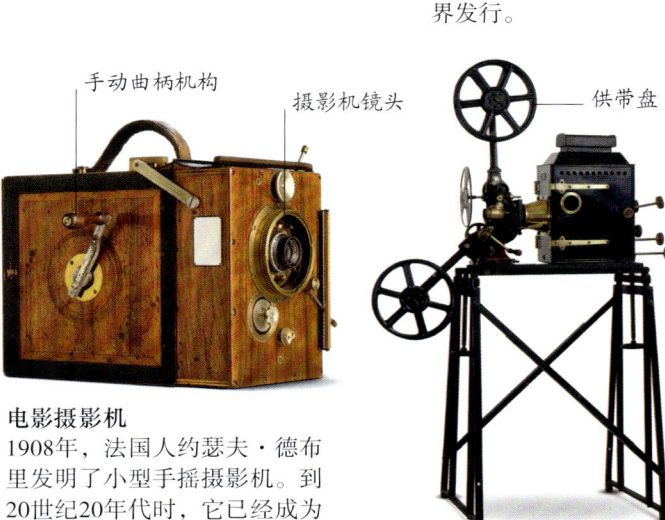

电影摄影机
1908年，法国人约瑟夫·德布里发明了小型手摇摄影机。到20世纪20年代时，它已经成为世界上使用最广泛的摄影机。

手动曲柄机构　摄影机镜头　供带盘

早期电影放映机
早期电影放映机通过摇动手柄来播放胶片，以煤气灯作为光源。后来，放映员开始将大功率的电弧灯用作光源。

《卡萨布兰卡》海报
20世纪30年代，美国电影进入技术革新和灵感迸发的"黄金时代"。1942年上映的电影《卡萨布兰卡》引起了极大轰动。

■ 电视机

贝尔德电视机
这台1930年的电视机是为英国电视先驱约翰·洛吉·贝尔德设计的。它是最早大规模生产的电视机。

可以在底座上进行360度旋转　丙烯酸遮护板覆盖在玻璃屏幕内部

DVD光盘
DVD播放机和光盘最早出现于1996年的日本，可以播放电影。DVD光盘迅速取代了录像带。

20世纪50年代的布什电视机
这是第一款采用阴极射线管的电视机。这种显示装置可以使电视屏幕具备足够的亮度。

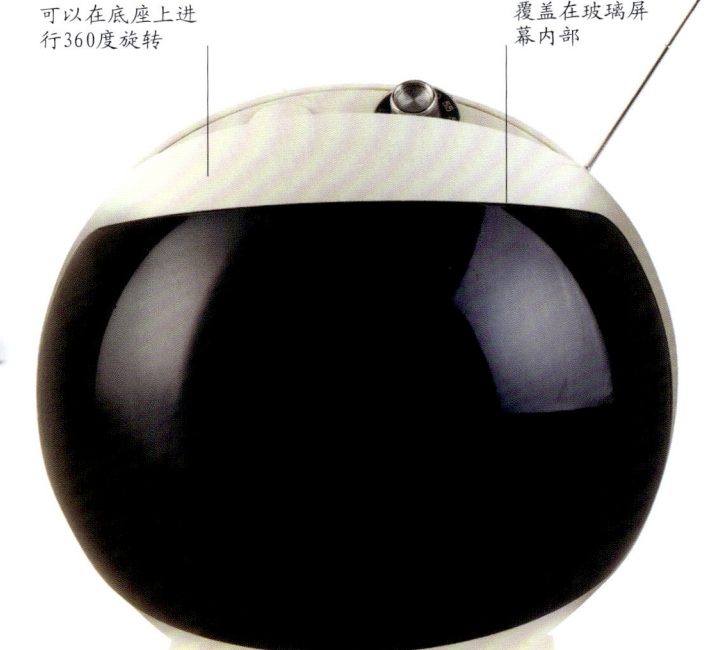

胶木外壳

20世纪70年代的球形电视机
这台球形电视机的设计受到1969年人类登月的启发，其造型好似航天员的头盔。它虽然价格昂贵，但却很受欢迎。

塑料底座

智能电视
21世纪10年代，接入互联网的平板电视得到广泛应用。这种电视机不仅可以播放音乐、视频，而且还具备其他"智能"功能。

战火纷飞的世界

两次世界大战改变了战争的形式。冲突不再像过去一样持续时间短或者可以通过政治手段解决,而是发展为涉及大面积疆土、大规模军队和新式致命武器的复杂矛盾。现代战争的规模已经彻底颠覆了战争的概念。

毒气中毒 ▷
在这幅绘画作品中,美国艺术家约翰·辛格·萨金特捕捉到1918年西线战场上的士兵被芥子气袭击,导致眼睛暂时失明的恐怖瞬间。画面描绘了一名医护兵引导失明的士兵走向救护站的场景。

由于战争的工业化,第一次世界大战造成了惨重的伤亡。机枪、毒气和飞机的出现带来不同于以往的全新战争方式。泥浆、带刺铁丝网和炮火充斥着士兵的生活,而新式武器的出现则将大规模屠杀变成现实。

1937年,人类又陷入第二次世界大战。到1941年时,这次战争已经演变成真正意义上的全球战争。德国、意大利和日本三个轴心国发动武装侵略,企图在欧洲、地中海和东亚地区夺取更多土地。1941年,苏联和美国参战,轴心国注定走向失败。

当时的武器拥有更强的破坏力。坦克和装甲车具有机动性,庞大的轰炸机能将城市夷为平地。第二次世界大战尚未结束,喷气式飞机、火箭和原子弹的时代就已经来临。在这场真正意义上的"全面战争"中,平民的死亡人数甚至超过了士兵的阵亡人数。

军服

参与世界大战的军队并非单一的军种,而是由陆军、海军和空军等各军种组成。军服,尤其是头盔,可以为枪林弹雨中的士兵提供基础防护。同时,军服也可以用于区分士兵的身份和国籍。

法国军服
这是第一次世界大战期间法国士兵穿着的军服。这种红色长裤与蓝色外套的醒目搭配,是19世纪风格的延续。

标注:军团编号、弹药袋、麻布背包、铁蓝色的双排扣、长后摆羊毛外套、钉靴、刺刀

普鲁士炮兵头盔
这种德国头盔起初由普鲁士国王腓特烈·威廉四世设计于1842年,第一次世界大战期间为炮兵所佩戴。

标注:铜质普鲁士鹰徽

德国钢盔
特点鲜明的德国钢盔基于"煤桶"而设计,第一次世界大战时首次使用。这顶德国钢盔的侧面有纳粹德国空军的标志。

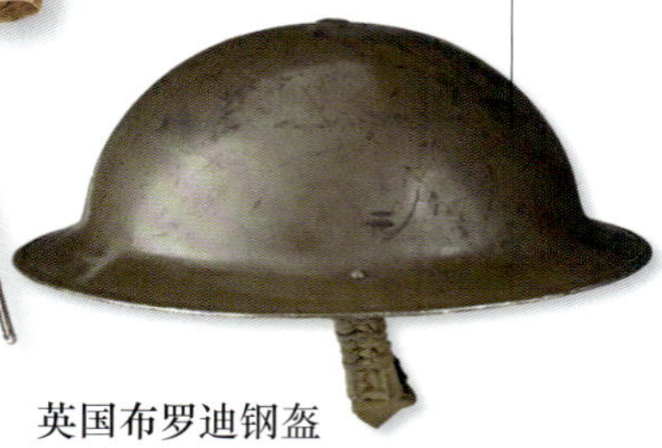

标注:防水涂层

英国布罗迪钢盔
约翰·布罗迪设计的"汤米盔"由英国军队首次使用于1915年。它能很好地保护头顶,但对颈部没有任何防护。

标注:简单的钢结构

美国M1钢盔
标志性的M1钢盔于20世纪40年代初成为美军的装备。它性能卓越,很多国家都采用了相同的设计。

标注:伪装网罩

装备

士兵的背包中装有生存必需的食物和水,以及战斗所需的其他装备。在战争期间,人们对士兵的背包进行了改进,目的是减轻士兵的负荷、帮助士兵生存。背包中的大多数物品为标准配置,少数为私人物品,例如照片和信件。

英国配给罐头
第二次世界大战时,英国军队给士兵发放这种包含五种糖果和饼干的混合甜品罐头。罐头易于携带。

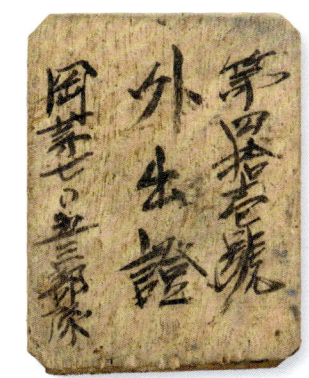

日本外出证
这张木质卡片属于一位日本士兵。卡片上写有士兵所属军队的编号,用于在宵禁时外出。

M1910钢丝钳
第一次世界大战时,双方都需要使用钢丝钳突破对方的防御工事。这种钢丝钳是美国士兵的标准装备。

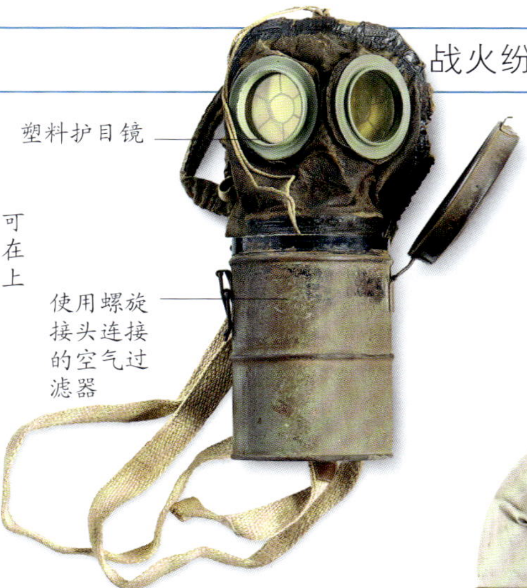

袋子可以挂在腰带上

德国防毒面具
第一次世界大战时,交战双方开始使用化学武器。德国突击队首先配备了防毒面具。

塑料护目镜

使用螺旋接头连接的空气过滤器

简易眼镜
第二次世界大战时,被日军俘虏的英国士兵使用牙刷等物品制作眼镜片的框架。

系带保护内部的橡胶气囊阀门

卢斯足球
在1915年的卢斯战役中,英国士兵成功将六个足球踢过德军前线。这便是其中之一。

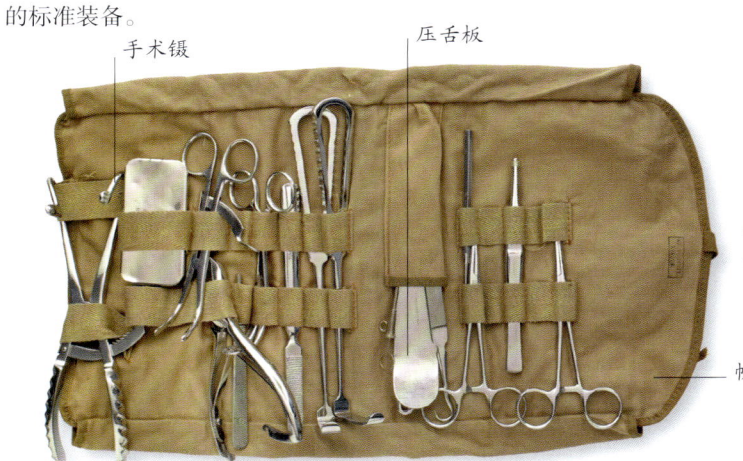

外科器械卷包
这个第二次世界大战时的英国军用帆布卷包中装有各种前线所需的外科器械,例如解剖刀、手术剪和器械剪。

手术锯
压舌板
帆布卷包

德国突击包
这个第一次世界大战时的德国突击队背包中配有食物、手榴弹、军用防水布(可用作帐篷),以及挖战壕必备的铁铲。

折叠的军用防水布

BSA折叠自行车
这辆英国折叠自行车由伯明翰轻武器公司(BSA)制造。这种轻便的交通工具可以让伞兵快速集合,悄无声息地接近目标。

车把可旋转
折叠后的自行车
工具包
米其林"战争级"轮胎
车架重量小于10千克
牙盘上有BSA标志
脚踏板采用独特的圆柱轴设计

武器

通过两次世界大战，武器的性能变得越来越强大，使用的技术也越来越先进。第一次世界大战时的堑壕战催生了轻型迫击炮，海上封锁则催生了潜艇。第二次世界大战时，大型坦克、飞机、火箭和自动武器改变了现代战争的方式。

刀

日本砍刀
第二次世界大战时，缅甸战场的战斗充满了挑战。日军和盟军士兵都需要携带砍刀，用来在密林中开路和防身。

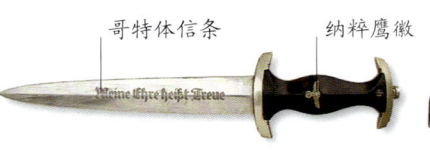

德国匕首
这种匕首是德国配发给纳粹党卫军成员的武器。刀身上刻有党卫军的信条"吾之荣誉即忠诚"。

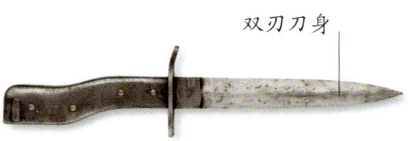

德国短刺刀
这种短小的双刃刀可以安装在步枪上，用作刺刀。它是德国步兵在第一次世界大战末期使用的武器。

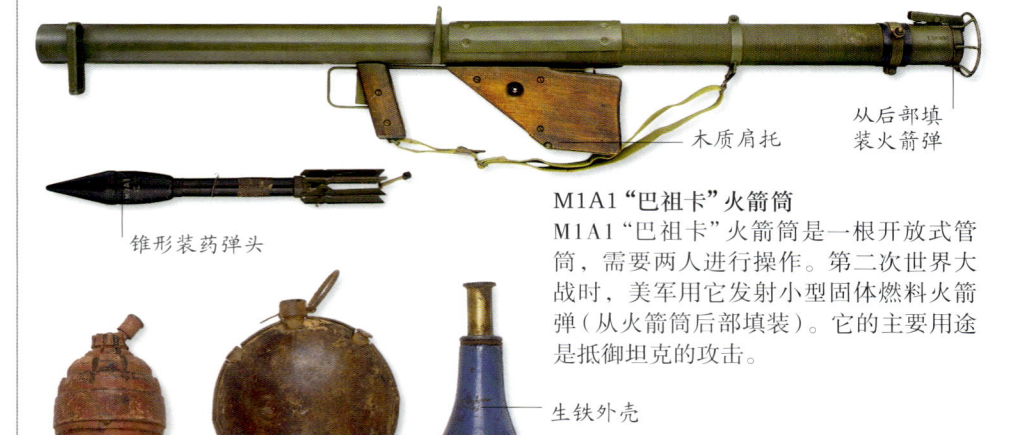

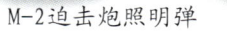

火炮

M1A1"巴祖卡"火箭筒
M1A1"巴祖卡"火箭筒是一根开放式管筒，需要两人进行操作。第二次世界大战时，美军用它发射小型固体燃料火箭弹（从火箭筒后部填装）。它的主要用途是抵御坦克的攻击。

第一次世界大战时的手榴弹
贝索齐手榴弹的引信在外部，需要用火柴点燃。P1"梨"手榴弹采用延时引信，通过弹簧点火器引爆。德国的"铁饼"手榴弹以掷铁饼的方式投射，通过旋转产生的撞击引爆。

德国反坦克地雷
发明于1935年的泰勒地雷能有效破坏坦克的履带。

第二次世界大战时的炮弹
美军曾在夜间使用M-2迫击炮发射照明弹。照明弹借助小降落伞缓缓下落，将天空照亮25秒，以便观察周围情况。这颗日军炮弹是日本1942年2月中旬轰炸新加坡时使用的数千颗炮弹中的一颗。

斯柯达榴弹炮M14/16
榴弹炮可以摧毁敌军阵地后方的目标。这门149毫米口径重型榴弹炮由斯柯达公司设计制造。

战火纷飞的世界　357

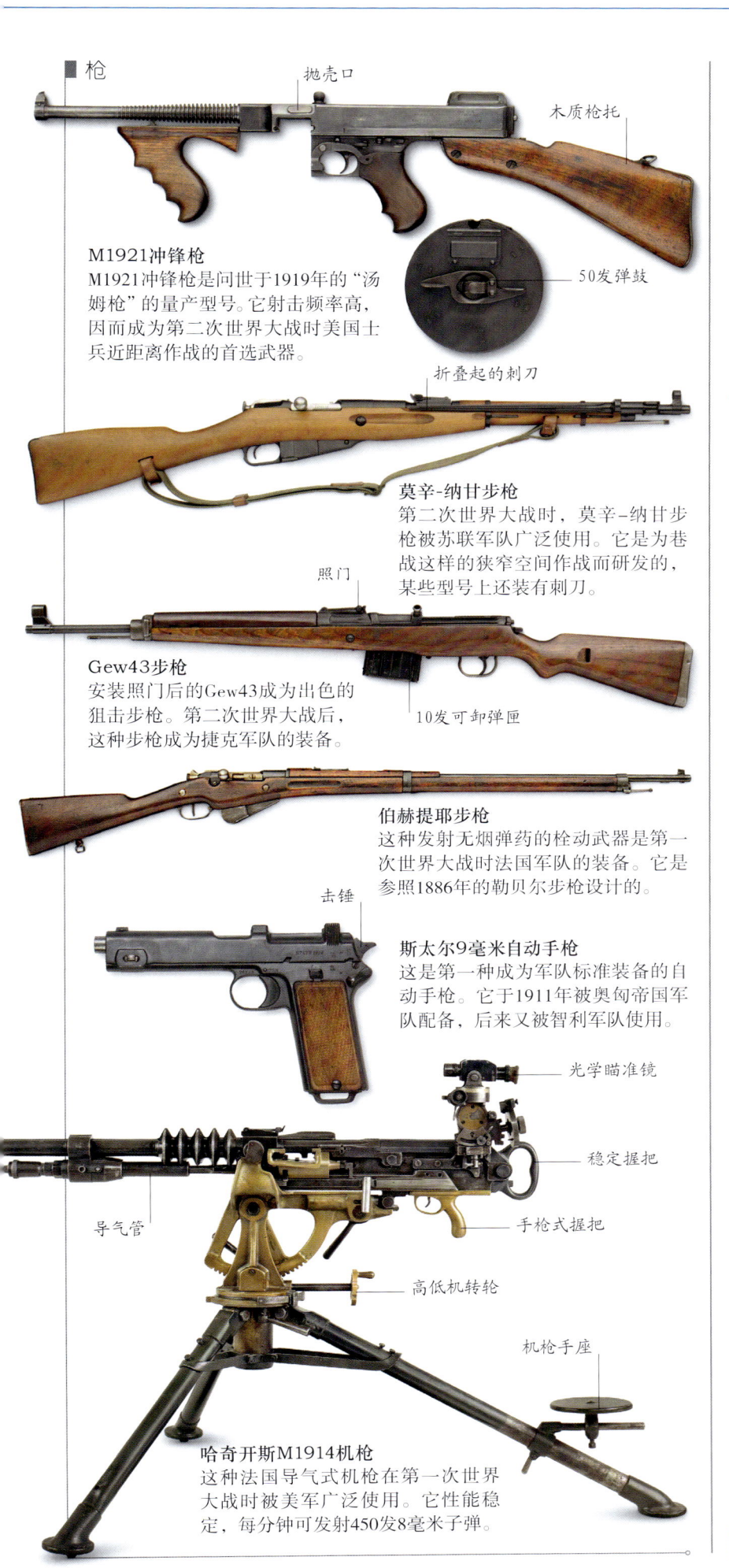

■枪

M1921冲锋枪
M1921冲锋枪是问世于1919年的"汤姆枪"的量产型号。它射击频率高，因而成为第二次世界大战时美国士兵近距离作战的首选武器。

标注：抛壳口、木质枪托、50发弹鼓

莫辛-纳甘步枪
第二次世界大战时，莫辛-纳甘步枪被苏联军队广泛使用。它是为巷战这样的狭窄空间作战而研发的，某些型号上还装有刺刀。

标注：折叠起的刺刀

Gew43步枪
安装照门后的Gew43成为出色的狙击步枪。第二次世界大战后，这种步枪成为捷克军队的装备。

标注：照门、10发可卸弹匣

伯赫提耶步枪
这种发射无烟弹药的栓动武器是第一次世界大战时法国军队的装备。它是参照1886年的勒贝尔步枪设计的。

斯太尔9毫米自动手枪
这是第一种成为军队标准装备的自动手枪。它于1911年被奥匈帝国军队配备，后来又被智利军队使用。

标注：击锤

哈奇开斯M1914机枪
这种法国导气式机枪在第一次世界大战时被美军广泛使用。它性能稳定，每分钟可发射450发8毫米子弹。

标注：光学瞄准镜、稳定握把、手枪式握把、导气管、高低机转轮、机枪手座

战争设备

为了能够在战争中获得优势，各个国家都鼓励能人志士和密码破译者发明新的仪器和装置。由此催生出导航、摄影、无线电和密码机等各种新设备。从另一个角度来看，两次世界大战也是各种奇思妙想集中涌现的时期。

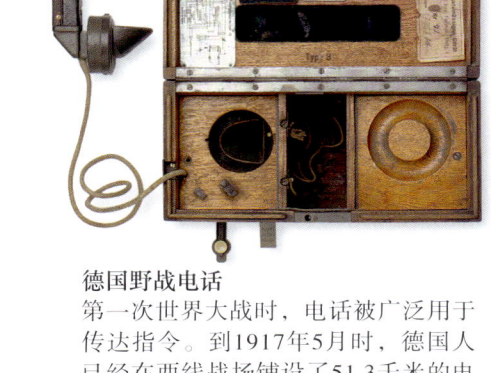

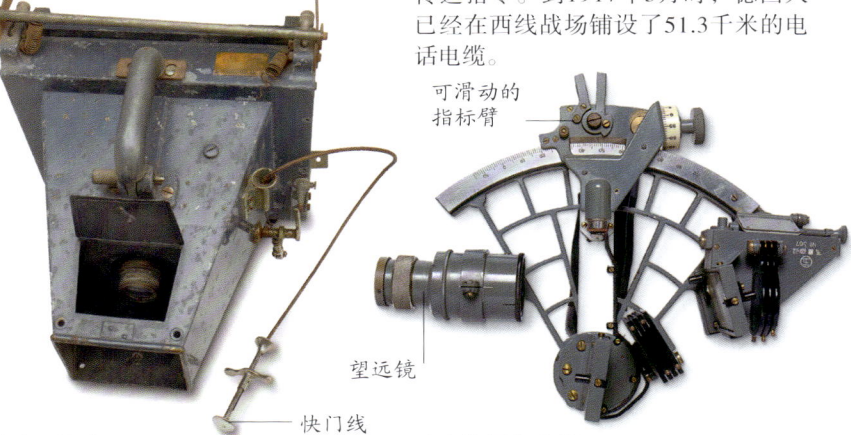

航空照相机
航空照相机首次应用于第一次世界大战时。当时，人们想利用它绘制出敌军的布防图，以打破西线战场的僵局。

标注：快门线

德国野战电话
第一次世界大战时，电话被广泛用于传达指令。到1917年5月时，德国人已经在西线战场铺设了51.3千米的电话电缆。

日本海军六分仪
第二次世界大战时，交战双方都在海图不完善的海域使用六分仪导航。借助六分仪测出某处的太阳高度角，就可以计算出纬度。

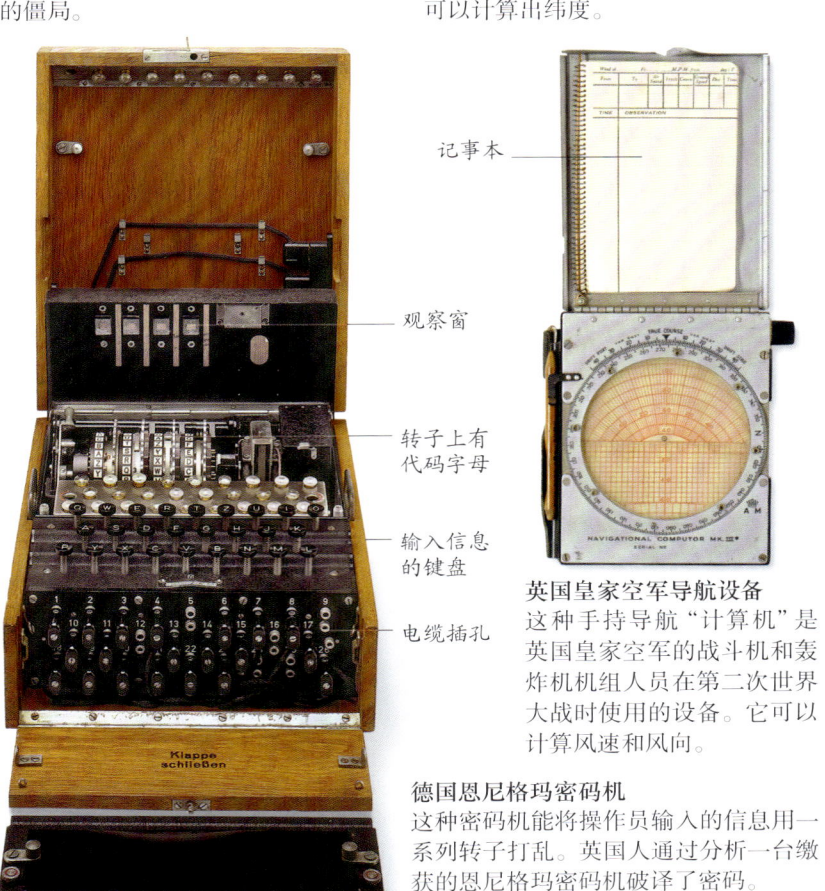

标注：可滑动的指标臂、望远镜

英国皇家空军导航设备
这种手持导航"计算机"是英国皇家空军的战斗机和轰炸机机组人员在第二次世界大战时使用的设备。它可以计算风速和风向。

标注：记事本

德国恩尼格玛密码机
这种密码机能将操作员输入的信息用一系列转子打乱。英国人通过分析一台缴获的恩尼格玛密码机破译了密码。

标注：观察窗、转子上有代码字母、输入信息的键盘、电缆插孔

后方生活

世界大战期间，留守家园的人们也有属于自己的战场。食物和其他物资定量配给，城镇遭到轰炸，儿童被疏散，平民被动员起来支援战争。所有参战国民众的生活都被战争扰乱了。

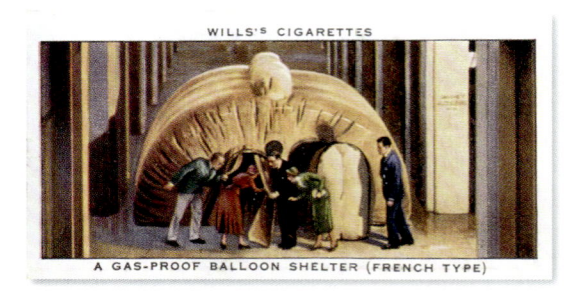

香烟画片
第二次世界大战时，英国香烟的烟盒里装有画片。这些画片向人们展示了在空袭中保护家人的各种方法。这张画片描绘了一个可充气庇护所。

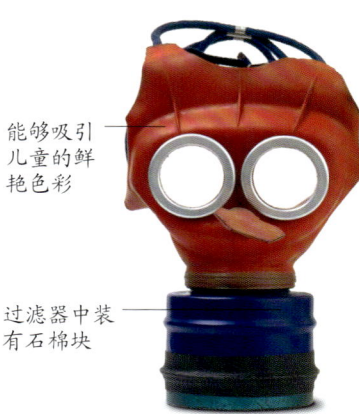

干蛋粉罐头
第二次世界大战时，英国限量供应新鲜鸡蛋。1941年5月，英国开始从美国进口干蛋粉。

"欢乐家庭"
第二次世界大战时，很多英国玩具都是用纸或卡片制作的。传统的扑克牌游戏都推出了战时特别版本，例如"欢乐家庭"。

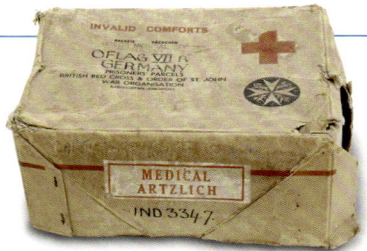

英国战俘包裹
第二次世界大战时，红十字会为战俘送去了超过2000万个包裹。包裹中大部分是食物、烟草和个人卫生用品。大多数战俘每周可以收到一个包裹。

儿童防毒面具
到1938年时，所有英国家庭都领到了防毒面具。这种轻便的"米老鼠"面具是为18个月到4岁的儿童设计的。

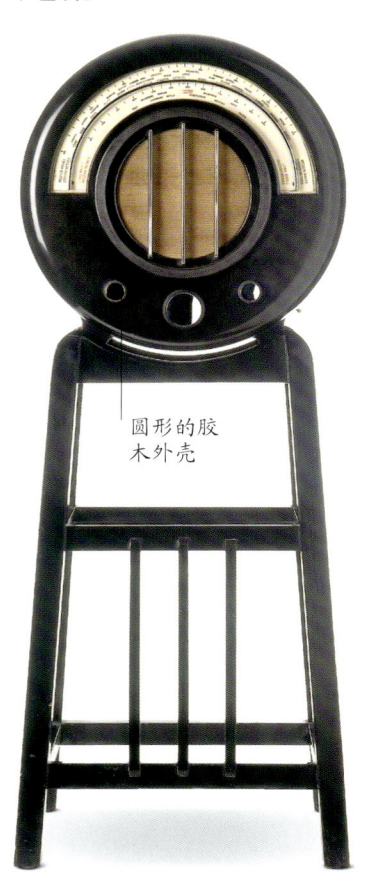

- 能够吸引儿童的鲜艳色彩
- 过滤器中装有石棉块

大卫之星
第二次世界大战时，纳粹占领地区的犹太人遭到迫害。自1941年起，这些地区的犹太人被迫佩戴写有德语"Jude"（意为"犹太人"）字样的黄色六芒星。

- 仿希伯来字体

柜式收音机
这种EKCO AD65收音机由建筑师韦尔斯·科茨设计于1932年。收音机可以播报新闻和提供娱乐，是第二次世界大战时英国家庭的生活中心。

- 圆形的胶木外壳

党员证
纳粹党是德国第二次世界大战时的执政党。其成员随身携带此证，以表忠诚。

- 签章日期1937年7月15日

法国军需海报
女性在战争中发挥着重要作用，经常要负担起男性的工作。这张1917年的海报描绘了在军工厂工作的女性。

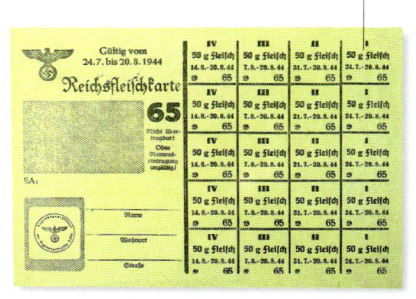

肉食配给卡
配给制成为战时后方的生活方式。这是德国第二次世界大战时的配给卡，上面有可剪下的配给券。

- 每个方格代表一份肉食配给

战火纷飞的世界　359

勋章与纪念碑

在两次世界大战中，无数男性和女性冒着生命危险保卫家园，表现出超乎寻常的勇气。各个国家都以授予勋章和荣誉的方式来表彰他们所做的贡献。还有一些战争纪念品带有浓郁的个性化色彩，时刻提醒人们牢记战争的残酷。

佛兰德罂粟
罂粟在第一次世界大战的欧洲战场上大量繁殖。有些士兵将罂粟花压平，寄回家。这朵罂粟花来自帕斯尚尔战役的战场。

战争十字勋章
装饰有银棕榈叶的比利时战争十字勋章设立于1941年7月20日，用于表彰作战英勇的个人和集体。

荣誉军团勋章
荣誉军团勋章是法国的最高荣誉，授予作战英勇的个人，也可以授予城镇。

海军征兵海报
女性士兵的形象会使男性感到惭愧，从而达到让男性参军的目的。这张第一次世界大战时的海报鼓励男性参加美国海军。

纳粹党卫军征兵海报
这张纳粹海报鼓励德国占领区的法国人参加党卫军。海报上写着"在党卫军的旗帜下，你将无往不胜"。

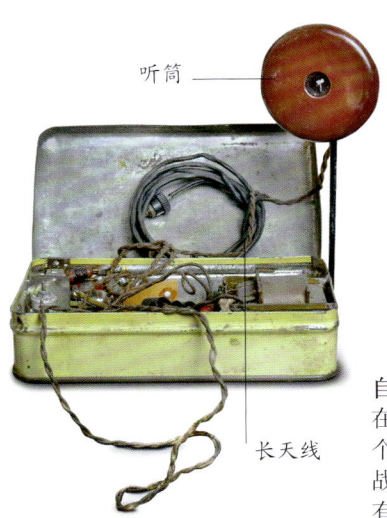

自制收音机
在纳粹占领期间，一个荷兰家庭使用这个藏在盒子里的自制收音机收听英国的战争广播。当时，纳粹严格禁止人们拥有收音机。

听筒
长天线

阵亡士兵的名字
以比利时国旗颜色制作的圆形花饰

乔治十字勋章
这是授予英国平民的最高荣誉，设立于1940年伦敦遭受德国空军轰炸时期。

墓碑
西线战场上的许多坟墓后来被统一移入巨大的墓园。这个比利时的木质十字架曾立在一座简易的临时坟墓上。

独立自由勋章（一级）
中国的独立自由勋章设立于1955年，授予在抗日战争时期参加革命战争有功并且无重大过失的人员。

对抗疾病

20世纪的科学进步使医生们在医学领域取得了重大突破。对致病原因的研究,以及可以探查身体内部的新仪器的出现,掀起了一场医学革命。

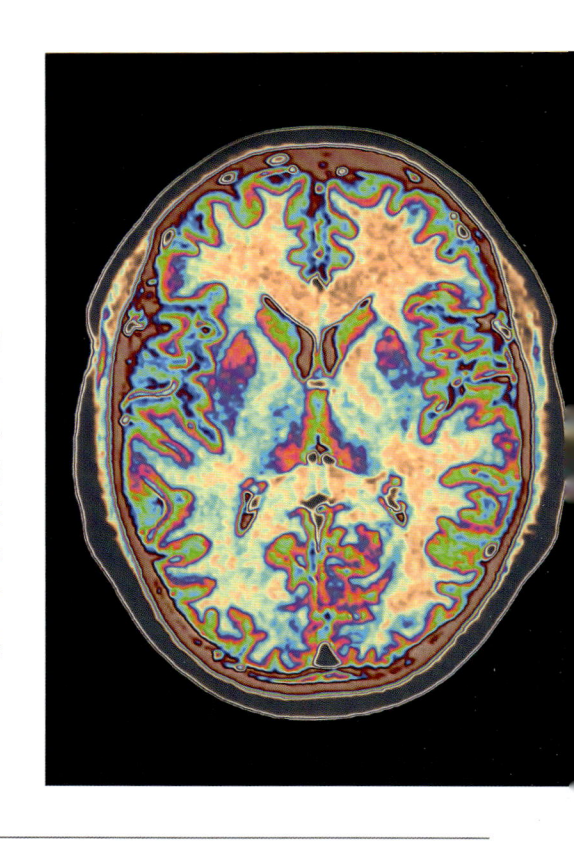

崭新的领域 ▷
磁共振成像(MRI)为人们提供了一种探查身体内部的方法,而且不会像X射线成像和外科手术那样对身体造成伤害。这张磁共振成像图展示了人类大脑各个部位的活动情况。

一个世纪以来,对疾病的预防和有效治疗延长了人类的平均寿命,同时也降低了残疾率。这与20世纪早期医生们的认知大相径庭。

两次世界大战给全人类带来了巨大伤害,然而也从侧面推动了人类在治疗疾病和对抗感染等方面的研究进程。卫生水平得到改善,外科手术方式变得更加科学和精准,外科修复和整形手术的水平显著提高。与此同时,人们也在更加努力地研究和治疗心理疾病。医学从此进入飞速发展的时代,突破性成果不断涌现。疫苗帮助人体对病毒产生免疫。它们不仅挽救了许多人的生命,而且还降低了残疾率,例如天花疫苗和脊髓灰质炎疫苗。用于治疗细菌感染的抗生素同样挽救了数百万人的生命。X射线、超声波及其他扫描人体内部的新技术在提高诊断结果准确率的同时,也加深了人类对人体的了解。

避孕与分娩

人类在受孕、分娩和避孕方面取得了显著进步,其中包括体外受精技术、口服和注射避孕药及显微外科技术的出现。得到改进的诊断、成像及手术和非手术治疗技术,使女性分娩变得更加安全。

辅助胚胎生长的培育器

第一个试管婴儿所用的玻璃罐
1978年,在这个玻璃罐中培育的人类受精卵成为世界上第一个试管婴儿。自此,大量婴儿通过体外受精技术出生。

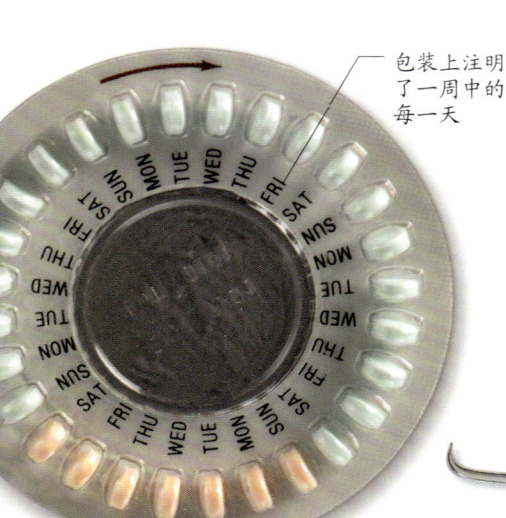

包装上注明了一周中的每一天

避孕药
避孕药被誉为20世纪最重大的进步之一,受到很多人的欢迎。它于1960年问世。

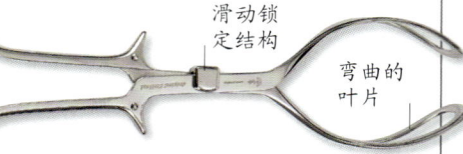

滑动锁定结构

弯曲的叶片

产钳
产钳自古便用于接生婴儿。20世纪的产钳长度比过去更短,具有保护而非挤压婴儿头部的作用。

诊断

新技术使医生无须开刀就可以检查病人的身体内部。1895年,X射线的发现掀起了无创诊断领域的革命。其他诊断技术的出现让医生能够对病人进行身体扫描、心率监测和脑波测量。

双听筒

扁平的听诊头

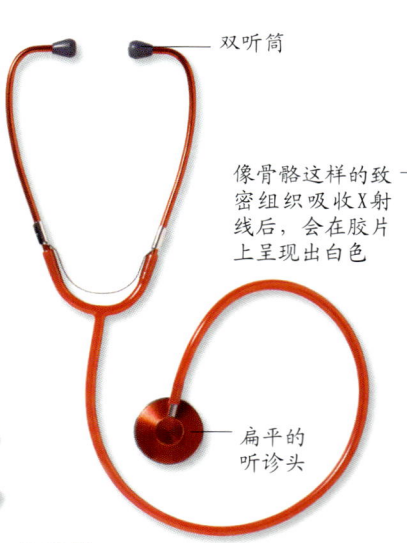

听诊器
现代听诊器具有柔软的导音管、双听筒和清晰的声音效果,能够更好地监听心脏和胸腔。

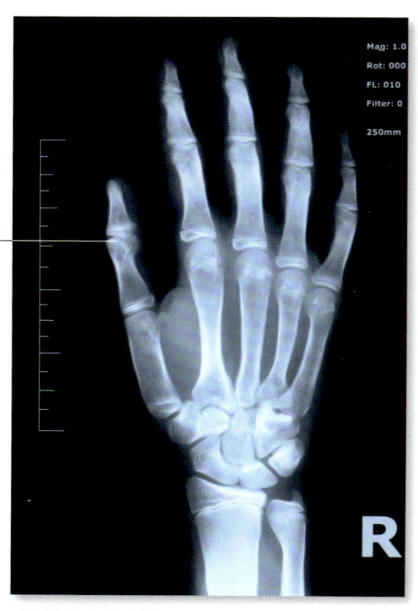

耳温枪
这种数字耳温枪测量的体温比早期放在口腔中的温度计更加精准。

像骨骼这样的致密组织吸收X射线后,会在胶片上呈现出白色

手部X射线照片
医用X射线成像设备利用电磁波拍摄身体内部的图像,帮助医生发现骨折和其他异常情况。

对抗疾病　361

预防与治疗

20世纪是研制药物和疫苗的新时代，人类在预防与治疗疾病方面取得了长足进步。抗生素（首次使用于20世纪30年代）、强效抗癌药物和抗病毒药物得到广泛应用。除此之外，新的用药方式和非药物治疗方法也有所发展。

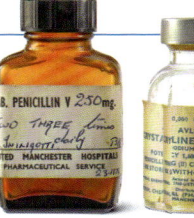

青霉素
青霉素可以治疗肺炎和坏疽等感染，第二次世界大战时被大量生产，用于为士兵治疗感染。

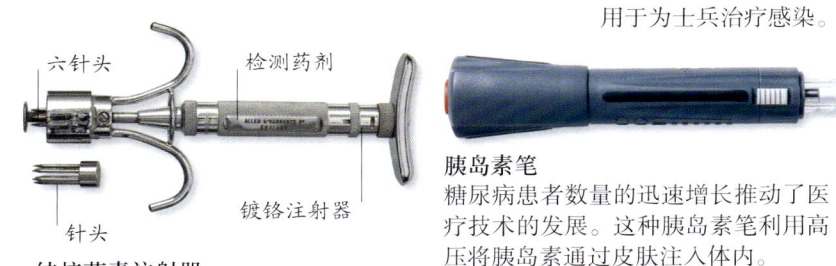

六针头　检测药剂

针头　镀铬注射器

结核菌素注射器
结核菌素试验使用注射器将少量药剂注入受试者皮肤，检测其是否感染过结核分枝杆菌。数百万儿童接受过这项筛查。

胰岛素笔
糖尿病患者数量的迅速增长推动了医疗技术的发展。这种胰岛素笔利用高压将胰岛素通过皮肤注入体内。

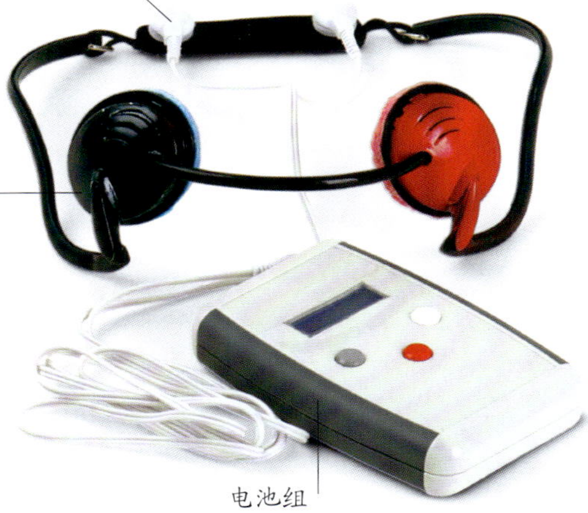

双电极

头部构件可传导电流

经颅直流电刺激仪
经颅直流电刺激是21世纪作用于人脑的非侵入性新技术，用于治疗各种情况的脑部损伤。

电池组

外科手术

第一次世界大战后，技术的进步使人们对外科手术的态度发生改变。新发明使假肢安装、心脏手术和外伤修复成为可能。无菌的手术环境挽救了众多生命，麻醉技术的进步减轻了患者在手术过程中的痛苦。

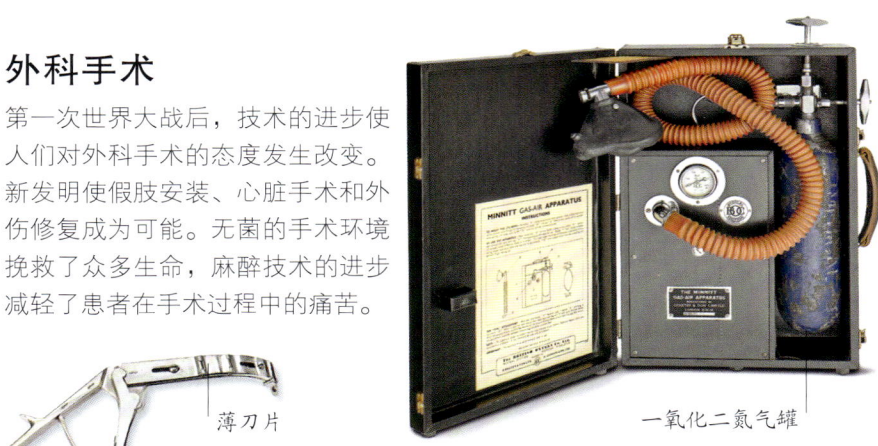

薄刀片

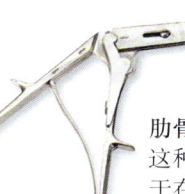

肋骨剪
这种强大的工具用于在手术中切断肋骨，打开胸腔。

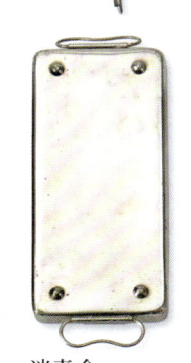

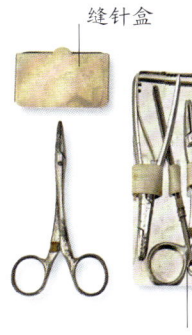

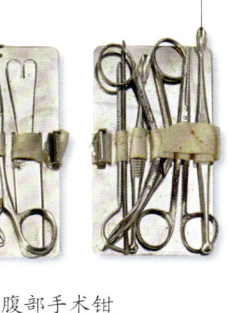

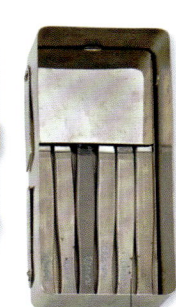

一氧化二氮气罐

麻醉仪器
通过麻醉减轻疼痛是医学领域的重大突破。这种麻醉仪器可以为产妇提供麻醉气体（安桃乐），减轻分娩时的疼痛。

缝针盒　双头匙

腹部手术钳

消毒盒
当外科医生们意识到消毒可以防止感染时，他们开始为手术器械消毒。这是第一次世界大战时的消毒盒。

消毒架上的手术刀

挽救生命的机器

现代医学为人们带来了辅助医疗和挽救生命的机器。假肢、助听器、轮椅、隐形眼镜等医疗器械提高了人们的生活质量，而维持心、肺、肾等器官功能的仪器则延长了人类的寿命。

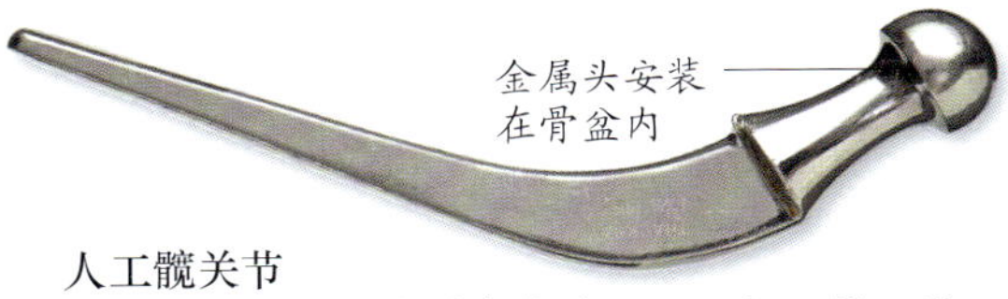

金属头安装在骨盆内

人工髋关节
第一例髋关节置换手术完成于1940年，是20世纪外科最重要的进步之一。它帮助数百万人重新获得行走的能力。如今的人工髋关节比当时的更轻、更坚固。

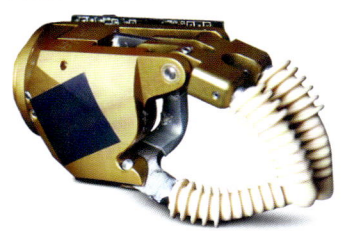

肌电假手
肌电假手由放置在截肢部位皮肤处的肌肉传感器控制，依靠肌肉收缩产生的肌电驱动假手工作。

内部电路和电池

心脏起搏器
植入心脏附近的心脏起搏器通过电脉冲调节心跳。它首次应用于1958年，是治疗心律失常的一项重大突破。

电极

连接血管的开口

聚酯外壳

亚尔维克7号人工心脏
植入人工心脏的梦想于1982年12月2日成为现实。当时，亚尔维克7号人工心脏被植入病人体内。

左心室

拯救生命的技术

铁肺

脊髓灰质炎是一种传染性极强的疾病，可以侵入人的神经系统。严重时，患者会在短短数小时内全身瘫痪。其主要症状之一是胸腔肌肉瘫痪导致的呼吸困难。20世纪五六十年代以前，在脊髓灰质炎疫苗尚未研发出来的时候，出现呼吸困难症状的患者会被安置在一个名为"铁肺"的箱式呼吸机内。铁肺是一种辅助病人呼吸的机器。后来，它成为脊髓灰质炎带给人们苦难的象征。

辅助呼吸

美国人菲利普·德林克和路易斯·阿加西斯·肖发明的第一版"德林克人工呼吸器"于1928年投入使用。1931年，美国发明家约翰·黑文·埃默森推出改进版呼吸器。经过埃默森改进后的呼吸器变得更加有效、轻便和安静。

德林克和埃默森的铁肺工作原理相同。患者躺在密闭箱体中，仅将头部露在外面，颈部围着具有密封功能的橡胶颈圈。箱体内的压力变化可以带动肺部，模拟呼吸。体积较小的铁肺是专为儿童患者制造的。

脊髓灰质炎的流行

脊髓灰质炎流行于20世纪四五十年代。其中，1952年的情况最为严重，仅美国就报告了将近6万个病例。专用病房中挤满了躺在铁肺里的患者，他们不得不忍受机器在气压升降过程中发出的持续"嗖嗖"声。大多数患者在发病后的几周就可以摆脱铁肺，自主呼吸。但也有些患者需要在铁肺里待数周、数月，甚至数年。有些患者将铁肺比作救星，还有些患者将其视为牢狱。总之，铁肺还是拯救了许多人的生命，大多数使用铁肺的患者最后都活了下来。

后来，铁肺被正压呼吸机取代，患者不需要被禁锢在机器中了。大范围的疫苗接种也使脊髓灰质炎几乎消失。

史密斯-克拉克"高级"箱式呼吸器
20世纪50年代，曾经是汽车工程师的乔治·史密斯-克拉克设计了这款英国版铁肺，同时还设计出儿童型号。他在机器上增加了很多操作孔。这样护士就可以在不影响患者呼吸的情况下，将手伸入铁肺对患者进行护理了。铁肺没有申请专利，因此可以在世界范围内使用。

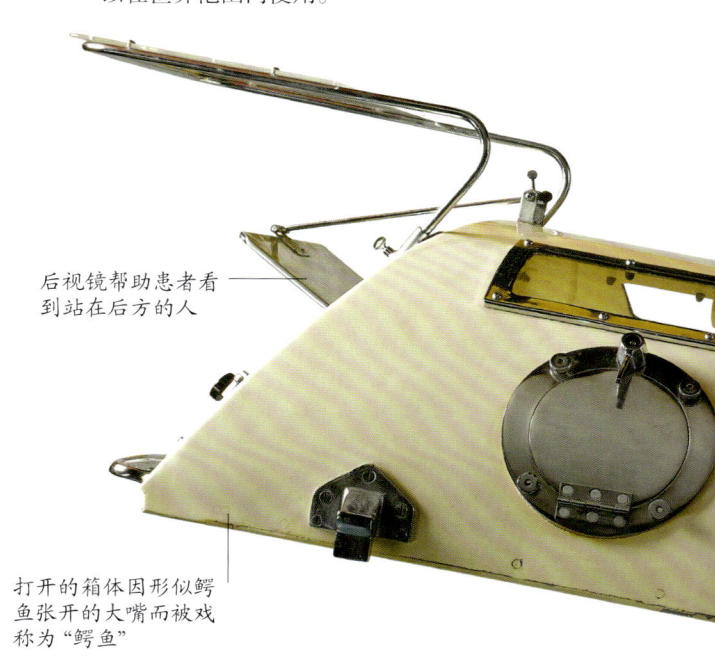

后视镜帮助患者看到站在后方的人

打开的箱体因形似鳄鱼张开的大嘴而被戏称为"鳄鱼"

锁定机构

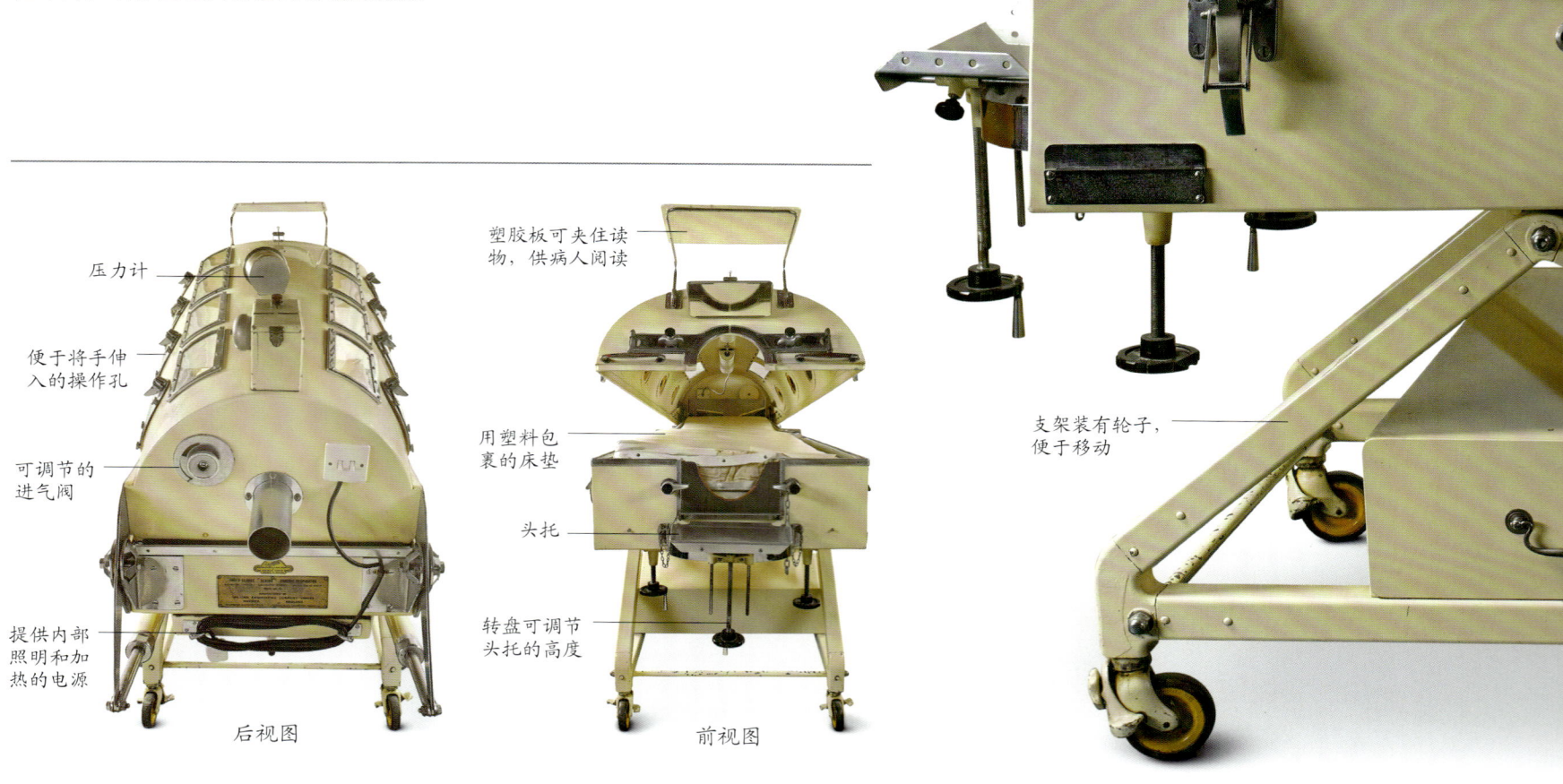

支架装有轮子，便于移动

压力计

便于将手伸入的操作孔

可调节的进气阀

提供内部照明和加热的电源

后视图

塑胶板可夹住读物，供病人阅读

用塑料包裹的床垫

头托

转盘可调节头托的高度

前视图

对抗疾病 363

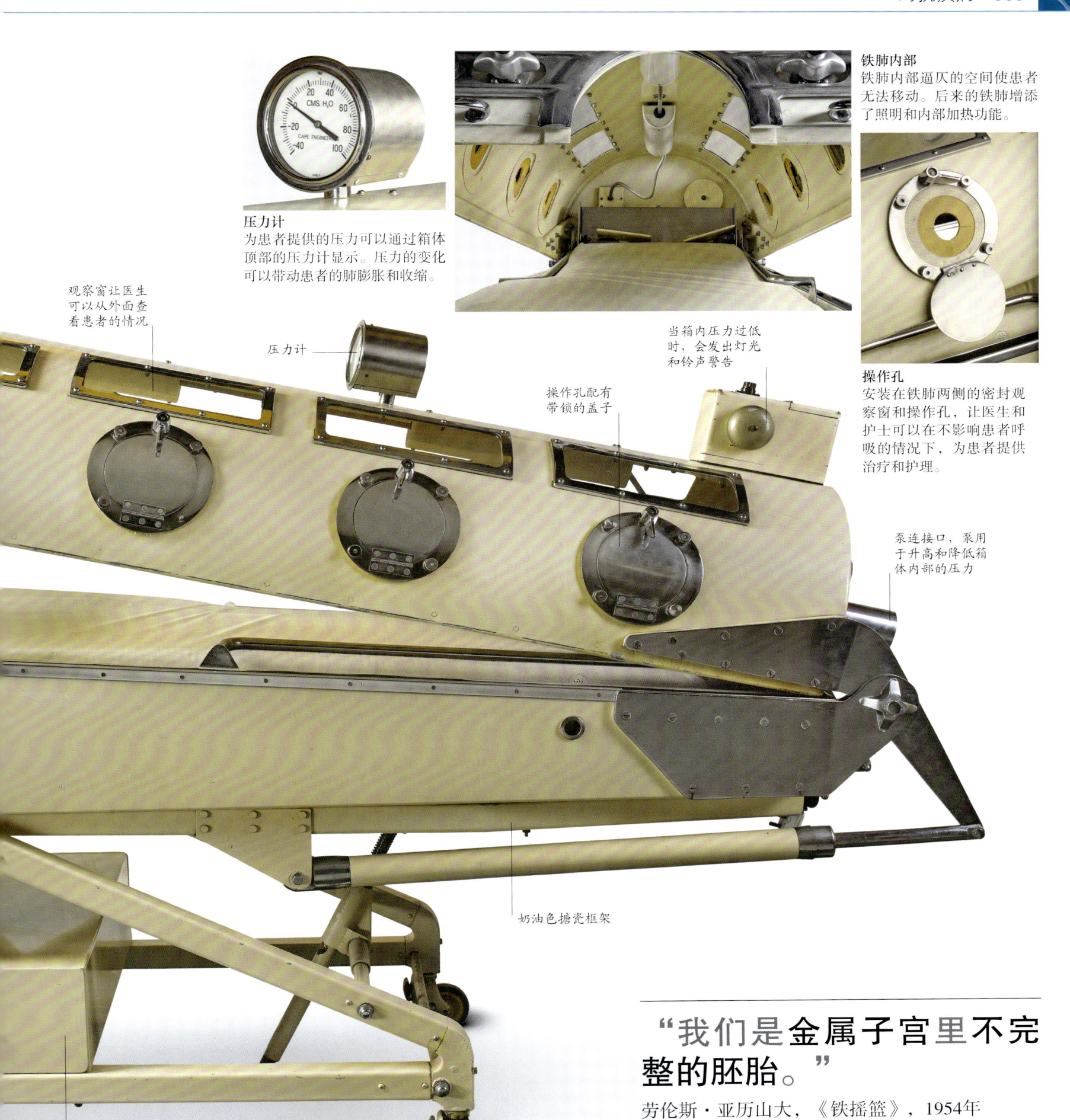

压力计
为患者提供的压力可以通过箱体顶部的压力计显示。压力的变化可以带动患者的肺膨胀和收缩。

铁肺内部
铁肺内部逼仄的空间使患者无法移动。后来的铁肺增添了照明和内部加热功能。

操作孔
安装在铁肺两侧的密封观察窗和操作孔,让医生和护士可以在不影响患者呼吸的情况下,为患者提供治疗和护理。

- 观察窗让医生可以从外面查看患者的情况
- 压力计
- 当箱内压力过低时,会发出灯光和铃声警告
- 操作孔配有带锁的盖子
- 泵连接口,泵用于升高和降低箱体内部的压力
- 奶油色搪瓷框架
- 配套设备存储箱

> "我们是金属子宫里不完整的胚胎。"
>
> 劳伦斯·亚历山大,《铁摇篮》,1954年

西方家庭

20世纪，西方人的家庭生活出现了戏剧性的改变。财富增长、科技进步、大规模生产和稳步增长的家用电器数量，使无数人的生活发生了翻天覆地的变化。

目标受众 ▷
20世纪50年代的广告以勤劳的家庭主妇为主要受众，这张德国海报宣传的是拥有更大储藏空间的新一代冰箱，承诺这种设备能使其拥有更多的时间享受生活。

世纪之交，古老的乡村别墅和城市中的富裕家庭仍然雇用着大批仆人。然而，第一次世界大战改变了这种状况。在工厂和其他重要岗位工作的劳动者可以获得更高的报酬，越来越多的人有能力购买属于自己的住房。这使富裕家庭很难再雇用到仆人。这也就意味着不论贫富，家庭主妇都要亲自完成诸多家务。因此，家庭急需各种帮助人们节省体力的设备。

现代家庭主妇需要能够帮自己分担家务的机器，家用电器的出现在一定程度上减轻了操持家务的辛劳。20世纪50年代的战后繁荣催生出新的消费主义。大规模生产的商品价格更合理，成为现代生活的好帮手。

大量建造的新住宅拉动市场需求。新房建成后，人们需要购置新物品，例如家具、陶器和装饰品。需求无限，生产无限。新开发的玩具、额外的休闲时间和舒适的家居用品改变了人们的家庭生活。

家具与餐具

新的木材加工技术和更廉价、更快捷的生产方式为消费者带来了极具吸引力的新商品。几乎所有物品都改变了原貌。设计师更注重未来，家具设计呈现出现代、时尚和亮丽的特点。

塑料餐具盒
20世纪40年代，新品种塑料制品的大规模生产使现代家庭充满了重量轻便、颜色鲜艳、价格低廉的商品，完美解决了餐具储存的问题。

克拉丽斯·克里夫陶瓷
20世纪30年代，英国陶艺家克拉丽斯·克里夫将现代气息引入厨房。她设计的装饰艺术风格茶具和咖啡具色彩艳丽、充满异域风情，兼具实用性和观赏性。

番红花

黄色代表太阳

褐色代表土地

主妇餐盘
在使用了十多年普通款式的瓷器后，20世纪50年代的人们开始喜爱绘有现代图案的餐具，例如里奇韦公司的热门款式——主妇系列。

20世纪50年代流行的家具

具有"淋雨"效果的喷头

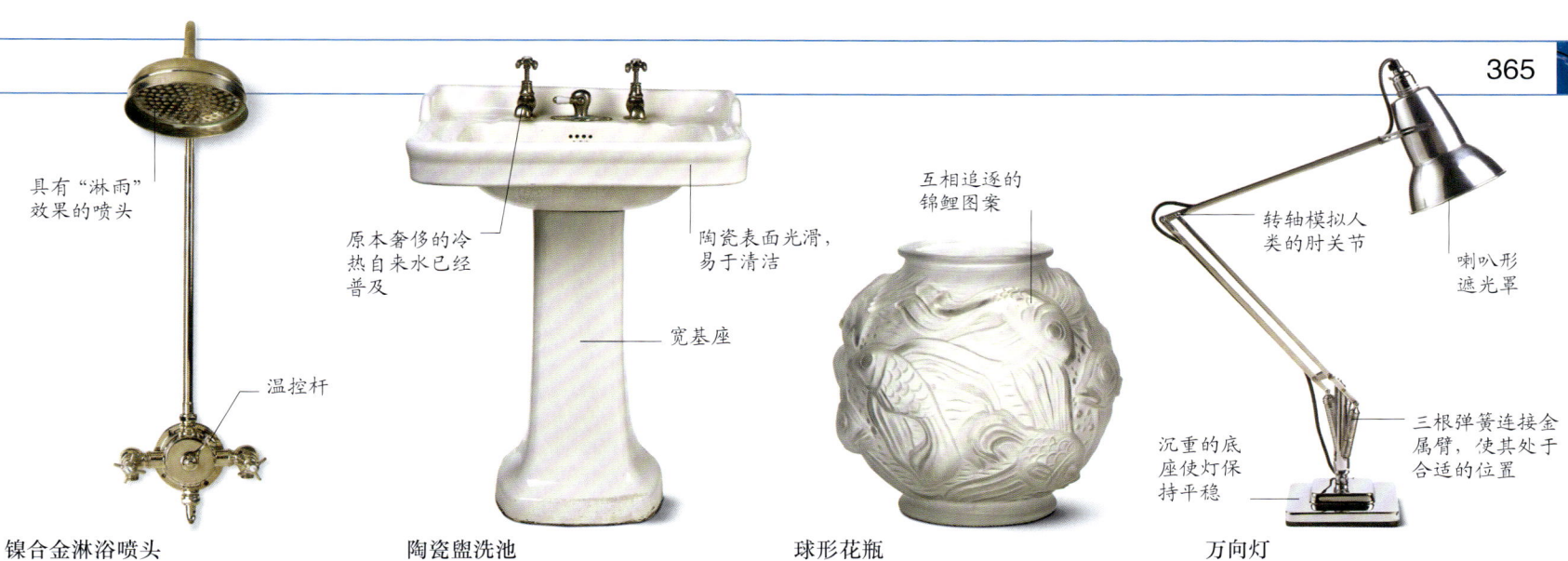

温控杆

原本奢侈的冷热自来水已经普及

陶瓷表面光滑，易于清洁

宽基座

互相追逐的锦鲤图案

转轴模拟人类的肘关节

喇叭形遮光罩

沉重的底座使灯保持平稳

三根弹簧连接金属臂，使其处于合适的位置

镍合金淋浴喷头
20世纪中叶，原本为少数人享有的淋浴已经在家庭中普及。管道和加热系统的创新使淋浴取代了浴缸。

陶瓷盥洗池
浴室成为普通住宅中的独立房间，这是个人卫生领域的一场变革。浴室内有马桶、浴缸和盥洗池。

球形花瓶
使用模具吹制的球形花瓶可大规模生产，成为大众能够负担得起的奢侈品。这个花瓶模仿了法国玻璃艺术家勒内·拉利克的装饰艺术风格。

万向灯
推出于1935年的万向灯是一款三弹簧灯，可安装在桌面、墙壁和天花板上。它的灵活性使人们可以自行调节光照方向。

蒸汽弯曲的榆木扶手

可拆卸的山毛榉木靠背

表面镀铂

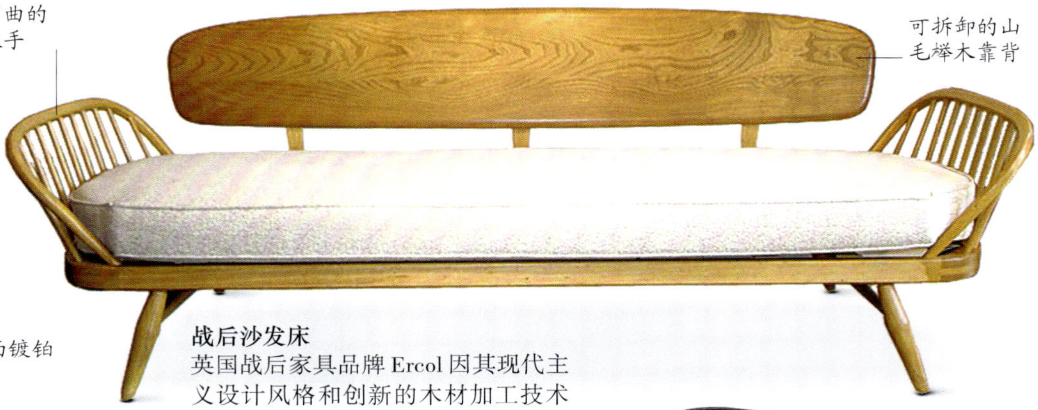

战后沙发床
英国战后家具品牌 Ercol 因其现代主义设计风格和创新的木材加工技术而闻名。这张沙发可兼作单人床。

黄棉木踏板

用象牙、水晶和丝绸制作的把手

装饰艺术风格写字台
这张桌子是英国政府在1925年的巴黎装饰艺术博览会上展出的作品，由爱德华·布兰特伍德·莫夫设计，与好莱坞纸醉金迷的世界相呼应。

伊姆斯躺椅和搁脚凳
美国夫妇查尔斯·伊姆斯和蕾·伊姆斯利用工业材料制作出现代主义风格的家具。在20世纪50年代，这象征着美好的新世界。

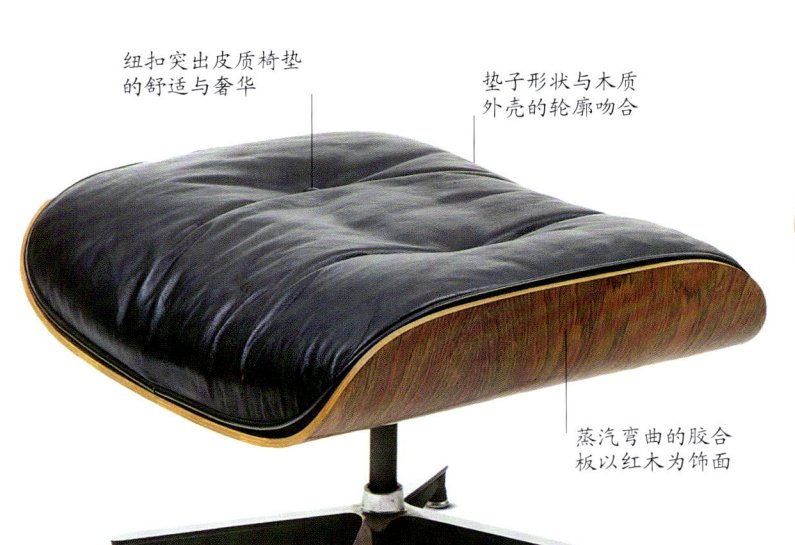

纽扣突出皮质椅垫的舒适与奢华

垫子形状与木质外壳的轮廓吻合

有角度的椅背

蒸汽弯曲的胶合板以红木为饰面

铸铝底座表面涂有黑漆

座椅能在底座上旋转

搁脚凳

躺椅

家用电器

20世纪，技术革新给西方家庭带来的主要变化之一是家用电器的大量出现。家用电器在一定程度上减轻了家务劳动带给人们的负担。真空吸尘器和洗衣机等家用电器使大多数女性既能在外工作，又能高效地完成家务。

胜家缝纫机
自1851年起，胜家品牌一直是缝纫机的代名词。其产品的连续缝合功能和稳定性使女性从手工缝纫中解脱出来。

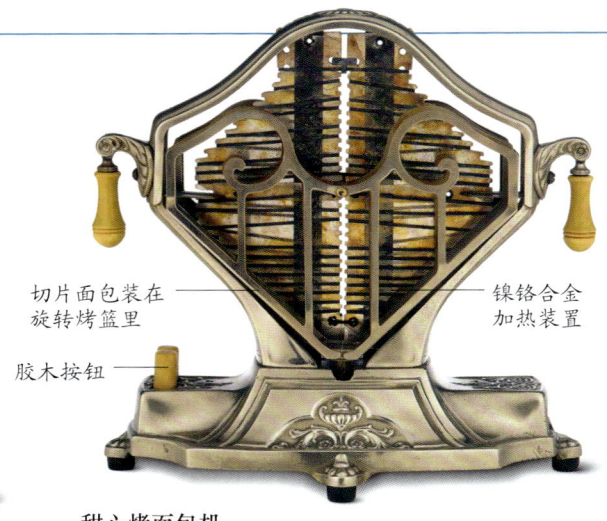

固定线轴的线柱 / 手轮 / 夹线器 / 紧针螺钉 / 压脚 / 电动机 / 电源开关

甜心烤面包机
电动烤面包机的全盛时期始于20世纪20年代，广泛的电气化和切片面包的出现为其提供了条件。这个引人注目的镀镍甜心烤面包机既美观、又实用。

切片面包装在旋转烤篮里 / 镍铬合金加热装置 / 胶木按钮

凯伍德食品搅拌器
食品搅拌器可以使烘焙变得既快捷、又容易，因此迅速成为家庭必备电器。这款产品由肯·伍德设计，于1950年在英国上市，之后很快销售一空。

不锈钢搅拌碗 / 现代风格的方形设计增添科技感

摩卡壶
1933年，意大利人阿方索·比乐蒂制作出第一款铝质咖啡壶。如今，百分之九十的意大利家庭都拥有这款摩卡壶。

铰接式壶盖 / 上部收集咖啡 / 下部用于盛水

鸟形哨子水壶
美国设计师迈克尔·格雷夫斯设计的阿莱西水壶堪称设计史上的经典，诙谐的后现代主义设计风格使其迅速流行。1985年推出以来，这款水壶已经售出数百万个。

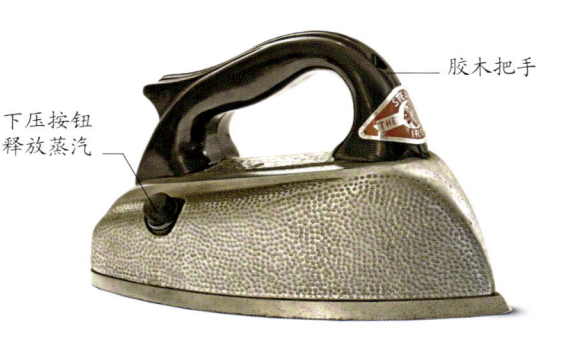

蓝色把手代表可以触碰

蒸汽熨斗
20世纪初，发明于美国的第一款蒸汽电熨斗并没有取得商业上的成功。而20世纪30年代的蒸汽电熨斗却迅速赢得公众的青睐，例如美国电器供应公司制造的酋长牌熨斗。

下压按钮释放蒸汽 / 胶木把手

电冰箱
电冰箱于20世纪30年代末首次出现在美国，彻底改变了食物的储存方式。20世纪50年代，配有大冰箱的厨房改变了人们的饮食习惯。

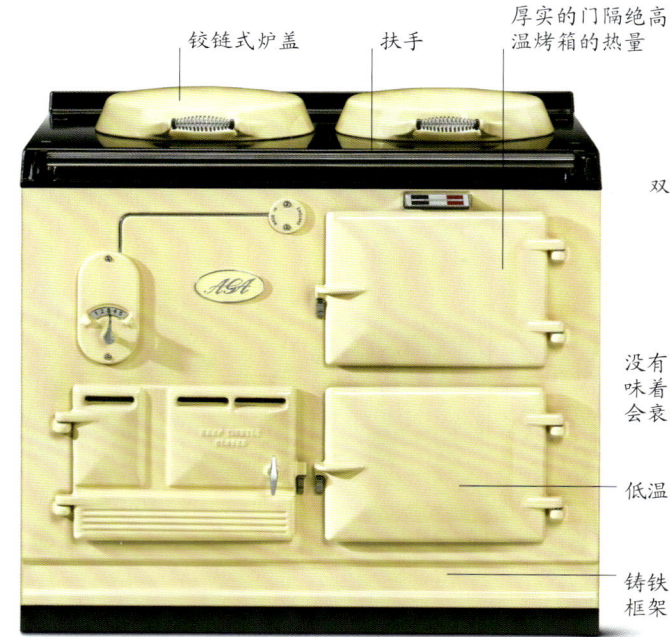

大冷冻室 / 防锈铝架

将军牌炉灶
将军牌炉灶是欧洲最受欢迎的厨具之一，以其标志性的设计而闻名。20世纪20年代以来，这款炉灶的外观几乎没有变化。

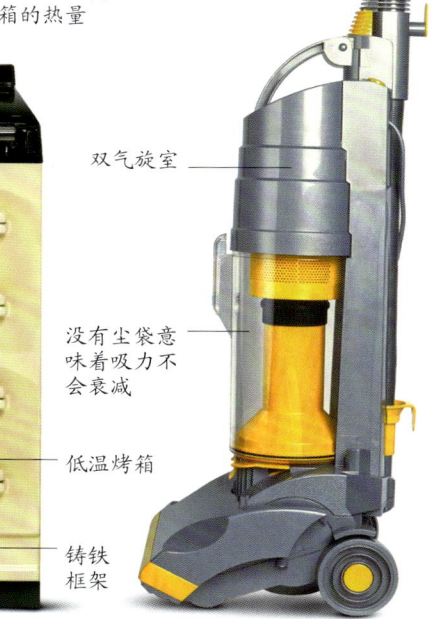

铰链式炉盖 / 扶手 / 厚实的门隔绝高温烤箱的热量 / 低温烤箱 / 铸铁框架

戴森旋风式吸尘器
自20世纪20年代起，真空吸尘器一直分滚筒式和直筒式两种。直到20世纪80年代戴森旋风式吸尘器出现，这种格局才被打破。

伸缩手柄 / 双气旋室 / 没有尘袋意味着吸力不会衰减

电动洗衣机

在世纪之交，清洗衣物只能依靠肥皂、热水和人们的体力劳动。电动洗衣机极大地减轻了清洗衣物带给人们的负担。加拿大安大略省的比蒂兄弟公司是第一家生产搅拌式洗衣机的公司。然而，这些机器的表现却不尽如人意，存在温度控制偏差、漏水和漏电等问题。

- 皮带将电动机与脱水机轮连接
- 把手驱动脱水机
- 闭合洗涤桶盖可启动电动机
- 四柱搅拌器
- 打开洗涤桶盖可自动关闭电动机
- 盖栓
- 把手
- 木质洗涤桶
- 排水口
- 无防护的电动机安装在洗涤桶下方
- 四腿推车
- 方便移动的脚轮
- 轧辊式脱水机

右侧视图

前视图

休闲

直到20世纪，大多数玩具都是自制的，并且十分简单。随着发达国家的工业化水平提升，玩具也开始了大规模生产。由于工作时间缩短，人们可以花更多时间在庭院里消遣，参与体育运动，培养兴趣爱好。不过，也有一些传统的休闲方式从未过时，例如桌游。

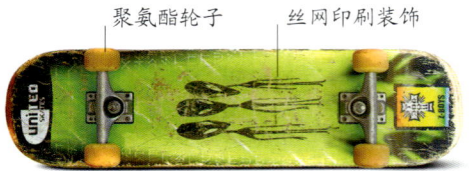

聚氨酯轮子　丝网印刷装饰

可调节高度的车杆

刹车　折叠装置

角充当把手

脚踝支撑

轮子排成一条直线

滑板
20世纪50年代，美国加利福尼亚州的冲浪爱好者提出在街道上"冲浪"的想法。20世纪70年代，新型轮子和户外滑板公园的出现掀起了滑板运动的热潮。

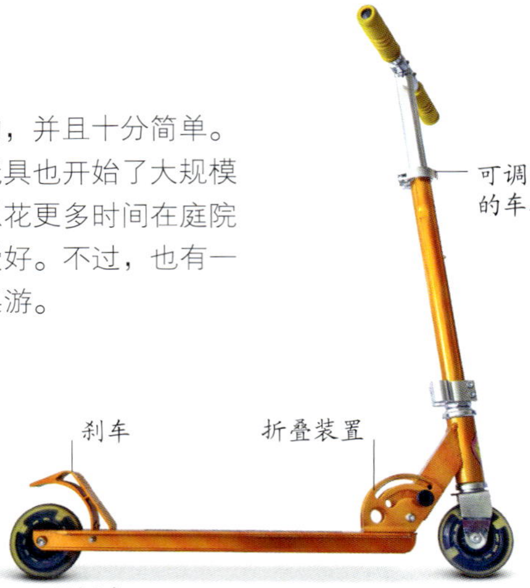

滑板车
玩滑板车可以让儿童呼吸到户外的新鲜空气，因此迅速流行起来。21世纪，滑板车还吸引了成年人。

羊角球
越简单的玩具往往越能引发热潮。20世纪70年代，每个孩子都渴望坐在这种画着滑稽表情的橙色大球上跳来跳去。

直排轮滑鞋
直排轮滑鞋最早出现于18世纪。但直到20世纪80年代末，得到坚固材料辅助的直排轮滑鞋才发展成休闲和极限运动的器械。

模仿摩托车的倒U形安全拉杆

Chopper自行车
Chopper是英国罗利公司制造于20世纪70年代的一款儿童自行车，一度备受追捧。它以带靠背的车座和高耸的车把闻名。尽管骑上去比传统自行车费力，但它依然成为当时的文化标志。

橡胶把手

带靠背的长车座

刹车杆

高车把

弹簧悬架

后行李架

驶德美爱驰三速中央变速杆

取名Chopper是因其设计模仿了Chopper摩托车的风格

前轮较小

宽轮胎

脚撑

后轮较大

西方家庭　369

身体上有五个关节　模仿毛皮的毛绒　金属发条钥匙　紧身上衣　薄纱裙　手动对焦轮　取景器　快门按钮　照片出口

施泰夫泰迪熊
从20世纪初开始流行的泰迪熊或许是最具代表性的儿童玩具。德国的施泰夫泰迪熊已经成为一种收藏品。

发条机器人
在电动玩具出现以前，一些玩具依靠发条装置移动，例如这个受20世纪50年代科幻狂热启发的发条机器人。

生日心愿芭比娃娃
问世于1959年的芭比娃娃是青春年少和消费主义的象征，颠覆了女孩的游戏方式。它主导了市场，成为史上最畅销的娃娃。

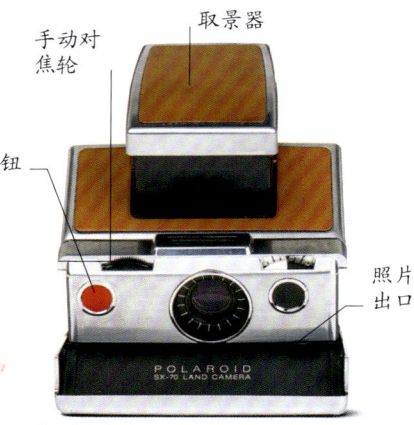

宝丽来相机
1972年，宝丽来推出了一款可以在1分钟内冲洗出照片的"魔法"照相机。这款SX-70照相机迅速满足了大众的想象。

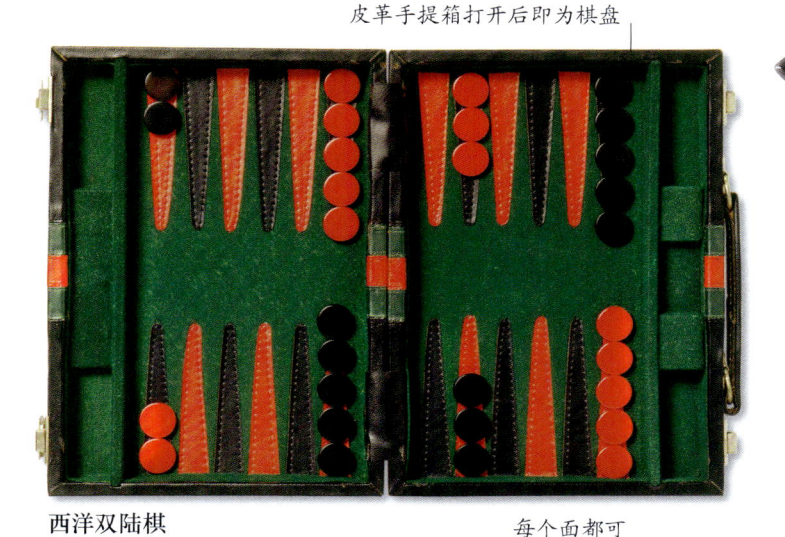

皮革手提箱打开后即为棋盘　木杆　铁杆　推杆　快门　倒卷扳手

西洋双陆棋
棋类游戏具有经久不衰的吸引力。大约5000年前，波斯人就开始玩类似西洋双陆棋这样的棋类游戏了。

每个面都可以旋转

魔方
魔方是匈牙利建筑学教授厄尔诺·鲁比克于1974年发明的。它令人十分着迷，有些玩魔方上瘾的人甚至会患上手指疾病。

单镜头反光（单反）照相机
面向大众市场的胶片摄影器材使收入有限的人也能买得起照相机和胶卷。因此，自20世纪70年代起，摄影成为流行的大众爱好。

导航键　功能键　左摇杆　方向键　右摇杆　动物肠线　聚酯线

游戏手柄
20世纪70年代末以来，主机游戏大受欢迎并经历过几次迭代。微软Xbox游戏手柄自2001年开始流行。

高尔夫球包与球杆
中产阶级的兴起使被视为精英运动的高尔夫球成为流行的消遣活动。它是一种相对舒缓的户外运动。

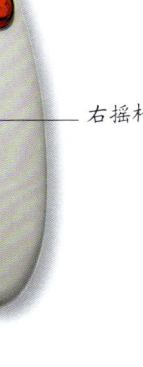

木质网球拍　碳纤维网球拍

网球拍
深受人们喜爱的体育运动被不断完善。这一过程中，科技发挥了重要作用。沉重的木质网球拍被轻便的现代网球拍取代。

大众时装

20世纪的时装体现出了民主精神。当人们可以根据自己的喜好选择穿着华丽、朴素、标新立异或多元混搭的服装时，社会等级也随之消失了。在整个过程中，时装重塑自我的功能始终如一。

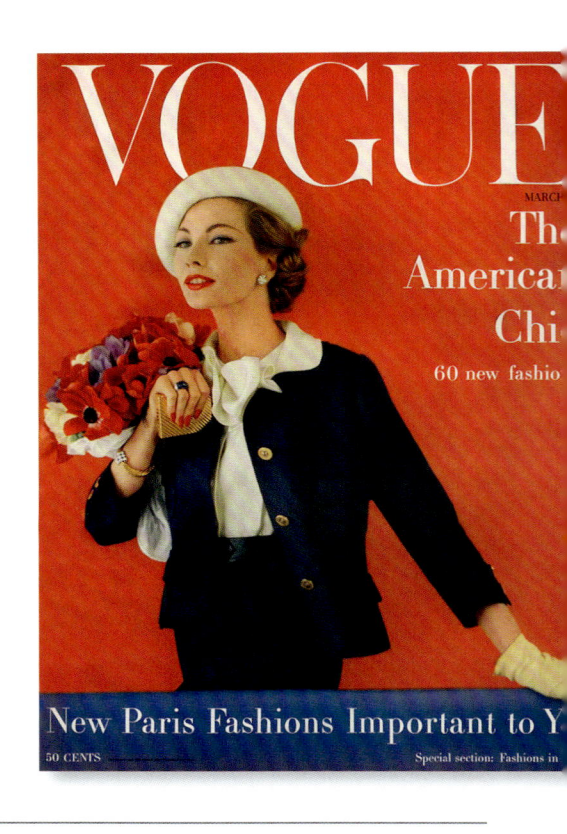

流行趋势 ▷
《时尚》等时尚杂志刊登最新款的高级女装，世界各地的女性都受其影响。这些杂志充当时尚风向标，向人们展示着20世纪的社会文化。

20世纪，人们已经很难通过衣着判断一个人的贫富了。价格合理的成衣出现，即便普通人也能负担得起，服装因而失去其阶级属性。人们可以任意塑造个人着装风格，各个社会阶层都可以接触到时装。伴随着科技和文化的发展及全球性重大事件的发生，时装风格受到影响，时尚潮流不断变化。女性的裙摆时长、时短，服装设计风格时而强调柔美、时而侧重硬朗。服装的舒适性取代了其对身体的束缚。从战时的朴素到对政策的抵制，时装时刻反映着时代的情绪。

数十年来，受人造纤维、大规模生产技术和战后亚文化风格的影响，时装的形式再次发生改变，人们对服装的选择也随之变化。这已经成为一种全球现象。

1945年前的时装

自世纪之交起，功能性的量身定制女性套装逐渐让位于短裙和结构柔和的服装。两次世界大战将时装风格带入朴素的时代。这一风格于20世纪20年代被爵士时代的堕落之风短暂打破，随之到来的经济大萧条又迫使时装再次回归朴素与实用。

出行套装
V领中装饰有纽扣
1929年，世界处于经济大萧条的危机当中。这款套装展现出务实的态度。有褶裥的裙子长度刚好到膝盖以下。

用回收的毛线制作的费尔岛开襟羊毛衫

平驳领

三件套
配套的花呢外套和背心
裤子长度到小腿的一半
英国的威尔士亲王（后来的爱德华八世）引领了这种宽松半长裤和花呢背心套装的穿搭潮流。

西服裙套装
蕾丝高领
这款1908年的法国套装摒弃了沙漏形轮廓，取而代之的是窄裙摆、略显硬朗的剪裁及流畅的直线条。

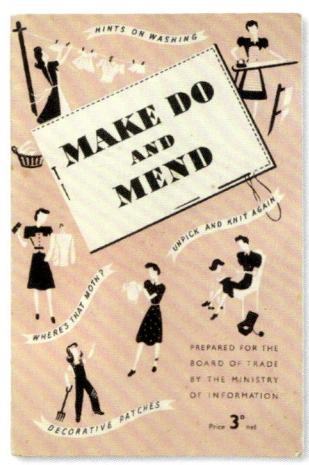

缝缝补补
第二次世界大战迫使人们更加灵活地制作服装。这本英国信息部印制于1943年的小册子里有很多循环利用和缝补衣物的小技巧。

战时实用服装
在困难时期，连织物都是定量配给的。这条裙子是用不易起皱的莫艾盖什纤维面料制作的。
每件衣服只允许有两个箱形褶裥

退役军人便装
裤线
第二次世界大战后，英国退役军人可在复员中心用自己的战时装备换取便装。这种三件套套装为海军蓝或棕色，上衣为单排扣。

直筒低腰连衣裙

20世纪20年代是人类社会发生重大变革的时代,许多陈旧的观念被扫除。摩登女性是代表这个时代的、自由的超现代女性。短小、轻薄的直筒低腰连衣裙成为摩登女性的标志。她们身着这款大胆的时装,迈着轻快的步伐,上班、驾驶汽车、骑自行车,更重要的是参加舞会。这条漂亮的直筒低腰连衣裙是英国雷维尔罗西特公司于1925年前后设计的,具有爵士时代的典型特征。

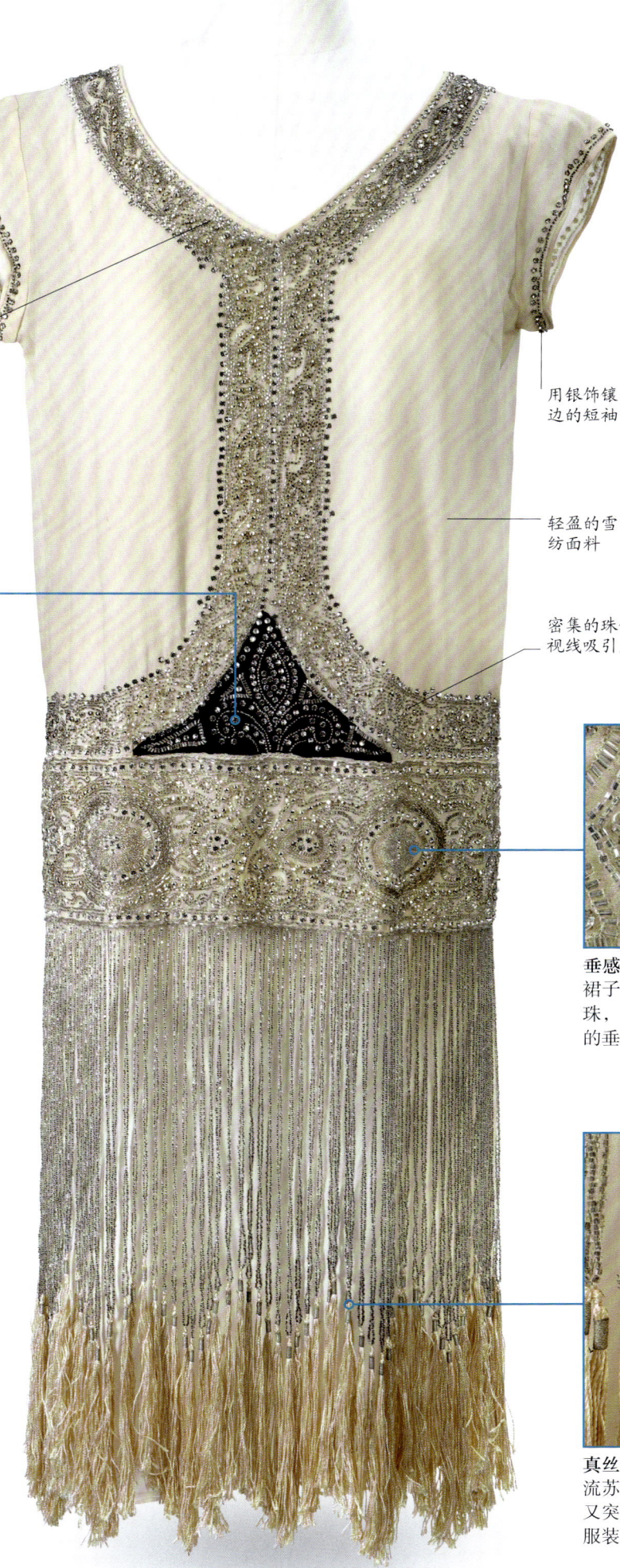

珠饰边缘衬托V形领口

用银饰镶边的短袖

轻盈的雪纺面料

密集的珠饰将人们的视线吸引至腰部

后视图

精巧的珠饰
这些手工缝制的珠饰反映出20世纪20年代的装饰艺术风格,几何图案与具有金属光泽的珠子交相辉映。

爵士时代

1922年,美国小说家弗朗西斯·斯科特·菲茨杰拉德创造了"爵士时代"一词,用于描述第一次世界大战后出现在美国的华丽时代。在这个时代,极度繁荣与颓废堕落并存,新财富的涌入掀起了一场道德观念和行为方式的革命。然而,爆发于1929年的经济大萧条使爵士时代的欢愉戛然而止。

垂感
裙子的腰线处缝满了人造宝石和玻璃珠,这样可以使轻柔的面料产生迷人的垂感。

真丝流苏
流苏长短不一,既装饰了裙子又突显出短裙摆。流苏是舞蹈服装的完美装饰物。

1945年后的时装

第二次世界大战后，受经济、政治和科技的影响，服装对身体的约束功能减弱，逐渐变得实用起来。随着个人自由意识的增强，女性开始展现自己的形体，穿着典型的男性服装。时装的受众也趋于年轻化。与此同时，流行文化对男性服装的发展产生了巨大影响，旧时的着装规则逐渐放宽。

棒球帽
现代棒球帽出现于20世纪40年代。当时乳胶取代粗棉布，成为帽舌的定型材料。

— 硬帽舌
— 宽檐帽
— 青果领

新风貌
克里斯蒂安·迪奥于1947年推出的束腰套装是新风貌的标志。20世纪50年代的许多设计师都采用了这种沙漏形的腰身设计。

— 拉链和带扣属于典型的机车风格
— 青果领
— 流苏袖
— 由罗缎制成的外接裤线

皮夹克
在好莱坞的带动下，皮夹克从20世纪50年代开始流行。这种造型唤起了人们心中对叛逆与青春的记忆，被各个阶层所喜爱。

尖头皮鞋
自20世纪50年代起，这款鞋一直深受摇滚乐迷的喜爱。随着时代的变迁，鞋尖的尖锐程度也在不断变化。

— 装饰性鞋带

无尾礼服
20世纪50年代，男性依然需要在宴会上穿着礼服。这种潇洒的标志性燕尾服从未过时，仅是剪裁更加宽松。

— 无肩带比基尼上衣

比基尼
比基尼流行于20世纪50年代。它曾经备受争议，一段时间之后才被人们接受。

合成纤维
在20世纪30年代人们发明出尼龙之后，大量商业人造纤维问世。这张20世纪60年代的杂志广告宣传的是腈纶，它是一种既耐洗涤又耐用的羊毛替代品。

— 宽大的百褶裙突显束紧的腰身和垫高的臀部

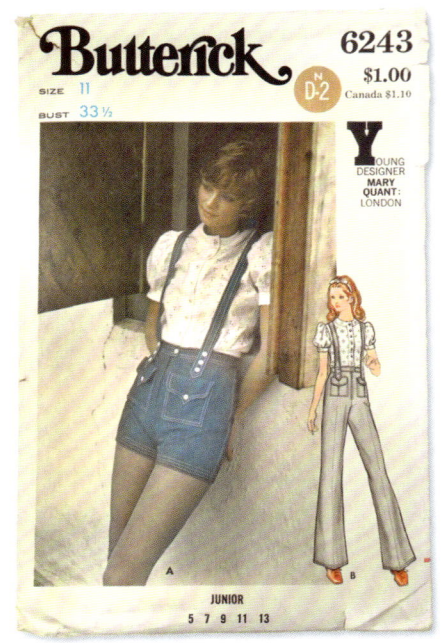

缝型
20世纪60年代，英国设计师玛丽·匡特为青少年设计出独特的服装款式，例如迷你裙和热裤。她的缝型给其设计带来更广阔的市场。

- 插肩袖

直筒连衣裙
这条20世纪60年代的经典款式连衣裙没有束腰和袖子，领子为花瓣形。它由玫红色亚麻布缝制而成。

- 花瓣造型的领子
- 短裙摆

松糕鞋
松糕鞋并不实用，但是在20世纪70年代，仍然有万千男女对其情有独钟。

- 灯芯绒面料

连体裤
在20世纪60年代末人类登月之后，时尚界也开始展望未来。这条亮丽的20世纪70年代连体裤恰如其分地融合了现代主义和未来主义的风格。

- 贴袋
- 喇叭裤

真丝衬衫裙
20世纪70年代，女性的裙摆再次变长，用印花布制作的长裙开始流行。这条真丝长裙还配有一条同款花纹头巾。

- 同款布料制成的头巾
- 合身的衬衫
- 带褶的裙子

权威着装
20世纪80年代，女性的穿着既体现自信又剪裁考究。这条紧身连衣裙呈现出醒目的沙漏形轮廓。

- 垫肩强调轮廓
- 波蕾若外套

牛仔套装
20世纪80年代，牛仔布成为"随重金属音乐摇摆"的亚文化的一部分。外套的袖子常被剪掉，做成背心。

- T恤上有乐队标志
- 砂洗牛仔布呈现出褪色的效果

马丁靴
马丁靴原本由一位德国士兵设计于1945年。20世纪60年代，它成为英国工人和光头党的装备。

- 与众不同的黄色针脚

牛仔裤的兴起

牛仔裤起初是莱维·施特劳斯于19世纪专为牛仔而设计的，后来被工人当作耐用的工装。如今，牛仔裤已经成为真正的通用服装。20世纪40年代，威格（Wrangler）和李（Lee）这两个具有竞争关系的牛仔裤品牌进入主流市场。但直到1955年，通过詹姆斯·迪恩在电影《无因的反叛》（左图）中的演绎，牛仔裤才真正流行起来。牛仔裤原本象征着青少年的叛逆，后来逐渐突破社会和亚文化的界限，被全世界人所接受。

太空时代

在20世纪后半叶之前,人类对太空的了解主要来自通过望远镜的观测。太空旅行极大地增进了我们对宇宙和地球生命的了解。

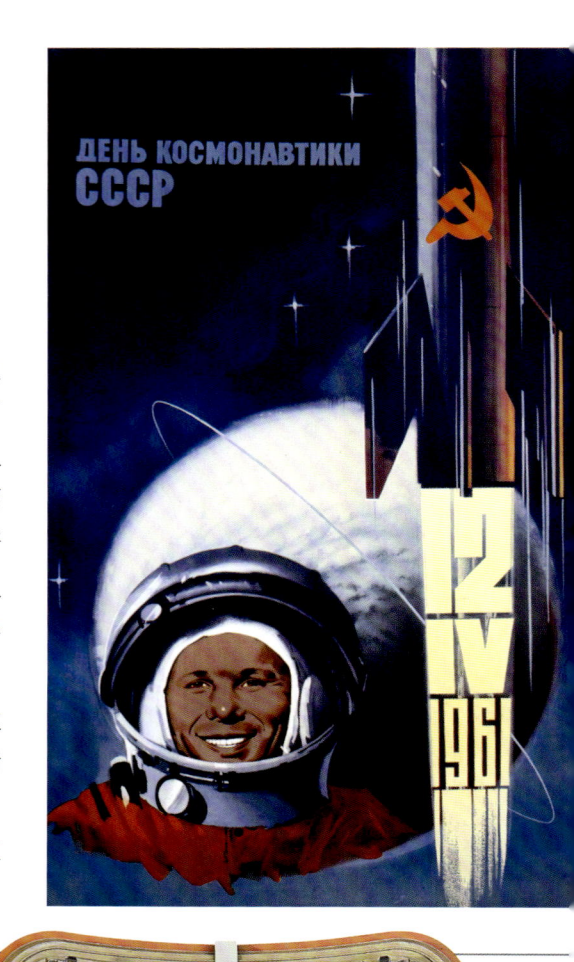

太空第一人 ▷
苏联航天员尤里·加加林(1934~1968)因成为太空第一人而创造了历史。这张海报庆祝他于1961年4月12日完成了环绕地球的太空飞行。加加林的成功震惊了美国人。

1957年10月4日,苏联成功发射了世界上第一颗人造地球卫星——"人造地球卫星"1号,使其进入环绕地球运行的轨道。太空时代迎来曙光,人类世界随之迈入了非凡的创新时代。尽管被牵扯进美苏之间的紧张较量当中,对太空的探索还是牢牢吸引住了大众的目光。1961年,美国总统约翰·菲茨杰拉德·肯尼迪承诺,美国将成为第一个实现人类登月的国家。与此同时,苏联也决心取得进一步成功。一场太空竞赛拉开帷幕。

1969年7月20日,"阿波罗"11号的登月舱成功登陆月球,美国航天员尼尔·阿姆斯特朗在月球表面踏出了人类的第一步。全世界五分之一的人口通过电视观看了这一盛事。这一历史性时刻之后,人类的技术发展日新月异,使制造飞行距离更长、搭载人数更多和可作为轨道实验室的航天器的梦想成为现实。

数十年来,多个无人航天器抵达太阳系外,数以千计的人造卫星发射升空,机器人探测器为人类探索了月球背面和太阳系其他行星,人类甚至可以在太空中工作和生活数月。

航天器

当科学技术足以保证航天员离开地球大气环境后也能生存时,太空旅行才成为可能。美国的阿波罗计划将人类送上了月球。如今,从人造地球卫星到遥控机器人和空间探测器,大多数航天器都是无人驾驶的。

通往登月舱的通道

"阿波罗"11号的指令舱
圆锥形的指令舱"哥伦比亚"号为三名航天员提供了狭小的生活空间。任务结束后,它溅落在了太平洋上。

密封舱门为指令舱提供增压、热防护和水密条件

"阿波罗"11号的指令舱门

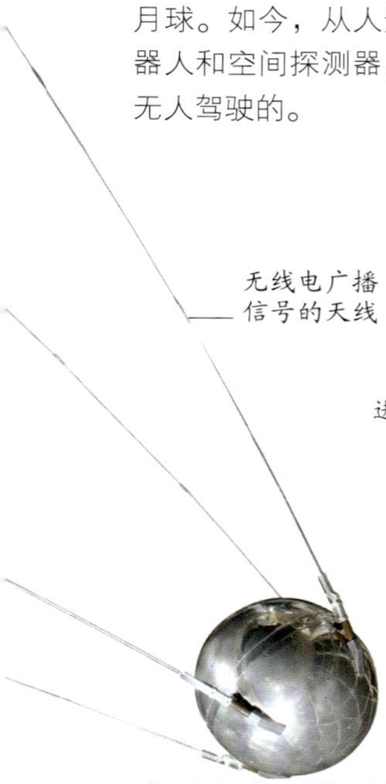

控制翻滚的发动机

无线电广播信号的天线

进出舱口

控制对接使用的舱口

天线

"人造地球卫星"1号(复制品)
苏联的"人造地球卫星"1号仅有篮球大小。1957年,它绕地球飞行了1440圈。

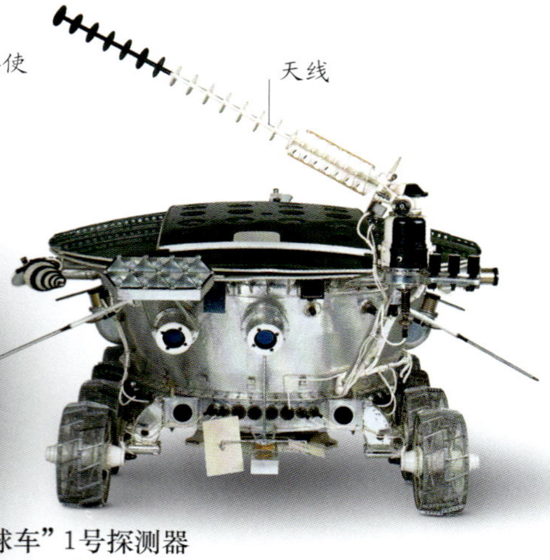

"月球车"1号探测器
这个由苏联制造的无人探测器于1970年11月登陆月球。通过从地球遥控,它花322天分析了月球土壤。

太空时代 375

太空装备

从美国国家航空航天局的阿波罗计划到现代空间站，太空旅行的历史与开创性设备的发展密不可分，其中包含人类历史上最重要的科技成果。不过，有些工具和设备需要加以改造，以应对太空工作中的独特挑战。

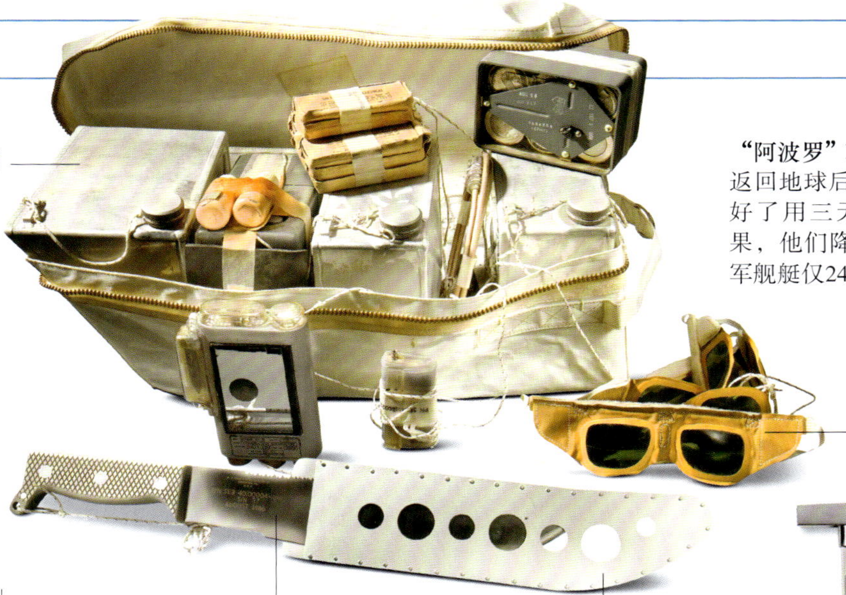

"阿波罗"11号的应急包
返回地球后，"阿波罗"11号的航天员做好了用三天时间等待救援的准备。结果，他们降落的地点距离待命的美国海军舰艇仅24千米。

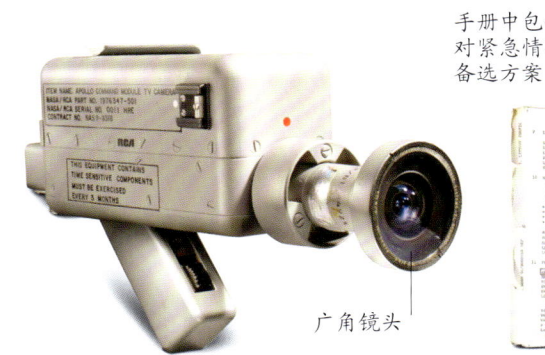

— 水箱
— 三副太阳镜
— 锋利的不锈钢刀刃
— 铝质刀鞘
— 手册中包含应对紧急情况的备选方案
— 铝质外壳
— 广角镜头

"阿波罗"号的电视摄像机
这种摄像机被多次安装在"阿波罗"号飞船上，用于拍摄航天员在太空中的影像，使地球上的人们能够看到这些太空旅行者。

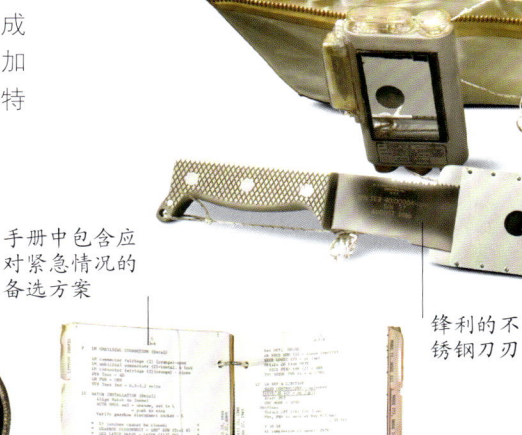

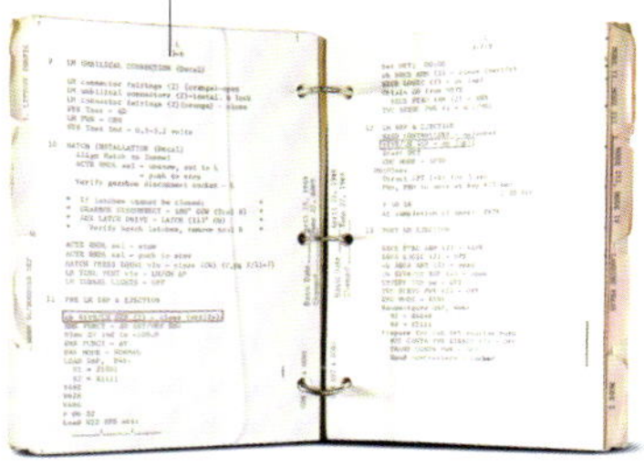

"阿波罗"11号的登月舱手册
这本手册详细列出了尼尔·阿姆斯特朗控制登月舱着陆、在月球上行走及返回指令舱所要完成的步骤。

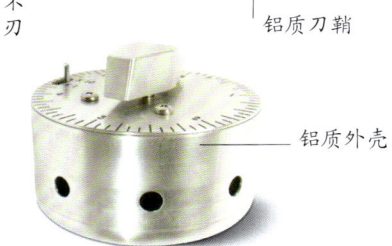

"阿波罗"11号的计时器
这个计时器是指令舱的设备，类似厨房中使用的计时器。它可以在60分钟和6分钟两种模式之间切换。

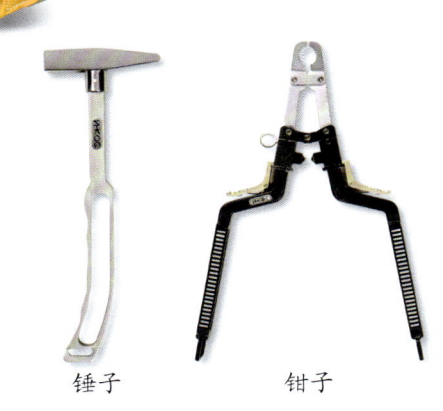

锤子　　钳子

"和平"号空间站的工具
这把重量较轻的锤子是"和平"号空间站中的工具。这把钳子方便用戴着手套的手握紧，是太空行走任务中使用的工具。

"火星"3号探测器
苏联的"火星"3号探测器既有降落伞，又有制动器。这使它取得了其他探测器不曾取得的成功。它是第一个实现火星软着陆的探测器。

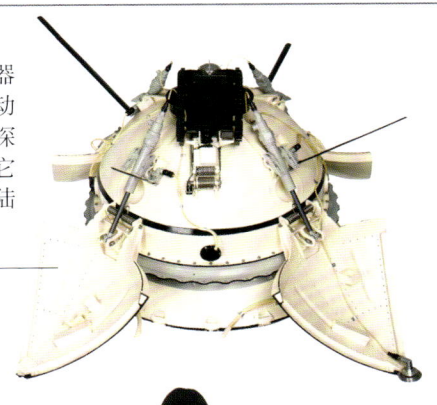

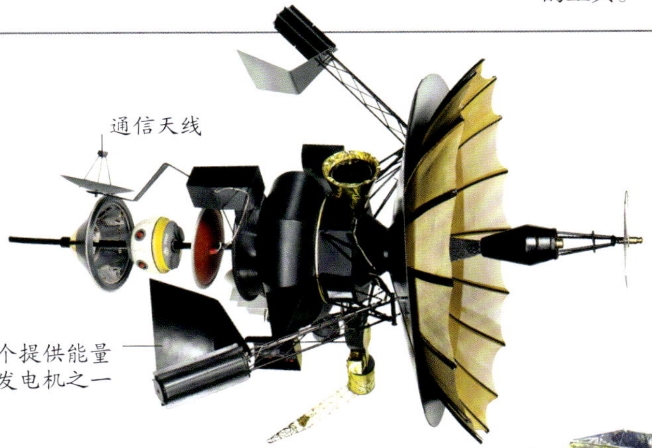

— 三角形金属罩在着陆后打开，露出里面的设备
— 通信天线
— 两个提供能量的发电机之一

"伽利略"号探测器
这个探测器于1995年抵达木星。它将一个较小的探测器释放到木星的大气层中，并将收集到的数据发送回地球。

哈勃空间望远镜
哈勃空间望远镜发射于1990年。它在许多方面都取得了大量发现，例如宇宙的大小和年龄、遥远的星系和我们自己的太阳系。

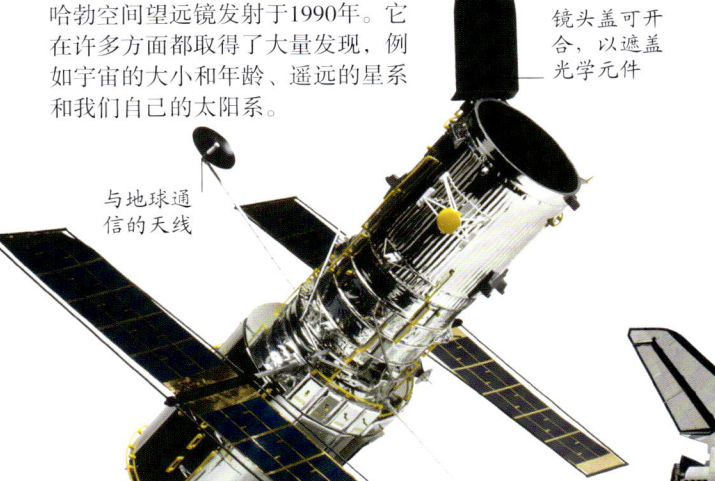

— 镜头盖可开合，以遮盖光学元件
— 太阳能电池板
— 与地球通信的天线
— 设备舱

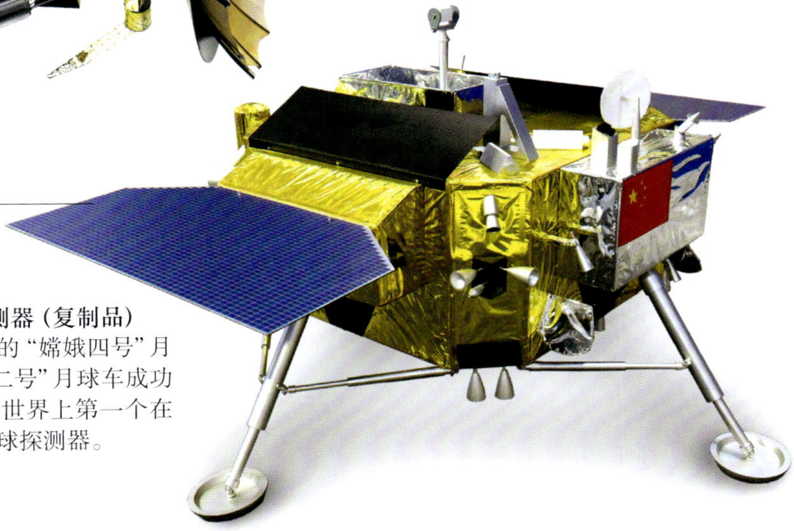

"嫦娥四号"月球探测器（复制品）
2019年1月3日，中国的"嫦娥四号"月球探测器携带"玉兔二号"月球车成功登陆月球背面，成为世界上第一个在月球背面软着陆的月球探测器。

"亚特兰蒂斯"号航天飞机
美国国家航空航天局的航天飞机是第一种可重复使用的航天器。它返回地球大气层后可以像飞机一样降落。

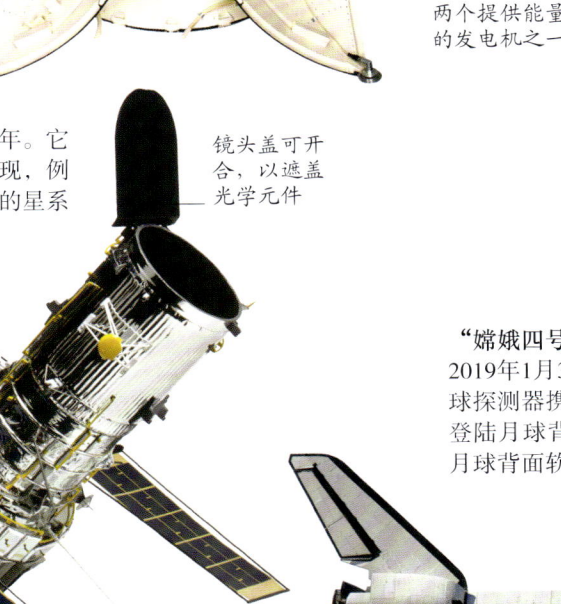

太空漫步

"国际"空间站航天服

"国际"空间站(ISS)是世界上最杰出的工程之一。自1998年第一个组件进入轨道以来,它一直是航天员们在太空中工作和生活的场所。"国际"空间站用13年建造完成,其大小与一个美式足球场相当。如今,有16个国家将它当作可居住的太空实验室,用来探索更多关于太空的知识,研究改善地球生活的方法。

在"国际"空间站中,航天员的生活很特别。他们以28000千米/时的速度环绕地球"飞行",每92分钟绕地球一圈,每天能看到15~16次日出日落。航天员们在"国际"空间站内外都进行过许多实验。

保护层

人类进行太空漫步需要先进的航天服辅助。航天服能帮助航天员离开空间站,进入太空中探索。这套航天服基于20世纪80年代初美国国家航空航天局的航天飞机航天服而设计。1998年,人们对航天服进行升级,以满足"国际"空间站的建设和工作需求。这套航天服专业名称为舱外机动套装,可以保护穿戴者免受严酷温度、宇宙辐射和太空碎片的伤害。穿戴者的皮肤与太空的真空环境之间有14层保护层相隔。整套航天服在地球上的重量为108.9千克,可为航天员提供包括水、氧气和温度控制在内的生存所需。这些航天服在"国际"空间站中至多可保存两年,供航天员们反复使用。

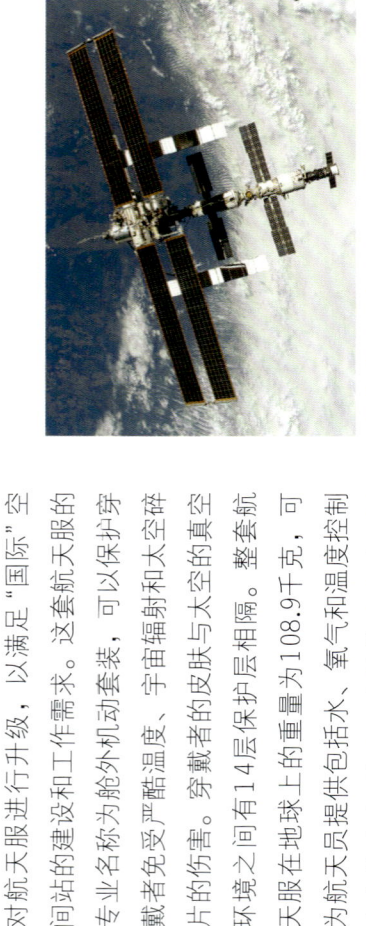

"国际"空间站

这张照片由"发现"号航天飞机中的航天员拍摄。从照片中可以清晰地看到"国际"空间站总面积约2500平方米的太阳能电池板。2022年,由中国自主研制和发射的中国空间站已经全面建成。

> "我们打开舱口……愉快地发现自己置身于一个空气清新的空间当中。"
>
> 谢尔盖·克里卡列夫,俄罗斯航天员,首次到"国际"空间站执行任务,2000年11月2日

- 头盔灯可以照亮工作区域
- 镀金透阳面盔保护航天员的眼睛
- 基本生命支持系统安装在航天服背后
- 附在胸前的微型工作站
- 温控阀排出余热,防止航天员脱水
- 袖口上的检查清单列有太空漫步任务的执行程序

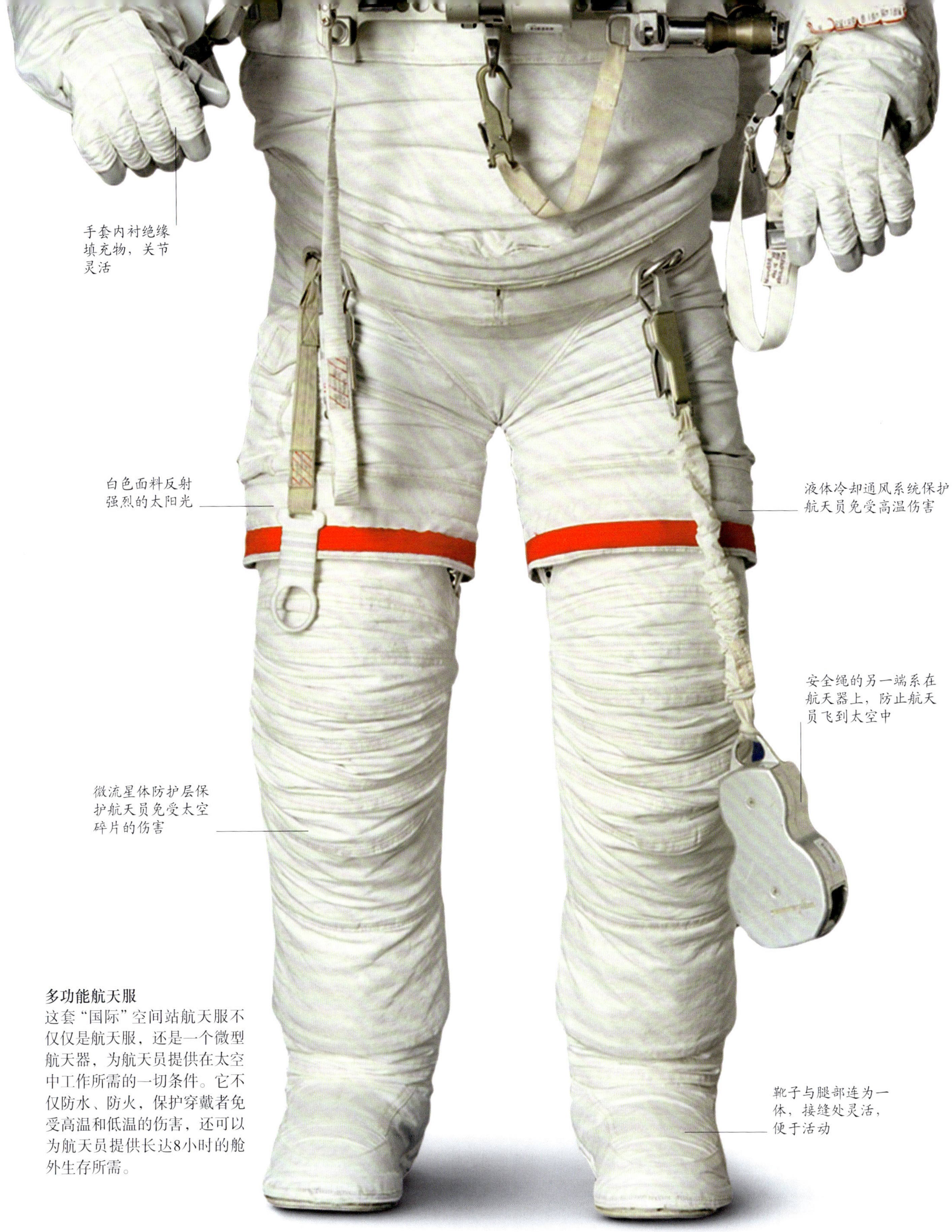

太空时代 377

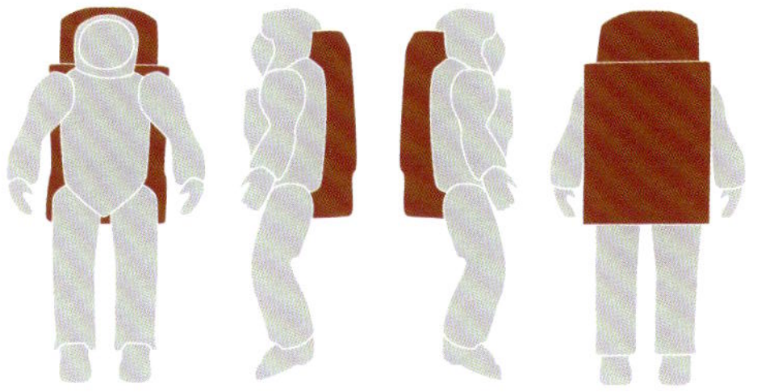

背包

舱外机动套装含有一个背包,即基本生命支持系统。它的内部有供氧设备、二氧化碳清除设备、双向通信设备、水冷却设备、电源和风扇。

无安全绳太空漫步

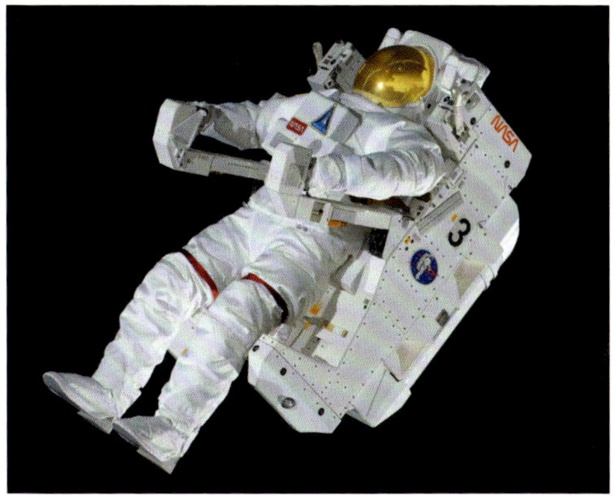

1965年3月18日,苏联航天员阿列克谢·列昂诺夫成为太空漫步第一人。三个月后,美国人爱德华·怀特也步入太空。1984年,布鲁斯·麦坎德利斯成为无安全绳太空漫步第一人。他在太空中离"挑战者"号航天飞机100米。同年,航天员们又进行了两次无安全绳太空漫步的尝试。在1994年的第四次尝试之后,人们认定这样做并不安全,从此不再尝试。

手套内衬绝缘、填充物、关节灵活

液体冷却通风系统保护航天员免受高温伤害

安全绳的另一端系在航天器上,防止航天员飞到太空中

靴子与腿部连为一体,接缝处灵活,使手活动

白色面料反射强烈的太阳光

微流星体防护层保护航天员免受太空碎片的伤害

多功能航天服

这套"国际"空间站航天服不仅仅是航天服,还是一个微型航天器,为航天员提供太空中工作所需的一切条件。它不仅防水、防火,保护穿戴者免受高温和低温的伤害,还可以为航天员提供长达8小时的舱外生存所需。

现代战争科技

20世纪的战争推动了许多科技的进步。飞行器和武器变得更快、更致命。人造地球卫星和雷达可以探测敌人的位置，远程导弹和无人机可以对敌人进行打击。

▷ **制空权**
喷气式战斗机和轰炸机在现代战争中发挥着主导作用，例如美国F-4"鬼怪"战斗机。决定制空权的主要因素包括飞行器的速度、机动性、导航和通信系统等。

第一次世界大战中，新出现的机枪使死于枪击的人数达到前所未有的规模。1945年，美国先后向日本的广岛和长崎各投下一枚原子弹，以其恐怖的威力结束了第二次世界大战。不过，这也使全世界在其后的数十年中都处于紧张状态，引发了人们对核战争的恐惧。

接踵而来的冷战使导弹和导弹发射器快速发展。在1991年的海湾战争中，美国军队动用了大量"智能"科技武器，其中许多都是之前从未使用过的。这些新武器中包含配备计算机制导系统、具有毁灭性威力的巡航导弹。与此同时，隐身战斗机表面的隐身材料可以吸收雷达波，战斗机的夜视设备还可以在黑暗中搜寻敌人。

成立于1945年的联合国也利用军事技术来维护世界和平。联合国维持和平部队配备轻型防御性武器，而在一些地区的维和行动中，这些武器对抗的是比其强大得多的火力。

武器

第二次世界大战以来，人们一直在尝试制造破坏性更强、打击更精准的武器，并使用数字技术来避免平民伤亡。机枪和突击步枪比以往更具杀伤力，它们被广泛使用于非洲部分地区、苏联和中东地区的政治动荡中。

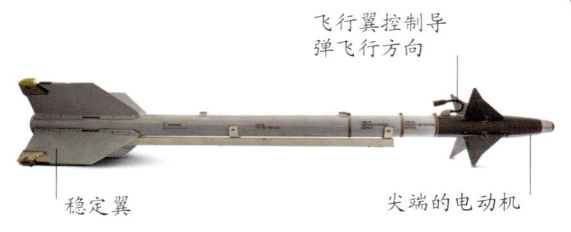

"响尾蛇"空空导弹
美国海军于1956年推出这种空对空"智能"导弹。它使用红外寻的制导技术锁定目标，射程29千米，携带的弹头在遇到撞击时会爆炸。

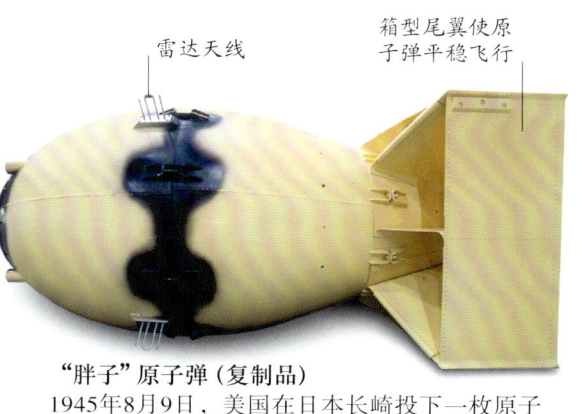

（稳定翼、飞行翼控制导弹飞行方向、尖端的电动机）

"胖子"原子弹（复制品）
1945年8月9日，美国在日本长崎投下一枚原子弹，由其核裂变引发的爆炸瞬间夺去了5万人的生命。

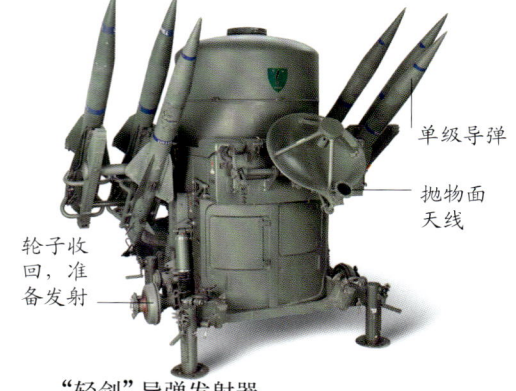

（雷达天线、箱型尾翼使原子弹平稳飞行）

"轻剑"导弹发射器
1982年，英国军队在马尔维纳斯群岛战争中使用了这种武器。"轻剑"是一种大型圆柱体旋转装置，可携带六枚导弹。

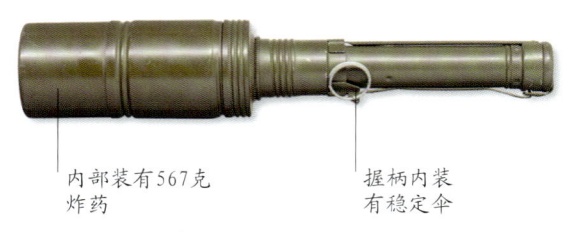

（单级导弹、抛物面天线、轮子收回，准备发射）

RKG-3反坦克手榴弹
这种苏联手榴弹启用于第二次世界大战后，广泛应用于冷战时期。其杀伤半径为20米。

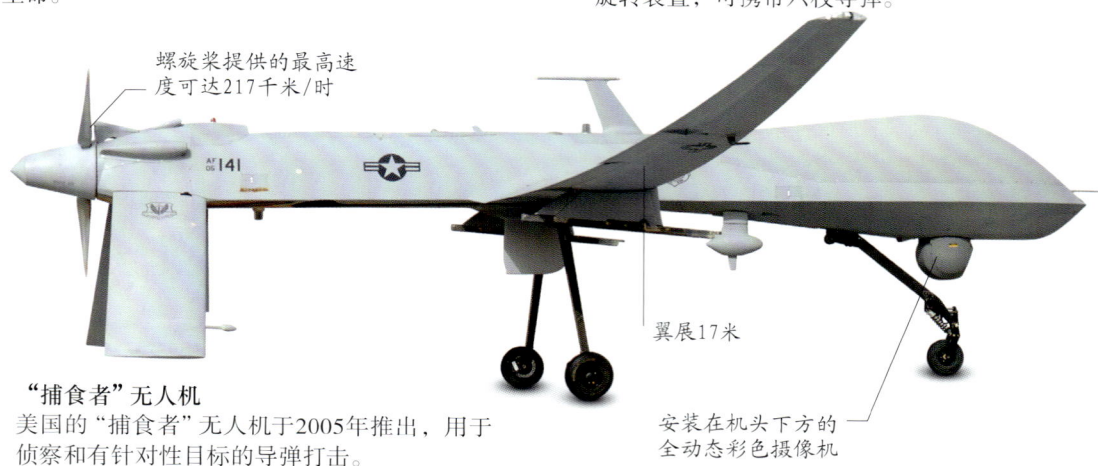

（内部装有567克炸药、握柄内装有稳定伞）

"捕食者"无人机
美国的"捕食者"无人机于2005年推出，用于侦察和有针对性目标的导弹打击。

（螺旋桨提供的最高速度可达217千米/时、翼展17米、安装在机头下方的全动态彩色摄像机）

军服

军服发生了巨大变化,在材料、灵活性和机动性方面都有所改进。近年来,为满足在敌方区域和复杂地形区域的隐蔽需求,迷彩发挥了至关重要的作用。好的伪装可以使士兵"隐身"。

数码迷彩

夜视镜
这种附在头盔上的夜视镜便于士兵在夜晚行动。夜视镜在阿富汗战争和伊拉克战争中发挥了重要作用。

防滑鞋底

热带军靴
这种美国海军军靴是针对越南炎热、潮湿的环境而设计的。20世纪60年代中叶,每天有5000双这种军靴被生产出来。

迷彩面料

附加护颈领

用旧轮胎制作的鞋底

荒漠迷彩
这种迷彩服是20世纪90年代英国士兵在阿富汗战争和伊拉克战争中所穿的。它的双色图案与荒漠地貌融为一体。

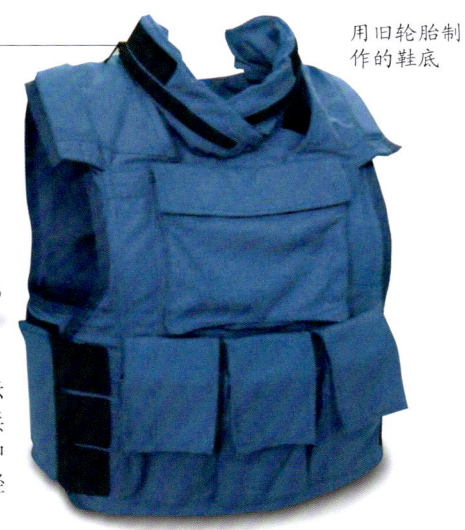

联合国的装备
独特的"联合国蓝"表示联合国维持和平部队士兵在世界任何角落都保持中立。这件作战背心具有轻便、防弹的特点。

越南共产党的凉鞋
越南战争期间,越南共产党士兵曾穿着这种凉鞋。凉鞋底由橡胶轮胎制成,简单实用。带子是用轮胎内胎制作的。

■ 枪

坚固的木质枪托

手枪式握把

独特的弧形弹匣可容纳30发子弹

AK47突击步枪
苏联开发于1947年的卡拉什尼科夫AK47突击步枪是目前使用最广泛的攻击型武器,全球约有1亿支。它造价低廉,每分钟可发射580发子弹。

聚合物套筒在发射子弹时收缩,吸收一部分后坐力

可安装灯或激光瞄具的附件导轨

格洛克19手枪
奥地利人加斯顿·格洛克于1982年设计出这款经典半自动手枪的早期版本。它被军队和执法机构广泛使用。

搭扣锁定枪管

瞄准镜可在低能见度条件下使用,并可四倍放大

枪管在数秒内即可完成更换

MG43轻机枪
这种使用弹链供弹的轻机枪由德国赫克勒-科赫公司于20世纪80年代末研发。它是迄今最致命的枪械之一。

保险栓可设置为全自动射击

固定螺栓

简易手枪
这把简易手枪出自20世纪80年代的南非,类似的自制枪械被全世界的起义者和革命者所使用。这些枪械做工粗糙,存在极大的安全隐患。

沟通世界

20世纪后半叶是计算机和通信技术飞速发展的时期。"通信时代"以功能强大的设备为基础,改变了我们的沟通方式,将全世界连接了起来。

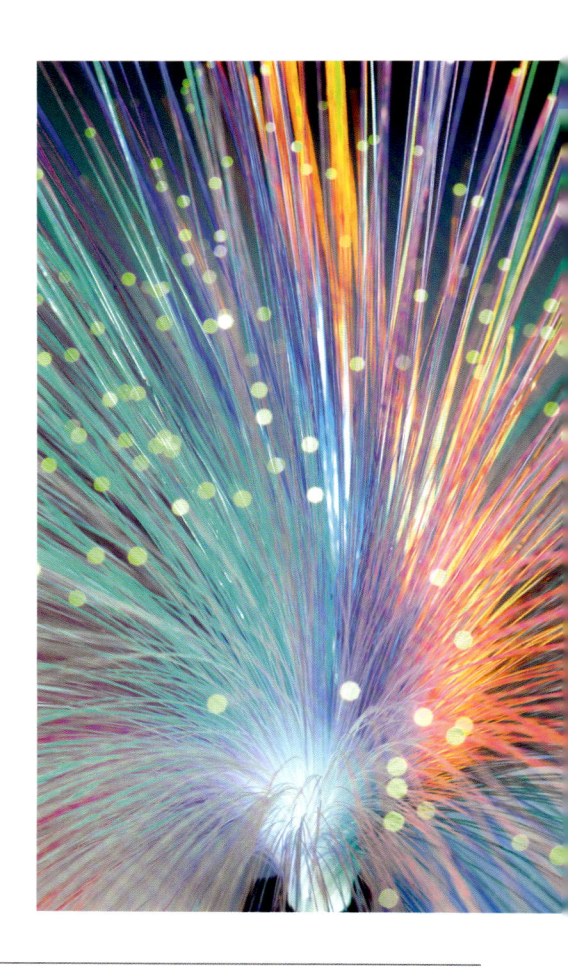

光纤 ▷
光纤是全球通信系统的支柱。一根比人类头发丝略粗的光纤,可以远距离传输大量信息。

人类最早使用的快速远程交流技术是电报。电话网络于19世纪80年代开通,起初发展缓慢,直到20世纪20年代价格降低后才逐渐普及。此后不久,数以百万计的人又开始收听无线电广播。

电子计算机于20世纪50年代问世。自60年代末起,计算机网络为企业提供了一种新的交流方式。70年代以来,电子元件被缩小到集成电路上,电子设备的体积因此变得越来越小,价格也随之降低。到90年代时,手机和个人电脑开始普及。互联网起初只能通过计算机访问,后来,智能手机和平板电脑也具备了访问互联网的功能。21世纪初,互联网产业飞速发展,成为最具活力的产业之一。

计算机与互联网

起初,计算机价格昂贵,使用困难。20世纪80年代,体积小、价格低、人性化的个人电脑开始普及。到20世纪90年代时,互联网服务供应商开始为大众提供网络服务,人们可以通过电子邮件、万维网、社交媒体、即时消息,以及视频和音频通话等方式进行交流。

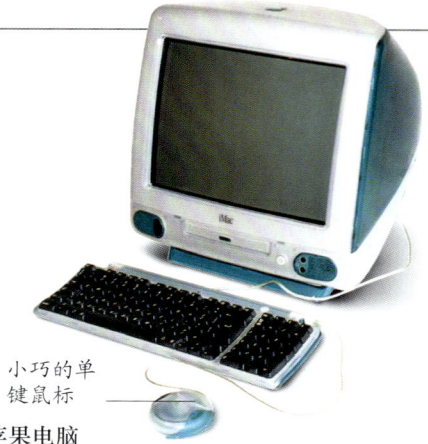

苹果电脑
1984年,苹果公司推出了第一代Macintosh电脑。后来,苹果公司又推出了方便家庭用户上网的机型,例如1998年的iMac。

— 小巧的单键鼠标

平板电脑
苹果公司的iPad平板电脑于2010年推出,开启了平板电脑快速发展的时代。用户可以通过触摸屏界面进行交互,而不必依靠鼠标和物理键盘。

— 触摸屏界面

IBM个人电脑
1981年,美国的IBM公司推出了受大众欢迎的IBM个人电脑。这款具有影响力的个人电脑运行的是美国微软公司提供的基于文本的操作系统。

— 两个软盘驱动器

笔记本电脑
使用充电电池的便携式电脑从20世纪90年代初开始流行。它使人们可以在办公室以外的地方工作。

— 智能音箱包含一个由声音控制的虚拟助手

亚马逊智能音箱
21世纪10年代,声控智能音箱出现。这是一种连接互联网的设备,用户可以通过声音对其进行操控,例如播放音乐、发送消息和进行网络搜索。

沟通世界 381

电话

当人们打电话时，承载其声音的信号会通过由金属丝、光纤和无线电波组成的网络传播。相同的网络还可以传输文本、图像、数据及语音。如今，互联网的基础设施与电话网络的基础设施有相当一部分是重合的。

20世纪30年代的旋转式拨号盘电话机
自动电话交换机出现于20世纪初。呼叫者通过旋转式拨号盘拨号码打电话，而不是通过接线员。

电池充满电需要10小时

20世纪70年代的移动电话
在车辆中使用的移动电话可追溯至20世纪50年代，而手持移动电话和蜂窝网络则出现于20世纪70年代。

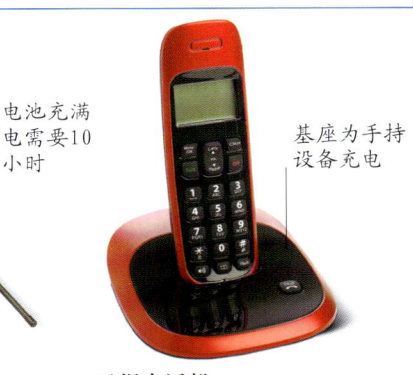

基座为手持设备充电

无绳电话机
无绳电话机最早出现于20世纪80年代。手持设备可以与基站通信，基站通过电缆与电话网络相连。

触摸屏

21世纪的智能手机
智能手机拥有无线上网功能，可以用作便携式播放器、照相机、浏览器和导航设备。它完全颠覆了人类原有的通信方式。

通信卫星
1962年发射的"电星"1号是第一颗传送电话和电视图像信号的人造地球卫星。如今，大约有3000颗通信卫星在环绕地球的轨道上运行。

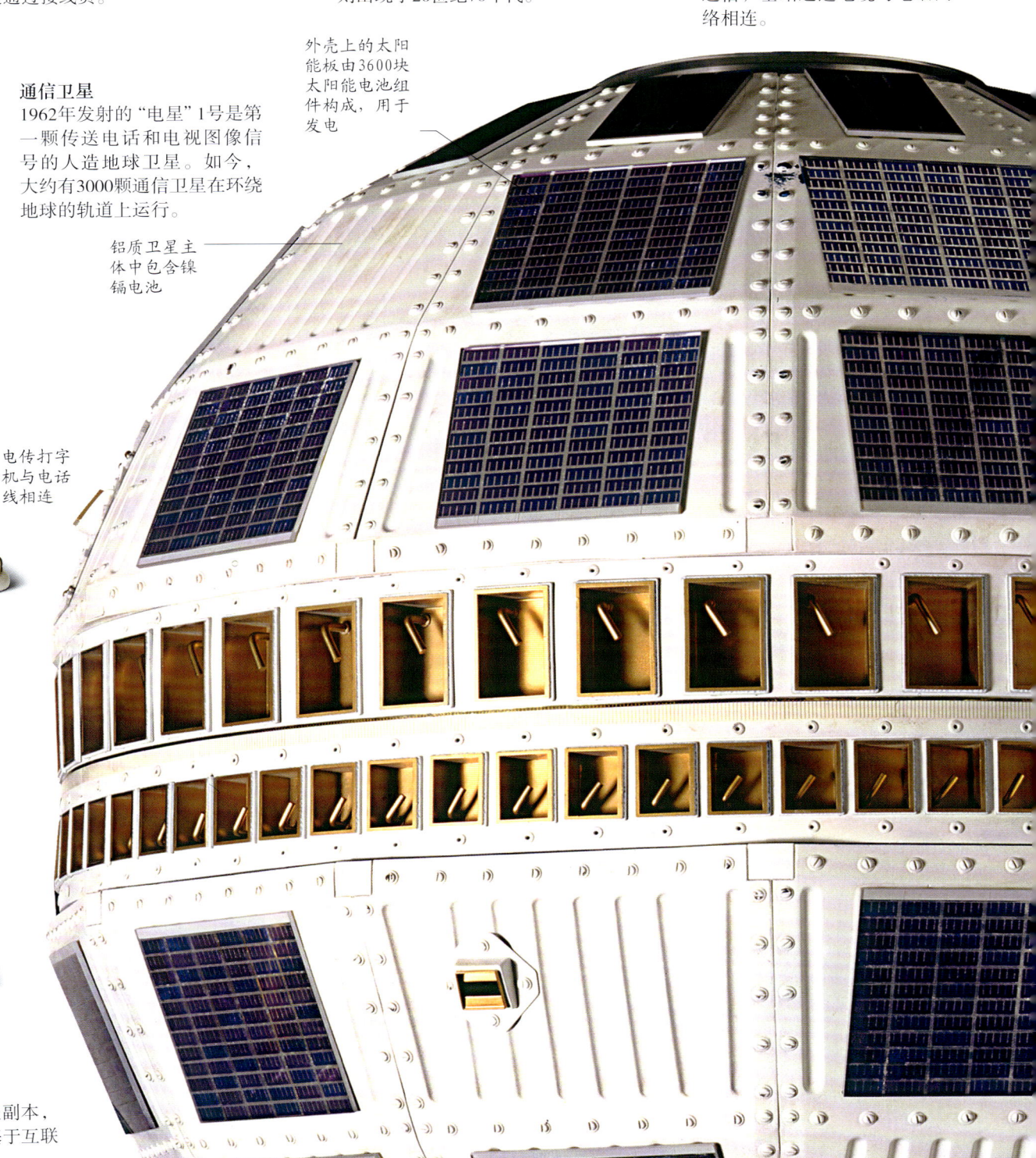

外壳上的太阳能板由3600块太阳能电池组件构成，用于发电

铝质卫星主体中包含镍镉电池

电传打字机与电话线相连

电传打字机
电传打字机起初通过电报网络发送和接收信息。20世纪20~80年代，这些信息通过专用的"电传"网络传输。

数字键用于拨打收件人的传真号码

20世纪90年代的传真机
传真机可以扫描文件并通过电话网络发送副本，在20世纪八九十年代非常流行。如今，基于互联网的通信技术已经取代了传真机。

索引

A

阿拔斯王朝 134
阿拔斯一世，萨非王朝君主 228
阿波罗 58，214
阿波罗计划 374，375
《阿底·格兰特·萨赫布》 295
阿恩斯·雷姆兹那 78
阿尔班山 106
阿尔法·罗密欧汽车 346
阿尔弗雷德，韦塞克斯国王 116，120
阿尔弗雷德珠宝 116
阿尔冈昆人 324
阿尔罕布拉宫，西班牙格拉纳达 135
阿尔穆拉比特王朝 135
阿尔帕德王朝 148
阿尔普·阿尔斯兰 174
阿尔忒弥斯 131
阿富汗
　贸易 16，47
　战争 379
阿根廷 320
阿胡拉·马兹达 71，72
阿卡德王国 18，21
阿克巴，莫卧儿王朝君主 254
阿克赖特，理查德 274
阿拉伯人 258
阿拉贾许于克，土耳其 43
阿拉瓦克人 268
阿莱西水壶 366
阿里安 85
阿里瓦尔之战 296，297
阿马蒂，安德烈亚 204
阿马拉瓦蒂，印度 99
阿玛纳，埃及 26
《阿门内莫普教诲》 39
阿蒙 26，34，91
阿蒙-拉 28，34
阿蒙涅姆赫特一世，埃及法老 26
阿米斯特德，乔治 337
阿姆斯特朗，尼尔 374，375
阿穆特 39
阿努比斯 34，39
阿契美尼王朝 71
　阿姆河战车 72，73
阿契美尼斯，波斯国王 71
阿瑞斯 62，94
阿塞拜疆 230
阿散蒂王国 290，291
阿司匹林 281
阿斯加尔德 120，123
阿苏尔 21
阿特拉斯 98
阿图姆 91
阿吞 26
阿亚库乔盆地 188
阿音札鲁特战役 152
阿育王，孔雀王朝国王 98

阿旃陀石窟 154
阿兹特克文明 178-183，268
　服装与饰品 180，181
　家居生活 181
　球戏 182
　太阳历石 178
　信仰与仪式 183
　艺术与文化 182
　战争与冲突 180
哀庄王，新罗 170
埃尔哈特，阿梅莉亚 340
埃尔莫哈得王朝 135
埃夫林和波特牵引机 274
埃赫那吞，埃及法老 26
《埃库昂法令》 214
埃拉托色尼 90
埃默森，约翰·黑文 362
埃塞俄比亚 266，267，292，293
埃特鲁里亚 74-79
　服装与饰品 78，79
　武士墓葬 76，77
　信仰与仪式 78
　艺术与文化 75
　战争与冲突 75
埃特鲁里亚人，见埃特鲁里亚
埃瓦雷，贝宁王国奥巴（国王） 262
埃维卡，贝宁王国奥巴（国王） 262
艾尔斯岩（乌卢鲁） 318
艾尔瓦德，叙利亚 47
爱奥尼亚式建筑 61
爱比克泰德 62
爱德华八世，英国国王 370
爱德华七世，英国国王 298
爱德华三世，英格兰国王 140
爱德华一世，英格兰国王 144
爱迪生，托马斯 272，278
爱尔兰 66
爱琴海文明 44，45
安巴 120
安达卢斯文化 135
安第斯山脉文明 54，188-191
安东尼 90，91
安胡尔 94
安禄山 160
安纳托利亚
　奥斯曼帝国 222
　赫梯 43
　塞尔柱帝国 174
安史之乱 160
安阳，中国 48
盎格鲁人 114
　见盎格鲁-撒克逊人
盎格鲁-撒克逊人 114-119
　玻璃器皿 119
　服装与饰品 118
　黑斯廷斯之战 138，139
　家居生活 119

　科技 119
　维京人突袭 120
　信仰与仪式 116，117
奥比，瑞典 123
《奥德赛》 44
奥丁 120，123
奥多，贝叶大主教 139
奥尔加，俄国女大公 289
奥尔梅克文明 55
奥拉夫二世，挪威国王 148
奥朗则布，莫卧儿王朝君主 254
奥林匹克运动会 58，62
奥林匹亚 62
奥马·海亚姆 175
奥努里斯 94
奥斯曼土耳其人 174
奥斯汀"迷你"汽车 347
《奥托三世福音书》 146
奥匈帝国 286，357

B

巴 37，39，97
巴比伦 18，19
巴别塔 18
巴布尔，莫卧儿王朝创建者 254
巴尔的摩，美国 337
巴伐利亚 286
巴格达 134，174
巴哈杜尔·沙二世，莫卧儿王朝末代君主 254
巴赫，约翰·塞巴斯蒂安 203
巴基斯坦 298
巴克科斯 83
巴克提运动，印度教 156
《巴黎抄本》 186
巴洛克风格 202，203
巴塞尼，罗马尼亚 70
巴士底狱 282
巴斯德，路易 281
巴特2.5马力摩托车 345
巴特西盾牌 69
巴西 320
芭比娃娃 369
拔罐套装 281
白瓷 166，242
百货商店 280
百济王，朝鲜国王 169
百年战争 140
拜耳公司 281
拜占廷帝国 130-133
　家居生活 131
　贸易与交通 131
　塞尔柱人的征服 174
　圣像 132，133
　饰品 131
　信仰与仪式 131
半岛战争 283，320
棒球帽 372
宝丽来相机 369
宝马摩托车 345
保加利亚 151

报纸 220，350
报纸岩，美国犹他州 176
鲍里斯，保加利亚国王 151
北非
　奥斯曼帝国 222
　皮里·雷斯地图 226
　伊斯兰宫廷与哈里发国 134，135
北京 152
　北京古观象台 312
　天坛 236，237
　颐和园（清漪园） 308
　紫禁城 160
北美独立战争 145，269，328，333
北美洲
　北美洲西南部文化 176，177
　贸易 269
　欧洲移民 268，269
　维京探险家 120
　信仰与仪式 269
　印第安人 322-327
　战争与冲突 269
　政治与权力 269
　见加拿大、美国、墨西哥
北美洲印第安人 268，322-327，328
北欧人，见维京人
北欧诸神 123
北宋，中国 166
贝尔，亚历山大·格雷厄姆 279
贝尔德电视机 353
贝尔电话机 279
贝尔直升机 343
贝壳，货币 324
贝壳钱带 324
贝克步枪 283
贝克特，托马斯，坎特伯雷大主教 140，218
贝拉米诺，罗伯托，红衣主教 217
贝拉明酒瓶 143
贝宁城 262
贝宁人 262-265
贝宁王国 262-265
贝塞麦，亨利 274
贝塞麦转炉 274
贝斯 35，72，91
贝斯特 37，94
贝叶挂毯 138，139
奔驰"爱迪尔"汽车 346
奔驰一号汽车 275
本茨，卡尔 275，346
本田摩托车 345
苯酚蒸汽 281
鼻夹 317
鼻烟 191
鼻烟壶 311
匕首
　阿散蒂王国 291
　东南亚 314
　凯尔特人 67
　马拉提王国 261
　莫卧儿王朝 257
比布鲁斯 26，47
比蒂兄弟公司 367

索引 383

比尔，西蒙 204
比尔赫雷斯·德拉格劳拉斯，让，红衣主教 206
比尔卡，瑞典 124，129
比基尼 372
比加尼，费利佩 205
比乐蒂，阿方索 366
比利时
　城市化 272
　第二次世界大战 359
　争夺非洲 290
比亚肖利，安杰洛 262
彼得罗阿萨宝藏 116
彼得一世（彼得大帝），俄国沙皇 288
笔盒 29，295
俾格米人 33
俾斯麦，奥托·冯 286
毕达哥拉斯 58
秘鲁 188-191
　查文文明 54
　独立 320
　莫切文明 110，111
　纳斯卡文明 110，111
　小北文明 54
　印加文明 188-190
壁画 14，154
避孕 360
臂甲 150
扁斧
　美索不达米亚 21
　维京人 125
　中石器时代 13
别针，维京人 125
冰岛，维京人 120
冰期 12
兵马俑，秦始皇 102，103
波尔舍，费迪南德 347
波兰 151
　音乐和民族主义 287
波利卡尔波夫飞机 342
波利尼西亚人 192，316，317
波塞冬 62，64
波士顿倾茶事件 328
波斯帝国 71-73
　阿姆河战车 72，73
　莫卧儿王朝 254
　萨非王朝 228-231
　《五部诗》泥金装饰手抄本 230，231
　希波战争 58
　亚历山大大帝征服 58，71
　征服埃及 90
波特拉赤帽 326
波音747飞机 343
玻璃
　盎格鲁-撒克逊人 119
　彩色玻璃 140
　法蒂玛王朝 134
　腓尼基 47
　古埃及 91
　古罗马 83，86，87
　欧洲中世纪 143

威尼斯，意大利 198
维京人 125
西方家庭 365
玻利瓦尔，西蒙 320
般若，日本 253
伯里克利 60
伯利兹 181
伯明翰，英国 276
伯明翰轻武器公司（BSA） 355
柏拉图 58，196
柏勒罗丰 60
博尔顿，马修 276
博尔顿瓦特公司 276
博莱斯瓦夫二世，波兰国王 151
博罗涅，《抢夺萨宾妇女》 205
博南帕克，墨西哥 184
捕猎
　北美洲西南部文化 177
　猎号 212
　欧洲 212
　石器 13
"捕食者"无人机 378
捕鱼，早期人类 13
布达佩斯，匈牙利 286
布尔人 293
布干维尔，路易-安托万·德 316
布拉甘萨的凯瑟琳 218
布莱里奥，路易 341
布朗·贝丝火枪 334，335
布里哈迪斯瓦拉神庙 154
布里斯托尔F.2B战斗机 340
布罗迪，约翰 354
布什电视机 353
步兵剑 213
步枪
　布尔人 293
　美国内战 334，335
　拿破仑战争 283
　欧洲 212
　日本 305
　世界大战 357
　现代战争 379

C

采矿，见煤
彩色玻璃 140
彩陶，古埃及 30，31，34
餐具 14，364
舱外机动套装 376，377
茶 236，242，250
茶壶
　美国 269
　日本 250
　印度 299
　中国 242，311
茶叶罐 242
查科峡谷 176
查克穆尔 178，179
查理大帝，神圣罗马帝国皇帝 114，116，147
查理二世，英国国王 204，210，218
查理九世，法国国王 204
查理三世，法国国王 136

查理四世，神圣罗马帝国皇帝 147
查理一世，西班牙国王，神圣罗马帝国皇帝 205
查理一世，英国国王 210
查士丁尼一世，拜占廷帝国皇帝 130，131
查文德万塔尔 54
查文文明 54
禅宗 250
忏悔者爱德华，英格兰国王 138-140
昌昌城，秘鲁 188，190
长安（今西安），中国 170
长兵器
　欧洲 213
　日本 246
长城，中国 48，49，160
长矛兵，盔甲 216
长矛和矛头
　古希腊 60
　美索不达米亚 21
　青铜器时代 41
　维京人 122
　祖鲁人 293
长崎，日本 244，378
长屋，维京人 125
"嫦娥四号"月球探测器 375
朝圣 136，140
朝鲜王朝 170，171，232-235
　《混一疆理历代国都之图》 234，235
车，印度河文明 17
成吉思汗 152，258
城镇
　埃特鲁里亚 74
　腓尼基 47
　工业革命 272
　攻城战 21，137
　古希腊 58，60
　凯尔特 66
　玛雅 178，184
　美国 328，329
　美索不达米亚 18，20
　普韦布洛文化 176
　神圣罗马帝国 150
　意大利 196
　印度河文明 16
　中部美洲 106
　中国 48
迟钝的艾特尔雷德，英格兰国王 140
冲锋枪 357
冲突，见战争
杵和臼 327
传教士
　东南亚 314
　非洲 290，292
　葡萄牙 267
　日本 244
　太平洋岛屿 316
　中国 311
传真机 381
船只

古埃及 32，33
青铜器时代 40
维京人 120
创世之神，玛雅 186
炊具 366
春秋时期，中国 48，50
瓷器
　朝鲜王朝 233
　法国 285
　日本 250，304
　中国 166，167，238，242，310
瓷砖
　奥斯曼帝国 222，223
　萨非王朝 229
慈禧太后 309
磁共振成像 360
刺刀
　第一次世界大战 356
　美国内战 334
　拿破仑战争 283
刺剑 213
刺绣 218
　奥地利 287
　贝叶挂毯 138，139

D

达·芬奇，列奥纳多 196
　《维特鲁威人》 205
达芙妮 214
达盖尔，路易 278
达盖尔银版摄影法 278
《达古尔夫诗篇》 116
达契亚 88，89
怛罗斯战役 160
《大宝律令》，日本 169
大不里士，伊朗 152
大乘佛教 98，159，170
大胆的查理，勃艮第公爵 140
大刀，盎格鲁-撒克逊人 115
大锅 143
　冈德斯特鲁普银锅 68
大吉岭，印度 300
大吉岭喜马拉雅铁路 300，301
大酒碗 143
大卡萨斯，墨西哥 177
大孔雀佛母 158
大流士一世，波斯帝国君主 71，72
大陆军 334
大马士革 134
　清真寺 134
大马士革的阿波罗多罗斯 88
大马士革清真寺 134
大麦酒 24
大名，日本封建领主 302
大尼科亚，尼加拉瓜 182
大平原，北美洲 322，324，325
大提琴 204
大维德对瓶 167
大西洋
　哥伦布横渡 196，198
　飞机飞越 340，342
　维京人探索 120
大仙陵古坟 105

《大宪章》，法弗舍姆 144，145
《大宪章》 144，145
大雄，耆那教创立者 155
大印度半岛铁路公司 300
大众汽车 347
代赫舒尔，埃及 28
戴森旋风式吸尘器 366
戴维，汉弗莱 221，274
戴维灯 274
丹麦，维京人 120-129
弹药
　美国内战 334
　拿破仑战争 283
弹药皮带 295
蛋
　法贝热彩蛋 288，289
　复活蛋 123
刀
　盎格鲁-撒克逊人 115
　奥斯曼帝国 224
　北美洲 269
　北美洲印第安人 324，327
　德意志 150
　青铜器时代 41
　世界大战 356
导弹 378
导航
　第二次世界大战 357
　哈里森天文钟 210
道格拉斯飞机 342
道教
　清朝，中国 236，243，311
　宋朝，中国 162
　玉雕 240，241
道路，波斯帝国 72
道尼尔飞机 342
得克萨斯骑兵 331
得克萨斯州，美国 328
德贝伦格，雷蒙 140
德布里，约瑟夫 353
德川家康 244
德川幕府（江户幕府） 302，305
德丁特维尔，让 205
德尔菲 58，59
德国
　飞机 340，343
　工业革命 272
　普鲁士 286
　汽车 346
　神圣罗马帝国 146-150
　世界大战 354-359
　铁路 345
　争夺非洲 290
德化，中国 242
《德累斯顿抄本》 186，187
德里素丹国 155，254
德林克，菲利普 362
德洛纳，艾蒂安 214
德塞尔夫，乔治，拉沃尔主教 205
德沃夏克，安东宁 287
灯台，文艺复兴 208
地雷 356
地理盒 222

地球仪 196
地毯，奥斯曼帝国 223
地图
　北美洲殖民地地图 269
　弗拉·毛罗地图 199
　赫里福德世界地图 141
　《混一疆理历代国都之图》 234，235
　墨西哥 320，321
　皮里·雷斯地图 226，227
　中国 162
地图集 198
的的喀喀湖 188
狄奥多拉，拜占廷帝国皇太后 132
狄奥尼索斯 78，83，98
迪奥，克里斯蒂安 372，373
迪布瓦，弗朗索瓦 210，211
迪恩，詹姆斯 373
迪亚斯，波菲里奥 320
底格里斯河 18
"帝国快车" 344
帝王谷 26
第二次美英战争 337
第二次世界大战 354-359
　飞机 342，343
　后方生活 358，359
　军服 354
　武器 356，357，378
　勋章与纪念碑 359
　战争设备 357
　装备 355
第一次世界大战 354-359，364
　后方生活 358，359
　军服 354
　武器 356，357，378
　勋章和纪念碑 359
　战争设备 357
　装备 355
蒂普，印度迈索尔土邦素丹 299
蒂亚瓦纳科 188，191
点唱机 351
电
　工业革命 278
　家用电器 364，366，367
　莱顿瓶 221
电报系统 278
电冰箱 364，366
电唱机 351
电池 278
电传打字机 381
电话 279
　第一次世界大战 357
　数字技术 380，381
电脑 380
电视 350，353
电影 350，353
电影院 350，353
电熨斗 280，366
电子阅读器 350
雕塑
　阿兹特克文明 182
　安第斯山脉文明 190，191
　奥尔梅克文明 55

复活节岛 192，193
古埃及 28，29
古罗马 82，86，87
古希腊 60，64，65
青铜器时代 42
日本 252
太平洋岛屿 317
图拉真圆柱 88，89
文艺复兴 205-207
新石器时代 15
印度河文明 17
玉山子 240，241
中部美洲 107，109
中国 101，162，163，166
钉头锤
　奥斯曼帝国 224
　马拉提王国 261
　莫卧儿王朝 256
　宗教战争 213
定窑，瓷器 166
丢勒，阿尔布雷希特，《人体比例四书》 205
东大寺，日本奈良 169
东京，日本 105，244，344
东京—横滨铁路 302，303
东南亚
　反殖民斗争 314，315
　佛教 159
　战争与冲突 314
　宗教 314，315
　见东南亚各国
东欧，早期王国 151
东印度公司，英国 297-300
东正教 130-133，151
东周，中国 48，50
独角兽 16
《独立宣言》，美国 333
杜阿木特 35，37
杜尔巴 298
短剑 213
敦·卡洛韦圆形石塔 66
敦煌藏经洞 162
盾豹王二世，玛雅国王 184，185
盾牌
　阿兹特克文明 180
　盎格鲁-撒克逊人 115
　奥斯曼帝国 225
　北美洲印第安人 324
　波利尼西亚人 317
　凯尔特人 69
　纳尔斯，意大利 76
　神圣罗马帝国 150
　维京人 122
　锡克王国 295
　印度 154
　原住民 319
　祖鲁人 293
多立克式建筑 61

E
俄罗斯
　第二次世界大战 357
　飞机 342

罗曼诺夫王朝 288，289
莫斯科大公国 151
维京人 120
见苏联
俄罗斯东正教 289
俄诺玛俄斯，古希腊伊利斯国王 62，63
恩格斯，弗里德里希，《共产党宣言》 272
恩利尔 21
恩尼格玛密码机 357
儿童
　玩具 280，368，369
二里头文化 48，51

F
发动机
　涡轮喷气发动机 343
　蒸汽机 344
发簪 242
法贝热，卡尔 289
法贝热彩蛋 288，289
法蒂玛王朝 134
法恩扎，意大利 209
法弗舍姆，英格兰 140，218
法国
　洞穴壁画 14
　法国大革命 282-286，320
　飞机 341
　亨利二世的盔甲 214，215
　恐怖统治 282
　路易斯安那购地事件 328
　拿破仑战争 282-285
　诺曼人 136
　汽车 346
　圣巴托罗缪大屠杀 210，211
　世界大战 354，356-359
　战争与冲突 283，284
　争夺非洲 290
　政治与权力 285
　殖民北美洲 269
　殖民东南亚 314
　宗教战争 210
法国大革命 282-286，320
法国荣誉军团勋章 285，359
法国印第安战争 269，328
法拉第，迈克尔 278
法拉利汽车 347
法兰克福，德国 286
法兰克王国 114，146
法利希人 76
法律
　古罗马 80
　古巴比伦国王 18
　美国 331-333
法罗群岛 120
法属圣多明各 320
法西利达斯，埃塞俄比亚帝国皇帝 267
砝码
　阿散蒂王国 291
　维京人 124
　印度河文明 17

索引　385

珐琅，中国 166，238，311
反宗教改革 210
泛美航空公司 340
梵蒂冈教皇宫 196
梵语 159
方济各会 269
防毒面具 355，358
房屋，见家居生活
纺织
　提花机 274
　早期人类 14
纺织物
　工业革命 274
　帕拉卡斯 54
　丝绸 104，198，218
　印度 299
　见服装、军服
放血
　玛雅仪式 184
　治疗手段 281
飞机 340–343，378
飞鸟时代，日本 169
飞去来器 319
飞行 340–343
"飞行者"1号飞机 340
非洲
　贝宁王国 262–265
　贸易 47
　民族 290–293
　信仰与仪式 292，293
　艺术与文化 291
　早期人类 12
　战争与冲突 293
　殖民者 290
　见非洲各国
非洲裔美国人
　美国内战 337
菲茨杰拉德，弗朗西斯·斯科特 371
菲尔多西，《列王纪》 229
菲莱岛 90
菲律宾 314
腓尼基 46，47
腓特烈·威廉四世，普鲁士国王 354
腓特烈二世，神圣罗马帝国皇帝 146，149
《斐德罗》 139
斐迪南，西班牙国王 198
斐迪南一世，奥地利帝国皇帝 286
斐迪南一世，神圣罗马帝国皇帝 286
斐济 316
吠陀 159
吠陀印度教 159
费城，美国 333
费城会议 333
费罗兹普尔战役 297
分娩 209，360
芬德公司，电吉他 352
风向标 124
风筝 233
封建制度 136

疯马，苏族人首领 322
缝纫机 366
佛教
　东南亚 314
　佛经手稿 158，159
　朝鲜王朝 170，171，232
　柬埔寨 172
　日本 168，169，252
　印度 98，99，154，155
　中国 100，162，166，236，243，311
佛兰德 359
佛罗里达州，美国 328
佛罗伦萨，意大利 196，198
佛蒙特州，美国 337
佛陀（释迦牟尼，本名乔答摩·悉达多） 98，99，159
　东南亚 314
　赫尔格，瑞典 124
　日本 252
弗格森听诊器 281
弗吉尼亚铁路 344
弗拉·毛罗地图 199
弗拉基米尔，基辅大公 151
《弗拉基米尔圣母像》 151
弗朗茨·约瑟夫一世，奥匈帝国皇帝 286
弗朗茨二世，神圣罗马帝国皇帝 146
弗雷 123
弗里茨，约翰 287
弗里蒙特，约翰·查尔斯 330
伏打，亚历山德罗 278
伏打电堆 278
伏尔泰 210
服装
　埃特鲁里亚 78，79
　安第斯山脉文明 189
　盎格鲁–撒克逊人 118
　奥斯曼帝国 223
　北美洲西南部文化 177
　北美洲印第安人 326
　朝鲜王朝 233
　古埃及 30
　古罗马 87
　古希腊 65
　航天服 376，377
　紧身胸衣 280
　凯尔特人 70
　美索不达米亚 24，25
　明治维新 306，307
　莫卧儿王朝 257
　诺曼人 143
　欧洲 218，219
　青铜器时代 42
　日本 251
　时装 370–373
　太平洋岛屿 317
　维京人 128，129
　文艺复兴 209
　印度 155
　中部美洲 109，180，181
　中国 50，242，310

　见军服
浮雕宝石 87
福特，亨利 348，349
福特F-1皮卡 347
福特T型汽车 348，349
福星 241
斧头
　马拉提王国 261
　莫卧儿王朝 256
　青铜器时代 40，41
　石头 13
　维京人 122，124
妇好 48，50
复活蛋 123
复活节岛（拉帕努伊岛） 192，193
复兴号动车组 345
复兴运动，意大利 287
富尔，卡米耶 278
富勒顿，威廉 299
覆面 101，162

G
伽色尼王朝 154，174
干肉饼 327
冈德斯特鲁普银锅 68
刚果王国 291，292
钢琴 280，281
钢铁，工业革命 272，274
高傲者塔克文，罗马国王 80
高尔夫球 369
高加索 288
高丽 170，171，232，234
高林寺，日本新庄 252
镐京（今西安），中国 48
戈 50，51
戈尔贡 61
哥白尼，尼古拉 200，201
哥得兰岛 123，129
哥伦比亚 320
"哥伦比亚"号指令舱 374
哥伦布，克里斯托弗 120，196，198，210，226，227，268
哥特人 116
歌川国芳，《宇治川之战》 244，245
歌舞伎 244，253
格拉纳达，西班牙 135
格兰特，尤利西斯·辛普森 307
格雷夫斯，迈克尔 366
格雷罗州，墨西哥 55
格列高利九世，教宗 148
格陵兰 120
格洛克，加斯东 379
格洛克19手枪 379
根付 244，251
工程
　工业革命 272
　印度铁路 300
工具，石头 12，13
工业革命 272–281
　重新开放的日本 302
　电与通信 278，279
　动力与工业 274，275

　家居生活与休闲活动 280，281
　农业 274
　詹姆斯·瓦特的蒸汽机 276，277
工艺品，见艺术与文化
弓箭，见箭头
公共浴场 86
"公山羊与圣树" 22，23
攻城战 21，137
供暖系统，古罗马 86
供水系统，古罗马 86
宫廷生活
　马拉提王国 260
　莫卧儿王朝 257
恭愍王，高丽国王 170
贡德尔，埃塞俄比亚 267
古埃及 26–39，90–97
　船 32，33
　服装与饰品 30，31
　家居生活 30，31，91
　罗塞塔石碑 92，93
　贸易 47
　墓葬外的石碑 38，39
　丧葬 36–39，96，97
　书写 91
　托勒密王朝 58，90–97
　信仰与仪式 34，35，94，95
　艺术与文化 28，29
　政治与权力 28，91
古代世界七大奇迹 90
古代文明 56–111
　埃特鲁里亚 74–79
　波斯 71–73
　古埃及 90–97
　古罗马 80–89
　古希腊 58–65
　凯尔特 66–70
　玛雅、萨波特克和特奥蒂瓦坎 106–109
　纳斯卡和莫切 110，111
　日本，弥生和古坟时代 105
　印度 98，99
　中国 100–104
古坟时代，日本 105
古风时代，古希腊 58
古吉拉特邦，印度 16，17
《古兰经》 135，155，228，229
古罗马 80–89
　埃特鲁里亚 74
　服装与饰品 87
　家居生活 82
　建筑 86
　凯尔特人 66
　马铠 84，85
　贸易 83
　衰落 114
　天球仪 258
　图拉真圆柱 88，89
　信仰与仪式 83
　医学 82
　艺术与文化 86
　占领埃及 90
　战争与冲突 83
　政治与权力 82

古希腊 58-65
　爱琴海文明 44，45
　奥林匹克运动会 62
　服装与饰品 65
　古罗马人占领 80
　家居生活 65
　建筑 61
　凯尔特人入侵 66
　考德瓶 62，63
　天球仪 258
　信仰与仪式 64
　艺术与文化 61
　战争与冲突 60
　政治与权力 60
谷仓 162
谷登堡，约翰内斯 220
谷登堡《圣经》 220
骨雕 14
骨灰瓮，埃特鲁里亚 78
骨锯 281
鼓，美国内战 335
观音瓶 238
观音菩萨 162，243
官僚制度 160
棺椁，木乃伊 36，37
盥洗池 365
罐头食品 280，355，358
广告 364
　工业革命 281
广州，中国 236，312
"鬼舞"运动 322
贵妇木刻版画 306，307
贵霜王朝 98
棍棒
　毛利人 319
　祖鲁人 293
"国际"空间站 376
"国际"空间站航天服 376，377
国际象棋 126，127，311
　刘易斯棋子 126，127
国民议会，法国 282，286
《国王的荣耀》 267

H
哈彼 35，37
哈勃空间望远镜 375
哈布斯堡家族 146，286
哈德良，罗马帝国皇帝 91
哈德良长城 83，87
哈德良一世，教宗 116
哈尔胡夫 33
哈菲兹 256
哈拉尔一世，挪威国王 120
哈拉帕 16
哈雷戴维森摩托车 345
哈里森，约翰 210
哈罗德·葛温森，英格兰国王 136，138，139
哈默施泰因，奥斯卡 352
哈奴曼 173
《哈珀周刊》 331
哈奇开斯机枪 357

哈特谢普苏特，埃及女王 30，33
哈图萨 43
哈托尔 37
海达人 322，327
海盗 83
海地 320
海洋民族 316，317
海泽比，丹麦 124
汉朝，中国 100，101，104，160，164
汉城（今首尔），韩国 232
汉高帝刘邦，中国汉朝皇帝 100
汉谟拉比，古巴比伦国王 18
汉萨同盟 146
汉武帝刘彻，中国汉朝皇帝 104
航空照相机 357
航天员 374-377
好莱坞 365
号，乐器
　螺号 107
　小号 204
合成器，电子设备 352
和服 251，306
和阗地区（今和田地区），中国新疆 310
荷兰
　八十年战争 218
　东南亚 314
荷鲁斯 28，34-36，94，97
荷马 44，58
核武器 378
赫尔格，瑞典 124
赫尔墨斯 64
赫克勒-科赫公司 379
赫库兰尼姆 82
赫拉克利特 58
赫里福德世界地图 141
赫梯 43
赫梯人 18，43
赫胥黎，奥尔德斯 277
"黑暗时代" 58
黑便士邮票 278
黑斯廷斯之战 136，138，139
黑死病 143，150
黑曜石石叶 13
黑足人 326
亨比古迹群 154
亨德尔，乔治·弗里德里希 203
亨克尔飞机 343
亨利八世，英格兰国王 210，216
亨利二世，法国国王 214，215
亨利二世，神圣罗马帝国皇帝 147
亨利三世，英格兰国王 145
亨利四世，英格兰国王 145
亨利一世，英格兰国王 145
红海 33
红十字会 358
洪都拉斯 181
洪诺留三世，教宗 146

呼罗珊 174
呼吸，铁肺 362，363
胡阿希内岛 316
胡格诺派 210，211，217
胡司，约翰 217
互联网 380
护甲 310
护身符
　非洲 293
　古埃及 30，35，94
　维京人 123
护手匕首 137
花刺子模 152
花釉瓷 166
华盛顿，美国 337
华盛顿，乔治 333
滑板 368
滑板车 368
滑铁卢战役 283
化妆品，古埃及 31
怀表 221，282
《怀唐伊条约》 318
怀特，爱德华 377
鹮 90
黄金
　阿姆河宝藏 72，73
　阿散蒂王国 290，291
　埃特鲁里亚 78，79
　安第斯山脉文明 189
　奥斯曼帝国 223
　澳大利亚 318
　拜占廷帝国 131
　古罗马 87
　古希腊 65
　加利福尼亚淘金热 331
　凯尔特人 70
　迈锡尼文明 45
　美索不达米亚 24，25
　诺曼人 143
　青铜器时代 42
　圣骨匣 148，149
　维京人 128，129
　印度河文明 17
黄铜器
　阿散蒂王国 291
　奥斯曼帝国 222
　日本 251
徽章
　八十年战争 218
　朝圣者 140
　法国 285
　基督教徒 217
　世界大战 359
　印度民族大起义 299
绘画
　拜占廷帝国圣像 132，133
　壁画 14，154
　莫卧儿王朝 257
　日本 168，169
　萨非王朝 229-231
　文艺复兴 205
　肖像面具，古埃及 97

印度 299
　原住民 319
　中国 160，161，236
惠特尔，弗兰克 343
浑天仪 200，201
混凝土，古罗马建筑 86
《混一疆理历代国都之图》 234，235
火，早期人类 12
火车，见铁路
"火箭"号蒸汽机车 275
火箭筒 356
火炮
　第一次世界大战 356
　美国内战 334
　拿破仑战争 283
　英国-锡克战争 296，297
火器
　奥斯曼帝国 224
　非洲 293
　美国内战 334，335
　欧洲 212
　日本 246
　世界大战 357
　现代战争 379
　中国 309
火枪
　北美独立战争 334，335
　英国 212
火绳机火枪 212
火星 175，375
火药 212，246，269，283，334
火药瓶 212，246，269
货币
　贝壳 324
　法国大革命 285
　美国 331
　中国 160
　见硬币
霍尔丁汉的罗伯特 141
霍亨施陶芬王朝 146
霍霍坎文化 176，177
霍克斯比，弗朗西斯 220
霍图·玛图阿 192

J
击鞠 162
机器人
　航天器 374
　玩具 369
机枪 357，378，379
基奥瓦人 322
基蒂翁，塞浦路斯 47
基督复活教堂，俄罗斯圣彼得堡 289
基督教
　埃塞俄比亚 266，267，292
　盎格鲁-撒克逊人 114，117
　奥斯曼帝国 222
　拜占廷帝国 130，131
　拜占廷圣像 132，133
　北非 135

非洲 292
古埃及 90
古罗马 80，83
诺曼人 140
欧洲 217
神圣罗马帝国 146
圣伊丽莎白圣骨匣 148，149
太平洋岛屿 316
维京人 123
西班牙 135
宗教改革 210
基辅，乌克兰 123
基辅罗斯 151
基亚人 327
吉布森公司，电吉他 352
吉尔伽美什，乌鲁克国王 18
吉罗夫特 24
吉萨，埃及 28
吉他 202，203，352
吉祥天女 260
吉耶莫，雅克 209
笈多王朝 98，154
疾病 360–363
　工业革命 281
　古罗马 82
　黑死病 143，150
　脊髓灰质炎 360，362，363
　天花 178，281，360
　文艺复兴 209
　疫苗 281，360，361
集会号角 140
脊髓灰质炎 360，362，363
祭酒杯 166
祭司 21，28
加的斯，西班牙 47
加尔各答，印度 300
加尔文宗 210
加加林，尤里 374
加拉太 66
加勒比海
　奴隶制 320
　皮里·雷斯地图 226
加利福尼亚淘金热 330，331
加利福尼亚州，美国 328，330
加洛林王朝 114
加冕斗篷，奥地利 286，287
加拿大
　北美洲印第安人 322，326
　欧洲移民 269
　早期探险家 196
　见北美洲
加纳，见阿散蒂王国
加齐·凯末尔 226
加特林，理查德 275
加特林机枪 274，275
加特契纳宫彩蛋 288
加西亚·库巴，安东尼奥 320
加喜特人 18
伽利略 258
"伽利略"号探测器 375
伽马，瓦斯科·达 196
伽摩 260

伽内什 156，260
佳美兰乐队 314，315
"佳速"号帆船 268
迦梨 154
迦南 47
迦太基 47，80
家居生活
　爱琴海文明 45
　安第斯山脉文明 190
　盎格鲁-撒克逊人 119
　奥斯曼帝国 222
　拜占廷帝国 131
　北美洲西南部文化 177
　北美洲印第安人 327
　朝鲜王朝 171，233
　工业革命 280，281
　古埃及 30，31，91
　古罗马 82
　古希腊 65
　美索不达米亚 24
　诺曼人 143
　日本 250，251，304
　神圣罗马帝国 150
　世界大战 358，359
　维京人 125
　文艺复兴 208
　西方家庭 364–369
　早期人类 12，14
　中部美洲 181
　中国 51，104，242，311
家具
　日本 304，306
　西方家庭 364，365
家庭生活，见家居生活
家用电器 364，366
夹克，见服装
假肢 361
监狱，美国 331
柬埔寨
　法国 314
　吴哥王朝 172，173
建筑
　古罗马 86
　古希腊 61
　西班牙和非洲的伊斯兰文化 135
　中部美洲 182
建筑物，见建筑
剑
　盎格鲁-撒克逊人 115
　波利尼西亚人 317
　东南亚 314
　古罗马 83
　凯尔特人 67
　莫卧儿王朝 256
　诺曼人 137
　欧洲 213
　青铜器时代 41
　维京人 122
　中国 50，104，309
箭袋，蒙古人 152
箭头
　阿兹特克文明 180

北美洲印第安人 177，324
美索不达米亚 21
蒙古人 152
石头 13
维京人 122
江户（今东京），日本 302
江户时代，日本 244–253
将军牌炉灶 366
交子 160
交通
　飞机 340–343
　美国 330，331
　摩托车 344，345
　汽车 344，346–349
　铁路 300，301，344，345
　维京人 124
　直升机 343
胶木
　收音机 351
胶片，电影 353
角雕 166
教会，见基督教、天主教、新教
杰斐逊，托马斯 322，330，333
结核菌素注射器 361
捷克斯洛伐克 287，357
戒日王 154，155，159
界石 20
堺市，日本 105
金城（今庆州），韩国 170
《金刚经》 159，162
金庙（哈曼迪尔寺），印度阿姆利则 294
金奈，印度 298，300
金奈铁路 300
金丝项圈 70
金星 175
金字塔
　古埃及 26，28
　萨波特克文明 106
　托尔特克文明 178
紧身胸衣 280
进化 12
浸礼宗 210
京都，日本 302
京剧 310
经颅直流电刺激仪 361
晶体管收音机 351
净饭王，国王，释迦牟尼之父 99
镜子
　埃特鲁里亚 78
　朝鲜王朝 171
　凯尔特人 70
　文艺复兴 209
　中国 166
旧石器时代 12
居鲁士大帝，波斯帝国建立者 71
巨石建筑 40
巨石阵 40，42
锯
　骨锯 281
　维京人 125
　早期人类 13

卷轴
　圣德太子画传 168，169
　中国 309
"决心"号帆船 316
角斗士 80
爵 243
爵士时代 371
军刀 335
军服
　美国内战 335
　拿破仑战争 284
　中国 309
　日本 305
　世界大战 354
　现代战争 379
君士坦丁堡（今伊斯坦布尔），土耳其 120，151
　奥斯曼帝国 174，196，222
　拜占廷帝国 130，131
　圣索菲亚大教堂 130，223
君士坦丁五世，拜占廷帝国皇帝 132
君士坦丁一世，罗马帝国皇帝 83，130

K
咖啡 304
咖啡壶 366
卡伯特，约翰 196
卡迭石之战 43
卡尔佩珀，埃德蒙 221
卡拉尔，秘鲁 54
卡拉卡拉，罗马帝国皇帝 80
卡拉克穆尔，墨西哥 184
卡拉什尼科夫步枪 379
卡诺匹斯罐 35，39，97
《卡萨布兰卡》，电影 353
卡斯特，乔治 325
卡斯托尔和波吕杜克斯 62
卡特林，乔治 322，323
卡图维勒尼部落 70
《卡托-康布雷西和约》 214
卡伊·卡乌斯一世，塞尔柱帝国素丹 174
卡朱拉霍神庙建筑群 154
开伯尔山口 294
凯彻姆式手榴弹 334
凯迪拉克汽车 347
凯尔特人 66–70
　服装与饰品 70
　信仰与仪式 68，69
　战争 67
　政治与权力 70
　珠宝首饰 87
凯伍德食品搅拌器 366
坎特伯雷，英国 140
坎特伯雷徽章 218
康熙皇帝，中国清朝皇帝 236
抗生素 360，361
考德瓶 62，63
烤面包机 366
柯尔，詹姆斯 84

柯克本剑 67
科茨，韦尔斯 358
科尔尼，保罗 343
科尔特斯，埃尔南 178
科菲·卡卡利，阿散蒂国王 291
科技
　盎格鲁-撒克逊人 119
　飞机 340-343
　工业革命 272
　汽车 346-349
　青铜器时代 41
　日本 105
　太空时代 374-377
　铁路 344，345
　通信 380，381
　维京人 125
　西方家庭 366，367
　现代战争 378，379
　医学 360-363
　印度河文明 17
　娱乐 350-353
　中国 104，162
科举制 160，170，309
科利马，墨西哥 107
科林斯 60，65
科罗拉多州，美国 177
科曼切人 322
科普特人 267
科普特语 92
科奇乔 107
科西嘉岛 80
科学
　阿拔斯王朝 134
　工业革命 272
　欧洲 220，221
　中国 162
克拉克，威廉 330
克莱奥帕特拉七世，埃及女法老 90，91
克雷莫纳，意大利 204
克里夫，克拉丽斯 364
克里卡列夫，谢尔盖 376
克里克人 322
克里人 326
克里特岛 44
克伦威尔，奥利弗 204，210
克吕尼修道院 146
克洛维斯文化 13
克努特，英格兰国王 140
克诺索斯 44
克什米尔 294，295
肯尼迪，约翰·菲茨杰拉德 374
肯塔基州，美国 337
肯特 114，118，119
　"空中花园" 18
孔雀王朝 98
孔子 240，311
恐怖统治，法国 282
库波思乃夫 35，37
库克，詹姆斯 192，316，317，318
库仑，夏尔-奥古斯丁·德 220
库马西，加纳 291

库诺贝林，卡图维勒尼国王 70
库施王国 26
宽轮大篷车 330，331
髋关节置换 361
匡特，玛丽 373
盔甲
　埃特鲁里亚 75-77
　盎格鲁-撒克逊人 115
　奥斯曼帝国 223，225
　古希腊 58，60
　亨利二世，法国 214，215
　角斗士 80
　凯尔特 67，69
　马铠 84，85，150，216
　美索不达米亚 20
　蒙古人 152
　莫卧儿王朝 257
　纳尔斯，意大利 76
　诺曼人 137-139
　欧洲 216
　青铜器时代 41
　日本 248，249
　神圣罗马帝国 150
　世界大战 354
　托尔特克文明 180
　维京人 122
　锡克王国 295
　中国 102，104，236
魁北克战役 269
魁星 252

L
拉 26，91
拉丁美洲，见南美洲、中部美洲
拉丁姆平原 80
拉丁语 80，114
拉各斯，尼日利亚 262
拉合尔，巴基斯坦 294-297
拉杰普特人 154，294
拉美西斯二世，埃及法老 28，32
拉帕努伊岛（复活节岛） 192，193
拉斯科洞窟 14
拉坦诺文化 69
拉文纳，意大利 130
拉文塔 55
来通杯 43
莱顿大学 221
莱顿瓶 221
莱特，威尔伯和奥维尔 340
莱茵兰，德国 150
赖歇，玛丽亚 110
兰巴耶克，秘鲁 191
兰顿，斯蒂芬，坎特伯雷大主教 145
兰季特·辛格，"旁遮普雄狮"，锡克王国创建者 294，295，297
"兰开斯特"轰炸机 342
兰美达摩托车 345
兰尼米德，英国 145
篮筐 30
浪漫主义 286
劳斯莱斯"银魅"汽车 346

老挝 314
雷达 378
雷德沃尔德，东盎格里亚国王 115
雷奈克，勒内 281
冷却器 82
冷战 378
梨牌肥皂 281
犁 274
礼器，中国 52，53
李成桂，朝鲜太祖 170，232
李自成 236
里奇韦公司 364
历法
　阿兹特克太阳历石 178
　古罗马 80
　玛雅 186
　塞尔柱帝国天文历法碗 174，175
　维京人 129
立陶宛 151，340
立体刺绣 218
利奥三世，拜占廷帝国皇帝 132
利奥三世，教宗 146
利物浦—曼彻斯特铁路 275
连衣裙，见服装
联合国 378，379
镰仓幕府 169
镰刀 13
凉鞋
　古埃及 91
　普韦布洛文化 177
　越南 379
辽朝，中国 162
《列王纪》 152，155，229
列文虎克，安东尼·范 221
林白，查尔斯 340，342
林迪斯法恩修道院 120
林肯"和风"汽车 346，347
灵魂俘获器 327
刘易斯，梅里韦瑟 330
刘易斯和克拉克探险队 330
刘易斯棋子 126，127
留基伯国王 62
留声机 278
流水线装配 349
流行病
　黑死病 143，150
　脊髓灰质炎 360，362，363
琉特琴 202-204
榴弹炮 356
六分仪 357
龙 101
龙山文化 50
卢克索，埃及 26
卢斯战役 355
鲁比克，厄尔诺 369
鲁道夫二世，神圣罗马帝国皇帝 287
鲁克斯，安德烈亚斯 203
鲁斯塔姆 155
录像机 350
鹿，象征意义 241
禄星 241

路德，马丁 210
路德宗 210
路易斯安那购地事件 328
路易九世，法国国王 148
路易十六，法国国王 282，285
路易四世，神圣罗马皇帝 147
路易四世，图林根侯爵 148
伦巴第人 114
伦敦药典 209
轮滑鞋 368
轮刃头巾 295
罗比亚，卢卡·德拉 205
罗伯斯比尔，马克西米利安 282
罗得岛 140
罗得岛州，美国 333
罗汉 243
罗杰斯，理查德 352
罗利公司 368
罗马，意大利 80
　凯尔特人洗劫 66
　罗马竞技场 80，81
　图拉真圆柱 88，89
罗马教皇（教宗） 80
罗马竞技场 80，81
罗马军团 83，85
罗曼诺夫王朝 288，289
罗摩 173
《罗摩衍那》 172，173
罗姆素丹国 174
罗慕路斯 80
罗塞塔石碑 92，93
罗瑟拉姆犁 274
罗斯伯里十字架 117
罗斯福，富兰克林·德拉诺 145
螺号 107
洛可可风格 219
洛克希德飞机 342
洛伦茨 150
洛塔，印度 16
洛阳，中国 48

M
麻醉 361
马
　击鞠（马球） 162
　马铠 84，85，150，216
　马蹄铁 164
　马俑 164，165
　战车 72，73
《马德里抄本》 186
马丁靴 373
马尔堡，德国 148
马尔杜克 21
马尔斯 80
马尔维纳斯群岛战争 378
马戛尔尼 312
马格里布 135
马家浜文化 50
马可·波罗 196
马克思，卡尔，《共产党宣言》 272
马克西米利安一世，神圣罗马帝国

皇帝 150
马拉提人 254，260，261
马来西亚 314
马里尼德王朝 135
马面甲，纽斯特德 84，85
马丘比丘，秘鲁 188
马萨诸塞州，美国 333
马赛克，古罗马 86
马扎尔人 151
玛阿特 39
玛玛·基利亚 190
玛雅潘 178
玛雅文明 106，107，178
　　《德累斯顿抄本》 186，187
　　雕塑 181
　　历法 186
　　饰品 180
　　信仰与仪式 183
　　亚斯奇兰门楣 184，185
迈阿密，印第安人 324
迈克尔三世，拜占廷帝国皇帝 132
迈索尔土邦，印度 299
迈锡尼人 44，45
迈锡尼文明 44，45
麦迪逊，詹姆斯 333
麦加 222
麦坎德利斯，布鲁斯 377
麦克亨利堡 337
麦利普塔赫 28
麦斯卡拉姆杜格，乌尔国王 20，22
麦西亚的奥发 140
麦哲伦，斐迪南 196
蛮族 43，58
满文 308，309
曼丹人 326
曼多林 204
曼齐克特战役 174
漫画 350
猫
　　木乃伊 94
　　青铜器，古埃及 37
毛利人 318，319
毛罗，弗拉 199
毛瑟手枪 293
贸易
　　爱琴海文明 44
　　拜占廷帝国 131
　　北美洲 269
　　北美洲印第安人 324
　　贝宁王国 265
　　腓尼基 47
　　古埃及 33，47
　　古罗马 83
　　美国 330，331
　　日本 244
　　萨非王朝 229
　　维京人 124
　　文艺复兴 198，199
　　伊斯兰宫廷与哈里发国 134
　　印度 98
　　英属印度 299
　　早期人类 12

中国 50，236，242，310
帽子
　　棒球帽 372
　　法国 284，285
　　平顶军帽 335
梅奥，印度总督 300
梅花，象征意义 241
梅萨维德，美国 177
梅塞施米特飞机 343
梅什科一世，波兰国王 151
煤
　　戴维灯 274
　　工业革命 272
　　蒸汽机 276
《每日邮报》 341
美第奇家族 196
美国
　　北美洲西南部文化 176，177
　　北美洲印第安人 322-327
　　重新开放的日本 302
　　诞生 328-337
　　电影 353
　　《独立宣言》 333
　　法律与秩序 331
　　飞机 340，342
　　工业革命 272
　　脊髓灰质炎流行 362
　　爵士时代 371
　　美国内战 334
　　《美利坚合众国宪法》 331-333
　　奴隶 272
　　汽车 346，348，349
　　世界大战 354-359
　　太空时代 374，375
　　探险、贸易与交通运输 330，331
　　星条旗 336，337
　　越南战争 379
　　政治与权力 331
　　"智能"科技武器 378
美国国家航空航天局 375，376
美国内战 328，331，334，335
美拉尼西亚 316，317
美尼斯，埃及国王 26
美索不达米亚 18-21
　　服装与饰品 24，25
　　家居生活 24
　　贸易 16
　　丧葬 22，23
　　信仰与仪式 21
　　战争与冲突 21
　　政治与权力 20
美洲豹崇拜 54，55
门图 94
门图霍特普二世，埃及国王 26
蒙古人 152，153，258
　　塞尔柱帝国 174
　　洗劫巴格达 134
　　艺术与文化 153
　　元朝，中国 160
　　占领朝鲜 170，171
　　战争与冲突 152
蒙特尔蒂诺，意大利 75

蒙特苏马二世，阿兹特克特拉托阿尼（国王） 178
蒙特苏马一世，阿兹特克特拉托阿尼（国王） 178
孟菲斯，埃及 26
孟加拉国 298
孟买，印度 300
孟尼利克一世，埃塞俄比亚所罗门王朝创立者 267
"梦幻时代" 319
弥涅耳瓦 82
弥生时代，日本 105
迷彩服 379
米底人 72
米开朗琪罗
　　《大卫》 206
　　《圣母怜子》 206，207
　　西斯廷教堂天顶壁画 196，197
米克马克人 327
米鲁家族 192
米诺斯文明 44，45
米坦尼王国 18，43
密克罗尼西亚 316，317
密码破译 357
密特拉 83
密西西比河 330
密咒随持佛母 158
绵羊 18
棉花种植业，英国 272，299
缅甸 298，314
面具
　　阿兹特克文明 183
　　盎格鲁-撒克逊人 115
　　奥尔梅克文明 55
　　巴厘人 314
　　北美洲印第安人 326
　　贝宁王国 265
　　朝鲜王朝 233
　　防毒面具 355，358
　　古埃及 26，95，96
　　古希腊 61
　　迈锡尼文明 45
　　日本 253
　　太平洋岛屿 317
　　特奥蒂瓦坎 106
　　约鲁巴人 292，293
　　中国 101，162
《妙法莲华经》 170
庙宇
　　玛雅 184
　　吴哥王朝 172，173
　　印度教 154，156
　　中国 236，237
民主
　　古希腊 60
　　美国 328
民族主义
　　民族国家 286
　　音乐 287
敏达，日本天皇 168
明布雷斯文化 176
明朝，中国 160，232

地图 234
衰落 236
艺术与文化 166
明成祖朱棣，中国明朝皇帝 160
明太祖朱元璋，中国明朝皇帝 160
明治，日本天皇 302，306
明治维新 302-307
模具，青铜器时代 41
摩艾，复活节岛 192，193
摩达纳帕拉，帕拉王朝统治者 155
《摩诃婆罗多》 172
摩亨佐达罗，巴基斯坦 16
摩羯座 258
摩卡壶 366
摩托车 344，345
摩耶，王后，释迦牟尼之母 99
磨具 14
魔方 369
抹大拉的玛利亚 206
莫尔加膝战役 150
莫尔斯，塞缪尔 278
莫尔斯电报机 278
莫夫，爱德华·布兰特伍德 365
莫戈隆文化 176，177
莫哈奇之战 222
莫卡辛鞋 326
莫切文明 110，111
莫斯科大公国 151
莫托努伊岛 193
莫卧儿王朝 254-259
　　宫廷生活 257
　　衰落 294，298
　　天球仪 258，259
　　武器 256，257
　　艺术与文学 256，257
　　与马拉提王国的冲突 260
莫辛-纳甘步枪 357
莫扎拉布人 135
墨西哥
　　阿兹特克文明 178-183，268
　　奥尔梅克文明 55
　　北美洲西南部文化 176，177
　　地图 320，321
　　独立 320，321
　　美国的诞生 328
　　欧洲移民 269
　　萨波特克文明 106-109
　　托尔特克文明 178
木版印刷 162，244，252，306，307
木乃伊
　　安第斯山脉文明 190
　　古埃及 26，36，37，39，94，97
　　新克罗人 15
木乃伊罩 95
木星 175，375
墓葬，见丧葬
穆罕默德二世，奥斯曼帝国素丹 222
《穆捷-格朗瓦尔圣经》 114
穆森布罗克，彼得·范 221
穆斯林，见伊斯兰教

N

拿破仑炮 334
拿破仑一世，法兰西人皇帝 282，285
拿破仑战争 282–285
那纳克，锡克教祖师 295
纳粹党 358，359
纳粹党卫军 359
纳粹德国空军 354
纳尔斯，意大利 76
纳什维尔，美国 337
纳斯卡皮人 326
纳斯卡文明 110，111
纳斯卡线条 110
纳西尔丁·图西 258，259
奈弗尔塞弗克，埃及祭司 38，39
奈斯尔王朝 135
男装 370，372，373
南部同盟，美国内战 328，331，334，337
南美洲
　安第斯山脉文明 54，188–191
　革命 320，321
　皮里·雷斯地图 226
　西班牙殖民 210
　见南美洲各国
难近母 154，157
脑部扫描 360
内布拉星盘 42
内扎米·甘加维，《五部诗》 230，231
能乐 253
尼安德特人 12
尼古拉二世，俄国沙皇 288，289
尼加拉瓜 182
尼罗河 26，91
　船 32，33
尼姆鲁德 21，47
尼尼微 18
尼日尔河三角洲 262
尼西亚 174
尼扎姆·穆勒克 174，175
鸟豹王四世，玛雅国王 184
"鸟人" 193
涅弗吞 34
牛 18
牛顿，艾萨克 210，220
牛仔布 373
扭秤 220
纽芬兰岛 120
纽科门，托马斯 276
纽科门蒸汽机 276
纽斯特德马面甲 84，85
纽约，美国 328，350
农奴，俄国 288
农业
　发明 274
　美索不达米亚 18
　日本 105
　石质工具 13
　维京人 120
　早期人类 12

奴隶制与奴隶贸易 268
　贝宁王国 262
　废除 320，331
　古罗马 80
　凯尔特 70
　烙铁 268
　美国 272，328，331
　争夺非洲 290
努比亚 26
弩 212
女性
　北美洲印第安人 327
　第一次世界大战 358，359
　时尚 370–373
女真人 170，236
挪威 120
诺盖汗国 152
诺曼人 136–145
　贝叶挂毯 138，139
　服装与饰品 143
　赫里福德世界地图 141
　家居生活 143
　祈祷书 142
　信仰与仪式 140
　战争与冲突 137
　政治与权力 140
诺森伯里亚 117，120

O

欧几里得 90
欧洲
　教会与宗教 217
　科学 220，221
　启蒙运动 210
　青铜器时代 40–42
　日耳曼王国 114–119
　时尚 218，219
　探索和殖民太平洋岛屿 316
　文艺复兴 196–209
　武器 212，213
　移民新世界 268，269
　印刷 220
　争夺非洲 290–293
　政治与权力 218
　宗教改革 210
　见欧洲各国

P

帕魁姆，墨西哥 177
帕拉卡斯 54
帕拉王朝 154，155，159
帕伦克 178
帕森赫 36
帕斯尚尔战役 359
帕提亚王朝 71
排水口 61
派帕飞机 342
盘式录音带 351
庞贝，意大利 82
旁遮普，巴基斯坦 16，294，296
"胖子"原子弹 378
炮兵武器，世界大战 356

佩里，马修，美国海军准将 302
佩诺布斯科特人 326，327
佩皮二世，埃及国王 33
配给，世界大战 358
蓬蒂厄的居伊 138
蓬特 33
披头士乐队 352
皮夹克 372
皮里·雷斯地图 226，227
毗湿奴 98，155，156
平安时代，日本 169
平板电脑 380
平顶军帽 335
平克顿国家侦探事务所 331
平氏家族，日本 169
平装书 350
苹果电脑 380
屏风 233
婆罗门 156
珀伽索斯 60
珀罗普斯 62
《珀斯条约》 126
破坏圣像运动 132
扑克牌 358
菩萨 159，243
葡萄牙
　传教士 267
　拉丁美洲殖民地 320
　争夺非洲 290
普阿比，乌尔王后 22，24，25
普拉蒂哈拉王朝 154
普朗泰，加斯东 278
普鲁士 286，287，354
普韦布洛文化 176，177

Q

七年战争 269，286
七巧板 311
漆器，日本 251，304，305
奇克索人 322
奇连瓦拉战役 297
奇穆人 188
奇穆王国 188–190
奇琴伊察 178，179
奇瓦瓦州，墨西哥 176
祈祷书 142，267
耆那教 98，155
骑兵
　古罗马 84，85
　英国-锡克战争 297
骑兵刀 283
骑兵剑 213
骑马比武 215
骑士 136，137
　盔甲 214，215
　骑马比武 215
骑士精神 146
棋类游戏 369
　刘易斯棋子 126，127
　维京人 125
　中国 311
企鹅公司 350

启蒙运动 210，220，285
气泵 220
气候，冰期 12
汽车 275，344，346–349
契丹人 170
掐丝珐琅，中国 166，238，239，311
恰克 183–185
恰塔尔休于 12，14
牵引机 274
钱选 160，161
乾隆皇帝，中国清朝皇帝 236，238，240，312
堑壕战 356
枪，见火器
枪头 21
乔答摩·悉达多，见佛陀
乔克托人 322
乔治三世，英国国王 311
乔治十字勋章 359
鞘
　阿散蒂王国 291
　奥斯曼帝国 224
　东南亚 314
　古罗马 83
　凯尔特人 67
　莫卧儿王朝 256
　拿破仑战争 283
　中国 309
切罗基人 268，322
钦察汗国 152
钦定本《圣经》，英国国王詹姆斯一世 220
钦西安人 327
秦朝，中国 100，104
秦始皇嬴政，中国秦朝皇帝 100，102
青霉素 361
青铜器
　贝宁王国 262–265
　凯尔特 67，69，70
　日本 304
　中国 50–53
青铜器时代 40–42，58
　服装与饰品 42
　科技 41
　信仰与仪式 42
　战争与冲突 41
"轻剑"导弹发射器 378
轻快小汽车（福特T型汽车） 348，349
轻盔 150
清朝，中国 236–243，308–313
　服装与饰品 242，310
　家居生活 242，311
　贸易 242，310
　天文钟 312，313
　信仰与仪式 243，311
　玉山子 240，241
　战争与冲突 309
　政治与权力 309
清教徒 210，268，269

清真寺 134，174
丘比特 82
丘梅什蒂头盔，罗马尼亚 67
球戏 182
球戏场 176
权近 234，235
"权利法案" 333

R
染料 47，307
热那亚，意大利 196
人工呼吸 362，363
人工心脏 361
人祭
　阿兹特克文明 178
　凯尔特 68
　玛雅 184
　纳斯卡文明和莫切文明 110
　中部美洲 107
　中国 48
人马座 258
《人权宣言》282，285
人牲，见人祭
人文主义 196
"人造地球卫星"1号 374
人造卫星 374，381
仁德，日本天皇 105
刃
　石器 13
　见刀、剑
日本
　堡垒心态 244
　重新开放 302-307
　第二次世界大战 354-357，359
　佛教 159，168，169
　服装与饰品 251
　工业革命 272
　家居生活 250，251，304
　科技 105
　弥生时代和古坟时代 105
　木刻版画 306，307
　铁路 344
　武士，日本 169，248，249
　武士的末日 244-253
　信仰与仪式 105，169，252
　艺术与文化 252，253，305
　原子弹 378
　战争与冲突 246，247，305
日常生活，见家居生活
日德兰半岛 114，122
日耳曼王国 114-119
荣誉军团勋章，法国 359
如尼字母 120，129
儒家思想 169
　朝鲜王朝 232，233
　清朝，中国 236，243，311
　宋朝，中国 162
瑞典 120

S
撒丁岛 80
撒克逊人 114
　见盎格鲁-撒克逊人
撒马尔（今津吉尔利），土耳其 43
撒马尔罕，乌兹别克斯坦 152，174
萨波特克文明 106-109
萨顿胡头盔 115
萨尔贡，阿卡德国王 18
萨尔纳特，印度 159
萨尔瓦多 178
萨非·丁，苏非教团创立者 228
萨非王朝 228-231
萨迦，北欧民间故事 120
萨卡拉，埃及 28
萨克森，邦国 286
萨满
　北美洲印第安人 326，327
　查文文明 54
　中部美洲 107
萨米亚陶器 82
萨摩藩 302
萨摩亚 316
萨珊王朝 71
萨特莱杰大炮 296，297
萨特莱杰河 296
塞奥多拉，拜占廷帝国皇后 130
塞尔维亚 151
塞尔柱突厥人 130，174，175
塞夫尔，法国 285
塞建陀笈多，笈多王朝君主 154
塞勒斯，马泰奥 202，203
塞罗谢钦，秘鲁 54
塞米诺尔人 322
塞浦路斯 47
塞特 30，34
赛佛吉二世，坦贾武尔王公 260
赛赫迈特 34
三角帽 285
三联画
　埃塞俄比亚帝国 266，267
　拜占廷帝国 131
　墨西哥 269
三十年战争 210
桑吉大塔，窣堵波 98
丧葬
　埃特鲁里亚 74，76，77
　盎格鲁-撒克逊人 116
　奥斯曼帝国 222
　第一次世界大战 359
　古埃及 36-39，96，97
　古希腊 64
　迈锡尼文明 45
　青铜器时代 40
　日本 105
　萨波特克文明 108
　维京人 123
　乌尔 22
　新石器时代 15
　早期人类 15
　中国 48，51，100-103
沙·贾汗，莫卧儿王朝君主 254
沙阿清真寺，伊朗伊斯法罕 228
沙布提俑 34，35
沙普尔二世，萨珊王朝国王 71

莎士比亚，威廉 205
扇子 218
　朝鲜王朝 233
　日本 247，252，305
　中国 310
伤膝河大屠杀 322
商博良，让-弗朗索瓦 92
勺子
　朝鲜王朝 171
　古罗马 86
阇耶跋摩八世，吴哥王朝统治者 172
阇耶跋摩二世，吴哥王朝建立者 172
阇耶跋摩七世，吴哥王朝统治者 172
设得兰群岛 120
社会群岛 316
射箭，见箭头
摄影
　单镜头反光照相机 369
　第一次世界大战 357
　电影 353
　发明 278
　太空 375
神，见宗教
神道教 105，169，252
神圣罗马帝国 146-150，286
　家居生活 150
　圣伊丽莎白圣骨匣 148，149
　十字军东征 136
　战争与冲突 150
　政治与权力 147
声音，娱乐 278，351
绳纹陶器 14
圣巴托罗缪大屠杀 210，211
圣保罗 142
圣杯 116，217
圣彼得堡，俄罗斯 288，289
圣彼得大教堂，梵蒂冈 206
圣布伦丹 226
圣德，日本太子 168，169
圣地 136
圣骨匣 146，269
　拜占廷帝国 131
　圣斯坦尼斯洛斯，克拉科夫主教 151
　圣伊丽莎白圣骨匣 148，149
圣甲虫护身符 35
《圣经》
　谷登堡《圣经》220
　胡格诺派《圣经》217
　《穆捷-格朗瓦尔圣经》114
　"圣路易斯精神"号飞机 342
圣洛伦索 55
圣马丁，何塞·德 320
圣马可 148
圣美多迪乌斯一世，牧首 132
《圣母怜子》，米开朗琪罗 206，207
圣母玛利亚 132，133，206，207，266

圣乔治 217，266
圣斯坦尼斯洛斯，克拉科夫主教 151
圣索菲亚大教堂，土耳其伊斯坦布尔 130，223
圣徒，圣骨匣 131，148，149，151
圣维塔莱教堂，意大利拉文纳 130
圣西奥多 133
圣西奥多西娅 133
圣像 132，133，151
圣伊丽莎白 148
圣伊丽莎白圣骨匣 148，149
圣约翰 142，206
圣约瑟 266
圣詹姆士 142
诗歌
　莫卧儿王朝 256
　诗歌游戏，日本 305
　《五部诗》泥金装饰手抄本 230，231
施泰夫泰迪熊 369
施图本劳赫，菲利普·冯 287
湿婆 17，98，155-157
湿婆派 156
十字架 123，217
　盎格鲁-撒克逊人 116，117
　耶稣受难像 123，217
十字军东征 130，136
什叶派，伊斯兰教 228
石棺，迈锡尼 45
石器 12，13
石器时代 12-15
石塔，凯尔特 66
时间，见历法、时钟
《时尚》370
时尚，见服装
时钟
　法国 285
　天文钟 312，313
史密斯-克拉克，乔治 362
史思明 160
示巴女王 267
世界大战 354-359
　后方生活 358，359
　时尚 370
　武器 356，357
　装备 355
世俗体，象形文字 91，92
世宗，李氏朝鲜国王 232
饰品
　埃特鲁里亚 78，79
　安第斯山脉文明 189
　盎格鲁-撒克逊人 114，118
　奥斯曼帝国 223
　拜占廷帝国 131
　北美洲西南部文化 177
　古埃及 30，31
　古罗马 87
　古希腊 65
　基辅罗斯 151
　凯尔特人 70，87
　马拉提王国 260

美索不达米亚 24，25
莫卧儿王朝 254，257
诺曼人 143
青铜器时代 42
太平洋岛屿 317
维京人 128，129
文艺复兴 209
印度 299
印度河文明 17
中部美洲 109，180，181
中国 50，309，310
见服装
饰针 70
试管婴儿 360
释迦牟尼，见佛陀
收音机 351，358
手半剑 137
手抄本
  奥斯曼帝国 223
  祈祷书 142
  神圣罗马帝国 146，147
  《五部诗》 230，231
  《五护陀罗尼》手稿 158，159
手斧，石头 13
手机，见电话
手榴弹 334，356，378
手枪 212
  奥斯曼帝国 224
  布尔人 293
  拿破仑战争 283
  世界大战 357
  锡克王国 295
  现代战争 379
手提录音机 351
寿星 241，243
书 350
  《阿底·格兰特·萨赫布》 295
  奥斯曼帝国 223
  《金刚经》 159，162
  莫卧儿王朝 256
  祈祷书 142，267
  《圣经》 114，217，220
  诗集 269
  《诗篇》 116
  《亡灵书》 36，39
  《五部诗》 230，231
  《五护陀罗尼》 158，159
  印刷 220
书法
  奥斯曼帝国 223
  萨非王朝 229
  中国 238
梳子
  贝宁王国 265
  维京人 125
  中国 310
舒尔吉，乌尔国王 18
竖琴 22
数学，中国 162
数字技术 380
双耳瓶 61，75，83
水稻种植 105

水晶宫，英国伦敦 273
水晶壶 223
水力 274，276
水力学 162
水星 175
司马迁 102，165
丝绸 104，198，218
丝绸之路 98，100，160，229
斯巴达 58，60
斯蒂芬，匈牙利国王 151
斯蒂芬森，罗伯特 275
斯蒂芬森，乔治 275
斯芬克斯
  腓尼基 46，47
  古埃及 28，94
斯堪的纳维亚半岛，维京人 120–129
斯柯达公司 356
斯拉夫人 151
斯雷普尼尔 123
斯里兰卡 159，298
斯梅塔纳，贝德里希 287
斯密，亚当 210
斯奈夫鲁，埃及国王 28
斯内克敦 176
斯潘塞步枪 334，335
斯普林菲尔德线膛火枪 334
斯太尔自动手枪 357
斯特拉迪瓦里，安东尼奥 204
斯旺，约瑟夫 278
"死亡之穴"，乌尔 22-24
松糕鞋 209，373
松树，象征意义 241
宋朝，中国 160，162，166
宋高宗赵构，中国宋朝皇帝 160
宋徽宗赵佶，中国宋朝皇帝 160
宋太祖赵匡胤，中国宋朝皇帝 160
苏非派 230
苏格拉底 58
苏格兰，凯尔特人 66
苏莱曼大帝，奥斯曼帝国素丹 222
苏利耶跋摩二世，吴哥国王 172，173
苏联
  太空时代 374，375
  武器 378
  见俄罗斯
苏美尔 18，21，23，24
苏门答腊 314
苏佩山谷 54
苏萨，伊朗 71，72
苏斯尼约斯，埃塞俄比亚皇帝 267
苏颂 162，312
苏我家族，日本 168，169
苏族拉科塔人 325
苏族人 322，325，327
素枪 246
隋朝，中国 160
随身听 351
隋文帝杨坚，中国隋朝皇帝 160
燧发枪 324
  奥斯曼帝国 225

拿破仑战争 283
燧发手枪 212
  奥斯曼帝国 224
  拿破仑战争 283
  锡克王国 295
所罗门群岛 317
所罗门王 267
所罗门王朝 267
索贝克 36
索布拉翁战役 297
索尔特河盆地 176
索尼公司 351
锁子甲
  盎格鲁-撒克逊人 115
  奥斯曼帝国 225
  蒙古人 152
  莫卧儿王朝 257
  诺曼人 137

T
塔尔，杰思罗 274
塔尔奎尼亚，意大利 76
塔吉斯，埃特鲁里亚先知 78
塔季扬娜，俄国女大公 289
塔纳，印度 300
塔沃瑞特 36
塔西洛，巴伐利亚公爵 116
塔西洛圣杯 116
塔西佗 80
塔希提岛 316
踏雪板 326
"台风"战斗机 343
抬枪 309
太空时代 374-377
  登陆月球 353，374，375
  "国际"空间站航天服 376，377
  空间站 376
太平天国运动 308
太平洋岛屿
  探索 316，317
  天球仪 258
太阳
  阿兹特克文明 178
  浑天仪 200，201
  日晷 119，200
  太阳系仪 220，221
太阳能 375，376，381
太阳系
  浑天仪 200，201
  空间探测器 374
泰迪熊 369
泰国 314
泰姬陵 254，255
泰吉·玛哈尔，莫卧儿王朝王妃 254
泰勒斯 58
泰晤士河 67，69
探索
  非洲 290
  美国 330，331
  太平洋 316
  文艺复兴 196，198，199

"探险"号帆船 316
汤加 316
"汤姆枪" 357
唐朝，中国 160
  对朝鲜的影响 170
  马俑 164，165
  信仰与仪式 162，163
  艺术与文化 166
  政治与权力 162
唐高祖李渊，中国唐朝皇帝 160
唐太宗李世民，中国唐朝皇帝 160，162
唐玄宗李隆基，中国唐朝皇帝 160
糖尿病 361
陶瓷，见瓷器、陶器
陶器
  阿兹特克文明 181
  埃特鲁里亚 75
  安第斯山脉文明 190
  奥斯曼帝国 222
  北美洲西南部文化 177
  朝鲜王朝 171
  腓尼基 47
  古埃及 30，37，91
  古罗马 82
  古希腊 61，64，65
  赫梯 43
  考德瓶 62，63
  克里特岛 45
  马俑 164，165
  迈锡尼 45
  纳斯卡文明和莫切文明 110，111
  欧洲中世纪 143
  帕拉卡斯文化 54
  日本 105
  塞尔柱帝国天文历法碗 174，175
  神圣罗马帝国 150
  书写 91
  文艺复兴 208
  西方家庭 364
  早期人类 14
  中国 51，104，160，166
特奥蒂瓦坎 106，109
特兰托会议 210
特林吉特人 324
特隆赫姆，挪威 127
特洛伊战争 58
特诺奇蒂特兰 178，181
特舒卜 43
特斯科科湖 178
特斯拉电动汽车 347
提尔（今苏尔），黎巴嫩 47
提花机 274
提基 317
提毗 154，155
剃刀 42
薙刀 246
天花 178，281，360
《天津条约》 310
天平和砝码，维京人 124
天球仪 258，259
天文

索引

北京古观象台 312
浑天仪 200，201
玛雅 186
莫卧儿天球仪 258，259
莫卧儿王朝 258
欧洲 220，221
青铜器时代 42
塞尔柱帝国天文历法碗 174，175
天文钟 312，313
星盘 198
天主教
　传教士 267，314
　法国大革命 282
　反宗教改革 210
　中国 236
　宗教改革 210
　宗教器物 217
天子 100
挑棍游戏 311
"挑战者"号航天飞机 377
条播机 274
帖木儿 254
铁
　日本 105
　英国工业 272
铁饼 62
铁肺 362，363
铁路
　工业革命 272，274，275
　美国 330，331
　日本 302，303
　现代世界 344，345
　印度 300，301
铁炮 246
铁器时代，凯尔特 66-70
听诊器 281，360
通信
　工业革命 278，279
　日渐缩小的世界 380，381
通信卫星 381
铜盆 153
统治者，见政治与权力、各个统治者
桶状容器 97
头巾 295
头盔
　埃特鲁里亚 75-77
　盎格鲁-撒克逊人 115
　奥斯曼帝国 223，225
　古希腊 58，60
　亨利二世 215
　角斗士 80
　凯尔特人 67，69
　美索不达米亚 20
　蒙古人 152
　莫卧儿王朝 257
　诺曼人 137
　欧洲 216
　青铜器时代 41
　日本 248
　神圣罗马帝国 150
　世界大战 354

托尔特克文明 180
维京人 122
中国 236
头饰
　北美洲印第安人羽冠 325
　奇穆头饰 189
投矛器 14，177
投石机 137
骰子 82
透特 34，37，90
图格里勒伯克，塞尔柱帝国君主 174
图拉，墨西哥 178
图拉真，罗马帝国皇帝 88-90
图拉真圆柱 88，89
图坦卡蒙，埃及法老 26
图腾柱 327
图像字符
　玛雅 186，187
　萨波特克 106
土耳其人，见奥斯曼帝国
土坯建筑 176，177
土星 175
团扇 310
推古，日本天皇 169
退役军人便装 370
托尔 120，123
托尔特克文明 178，180，181
托加 78，87
托勒密，天文学家 196，200，234，258
托勒密王朝，埃及 58，90-97
托勒密五世，埃及法老 92
托勒密一世，埃及法老 90，91
托斯卡纳，意大利 74

W

挖掘棒 13
瓦尔达尔格斯海姆，德国 69
瓦尔哈拉宫 120，123
瓦尔基里 123
瓦格纳尔，卢卡斯 198
瓦哈卡，墨西哥 55，106
瓦里文明 188，191
瓦特，詹姆斯 276，277
外科手术
　工业革命 281
　古罗马 82
　世界大战 355
　文艺复兴 209
　现代世界 361
玩具 82，280，369
玩偶之家 280
万国工业博览会，英国伦敦 272，273
万向灯 365
王安石 160
王冠
　奥地利 287
　神圣罗马帝国 147
　圣斯蒂芬王冠 151
　新罗 170

中国 162
王建，高丽建立者 170
网棒球 327
网球拍 369
往世书，印度教经典 156
望远镜
　发明 220
　空间望远镜 375
危地马拉 55
威尔第，朱塞佩 287
威廉三世，英国国王 218
威廉一世，德意志帝国皇帝 286
威尼斯 196，198，202，203，209
韦尔夫家族 146
韦奇伍德，乔赛亚 331
韦塞克斯 116
维奥尔琴 204
维多利亚，英国女王 281，298
维京人 120-129
　冰岛 120
　俄罗斯 151
　服装与饰品 128，129
　家居生活 125
　科技 125
　刘易斯棋子 126，127
　贸易与交通 124
　突袭英国 120，121
　信仰与仪式 123
　艺术与文化 129
　战争与冲突 122
　见诺曼人
维纳斯 82
维纳斯像 15
维特尔斯巴赫家族 146
《维特鲁威人》 205
维滕贝格，德国 210
维瓦尔第，安东尼奥 203
维也纳 286
委内瑞拉 320
温度计 360
瘟疫 150
文化，见艺术与文化
文身 317
文艺复兴 146，196-209
　服装与饰品 209
　浑天仪 200，201
　家居生活 208
　探索与贸易 198，199
　医学 209
　艺术 205-207
　音乐 202-204
文字
　奥斯曼帝国 223
　朝鲜王朝 232
　古埃及 91
　克里特岛 44
　罗塞塔石碑 92，93
　马格里布体 135
　玛雅 186，187
　美索不达米亚 18，20
　日本 252
　如尼字母 120，129

中国 162
萨波特克文明 106
萨非王朝 229
象形文字 28，29，43，91
楔形文字 18，43
印度河文明 16
中国 48，309
纹章，神圣罗马帝国 147
倭马亚王朝 134，135
涡轮喷气发动机 343
窝阔台，蒙古大汗 152
沃利策点唱机 351
乌尔 20，22，23
乌尔班二世，教宗 136
乌尔比诺，意大利 208
乌尔的旗标 20
乌尔第三王朝 18，20
乌尔纳姆，乌尔国王 18
乌克兰 120
乌卢阿河流域 181
乌卢鲁（艾尔斯岩） 318
乌鲁克 18
乌苏马辛塔河 184
乌兹别克人 228
屋大维（奥古斯都），罗马帝国皇帝 80，82，90
无人机 378
无尾礼服 372
《无因的反叛》 373
吴哥，柬埔寨 172
吴哥窟 172，173
吴哥王朝 172，173
五彩，瓷器 166
五大湖地区 269
五代十国，中国 160
《五护陀罗尼》手稿 158，159
五项全能运动 62
"五月花"号帆船 268
伍德，肯 366
伍德斯托克音乐节 352
伍利，伦纳德 22，25
武丁，中国商王 48
武器
　埃特鲁里亚 76
　奥斯曼帝国 224，225
　澳大利亚和新西兰 319
　波利尼西亚 317
　法国革命战争 283
　古罗马 83-85
　加特林机枪 274，275
　凯尔特人 67
　马拉提王国 261
　美国内战 334
　蒙古人 152
　莫卧儿王朝 256，257
　拿破仑战争 283
　诺曼人 137，139
　欧洲 212-215
　青铜器时代 41
　日本 246，247，305
　萨特莱杰大炮 296，297
　世界大战 356，357
　维京人 122

锡克王国 295
　　现代战争 378，379
　　亚述 21
　　中国 50，104，309
武士，日本 169，244
　　盔甲 248，249
　　武器 246，247，305
物部守屋 168

X
西班牙
　　安达卢斯文化 135
　　菲律宾 314
　　南美洲殖民地 210，320
　　无敌舰队 218
　　殖民墨西哥 178
西伯利亚 288
西顿（今赛达），黎巴嫩 47
西方家庭 364–369
西哥特人 114，135
西坎文明 191
西科尔斯基，伊戈尔 343
西辽 152
西拿基，亚述国王 18
西斯都四世，教宗 196
西斯廷教堂，梵蒂冈 196，197
西瓦吉，马拉提国王 260
西西里岛 80，135
西印度群岛 268，320
西周，中国 48，53
吸尘器 366
希波达弥亚 62
希波克拉底 58
希达察人 327
希腊化时代 58，80
希罗多德 58，72，74
希佩·托特克 183
希特勒，阿道夫 347
锡克王国 294–297
锡索波利斯（今伯珊），以色列 131
锡耶纳，意大利 209
洗衣机 367
喜克索斯人 26
戏剧
　　歌舞伎 244，253
　　京剧 310
　　能乐 253
细菌，抗生素 360，361
细密画，萨非王朝 230
夏朝，中国 48
夏威夷群岛 316
夏延人 322
显微镜 221
香港，中国 308
香炉
　　玛雅 183
　　日本 250，252
　　中部美洲 107
　　中国 100，311
香水瓶 65，75，233
香烟画片 358

"响尾蛇"空空导弹 378
象形文字
　　古埃及 28，29，91
　　赫梯 43
　　罗塞塔石碑 92，93
肖，路易斯·阿加西斯 362
肖邦，弗雷德里克 287
箫，中国 238
小比格霍恩战役 322，325
小乘佛教 159
小汉斯·荷尔拜因，《大使像》205
肖像罐，萨波特克文明 108，109
楔形文字 18，43
鞋
　　北美洲印第安人 326
　　古埃及 91
　　欧洲 218
　　普韦布洛文化 177
　　时尚 372，373
　　文艺复兴 209
　　中国 310
谢尔瓦，胡安·德尔·拉 343
谢尔瓦旋翼机 343
谢利姆二世，奥斯曼帝国素丹 222
谢斯佩，托里维奥·梅西亚 110
谢斯起义 333
心脏起搏器 361
辛店文化 51
辛辛那提，美国 328
新风貌 372，373
新加坡 314，356
新教
　　改革 210
　　屠杀胡格诺派教徒 210，211
新克罗人 15
新罗 170，171
新墨西哥州，美国 176，177
新儒学 160，162
新石器时代 12
　　雕像 15
　　软玉 50，240，241
　　丧葬 15，50
　　石器 13
　　玉雕 240
新西兰，移民 318，319
新艺术运动
　　法贝热彩蛋 289
信德地区 17，154，294
信仰与仪式，见宗教
星盘 198
星条旗 336，337
行星
　　浑天仪 200，201
　　太阳系仪 221
　　探测器 374，375
匈牙利 148，149，151，222
休闲活动
　　工业革命 280，281
　　现代世界 368，369
修道院 120，140，146
须弥山 172

宣传 220
玄奘 159
靴子
　　奥斯曼帝国 225
　　军靴 354，379
　　马丁靴 373
　　现代战争 379
穴穗部间人，日本皇后 168
雪花石膏 24，30
雪镜 326
雪山女神 154，155，156，157
雪铁龙汽车 346
"血泪之路" 322
巡航导弹 378
逊尼派，伊斯兰教 228

Y
鸦片 308，310
牙雕
　　拜占廷帝国 131
　　贝宁王国 262，263，265
　　腓尼基 46，47
　　刚果王国 291
　　马拉提王国 260
　　欧洲 217
　　梳子 209
　　汤加 316
　　维纳斯像 15
　　锡克王国 294
　　中国 311
《牙买加来信》 320
牙医 209
雅德维加，波兰女王 148
雅典 58，60，61
雅典娜 60
雅各宾派 282
雅卡尔，约瑟夫·玛丽 274
雅卡尔提花机 274
亚伯拉罕 23
亚当和夏娃 114，199
亚当斯，约翰·昆西 328
亚历山大，埃及 90
亚历山大，劳伦斯 363
亚历山大大帝，马其顿国王 58，71，90，91
亚历山大二世，俄国沙皇 288，289
亚历山大三世，俄国沙皇 288，289
亚历山德拉，俄国皇后 288，289
亚利桑那州，美国 176，177
亚齐战争 314
亚述 18，21
亚斯奇兰，墨西哥 178
亚斯奇兰门楣 184，185
亚泽勒卡亚神庙 43
亚洲，见东南亚、亚洲各国
烟草 251，310，327
烟枪 310
盐瓶 265
眼镜 221，355
砚滴 232，238

砚台 232
谚文 232
嚈哒人 154
羊角球 368
杨，托马斯 92
杨洲周延 306，307
药 360，361
药罐 209
药丸 281
钥匙，维京人 125
耶利哥遗址 15
耶灵杯 125
耶路撒冷
　　地图 141
　　十字军占领 136
　　医护骑士团 140
耶稣会士 236，244，312
耶稣基督
　　罗斯伯里十字架 117
　　三联画 266，267
　　《圣母怜子》，米开朗琪罗 206，207
　　圣像 132，133
　　圣伊丽莎白圣骨匣 148
　　十字架 117，123，217
　　镶嵌画 83
耶稣受难像 123，217
"野鸭"号蒸汽机车 344
叶海亚，伊朗 24
叶卡捷琳娜二世，俄国女沙皇 288
夜视镜 379
一性论派 131
伊德尔戈·伊·科斯蒂利亚，米格尔 320
伊儿汗国 152，153
伊拉克战争 379
伊利斯，希腊 62
《伊利亚特》 44
伊姆塞特 35，37
伊姆斯，查尔斯和蕾 365
伊南娜 22
伊涅特夫，埃及国王 26
伊桑德尔瓦纳战役 290
伊莎贝拉，西班牙女王 198
伊什·切尔 181
伊斯法罕，伊朗 228
伊斯兰教
　　奥斯曼帝国 222
　　北非 267
　　东南亚 314
　　蒙古人 153
　　莫卧儿王朝 254
　　萨非王朝 228
　　塞尔柱人 174
　　伊斯兰宫廷与哈里发国 134，135
　　印度 154，155，295
　　争夺非洲 290
伊斯梅尔一世，萨非王朝建立者 228
伊斯帕尼奥拉岛 226，268
伊斯坦布尔，见君士坦丁堡
《伊索寓言》 139

索引 395

伊特塔威 26
伊藤陶山 305
伊希斯 34，37，94，95，97
伊兹科亚特尔，阿兹特克统治者 178
伊兹尼克瓷器 223
医护骑士团 140
医生 360-363
医学 360-363
　　工业革命 281
　　古罗马 82
　　欧洲中世纪 140
　　文艺复兴 209
移动电话 381
移民，澳大利亚 318，319
移民，美国 328，330
遗骸，圣徒 148
颐和园（清漪园） 308
以撒 23
艺伎 244
艺术与文化
　　埃特鲁里亚 75
　　爱琴海文明 45
　　安第斯山脉文明 54
　　奥斯曼帝国 223
　　贝宁王国 265
　　朝鲜王朝 233
　　非洲 291
　　腓尼基 47
　　古埃及 28，29
　　古罗马 86
　　古希腊 61
　　赫梯 43
　　蒙古人 153
　　莫卧儿王朝 256，257
　　日本 252，253，305
　　萨非王朝 229
　　维京人 129
　　文艺复兴 196，205-207
　　西班牙和非洲的伊斯兰文化 135
　　印度河文明 17
　　英属印度 299
　　早期人类 14
　　中部美洲 182
　　中国 166，167，238，239
易洛魁人 322，327
驿马快信，邮件服务 330
驿站 174
疫苗 281，360，361
意大利
　　埃特鲁里亚 74-79
　　世界大战 354，356
　　文艺复兴 196-209
　　音乐与民族主义 287
　　争夺非洲 290
　　见古罗马
因纽特人 322，324，326
音乐
　　巴洛克吉他 202，203
　　钢琴 280，281
　　佳美兰音乐 314，315
　　民族主义 287

文艺复兴 202-204
倭马亚王朝 134
印度 299
娱乐世界 350，351
中国 163，238
音乐剧 352
银
　　冈德斯特鲁普银锅 68
　　古罗马 83，86，87
　　美索不达米亚 24
　　蒙古人 153
　　诺曼人 143
　　维京人 125
　　印度 299
银河 258，312
饮食
　　罐头食品 280
　　世界大战 355，358
　　中国 53
隐身战斗机 378
印第安人，见北美洲印第安人
印蒂 190
印度
　　独立 298
　　佛教 98，99，159
　　笈多王朝 154
　　马拉提王国 254，260，261
　　莫卧儿王朝 254-259，294，298
　　湿婆与雪山女神 156，157
　　铁路 300，301，345
　　统治与征服 155
　　《五护陀罗尼》手稿 158，159
　　锡克王国 294-297
　　信仰与仪式 154，155，295
　　印度教 98
　　印度民族大起义 298，299
　　英国-锡克战争 294，296，297
　　英属印度 294，298-301
　　早期探险家，欧洲 196
　　早期王朝 98，99
　　战争与冲突 295
　　朱罗 154
印度国民大会党 298
印度河文明 16，17
印度教 17
　　东南亚 314
　　吠陀印度教 159
　　柬埔寨 172
　　马拉提王国 260
　　湿婆与雪山女神 156，157
　　印度 98，154，155
印度尼西亚 314，315
　　佳美兰音乐 314，315
印加帝国 188-190
印刷
　　木版印刷 162，244，252，306，307
　　欧洲 220，272
　　中国 160，162
印章
　　波斯帝国 71
　　朝鲜王朝 232

坎特伯雷印章 218
迈锡尼 44
美索不达米亚 21
诺曼人 140
印度河文明 17
中国 309
英格兰，见英国
英国
　　北美独立战争 328，333
　　《大宪章》 144，145
　　第二次美英战争 337
　　东南亚 314
　　飞机 340
　　工业革命 272，273
　　内战 210
　　奴隶贸易 290
　　诺曼人征服 136，138，139
　　时装 370-373
　　世界大战 354，355，357-359
　　铁路 345
　　维京人突袭 120
　　鸦片战争 308，310
　　移民澳大利亚和新西兰 318，319
　　印度民族大起义 298，299
　　英国-锡克战争 294，296，297
　　英国国教建立 210
　　争夺非洲 290
　　殖民北美洲 269
英国国教 210
英国皇家飞行队 340
英国皇家海军 337
英国皇家空军 357
英国军队
　　马尔维纳斯群岛战争 378
　　锡克王国 296
　　英国-锡克战争 294，296，297
英吉利海峡 341
英俊的腓特烈 147
英属印度 294，298-301
英瓦尔 120
英王约翰 145
罂粟，第一次世界大战 359
硬币
　　阿拔斯王朝 134
　　拜占廷帝国 131
　　波斯 229
　　丹麦 124
　　法国 285
　　古埃及 91
　　古罗马 80，82
　　古希腊 60
　　凯尔特人 66，70
　　美国 331
　　诺曼人 140
　　神圣罗马帝国 147
　　文艺复兴 198
　　印度 98，155
　　英国东印度公司 298
　　中国 50，104，242，308
雍正皇帝，中国清朝皇帝 236
泳衣 372

用明，日本天皇 168
幽谷铃兰彩蛋 289
邮票 278，330
犹他州，美国 177
犹太教 222
犹太人，第二次世界大战 358
油灯 131
有坂步枪 305
幼发拉底河 18
鱼叉 13
娱乐 350-353
宇宙 58
羽冠 325
羽管键琴 203
羽毛
　　北美洲印第安人羽冠 325
　　秘鲁 189
羽蛇神 183
语言
　　埃特鲁里亚 74
　　朝鲜王朝 232
　　梵语 159
　　拉丁语 80，114
　　见文字
玉
　　玛雅 182
　　莫卧儿王朝 257
　　硬玉 55，109，240
　　中国 50，100，101，166，240，241
预期寿命，工业革命 272
御道，波斯帝国 72
元朝，中国 152，160，167
元老院，古罗马 80
原住民，澳大利亚 318，319
原子弹 378
圆颅党 210
圆筒军帽 284
圆筒印章 21，71
源赖朝 169
源氏家族，日本 169
《源氏物语》 169
约翰二十二，教宗 147
约鲁巴人 292，293
月球
　　登月 374，375
　　玛雅天文学 186
"月球车"1号探测器 374
越南 314
越南战争 379
熨衣板，维京人 125

Z
早期社会 10-55
　　爱琴海文明 44，45
　　安第斯山脉文明 54
　　奥尔梅克文明 55
　　腓尼基 46，47
　　古埃及 26-39
　　赫梯 43
　　家居生活 14
　　进化 12

青铜器时代 40-42
石器时代 12-15
　信仰与仪式 15
　艺术与文化 14
　印度河文明 16，17
　中国 48-53
皂石 24
皂石印章 232
造克夫人，玛雅王后 184
泽庵宗彭 244
旃陀罗笈多，孔雀王朝创建者 98
詹姆斯一世，英国国王 220
占卜，约鲁巴 293
占婆 173
战车
　阿姆河战车 72，73
　赫梯人 43
　凯尔特人 67
　青铜器时代 40
战斧 256，261，324
战国时期，中国 100，104
战役，见战争、各个战役
战争
　埃特鲁里亚 75
　盎格鲁-撒克逊人 115
　奥斯曼帝国 224，225
　澳大利亚和新西兰 319
　北美洲 269
　北美洲印第安人 324
　兵马俑 102，103
　波利尼西亚 317
　东南亚 314
　法国革命战争 283，284
　非洲 290，293
　攻城战 137
　古罗马 80，83
　古希腊 60
　凯尔特人 66，67
　美国内战 334
　美索不达米亚 21
　蒙古人 152
　拿破仑战争 283，284
　诺曼人 137
　青铜器时代 41
　神圣罗马帝国 150
　世界大战 354-359
　维京人 122
　锡克王国 295
　现代科技 378，379
　中部美洲 180
　中国 50，104，309
张文进 167
爪哇 314
爪哇战争 314
照明
　电灯泡 278
　西方家庭 365
遮阳伞 218
镇，见城镇
征服者威廉，英格兰国王 138
征夷大将军 169
蒸汽动力

工业革命 272，274，275
铁路 300，301，344
詹姆斯·瓦特的蒸汽机 276，277
蒸汽消防泵 272
蒸汽熨斗 366
郑州，中国 48
政治与权力
　爱琴海文明 45
　贝宁王国 263
　波斯帝国 71
　东欧 151
　法国 285
　古埃及 28，91
　古罗马 82
　古希腊 60
　凯尔特 70
　美国 331
　美索不达米亚 20
　诺曼人 140
　欧洲 218
　神圣罗马帝国 147
　伊斯兰宫廷与哈里发国 134
　英属印度 299
　中国 104，162，309
芝加哥 328，329
蜘蛛侠 350
直升机 343
直筒低腰连衣裙 371
埴轮 105
植物学湾 318
纸币，见货币
纸符 233
"至上崇拜" 282
制图学，见地图
制宪会议，美国 331，332，333
智利，独立 320
智能手机 380，381
智人 12
中部美洲 178-183
　奥尔梅克文明 55
　北美洲西南部文化 176，177
　《德累斯顿抄本》 186，187
　服装与饰品 109，180，181
　家居生活 181
　玛雅文明 184，185
　萨波特克文明和早期玛雅文明 106-109
　信仰与仪式 107-109
　战争与冲突 180
中国
　兵马俑 102，103
　朝鲜王朝 170，232
　地图 234
　第二次世界大战 359
　佛教 159
　服装与饰品 50，242，310
　汉朝 160
　家居生活 51，104，242，311
　科技与创新 104，162
　马俑 164，165
　贸易 236，242，310

明朝 160，162，166，236
　秦朝 100，102，103
　清朝 236-243
　清朝晚期 308-313
　商朝 48-53
　宋朝 160-162，166
　隋朝 160，164，309
　唐朝 160，162-166
　天文钟 312，313
　统一的王朝 100-104
　五代十国 160
　夏朝 48，51
　信仰与仪式 51，100，101，162-165，243，311
　艺术与文化 166，167，238，239
　玉山子 240，241
　元朝 152，160，167
　战争与冲突 50，104，309
　政治与权力 104，162，309
　周朝 48-53
中国帝王的龙椅 160-167
中美洲，革命 320，321
中南半岛 314
中石器时代 12，13
中亚
　俄国的征服 288
　蒙古人 152，153
钟
　日本 105
　中国 51，238，311
钟杯文化 14
种姓制度，马拉提王国 260
种植，见农业
重装步兵 60，75
周朝，中国 48-53
宙斯 62-64，91
朱庇特 82，143，208
朱罗 154
朱诺 82，208
朱特人 114
珠饰
　北美洲印第安人 324-326
　非洲 291
　直筒低腰连衣裙 371
竹，象征意义 241
烛台 222，238
主机游戏 369
助听器 281
砖，古罗马建筑 86
装饰艺术 364，365
子弹，燧发枪 283
子罕 48
紫禁城，中国北京 160
自动装置 299
自行车
　巴特2.5马力摩托车 345
　便捷安全自行车 280，281
　BSA折叠自行车 355
　Chopper自行车 368
字母表
　古罗马 80
　古希腊 58

字母表 208
宗教
　埃特鲁里亚 78
　爱琴海文明 45
　安第斯山脉文明 54，190
　盎格鲁-撒克逊人 116，117
　奥斯曼帝国 222
　澳大利亚和新西兰 319
　拜占廷帝国 131
　北美洲 269
　北美洲印第安人 326，327
　朝鲜王朝 171
　东南亚 314，315
　东欧 151
　非洲 292，293
　古埃及 34，35，94，95
　古罗马 83
　古希腊 64
　赫梯 43
　凯尔特人 68，69
　美索不达米亚 21
　纳斯卡文明和莫切文明 110，111
　诺曼人 140
　青铜器时代 42
　日本 105，252
　日耳曼王国 116
　太平洋岛屿 317
　维京人 120，123
　锡克王国 295
　印度 154，155
　印度河文明 17
　早期人类 15
　中部美洲 107-109，183
　中国 51，100，101，162-164，243，311
　见各个宗教
宗教改革 210，218
宗教仪式，见宗教
宗教战争 210
足球 355
祖鲁人 272，290，291，293
左塞，埃及法老 28

AK47突击步枪 379
CD光盘 351
Chopper自行车 368
DVD光盘 353
EKCO收音机 358
Ercol家具 365
Gew43步枪 357
iMac电脑 380
iPad平板电脑 380
iPod音乐播放器 351
Kindle电子阅读器 350
X射线成像 360

致谢

英文版

关于修订版，DK 印度要感谢：Rishi Bryan, Ishita Jha, and Sai Prasanna for editorial assistance; Mrinmoy Mazumdar, Shanker Prasad, Tarun Sharma, and Jagtar Singh for DTP assistance; and Suhita Dharamjit, Harish Aggarwal, and Priyanka Sharma for help with the jacket.

DK 要感谢以下人员在图书制作过程中给予的帮助：David Tann and David Hughes for editorial advice; Shaila Brown, Lizzie Munsey, Alyssa Hingre, Frankie Piscitelli, Miezan van Zyl, Anita Kakar, Dharini Ganesh, and Sonia Yooshing for editorial assistance; Steve Crozier, Philip Fitzgerald, Tom Morse, Jonny Burrows, Dave Ball, Ethan Carlin, Mahua Mandal Sharma, Devika Dwarkadas, Ankita Mukherjee, Namita, Surpriya Mahajan, Neha Sharma, Parul Gambhir, Konica Juneja, Vanya Mittal, and Tanvi Sahu for design assitance; and Sachin Singh, Nand Kishor Acharya, Vijay Kandwal, and Anita Yadav for DTP design assistance.

The quotation on p.18 has been reproduced from Black, J.A., Cunningham, G., Ebeling, J., Flückiger-Hawker, E., Robson, E., Taylor, J., and Zólyomi, G., The Electronic Text Corpus of Sumerian Literature (http://etcsl.orinst.ox.ac.uk/), Oxford 1998–2006. "A Praise poem of Šulgi (Šulgi B)" t.2.4.2.02, lines 258–261.

新照片

DK 要感谢以下人员允许我们拍摄其藏品并帮助摄影：For allowing us to photograph their collections and help with photography, Dorling Kindersley would like to thank: Neil Curtis, Louise Wilkie, Shona Elliott, Nicole Stahl, and Hannah Clarke at **University of Aberdeen Museums**; Craig Bowen and Philip Hadland at **Canterbury Museums and Galleries**; Jackie Westlake and Hilary Riva at **Faversham Town Council**; Lauren Ryall-Stockton, Brigid Bradley, and Alan Humphries at the **Thackray Medical Museum**, Leeds; Rachel Barclay, Ashleigh Sheppard, Helen Armstrong, Lauren Barnes, and Craig Barclay at **Durham University Oriental Museum**; Samantha Harris and Giles Guthrie at **Maidstone Museum and Bentlif Art Gallery**; Inbal Livne, Mike Cobb, and Christopher Date at the **Powell-Cotton Museum**, Quex Park, Kent; Andrew Parkin and Audrey Glasgow at the **Great North Museum: Hancock, Newcastle**; and Jim Mathieu, Bob Thurlow, Jennifer Houser Wegner, Katy Blanchard, Bill Wierzbowski, Steve Lang, Dwaune Latimer,
Adria Katz, and Lynn Makowsky at the **University of Pennsylvania Museum of Archaeology and Anthropology**.

（缩写说明：a–上方；b–下方/底部；c–中间；f–底图；l–左侧；r–右侧；t–顶部）

2 University of Pennsylvania Museum of Archaeology and Anthropology: (c). **4 University of Pennsylvania Museum of Archaeology and Anthropology**: (ftl). **4 Durham University Oriental Museum**: (fbl). **4 Maidstone Museum and Bentliff Art Gallery**: (fcla). **6 Durham University Oriental Museum**: (ca). **6 Canterbury City Council, Museums and Galleries**: (cla).
7 Powell Cotton Museum, Quex Park: (ca).
8 Pennsylvania Museum of Archaeology and Anthropology: (c). **12–55 University of Pennsylvania Museum of Archaeology and Anthropology**: (ftl, ftr). **12 The University of Aberdeen**: (ftr). **13 University of Pennsylvania Museum of Archaeology and Anthropology**: (cl). **13 Newcastle Great Northern Museum, Hancock**: (br). **14 The University of Aberdeen**: (clb). **15 Newcastle Great Northern Museum, Hancock**: (cl). **20 The University of Aberdeen**: (ca). **20 University of Pennsylvania Museum of Archaeology and Anthropology**: (tl). **20 Durham University Oriental Museum**: (fcla). **21 University of Pennsylvania Museum of Archaeology and Anthropology**: (cla, clb, fclb, bc, cr, cra, bl, cb, fbr). **23 University of Pennsylvania Museum of Archaeology and Anthropology**: (crb, fbl).
22–23 University of Pennsylvania Museum of Archaeology and Anthropology: (c, tr, fbl, fbr).
23 University of Pennsylvania Museum of Archaeology and Anthropology: (tl).
24 University of Pennsylvania Museum of Archaeology and Anthropology: (br, crb, ca, clb, fclb, fcla, cl, c). **25 University of Pennsylvania Museum of Archaeology and Anthropology**: (cla, bl, cb, c, ftl, cr). **28 University of Pennsylvania Museum of Archaeology and Anthropology**: (clb, bl, bc, fcla). **28 Durham University Oriental Museum**: (tl). **28 The University of Aberdeen:** (fcr). **29 Durham University Oriental Museum**: (cr, clb, fbl). **29 Newcastle Great Northern Museum, Hancock**: (tl). **29 Canterbury City Council, Museums and Galleries**: (fcrb). **29 The University of Aberdeen**: (cla). **30 The University of Aberdeen**: (bl, ftr, tl). **30 Canterbury City Council, Museums and Galleries**: (cr). **30 Durham University Oriental Museum**: (c, br). **30 Newcastle Great Northern Museum, Hancock**: (fcr, bc). **31 The University of Aberdeen**: (fcra, tr, tc, cra). **32 University of Pennsylvania Museum of Archaeology and Anthropology**: (c). **32 The University of Aberdeen**: (tl). **34 Newcastle Great Northern Museum, Hancock**: (fcra, c). **34 The University of Aberdeen**: (fclb, clb, cla, fcla).
35 Canterbury City Council, Museums and Galleries: (fcr, cla, c, cr). **35 University of Pennsylvania Museum of Archaeology and Anthropology**: (br, ftl). **35 Durham University Oriental Museum**: (c, cr). **36 University of Pennsylvania Museum of Archaeology and Anthropology**: (ca). **37 University of Pennsylvania Museum of Archaeology and Anthropology**: (ca, cla). **37 Durham University Oriental Museum**: (fcra, fcla). **37 The University of Aberdeen**: (cra). **38 University of Pennsylvania Museum of Archaeology and Anthropology**: (c).
41 University of Pennsylvania Museum of Archaeology and Anthropology: (crb). **41 The University of Aberdeen**: (fcl, cl). **41 Newcastle Great Northern Museum, Hancock**: (cla). **42 Newcastle Great Northern Museum, Hancock**: (ftr, fcra, cb). **42 Maidstone Museum and Bentliff Art Gallery**: (crb). **44 University of Pennsylvania Museum of Archaeology and Anthropology**: (ftr).
45 University of Pennsylvania Museum of Archaeology and Anthropology: (fcla, cla, fcrb, fbr, br). **47 Durham University Oriental Museum**: (fbr).
50 University of Pennsylvania Museum of Archaeology and Anthropology: (fcl). **50 Durham University Oriental Museum**: (fbl, fcr, c). **51 Durham University Oriental Museum**: (fcla, ca, c, tc, cra, fbl, bl, bc, fbr, br). **53 University of Pennsylvania Museum of Archaeology and Anthropology**: (fbr, br). **53 Durham University Oriental Museum**: (clb). **54 University of Pennsylvania Museum of Archaeology and Anthropology**: (crb). **55 The University of Aberdeen**: (cb). **55 University of Pennsylvania Museum of Archaeology and Anthropology**: (clb, fclb). **56 University of Pennsylvania Museum of Archaeology and Anthropology**: (c). **58–111 University of Pennsylvania Museum of Archaeology and Anthropology**: (ftl, ftr).
60 The University of Aberdeen: (fclb, bl, clb, fbl). **60 Newcastle Great Northern Museum, Hancock**: (ftr, cla). **61 Newcastle Great Northern Museum, Hancock**: (tr, ca, fbl). **61 The University of Aberdeen**: (fbr, bl, br, cr, clb). **64 Newcastle Great Northern Museum, Hancock**: (ca, fcla).
64 University of Pennsylvania Museum of Archaeology and Anthropology: (cla).
64 Canterbury City Council, Museums and Galleries: (clb). **65 Newcastle Great Northern Museum, Hancock**: (clb, fcr, cb, cla, ca, cra, cr, tc, bc).
65 University of Pennsylvania Museum of Archaeology and Anthropology: (fcra, br).
66 Canterbury City Council, Museums and Galleries: (ftr). **69 Maidstone Museum and Bentliff Art Gallery**: (cb). **70 Maidstone Museum and Bentliff Art Gallery**: (br). **70 The University of Aberdeen**: (bc, bl). **70 Maidstone Museum and Bentliff Art Gallery**: (br). **71 University of Pennsylvania Museum of Archaeology and Anthropology**: (cb). **74 Newcastle Great Northern Museum, Hancock**: (ftr). **75 University of Pennsylvania Museum of Archaeology and Anthropology**: (cra, c, fbr, fcra, fcl). **75 Newcastle Great Northern Museum, Hancock**: (bc, br).
76 University of Pennsylvania Museum of Archaeology and Anthropology: (fcla, ftl, tc).
77 University of Pennsylvania Museum of Archaeology and Anthropology: (fcr).
78 University of Pennsylvania Museum of Archaeology and Anthropology: (tc, fcla, ca). **78 Newcastle Great Northern Museum, Hancock**: (fcrb). **82 Canterbury City Council, Museums and Galleries**: (fcra, cr). **82 Maidstone Museum and Bentliff Art Gallery**: (ftr). **82 Thackray Medical Museum**: (crb, br). **82 Canterbury City Council, Museums and Galleries**: (cra). **83 Canterbury City Council, Museums and Galleries**: (fcla). **83 The University of Aberdeen**: (tl). **83 Canterbury City Council, Museums and Galleries**: (cl). **83 Newcastle Great Northern Museum, Hancock**: (cl, cra, crb). **83 University of Pennsylvania Museum of Archaeology and Anthropology**: (bl). **86 Canterbury City Council, Museums and Galleries**: (cra, cla, tc, tr, c, cb). **86 University of Pennsylvania Museum of Archaeology and Anthropology**: (fcla, fclb, cb, clb). **86 Newcastle Great Northern Museum, Hancock**: (ca). **87 University of Pennsylvania Museum of Archaeology and Anthropology**: (cra, fcrb, cb).
87 Canterbury City Council, Museums and Galleries: (fclb, crb). **87 Newcastle Great Northern Museum, Hancock**: (fcl, c). **87 Canterbury City Council, Museums and Galleries**: (tl, cla).
87 Newcastle Great Northern Museum, Hancock: (bc). **90 The University of Aberdeen**: (ftr). **91 University of Pennsylvania Museum of Archaeology and Anthropology**: (tc, fcr).
91 Durham University Oriental Museum: (tc, tr, ftr, bl, fbl, cl, c). **91 Newcastle Great Northern Museum, Hancock**: (fbr). **91 The University of Aberdeen**: (bc). **91 Maidstone Museum and Bentliff Art Gallery**: (ftl). **94 The University of Aberdeen**: (cb, fcl, fcrb). **94 University of Pennsylvania Museum of Archaeology and Anthropology**: (cla, ca, cra). **95 University of Pennsylvania Museum of Archaeology and Anthropology**: (c, ftr, fcr). **96 Durham University Oriental Museum**: (fclb). **96 The University of Aberdeen**: (cr, bc). **96 University of Pennsylvania Museum of Archaeology and Anthropology**: (fcla).
97 Newcastle Great Northern Museum, Hancock: (fcrb). **97 Durham University Oriental Museum**: (fcla, crb, cra, ca, fcra, cb). **97 University of Pennsylvania Museum of Archaeology and Anthropology**: (cla). **98 The University of Aberdeen**: (cl, bl). **100 Durham University Oriental Museum**: (cl, cr). **101 Durham University Oriental Museum**: (cr). **101 Durham University Oriental Museum**: (fcrb, fcl, fcla, cla, tl, cl). **101 The University of Aberdeen**: (cra). **104 University of Pennsylvania Museum of Archaeology and Anthropology**: (cra, fbr, fcl). **104 Durham University Oriental Museum**: (bl, br, fcr, cr, cla). **105 Maidstone Museum and Bentliff Art Gallery**: (cb). **105 University of Pennsylvania Museum of Archaeology and Anthropology**: (fcrb, fbr).
106 University of Pennsylvania Museum of Archaeology and Anthropology: (ftr).
107 The University of Aberdeen: (fcla, fcrb).
107 University of Pennsylvania Museum of Archaeology and Anthropology: (cla, cra, ftr, tr, cr, br). **108 University of Pennsylvania Museum of Archaeology and Anthropology**: (c, ftr, fcl, fcla).
109 The University of Aberdeen: (ca, fcra).
109 University of Pennsylvania Museum of Archaeology and Anthropology: (cb, fbl, ftl, fcl, fcrb, crb, fbr). **110 University of Pennsylvania Museum of Archaeology and Anthropology:** (fbl, cb). **111 University of Pennsylvania Museum of Archaeology and Anthropology:** (tr, tl, ftr, ftl, fclb, fcl, crb, fcla). **112 Canterbury City Council, Museums and Galleries:** (c). **114–193 Durham University Oriental Museum**: (ftl, ftr).
114 Canterbury City Council, Museums and Galleries: (ftr). **115 Newcastle Great Northern Museum, Hancock**: (fclb). **115 Canterbury City Council, Museums and Galleries**: (fcl). **116 Maidstone Museum and Bentliff Art Gallery**: (c).
116 Canterbury City Council, Museums and Galleries: (fcra). **116 Canterbury City Council, Museums and Galleries**: (fcr). **117 Newcastle Great Northern Museum, Hancock**: (bl, bc, br, fbr, cla, fcr).
118 Canterbury City Council, Museums and Galleries: (clb, cr, fcr, fbr). **118 Maidstone Museum and Bentliff Art Gallery**: (fcla, cra).
118 Canterbury City Council, Museums and Galleries: (ftr, br, fcrb). **119 Powell Cotton Museum, Quex Park**: (fcr). **119 Maidstone Museum and Bentliff Art Gallery**: (cl, clb, cr).
119 Canterbury City Council, Museums and Galleries: (tc, tr, cl, crb). **119 Newcastle Great Northern Museum, Hancock**: (fbl). **131 University of Pennsylvania Museum of Archaeology and Anthropology**: (fclb, clb, cl, c, fcla). **134 University of Pennsylvania Museum of Archaeology and Anthropology**: (fcrb, br). **140 Canterbury City Council, Museums and Galleries**: (cr, fcr, cra, fcra).
140 Faversham Town Council: (fcla). **140 The University of Aberdeen**: (ftr). **140 Newcastle Great Northern Museum, Hancock**: (clb).
142 Maidstone Museum and Bentliff Art Gallery: (bc, bl). **143 Newcastle Great Northern Museum, Hancock**: (tc). **143 Canterbury City Council, Museums and Galleries**: (cla, crb, fclb, bl, c, fcra, cra, ftr, bc). **143 The University of Aberdeen**: (cb). **144–45 Faversham Town Council**: (c).
144 Faversham Town Council: (fbl). **145 Faversham Town Council**: (br, clb). **147 The University of Aberdeen**: (fcla). **160 University of Pennsylvania Museum of Archaeology and

Anthropology: (ftr). **162 Durham University Oriental Museum**: (tl, cla, crb, fbr, fcra). **162 University of Pennsylvania Museum of Archaeology and Anthropology**: (cra, c). **162 The University of Aberdeen**: (fcr). **163 University of Pennsylvania Museum of Archaeology and Anthropology**: (cra, fcra, crb, fcrb, cl). **164 Durham University Oriental Museum**: (bc, fbl, cr, cra, bl). **165 Durham University Oriental Museum**: (fcrb, c). **166 Durham University Oriental Museum**: (fcla, tc, crb, fbr, cla, fcra). **166 University of Pennsylvania Museum of Archaeology and Anthropology**: (ca, clb). **171 Durham University Oriental Museum:** (fbl, crb, cb, fcl, tr, fbr, cla, fcrb, cl). **177 University of Pennsylvania Museum of Archaeology and Anthropology**: (fbr, fbl). **180 The University of Aberdeen:** fcr, fbl). **180 University of Pennsylvania Museum of Archaeology and Anthropology:** (fcrb, crb, cra, fbr). **181 The University of Aberdeen:** (tl). **181 University of Pennsylvania Museum of Archaeology and Anthropology:** (crb, ftr). **182 The University of Aberdeen**: (fcla, fcl). **182 University of Pennsylvania Museum of Archaeology and Anthropology**: (ca, c, cl). **182 The University of Aberdeen**: (tr, ftr). **182 University of Pennsylvania Museum of Archaeology and Anthropology**: (fcr, bl, crb, cb, tc). **183 University of Pennsylvania Museum of Archaeology and Anthropology**: (fbl, tr, cla, bc). **184 University of Pennsylvania Museum of Archaeology and Anthropology**: (tl). **190 University of Pennsylvania Museum of Archaeology and Anthropology**: (fcl, cl, fcla, fbl, crb, cb, fcrb). **191 University of Pennsylvania Museum of Archaeology and Anthropology**: (cb, fcr, br, c, ftr, tc). **196–269 Pennsylvania Museum of Archaeology and Anthropology**: (ftl, ftr). **198 The University of Aberdeen**: (cr). **208 Maidstone Museum and Bentliff Art Gallery**: (clb). **208 Powell Cotton Museum, Quex Park**: (cla). **208 Canterbury City Council, Museums and Galleries**: (tc). **209 Thackray Medical Museum**: (fcra, ca, fcr, c, cb, fbr). **212 The University of Aberdeen**: (cl). **212 Maidstone Museum and Bentliff Art Gallery**: (tr). **216 Maidstone Museum and Bentliff Art Gallery**: (cla, tl). **217 Canterbury City Council, Museums and Galleries**: (c). **217 Powell Cotton Museum, Quex Park**: (cb, clb). **217 Maidstone Museum and Bentliff Art Gallery**: (tc). **218 Canterbury City Council, Museums and Galleries**: (fcla, cla, cl, ftl). **218 Faversham Town Council**: (c). **218 Powell Cotton Museum, Quex Park**: (clb). **218 Maidstone Museum and Bentliff Art Gallery**: (fbl). **222 The University of Aberdeen**: (clb). **222 University of Pennsylvania Museum of Archaeology and Anthropology**: (fbl). **222 Durham University Oriental Museum**: (crb). **223 Durham University Oriental Museum**: (bc, tl). **223 University of Pennsylvania Museum of Archaeology and Anthropology**: (fclb). **225 Durham University Oriental Museum**: (c). **229 Durham University Oriental Museum**: (tl, fcr). **229 University of Pennsylvania Museum of Archaeology and Anthropology**: (cla). **230 University of Pennsylvania Museum of Archaeology and Anthropology**: (crb, cb, fclb). **231 University of Pennsylvania Museum of Archaeology and Anthropology**: (cl). **232 University of Pennsylvania Museum of Archaeology and Anthropology**: (fcra). **232 Durham University Oriental Museum**: (bl, fcrb, crb, cr, c). **233 University of Pennsylvania Museum of Archaeology and Anthropology**: (cla). **233 Durham University Oriental Museum**: (cra, ca, fbr). **233 University of Pennsylvania Museum of Archaeology and Anthropology**: (fcra, fcla, c). **238 Durham University Oriental Museum**:(cr, fcr, fbr, br, fcra). **238 Maidstone Museum and Bentliff Art Gallery**: (clb). **238 Powell Cotton Museum, Quex Park**: (tr). **240 Durham University Oriental Museum**: (tl, cl, cla). **241 Durham University Oriental Museum**: (c, bc, tr). **242 Durham University Oriental Museum**: (cb, fcrb). **242 University of Pennsylvania Museum of Archaeology and Anthropology**: (cr, fcr). **242 Powell Cotton Museum, Quex Park**: (bc). **243 Maidstone Museum and Bentliff Art Gallery**: (clb). **243 Durham University Oriental Museum**: (cr, fcla). **243 Powell Cotton Museum, Quex Park**: (ca). **245 Durham University Oriental Museum**: (c). **246 Durham University Oriental Museum**: (cla, fbr, ca, cl, c, fcla, clb, cb). **247 Maidstone Museum and Bentliff Art Gallery**: (cla). **247 Durham University Oriental Museum**: (cr, fbr, br). **247 Maidstone Museum and Bentliff Art Gallery**: (ca). **248 Maidstone Museum and Bentliff Art Gallery**: (ca, br, clb, bc, cb). **249 Maidstone Museum and Bentliff Art Gallery**: (fbl, fcbl). **250 Durham University Oriental Museum**: (tl, cra, clb). **250 Maidstone Museum and Bentliff Art Gallery**: (cla, cr, br, fcra, ftr, fcr, tr, fcrb). **251 Maidstone Museum and Bentliff Art Gallery**: (fclb, cra, fbr). **251 The University of Aberdeen**: (fcra). **251 Durham University Oriental Museum**: (crb, fcla). **251 Durham University Oriental Museum**: (fcla). **252 Durham University Oriental Museum**: (tr, tl, tc). **252 Maidstone Museum and Bentliff Art Gallery**: (crb, cl). **253 Durham University Oriental Museum**: (fclb). **256 Canterbury City Council, Museums and Galleries**: (cra). **257 Durham University Oriental Museum**: (ca). **258 Durham University Oriental Museum**: (fbl, fclb, clb). **259 Durham University Oriental Museum**: (ftr, fcr, fcrb). **263 University of Pennsylvania Museum of Archaeology and Anthropology**: (fcla, cl, bl, bc). **264 University of Pennsylvania Museum of Archaeology and Anthropology**: (c). **265 University of Pennsylvania Museum of Archaeology and Anthropology**: (cr, fcra). **265 Powell Cotton Museum, Quex Park**: (crb, fcrb) **266 Powell Cotton Museum, Quex Park**: (c). **267 Powell Cotton Museum, Quex Park**: (br). **269 University of Pennsylvania Museum of Archaeology and Anthropology**: (ftr). **272 Maidstone Museum and Bentliff Art Gallery**: (ftr). **274 Maidstone Museum and Bentliff Art Gallery**: (cb). **278 The University of Aberdeen**: (cra). **281 Thackray Medical Museum**: (ftr, cra, cb, c, fbr, cra). **281 Maidstone Museum and Bentliff Art Gallery**: (br). **282 Powell Cotton Museum, Quex Park**: (ftr). **285 The University of Aberdeen**: (fcr, cr). **291 The University of Aberdeen**: (cra, ca, fcra). **291 University of Pennsylvania Museum of Archaeology and Anthropology**: (cla). **293 University of Pennsylvania Museum of Archaeology and Anthropology**: (fclb). **296 Maidstone Museum and Bentliff Art Gallery**: (tl, tr, c). **297 Maidstone Museum and Bentliff Art Gallery**: (bc, cb, crb). **298 The University of Aberdeen**: (ftr, tr). **299 Durham University Oriental Museum**: (fcla, tl). **304 Durham University Oriental Museum**: (tc, fcla, cl). **304 Maidstone Museum and Bentliff Art Gallery**: (ftr, fcr). **305 Durham University Oriental Museum**: (clb, tl, cla, fclb). **305 Maidstone Museum and Bentliff Art Gallery**: (cb, fbr). **306 Durham University Oriental Museum**: (fcr, fbl, bl, bc). **307 Durham University Oriental Museum**: (cl, cr). **308 University of Pennsylvania Museum of Archaeology and Anthropology**: (ftr). **309 Durham University Oriental Museum**: (br). **310 University of Pennsylvania Museum of Archaeology and Anthropology**: (cl, cr). **310 Maidstone Museum and Bentliff Art Gallery**: (fcrb). **310 Canterbury City Council, Museums and Galleries**: (tc). **310 Durham University Oriental Museum**: (cb, ca, fcra). **311 Durham University Oriental Museum**: (fbr, cr, cla). **311 Powell Cotton Museum, Quex Park**: (tl, tc, ftr). **311 Durham University Oriental Museum**: (cb, crb, fcrb, clb, bc). **313 Durham University Oriental Museum**: (c). **314 The University of Aberdeen**: (fcrb). **316 The University of Aberdeen**: (ftr). **317 University of Pennsylvania Museum of Archaeology and Anthropology**: (ca). **317 The University of Aberdeen**: (clb, fcla, fclb, fcr). **317 Maidstone Museum and Bentliff Art Gallery**: (fcrb, br). **319 The University of Aberdeen**: (crb). **325 University of Pennsylvania Museum of Archaeology and Anthropology**: (fcra, c, fbr). **326 University of Pennsylvania Museum of Archaeology and Anthropology**: (tc, tl, ca). **327 University of Pennsylvania Museum of Archaeology and Anthropology**: (cl). **360 Thackray Medical Museum**: (bl). **361 Thackray Medical Museum**: (bl, fclb, fcla, tc, ca, ftr, cr). **362 Thackray Medical Museum**: (bc, fbl). **363 Thackray Medical Museum**: (cb, tl, fcra, tr).

DK 感谢以下机构和人员允许我们使用其图片：

（缩写说明：a–上方；b–下方/底部；c–中间；f–底图；l–左侧；r–右侧；t–顶部）

1 Dorling Kindersley: University of Pennsylvania Museum of Archaeology and Anthropology. **2–3 Dorling Kindersley:** Whipple Museum of History of Science, Cambridge. **4 Dorling Kindersley:** Birmingham Museum And Art Gallery (clb). **5 Dorling Kindersley:** Courtesy of Durham University Oriental Museum (cra); Courtesy of the Powell-Cotton Museum, Kent (crb). **Statens Historiska Museum:** (tr). **6 Dorling Kindersley:** Danish National Museum (tr). **7 Dorling Kindersley:** The Wallace Collection – DK Images (tl). **10–11 Corbis:** EPA. **12 Alamy Images:** Interfoto (b). **13 Dorling Kindersley:** The Natural History Museum, London (tr); Science Museum, London (bl). **14 Corbis:** Nathan Benn (c); Sakamoto Photo Research Laboratory (bl). **Dorling Kindersley:** Courtesy of the University Museum of Archaeology and Anthropology, Cambridge (tl); Courtesy of the Museum of London (cl, cla, cr); Amgueddfa Cymru – National Museum Wales (tr). **Getty Images:** De Agostini (t). **15 Alamy Images:** The Art Gallery Collection (bl); The Art Archive (tl). **Dorling Kindersley:** Courtesy of the University Museum of Archaeology and Anthropology, Cambridge (cr, fbr, fcl); The Natural History Museum, London (fbl). **Getty Images:** AFP (bc). **Statens Historiska Museum:** photo by Christer Åhlin (tr). **16 Alamy Images:** Globuss Images (b). **Dorling Kindersley:** Courtesy of the University Museum of Archaeology and Anthropology, Cambridge (tl). **17 Corbis:** (br); Alfredo Dagli Orti (bl). **Dorling Kindersley:** Courtesy of the Booth Museum of Natural History, Brighton (ca); National Museum, New Delhi (tl, tr); National Museum, New Delhi (cr). **18 Dorling Kindersley:** Courtesy of the University Museum of Archaeology and Anthropology, Cambridge. **19 Alamy Images:** Martin Bache. **20 Dorling Kindersley:** The Trustees of the British Museum (tr); The Trustees of the British Museum (br); The Trustees of the British Museum (c). **21 Alamy Images:** Peter Horree (fbr). **Dorling Kindersley:** The Trustees of the British Museum (cl); Imperial War Museum North (clb). **26 Dorling Kindersley:** Courtesy of Durham University Oriental Museum . **27 Corbis:** Charles & Josette Lenars. **29 Dorling Kindersley:** The Trustees of the British Museum (cla). **30 Dorling Kindersley:** Ashmolean Museum - DK Images (cla). **34 Dorling Kindersley:** Courtesy of Ure Museum of Greek Archaeology, University of Reading (crb). **35 Alamy Images:** MCLA Collection (tr). **36-37 Dorling Kindersley:** The Trustees of the British Museum. **40 Alamy Images:** Peter Adams Photography Ltd (b). **Corbis:** Arne Hodalic (t). **41 Dorling Kindersley:** Courtesy of the University Museum of Archaeology and Anthropology, Cambridge (bl, tr); © The Board of Trustees of the Armouries (ftr); Courtesy of the Museum of London (ca, c). **42 Corbis:** EPA (bl). **Dorling Kindersley:** Courtesy of the University Museum of Archaeology and Anthropology, Cambridge (tc, tl, fbr); Courtesy of Ure Museum of Greek Archaeology, University of Reading (tr). **The Art Archive:** Prehistoric Museum Moesgard Højbjerg Denmark / Gianni Dagli Orti (cla). **43 Alamy Images:** Odyssey-Images (tr); Zev Radovan (bc). **Getty Images:** De Agostini (bl, cb). **Glowimages:** Werner Forman (br). **44 Alamy Images:** The Art Archive (b). **45 Corbis:** Michele Falzone (tr); Roger Wood (bl). **46-47 The Trustees of the British Museum. 48 Corbis:** Royal Ontario Museum. **49 Getty Images:** China Tourism Press. **50 Alamy Images:** The Art Archive (cla). **Corbis:** Asian Art & Archaeology Inc. (bc). **Dorling Kindersley:** Courtesy of the University Museum of Archaeology and Anthropology, Cambridge (cra, ca). **Encyclopedia of China Publishing House:** (cb). **51 Dorling Kindersley:** Courtesy of the University Museum of Archaeology and Anthropology, Cambridge (cb). **52 The Bridgeman Art Library:** Arthur M. Sackler Museum, Harvard University Art Museums,USA / Bequest of Grenville L. Winthrop. **54 Alamy Images:** The Art Gallery Collection (tr); The Art Archive (bl). **Corbis:** Werner Forman (bc). **55 Alamy Images:** Kenneth Garrett / Danita Delimont (tr). **Glowimages:** SuperStock (fbr). **58 Dorling Kindersley:** Board of Trustees of the Royal Armouries (t). **59 Alamy Images:** Ball Miwako. **60 Dorling Kindersley:** The Trustees of the British Museum (br); © The Board of Trustees of the Armouries (tl). **61 Dorling Kindersley:** Courtesy of the Trustees of Sir John Soane's Museum (tl). **62-63 Courtesy of the Trustees of Sir John Soane's Museum. 63 Courtesy of the Trustees of Sir John Soane's Museum:** (t). **64 Getty Images:** De Agostini (r). **66 Corbis:** National Geographic Society (b). **67 The Trustees of the British Museum:** (t). **Dorling Kindersley:** Courtesy of the Museum of London (bc, crb, cr, br, cra); Courtesy of the University Museum of Archaeology and Anthropology, Cambridge (fbl, bl). **Getty Images:** De Agostini (cl). **68 Corbis:** Werner Forman (t). **Getty Images:** Print Collector (b). **69 Amgueddfa Cymru – National Museum Wales:** (bl). **The Bridgeman Art Library:** Ashmolean Museum (cl). **Corbis:** Heritage Images (cla). **Dorling Kindersley:** The Trustees of the British Museum (r). **Getty Images:** De Agostini (ca). **70 Alamy Images:** Heritage Image Partnership Ltd (ca). **The Trustees of the British Museum:** (tl). **Dorling Kindersley:** Courtesy of the University Museum of Archaeology and Anthropology, Cambridge (tr); The Trustees of the British Museum (cb). **Getty Images:** De Agostini (cl). **71 The Trustees of the British Museum:** (bc). **Dorling Kindersley:** Alan Hills and Barbara Winter / The Trustees of the British Museum (clb). **Getty Images:** (br); De Agostini (tr). **72 Getty Images:** De Agostini (bl). **72-73 The Trustees of the British Museum. 74 Getty Images:** Bridgeman Art Library (b). **75 Dorling Kindersley:** Courtesy of Ure Museum of Greek Archaeology, University of Reading (ca); Ashmolean Museum - DK Images (cl). **76 Getty Images:** De Agostini (br). **80 Dorling Kindersley:** The Trustees of the British Museum. **81 Alamy Images:** Ken Kaminesky. **82 Corbis:** Araldo de Luca (bl); Sylvain Sonnet (c). **83 The Trustees of the British Museum:** (cl). **Dorling Kindersley:** The Trustees of the British Museum (tr). **84-85 Dorling Kindersley:** National Museums of Scotland. **86 Dorling Kindersley:** The Trustees of the British Museum (crb). **88 Alamy Images:** Frank Bach. **89 Alamy Images:** A.A.M. Van der Heyden (bl).

Getty Images: Independent Picture Service (cl). **The Art Archive:** National Museum Bucharest / Dagli Orti (cb). **90 Getty Images:** Universal Images Group (b). **91 Alamy Images:** Collection Dagli Orti (tl). **92-93 The Trustees of the British Museum. 98 Dorling Kindersley:** The Trustees of the British Museum (bc); National Museum, New Delhi (c). **99 The Trustees of the British Museum:** (t). **Dorling Kindersley:** The Trustees of the British Museum (b). **100 Corbis:** Viewstock / Yi Lu (t). **100-101 Corbis:** (b). **102-103 The Trustees of the British Museum:** With kind permission of the Shaanxi Cultural Heritage Promotion Centre, photo by John Williams and Saul Peckham. **102 Corbis:** Design Pics (tc); Robert Harding World Imagery (tl); Mike McQueen (ca). **103 The Trustees of the British Museum:** With kind permission of the Shaanxi Cultural Heritage Promotion Centre, photo by John Williams and Saul Peckham. **104 Dorling Kindersley:** The Trustees of the British Museum (tl). **Encyclopedia of China Publishing House:** (tr). **105 Alamy Images:** Interfoto (bl). **Glowimages:** Tohan Aerial Photographic Service / AFLO (tr). **107 Dorling Kindersley:** Birmingham Museum And Art Gallery (bl). **110 Alamy Images:** Nathan Benn (cr); The Art Archive (br). **Corbis:** Keren Su (tr). **114 Getty Images:** British Library / Robana (b). **115 Dorling Kindersley:** The Trustees of the British Museum (tr); Courtesy of the Museum of London (br); © The Board of Trustees of the Armouries (crb). **116 The Bridgeman Art Library:** Kremsmunster Abbey, Upper Austria (l). **Dorling Kindersley:** Ashmolean Museum, Oxford (tc). **Getty Images:** De Agostini (bc). **RMN:** Grand Palais (Musée du Louvre) / Martine Beck-Coppola (br). **118 Getty Images:** De Agostini (tc). **120 Statens Historiska Museum. 121 Photo SCALA, Florence:** Pierpont Morgan Library / Art Resource. **122 Dorling Kindersley:** Peter Anderson / Danish National Museum (cl); Universitets Oldsaksamling, Oslo (br); © The Board of Trustees of the Armouries (tl, cla, clb); Vikings of Middle England (tc); Danish National Museum (tr, cra). **123 Dorling Kindersley:** Danish National Museum (tl, clb); Statens Historiska Museum, Stockholm (cla, br, cl, bl); Universitets Oldsaksamling, Oslo (t). **124 Dorling Kindersley:** The Trustees of the British Museum (tr); Statens Historiska Museum, Stockholm (cra, br); York Museums Trust (Yorkshire Museum). Reproduced by courtesy of the Yorkshire Museum (ca). **Statens Historiska Museum, Stockholm:** Gabriel Hildebrand (bl). **125 Dorling Kindersley:** Peter Anderson / Danish National Museum (bl, br); Statens Historiska Museum, Stockholm (tc, fbl); Universitets Oldsaksamling, Oslo (cra); Statens Historiska Museum, Stockholm (cla); Danish National Museum (fbr, cl). **Statens Historiska Museum, Stockholm:** Gabriel Hildebrand (cb). **126-127 The Trustees of the British Museum. 127 Getty Images:** British Library / Robana (b). **128 Dorling Kindersley:** The Trustees of the British Museum (tc); Danish National Museum (b, cl). **Statens Historiska Museum, Stockholm:** Ulf Bruxe (tr, cra). **129 Dorling Kindersley:** Danish National Museum (clb); Statens Historiska Museum, Stockholm (cra, crb). **Statens Historiska Museum, Stockholm:** Christer Åhlin (cla, c, cr); Gabriel Hildebrand (tl). **130 Getty Images:** Universal Images Group (b). **Glowimages:** Heritage Images (t). **131 Dorling Kindersley:** The Trustees of the British Museum (tr); Statens Historiska Museum, Stockholm (bl). **Getty Images:** Universal Images Group (cr). **Werner Forman Archive:** British Museum, London (br). **132-133 The Trustees of the British Museum. 134 Glowimages:** Werner Forman (bl, cb, bc); ImageBroker (t). **135 Glowimages:** Werner Forman (cb, cr, bl). **Photo SCALA, Florence:** The Metropolitan Museum of Art / Art Resource (br). **136 Getty Images:** (b). **Photo SCALA, Florence:** The Metropolitan Museum of Art / Art Resource (t).

137 Deutsches Historisches Museum, Berlin: A. Psille (fcr). **Dorling Kindersley:** © The Board of Trustees of the Armouries (c, fcl, cl, tc, ca, br). **Getty Images:** British Library / Robana (tr). **138 Getty Images:** De Agostini (cl); Bridgeman Art Library (t). **Robert Harding Picture Library:** Walter Rawlings (c). **138-139 Getty Images:** Bridgeman Art Library. **140 Dorling Kindersley:** Courtesy of the Museum of the Order of St John, London (cb, bc, bl); Courtesy of the Museum of London (br). **141 The Mappa Mundi Trust and Dean and Chapter of Hereford Cathedral. 142 Alamy Images:** The Art Archive (t). **146 Alamy Images:** The Art Gallery Collection (t). **The Bridgeman Art Library:** Musée Condé, Chantilly / Giraudon (b). **147 Alamy Images:** Interfoto (cl). **Corbis:** Austrian Archives (br). **Getty Images:** Bridgeman Art Library (bl). **Wikipedia:** (t). **148-149 Statens Historiska Museum:** (all). **150 Dorling Kindersley:** The Trustees of the British Museum (bc); The Wallace Collection - DK Images (tr, c, cr, bl); The Wallace Collection - DK Images / By kind permission of the Trustees of the Wallace Collection (cl). **Getty Images:** De Agostini (tc). **151 Alamy Images:** The Art Archive (c). **Corbis:** (cr). **Dreamstime.com:** Seregal (tr). **Getty Images:** De Agostini (b). **Glowimages:** SuperStock (br). **152 Dorling Kindersley:** Courtesy of the Churchill College Archives, Cambridge University (cb); © The Board of Trustees of the Armouries (bl, br). **Smithsonian Institution, Washington, DC:** Arthur M. Sackler Gallery. Purchase, Smithsonian Unrestricted Trust Funds, Smithsonian Collections Acquisition Program and Dr. Arthur M. Sackler (tr). **153 Photo SCALA, Florence:** The Metropolitan Museum of Art / Art Resource (b, tc, tr). **154 Dorling Kindersley:** National Museum, New Delhi (tr). **Thinkstock:** Skouatroulio (b). **155 Corbis:** Angelo Hornak (bl). **Dorling Kindersley:** Ancient Coins Canada (tr, tc). **Glowimages:** SuperStock (c). **Photo SCALA, Florence:** The Metropolitan Museum of Art / Art Resource (cr, br). **SuperStock:** Tomas Abad (bc). **156-157 Dorling Kindersley:** The Trustees of the British Museum. **156 Dorling Kindersley:** The Trustees of the British Museum (t). **158-159 Corbis:** Brooklyn Museum of Art. **159 Alamy Images:** Photosindia.com (b). **161 Photo SCALA, Florence:** The Metropolitan Museum of Art / Art Resource. **162 The Bridgeman Art Library:** Crown, Northern Song dynasty or Liao dynasty, 10th-11th century (bronze with gilding & repoussé decor), Chinese School / Saint Louis Art Museum, Missouri, USA / Funds given by Edith Spink in memory of her husband, C. C. Johnson Spink (tl). **The Trustees of the British Museum:** (bl). **166 Dorling Kindersley:** Ashley Leiman (bc). **Encyclopedia of China Publishing House:** (tr). **167 The Trustees of the British Museum. 168 Photo SCALA, Florence:** The Metropolitan Museum of Art / Art Resource (t). **168-169 Photo SCALA, Florence:** The Metropolitan Museum of Art / Art Resource. **169 Corbis:** Radius Images (tl). **170 Getty Images:** De Agostini (t). **Photo SCALA, Florence:** The Metropolitan Museum of Art / Art Resource (b). **171 Getty Images:** De Agostini (cra). **172-173 Alamy Images:** Gary Dublanko (b). **173 Alamy Images:** Paul Carstairs (c). **Corbis:** Hemis / Jacques Sierpinski (tl). **Getty Images:** Steve Allen (cla); Luis Castaneda Inc (cr). **174-175 Photo SCALA, Florence:** The Metropolitan Museum of Art / Art Resource. **176 Dorling Kindersley:** American Museum of Natural History Library (t). **Getty Images:** National Geographic (b). **177 Dorling Kindersley:** National Museum of the American Indian / Smithsonian Institution, Washington, DC (cra). **Smithsonian Institution, Washington, DC:** National Museum of the American Indian (tl, tc, cla, cl, clb, ca, tr, cb, bc). **178 Dorling Kindersley:** Courtesy of the University Museum of Archaeology and Anthropology, Cambridge. **179 Corbis:** Hans Georg Roth. **180 Dorling Kindersley:** CONACULTA-INAH-MEX. Authorized reproduction by the Instituto Nacional de Antropología e Historia (tc, cl, bc). **181 Dorling Kindersley:** Birmingham Museum And Art Gallery (c); CONACULTA-INAH-MEX. Authorized reproduction by the Instituto Nacional de Antropología e Historia (cr). **182 Glowimages:** Werner Forman Archive / Dallas Museum of Art (crb). **183 Dorling Kindersley:** CONACULTA-INAH-MEX. Authorized reproduction by the Instituto Nacional de Antropología e Historia (br). **Glowimages:** Werner Forman Archive (cla); Werner Forman Archive (cl). **184-185 The Trustees of the British Museum. 186-187 Sächsische Landesbibliothek - Staats- und Universitätsbibliothek Dresden (SLUB). Dresdner Digitalisierungszentrum (DDZ):** http://digital.slub-dresden.de/id280742827 (all). **188 Alamy Images:** The Art Archive (tr). **Getty Images:** Ennio Vanzan (b). **189 Alamy Images:** Peter Horree (bc); The Art Archive (br). **Dorling Kindersley:** University Museum of Archaeology and Anthropology, Cambridge (tr); Pitt Rivers Museum, University of Oxford (tl). **Getty Images:** De Agostini (bl); DEA / M. Carrieri (tc). **Glowimages:** Werner Forman Archive (cl, c). **190 Dorling Kindersley:** Bolton Metro Museum (tr, ftr). **191 Getty Images:** De Agostini (l). **192-193 Corbis:** Hemis / Richard Soberka. **193 Corbis:** Martin Finkbeiner (bl, br). **196 Dorling Kindersley:** National Maritime Museum, London (tr). **197 Glowimages:** ImageBroker. **198 Dorling Kindersley:** The Trustees of the British Museum (cla); National Maritime Museum, London (br); Whipple Museum of History of Science, Cambridge (bl). **199 Getty Images:** Universal Images Group. **200-201 Dorling Kindersley:** Whipple Museum of History of Science, Cambridge (all). **202 Photo SCALA, Florence:** White Images (cla). **204 Dorling Kindersley:** The National Music Museum (tr, fcl, cl, c, cr, fcr); The National Music Museum (clb, b). **205 Alamy Images:** Bildarchiv Monheim GmbH / Paul M. R. Maeyaert (cl). **Corbis:** Derek Bayes (bl); Nathan Benn (br). **Getty Images:** Stuart Gregory (cr). **Glowimages:** SuperStock (c). **206-207 Corbis:** Laurie Chamberlain. **206 Corbis:** Araldo de Luca (cr); Arte & Immagini slr (b). **207 The Bridgeman Art Library:** St Peter's Vatican, Rome, Italy (tr). **210 Dorling Kindersley:** National Maritime Museum, London. **211 akg-images:** André Held. **212 Dorling Kindersley:** Courtesy of the English Civil War Society (tc); © The Board of Trustees of the Armouries (ca, cl, clb, cb, bl). **212-213 Dorling Kindersley:** © The Board of Trustees of the Armouries (c). **213 Dorling Kindersley:** © The Board of Trustees of the Armouries (tc, cr, tr, b, cb, cra, tl). **214-215 Photo SCALA, Florence:** The Metropolitan Museum of Art / Art Resource. **215 Corbis:** Leonard de Selva (br). **Photo SCALA, Florence:** The Metropolitan Museum of Art / Art Resource (bl). **216 Dorling Kindersley:** © The Board of Trustees of the Armouries (tl); The Wallace Collection - DK Images (tr, b). **217 Dorling Kindersley:** Courtesy of the Museum of the Order of St John, London (tl, cl); The Wallace Collection - DK Images (r, bl). **218 Dorling Kindersley:** Courtesy of The Shoe Museum (cr). **219 Dorling Kindersley:** Courtesy of the Museum of London (all). **220 Dorling Kindersley:** Science Museum, London (clb); Science Museum, London (bl); Calcografia Nacional, Madrid (bc); Science Museum, London (br). **Getty Images:** British Library / Robana (c); Hulton Archive (tc); Time & Life Pictures (cla). **221 Dorling Kindersley:** Science Museum, London (cla); Whipple Museum of History of Science, Cambridge (tc, r); Science Museum, London (cl); Science Museum, London - DK Images (c); The Natural History Museum, London (bl). **222 Getty Images:** De Agostini / G. Dagli Orti (tr, bc). **SuperStock:** Christie's Images Ltd. (br). **223 Alamy Images:** Gianni Dagli Orti / The Art Archive (cra). **The Bridgeman Art Library:** Christie's Images (br). **Getty Images:** De Agostini / G. Dagli Orti (cl, cla, ca). **Nour Foundation / Nasser D. Khalili Collection of Islamic Art / Courtesy of the Khalili Family Trust:** (cb). **224 Dorling Kindersley:** © The Board of Trustees of the Armouries (t, cla, cl, ca, scabbard, c, clb, crb). **224-225 Dorling Kindersley:** © The Board of Trustees of the Armouries (cb, b). **225 Dorling Kindersley:** © The Board of Trustees of the Armouries (tl, tc, tr, cl, cr, fcr). **226-227 Alamy Images:** Images and Stories (all). **228 Alamy Images:** B. O'Kane (b). **Photo SCALA, Florence:** The Metropolitan Museum of Art / Art Resource (tr). **229 Alamy Images:** The Art Archive (bl). **Dorling Kindersley:** The Trustees of the British Museum (tr); Courtesy of Durham University Oriental Museum (br, c). **233 The Bridgeman Art Library:** Christie's Images (cr). **234-235 Wikipedia. 236 Alamy Images:** Interfoto (tr). **237 Getty Images:** Peter Gridley. **238 Dorling Kindersley:** Courtesy of Durham University Oriental Museum (cl, tr); The Wallace Collection - DK Images (ca). **242 Dorling Kindersley:** The Trustees of the British Museum (cla); Courtesy of Durham University Oriental Museum (clb, bl, bc). **Encyclopedia of China Publishing House:** (tc). **243 Dorling Kindersley:** Courtesy of Durham University Oriental Museum (tc, cb, bc). **244 Dorling Kindersley:** Courtesy of Durham University Oriental Museum (t). **246 Dorling Kindersley:** © The Board of Trustees of the Armouries (clb, bc). **247 Dorling Kindersley:** © The Board of Trustees of the Armouries (cb). **251 Dorling Kindersley:** Courtesy of Durham University Oriental Museum (c). **252 Dorling Kindersley:** Courtesy of Durham University Oriental Museum (cr, br, bl, bc). **253 Dorling Kindersley:** Courtesy of Durham University Oriental Museum (r). **255 Getty Images:** Grant Faint. **256 Dorling Kindersley:** Courtesy of Durham University Oriental Museum (bc, br); © The Board of Trustees of the Armouries (cl, tr, cra, ftr); The Wallace Collection - DK Images (clb). **257 Dorling Kindersley:** Courtesy of the City Palace Museum, Jaipur (bl); © The Board of Trustees of the Armouries (cla, cl); Courtesy of Durham University Oriental Museum (cb). **Getty Images:** AFP (tr). **Photo SCALA, Florence:** The Metropolitan Museum of Art / Art Resource (br). **Smithsonian Institution, Washington, DC:** Freer Gallery of Art / Gift of Dr. Stephen R. Turner F1984.3a-b (tl). **260 Alamy Images:** Dinodia Photos (tr). **Getty Images:** De Agostini (bl, bc). **Glowimages:** Werner Forman (br). **Nour Foundation / Nasser D. Khalili Collection of Islamic Art / Courtesy of the Khalili Family Trust:** Acc. No joy2151.3 (cr). **261 Dorling Kindersley:** Pitt Rivers Museum, University of Oxford (r); © The Board of Trustees of the Armouries (tl, cla, bc, bl, cl); The Wallace Collection - DK Images (c). **262 Corbis:** Stapleton Collection (b). **263 Alamy Images:** Image Asset Management Ltd (c). **Corbis:** Werner Forman (tc). **265 Corbis:** Heritage Images (c). **Glowimages:** Werner Forman (l, t). **268 Dorling Kindersley:** Wilberforce House, Hull City Museums (t). **Glowimages:** SuperStock (b). **269 The Bridgeman Art Library:** Private Collection / Christie's Images (r). **Dorling Kindersley:** Pitt Rivers Museum, University of Oxford (t). **Beto Durán:** (br). **Jamestown-Yorktown Foundation, Williamsburg, Virginia:** (ca). **Photo SCALA, Florence:** The Metropolitan Museum of Art / Art Resource (cla, bc). **The Art Archive:** The British Library, London (c). **The Library of Congress, Washington DC:** Image No 004r (bl). **272-383 Dorling Kindersley:** Southbank Enterprises (sidebar). **273 Getty Images:** Heritage Images. **274 Dorling Kindersley:** Museum of English Rural Life, The University of Reading (tl); The Science Museum, London (cl, tc). **Abudulla Saheem:** (cr). **Science & Society Picture Library:** Science Museum (bl, tr). **274-275 Dorling Kindersley:**

Courtesy of the Royal Artillery Historical Trust (b). **275 Dorling Kindersley:** National Motor Museum, Beaulieu (tl); Courtesy of The National Railway Museum, York / Science Museum, London (tr). **276 Science & Society Picture Library:** Science Museum (bl). **276-277 Dorling Kindersley:** The Science Museum, London. **278 Corbis:** Bettmann (bl). **Dorling Kindersley:** The Science Museum, London (tr, cla, clb, cb, bc, br); Whipple Museum of History of Science, Cambridge (tc). **Science & Society Picture Library:** National Media Museum (crb). **279 Dorling Kindersley:** The Science Museum, London (t, b). **280 Dorling Kindersley:** Blandford Fashion Museum (cra); Washington Dolls' House and Toy Museum (bl); The Science Museum, London (tr); National Cycle Collection (crb). **Science & Society Picture Library:** Science Museum (tc). **281 Dorling Kindersley:** HPS Museum of Leeds University (ca, tc); The Science Museum, London (crb). **Getty Images:** Hulton Archive (ftl). **Science & Society Picture Library:** Science Museum (bc). **282 The Bridgeman Art Library:** Château de Versailles, France / Giraudon (b). **283 Dorling Kindersley:** Fort Nelson (bl); © The Board of Trustees of the Armouries (t, cla, cra/bullets, c, clb, cra, crb); Queen's Printer (br). **284 Dorling Kindersley:** David Edge (cl, r). **285 Alamy Images:** Interfoto (cb). **The Bridgeman Art Library:** Christie's Images (br, bc); Musee de la Ville de Paris, Musee Carnavalet, Paris, France (bl). **Dorling Kindersley:** Courtesy of The University of Aberdeen (fcr, cr); (ca); Collections du Musee Nationale de la Legion d'Honneur (tc). **Wikipedia:** (tr). **286-287 Kunsthistorisches Museum, Vienna**. **287 Corbis:** Austrian Archives (tr). **Getty Images:** De Agostini (br). **Kunsthistorisches Museum, Vienna:** (cr). **288 Getty Images:** David Lefranc (tr). **Glowimages:** SuperStock (cr, br). **289 Corbis:** JAI / Nadia Isakova (tl). **Getty Images:** Stan Honda / AFP (r). **290 Dorling Kindersley:** By kind permission of the Trustees of the Wallace Collection (tr). **Glowimages:** (b). **291 Dorling Kindersley:** The Trustees of the British Museum (cr); Exeter City Museums and Art Gallery (cla); The Wallace Collection - DK Images (bl, crb, crb/Curved dagger, br). **292 Dorling Kindersley:** Exeter City Museums and Art Gallery (cl, bc); Royal Pavilion Museum and Art Galleries, Brighton (r). **293 Dorling Kindersley:** Exeter City Museums and Art Gallery (fcl); Courtesy of the Powell-Cotton Museum, Kent (tl, tr); © The Board of Trustees of the Armouries (cla, bc); The Combined Military Services Museum (CMSM) (cb). **294 Alamy Images:** James May (b). **V&A Images / Victoria and Albert Museum, London:** (tr). **295 Alamy Images:** MCLA Collection (cra). **Bigmetalfish:** Sunita Gahir (cl). **The Bridgeman Art Library:** Royal Armouries, Leeds, UK (cr). **Dorling Kindersley:** Board of Trustees of the Royal Armouries (cb, br); Central London Ghurdwara (tc, cla); © The Board of Trustees of the Armouries (clb). **298 The Bridgeman Art Library:** Private Collection (b). **299 Alamy Images:** Dinodia Photos (tr). **A.H. Baldwin & Sons Ltd, London www.baldwin.co.uk:** (cra). **The Bridgeman Art Library:** Christie's Images (cl, clb). **Dorling Kindersley:** The National Music Museum, Inc (b). **Getty Images:** Bridgeman Art Library (cr); Werner Forman (crb). **303 Corbis:** Asian Art & Archaeology Inc.. **305 Dorling Kindersley:** Royal Armouries - DK Images (ca); © The Board of Trustees of the Armouries (cl). **(c) Tomo Yun - www.yunphoto.net:** (tr). **308 Corbis:** Atlantide Phototravel (b). **309 The Bridgeman Art Library:** Christie's Images (tr, t). **Dorling Kindersley:** Courtesy of Durham University Oriental Museum (bl); © The Board of Trustees of the Armouries (cla, cl). **James D. Julia Auctioneers, Fairfield, Maine www.jamesdjulia.com:** (tc). **310 Dorling Kindersley:** Courtesy of Durham University Oriental Museum (bc). **311 Dorling Kindersley:** Courtesy of Durham University Oriental Museum (tc). **312 The Library of Congress, Washington DC:** (tl). **314 Alamy Images:** Interfoto (bl). **Dorling Kindersley:** Pitt Rivers Museum, University of Oxford (cb). **Glowimages:** Werner Forman Archive (bc). **Wikipedia:** Bonhams London, 6 Dec 2012, lot 26 http://commons.wikimedia.org/wiki/File:Raden_Saleh,_circle_of_-_A_landscape_in_the_Dutch_East_Indies.jpg (tr). **315 Dorling Kindersley:** Southbank Enterprises (all). **316 Getty Images:** De Agostini (b). **317 Dorling Kindersley:** The Trustees of the British Museum (br); © The Board of Trustees of the Armouries (cla); Pitt Rivers Museum, University of Oxford (tr). **318 Wikipedia:** (tr). **319 Dorling Kindersley:** Pitt Rivers Museum, University of Oxford (cl, tr, tc, ca, cra, cb, b); © The Board of Trustees of the Armouries (ftr). **320 David Rumsey Map Collection www.davidrumsey.com:** (tr, cr, br). **320-321 David Rumsey Map Collection www.davidrumsey.com**. **322 Smithsonian Institution, Washington, DC:** National Museum of the American Indian. **323 Getty Images:** De Agostini. **324 Dorling Kindersley:** American Museum of Natural History Library (tr, clb, bl, cb, cr); museum of mankind / The Trustees of the British Museum (tc). **Smithsonian Institution, Washington, DC:** National Museum of the American Indian (cla, cl). **326 Dorling Kindersley:** American Museum of Natural History Library (tr, cl, cr, cb, crb, bl). **326-327 Dorling Kindersley:** American Museum of Natural History Library (bc). **327 Dorling Kindersley:** American Museum of Natural History Library (tc, cla, ca, cra, c, br). **328 Boston Tea Pary Ships & Museum, Historic Tours of America, Inc**. **329 The Library of Congress, Washington DC:** LC-DIG-ppmsca-08968. **330 Smithsonian Institution, Washington, DC:** National Museum of American History, Kenneth E. Behring Center (tr); National Postal Museum (cr). **Wikipedia:** http://en.wikipedia.org/wiki/File:Stamp_US_1898_5c_Trans-Miss.jpg (tc). **330-331 Smithsonian Institution, Washington, DC:** National Museum of American History, Kenneth E. Behring Center (b). **331 Dorling Kindersley:** Confederate Memorial Hall, New Orleans, LA (cl). **Smithsonian Institution, Washington, DC:** National Museum of American History, Kenneth E. Behring Center (fcla, cla, clb, tl, tr); National Portrait Gallery (cr). **The Library of Congress, Washington DC:** G3861.E9 1860 .H4 (c). **The US National Archives and Records Administration:** (cra). **332-333 The US National Archives and Records Administration**. **333 Corbis:** GraphicaArtis (br). **334 Dorling Kindersley:** Gettysburg National Military Park (clb, cb, b); Southern Skirmish Association (cla, crb); © The Board of Trustees of the Armouries (c, ftr, cra). **334-335 Dorling Kindersley:** © The Board of Trustees of the Armouries (ca). **335 The Bridgeman Art Library:** Confederate Memorial Hall, New Orleans, Louisiana, USA / Photo © Civil War Archive (c); Gettysburg National Military Park Museum, Pennsylvania, USA / Photo © Civil War Archive (cl); Museum of the Confederacy, Richmond, Virginia, USA / Photo © Civil War Archive (cr). **Dorling Kindersley:** Confederate Memorial Hall, New Orleans, LA (tr); Gettysburg National Military Park (cra). **Smithsonian Institution, Washington, DC:** National Museum of American History, Kenneth E. Behring Center (br). **336 Corbis:** Smithsonian Institution. **337 Dorling Kindersley:** Confederate Memorial Hall, New Orleans, LA (br). **Smithsonian Institution, Washington, DC:** National Museum of American History, Kenneth E. Behring Center (bc, fbr). **340 The Bridgeman Art Library:** Da To Images (tr). **Dorling Kindersley:** The Shuttleworth Collection, Bedfordshire (c, bl). **340-341 Dorling Kindersley:** The Shuttleworth Collection (b). **341 Dorling Kindersley:** The Shuttleworth Collection (tl, cla, cl, tr, fcra, cra, bc). **342 Dorling Kindersley:** Courtesy of Brooklands Museum (cra); Courtesy of Flugausstellung (tc); Courtesy of Nationaal Luchtvaart Themapark Aviodome (cla); Courtesy of Robert John Willies (clb); Courtesy of RAF Battle of Britain Memorial Flight (b). **Wikipedia:** National Museum of the U.S. Air Force (cl). **342-343 123RF.com:** Nataliya Hora (c). **343 Dorling Kindersley:** Courtesy of Robert Foster (cla); Courtesy of the Royal Airforce Museum, London (Hendon) (tl); The Science Museum, London (tr); Courtesy of The Helicopter Museum (br). **344 Corbis:** Leslie Ragan (tr). **Dorling Kindersley:** The National Railway Museum, York / Science & Society Picture Library, London (crb); Virginia Museum of Transportation (cb, b). **345 Dorling Kindersley:** Hitachi Rail Europe (crb); The National Motor Museum, Beaulieu (tr, c); Stuart Lanning (cl); Phil Davies (cr); Rewari Steam Loco Shed (clb). **347 Alamy Images:** Baby Ray (clb); James Wagner (fbr). **Dorling Kindersley:** John Mould (tl). **348-349 Dorling Kindersley:** R. Florio (b). **349 Corbis:** Bettmann (br). **350 Alamy Images:** Batchelder (tr); Martin Williams (cb); Les Breault (br). **Corbis:** Robert Estall (clb). **351 Alamy Images:** Interfoto (ca). **Dorling Kindersley:** The Science Museum, London (tc); Hugh Threlfall (bc). **352 Alamy Images:** CBW (crb); Andrew Hasson (cr). **Dorling Kindersley:** The National Music Museum (tl, c). **Getty Images:** Redferns (tr). **353 Alamy Images:** AF Archive (tr); imagebroker (crb); Sonia Dubois (fbr). **Dorling Kindersley:** Glasgow Museum (clb); Museum of the Moving Image, London (tc, c). **Dreamstime.com:** Scanrail (br). **354 Dorling Kindersley:** Board of Trustees of the Royal Armouries (bc); Jean-Pierre Verney (bl, cb); The Wardrobe Museum, Salisbury (crb). **Wikipedia:** (tr). **355 Dorling Kindersley:** 5te. Kompagnie Infanterie Regiment nr.28 'Von Goeben' (r); The Wardrobe Museum, Salisbury (cla, ca, cr); Jean-Pierre Verney (tc); John Pearce (tr); By kind permission of The Trustees of the Imperial War Museum, London (fcl); The Combined Military Services Museum (CMSM) (clb, b). **London Irish Rifles Association:** (c). **356 Dorling Kindersley:** Jean-Pierre Verney (cl); The Wardrobe Museum, Salisbury (tl, tc, cra, cra/Shell); © The Board of Trustees of the Armouries (tr, cla, cla/Rocket); The Combined Military Services Museum (CMSM) (clb); The Royal Museum of the Armed Forces and of Military History, Brussels, Belgium (b). **357 Dorling Kindersley:** By kind permission of The Trustees of the Imperial War Museum, London (tr, cra); © The Board of Trustees of the Armouries (tl, cla, cla/Gewehr 43, cl, bl); Jean-Pierre Verney (ca, clb); Imperial War Museum, London - DK Images (bc). **358 Alamy Images:** Mary Evans Picture Library (bl). **Dorling Kindersley:** The Eden Camp Museum, Yorkshire (tl, tc, ca); By kind permission of The Trustees of the Imperial War Museum, London (tr, cra, c, bc, br); The Wardrobe Museum, Salisbury (ftr). **359 Alamy Images:** Glasshouse Images (tl); The Art Archive (bl). **Corbis:** Leemage (fbl). **Dorling Kindersley:** Eden Camp Modern History Theme Museum, Malton (bc); By kind permission of The Trustees of the Imperial War Museum, London (cra); Collection of Jean-Pierre Verney (fcra, br); The Wardrobe Museum, Salisbury (fbr).**360 Alamy Images:** RTimages (br). **PunchStock:** Image Source (cra). **361 Corbis:** Smithsonian Institution (br). **Getty Images:** Universal Images Group (bl). **364 Corbis:** Heritage Images (b). **365 The Bridgeman Art Library:** Prismatic Pictures (cr). **Corbis:** Michael Nicholson (c); David Pollack (tr). **Dorling Kindersley:** Imperial War Museum, London (tc); State Central Museum of Contemporary History of Russia (ca, clb, bc). **images reproduced courtesy of Powerhouse Museum:** Penelope Clay (cl). **366 Alamy Images:** Interfoto (tr); James Jenkins - Visual Arts (bl); Marc Tielemans (br). **367 Alamy Images:** V&A Images (cl). **Dorling Kindersley:** Andy McConnell / Glass Etc (tc). **Fireflyhouse (www.fireflyhouse.co.uk):** (cr). **Photo SCALA, Florence:** The Museum of Modern Art, New York (b). **368 AGA Rangemaster Group PLC:** (bc). **Alamy Images:** Elizabeth Whiting & Associates (c). **Dorling Kindersley:** The Science Museum, London (fcr); The Design Museum, London (fcl, br). **369 Science & Society Picture Library:** Science Museum (cl, bl, r). **370 123RF.com:** Yuriy Chaban (tc). **Alamy Images:** Lenscap (tl); Paul Springett 03 (tr). **Getty Images:** SSPL (b). **371 Dorling Kindersley:** Courtesy of Pentax UK Ltd (cra). **Dreamstime.com:** Daniel Thornberg (bc). **Mattel, Inc.:** (tc). **372 Corbis:** Condé Nast Archive (tr). **Dorling Kindersley:** Blandford Fashion Museum (clb, bl, br); Banbury Museum (fbl, bc, fbr). **373 Alamy Images:** Mary Evans Picture Library (bl). **Dorling Kindersley:** The Museum of London (cla, c, tr, cr, br). **374 The Advertising Archives:** (bl). **Dorling Kindersley:** Angels Fancy Dress (bc); Blandford Fashion Museum (c). **Photo SCALA, Florence:** The Metropolitan Museum of Art / Art Resource (r). **375 Alamy Images:** Pictorial Press Ltd. (br); StockPhotosArt - Objects (bl). **Dorling Kindersley:** Angels Fancy Dress (tl, tc, tr, clb); Blandford Fashion Museum (cla). **V&A Images / Victoria and Albert Museum, London:** (bc). **376 Dorling Kindersley:** The Science Museum, London (bc). **Smithsonian Institution, Washington, DC:** National Air and Space Museum (bl, cr). **Science & Society Picture Library:** Science Museum (tc). **377 Alamy Stock Photo:** Stocktrek Images, Inc. (bc). **NASA:** JPL / Caltech (crb). **Smithsonian Institution, Washington, DC:** National Air and Space Museum (tc, cla, c, cr). **378-379 NASA. 378 NASA:** (tl) **379 Smithsonian Institution, Washington, DC:** National Air and Space Museum (tr). **380 Corbis:** George Hall (tl). **Dorling Kindersley:** Courtesy of the Royal Artillery Historical Trust (cr); Bradbury Science Museum, Los Alamos (c); RAF Museum, Cosford (clb); Stuart Beeny (bl). **U.S. Air Force:** Senior Airman Julianne Showalter. (br) **381 Corbis:** National Geographic Society (tc). **Dorling Kindersley:** Board of Trustees of the Royal Armouries (cb, b, br); The Tank Museum (tl); © The Board of Trustees of the Armouries (crb). **Global Armour www.globalarmour.co.za:** (ca). **382 Alamy Images:** Cultura Creative (RF) (tr); Interfoto (bl); Adrian Lyon (crb). **Dorling Kindersley:** Courtesy of Apple Computer, Inc. (c). **Getty Images:** T3 Magazine / Future (br). **Toshiba Corporation:** (bc). **383 Alamy Images:** Interfoto (cl); PhotoEdit (cla). **Science & Society Picture Library:** Science Museum (tc). **Dorling Kindersley:** Science Museum, London - DK Images (br).

Endpapers: *Front:* **Dorling Kindersley:** Courtesy of Durham University Oriental Museum; *Back:* Corbis.

Jacket images: *Front:* **Dorling Kindersley:** Whipple Museum of History of Science, Cambridge; *Back:* **Dorling Kindersley:** Courtesy of Canterbury City Council, Museums and Galleries (amulet); Courtesy of Maidstone Museum and Bentliff Art Gallery (fire engine); Penn Museum (bull's head); The Shuttleworth Collection, Bedfordshire (aircraft), The Wallace Collection (gold head); *Spine:* **Dorling Kindersley:** Whipple Museum of History of Science, Cambridge

中文版

图片鸣谢：

51 中国社会科学院考古研究所：陶鸭形鼎；**101 济南市长清区博物馆：**玉覆面；**310 清华大学艺术博物馆：**缎地彩绣舞衣，**视觉中国：**绘绣花卉山水团扇；**345 视觉中国：**复兴号动车组；**359 中国大百科全书出版社：**独立自由勋章（一级）；**375 视觉中国：**"嫦娥四号"月球探测器（复制品）。

所有其他图片的版权属于DK公司。

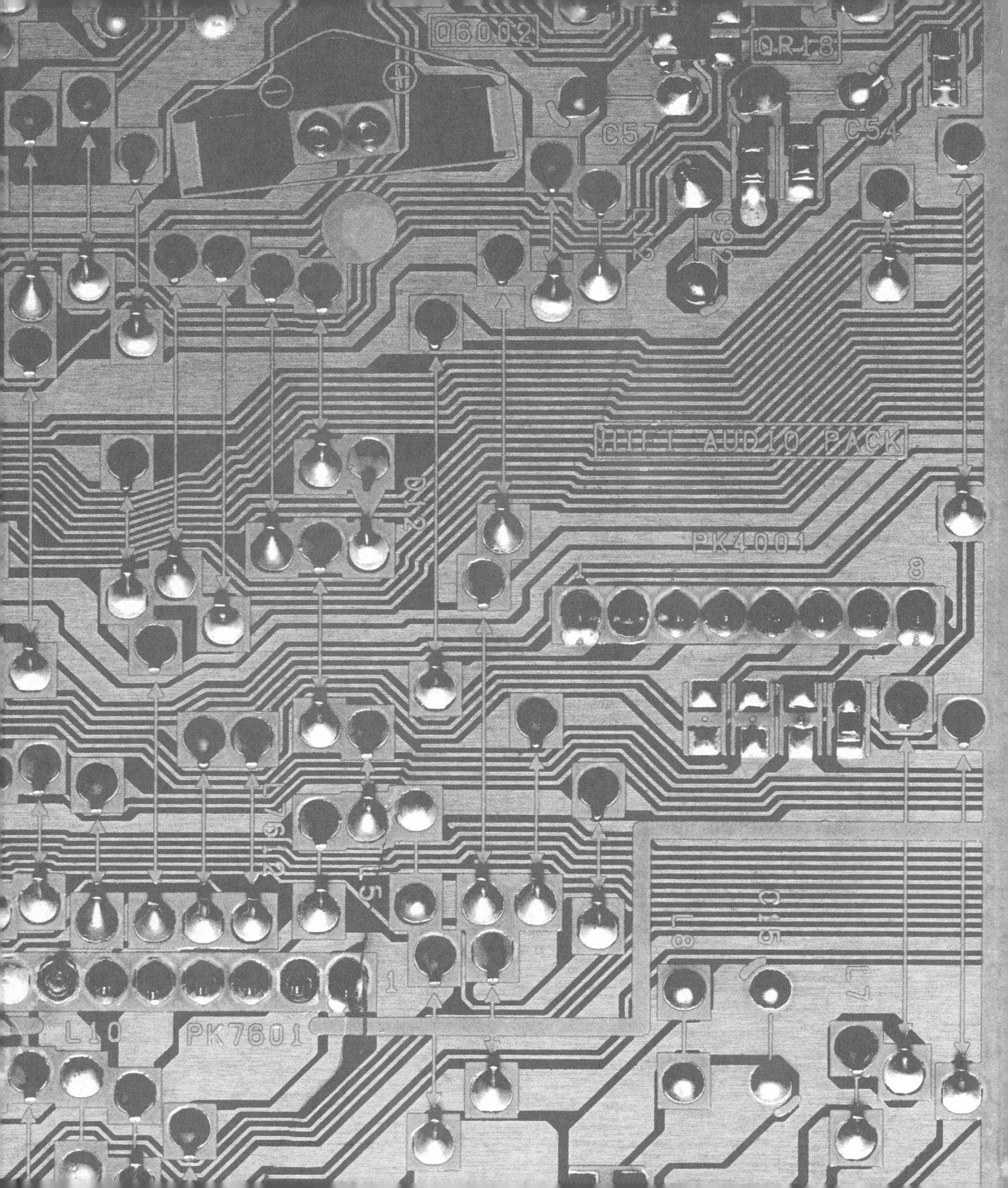

Q6002 QR18
C57 C54

HIFI AUDIO PACK

PK4001

L10 PK7601